高等院校"十二五"应用型规划教材——经济管理系列

海关理论与实务

郭秀君　主　编

清华大学出版社

北 京

内 容 简 介

本书系统地介绍了中国海关的理论与实务。全书共分 9 章，包括中国海关管理概述、中国海关报关管理制度、中国对外贸易管制的制度与措施、海关监管货物及其报关程序、进出口商品归类、进出口税费计算、进出口货物报关单填制等内容。书中提供了大量与海关理论与实务有关的各种案例、相关链接、知识拓展、知识要点提示、自测题等，有助于读者更好地理解、掌握和运用海关理论知识与实务技能，从而达到巩固所学知识和培养实际工作能力的效果。

本书内容具有较强的实用性和可操作性，可作为高等院校贸易、经济、管理类专业的本科教材，也可作为企业、海关和社会培训报关员、海关关员的参考书。

图书在版编目(CIP)数据

海关理论与实务/郭秀君主编. --北京：清华大学出版社，2014
(高等院校"十二五"应用型规划教材——经济管理系列)
ISBN 978-7-302-37892-1

Ⅰ. ①海…　Ⅱ. ①郭…　Ⅲ. ①海关—理论—中国—高等学校—教材 ②海关—业务—中国—高等学校—教材　Ⅳ. ①F752.5

中国版本图书馆 CIP 数据核字(2014)第 202723 号

责任编辑：李玉萍
装帧设计：杨玉兰
责任校对：王　晖
责任印制：何　芊

出版发行：清华大学出版社
　　　　网　　　址：http://www.tup.com.cn，http://www.wqbook.com
　　　　地　　　址：北京清华大学学研大厦 A 座　　　邮　　编：100084
　　　　社 总 机：010-62770175　　　　　　　邮　　购：010-62786544
　　　　投稿与读者服务：010-62776969，c-service@tup.tsinghua.edu.cn
　　　　质 量 反 馈：010-62772015，zhiliang@tup.tsinghua.edu.cn
　　　　课 件 下 载：http://www.tup.com.cn，010-62791865
装 订 者：三河市吉祥印务有限公司
经　　销：全国新华书店
开　　本：185mm×260mm　　　印　张：30.75　　　字　数：630 千字
版　　次：2014 年 10 月第 1 版　　　　　　　印　次：2014 年 10 月第 1 次印刷
印　　数：1～3000
定　　价：55.00 元

产品编号：050828-01

前　言

自 20 世纪 70 年代末改革开放以来，特别是加入世界贸易组织(WTO)之后，中国对外贸易发展迅速并成为贸易大国。2014 年 3 月 1 日，中国商务部援引来自 WTO 的最新统计数据显示，2013 年中国货物进出口总额首次突破 4 万亿美元大关，并以 4.16 万亿美元成为全球最大货物贸易国，其中出口额为 2.21 万亿美元，进口额为 1.95 万亿美元，成为中国对外贸易发展史上又一新的里程碑。

中国大量的进出口贸易活动很显然离不开海关这一重要环节的工作，需要海关对进出境的运输工具、货物、物品等进行监管，征收关税和其他税、费，查缉走私，并编制海关统计和办理其他海关业务。中国《海关法》赋予海关以权力，代表国家在进出境口岸行使进出境监督管理职能，进而达到为国把关、完成海关各项任务的目的。为此，中国需要大量的从事各类海关管理业务的海关关员、从事进出口报关业务的报关员和从事与海关事务相关业务的业内人员。

目前，中国许多经贸类大专院校开设了海关或进出口实务等方面的课程，讲授海关理论知识与实务技能，从而使学生对中国海关制度、报关制度的基本理论和基本知识有一个全面的了解，使学生了解并掌握中国对进出口货物的管制制度与措施以及相关的海关政策、报关员的任职资格及工作职责、进出口货物的报关程序等知识，掌握进出口商品归类、进出口税费计算、进出口货物报关单填制等操作性知识和技能，培养学生具有较高的进行海关管理和从事报关业务的实践能力。为达到上述目的，就需要相应的海关理论与实务方面的教材供学生学习之用。目前，中国这方面的教材也出版了不少，内容上各有千秋，加之中国对外贸易政策法规、海关管理等方面正在不断地加以完善、变化，适时地编写新教材就成为必要之事。编者在从事多年教学工作和到海关调研访谈的基础上，结合中国最新经贸政策和海关管理变革等情况编写了本书，以更好地满足教学、培训等需要。

本书共分 9 章。第一章主要介绍中国海关的性质与任务、管理体制与组织机构、法律体系和权力，旨在介绍中国海关管理概况；第二章主要介绍报关的含义与类型、海关对报关单位和报关员的管理制度，旨在说明中国海关的报关管理制度；第三章主要介绍中国对外贸易管制的主要管理制度和管理措施，旨在介绍中国对外贸易管制制度；第四至六章主要介绍一般进出口货物及其报关程序，保税货物及其报关程序，减免税货物、暂准进出境货物、过境、转运、通运货物以及其他进出境货物的报关程序，旨在介绍中国海关监管货物及其报关程序；第七章主要介绍《商品名称及编码协调制度》及其归类总规则、中国海关进出口商品分类目录、中国进出口货物商品归类的海关行政管理，旨在阐释进出口商品归类的理论与实务；第八章主要介绍中国进出口税费的种类、进出口货物完税价格的确定方法、进出口货物原产地规则与税率适用、进出口税费的计算公式，旨在介绍进出口税费计算的具体理论与实务；第九章主要介绍进出口货物报关单的含义与类型、进出口货物报关单的填制规范，旨在介绍中国进出口货物报关单填制的理论与实务。书中提供了和海关理论与实务有关的各类案例、相关链接、知识拓展、知识要点提示、自测题等，有助于读者对海关理论知识与实务技能加以更好地理解、掌握和运用，从而达到巩固所学知识和培养实际工作能力的效果。

概括而言，本书具有以下特点：①紧密结合课程教学的基本要求，教材内容完整、系统，重点突出，所用资料力求新颖，与时俱进。本书不仅注重海关理论知识的介绍，而且重视海关实务技能内容的阐释，强调知识的应用性和实践性，具有较强的针对性。②全书系统、层次分明地讲述了海关理论与实务的主要内容，而且每一章内容均由学习要点及目标、核心概念、引导案例、正文(其间穿插应用案例、相关链接、知识拓展、知识要点提示等内容)、本章小结、自测题构成，呈现出内容结构完整的特点。根据本课程实践性和应用性较强的特点，书中提供了三大类共二百多个案例供读者分析、研读，以便读者巩固、运用所学的海关理论与实务。同时给出知识拓展等相关阅读内容，以便加深和开阔读者的视野，了解相关知识的背景，因此，本书的内容全面而丰富。进入 2014 年，中国海关开始推进简政放权、转变职能的指导思想，逐步取消和下放相关的行政审批项目(如取消了与加工贸易有关的 6 项行政许可事项)，并对海关相关法律、法规进行修改和调整。改革行政审批事项是个持续改进和逐步落实的过程，因此要把这方面系统改革的内容反映到教材里就需要今后对教材进行相应的修订。结合中国海关对行政审批事项不断改革的进程和内容，本书的相关内容，一方面，有利于读者对相关的行政审批事项有一个比较分析，更好地纵向了解和把握中国海关管理的发展变化；另一方面，有利于教师授课时有更大的发挥空间。

由于笔者水平所限，书中难免存在不足和疏漏之处，敬请读者批评、指正，以便日后对本书做出修订，使之更加完善。

本书在编写过程中，参考了相关的书籍和资料，在此表示由衷的感谢！同时感谢北京报关协会、北京朝阳口岸的相关人员对笔者进行调研访谈所给予的支持和帮助！

郭秀君，女，辽宁沈阳人，经济学博士，应用经济学博士后。现为北京林业大学经济管理学院国贸系副教授，副主任。主要从事国际贸易、国际投资的教学与研究工作。曾在《国际贸易问题》、《国际经济合作》等学术期刊发表论文 50 余篇，出版《入世与中国利用外资新战略》、《入世与中国宏观经济管理创新》等专著 5 部，主编或参编《商务谈判》、《国际经营学》等多部教材，主持或参与《加入 WTO 与中国宏观经济管理创新》、《昌平区对外开放与合作战略研究》等多项科研项目。

编　者

目 录

第一章　中国海关管理概述

【学习要点及目标】

通过本章的学习，了解中国海关的性质、管理体制、组织机构、执法依据，掌握海关的任务和权力，从而对中国海关有个全面的认识。

【核心概念】

关境　海关监管　查缉走私　知识产权海关保护　海关事务担保　海关总署　直属海关　隶属海关

【引导案例】

高原的号角——记新疆红其拉甫海关

红其拉甫海关地处帕米尔高原，海拔 3200 m，氧气稀薄，是生命禁区。红其拉甫海关是全国最优秀的基层海关之一。

1976 年，第一代创业者带着一顶帐篷，在海拔 5100 m 的雪峰上扎下了营盘，这就是最早的"帐篷海关"。1977 年，红其拉甫海关正式建关，"帐篷海关"下迁到了海拔 4700 m 的水布浪沟；1983 年，红其拉甫海关下迁至海拔 4100 m 的皮拉里；1993 年，为了方便通关，集中办理业务，红其拉甫海关再次下迁到了海拔 3200 m 的塔什库尔干县城。红其拉甫海关隶属乌鲁木齐海关，目前担负着红其拉甫和卡拉苏两个口岸的进出境监管任务。红其拉甫海关周边与巴基斯坦、阿富汗、塔吉克斯坦、印度四国接壤，是古丝绸之路中国境内的最后一个关口，也是通往南亚次大陆乃至欧洲的重要门户。

红其拉甫海关现有 30 名关员，平均年龄 28.5 岁，80%的关员 35 岁以下，这是个年轻的集体，青年关员是这个集体的中坚力量。新一代关员提出，打破"以苦为功，以苦为劳"的旧观念，在"苦"中求作为，"忍"中求发展。红其拉甫海关统计差错率不到 0.1%，在乌鲁木齐关区名列第一。

海关不仅是个执法单位，更重要的是个服务窗口，如何在为国家把关的同时更好地为经济服务、为过往的旅客服务，把握好二者的平衡点，这是他们一直努力的目标。

2005 年 8 月初，通关科副科长彭抚民在一张通关申报单上发现一个问题，一位客商申报的铁制品价格是 6 元，到底是什么铁制品呢？价格怎么这么低？按照以往的经验，巴基斯坦入关的铁制品很少，一般都是伊斯兰手工艺品。他到现场察看货物后发现，这些铁制品其实都是伊斯兰信徒用的洗手壶，按照规定，这类东西都按照手工艺品收取关税。在喀什，这样的一把洗手壶市场价格一般都在 60 元左右，客商这样申报显然是想少交点税款。充分调查了洗手壶在国内的零售价格和巴基斯坦的销售价格，推算了中间环节的利润和运费后，彭抚民开始和这名客商计算价格。当他开出自己推算的价格后，这名客商心服口服地接受了这个价格，补交了 4 万多元的税款。"一定要防范低报价格，因为这不仅会导致国家税收的流失，也会引发不正当竞争。海关一定要为国家把好关，为经济建设和客商服好务。"彭抚民说。

29 年来，红其拉甫海关曾 6 次被评为"全国海关先进集体"，并先后被授予"全国民族团结先进模范集体"、"全国创建文明行业工作先进单位"、"全国青年文明号"、"全国青年文明号十年成就奖"等荣誉称号，68 次受到国家有关部委及各级地方党委的表彰。

(资料来源：王洪海. 报关实务. 北京：中国电力出版社，2011.)

海关是一国的进出境监督管理机关，肩负着为国把关的职责。这一章主要介绍中国海关的性质与任务、组织机构、法律体系和权力等内容。

第一节　中国海关的性质与任务

一、中国海关的性质

国家以立法的形式明确规定了中国海关的性质。《中华人民共和国海关法》(以下简称《海关法》)第二条规定："中华人民共和国海关是国家的进出关境监督管理机关。"中国海关的性质主要体现在以下三个方面。

1. 海关是国家行政机关

中国的国家机关包括享有立法权的立法机关、享有司法权的司法机关和享有行政管理权的行政机关。国务院是中国最高行政机关，海关总署是国务院内设的直属机构。可见，海关是国家的行政机关之一，代表国家依法独立行使行政管理权。

2. 海关是国家进出境监督管理机关

海关履行国家行政制度的监督职能，是国家宏观管理的一个重要组成部分。海关依照有关法律、行政法规并通过法律赋予的权力，制定具体的行政规章和行政措施，对特定领域的活动进行监督管理，以保证其按国家的法律规范进行。

海关实施监督管理的范围是进出关境及与之有关的活动，监督管理的对象是所有进出关境的运输工具、货物和物品。

【知识拓展】

关境与国境

关境是指适用于同一海关法或实行同一关税制度的领域。关境同国境一样，包括其领域内的领水、领陆和领空，是一个立体的概念。在一般情况下，关境的范围等于国境。但对于关税同盟的每个成员国来说，其关境大于国境，如欧盟。若一国在国内设立自由港、自由贸易区等特定区域，则该国的关境小于国境。中国关境小于国境。

3. 海关的监督管理是国家行政执法活动

海关通过法律赋予的权力，对特定范围内的社会经济活动进行监督管理，并对违法行为依法实施行政处罚，以保证这些社会经济活动按照国家的法律规范进行。因此，海关的监督管理是保证国家有关法律、法规实施的行政执法活动。海关执法的依据是《海关法》和其他有关法律、行政法规。海关事务属于中央立法事权，立法者为全国人大及其常务委员会和国务院。海关总署也可以根据法律和国务院的法规、决定、命令，制定规章，作为海关执法依据的补充。省、自治区、直辖市人民代表大会和人民政府不得制定海关法律规范，地方法规、地方规章不是海关执法的依据。

【相关链接】

海关历史沿革

海关是在国家发展到一定时期为适应国家与社会对外交往及商品交换管理需要而产生的管理机构，是一国主权的象征之一。国外最早的海关机构出现在公元前 5 世纪中叶的古希腊城邦雅典，11 世纪以后，西欧威尼斯共和国成立威尼斯海关这一以"海关"命名的机构。

据史书记载，中国早在西周时便开始设关，但主要是检查进出人员，防范外族入侵，带有军事色彩，具备了海关的雏形；随着封建帝国版图的扩大，唐、宋、元、明时期，出现了"市舶司"这一管理海上贸易的机构；1684—1685 年清政府废除禁海令，在沿海地带先后设"闽、粤、浙、江"四关，首次以"海关"命名。近代中国海关主权丧失，海关成为洋人的海关，海关成为帝国主义列强对华侵略的工具；1949 年 10 月 25 日，海关总署在北京宣告成立，宣告帝国主义列强控制的半殖民地性质的海关终结，标志着中国独立自主的社会主义海关的诞生；为了适应新形势要求，2002 年起中国海关实行"依法行政、为国把关、服务经济、促进发展"的工作方针和"政治坚强、业务过硬、值得信赖"的队伍建设要求。中国海关现有关员(含海关缉私警察)48 000 余人，海关工作从此又迈上了一个新的发展阶段。

(资料来源：王洪海. 报关实务. 北京：中国电力出版社，2011.)

二、中国海关的任务

国家以立法的形式明确规定了中国海关的任务。《海关法》第二条规定："中华人民共和国海关是国家的进出关境监督管理机关。海关依照本法和其他有关法律、行政法规，监管进出境的运输工具、货物、行李物品、邮递物品和其他物品，征收关税和其他税、费，查缉走私，并编制海关统计和办理其他海关业务。"

(一)海关的基本任务

中国海关的基本任务主要有以下四项内容，并构成一个统一的有机整体。监管工作通过监管进出境运输工具、货物、物品的合法进出，保证贯彻实施国家统一的有关进出口政策、法律、行政法规，是海关四项基本任务的基础。征税工作所需的数据、资料等是在海关的监管基础上获取的，征税与监管有着十分密切的关系。缉私工作则是监管、征税两项基本任务的延伸，对在监管、征税工作中发现的逃避监管和偷漏税款的行为，必须运用法律手段制止和打击，从而确保前两项工作的有效进行。统计工作是在监管、征税工作的基础上完成的，它为国家宏观经济调控提供了准确、及时的信息，同时又对监管、征税等业务环节的工作质量起到检验把关的作用。

1. 监管

海关监管是指海关运用国家赋予的权力，通过一系列管理制度与管理程序，依法对进出境运输工具、货物、物品的进出境活动所实施的一种行政管理。海关监管是一项国家职能，其目的在于保证一切进出境活动符合国家政策和法律的规范，维护国家主权和利益。根据监管对象的不同，海关监管分为运输工具监管、货物监管和物品监管三大体系，每个体系都有一整套规范的管理程序与方法。

【应用案例】

站好岗 守好关 海关助乍浦港进出口货运量超 800 万吨

2014 年 2 月 11 日，乍浦港。

当晨曦划过地平线时，利比里亚籍货轮"维拉"号的船员们就已经忙碌起来。再过几个小时，这艘液化气船将踏上新的航海之路，前往下一个目的地——韩国丽水港。

迎着寒风，杭州海关下属嘉兴海关驻乍浦办事处的关员周凯和宋健登上了轮船。周凯说，所有国际航行船舶靠港卸货后，都要通过中国海关的许可才能驶离出境。

"这船从日本千叶港来的，装满了乙烯。你瞧见了没，管道外面都冻白了。"登船后，周凯接过船长手里的单据，一边巡视船舱，一边对照着进港时的申报单，仔细核对了起来。

"看着挺简单的，是不是？"周凯笑着说，检查单证看着容易，其实却是件技术活，既要速度快，又要判断准，"时间久了，我们都看得懂航海日志了"。

几分钟后，周凯和宋健完成了对"维拉"号的例行检查。下船前，他们特意将一份"礼物"送到了每名船员的手中。这是一份法制宣传单，上面详细列举了与出入境相关的法律、法规。"还有，这两天天气冷，出航后要注意安全。"周凯嘱咐道。

作为浙北地区唯一的出海口岸，嘉兴港区 2013 年的货运进出口量就达到了 800 万吨，共有两千余艘外籍船舶从这里进出境。长期奔波，一些外籍船员难免出现生病等突发状况，海关就要第一时间赶到现场，为他们开通绿色通道。

从核对船名、监督卸货，到开箱查验……等一船货卸完，周凯和宋健的脸庞早已泛红，刺骨的寒风径直钻进衣领，冷得人直哆嗦。周凯说，冬天还好，夏天就要洗"天然桑拿"，几分钟下来，衬衫全湿透了，"都习惯了，重要的是站好岗、守好关"。

(资料来源：中国海关总署网.)

除了通过备案、审单、查验、放行、后续管理等方式对进出境运输工具、货物、物品的进出境活动实施监管外，海关还要执行或监督执行国家其他对外贸易管理制度的实施，如进出口许可制度、外汇管理制度、进出口商品检验检疫制度、文物管理制度等，从而在政治、经济、文化道德、公众健康等方面维护国家利益。

【知识要点提示】

海关监管不是海关监督管理的简称，海关监督管理是海关全部行政执法活动的统称，两者是被包含与包含的关系。

2. 征税

征税是海关的另一项重要任务。海关征税工作的基本法律依据是《海关法》、《中华人民共和国进出口关税条例》(以下简称《关税条例》)以及其他有关法律、行政法规。征税工作包括征收关税和进口环节海关代征税。

关税是国家财政收入的重要来源，是国家宏观经济调控的重要政策工具，也是世界贸易组织允许各成员方保护国内经济的一种手段。关税的征收主体是国家，《海关法》明确将征收关税的权力授予海关，由海关代表国家行使征收关税职能。因此，未经法律授权，其他任何单位和个人均不得行使征收关税的权力。

关税的课税对象是进出口货物、进出境物品。进口货物、物品在办理海关手续放行后，允许在国内流通，应与国内货物同等对待，缴纳应征的国内税。为了节省征税人力，简化征税手续，严密管理，进口货物、物品的国内税由海关代征，即中国海关对进口货物、物品征收关税的同时，还负责代其他机关征收若干种类的进口环节税。目前，由海关代征的进口环节税包括增值税和消费税。

【应用案例】

进口影片税款首次突破 2 亿

2012 年北京海关进口商业影片征收税款首次突破 2 亿元大关，达到 2.1 亿元，同比大增 60%。其中，《泰坦尼克号 3D》票房 9 亿多元，征税 4300 万元，成为继《阿凡达》之后，首部单片税收突破 4000 万元的进口影片。

据了解，中国电影集团公司是国家唯一授权经营商业影片进口业务的公司，北京海关是全国海关系统唯一承担进口商业影片监管业务的关区，进口商业影片监管由此成为北京海关众多的特色监管业务之一。

"去年年初，中美两国就解决 WTO 电影相关问题的谅解备忘录达成协议，美国进口影片的美方票房分账比例由过去的 13%~17.5%，一律升至现在的 25%。同时，中影集团每年引进的商业影片数量也由过去的 50 部增加到现在的 64 部。这也无疑是进口影片税收增加的重要方面。"中影集团进出口分公司梁瑞处长介绍。

(资料来源：北京海关网.)

【相关链接】

中国海关税收情况

2010 年中国海关税收历史性突破万亿元大关，共征收关税和进口环节税 12 518.3 亿元，同比增收 3304.7 亿元，增长 35.9%。2010 年是国务院批准海关恢复征税 30 周年。考虑贸易结构因素，2010 年中国加权关税水平仅为 3% 左右，已经接近发达国家关税水平。30 年来，海关累计征税 7.43 万亿元，占同期中央本级财政收入的比重保持在 30% 左右。

2011 年中国海关税收净入库 16 142.1 亿元，同比增长 29.0%。2012 年中国海关代征进口税收完成 14 874 亿元，较 2011 年增长 9.3%，增幅为 1268 亿元。出口退税方面，2012 年全国共办理 10 429 亿元，同比增长 13.3%，增加 1224 亿元。

(资料来源：北京海关网、中国新闻网.)

3. 缉私

查缉走私是指海关依照法律赋予的权力，在海关监管场所和海关附近的沿海沿边规定地区，为发现、制止、打击、综合治理走私活动而进行的一种调查和惩处活动。查缉走私是海关为保证顺利完成监管和征税等任务而采取的保障措施。

走私是指进出境活动的当事人或相关人违反《海关法》及有关法律、行政法规，逃避海关监管，偷逃应纳税款，逃避国家有关进出境的禁止性或者限制性管理，非法运输、携带、邮寄国家禁止、限制进出境或者依法应当缴纳税款的货物、物品进出境，或者未经海关许可并且未缴应纳税款、交验有关许可证件，擅自将保税货物、特定减免税货物以及其他海关监管货物、物品、进境的境外运输工具在境内销售的行为。它以逃避监管、偷逃税款、牟取暴利为目的，扰乱经济秩序，腐蚀国家公务人员，对国家危害性极大，必须予以严厉打击。

【应用案例】

北京海关首次查获纯血马走私案

北京海关 2011 年 1 月披露：该关查获犯罪嫌疑人孟某以虚假购马合同和低报价格等手段，申报进口澳大利亚纯血马 21 匹，偷逃海关税款共计 62.6 万余元。

据海关人员介绍，2009 年 4 月，犯罪嫌疑人孟某从澳大利亚进口纯血马(后附相关链接)，遂以其经营某养殖场(系个体工商户)的名义委托北京某专业进出口公司作为代理。为逃避海关征税，孟某让澳洲的售马方出具一份每匹马的单价为 1500 澳元(约合人民币 1 万元)的虚假发票，交由北京某进出口公司去办理进口通关手续。

经海关核查发现，每匹马的最低购买成本也要人民币几十万元，有些则高达百万元，此价格远远高于企业进口报关 1 万元人民币的价格，这一情况引起海关的警觉。海关缉私部门接手此案后，迅速开展侦破工作，经过办案人员的努力，在较短时间内取得了低报价格的有力依据，并及时向检察院移送起诉。

随着人们现代生活水平的提高，为满足高消费人群的爱好，各种各样的马术俱乐部应运而生。据了解，随着喜爱骑马、赛马人数的增加，马术俱乐部还特别提供了购买并寄养等诸多方式满足消费者的需求，一般一匹低廉的纯血马的价格在二三十万元人民币左右，好的则高达几十万甚至上百万美元。而寄养在马场的费用，最低一年也要达到 5 万元。这种高消费的娱乐活动，无疑催生了走私者牟取暴利的新途径。北京海关表示，将进一步提高对进口纯血马的价格风险认识，加深相关部门对马匹价格组成因素的认知程度，确保做到对价格风险点的准确判断。同时，根据使用用途的不同对马匹的申报做比较详细的分类，并加强相关业务的后续稽查，以规范企业进出口行为。

目前，该犯罪嫌疑人已由北京市中级人民法院按走私普通货物罪做出了相应判决。

本案例相关链接

纯 血 马

注：纯血马，马的一种品名。该品种在英国赛马骑师俱乐部的马血统纪录总簿，或其他国家的类似俱乐部的血统纪录簿上注册。父母双方中仅一方为纯种马的马匹在美国称为杂交纯种马，在英国称为混血纯种马；纯血马以中短距离速力快称霸世界，创造和保持着5000 米以内的各种距离速力的世界纪录，近百年来没有其他品种马速力超过它。更重要的是，该品种的遗传稳定，适应性广，种用价值高，是世界公认的最优秀骑乘马品种之一，对改良其他品种，特别是提高速力极为有效。

北京海关查获全国首起走私信鸽大案

北京海关2013年11月19日发布消息称：该关查获全国首起走私信鸽大案。截至目前，海关共查获此案案值约1600万美元，折合人民币逾亿元，涉嫌偷逃税额约3000万元人民币，抓获犯罪嫌疑人1名，摧毁了一个内外勾结的跨国走私链条。

负责此案侦破工作的北京海关缉私局侦查一处副处长杨跃介绍：2013年7月27日，犯罪嫌疑人张某某委托北京泰斯德米贸易有限公司进口一票比利时信鸽，共计2684只，申报单价23美元，申报总价61 732美元。北京海关关员在张某某进口报关过程中发现，张某某使用国外发货人凯文·罗森斯出具的低价发票作为随货单据，企图逃避海关监管，偷逃进口环节税款。

在比利时驻华大使馆的大力协助下，北京海关缉私人员调取了该票信鸽在比利时的出口报关信息。信息显示，该批信鸽主要涉及3家比利时供货商，其中仅由PIPA公司销售的401只信鸽的真实成交价格已达230万美元。经关税部门核定，仅此401只信鸽即涉嫌偷逃税款约350万元人民币。2013年8月23日，张某某因涉嫌走私普通货物罪被刑事拘留，9月29日，经北京市人民检察院第三分院批准，嫌疑人张某某被依法执行逮捕，至此案件成功告破。目前，此案还在进一步侦办之中。

据了解，信鸽运动在中国具有悠久的历史。据统计，中国目前拥有数以百万计的信鸽爱好者，饲养着约8000万只信鸽，每年举办国家赛、公棚赛、大奖赛等9类赛事超过500场，是世界公认的信鸽大国。随着国家经济社会快速发展，国内鸽友已不满足于国产信鸽，而将目光转向国际顶级信鸽出口大国——比利时。

北京海关缉私局侦查一处处长汪文介绍说，本案具有4个特点：一是侦办难度高。相比其他与日常生活关系紧密的行业，信鸽行业并不被大众所熟知，具有从业人员少、活动范围小、关注度低的特点。海关关员绝大多数不了解信鸽的真实价格，对国际市场信鸽分类标准、家族血统、价格走势等动态信息难以及时掌握，缺乏相应的风险预警手段。走私分子正是钻了海关对信鸽行业不熟悉的空子，这也给侦查人员办案增加了难度。为此，侦查人员做了大量严谨、细致的前期工作，自学了信鸽知识，接触了真实鸽主，查阅了海量资料，制定并完善了抓捕方案。二是获取证据难。由于信鸽交易全部在境外发生，获取真实价格证据对案件具有决定性作用。面对大量证据需要从境外获取和缺少行业协会协助的不利局面，侦查人员与比利时驻华使馆取得联系，寻求国际合作。在使馆多方协助下，提取了PIPA公司近三年来从比利时出口信鸽的报关单，同时PIPA公司相关人员到京协助调查并提供了信鸽交易的真实价格证据。三是逃税金额大。根据目前掌握的证据，从比利时出口到北京的信鸽中，仅PIPA一家公司近三年来的报关价格累计已高达1300余万美元，本案查获的401只由PIPA公司销售的信鸽偷逃税款也已达到350万元人民币，随着案件证据的进一步核实，偷逃税额的数字将更加触目惊心。四是行业反响大。犯罪嫌疑人张某某多年从事信鸽相关行业，基本垄断了东北、华北市场，是圈内"风向标"式的人物，其有较大的号召力和影响力。张某某走私信鸽触犯法律，在圈内引起强烈反响，给其他从事信鸽进出口贸易的人员和企业敲响了警钟。同时，案件的成功侦破，对提高广大鸽主法律意识和规范信鸽行业秩序起到了积极的推动作用，达到了打击走私法律效果和社会效果的有机统一。

(资料来源：北京海关网.)

《海关法》规定："国家实行联合缉私、统一处理、综合治理的缉私体制。海关负责组织、协调、管理查缉走私工作。"这一规定从法律上明确了海关打击走私的主导地位以及与有关部门的执法协调。可见，海关是打击走私的主管机关，查缉走私是海关的一项重要任务。为了严厉打击走私犯罪活动，根据党中央、国务院的决定，国家在海关总署设立了海关缉私警察队伍，负责对走私犯罪案件的侦查、拘留、执行逮捕和预审工作。除了海关以外，公安、工商、税务、烟草专卖等部门也有查缉走私的权力，但这些部门查获的走私案件，必须按照法律规定统一处理。各有关行政部门查获的走私案件，应当给予行政处罚的，移送海关依法处理；涉嫌犯罪的，应当移送海关侦查走私犯罪公安机构或地方公安机关依据案件管辖分工和法定程序办理。

【相关链接】

海关缉私警察机构

海关缉私警察是专职打击走私犯罪活动的警察队伍，负责对走私犯罪案件的侦查、拘留、执行逮捕和预审工作。1998 年，根据党中央、国务院的决定，由海关总署、公安部联合组建走私犯罪侦查局(2003 年更名为缉私局)，设在海关总署。缉私局既是海关总署的一个内设局，又是公安部的一个序列局。缉私局在广东分署设广东分署缉私局，全国各直属海关设立直属海关缉私局，在部分隶属海关设立缉私分局。各级缉私局负责其所在海关业务管辖区域内走私犯罪案件的侦查工作。

海关处理走私罚没物品的五种方式

按照国家有关规定，海关查获和其他执法部门查获的走私货物和物品统一交由海关处理。按照罚没物资的品质，海关有五种处理方式。

一是公开拍卖。对国家法律、法规没有特殊规定的罚没货物和物品，海关都实行公开拍卖，这是海关处理罚没物资的主要方式。

二是定向转卖。主要是国家规定的专卖商品，如走私成品油、走私香烟、走私光盘生产线等。

三是移交主管部门处理。主要是对查获的文物、毒品、濒危动植物以及枪支弹药等统一移交给行政主管部门处理。

四是转交给中国红十字会。主要是对查获的侵犯知识产权的货物、物品，拆除商标后转交给中国红十字会用于社会公益事业。

五是销毁处理。主要对查获的洋垃圾、废旧汽车、盗版光盘、淫秽物品、非法宣传品等，进行无害化销毁处理。对走私货物和物品在处理过程中所发生的费用都由海关在年度缉私办案费预算中列支。

4. 统计

海关统计是以实际进出口货物作为统计和分析的对象，通过搜集、整理、加工处理进出口货物报关单或经海关核准的其他申报单证，对进出口货物的品名及编码、数量、价格、经营单位、贸易方式、运输方式、国别(地区)、境内目的地、境内货源地、进出口日期、关别等项目分别进行统计和综合分析，全面、准确地反映对外贸易的运行态势，及时提供统计信息和咨询，实施有效的统计监督，开展国际贸易统计的交流与合作，促进对外贸易的发展。

海关统计是海关依法对进出口货物贸易的统计，是国民经济统计的组成部分，是国家制定对外经济贸易政策、进行宏观经济调控、实施海关严密高效管理的重要依据，是研究中国对外贸易经济发展和国际经济贸易关系的重要资料。

1992 年海关总署以国际通用的《商品名称及编码协调制度》为基础，编制了《中华人民共和国海关统计商品目录》，负责组织、管理全国海关统计工作。

《中华人民共和国海关统计条例》规定："实际进出境并引起境内物质存量增加或者减少的货物，列入海关统计。进出境物品超过自用、合理数量的，列入海关统计。"

(二)海关的其他任务

除了上述四项海关的基本任务以外，近年来中国通过有关法律、行政法规又赋予了海关一些新的职责，比如知识产权海关保护、海关对反倾销及反补贴的调查、海关对固体废物进口的监督管理等。

为了实施知识产权海关保护，促进对外经济贸易和科技文化交往，维护公共利益，根据《海关法》，中国制定了《中华人民共和国知识产权海关保护条例》及其实施办法。

知识产权海关保护，是指海关对与进出口货物有关并受中华人民共和国法律、行政法规保护的商标专用权、著作权和与著作权有关的权利、专利权实施的保护。

国家禁止侵犯知识产权的货物进出口。海关依照《中华人民共和国知识产权海关保护条例》及其实施办法的规定实施知识产权保护。

【应用案例】

北京海关查获侵权机械轴承案件

北京海关侵权机械轴承案件，共查获侵权机械轴承 28 套，涉及三个知名品牌。

据首都机场海关关员介绍，2011 年 6 月 24 日两票出口机械轴承类货物引起了关员的注意。这两票出口货物报关单据上申报的品牌信息分别为一个不知名品牌和无品牌，规格型号等信息粗略模糊。抽查时发现外包装与货物上均印有统一的品牌图案，且与申报不符。海关立刻对货物进行彻底查验，发现这两票货物共印有"SKF"、"INA"、"TIMKEN"三种不同的品牌图案，经过权利人确认，这批轴承为侵权货物。

(资料来源：北京海关网.)

北京海关查获今年最大宗知识产权侵权

2011 年 5 月 12 日，北京海关在空运出口渠道成功查获涉嫌侵权的 LV、GUCCI、CHANEL、HERMES、PRADA 等多种国际品牌手包、饰品及服装 39 箱。这是北京海关今年首次在货运监管渠道查获知识产权侵权案件，也是今年查获数量最多、案值最大的一起案件。

据了解，首都机场海关通过风险分析布控发现，有一批出口货物的申报品名为服装，数量为 4581 件，但是申报价格只有 2 万多美元，平均每件衣服的价格不到 5 美元的低廉价格引起了现场海关审单关员的警觉。经海关开箱查验，箱内的物品除了有部分服装以外，还有大量带有世界知名品牌标识的包，如 LV 女包和丝巾，GUCCI 女包和钱包、CHANEL手包，以及 HERMES、PRADA 手包等。海关专业人员初步认定，该批货物为假冒商品，属于侵权货物。

北京海关法规处知识产权科科长亓明介绍说，虽然这些商品的做工不错，但是通过一些细节就可以看出很多端倪：比如说，国际名牌商标的标牌都是专门制造的，不会像这些包的标识是用不干胶粘贴制作标牌；第二，这些包虽然都是真皮材质，但是上面有一些痕印，显示出做工还是很粗糙，跟国际品牌的品质相差甚远；同时这些包标签上的价格明显偏低，常标有"1688 元"等"全国统一零售价"，而正规的国际品牌是不会有这样的价格的。通过这几点就基本可以判定出此批物品的假冒性质。

记者在北京首都机场海关查验中心看到，标准纸箱的货运包装箱堆放在货运现场。海关关员正在有序清点侵权产品的数量。记者看到，海关关员在箱中查获的手提包内还套有大包套小包，小包再套钱包，这给现场的数量清点工作带来了很大难度。

北京海关法规处郭大为副处长介绍说：以前从北京口岸查获的侵权案件，一般都是以蚂蚁搬家的形式，诸如邮递包裹、快件等，而这些往往只涉及个人行为，而从这起案件看出，这种大批量、价值大的侵权货物，由于伪品和真品之间差价所产生的足够利润，使侵权者开始选择空运渠道。海关将根据《海关法》、《商标法》、《海关知识产权保护法》以及《海关行政处罚条例》等相关法律、法规，对侵权的企业和个人予以追究相应责任和处罚，保护相关权利人的合法利益。

同时郭处长提醒广大市民：大家用高昂的价格购买了假冒的国际品牌商品，本身就造成对顾客权益的侵害，所以大家在购买高价国际品牌商品时，一定要到正规商店柜台购买，同时擦亮眼睛，学习一些基本的商品鉴别知识，以保护自身的合法权利。

层层伪装难逃火眼金睛——北京海关首次查获利用贴膜伪装的手机侵权案

北京海关 2010 年 7 月 1 日发布消息称：该关近日首次查获利用屏幕保护膜覆盖商标的侵权手机 5000 余部，各类手机配件 7000 余件。

记者在查获现场看到，查获的手机外观酷似 NOKIA 品牌的某款型号，但机身却没有明显的品牌商标。到场的 NOKIA 相关权利人表示，按照相关规定，没有标识的产品是无法认定其侵权的。但经现场海关关员进一步检查，发现此款手机的屏幕上贴有边框为黑色的保护膜，保护膜边框的黑色与机体一致，所以辨别起来有很大难度。而当揭开这些保护膜后，手机机身上就显露出"NOKIA"的品牌字样。记者看到，有的手机甚至贴上了 3 层保护膜，以掩盖其标识。经 NOKIA 公司权利人鉴定，这批手机及配件全部为侵权物品。

北京海关驻邮局办事处人员介绍说，在查获这批侵权物品中，除了"NOKIA"品牌外，还有"BLACKBERRY"和"LOTUS"品牌标识的产品，其型号和款式都是市面上最新流行的。海关关员还介绍说，这次查获的侵权物品与以往查获的最大不同是其包装的严密性。以往大多由泡沫塑料进行简单包裹，而这次的手机除了用发泡塑料膜层层包裹外，周围还有一层铁丝网保护，而且所有手机都是装在白色泡沫塑料箱内后再装入牛皮纸包装箱。这样严密的包装方式以及这种层层贴膜的伪装手法，给现场海关的查验和开拆工作带来了很大的困难和挑战。北京海关表示，将进一步加强邮递物品监管，特别是侵权产品的查缉，以保护权利人和邮寄件人的合法利益。

假冒名烟"瞒天过海" 海关维权"火眼金睛"

2005 年 7 月，北京海关驻邮局办事处物品监管科的关员在进行常规检查时，一批出口邮包引起海关人员的注意，该批邮包均由北京同一个地址寄出，目的地为英国各不同地区，申报为"物品"、"工艺品"、"玩具"等，开箱查验后发现，此批货物为国产香烟，箱内均加盖锡纸、复写纸。

海关关员打开外包装发现，包装物内香烟均印有"BANSON & HEDGES"(本森·赫奇兹牌)标志，与外层包装并不一致。在与权利人取得联系进行确认后，认定邮包内全部为侵权香烟。此后，又在出口邮包中查获一批情况完全相同的假冒香烟，共查获 1090 条，53 箱。他们套用国内香烟外包装，并采用各种方法，企图瞒天过海，逃避海关监管。

本森·赫奇兹公司的委托律师介绍，本森·赫奇兹牌香烟是国际著名商标，产地在英国，具有很悠久的历史，属于高端产品，目前在国内市场比较少见。这批侵权香烟的外包装以及颜色、字体与真正的产品几乎完全一样，但在细微之处还是有所差别，而且品质也很难保证。这种假冒劣质香烟流通到市场上会影响产品的声誉，也会给企业带来损失。

(资料来源：北京海关网.)

知识产权权利人请求海关实施知识产权保护的，应将其知识产权向海关总署申请备案并提交申请书，向海关如实申报与进出口货物有关的知识产权状况，并提交有关证明文件。

知识产权海关保护备案自海关总署准予备案之日起生效，有效期为 10 年。有效期届满前 6 个月内，向海关总署申请续展备案，有效期亦为 10 年。有效期届满而不申请续展或者知识产权不再受法律、行政法规保护的，备案随即失效。

备案知识产权的情况发生改变的，知识产权权利人应当自发生改变之日起 30 个工作日内，向海关总署办理备案变更或者注销手续。

知识产权权利人发现侵权嫌疑货物即将进出口的，可以向货物进出境地海关提出扣留侵权嫌疑货物的申请，同时应当向海关提供不超过货物等值的担保。海关应当扣留侵权嫌疑货物，书面通知知识产权权利人，并将海关扣留凭单送达收货人或者发货人。

海关发现进出口货物有侵犯备案知识产权嫌疑的，应当立即书面通知知识产权权利人。知识产权权利人自通知送达之日起 3 个工作日内依照规定提出申请并提供担保的，海关应当扣留侵权嫌疑货物，书面通知知识产权权利人，并将海关扣留凭单送达收货人或者发货人。知识产权权利人逾期未提出申请或者未提供担保的，海关不得扣留货物。

海关对被扣留的侵权嫌疑货物进行调查，有关知识产权主管部门、知识产权权利人和收货人或者发货人应当予以协助或配合。根据调查结果，海关放行被扣留的侵权嫌疑货物，或者没收被扣留的侵权货物。

知识产权权利人在向海关提出采取保护措施的申请后，可以依照相关规定，在起诉前就被扣留的侵权嫌疑货物向人民法院申请采取责令停止侵权行为或者财产保全的措施。海关收到人民法院有关责令停止侵权行为或者财产保全的协助执行通知的，应当予以协助。

【应用案例】

万余元电饭锅被扣　湛江海关查获今年首宗涉嫌侵权货物

近日，湛江海关查获今年首宗涉嫌侵犯知识产权案件，在出口环节查获涉嫌侵权电饭锅 400 余个。

2014 年 2 月 12 日，湛江某公司向湛江海关申报出口一批豪华型电饭锅。像往常一样，该关负责接单的关员小李接过报关单证仔细审核。突然，报关单上申报的电饭锅品牌"GOLDEN SHARP"引起了他的注意。

"电饭锅是我们关区经常出口的商品，近年来出口电饭锅侵权情事时有发生，因此我们审单时会格外留意。"小李介绍道，"看到'GOLDEN SHARP'这个牌子时，我马上联想到世界知名电器品牌夏普(SHARP)，以及去年我关查获的'e-SHARP'电饭锅侵权一案。于是就在'知识产权海关保护备案系统'中进行查询，果然，在系统提示下，一条涉嫌侵权的线索顿时明朗。"

小李立刻报告科长，第一时间上报线索，并在法规部门指导下与其他业务科室开展联动处置，下达布控，重点查验，力求在最短的时间内控制货物追踪线索。

经查验，发现该批货物外壳、外包装、说明书上均印有"GOLDEN SHARP"的标识，后经联系权利人夏普株式会社，确认该批电饭锅涉嫌侵犯其在海关总署备案的"SHARP"商标专用权。权利人随即向该关提出扣留上述货物的申请，目前相关手续正在办理当中。

近年来，湛江海关不断加大对知识产权侵权案件的查处力度，旨在净化进出口环境，强化本土小家电企业的品牌意识，同时通过联合湛江市家电协会召开知识产权保护宣讲会等手段，引导、支持企业深入挖掘自身潜力，加强产品创新研发，从而实现转型升级，在全球范围内打响民族品牌。据统计，去年湛江口岸共出口电饭锅价值1.8亿美元，比上年大幅增长38.5%，创历史新高。

(资料来源：海关总署网.)

【相关链接】

公开销毁近4万件侵权盗版非法出版物

2009年12月16日下午，大连海关在辽宁师范大学南院召开公开销毁非法出版物现场会，销毁近4万件侵权盗版非法出版物。

14时15分，随着大连海关缉私局政委李治国的一声令下，销毁行动开始。一台压路机和专业粉碎机发出阵阵轰鸣，15分钟后，这批包括3万多张影视音乐光盘和7300多册书籍在内的非法出版物被碾为碎末。根据规定，销毁后剩余的碎末将分为纸浆和塑料分类回收处理。

大连海关副关长于大军介绍说："这些非法出版物是今年以来大连海关从货运、旅检、邮递物品等多个进出境渠道查获的。近年来，大连海关一直保持着打击非法出版物的高压态势，2007年以来已查获此类音像制品和书籍共计8万多件。"

据了解，大连海关为加强对侵权等非法出版物的打击力度，采取了根据地域国别重点查缉，加大海上、空港旅检渠道查验力度，加强行邮物品监管等多项举措，有效执行了海关知识产权保护、打击侵权盗版、淫秽色情等非法出版物的监管职能。

(资料来源：海关总署网.)

【知识拓展】

海关事务担保

为了规范海关事务担保，提高通关效率，保障海关监督管理，根据《海关法》及其他有关法律的规定，中国制定了《中华人民共和国海关事务担保条例》。

1. 海关事务担保的含义

海关事务担保，是指与进出境活动有关的自然人、法人或者其他组织(以下统称"当事人")在向海关申请从事特定的海关业务或者办理特定的海关事务时，以向海关提交保证金、保证函等担保，承诺在一定期限内履行其法律义务的法律行为。

2. 海关事务担保的适用范围

有下列情形之一的，当事人可以在办结海关手续前向海关申请提供担保，要求提前放行货物：①进出口货物的商品归类、完税价格、原产地尚未确定的；②有效报关单证尚未提供的；③在纳税期限内税款尚未缴纳的；④滞报金尚未缴纳的；⑤其他海关手续尚未办结的。国家对进出境货物、物品有限制性规定，应当提供许可证件而不能提供的，以及法律、行政法规规定不得担保的其他情形，海关不予办理担保放行。

【应用案例】

厦门果品公司要求担保放行购进中国台湾水果

2008 年 7 月，厦门果品公司购进中国台湾时令水果 5 万吨，因为进口数量大，又正值酷暑，果品容易腐烂变质，于是该公司向厦门海关提出先行放行的要求。为此，该公司按照相关规定，办妥有关担保手续，海关放行后，再抓紧时间办理纳税手续。

(资料来源：王志明，等. 报关综合实务(第二版). 大连：东北财经大学出版社，2010.)

当事人申请办理下列特定海关业务的，按照海关规定提供担保：①运输企业承担来往内地与港澳公路货物运输、承担海关监管货物境内公路运输的；②货物、物品暂时进出境的；③货物进境修理和出境加工的；④租赁货物进口的；⑤货物和运输工具过境的；⑥将海关监管货物暂时存放在海关监管区外的；⑦将海关监管货物向金融机构抵押的；⑧为保税货物办理有关海关业务的。当事人不提供或者提供的担保不符合规定的，海关不予办理上述所列特定海关业务。

进出口货物的纳税义务人在规定的纳税期限内有明显的转移、藏匿其应税货物以及其他财产迹象的，海关可以责令纳税义务人提供担保；纳税义务人不能提供担保的，海关依法采取税收保全措施。有违法嫌疑的货物、物品、运输工具应当或者已经被海关依法扣留、封存的，当事人可以向海关提供担保，申请免予或者解除扣留、封存。有违法嫌疑的货物、物品、运输工具无法或者不便扣留的，当事人或者运输工具负责人应当向海关提供等值的担保；未提供等值担保的，海关可以扣留当事人等值的其他财产。有违法嫌疑的货物、物品、运输工具属于禁止进出境，或者必须以原物作为证据，或者依法应当予以没收的，海关不予办理担保。

法人、其他组织受到海关处罚，在罚款、违法所得或者依法应当追缴的货物、物品、走私运输工具的等值价款未缴清前，其法定代表人、主要负责人出境的，应当向海关提供担保；未提供担保的，海关可以通知出境管理机关阻止其法定代表人、主要负责人出境。受海关处罚的自然人出境的，适用上述规定。

进口已采取临时反倾销措施、临时反补贴措施的货物应当提供担保的，或者进出口货物收发货人、知识产权权利人申请办理知识产权海关保护相关事务等，依照本条例的规定办理海关事务担保。法律、行政法规有特别规定的，从其规定。

当事人连续两年同时具备下列条件的，可以向直属海关申请免除担保，并按照海关规定办理有关手续：①通过海关验证稽查；②年度进出口报关差错率在 3% 以下；③没有拖欠应纳税款；④没有受到海关行政处罚，在相关行政管理部门无不良记录；⑤没有被追究刑事责任等。当事人不再符合上述规定条件的，海关应当停止对其适用免除担保。

当事人在一定期限内多次办理同一类海关事务的，可以向海关申请提供总担保。海关接受总担保的，当事人办理该类海关事务，不再单独提供担保。总担保的适用范围、担保金额、担保期限、终止情形等由海关总署规定。

3. 海关事务担保的方式

当事人可以以海关依法认可的财产、权利提供担保，担保财产、权利的具体范围由海关总署规定。

当事人以保函向海关提供担保的，保函应当以海关为受益人，并且载明下列事项：①担保人、被担保人的基本情况；②被担保的法律义务；③担保金额；④担保期限；⑤担保责任；⑥需要说明的其他事项。担保人应当在保函上加盖印章，并注明日期。

第二节　中国海关的管理体制与组织机构

一、海关的管理体制

为了使海关履行其进出境监督管理职能，提高管理效率，维持正常的管理秩序，国家必须建立完善的海关管理体制。自新中国成立以来，海关的管理体制几经变更。在 1980 年以前的 30 年间，除了在新中国成立初期，海关总署作为国务院的一个职能部门和组成部分，在海关系统实行集中统一的垂直领导体制外，其余大部分时间海关总署都是划归对外贸易部领导，各地方海关受对外贸易部以及所在省、自治区、直辖市人民政府的双重领导。1980年 2 月，国务院根据改革开放形势的需要做出了《国务院关于改革海关管理体制的决定》。

该决定指出："全国海关建制归中央统一管理，成立中华人民共和国海关总署作为国务院直属机构，统一管理全国海关机构和人员编制、财务及其业务。"从此以后，国家恢复了对海关的集中统一的垂直领导管理体制。

1987年1月，第六届全国人大常委会审议通过的《海关法》第三条规定："国务院设立海关总署，统一管理全国海关。海关依法独立行使职权，向海关总署负责。"可见，该法律确定了海关总署作为国务院直属机构的地位，进一步明确了海关机构的隶属关系，把海关集中统一的垂直领导管理体制以法律的形式确立下来。

海关集中统一的垂直领导体制既适应了国家改革开放、社会主义现代化建设的需要，也适应了海关自身建设与发展的需要，有力地保证了海关各项监督管理职能的行使。

二、海关的组织机构

(一)海关的设关原则

中国以法律形式明确了海关的设关原则。《海关法》第三条规定："国家在对外开放的口岸和海关监管业务集中的地点设立海关。海关的隶属关系，不受行政区划的限制。""对外开放的口岸"是指由国务院批准，允许运输工具及所载人员、货物、物品直接出入国(关)境的港口、机场、车站以及允许运输工具、人员、货物、物品出入国(关)境的边境通道。国家规定，在对外开放的口岸必须设置海关、出入境检验检疫机构。"海关监管业务集中的地点"是指虽非国务院批准对外开放的口岸，但是海关某类或者某几类监管业务比较集中的地方，如转关运输监管、保税加工监管等。"海关的隶属关系不受行政区划的限制"，表明了海关管理体制与一般性的行政管理体制的区域划分无必然联系，如果海关监督管理需要，国家可以在现有的行政区划之外考虑和安排海关的上下级关系和海关的相互关系。例如，山东省省会是济南，而济南海关仅为隶属海关(1990年正式开关，2012年5月调整为直属海关)，青岛海关却为直属海关。

(二)海关的组织机构

与海关的集中统一的管理体制相适应，中国海关机构的设置分为海关总署、直属海关和隶属海关三级。直属海关由海关总署领导，向海关总署负责；隶属海关由直属海关领导，向直属海关负责。

1. 海关总署

海关总署是国务院的直属正部级机构，在国务院领导下统一管理全国海关机构、人员编制、经费物资和各项海关业务，是海关系统的最高领导部门。海关总署现有17个内设部门、6个直属事业单位、管理4个社会团体和3个驻外机构。中央纪委、监察部在海关总署派驻纪检组、监察局。全国海关目前共有 47 个直属海关单位(广东分署,天津、上海特派办,42 个直属海关,2 所海关院校),600 个隶属海关和办事处,通关监管点近 4000 个。中国海关现有关员(含海关缉私警察)约 5 万人。

海关总署的基本任务是：在国务院领导下,领导和组织全国海关正确贯彻实施《海关法》和国家的有关政策、行政法规,积极发挥依法行政、为国把关的职能,服务、促进和保护社会主义现代化建设。

海关总署的主要职责是：①研究拟定海关工作的方针、政策、法律、法规和发展规划并组织实施和监督检查;②研究拟定关税征管条例及实施细则,组织实施进出口关税及其他税费的征收管理,依法执行反倾销、反补贴措施;③组织实施进出境运输工具、货物、行邮物品和其他物品的监管,研究拟定加工贸易、保税区、保税仓库、保税工厂及其他保税业务的监管制度并组织实施;④研究拟定进出口商品分类目录,拟定进出口商品原产地规则,组织实施知识产权海关保护;⑤编制国家进出口贸易统计,发布国家进出口贸易统计信息;⑥统一负责打击走私工作,组织查处走私案件,组织实施海关缉私,负责对走私犯罪案件进行侦查、拘留、执行逮捕、预审工作;⑦制定海关稽查规章制度,组织实施海关稽查;⑧研究拟定口岸对外开放的整体规划及口岸规范的具体措施和办法,审理口岸开放;⑨研究拟定海关科技发展规划,组织实施海关信息化管理,管理全国海关经费、固定资产和基本建设;⑩垂直管理全国海关,管理全国海关的组织机构、人员编制、工资福利、教育培训及署管干部任免;⑪开展海关领域的国际合作与交流;⑫承办国务院交办的其他事项。

2. 直属海关

直属海关是指直接由海关总署领导、向海关总署负责,负责管理一定区域范围内的海关业务,就本关区内的海关事务独立行使职责的海关。目前直属海关共有 42 个,除香港、澳门、台湾地区外,分布在全国 31 个省、自治区、直辖市。具体而言,直属海关包括：北京海关、天津海关、石家庄海关、太原海关、呼和浩特海关、满洲里海关、大连海关、沈阳海关、长春海关、哈尔滨海关、上海海关、南京海关、杭州海关、宁波海关、合肥海关、福州海关、厦门海关、南昌海关、青岛海关、济南海关、郑州海关、武汉海关、长沙海关、广州海关、深圳海关、拱北海关、汕头海关、黄埔海关、江门海关、湛江海关、南宁海关、海口海关、重庆海关、成都海关、贵阳海关、昆明海关、拉萨海关、西安海关、兰州海关、西宁海关、银川海关、乌鲁木齐海关。

【知识要点提示】

如果仔细观察上述名单就不难发现,绝大部分省、自治区、直辖市都只设置了一个直属海关;仅有辽宁省分设沈阳和大连两个直属海关,山东省分设青岛和济南两个直属海关,浙江省分设杭州和宁波两个直属海关，内蒙古自治区分设呼和浩特和满洲里两个直属海关，福建省分设福州和厦门两个直属海关，广东省分设广州、深圳、拱北、汕头、黄埔、江门、湛江 7 个直属海关。

直属海关的基本任务是：承担着在关区内组织开展海关各项业务和关区集中审单作业、全面有效地贯彻执行海关各项政策、法律、法规、管理制度和作业规范的重要职责，在海关三级业务职能管理中发挥着承上启下的作用。

直属海关的主要职责是：①对关区通关作业实施运行管理，包括执行总署业务参数、建立并维护审单辅助决策参数、对电子审单通道判别进行动态维护和管理、对关区通关数据和相关业务数据进行有效监控和综合分析；②实施关区集中审单，组织和指导隶属海关开展接单审核、征收税费、查验、放行等通关作业；③按规定程序及权限办理各项业务审核、审批、转报和注册备案手续；④组织实施对各类海关监管场所、进出境货物和运输工具的实际监控；⑤组织实施贸易管制措施、税收征管、保税和加工贸易海关监管、企业分类管理和知识产权进出境保护；⑥组织开展关区贸易统计、业务统计和统计分析工作；⑦组织开展关区调查、稽查和侦查业务；⑧开展对外执法协调和行政纠纷、争议的处理；⑨开展对关区各项业务的执法检查、监督和评估。

3. 隶属海关

隶属海关是指由直属海关领导、向直属海关负责，负责办理具体海关业务的海关，是海关进出境监督管理职能的基本执行单位。目前隶属海关共有 561 个，一般都设在口岸和海关业务集中的地点。根据海关业务情况，隶属海关设立若干业务科室，其人员从十几人到上百人不等。

隶属海关的主要职责是：①接单审核、征收税费、验估、查验、放行等通关作业；②对辖区内加工贸易实施海关监管；③对进出境运输工具及其燃料、物料、备件等实施海关监管，征收船舶吨税；④对各类海关监管场所实施实际监控；⑤对通关、转关及保税货物的存放、移动、放行或其他处置实施实际监控；⑥开展对运输工具、进出口货物、监管场所的风险分析，执行各项风险处置措施；⑦办理辖区内报关单位通关注册备案业务；⑧受理辖区内设立海关监管场所、承运海关监管货物业务的申请；⑨对辖区内特定减免税货物实施海关后续管理。

【相关链接】

海 关 关 徽

关徽是中华人民共和国海关的专用标志，由金黄色钥匙与商神手杖交叉组成。其中两蛇相缠的商神手杖是商神——古希腊神话中赫尔墨斯的手持之物。赫尔墨斯是诸神中的传信使者，兼商业、贸易、利润和发财之神，及管理商旅、畜牧、交通之神。传说赫尔墨斯拿着这支金手杖做买卖很发财。人们便称赫尔墨斯为商神，金手杖也便成了商神杖了，被世人视为商业及国际贸易的象征。金钥匙则是寓意国门钥匙，具有海关掌管国家经济大门的含义，象征海关为祖国把关。

中国海关关徽寓意着中国海关依法实施进出境监督管理，维护国家的主权和利益，促进对外经济贸易发展和科技文化交往，保障社会主义现代化建设。

关 衔 制 度

中国海关实行关衔制度。关衔制度是中国继军衔、警衔后实行的第三种衔级制度。关衔是区分海关关员等级、表明海关关员身份的称号和标志，是国家给予海关关员的荣誉。2003 年 2 月 28 日第九届全国人民代表大会常务委员会第三十二次会议通过了《中华人民共和国海关关衔条例》，江泽民主席以中华人民共和国主席令第八十五号颁布实施；7 月 8 日国务院第十四次常务会议通过了《海关关衔标志式样和佩戴办法》，温家宝总理以中华人民共和国国务院令第三百八十四号颁布实施；8 月 4 日海关总署正式下发《首次评定授予关衔办法》。9 月 12 日国务院隆重举行授予关衔仪式，国务院总理温家宝等领导同志为海关总监、副总监以及一、二级关务监督代表共 277 人颁发授衔命令证书。

关衔的等级设置为五等十三级，即：一等，海关总监、海关副总监；二等，关务监督(一级、二级、三级)；三等，关务督察(一级、二级、三级)；四等，关务督办 (一级、二级、三级)；五等，关务员(一级、二级)。海关总监、海关副总监、一级关务监督、二级关务监督由国务院总理批准授予；三级关务监督至三级关务督察，由海关总署署长批准授予；海关总署机关及海关总署派出机构的一级关务督办以下的关衔由海关总署政治部主任批准授予；各直属海关、隶属海关的一级关务督办以下的关衔由各直属海关关长批准授予。

关衔的授予以海关工作人员现任职务、德才表现、任职时间和工作年限为依据。二级关务督察以下关衔的海关工作人员，在其职务等级编制关衔幅度内，按照规定的期限晋级；一级关务督察以上关衔的海关工作人员，在职务等级编制关衔幅度内，根据德才表现和工作实绩实行选升。

全国海关首次授予关衔总人数为 32 时性 236 人。2003 年 10 月 1 日全国海关工作人员正式佩戴衔级标志上岗工作。

不同等级海关关衔标志的式样具体如下。

海关总监关衔标志为一枚橄榄叶环绕的海关关徽和三枚星花；海关副总监关衔标志为一枚橄榄叶环绕的海关关徽和二枚星花。

关务监督关衔标志为一枚橄榄叶和一枚海关关徽，一级关务监督关衔标志为三枚星花；二级关务监督关衔标志为二枚星花；三级关务监督关衔标志为一枚星花。

关务督察关衔标志为三道横杠和一枚海关关徽，一级关务督察关衔标志为三枚星花；二级关务督察关衔标志为二枚星花；三级关务督察关衔标志为一枚星花。

关务督办关衔标志为二道横杠和一枚海关关徽，一级关务督办关衔标志为三枚星花；

二级关务督办关衔标志为二枚星花；三级关务督办关衔标志为一枚星花。

关务员关衔标志为一道横杠和一枚海关关徽，一级关务员关衔标志为三枚星花；二级关务员关衔标志为二枚星花。

第三节　中国海关的法律体系

法律体系是指一个国家现行的全部法律规范按照不同部门、层次所组成的有机统一整体。海关法作为中国现行行政法律的一个重要组成部分，具有相对的独立性和完整性。海关法具有综合性强、内容繁杂、层次分明和相互协调的特点。各层次的海关法既相互区分又相互联系，构成了独立、完整、严密的海关法律体系。根据制定的主体和效力的不同，海关法律体系既包括专门的海关法，也包括所有的海关行政法规、海关规章、海关规范性文件，还包括各种法律、行政法规中涉及海关管理的所有规定。

一、《海关法》

行政法律是由最高国家权力机关全国人民代表大会及其常务委员会制定，以中华人民共和国主席令的形式颁布实施。《海关法》于1987年1月22日由第六届全国人民代表大会常务委员会第十九次会议通过，同年7月1日起实施。为了适应形势发展的需要，2000年7月8日第九届全国人民代表大会常务委员会第十六次会议审议通过了《关于修改〈中华人民共和国海关法〉的决定》，对《海关法》进行了较大范围的修改，修正后的《海关法》于2001年1月1日起实施。《海关法》共九章一百〇二条，是中国现行法律体系的一个重要组成部分，是管理海关事务的基本法律规范。

二、海关行政法规

行政法规是由国务院根据《中华人民共和国宪法》和法律制定，以国务院令的形式颁布实施。目前在海关管理方面主要的行政法规有：《关税条例》(2003年公布，2004年施行)、《中华人民共和国海关稽查条例》(以下简称《稽查条例》，1997年公布施行)、《中华人民共和国知识产权海关保护条例》(以下简称《知识产权海关保护条例》，2003年公布，2004年施行)、《中华人民共和国海关行政处罚实施条例》(以下简称《海关行政处罚实施条例》，2004年公布施行)、《中华人民共和国海关统计条例》(以下简称《统计条例》，2005年公布，2004年施行)、《中华人民共和国进出口货物原产地条例》(以下简称《原产地条例》，2004年公布，2005年施行)等。

三、海关规章

海关规章是由海关总署根据《中华人民共和国立法法》的规定，单独或会同有关部门制定，以海关总署令的形式颁布实施。它是海关日常工作中内容最广、操作性最强的法律依据，其效力等级低于法律和行政法规。目前在海关管理方面主要的海关规章有：《中华人民共和国海关报关员资格考试及资格证书管理办法》(2010 年公布施行)、《中华人民共和国海关企业分类管理办法》(2010 年公布，2011 年施行)、《中华人民共和国海关进出境运输工具监管办法》(2010 年公布，2011 年施行)、《中华人民共和国海关进出口货物减免税管理办法》(2008 年公布，2009 年施行)、《中华人民共和国海关保税核查办法》(2008 年公布施行)、《中华人民共和国海关加工贸易单耗管理办法》(2006 年公布，2007 年施行)、《中华人民共和国海关加工贸易企业联网监管办法》(2006 年公布施行)等。

四、海关规范性文件

规范性文件，是指海关总署及各直属海关按照规定程序制定的、对行政管理相对人权利和义务具有普遍约束力的文件。海关总署制定的要求行政管理相对人遵守或执行的规范性文件，应当以海关总署公告的形式对外发布，但是不得设定对行政管理相对人的行政处罚。直属海关在限定范围内制定的关于本关区某一方面行政管理关系的涉及行政管理相对人权利义务的规范性文件，应当以公告形式对外发布。2013 年发布生效的在海关管理方面主要的海关规范性文件有：关于公布海关行业标准《报关服务质量要求》的公告、关于修改进出口货物报关单填制规范的公告、关于 2013 年度报关员资格全国统一考试有关事项的公告、关于深化通关作业无纸化改革试点工作有关事项的公告、关于中华人民共和国进出口税则本国子目注释的公告、关于公布《2013 年中国海关统计数据发布时间表》的公告等。

五、中国签订或缔结的海关国际公约或海关行政互助协议

海关国际公约是指世界海关组织(WCO)成员方缔结的多边协议，如《关于简化和协调海关业务制度的国际公约》(简称《京都公约》)、《货物暂准进口公约》(简称《伊斯坦布尔公约》)，国际海事组织(IMO)制定的《1972 年集装箱关务公约》，以及世界贸易组织(WTO)制定的有关公约，如《海关估价协议》等。

海关行政互助协议是两国之间订立的双边协议，中国已与俄罗斯等几十个国家缔结了海关行政互助协议。

【应用案例】

中欧海关行政互助帮企业打赢跨国维权案

记者 2010 年 7 月 13 日从南京海关获悉，近日历时长达两年的尚德太阳能公司跨国维权案，在中欧海关和公检法机关的通力合作下取得圆满结果，3 名犯罪嫌疑人最终获刑并被处罚金。此案开创了中国与欧盟海关之间通过交换扣押货物证据，最终对国内造假者、售假者进行刑事打击的先河。

越洋电话牵出冒牌货物线索

2010 年 3 月，尚德太阳能电力有限公司接到一家德国客户的越洋电话，询问带有"Suntech"字样和相关图案的出口货物是否经过尚德的商标授权。尚德公司法务部工作人员立即提高了警觉。原来，该德国公司是通过日本的中间商订购了一批尚德太阳能电池板。

随后，尚德公司立即进行了内部核实，发现并没有货销售给这家德国公司。尚德初步断定这是一批假货。通过调查和追踪，尚德公司了解到这批货已通过上海海关出境被运往德国。通过查阅德国公司提供的一些交易资料，尚德公司通过上海海关立即与该批货物的目的港德国汉堡海关取得联系。

因尚德公司在德国已进行了商标注册申请，在德国海关也已备案，因此，尚德公司产品的商标和品牌受当地海关保护。

2010 年 4 月 21 日，当 960 件贴有 Suntech 商标的太阳能电池组件运抵德国汉堡港时便被德国海关当场查扣，尚德驻德人员也到场协助查验，确认这批货物系假冒尚德注册商标的假货。随后，尚德公司向德国海关提出扣货申请，德国海关出具了正式扣货通知。不久，在尚德公司委托人的见证下，该批货物除保留一些样品外被全部销毁。

中欧海关合作扣押物证终得

为对造假者绳之以法，尚德公司对这批假货进行了追查，发现它们极可能是由无锡林德太阳能科技有限公司生产、通过一顾姓中年男子出售给德国公司的。为查明林德公司的造假行为，在无锡海关的协助下，尚德公司收集、公证、认证了国外证据，并向无锡市新区公安分局进行了报案。至此，公安机关全面介入调查。

然而，当时案件仅有的书面证据来源于海外，案件的关键证据之一假货样品也被德国海关扣押。尚德公司的德国律师与德国海关多次沟通过，但当地法律没有将扣押品移交境外公司的规定。而能不能拿到假货样品是定案的关键，取证一度陷入了僵局。

无奈之下，尚德公司抱着试试看的想法向中国海关总署求助。经海关总署核实，在德国的法律体系中，确实没有实物交换这一条。但海关总署意识到，这起案件将可能对今后两国的双边合作具有开创性意义。为此，海关总署多次与德国海关交涉，经过反复磋商，最终通过行政互助的方式，德国海关破例同意将 1 块扣押的假冒 Suntech 太阳能电池板提供给中国海关总署，并同意作为刑事案件的实物证据。

据法律界相关人士表示，海关总署的成功尝试，开创了中国与欧盟海关之间交换扣押货物证据的先河，为中欧双方今后在知识产权海关保护和刑事侦破等方面提供了重要的借鉴。

收到实物后，海关总署将实物证据转交给了无锡公安，使得案件有了突破口。

根据公安机关查实，犯罪嫌疑人顾某于2010年年初取得了德国某公司向无锡尚德订购太阳能电池板的订单。顾某找到林德公司法定代表人蔡某、公司副总经理周某商议，承接该订单后做仿冒尚德太阳能电池组件。为此，顾某还通过伪造证明材料等手法，骗得德国公司开具受益人为林德公司的信用证。

随后，3人伪造了Suntech注册商标的产品标牌，并将其粘贴于外包加工的960件太阳能电池组件上，出口至德国。

(资料来源：法制网.)

第四节　中国海关的权力

《海关法》在规定了海关任务的同时，为了保证任务的完成，赋予了海关许多具体权力。海关权力，是指国家为保证海关依法履行职责，通过《海关法》和其他法律、行政法规赋予海关的对进出境运输工具、货物、物品的监督管理权力。海关权力属于公共行政权力，其行使受一定范围和条件的限制，并应当接受执法监督。

一、海关权力的内容

根据《海关法》及有关法律、行政法规，海关的权力主要包括以下几个方面。

1. 检查权

海关有权检查进出境运输工具，检查有走私嫌疑的运输工具和有藏匿走私货物、物品嫌疑的场所，检查走私嫌疑人的身体。

海关对进出境运输工具的检查不受海关监管区域的限制；对走私嫌疑人身体的检查，应在海关监管区和海关附近沿海沿边规定地区内进行；对有走私嫌疑的运输工具和有藏匿走私货物、物品嫌疑的场所，在海关监管区和海关附近沿海沿边规定地区内，海关人员可直接检查，超出此范围，在调查走私案件时，须经直属海关关长或者其授权的隶属海关关长批准，才能进行检查，但不能检查公民住处。

【应用案例】

老外身绑11斤海洛因入境

2012年白云机场海关在一名外籍旅客的腰部和小腿部位查获夹藏的毒品海洛因 5879

克。该名旅客于 2012 年 4 月 5 日晚自迪拜飞抵广州白云机场口岸入境，其走路姿态引起了检查关员的注意。检查发现该名旅客的腰部两侧和小腿部位捆绑着袋装物品 4 包，内夹藏白色粉末，经技术鉴定为毒品海洛因。

（资料来源：广州海关网.）

2. 查验权

海关有权查验进出境货物、物品。海关查验货物认为必要时，可以径行提取货样。

【应用案例】

广州海关查获蜡烛藏毒案　三蜡烛内藏海洛因 836.5 克

蜡烛造来不是用于燃烧的，竟成海洛因藏身之处。广州海关 27 日披露，该海关下属白云机场海关日前查获利用蜡烛夹藏毒品海洛因进境案。

2013 年 5 月 20 日，一名衣着时尚的年轻越南籍女子引起了海关关员的注意，经简单问话，查验关员对这名乘坐 CZ3082(曼谷—广州)航班入境的年轻女子的行李进行了 X 光机检查，发现其行李中有 3 个用礼品袋独立包装的粗大蜡烛，上面贴着大大的"囍"字。

细心的关员掂了掂蜡烛，感觉重量有异，再细看 X 光机图像，蜡芯的部分隐有暗绿色阴影。穿刺化验的结果证实了关员的推断，狡猾的毒贩把毒品浇注在蜡芯位置，企图蒙混过关。该案共缴获毒品海洛因净重 836.5 克。

虽然该案是广州海关首次在旅检渠道查获蜡烛藏毒，但是这种走私手法却不是第一次被发现。相似手法在快件渠道也有"上演"。去年 10 月 5 日，白云机场海关快件现场对一票寄自孟加拉、申报品名为"蜡烛样品"的进口快件进行了布控检查。查验关员开箱后，发现里面有 26 根大小各异的蜡烛。其中，大部分蜡烛做工都较为时尚，唯独有 4 根红色蜡烛又粗又大，外形普通。

蜡烛这样普通的物品，为什么要费尽周折进口到国内呢？况且手工又不是特别精美的呢？带着这样的疑问，查验关员对整箱蜡烛进行 X 光机检查。

果然，4 根红色蜡烛图像有问题。用锤子把蜡烛敲碎后，马上传来一股刺激性的酸味，蜡烛里面均藏有用黄色包装袋包裹的浅黄色粉末状毒品海洛因，净重 742.9 克。

（资料来源：广州海关网.）

3. 查阅、复制权

海关有权查阅进出境人员的证件，查阅、复制与进出境运输工具、货物、物品有关的合同、发票、账册、单据、记录、文件、业务函电、录音录像制品和其他的有关资料。

4. 查问权

海关有权查问违反《海关法》或者其他有关法律、行政法规的嫌疑人，调查其违法行为。

【应用案例】

揭露"玄机"的污渍

2013年6月22日22时20分左右，关员在通道发现一名行李特别简单的尼日利亚籍男性旅客，在询问过程中，这名男子一再强调自己没有行李，希望尽快通关。

关员经分析认为该男子存在体内吞服毒品走私嫌疑，遂将其指引进入查验区作进一步检查。

由于没有行李，查验区内，关员要求旅客出示了护照、机票等物品进行了仔细核查，发现该男子出发地为拉各斯，经迪拜中转来广州。在询问过程中，关员感觉该男子的反应总是"慢"一拍，动作也显僵硬，但仍是不太确定是否体内藏毒。

这时，细心的关员发现这名男子的袖口有片污渍，似是呕吐的秽物留下的，联系到男子"慢"一拍的反应，关员坚定了自己的怀疑。在连连追问下，嫌疑人的防线被逐渐瓦解，最终自述吞服毒丸200颗。经送院确认，嫌疑人吞服的毒品为海洛因。

(资料来源：广州海关网.)

5. 查询权

海关在调查走私案件时，经直属海关关长或者其授权的隶属海关关长批准，可以查询案件涉嫌单位和涉嫌人员在金融机构、邮政企业的存款、汇款。

6. 稽查权

海关在法律规定的年限内，对企业进出境活动及与进出口货物有关的账务、记账凭证、单证资料等有权进行稽查。

为了建立、健全海关稽查制度，加强海关监督管理，维护正常的进出口秩序和当事人的合法权益，保障国家税收收入，促进对外贸易的发展，中国制定了《稽查条例》。为了实施《稽查条例》，又制定了《稽查条例实施办法》。

1) 海关稽查的含义

海关稽查，是指海关自进出口货物放行之日起3年内或者在保税货物、减免税进口货物的海关监管期限内，对被稽查人的会计账簿、会计凭证、报关单证以及其他有关资料和有关进出口货物进行核查，监督被稽查人进出口活动的真实性和合法性。

2) 海关稽查的对象

海关稽查的企业、单位包括以下几个方面。

(1) 从事对外贸易的企业、单位。

(2) 从事对外加工贸易的企业。

(3) 经营保税业务的企业。

(4) 使用或者经营减免税进口货物的企业、单位。

(5) 从事报关业务的企业。

(6) 海关总署规定的从事与进出口活动直接有关的其他企业、单位。

海关稽查的进出口活动包括以下几个方面。

(1) 进出口申报。

(2) 进出口关税和其他税、费的缴纳。

(3) 进出口许可证、件的交验。

(4) 与进出口货物有关的资料记载、保管。

(5) 保税货物的进口、使用、储存、加工、销售、运输、展示和复出口。

(6) 减免税进口货物的使用、管理。

(7) 转关运输货物的承运、管理。

(8) 暂时进出口货物的使用、管理。

(9) 其他进出口活动。

3) 海关稽查的实施

(1) 海关实施稽查3日前，应当制发"海关稽查通知书"通知被稽查人。

(2) 有下列情况之一的，经海关关长批准，海关可以不经事先通知，径行对被稽查人实施稽查：①被稽查人有重大违法嫌疑的；②被稽查人的会计账簿、会计凭证、会计报表、会计电算化资料、报关单证等有关资料及进出口货物可能被擅自转移或毁弃的；③情况特殊海关认为有必要的。

(3) 海关实施稽查应当组成不少于2人的稽查组。海关工作人员进行稽查时，应当向被稽查人出示《中华人民共和国海关稽查证》。

(4) 海关工作人员进行稽查时，有下列情况之一的，应当回避：①海关工作人员与被稽查人的法定代表人或主要负责人有近亲属关系的；②海关工作人员或其近亲属与被稽查人有直接利害关系的；③海关工作人员或其近亲属与被稽查人有其他利害关系，可能影响海关稽查工作正常进行的。

4) 海关实施稽查时被稽查人的义务

(1) 被稽查人应当配合海关稽查工作，其法定代表人或者主要负责人或其指定代表应当到场，如实反映情况，并提供必要的工作条件。

(2) 与被稽查人有财务往来或者其他商务往来的企业、单位应当配合海关工作人员执行职务，如实反映被稽查人的有关情况，提供有关资料和证明材料。

(3) 海关工作人员查阅、复制被稽查人账簿、单证等有关资料时，被稽查人应当按海关要求提供并协助清点。被稽查人实行会计电算化管理的，还应当向海关提供记账软件、使用说明书及其他有关资料。

(4) 海关工作人员检查被稽查人的生产经营场所和进出口货物存放场所时，被稽查人的法定代表人或主要负责人或其指定的代表人应当到场，按照海关的要求开启场所、搬移货物，开启、重封货物的包装。

5) 海关稽查的处理

(1) 经海关稽查，发现少征或者漏征的税款，应当从缴纳税款或者货物放行之日起1年内，向被稽查人补征。因被稽查人违反规定而造成少征或者漏征的，海关可以在3年内向被稽查人追征。必要时，经海关关长批准，可以通知银行在被稽查人存款内扣缴。

(2) 经海关稽查，发现被稽查人有其他违反海关监管规定行为的，由海关依照《海关法》和其他有关法律、行政法规处理。

(3) 经海关稽查，发现被稽查人涉嫌走私犯罪或者其他犯罪的，移送有关部门处理。不构成走私罪的走私行为，或者构成走私罪但不起诉以及免除刑罚的行为，由海关依照《海关法》和其他有关法律、行政法规处理。

【应用案例】

海关对加工贸易保税工厂的稽查

I 保税工厂进口保税的天然橡胶等原料，加工生产汽车轮胎出口。

2003年6月，其主管海关对该保税工厂实行常规稽查，通过核对其"原材料"账册，发现有一笔贷方发出的200吨天然橡胶与正常车间领用相比数量较大，又调阅相应的会计凭证，并未注明具体哪个生产车间领用，存在内销料件的疑点。稽查人员在"其他业务收入"账户的贷方发现出售200吨天然橡胶的收入记录。查看对应的"银行存款"账及相应凭证，确定了企业擅自内销料件的违法行为。

(资料来源：刘高峻，等. 海关稽查. 北京：中国海关出版社，2005.)

【相关链接】

海关总署购买服务开展稽查

2014年2月24日海关总署发布，目前有520家会计师事务所等中介机构接受海关委托，协助海关稽查。2013年，全国海关共委托中介协助稽查企业984家，共查发问题企业255家，查发问题率25.9%，较2012年增长1.7个百分点。

在借助会计师事务所等社会中介机构协助海关稽查工作中，海关在选取委托对象时，根据行业标准按照"公平、公正、公开"原则，采用公开招标、综合排名等方式确定协助稽查的会计师事务所，签订委托协议，并建立退出机制，对于工作中出现舞弊、泄密、违约等行为的会计师事务所及人员，予以淘汰，并通报行业协会及主管部门进行处理。

海关总署新闻发言人张广志表示，按照中央关于深化行政体制改革、创新政府管理方式的部署要求，海关总署积极探索通过购买公共服务的方式，引入社会组织承接事务性管理服务，提高监管服务能力与水平。他说，下一步，海关总署将进一步拓展中介服务领域，借助社会资源不断改进海关监管与服务，促进贸易便利。

(资料来源：海关总署网.)

7. 连续追缉权

进出境运输工具或者个人违抗海关监管逃逸的，海关可以连续追至海关监管区和海关附近沿海沿边规定地区以外，将其带回处理。

【应用案例】

狡猾走私船难逃海关缉私队员法眼

2008年3月11日深夜，拱北海关902缉私艇在珠海内伶仃海面执行巡逻任务时，发现一艘可疑船只在附近海域游弋。缉私队员分析该船存在较大的走私嫌疑，遂对其进行重点监控。在经过长达数小时的雷达监控后，"狐狸"终于露出了"尾巴"。12日凌晨2时许，一直慢航的嫌疑船向珠江口西岸全速行进，902艇迅速出击，在经过近1个小时的追缉后，缉私队员强行跳帮将该船截停。

经清点，该船船舱内共装载有涉嫌走私的各类旧汽车切割件10多吨，其中包括4辆割顶旧切割轿车、3个旧车头、3个旧车尾、1个旧货车驾驶室。据涉案人员供述，这些旧切割车是从香港附近水域的大型船舶上过驳，准备运往境内销售牟利。

据拱北海关缉私人员分析，这些旧车主要是来自美国、日本等国家的事故车、报废车，走私团伙在香港进行切割、拆解、捆扎后，再偷运至内地高价出售，牟取暴利。拱北海关表示，将一如既往地加强对重点水域的监控和巡航，加大对水泥船、渔船等重点船只的查缉力度，严厉打击走私活动。

(资料来源：http://news.sohu.com/20080330/n255992569.shtml，2014-03-31.)

8. 佩带和使用武器权

海关为履行职责，可以配备武器。海关工作人员佩带和使用武器的规则，由海关总署会同国务院公安部门制定，报国务院批准。

【相关链接】

1989年6月19日，海关总署、公安部联合发布《海关工作人员使用武器和警械的规定》。
根据该规定，海关工作人员执行缉私任务时，应当依照本规定使用武器和警械。海关工作人员使用的武器和警械包括：轻型枪支、电警棍、手铐及其他经批准列装的武器和警械。海关工作人员执行缉私任务，遇有下列情形之一的，可以使用警械：①走私分子或者走私嫌疑人以暴力抗拒检查或者逃跑时；②走私分子或者走私嫌疑人以暴力抗拒查扣走私货物、物品和其他证据时；③执行缉私任务受到袭击需要自卫时；④遇有其他需要使用警械的情形时。海关工作人员使用武器或者警械时，应当以制服对方为限度。

9. 税费征收权

海关代表国家依法对进出口货物、物品征收关税及其他税费。

根据法律、行政法规及有关规定，依法对特定的进出口货物、物品减征或免征关税。

对经海关放行后的有关进出口货物、物品，发现少征或者漏征税款的，依法补征、追征税款的权力。

10. 行政许可权

海关行政许可，是指海关根据公民、法人或者其他组织的申请，经依法审查，准予其从事与海关进出关境监督管理相关的特定活动的行为。

1) 海关行政许可的范围

(1) 法律、行政法规设定的海关行政许可项目

① 报关企业注册登记。

② 报关员资格核准。

③ 出口监管仓库、保税仓库设立审批。

④ 海关监管货物仓储审批。

⑤ 免税商店设立审批。

⑥ 加工贸易备案(变更)、外发加工、深加工结转、余料结转、核销、放弃核准。

⑦ 进出口货物免验审批。

⑧ 暂时进出口货物的核准。

⑨ 报关单修改、撤销审批。

(2) 以国务院决定方式公布的海关行政许可项目

① 常驻机构及非居民长期旅客公私用物品进出境核准。

② 小型船舶往来香港、澳门地区进行货物运输备案。

③ 承运境内海关监管货物的运输企业、车辆注册。

④ 制造、改装、维修集装箱、集装箱式货车车厢核准。

⑤ 获准入境定居旅客安家物品审批。

⑥ 长江驳运船舶转运海关监管的进出口货物审批。

2) 海关行政许可的管理

海关行政许可的归口管理部门是海关法制部门。

(1) 海关总署法制部门

海关总署法制部门是海关总署关于海关行政许可的归口管理部门，具体承办下列事项。

① 对海关行政许可项目进行审查、登记、评估。

② 根据法律、行政法规、海关总署规章的规定，收集、汇总、处理关于海关行政许可的立法建议。

③ 受理、核实公民、法人、其他组织关于海关行政许可的申诉、举报、意见建议，解答咨询。

④ 承办公民、法人、其他组织关于海关总署行政许可的行政复议、行政应诉案件，指导各级海关有关海关行政许可的行政复议、行政应诉事宜。

⑤ 对各级海关实施海关行政许可的情况进行监督检查。

⑥ 指导、协调各级海关实施海关行政许可的工作。

⑦ 法律、行政法规、海关总署规章规定的其他应由海关总署负责的海关行政许可综合管理事项。

(2) 各直属海关法制部门

各直属海关法制部门是各级海关关于海关行政许可的归口管理部门，具体承办下列事项。

① 根据法律、行政法规、海关总署规章的规定，承办收集、汇总、上报关于海关行政许可的立法建议、本关区关于海关行政许可的实施情况等事宜。

② 受理、核实公民、法人、其他组织关于本关区实施海关行政许可的申诉、举报、意见建议，解答咨询。

③ 受理公民、法人、其他组织关于隶属海关实施海关行政许可的行政复议。

④ 承办或指导公民、法人、其他组织关于本关区实施海关行政许可的行政应诉事宜。

⑤ 对本关区实施海关行政许可的情况进行监督检查。

⑥ 组织本关区关于海关行政许可的听证事宜。

⑦ 指导、协调本关区海关行政许可的实施工作。

⑧ 法律、行政法规、海关总署规章规定的其他应由直属海关负责的海关行政许可综合管理事项。

11. 行政处罚权

海关有权对尚未构成走私罪的违法当事人处以行政处罚，包括对走私货物、物品及违法所得处以没收，对有走私行为和违反海关监管规定行为的当事人处以罚款，对有违法情事的报关企业和报关员处以暂停或取消报关资格的处罚等。

【应用案例】

区成不服九龙海关行政处罚决定案

原告区成于 1987 年 12 月 4 日经罗湖海关入境时，未带任何玉石器用品。12 月 6 日，原告携带玉石器 317 件，放在行李中，未向海关申报，经罗湖口岸"绿色通道"(即无申报物品通道)出境，通过行李机时被查获。经广东省文物管理部门鉴定，原告所带玉石器中，有玉龙带钩 1 件，属清初文物，禁止出境；玉带钩、白玉猴各 1 件，属清末文物范畴；其余 314 件，属现代各式特种玉石工艺品。这些玉石器，估价总值人民币 9580 元。

1988 年 2 月 27 日，罗湖海关做出处罚决定，认定原告行为属走私行为，给予其以没收所携带玉石器的处罚。原告不服罗湖海关的处罚决定，于 1988 年 3 月 3 日向九龙海关申请复议。九龙海关复议认为，罗湖海关对区成的处罚决定是适当的，其申请复议的理由不能成立，决定维持原处罚决定。原告不服九龙海关的复议决定，于 1988 年 7 月 1 日，向深圳市中级人民法院起诉，要求维护他的合法权益，退还被没收的原物。深圳市中级人民法院审理后于 1988 年 11 月 15 日判决：维持九龙海关做出的没收原告区成玉石器的复议决定。本案诉讼费港币 200 元，由原告负担。

(资料来源：http://www.110.com/zhuanti/haiguan/anli/.)

12. 行政强制权

海关行政强制，包括海关行政强制措施和海关行政强制执行。

1) 海关行政强制措施

海关行政强制措施，是指海关在行政管理过程中，为制止违法行为、防止证据损毁、避免危害发生、控制危险扩大等情形，依法对公民的人身自由实施暂时性限制，或者对公民、法人或者其他组织的财物实施暂时性控制的行为。

(1) 限制公民人身自由

在海关监管区和海关附近沿海沿边规定地区，对走私犯罪嫌疑人，经直属海关关长或者其授权的隶属海关关长批准，可以扣留，扣留时间不得超过 24 小时，在特殊情况下可以延长至 48 小时。

个人违抗海关监管逃逸的，海关可以连续追至海关监管区和海关附近沿海沿边规定地区以外，将其带回处理。

受海关处罚的当事人或者其法定代表人、主要负责人在出境前未缴清罚款、违法所得和依法追缴的货物、物品、走私运输工具的等值价款，又未提供担保的，海关可以通知出境管理机关阻止其出境。

【应用案例】

海关有权实施人身扣留吗？

2006 年 9 月 20 日，旅客张×乘坐晚班飞机由泰国飞抵北京首都国际机场，选择走无申报通道过关。当班旅检关员将其截停，询问其是否有需要申报的物品。张×表示自己去泰国是旅游，未携带任何需要申报的物品进境。旅检关员随即对其行李物品进行了检查，发现 1 瓶洋酒，形态可疑，酒液中混杂着其他物质且呈分离状态。凭以往查获过在酒瓶中夹藏液状可卡因的经验，旅检关员对这瓶酒产生了怀疑，遂在现场初步对酒液进行了检验，但根据检验结果无法明确判断是否含有可卡因，需送交北京市公安局毒品检测中心进行进一步化验检测。旅检部门将该案移交缉私局。由于当时已近午夜，送交北京市毒品检测中心化验需待次日上午，经请示首都机场海关关长批准，当晚 11 时 15 分，首都机场海关制发"扣留决定书"，对张×实施扣留，并告知其享有的救济权利。张×情绪激动，表示了极大的不满，拒绝在"扣留决定书"上签字，缉私局有关工作人员在注明这一情况后，将其送入扣留室，并通知了张×家属。次日上午 9 时许，北京市公安局毒品检测中心检测排除了酒液中含有可卡因的可能。得到这一检测结果，首都机场海关立即于当日 9 时 20 分制发"中华人民共和国海关解除扣留走私犯罪嫌疑人决定书"，解除了对张×的扣留。

对人身实施扣留是《海关法》赋予海关的一项执法权力，从本质上说，人身扣留是一种短时间内暂时限制人身自由的行政强制措施。而人身自由作为宪法赋予公民的基本权利之一，对其进行限制，是非不得已而不可采取的。因此，法律及行政法规对这种行政强制措施的实施，规定了非常严格的条件和程序，并且，对实施的主体也进行了严格的限制，除公安、司法机关以外，国家行政机关中唯有海关拥有限制人身自由的权力。

2006 年 1 月，《中华人民共和国海关实施人身扣留规定》正式颁布，自 2006 年 3 月 1 日起施行。这是一部依据《海关法》制定出台的既符合海关办案实际，能够保证海关依法履行职责和行使权力，又能充分体现法律以人为本，切实保护公民合法权益的海关扣留规定。它对海关实施人身扣留的适用对象和时限、审批和执行程序等做出了详细的严格规定。

(资料来源：张炳达，顾涛. 进出口货物报关实务. 上海：立信会计出版社，2012.)

(2) 扣留财物

对违反海关法的进出境运输工具、货物、物品以及与之有牵连的合同、发票、账册、单据、记录、文件、业务函电、录音录像制品和其他资料，可以扣留。

在海关监管区和海关附近沿海沿边规定地区，对有走私嫌疑的运输工具、货物、物品，经直属海关关长或者其授权的隶属海关关长批准，可以扣留。

在海关监管区和海关附近沿海沿边规定地区以外，对有证据证明有走私嫌疑的运输工具、货物、物品，可以扣留。

有违法嫌疑的货物、物品、运输工具无法或者不便扣留，当事人或者运输工具负责人未提供等值担保的，海关可以扣留当事人等值的其他财产。

海关不能以暂停支付方式实施税收保全措施时，可以扣留纳税义务人其价值相当于应纳税款的货物或其他财产。

进出口货物的纳税义务人、担保人自规定的纳税期限届满之日起超过 3 个月未缴纳税款，经直属海关关长或其授权的隶属海关关长批准，可以扣留其价值相当于应纳税款的货物或其他财产。

对涉嫌侵犯知识产权的货物，海关可以依申请扣留。

(3) 冻结存款、汇款

进出口货物的纳税义务人在规定的纳税期限内，有明显的转移、藏匿其应税货物及其他财产迹象，不能提供纳税担保的，经直属海关关长或其授权的隶属海关关长批准，海关可以通知纳税义务人开户银行或者其他金融机构暂停支付纳税义务人相当于应纳税款的存款。

(4) 封存货物或账簿、单证

海关进行稽查时，发现被稽查人的进出口货物有违反《海关法》和其他法律、行政法规嫌疑的，经直属海关关长或其授权的隶属海关关长批准，可以封存有关进出口货物。

海关进行稽查时，发现被稽查人有可能篡改、转移、藏匿、毁弃账簿和单证等资料的，经直属海关关长或其授权的隶属海关关长批准，在不妨碍被稽查人正常的生产经营活动的前提下，可以暂时封存其账簿、单证等有关资料。

(5) 对监管货物等加施封志

海关封志，是指海关在应受海关监管的货物、个人物品和储存上述货物和物品的容器及场地所加的标识符号。海关封志是海关监管措施的体现，任何人都不得擅自开启或毁损，以体现海关监管的权威性。否则，海关可对有关当事人处以罚款。

加施海关封志的目的在于保障海关监管下的货物或物品的安全，避免中途被盗、被更换，通常在运输工具的门上、集装箱门上、货物的箱体开关处加封。海关封志是统一制作，统一使用的。如遇有封志破损，需当即报告并做好记录通知海关，追查原因。

用专用送检箱送检时，应加施海关封志，并将填写有封志号码的"化验申请单"用关封送至海关化验中心核对。不便置于专用送检箱内的样品，应根据具体情况妥善施加封记。

2) 海关行政强制执行

海关行政强制执行，是指在有关当事人不依法履行义务的前提下，为实现海关的有效行政管理，依法强制当事人履行法定义务的行为。

(1) 加收滞纳金

进出口货物的纳税义务人逾期缴纳税款的，由海关征收滞纳金。

进出口货物和海关监管货物因纳税义务人违反规定造成少征或者漏征税款的，海关可予追征并加征滞纳金。

(2) 扣缴税款

进出口货物的纳税义务人、担保人自规定的纳税期限届满之日起超过 3 个月未缴纳税款的，经直属海关关长或者其授权的隶属海关关长批准，海关可以书面通知其开户银行或者其他金融机构从其暂停支付的存款中扣缴税款。

(3) 抵缴、变价抵缴

当事人逾期不履行海关的处罚决定又不申请复议或者提起诉讼的，海关可以将其保证金抵缴或者将其被扣留的货物、物品、运输工具依法变价抵缴。

进出口货物的纳税义务人、担保人自规定的纳税期限届满之日起超过 3 个月未缴纳税款的，经直属海关关长或者其授权的隶属海关关长批准，海关可以依法变卖应税货物，或者依法变卖其价值相当于应纳税款的货物或者其他财产，以变卖所得抵缴税款。

海关以扣留方式实施税收保全措施，进出口货物的纳税义务人在规定的期限内未缴纳税款的，经直属海关关长或者其授权的隶属海关关长批准，依法变卖所扣留货物或者其他财产，以变卖所得抵缴税款。

进口货物的收货人自运输工具申报进境之日起超过 3 个月未向海关申报的，其进口货物由海关提取依法变卖处理。

确属误卸或者溢卸的进境货物，原运输工具负责人或者货物的收发货人逾期未办理退运或者进口手续的，由海关提取依法变卖处理。

13. 行政命令权

海关行政命令权是指海关依法要求管理相对人做出一定行为的意思表示。如"责令纳税义务人补缴所差税款"、"责令当事人办结海关手续"、"责令直接退运"、"责令限期整改"等。

14. 行政裁定权

海关行政裁定，是指海关在货物实际进出口前，应对外贸易经营者的申请，依据有关海关的法律、行政法规和规章，对与实际进出口活动有关的海关事务做出的具有普遍约束力的决定。

1) 海关行政裁定的适用范围

海关行政裁定主要适用于以下海关事务：①进出口商品的归类；②进出口货物原产地的确定；③禁止进出口措施和许可证件的适用；④海关总署决定可以适用行政裁定的其他海关事务。

2) 海关行政裁定的程序

海关行政裁定的程序分为四个步骤：①海关行政裁定的申请；②海关行政裁定的受理；

③海关行政裁定的审查；④海关做出行政裁定。

除特殊情况外，海关行政裁定的申请人，应当在货物拟作进口或出口的 3 个月前向海关总署或者直属海关提交书面申请。一份申请只应包含一项海关事务。申请人不得就同一项海关事务向两个或者两个以上海关提交行政裁定申请。

申请人应当按照海关要求填写行政裁定申请书，主要包括下列内容：①申请人的基本情况；②申请行政裁定的事项；③申请行政裁定的货物的具体情况；④预计进出口日期及进出口口岸；⑤海关认为需要说明的其他情况。

3) 海关行政裁定的法律效力

海关行政裁定与海关规章具有同等法律效力，在关境内具有普遍约束力。对于裁定生效前已经办理完毕裁定事项的进出口货物，不适用该裁定。

15. 行政复议权

海关行政复议，是指公民、法人或者其他组织不服海关及其工作人员做出的具体行政行为，认为该行政行为侵犯其合法权益，依法向海关复议机关提出复议申请，请求重新审查并纠正原具体行政行为，海关复议机关按照法定程序对上述具体行政行为的合法性和适当性(合理性)进行审查并做出决定的海关法律制度。

1) 海关行政复议的范围

有下列情形之一的，公民、法人或者其他组织可以向海关申请行政复议。

(1) 对海关做出的警告，罚款，没收货物、物品、运输工具和特制设备，追缴无法没收的货物、物品、运输工具的等值价款，没收违法所得，暂停从事有关业务或者执业，撤销注册登记，取消报关从业资格及其他行政处罚决定不服的。

(2) 对海关做出的收缴有关货物、物品、违法所得、运输工具、特制设备决定不服的。

(3) 对海关做出的限制人身自由的行政强制措施不服的。

(4) 对海关做出的扣留有关货物、物品、运输工具、账册、单证或者其他财产，封存有关进出口货物、账簿、单证等行政强制措施不服的。

(5) 对海关收取担保的具体行政行为不服的。

(6) 对海关采取的强制执行措施不服的。

(7) 对海关确定纳税义务人、确定完税价格、商品归类、确定原产地、适用税率或者汇率、减征或者免征税款、补税、退税、征收滞纳金、确定计征方式以及确定纳税地点等其他涉及税款征收的具体行政行为有异议的。

(8) 认为符合法定条件，申请海关办理行政许可事项或者行政审批事项，海关未依法办理的。

(9) 对海关检查运输工具和场所，查验货物、物品或者采取其他监管措施不服的。

(10) 对海关做出的责令退运、不予放行、责令改正、责令拆毁和变卖等行政决定不服的。

(11) 对海关稽查决定或者其他稽查具体行政行为不服的。

(12) 对海关做出的企业分类决定以及按照该分类决定进行管理的措施不服的。

(13) 认为海关未依法采取知识产权保护措施，或者对海关采取的知识产权保护措施不服的。

(14) 认为海关未依法办理接受报关、放行等海关手续的。

(15) 认为海关违法收取滞报金或者其他费用，违法要求履行其他义务的。

(16) 认为海关没有依法履行保护人身权利、财产权利的法定职责的。

(17) 认为海关在政府信息公开工作中的具体行政行为侵犯其合法权益的。

(18) 认为海关的其他具体行政行为侵犯其合法权益的。

前款第(7)项规定的纳税争议事项，公民、法人或者其他组织应当依据海关法的规定先向海关行政复议机关申请行政复议，对海关行政复议决定不服的，再向人民法院提起行政诉讼。

2) 海关行政复议的机关和被申请人

公民、法人或者其他组织对海关做出的具体行政行为不服，依照《中华人民共和国海关行政复议办法》规定申请行政复议的，做出该具体行政行为的海关是被申请人。

对海关具体行政行为不服的，向做出该具体行政行为的海关的上一级海关提出行政复议申请。对海关总署做出的具体行政行为不服的，向海关总署提出行政复议申请。

两个以上海关以共同的名义做出具体行政行为的，以做出具体行政行为的海关为共同被申请人，向其共同的上一级海关申请行政复议。

海关与其他行政机关以共同的名义做出具体行政行为的，海关和其他行政机关为共同被申请人，向海关和其他行政机关的共同上一级行政机关申请行政复议。

申请人对海关总署与国务院其他部门共同做出的具体行政行为不服，向海关总署或者国务院其他部门提出行政复议申请，由海关总署、国务院其他部门共同做出处理决定。

依照法律、行政法规或者海关规章的规定，下级海关经上级海关批准后以自己的名义做出具体行政行为的，以做出批准的上级海关为被申请人。

根据海关法和有关行政法规、海关规章的规定，经直属海关关长或者其授权的隶属海关关长批准后做出的具体行政行为，以直属海关为被申请人。

海关设立的派出机构、内设机构或者其他组织，未经法律、行政法规授权，对外以自己名义做出具体行政行为的，以该海关为被申请人，向该海关的上一级海关申请行政复议。

3) 海关行政复议的决定

海关行政复议机构提出案件处理意见，经海关行政复议机关负责人审查批准后，做出行政复议决定。海关行政复议的决定有以下种类。

(1) 决定维持

具体行政行为认定事实清楚，证据确凿，适用依据正确，程序合法，内容适当的，海关行政复议机关应当决定维持。

被申请人不履行法定职责的，海关行政复议机关应当决定其在一定期限内履行法定职责。

(2) 决定撤销、变更或者确认该具体行政行为违法

具体行政行为有下列情形之一的，海关行政复议机关应当决定撤销、变更或者确认该具体行政行为违法：①主要事实不清、证据不足的；②适用依据错误的；③违反法定程序的；④超越或者滥用职权的；⑤具体行政行为明显不当的。

海关行政复议机关决定撤销或者确认具体行政行为违法的，可以责令被申请人在一定期限内重新做出具体行政行为。

被申请人未按照规定提出书面答复、提交当初做出具体行政行为的证据、依据和其他有关材料的，视为该具体行政行为没有证据、依据，海关行政复议机关应当决定撤销该具体行政行为。

具体行政行为有下列情形之一，海关行政复议机关可以决定变更：①认定事实清楚，证据确凿，程序合法，但是明显不当或者适用依据错误的；②认定事实不清，证据不足，但是经海关行政复议机关审理查明事实清楚，证据确凿的。

(3) 不利的决定禁止

海关行政复议机关在申请人的行政复议请求范围内，不得做出对申请人更为不利的行政复议决定。

海关行政复议机关依据规定责令被申请人重新做出具体行政行为的，除以下情形外，被申请人不得做出对申请人更为不利的具体行政行为：①不做出对申请人更为不利的具体行政行为将损害国家利益、社会公共利益或者他人合法权益的；②原具体行政行为适用法律依据错误，适用正确的法律依据需要依法做出对申请人更为不利的具体行政行为的；③被申请人查明新的事实，根据新的事实和有关法律、行政法规、海关规章的强制性规定，需要做出对申请人更为不利的具体行政行为的；④其他依照法律、行政法规或者海关规章规定应当做出对申请人更为不利的具体行政行为的。

(4) 决定驳回行政复议申请

有下列情形之一的，海关行政复议机关应当决定驳回行政复议申请：①申请人认为海关不履行法定职责申请行政复议，海关行政复议机关受理后发现被申请人没有相应法定职责或者被申请人在海关行政复议机关受理该行政复议申请之前已经履行法定职责的；②海关行政复议机关受理行政复议申请后，发现该行政复议申请不符合受理条件的。

海关行政复议机关的上一级海关认为该行政复议机关驳回行政复议申请的理由不成立

的,应当责令其恢复审理。

二、海关权力行使的原则

为了防止海关权力被滥用和管理相对人的合法权益受到侵害,海关权力的行使必须遵循一定的原则。

1. 合法原则

海关权力的行使要合法,这是行政法的基本原则。合法原则包括以下内容。

(1) 行使海关权力的主体资格合法,即行使海关权力的主体必须有法律授权。例如,涉税走私犯罪案件的侦查权,只有缉私警察才能行使,海关其他人员则无此项权力。又如,《海关法》规定海关行使某些权力时应"经直属海关关长或者其授权的隶属海关关长批准",如未经批准,海关人员不能擅自行使这些权力。

(2) 行使海关权力必须有法律规范为依据。《海关法》第二条规定了海关的执法依据是《海关法》和其他有关法律、行政法规。无法律规范授权的执法行为,属于越权行为,应属无效。

(3) 行使海关权力的方法、手段、步骤、时限等程序应合法。

(4) 一切行政违法主体(包括海关及管理相对人)都应承担相应的法律责任。

2. 适当原则

海关权力的适当原则是指海关权力的行使应该以公平性、合理性为基础,以正义性为目标。在法律授权范围内,海关在验、放、征、减、免、罚的管理活动中拥有很大的自由裁量权。为了防止自由裁量权被滥用,目前中国对海关自由裁量权进行监督,监督的途径主要有行政监督即行政复议和司法监督即行政诉讼。

3. 依法独立行使原则

《海关法》第三条规定"海关依法独立行使职权,向海关总署负责",明确了中国海关实行高度集中统一的管理体制和垂直领导方式,海关行使职权只对法律和上级海关负责。海关代表国家依法独立行使职权,各地方、各部门应当予以支持,不得非法干预海关的执法活动。

4. 依法受到保障原则

海关权力是国家权力的一种,应受到保障,才能实现国家权能的作用。《海关法》规定:海关依法执行职务,有关单位和个人应当如实回答询问并予以配合,任何单位和个人不得阻挠;海关执行职务受到暴力抗拒时,执行有关任务的公安机关和人民武装警察部队应当予以协助。

【应用案例】

"水客"殴打关员被依法行政拘留

2011年3月28日晚9点半左右，唐姓女子经罗湖口岸入境，在海关关员引导其行李过机，对其行李进行开箱检查的过程中，唐某极度不配合。后经查验，发现唐某行李中带有未向海关申报的应税数码产品。海关核实其身份时，发现唐某有多次携带笔记本电脑、手机包装盒及配件等物品入境被海关处理的违规记录。

当关员依法要求其选择征税带入或退回境外时，唐某情绪激动，开始大声谩骂、大力推操关员，并试图用手掌掌掴经办关员。在此过程中，现场关员被多次攻击推操，1名女缉私警察手部更是被其抓伤流血。目前，缉私公安机构已经对涉事人员唐某处以拘留5天的处罚。

根据有关规定，对抗拒、阻碍海关缉私部门的人民警察依法执行职务的行为人裁决行政拘留的，可以将被拘留人送当地公安机关治安拘留所执行。当地公安机关治安拘留所凭海关缉私部门开具的"公安行政处罚决定书"收所执行。

(资料来源：张炳达，顾涛．进出口货物报关实务．上海：立信会计出版社，2012.)

三、海关权力的监督

海关权力的监督即海关执法监督，是指特定的监督主体依法对海关及其执法人员的行政执法活动实施的具有法律效力的监察、检查、督促等行为，以确保海关权力在法律范围内行使。

为确保海关能够严格依法行政，保证国家法律、法规得以正确实施，同时也使当事人的合法权益得到有效保护，《海关法》专门设立"执法监督"一章，对海关行政执法实施监督。海关履行职责，必须遵守法律，依照法定职权和法定程序严格执法，并接受监督。这是海关的一项法定义务。

海关执法监督主要包括中国共产党的监督、国家最高权力机关的监督、国家最高行政机关的监督、监察机关的监督、审计机关的监督、司法机关的监督、管理相对人的监督、社会监督以及海关上下级机构之间的相互监督,机关内部不同部门之间的相互监督、工作人员之间的相互监督等。

【应用案例】

法院对海关执法的监督

2001年1月26日，当事人黄某经深圳罗湖口岸进境，超额携带港币1 753 000元和人民币 20 000 元，未向海关申报，被罗湖海关查获，罗湖海关对原告的行为定性走私，做出没收上述款项的行政处罚决定。

当事人不服，于 2001 年 7 月 30 日向罗湖海关的上级海关深圳海关申请复议。深圳海关受理复议申请后，经过审查，认为原处罚决定定性走私证据不足，依法应予变更，遂于 2001 年 12 月 15 日做出复议决定，对黄某的违法行为定性违规，决定罚款人民币 370 000 元，在扣港币 1 753 000 元和人民币 20 000 元予以退运。

黄某对深圳海关的复议决定仍不服，于 2001 年 12 月 29 日向深圳市中级人民法院起诉，请求法院判决深圳海关支付人民币 37 万元及自扣留日至清偿日止的扣留款和罚款之年利百分之十的利息，并由深圳海关负担本案诉讼费。深圳市中院经审理后认为，被告深圳海关就本案原告黄某做出处罚应当遵循《中华人民共和国行政处罚法》中有关听证程序的规定，履行其法定义务。被告无证据显示其在做出较大数额罚款 37 万元时，实施了上述听证程序要求的义务。因此，被告的罚款处罚决定违反了法律要求的程序规定应予撤销。为此，依照《中华人民共和国行政诉讼法》第五十四条第(二)项第 3 目的规定，判决撤销被告中华人民共和国深圳海关 2001 年 12 月 15 日做出的(2001)深关复 67 号行政复议决定并依法重新做出处理。

(资料来源: http://wenku.baidu.com/view/ba3a4533ee06eff9aff80705.html.)

本 章 小 结

海关是国家的进出关境监督管理机关。海关的性质主要体现在：海关是国家行政机关；海关是国家进出境监督管理机关；海关的监督管理是国家行政执法活动。

国家以立法的形式明确规定了中国海关的任务：监管进出境的运输工具、货物、行李物品、邮递物品和其他物品，征收关税和其他税、费，查缉走私，并编制海关统计和办理其他海关业务。

国家在对外开放的口岸和海关监管业务集中的地点设立海关。海关的隶属关系，不受行政区划的限制。海关实行集中统一的垂直领导管理体制。中国海关机构的设置为海关总署、直属海关和隶属海关三级。直属海关由海关总署领导，向海关总署负责；隶属海关由直属海关领导，向直属海关负责。关徽是中华人民共和国海关的专用标志，由金黄色钥匙与商神手杖交叉组成。中国海关实行关衔制度。关衔的等级设置为五等十三级：一等，海关总监、海关副总监；二等，关务监督(一级、二级、三级)；三等，关务督察(一级、二级、三级)；四等，关务督办 (一级、二级、三级)；五等，关务员(一级、二级)。

中国海关法律体系既包括专门的海关法，也包括所有的海关行政法规、海关规章、海关规范性文件，还包括各种法律、行政法规中涉及海关管理的所有规定。

海关的权力主要包括：检查权；查验权；查阅、复制权；查问权；查询权；稽查权；连续追缉权；佩带和使用武器权；税费征收权；行政许可权；行政处罚权；行政强制权；行政命令权；行政裁定权；行政复议权。

自 测 题

一、单项选择题

1. 海关四项基本任务的基础是(   )。
   A. 监管　　　　B. 征税　　　　C. 缉私　　　　D. 统计

2. 海关行政规章以(   )的形式对外公布。
   A. 国家主席令　　B. 国务院令　　C. 海关总署令　　D. 海关公告

3. 下列属于海关行政处罚权的是(   )。
   A. 强制海关行政管理相对人履行海关处罚决定
   B. 封存被稽查人有违法嫌疑的进出口货物
   C. 在海关监管区检查走私嫌疑人的身体
   D. 没收走私货物、物品及违法所得

4. 在海关监管区和海关附近沿海沿边规定地区，对有走私嫌疑的运输工具、货物、物品和走私犯罪嫌疑人，经直属海关关长或者其授权的隶属海关关长批准，可以扣留；对(   )，扣留时间不得超过24小时，在特殊情况下可以延长至48小时。
   A. 有走私嫌疑的货物　　　　　　B. 有走私嫌疑的物品
   C. 有走私嫌疑的运输工具　　　　D. 走私犯罪嫌疑人

5. 在下列(   )情况下，海关行使检查权需经直属海关关长或者其授权的隶属海关关长批准。
   A. 在海关监管区和海关附近沿海沿边规定地区以外，检查进出境运输工具
   B. 在海关监管区和海关附近沿海沿边规定地区，检查走私嫌疑人的身体
   C. 在海关监管区和海关附近沿海沿边规定地区以外，检查有走私嫌疑的运输工具
   D. 在海关监管区和海关附近沿海沿边规定地区，检查有藏匿走私货物、物品嫌疑的场所

二、多项选择题

1. 海关依法对部分进口货物征收税费，下列属于进口环节海关代征税的是(   )。
   A. 关税　　　　B. 营业税　　　　C. 增值税　　　　D. 消费税

2. 下列属于直属海关的是(   )。

A. 北京海关　　　B. 鞍山海关　　　C. 重庆海关　　　D. 南宁海关

3. 属于海关行政处罚权的是(　　　)。

A. 对违反《海关法》或者其他有关法律、行政法规的嫌疑人进行查问

B. 对走私货物、物品及违法所得处以没收

C. 对有走私行为和违反海关监管规定行为的当事人处以罚款

D. 对有违法情事的报关企业和报关员处以暂停或取消报关资格的处罚

4. 行使检查权的范围包括(　　　)。

A. 在海关监管区内检查走私嫌疑人的身体

B. 在海关监管区外检查有走私嫌疑的运输工具

C. 在海关监管区内检查有藏匿走私货物、物品的场所

D. 在海关监管区外检查公民住处

5. 关于海关权力的表述中，海关工作人员可以径行行使的有(　　　)。

A. 检查进出境运输工具，查验进出境货物、物品

B. 查阅、复制与进出境运输工具、货物、物品有关的合同、发票、账册、单据、记录、文件、业务函电、录音录像制品和其他的有关资料

C. 在调查走私案件时，调查关员可以直接查询案件涉嫌单位和涉嫌人员在金融机构、邮政企业的存款、汇款

D. 在调查走私案件时，可以扣留走私犯罪嫌疑人，扣留时间不得超过 24 小时，在特殊情况下可以延长至 48 小时

三、判断题

1. 直属海关是海关进出境监督管理职能的基本执行单位。　　　　　　　　　　(　　　)

2. 中国海关实行高度集中统一的管理体制和垂直领导方式，海关机构的设置为海关总署、直属海关和海关办事处三级。　　　　　　　　　　　　　　　　　　(　　　)

3. 实际进出境并引起境内物质存量增加或者减少的货物，列入海关统计。　　(　　　)

4. 海关对进出境运输工具的检查不受海关监管区域的限制。　　　　　　　　(　　　)

5. 海关依法独立行使职权，在执法过程中不受任何部门的监督。　　　　　　(　　　)

第二章　中国海关报关管理制度

【学习要点及目标】

通过本章的学习，了解报关与报关单位的概念与类型，掌握海关对报关单位和报关员的管理规定，了解报关行业协会的基本情况和业务范围。

【核心概念】

报关　报关单位　进出口收发货人　报关企业　报关员　中国报关协会

【引导案例】

混淆概念，海关拒绝申报

2000年5月12日，美龙公司经省外经贸委批准可以经营进出口业务，第二天即成交一笔出口业务。为提高办事效率，公司当天就派小李去海关申报出口手续，结果被海关拒绝。

其原因在于，该公司混淆了进出口经营权与报关权这两个不同的概念，前者是由外经贸主管部门审批；后者是由海关审批。有进出口经营权的企业可以向海关申请报关权，若符合各项规定条件，海关可以授予该企业报关权，该企业才可以从事报关活动，倘若未申请或申报未被批准，即没有报关权时是不可以开展报关业务活动的。由于美龙公司尚没有申请报关权，因而海关予以拒绝是对的。

(资料来源：王志明，等. 报关综合实务. 第二版. 大连：东北财经大学出版社，2010.)

海关作为国家的监督管理机关，其监督管理对象包括进出境的运输工具、货物和物品以及运输工具负责人、进出口货物的收发货人、进出境物品的所有人及其代理人。这一章主要介绍中国海关对进出口货物的收发货人及其代理人报关的管理制度。

第一节　报　关　概　述

一、报关的含义

报关，是指进出境运输工具负责人、进出口货物收发货人、进出境物品所有人或者他们的代理人向海关办理货物、物品或运输工具进出境手续及相关海关事务的过程。

在进出境活动中，我们还经常使用"通关"这一概念。报关与通关既有联系又有区别。

二者都是针对运输工具、货物、物品的进出境而言的。但报关是从海关管理相对人的角度，仅指向海关办理进出境手续及相关手续；而通关不仅包括海关管理相对人向海关办理有关手续，还包括海关对进出境运输工具、货物、物品依法进行监督管理，核准其进出境的管理过程。

【知识拓展】

关于"报关"概念的几种典型表述

"报关"这一概念目前在海关学界尚没有一个权威的定义。就通常的认识，"报关"的概念一般都涉及以下三个基本问题：一是报关的主体，即报关人是进出口货物收发货人、进出境运输工具负责人、进出境物品的所有人或者他们的代理人；二是报关的内容，即办理海关手续；三是报关是一种行为或过程。

关于"报关"概念的几种典型表述如下。

报关是指货物、行李或船舶等进出口时，向海关申报，办理进出口手续。(中国社会科学院语言研究所词典编辑室:《新华字典》，商务印书馆，2005 年版第 50 页)

报关是指进出境运输工具负责人、进出口货物和物品收发货人、所有人或其代理人向海关办理进出境手续的行为和过程。(《中国海关百科全书》编写委员会:《中国海关百科全书》，中国大百科全书出版社，2004 年版第 14 页)

报关即申报，是指货物、物品、运输工具通过其收发货人、所有人或代理人向海关申报进出境，提出办理有关海关手续的行为。(郭宗保:《海关管理词典》，大连理工大学出版社，1993 年版第 161 页)

(资料来源:谷儒堂，白凤川.报关基础.北京:中国海关出版社，2011.)

二、报关的分类

报关的种类繁多，按照不同的划分标准，可以划分为不同的种类。

(一)按照报关的对象，可分为运输工具报关、货物报关和物品报关

由于海关对进出境运输工具、货物、物品的监管要求各不相同，进行运输工具报关、货物报关和物品报关所需要的具体手续也各不相同。其中，进出境运输工具作为货物、人员及其携带物品的进出境载体，其报关主要是向海关直接交验随附的、符合国际商业运输惯例、能反映运输工具进出境合法性及其所承运货物、物品情况的合法证件、清单和其他运输单证，其报关手续较为简单。进出境物品由于其非贸易性质，且一般限于自用、合理数量，其报关手续也很简单。进出境货物的报关较为复杂，为此，海关根据对进出境货物

的监管要求，制定了一系列报关管理规范，并要求必须由具备一定的专业知识和技能且经海关核准的专业人员代表报关单位专门办理。

(二)按照报关的目的，可分为进境报关和出境报关

由于海关对运输工具、货物、物品的进境和出境制定了不同的管理规定，运输工具、货物、物品根据进境或出境的目的分别形成了进境报关手续和出境报关手续。

(三)按照报关的行为性质，可分为自理报关和代理报关

进出境运输工具、货物、物品的报关是一项专业性较强的工作，尤其是进出境货物的报关比较复杂，一些运输工具负责人、进出口货物收发货人或者物品的所有人，由于经济、时间、地点等方面的原因，不能或者不愿意自行办理报关手续，而委托代理人代为报关，从而形成了自理报关和代理报关两种报关类型。《海关法》对接受进出境物品所有人的委托，代为办理进出境物品报关手续的代理人没有特殊要求，但对于接受进出口货物收发货人的委托，代为办理进出境货物报关手续的代理人则有明确的规定。因此，我们通常所称的自理报关和代理报关主要是针对进出境货物的报关而言的。

1. 自理报关

自理报关，是指进出口货物收发货人自行办理报关业务。

进出口货物收发货人必须依法向海关注册登记后方能自行办理报关业务。

2. 代理报关

代理报关，是指接受进出口货物收发货人的委托，代理其办理报关业务的行为。

我国海关法律把有权接受他人委托办理报关业务的企业称为报关企业。报关企业必须依法取得报关企业注册登记许可并向海关注册登记后方能从事代理报关业务。

根据代理报关法律行为责任承担者的不同，代理报关又分为直接代理报关和间接代理报关。直接代理报关是指报关企业接受委托人的委托，以委托人的名义办理报关业务的行为。间接代理报关是指报关企业接受委托人的委托以报关企业自身的名义向海关办理报关业务的行为。在直接代理中，代理人代理行为的法律后果直接作用于被代理人；而在间接代理中，报关企业应当承担与委托人在自行报关时应当承担的相同的法律责任。目前，我国报关企业大都采取直接代理形式代理报关，间接代理报关只适用于经营快件业务的国际货物运输代理企业。

三、报关的基本内容

(一)进出境运输工具报关的基本内容

国际贸易的交货、国际间人员的往来及其携带物品的进出境，除经其他特殊运输方式外，都要通过各种运输工具的国际运输来实现。根据我国海关法律规定，所有进出我国关境的运输工具必须经由设有海关的港口、车站、机场、国界孔道、国际邮件互换局(交换站)及其他可办理海关业务的场所申报进出境。进出境申报是运输工具报关的主要内容。根据海关监管的要求，进出境运输工具负责人或其代理人在运输工具进入或驶离我国关境时均应如实向海关申报运输工具所载旅客人数、进出口货物数量、装卸时间等基本情况。

根据海关监管要求的不同，不同种类的运输工具报关时所需递交的单证及所要申明的具体内容也不尽相同。总的来说，运输工具进出境报关时须向海关申明的主要内容有：运输工具进出境的时间、航次(车次)、停靠地点等；运输工具进出境时所载运货物情况，包括过境货物、转运货物、通运货物、溢短卸(装)货物的基本情况；运输工具服务人员名单及其自用物品、货币等情况；运输工具所载旅客情况；运输工具所载邮递物品、行李物品的情况；其他需要向海关申报清楚的情况，如由于不可抗力原因，运输工具被迫在未设关地点停泊、降落或者抛掷、起卸货物、物品等情况。此外，运输工具报关时还需提交运输工具从事国际合法性运输必备的相关证明文件，如船舶国籍证书、吨税证书、海关监管簿、签证簿等，必要时还需出具保证书或缴纳保证金。

进出境运输工具负责人或其代理人就以上情况向海关申报后，有时还需应海关的要求配合海关检查，经海关审核确认符合海关监管要求的，可以上下旅客、装卸货物。

(二)进出境货物报关的基本内容

根据海关规定，进出境货物的报关业务应由依法取得报关从业资格并在海关注册的报关员办理。进出境货物的报关内容包括：按照规定填制报关单，如实申报进出口货物的商品编码、实际成交价格、原产地及相应的优惠贸易协定代码，并办理提交报关单证等与申报有关的事宜；申请办理缴纳税费和退税、补税事宜；申请办理加工贸易合同备案、变更和核销及保税监管等事宜；申请办理进出口货物减税、免税等事宜；办理进出口货物的查验、结关等事宜；办理应当由报关单位办理的其他事宜。

(三)进出境物品报关的基本内容

海关监管进出境物品包括行李物品、邮递物品和其他物品，三者在报关要求上有所不同。

《海关法》规定，个人携带进出境的行李物品、邮寄进出境的物品，应当以自用合理数量为限。所谓自用合理数量，对于行李物品而言，"自用"指的是进出境旅客本人自用、馈赠亲友而非为出售或出租，"合理数量"是指海关根据进出境旅客旅行目的和居留时间所规定的正常数量；对于邮递物品，则指的是海关对进出境邮递物品规定的征、免税限制。自用合理数量原则是海关对进出境物品监管的基本原则，也是对进出境物品报关的基本要求。需要注意的是，对于通过随身携带或邮政渠道进出境的货物要按货物办理进出境报关手续。经海关登记准予暂时免税进境或者暂时免税出境的物品，应当由本人复带出境或者复带进境。享有外交特权和豁免的外国机构或者人员的公务用品或者自用物品进出境，依照有关法律、行政法规的规定办理。

第二节　海关对报关单位的管理制度

一、报关单位的概念

报关单位是指依法在海关注册登记取得报关从业资格的进出口货物收发货人和报关企业。

我国《海关法》规定："进出口货物收发货人、报关企业办理报关手续，必须依法经海关注册登记。报关人员必须依法取得报关从业资格。未依法经海关注册登记的企业和未依法取得报关从业资格的人员，不得从事报关业务。"我国以法律的形式明确规定了对向海关办理进出口货物报关手续的进出口货物收发货人和报关企业实行注册登记管理制度。因此，依法在海关注册登记是境内法人、其他组织或者个人成为报关单位的法定要求。

二、报关单位的类型

按照报关单位的不同性质，报关单位可分为进出口货物收发货人和报关企业。

(一)进出口货物收发货人

进出口货物收发货人，是指依法直接进口或者出口货物的我国关境内的法人、其他组织或者个人。

一般而言，进出口货物收发货人指的是依法向国务院对外贸易主管部门或者其委托的机构办理备案登记的对外贸易经营者。对于一些未取得对外贸易经营者备案登记表但按照国家有关规定需要从事非贸易性进出口活动的单位，如境外企业、新闻机构、经贸机构、文化团体等依法在中国境内设立的常驻代表机构，少量货样进出境的单位，国家机关、学校、科研院所等组织机构，临时接受捐赠、礼品、国际援助的单位，国际船舶代理企业等，在进出口货物时，海关也视其为进出口货物收发货人。

进出口货物收发货人在海关注册登记并取得报关从业资格后，只能为本单位的进出口货物办理报关纳税等事宜。这些报关单位又被称为自理报关单位。

(二)报关企业

报关企业，是指按照规定经海关准予注册登记，接受进出口货物收发货人的委托，以进出口货物收发货人名义或者以自己的名义，向海关办理代理报关业务，从事报关服务的境内企业法人。

进出境货物的报关是一项专业性较强的工作，一些进出口货物收发货人或者物品的所有人，由于经济、时间、地点等方面的原因不能或者不愿自行办理报关手续，于是产生了委托报关的需要，在实践中由报关企业来提供这类报关服务。

目前，在我国从事报关服务的报关企业主要有两类：一类是报关公司或报关行，主营代理报关业务；一类是国际货物运输代理公司，主要经营国际货物运输代理等业务，兼营进出口货物代理报关业务。

三、报关单位的注册登记制度

(一)报关注册登记制度的概念

报关注册登记制度，是指进出口货物收发货人、报关企业依法向海关提交规定的注册登记申请材料，经注册地海关依法对申请注册登记的材料进行审核，给予其海关注册登记编号(又称经营单位代码)，准予其办理报关业务的管理制度。

从报关注册登记制度的概念我们可以看出，可以向海关办理报关注册登记的单位有两类：一是进出口货物收发货人，主要包括依法向国务院对外贸易主管部门或者其委托的机构办理备案登记的对外贸易经营者等；二是报关企业，主要包括报关行、国际货物运输代理公司等。海关一般不接受其他企业和单位的报关注册登记申请。

对于未取得对外贸易经营者备案登记表，但依照国家有关规定需要从事非贸易性进出口活动的有关单位，海关允许其向进出口口岸地或者海关监管业务集中地海关办理临时注册登记手续。临时注册登记单位，海关一般不予核发注册登记证书，仅出具临时报关单位注册登记证明。临时注册登记有效期最长为 7 日，法律、行政法规、海关规章另有规定的除外。

【应用案例】

5株金桂传深谊 海关助力越南洋

2014年2月18日下午,看着装载着5株金桂花树苗的海关监管车辆缓缓驶出苏州工业园区海关监管场站,苏州工业园区报关有限公司的李立长出了一口气,心中的石头终于落了地。

回到2013年11月,李立所在的公司接收到上级指令,要求在2014年3月前将5株金桂花树苗出口到新加坡。原来,2014年是中新合作苏州工业园区成立20周年,新方将在新加坡滨海湾花园举行"中新合作20周年庆典"种植活动。这5株树苗是苏州工业园区管委会精心挑选的友好贺礼。

经过前期紧张地与新方商讨方案、苗木选择、检验检疫之后,在正式报关出运之前,李立遇到了一个难题:"这是承载园区人民心意的礼物,上级要求以管委会的名义报关出口。"

"首先是一个报关资格问题",苏州工业园区海关负责企业管理业务的黄杨副科长介绍。任何单位在进行进出口申报的时候,必须首先在海关备案,取得海关编码。作为苏州市人民政府的派出机构,苏州工业园区管委会从来没有以自身名义申报过进出口,自然也没有海关编码。在充分了解到企业需求后,园区海关认为这种情况符合相关规定,可以赋予一个临时的海关编码。"但有效期只有7天。"黄杨说道。

由于苗木的鲜活特性,依据我国相关规定和新方要求,必须对这5株树苗进行检验检疫,做灭菌处理。为了保证苗木正常存活,还要为其量身定制特殊的包装箱。"期间还夹杂着一个周末,"李立说道,"这么多动作做下来,时间还是比较紧张的。"

2月18日,距离临时编码有效期只剩下1天的时间。一大早,李立就将准备好的资料通过网络向海关进行申报。由于是临时编码,海关风险管理系统进行了充分的风险辨别。"在与上级海关紧急沟通后,下午3点多终于收到了可以现场交单的指示。"负责接单的苏州工业园区海关通关处的王珏介绍道。

此时,正是苏州工业园区海关通关现场最繁忙的时刻,在李立之前尚有100多票报关单在排队。如果不能及时通关,将会错过航班,再次订舱有可能会赶不上新方庆典,苗木也可能会死亡。心急如焚的李立找到了值班科长方治。

园区海关随即启动了优先处理程序。经过紧张的场站操作,半小时后,满满承载着园区人民情谊的5株蓬形饱满、大小适中的金桂花树苗顺利踏上了远赴南洋的路途。据悉,该批金桂花树苗已于2月19日顺利抵达新加坡。

(资料来源:海关总署网.)

考虑到两类报关单位的不同性质,海关对其规定了不同的报关注册登记条件。对于进出口货物收发货人,海关实行备案制;对于报关企业,海关要求其必须具备规定的设立条件并取得海关报关注册登记许可,其办理报关注册登记的手续和条件比进出口货物收发货人复杂。

凡是依照《中华人民共和国对外贸易法》(以下简称《对外贸易法》)经向对外贸易主管部门备案登记，有权从事对外贸易经营活动的境内法人、其他组织和个人(个体工商户)均可直接向海关办理报关注册登记。

(二)进出口货物收发货人注册登记

进出口货物收发货人应当按照规定到所在地海关办理报关单位注册登记手续。

进出口货物收发货人申请办理注册登记，应当提交的文件材料包括：①企业法人营业执照副本复印件(个人独资、合伙企业或者个体工商户提交营业执照)；②对外贸易经营者登记备案表复印件(法律、行政法规或者商务部规定不需要备案登记的除外)；③企业章程复印件(非企业法人免提交)；④税务登记证书副本复印件、银行开户证明复印件；⑤组织机构代码证书副本复印件；⑥报关单位情况登记表、报关单位管理人员情况登记表；⑦其他与注册登记有关的文件材料。

注册地海关依法对申请注册登记材料是否齐全、是否符合法定形式进行核对，并核发"中华人民共和国海关进出口货物收发货人报关注册登记证书"(以下简称收发货人登记证书)。进出口货物收发货人凭以办理报关业务。

(三)报关企业注册登记

1. 报关企业注册登记许可

报关服务是一项专业性、技术性很强的工作，是进出口贸易中重要的中介服务环节。报关企业作为提供报关服务的企业，要具备一定的设立条件。报关企业注册登记应依法获得报关企业注册登记许可。

1) 报关企业设立条件

报关企业注册登记许可应当具备的条件包括：①具备境内企业法人资格条件；②企业注册资本不低于人民币 150 万元；③健全的组织机构和财务管理制度；④报关员人数不少于 5 名；⑤投资者、报关业务负责人、报关员均无走私记录；⑥报关业务负责人具有 5 年以上从事对外贸易工作经验或者报关工作经验；⑦无因走私违法行为被海关撤销注册登记许可的记录；⑧有符合从事报关服务所必需的固定经营场所和设施；⑨海关监管所需要的其他条件等。

2) 报关企业注册登记许可程序

(1) 报关企业注册登记许可申请

申请报关企业注册登记许可的申请人应当到所在地直属海关对外公布受理申请的场所向海关提出申请，并提交以下材料：①报关企业注册登记许可申请书；②企业法人营业执照副本或者企业名称预先核准通知书复印件；③企业章程、出资证明文件复印件、所聘报关从业人员的报关员资格证书复印件；④从事报关服务业可行性研究报告；⑤报关业务负责人工作简历；⑥报关服务营业场所所有权证明、租赁证明；⑦其他与申请注册登记许可相关的材料等。

申请人可以委托代理人提出注册登记许可申请。申请人委托代理人代为提出申请的，应当出具授权委托书。

(2) 海关对申请的处理

对申请人提出的申请，海关应当依据下列情况分别做出处理。

申请人不具备报关企业注册登记许可申请资格的，应当做出不予受理的决定。

申请材料不齐全或者不符合法定形式的，应当当场或者在签收申请材料后 5 日内一次告知申请人需要补正的全部内容，逾期不告知的，自收到申请材料之日起即为受理。

申请材料仅存在文字性、技术性或者装订等可以当场更正的错误的，应当允许申请人当场更正，并且由申请人对更正内容予以签章确认。

申请材料齐全、符合法定形式，或者申请人按照海关的要求提交全部补正申请材料的，海关应当受理报关企业注册登记许可申请，并做出受理决定。

(3) 海关对申请的审查

海关受理申请后，应当根据法定条件和程序进行全面审查，并于受理注册登记许可申请之日起 20 日内审查完毕，将审查意见和全部申请材料报送直属海关。直属海关应当自收到接受申请的海关报送的审查意见之日起 20 日内做出决定。

(4) 行政许可的做出

申请人的申请符合法定条件的，海关应当依法做出准予注册登记许可的书面决定，并通知申请人。

申请人的申请不符合法定条件的，海关应当依法做出不准予注册登记许可的书面决定，并且告知申请人享有依法申请行政复议或者提起行政诉讼的权利。

3) 报关企业跨关区分支机构注册登记许可

报关企业如需要在注册登记许可区域外即另一直属海关关区从事报关服务的，应当依法设立分支机构，并且向拟注册登记地海关递交报关企业分支机构注册登记许可申请。

申请分支机构注册登记许可的报关企业应当符合的条件包括：①报关企业自取得海关核发的"中华人民共和国海关报关企业报关注册登记证书"之日起满 2 年；②报关企业自申请之日起最近两年未因走私受过处罚。同时，报关企业每申请一项跨关区分支机构注册登记许可，应当增加注册资本人民币 50 万元。

报关企业跨关区设立的分支机构拟取得注册登记许可的，应当具备的条件包括：①符合境内企业法人分支机构设立条件；②报关员人数不少于 3 名；③有符合从事报关服务所必需的固定经营场所和设施；④分支机构负责人应当具有 5 年以上从事对外贸易工作经验或者报关工作经验；⑤报关业务负责人、报关员均无走私行为记录。

海关比照报关企业注册登记许可程序规定做出是否准予跨关区分支机构注册登记许可的决定。

4) 报关企业及其跨关区分支机构注册登记许可期限

报关企业及其跨关区分支机构注册登记许可期限均为 2 年。被许可人需要延续注册登记许可有效期的，应当办理注册登记许可延续手续。

报关企业未按规定办理注册登记许可延续手续或者海关未准予注册登记许可延续的，报关企业丧失注册登记许可，同时其跨关区分支机构注册登记许可自动终止，海关不再接受其办理报关业务。

5) 报关企业及其跨关区分支机构注册登记许可的延续

报关企业及其分支机构注册登记许可需要进行延续的，应当在有效期届满40日前向海关提出延续申请并递交海关规定的材料。

海关比照注册登记许可程序在有效期届满前对报关企业的申请予以审查，对符合注册登记许可条件的，并且符合法律、行政法规、海关规章规定的延续注册登记许可应当具备的其他条件的，依法做出准予延续的决定，延续的有效期为 2 年。海关对不再具备注册登记许可的条件，或者不符合法律、行政法规、海关规章规定的延续注册登记许可应具备的条件的报关企业或者其分支机构，不予延长其注册登记许可。

6) 报关企业及其跨关区分支机构注册登记许可的变更

报关企业及其分支机构注册登记许可中的企业名称及其分支机构名称、企业注册资本、法定代表人(负责人)有变更的，应以书面形式到注册地海关申请变更注册登记许可。注册地海关对被许可人提出的变更注册登记许可申请按照注册登记许可程序进行初审，并且上报直属海关决定。直属海关依法审查后，对符合法定条件、标准的，应当准予变更，并且做出准予变更决定。海关准予变更注册登记的报关企业及其分支机构凭直属海关变更决定到相关管理部门办理变更手续。

7) 报关企业注册登记许可的撤销

有下列情形之一的，做出注册登记许可决定的直属海关，可以撤销报关企业注册登记许可。

(1) 海关工作人员滥用职权、玩忽职守做出准予注册登记许可决定的。

(2) 超越法定职权做出准予注册登记许可决定的。

(3) 违反法定程序做出准予注册登记许可决定的。

(4) 对不具备申请资格或者不符合法定条件的申请准予注册登记许可的。

(5) 被许可人以欺骗、贿赂等不正当手段取得注册登记许可的。

(6) 依法可以撤销注册登记许可的其他情形。

8) 报关企业注册登记许可的注销

有下列情形之一的，海关应当依法注销报关企业注册登记许可。

(1) 有效期届满未延续的。

(2) 报关企业依法终止的。

(3) 注册登记许可依法被撤销、撤回，或者注册登记许可证件被吊销的。

(4) 因不可抗力导致注册登记许可事项无法实施的。

(5) 法律、行政法规规定的应当注销注册登记许可的其他情形。

2．报关企业注册登记手续办理

报关企业申请人经直属海关注册登记许可后，应当到工商行政管理部门办理许可经营项目登记，并且自工商行政管理部门登记之日起 90 日内到企业所在地海关办理注册登记手续。逾期，海关不予注册登记。

报关企业申请办理注册登记，应当提交的文件材料包括：①直属海关注册登记许可文件复印件；②企业法人营业执照副本复印件(分支机构提交营业执照)；③税务登记证书副本复印件；④银行开户证明复印件；⑤组织机构代码证书副本复印件；⑥报关单位情况登记表、报关单位管理人员情况登记表；⑦报关企业与所聘报关员签订的用工劳动合同复印件；⑧其他与报关注册登记有关的文件材料。

注册地海关依法对申请注册登记材料是否齐全、是否符合法定形式进行核对，核发"中华人民共和国海关报关企业报关注册登记证书"。报关企业凭以办理报关业务。

(四)报关单位注册登记证书的时效及换证管理

1. 报关单位注册登记证书的时效

根据海关规定，进出口货物收发货人注册登记证书的有效期限为 3 年，报关企业注册登记证书的有效期限为 2 年。

2. 报关单位注册登记换证手续

报关企业应当在办理注册登记许可延期的同时办理换领报关企业报关登记证书手续。

进出口货物收发货人应当在收发货人登记证书有效期届满前 30 日到注册地海关办理换证手续。

进出口货物收发货人办理换证手续时应当向注册地海关递交的文件材料包括：①企业法人营业执照副本复印件(个人独资、合伙企业或者个体工商户提交营业执照)；②对外贸易经营者登记备案表复印件(法律、行政法规或者商务部规定不需要备案登记的除外)；③中华人民共和国外商投资企业批准证书，中华人民共和国台、港、澳、侨投资企业批准证书复印件(限外商投资企业提交)；④报关单位情况登记表、报关员情况登记表(无报关员的免提交)、报关单位管理人员情况登记表。

材料齐全、符合法定形式的报关单位由注册地海关换发报关企业登记证书或者收发货人登记证书。

(五)报关单位的变更登记

报关企业取得变更注册登记许可后或者进出口货物收发货人单位名称、企业性质、企业住所、法定代表人(负责人)等海关注册登记内容发生变更的，应当自批准变更之日起30日内，向注册地海关提交变更后的工商营业执照或者其他批准文件及复印件，办理变更手续。

(六)报关单位的注销登记

报关单位有下列情形之一的，应当以书面形式向注册地海关报告。海关在办结有关手续后，依法办理注销注册登记手续。

(1) 破产、解散、自行放弃报关权或者分立成两个或者两个以上新企业的。
(2) 被工商行政管理部门注销登记或吊销营业执照的。
(3) 丧失独立承担责任能力的。
(4) 报关企业丧失注册登记许可的。
(5) 进出口货物收发货人的对外贸易经营者备案登记表或者外商投资企业批准证书失效的。
(6) 其他依法应当注销注册登记的情形。

四、报关单位的报关行为规则

(一)进出口货物收发货人的报关行为规则

1. 进出口货物收发货人报关的地域范围

进出口货物收发货人在海关办理注册登记后，可以在中华人民共和国关境内的各个口岸或者海关监管业务集中的地点办理本单位的报关业务，但不能代理其他单位报关。进出口货物收发货人自行办理报关业务时，并且应当通过本单位所属的报关员向海关办理。

2. 其他规则

(1) 进出口货物收发货人可以委托海关准予注册登记的报关企业，由报关企业所属的报关员代为办理报关业务，但不得委托未取得注册登记许可、未在海关办理注册登记的单位或者个人办理报关业务。

(2) 进出口货物收发货人办理报关业务时，向海关递交的纸质进出口货物报关单必须加盖本单位在海关备案的报关专用章。

(3) 进出口货物收发货人应对其所属报关员的报关行为承担相应的法律责任。进出口货物收发货人所属的报关员离职，报关员未按规定办理报关员注册注销的，进出口货物收发货人应当自报关员离职之日起 7 日内向海关报告并将报关员证件交注册地海关予以注销；报关员未交还报关员证件的，其所在单位应当在报刊上声明作废，并向注册地海关办理注销手续。

(二)报关企业的报关行为规则

1. 报关企业报关服务的地域范围

报关企业可以在依法取得注册登记许可的直属海关关区内各口岸或者海关监管业务集中的地点从事报关服务，但是应当在拟从事报关服务的口岸地或者海关监管业务集中的地点依法设立分支机构，并且在开展报关服务前按规定向直属海关备案。

报关企业如需要在注册登记许可区域以外从事报关服务的，应当依法设立跨关区分支机构，并且向拟注册登记地海关申请报关企业分支机构注册登记许可。报关企业分支机构经海关依法准予注册登记许可的，向海关办理注册登记后，可在所在地口岸或者海关监管业务集中的地点从事报关服务。

报关企业对其分支机构的行为承担法律责任。

2. 报关企业从事报关服务应当履行的义务

(1) 遵守法律、行政法规、海关规章的各项规定，依法履行代理人职责，配合海关监管工作，不得违法滥用报关权。

(2) 依法建立账簿和营业记录。真实、正确、完整地记录其受委托办理报关业务的所有活动，详细记录进出口时间、收发货单位、报关单号、货值、代理费等内容，完整保留委托单位提供的各种单证、票据、函电，接受海关稽查。

(3) 报关企业应当与委托方签订书面的委托协议。委托协议应当载明受托报关企业名称、地址、委托事项、双方责任、期限、委托人的名称和地址等内容，由双方签章确认。

(4) 报关企业接受进出口货物收发货人的委托办理报关手续时，应当承担对委托人所提供情况的真实性、完整性进行合理审查的义务。

审查的内容包括：① 证明进出口货物的实际情况的资料，如进出口货物的品名、规格、用途、产地、贸易方式等；② 有关进出口货物的合同、发票、运输单据、装箱单等商业单据；③ 进出口所需的许可证件及随附单证；④ 海关要求的加工贸易手册(纸质或电子数据)及其他进出口单证等。

报关企业未对进出口货物收发货人提供情况的真实性、完整性履行合理审查义务或违反海关规定申报的，应当承担相应的法律责任。

(5) 对于代理报关的货物涉及走私违规情事的，应当接受或者协助海关进行调查。

(6) 报关企业不得以任何形式出让其名义，供他人办理报关业务。

3．其他规则

(1) 报关企业办理报关业务时，向海关递交的纸质进出口货物报关单必须加盖本单位在海关备案的报关专用章。报关企业的报关专用章仅限在其标明的口岸地或者海关监管业务集中地使用，每一口岸地或者海关监管业务集中地报关专用章应当只有 1 枚。

(2) 报关企业应对其所属报关员的报关行为承担相应的法律责任。报关企业所属的报关员离职，报关员未按规定办理报关员注册注销的，报关企业应当自报关员离职之日起 7 日内向海关报告并将报关员证件交注册地海关予以注销；报关员未交还报关员证件的，其所在单位应当在报刊上声明作废，并向注册地海关办理注销手续。

五、海关对报关单位的分类管理

为了鼓励企业守法自律，提高海关管理效能，保障进出口贸易的安全与便利，海关根据企业遵守法律、行政法规、海关规章、相关廉政规定和经营管理状况，以及海关监管、统计记录、报关情况等，对在海关注册登记的进出口货物收发货人、报关企业的守法及进出口行为规范程度进行评估，划分出信用差别，按照 AA、A、B、C、D 五个管理类别进行管理，并制定相应的差别管理措施，如表 2.1 所示。

表 2.1　海关对报关单位的分类管理

企业类别	AA 类企业	A 类企业	B 类企业	C 类企业	D 类企业
信用状况	信用突出	信用良好	信用一般	信用较差	信用很差
管理措施	相应的通关便利措施		常规管理措施	严密监管措施	

【应用案例】

北京海关支持文化企业发展

2012 年 3 月，北京海关与中国国际图书贸易集团有限公司签署了 AA 企业担保验放通关程序责任书，标志着国图集团公司将享受到海关最高级别的通关便捷措施。

据了解，国图集团公司作为我国书刊进出口的主要企业，是北京海关的重点服务对象。

国图集团公司在 2011 年被海关总署核准为 AA 类企业,在进出口领域的诚信体系中步入了新的更高水平。根据担保验放通关程序责任担保书,国图集团公司将享受到海关最高级别的通关便捷措施,这将进一步密切和加深双方的战略合作伙伴关系,在关企合作互信方面又迈出了重要一步。

在担保验放通关程序责任书的签署仪式上,北京海关副关长樊塑说,北京海关近年来不断加大对文化出口企业的服务支持力度,在服务文化出口企业过程中切实加强针对性、注重实效性,深入把握相关企业的实际需求,制定并实施了一系列新的服务举措。海关与企业签订适用担保验放通关程序责任担保书,为企业提供通关便利,标志着海关对企业已经建立起了充分的信任,同时也意味着企业将肩负起更多的责任和义务。

中国国际图书贸易集团有限公司总经理孟祥杰表示,北京海关采取的相关举措,必将对国图集团公司书刊进出口业务在提高工作效率、降低经营成本、提升国家软实力、推进国家文化大发展等方面起到积极的促进和保障作用。

(资料来源:北京海关网.)

(一)进出口货物收发货人管理类别的设定

1. AA 类进出口货物收发货人

AA 类进出口货物收发货人,应当同时符合下列条件。

(1) 已适用 A 类管理 1 年及以上。

(2) 上一年度进出口报关差错率在 3% 及以下。

(3) 通过海关稽查验证,符合海关管理、企业经营管理和贸易安全的要求。

(4) 每年报送"企业经营管理状况评估报告"和会计师事务所出具的上一年度审计报告;每半年报送"进出口业务情况表"。

2. A 类进出口货物收发货人

A 类进出口货物收发货人,应当同时符合下列条件。

(1) 已适用 B 类管理 1 年及以上。

(2) 连续 1 年无走私罪、走私行为、违反海关监管规定的行为。

(3) 连续 1 年未因进出口侵犯知识产权货物而被海关行政处罚。

(4) 连续 1 年无拖欠应纳税款、应缴罚没款项情事。

(5) 上一年度进出口总值 50 万美元及以上。

(6) 上一年度进出口报关差错率在 5% 及以下。

(7) 会计制度完善,业务记录真实、完整。

(8) 主动配合海关管理,及时办理各项海关手续,向海关提供的单据、证件真实、齐全、有效。

(9) 每年报送"企业经营管理状况评估报告"。

(10) 按照规定办理"中华人民共和国海关进出口货物收发货人报关注册登记证书"的换证手续和相关变更手续。

(11) 连续 1 年在商务、人民银行、工商、税务、质检、外汇、监察等行政管理部门和机构无不良记录。

3. C 类进出口货物收发货人

进出口货物收发货人有下列情形之一的，适用 C 类管理。

(1) 有走私行为的。

(2) 1 年内有 3 次及以上违反海关监管规定行为，且违规次数超过上一年度报关单及进出境备案清单总票数 1‰的，或者 1 年内因违反海关监管规定被处罚款累计总额人民币 100 万元及以上的。

(3) 1 年内有 2 次因进出口侵犯知识产权货物而被海关行政处罚的。

(4) 拖欠应纳税款、应缴罚没款项人民币 50 万元及以下的。

4. D 类进出口货物收发货人

进出口货物收发货人有下列情形之一的，适用 D 类管理。

(1) 有走私罪的。

(2) 1 年内有 2 次及以上走私行为的。

(3) 1 年内有 3 次及以上因进出口侵犯知识产权货物而被海关行政处罚的。

(4) 拖欠应纳税款、应缴罚没款项人民币 50 万元及以上的。

5. B 类进出口货物收发货人

进出口货物收发货人未发生 C 类管理和 D 类管理所列情形并符合下列条件之一的，适用 B 类管理。

(1) 首次注册登记的。

(2) 首次注册登记后，管理类别未发生调整的。

(3) AA 类企业不符合原管理类别适用条件，并且不符合 A 类管理类别适用条件的。

(4) A 类企业不符合原管理类别适用条件的。

(二)报关企业管理类别的设定

1. AA 类报关企业

AA 类报关企业，应当同时符合下列条件。

(1) 已适用 A 类管理 1 年及以上。

(2) 上一年度代理申报的进出口货物报关单及进出境备案清单总量在 2 万票(中西部 5 000 票)及以上。

(3) 上一年度代理申报的进出口报关差错率在 3%及以下。

(4) 通过海关稽查验证，符合海关管理、企业经营管理和贸易安全的要求。

(5) 每年报送"企业经营管理状况评估报告"和会计师事务所出具的上一年度审计报告；每半年报送"报关代理业务情况表"。

2. A 类报关企业

A 类报关企业，应当同时符合下列条件。

(1) 已适用 B 类管理 1 年及以上。

(2) 企业以及所属执业报关员连续 1 年无走私罪、走私行为、违反海关监管规定的行为。

(3) 连续 1 年代理报关的货物未因侵犯知识产权而被海关没收，或者虽被没收但对该货物的知识产权状况履行了合理审查义务。

(4) 连续 1 年无拖欠应纳税款、应缴罚没款项情事。

(5) 上一年度代理申报的进出口货物报关单及进出境备案清单等总量在 3000 票及以上。

(6) 上一年度代理申报的进出口报关差错率在 5%及以下。

(7) 依法建立账簿和营业记录，真实、正确、完整地记录受委托办理报关业务的所有活动。

(8) 每年报送"企业经营管理状况评估报告"。

(9) 按照规定办理注册登记许可延续及"中华人民共和国海关报关企业报关注册登记证书"的换证手续和相关变更手续。

(10) 连续 1 年在商务、人民银行、工商、税务、质检、外汇、监察等行政管理部门和机构无不良记录。

3. C 类报关企业

报关企业有下列情形之一的，适用 C 类管理。

(1) 有走私行为的。

(2) 1 年内有 3 次及以上违反海关监管规定的行为，或者 1 年内因违反海关监管规定被处罚款累计总额人民币 50 万元及以上的。

(3) 1 年内代理报关的货物因侵犯知识产权而被海关没收达 2 次且未尽合理审查义务的。

(4) 上一年度代理申报的进出口报关差错率在 10%及以上的。

(5) 拖欠应纳税款、应缴罚没款项人民币 50 万元及以下的。

(6) 代理报关的货物涉嫌走私、违反海关监管规定拒不接受或者拒不协助海关进行调查的。

(7) 被海关暂停从事报关业务的。

4．D类报关企业

报关企业有下列情形之一的，适用D类管理。

(1) 有走私罪的。

(2) 1年内有2次及以上走私行为的。

(3) 1年内代理报关的货物因侵犯知识产权而被海关没收达4次及以上的。

(4) 拖欠应纳税款、应缴罚没款项人民币50万元及以上的。

【应用案例】

厦门海关关区两企业异地犯案遭分类降级处理

因在外关区犯走私普通货物罪，厦门海关辖区内两家企业被降"诚信度"，海关各业务现场开始对其进出口活动进行严格监控。

厦门海关透露，这两家企业分别是厦门某进出口贸易有限公司和石狮市一家生物食品有限公司。其中，厦门该贸易公司为逃避海关监管、达到偷逃税款和获取非法利益的目的，采取少报多进、伪报价格和品名的方式走私涤纶丝，偷逃应缴税款人民币148万多元，被江西省南昌市中级人民法院判决犯走私普通货物罪，并被判处罚金人民币350万元。而石狮该企业则是在加工贸易活动中，采用以米糠顶替卡拉胶的方式向海关申报复出口，致使保税货物脱离海关监管，案发后被福州市中级人民法院判决犯走私普通货物罪，并处罚金人民币52万多元。

据介绍，厦门海关将从本月起正式调整这两家企业的管理类别，由原来的"B类管理"调整为"D类管理"，海关各业务现场将从当月开始对其进出口活动进行严格监控。

(资料来源：东南网.)

5．B类报关企业

报关企业未发生C类管理和D类管理所列情形，并符合下列条件之一的，适用B类管理。

(1) 首次注册登记的。

(2) 首次注册登记后，管理类别未发生调整的。

(3) AA类企业不符合原管理类别适用条件，并且不符合A类管理类别适用条件的。

(4) A类企业不符合原管理类别适用条件的。

【应用案例】

打破"终身制"搬走"保险箱"

日前，太原海关对外宣布，山西省吕梁市进出口公司因出口申报不实由原来的A类企业降为 B 类，这是今年以来太原海关辖区内首例企业管理类别下调案例。

"真没想到一次违规就要付出这么大代价。"当山西省吕梁市进出口公司负责外贸业务的工作人员得知企业管理类别由 A 类降为 B 类后，沮丧之余感慨道。

原来，山西省吕梁市进出口公司在去年 5 月 10 日向上海外高桥港区海关申报出口至加拿大的一批车用油管，而实际出口货物却为无缝隙金属细管，实货与申报不符，违反了海关监管规定。于是，太原海关根据《中华人民共和国海关企业分类管理办法》中"A 类企业不符合原管理类别适用条件的，海关发现后重新决定其适用的管理类别"的规定，将该企业管理类别由 A 类降级为 B 类。

为鼓励企业守法自律，提高海关管理效能，保障进出口贸易的安全与便利，海关总署于 2008 年 4 月 1 日制定了《中华人民共和国海关企业分类管理办法》，符合连续 1 年无走私罪、走私行为、违反海关监管规定的行为，连续 1 年未因进出口侵犯知识产权货物而被海关行政处罚，连续 1 年无拖欠应纳税款、应缴罚没款项情事等条件的企业可以申请为 A 类企业，这些企业能够享受到"属地报关、口岸验放"，优先办理货物申报、查验、放行手续，优先安排在非工作时间和节假日办理加急通关手续，优先办理加工贸易备案、变更、报核等手续，优先办理报关注册登记手续等一系列通关便利措施，海关对适用不同管理类别的企业，制定相应的差别管理措施。《中华人民共和国海关企业分类管理办法》出台后，很多企业积极向太原海关提出适用 A 类管理申请。

2010 年 11 月 15 日，海关总署公布了《中华人民共和国海关企业分类管理办法》(海关总署令第 197 号)，自 2011 年 1 月 1 日起施行。2008 年 1 月 30 日海关总署令第 170 号公布的《中华人民共和国海关企业分类管理办法》同时废止。

(资料来源：中国海关总署网.)

(三)报关单位分类管理措施的实施

(1) AA 类或者 A 类企业涉嫌走私被立案侦查或者调查的，海关暂停其与管理类别相应的管理措施；暂停期内，按照 B 类企业的管理措施实施管理。

(2) 企业仅名称或者海关注册编码发生变化的，其管理类别可以继续适用，但是有下列情形之一的，按照下列方式调整。

① 企业发生存续分立，分立后的存续企业承继分立前企业的主要权利义务或者债权债务关系的，其管理类别适用分立前企业的管理类别，其余的分立企业视为首次注册企业。

② 企业发生解散分立，分立企业视为首次注册企业。

③ 企业发生吸收合并，合并企业管理类别适用合并后存续企业的管理类别。

④ 企业发生新设合并，合并企业视为首次注册企业。

(3) 报关企业代理进出口货物收发货人开展报关业务，海关按照报关企业和进出口货物收发货人各自适用的管理类别分别实施相应的管理措施。

因报关单位的管理类别不同导致与应当实施的管理措施相抵触的，海关按照下列方式实施：①报关企业或者进出口货物收发货人为 C 类或者 D 类的，按照较低的管理类别实施相应的管理措施；②报关企业和进出口货物收发货人均为 B 类及以上管理类别的，按照报关企业的管理类别实施相应的管理措施。

(4) 加工贸易经营企业与承接委托加工的生产企业管理类别不一致的，海关对该加工贸易业务按照较低的管理类别实施相应的管理措施。

【相关链接】

海关 AEO 助外贸企业享受通关 VIP

2010 年 2 月，记者从北京海关获悉，2009 年北京市取得海关双 A 资格认证的企业从 2008 年的 13 家猛增到 68 家，增幅同比达到 423%；开展区域通关企业 166 家，是 2008 年 62 家的 169%。这组看似简单的数据意味着什么呢？北京海关企业管理处处长余国胜告诉记者："双 A 类企业数量的大幅增长说明广大外贸企业在经历了国际金融危机后，更加注重集约型、内生型的发展方式，从优化其内部结构、提升守法水平等方面获取政府的支持和市场的认可；同时也表明了北京地区外贸企业的整体质量在不断提高，北京口岸的通关环境在不断优化。"余国胜处长进一步介绍说，对企业进行分类管理、深化海关与商界的合作符合世界海关组织《全球贸易安全与便利标准框架》所倡导的现代海关发展趋势，它通过海关 AEO 制度("Authorized Economic Operator"，中文翻译为 "经认证的经营者")培养企业 "守法便利" 的理念，规范其进出口行为，进而达到优化通关环境、推进贸易便利和安全的目的。

——海关 AEO 为企业升级外贸助推器。AEO 即经认证的经营者，是指在国际物流中，无论该主体在供应链中处于何种位置、履行何种职能，经海关或其授权部门批准而成为符合世界海关组织制定的或者具有同等效力的供应链安全标准的企业。简单地说，AEO 制度是海关对守法、信用、安全程度较好的企业进行认证、认可，从而给予其切实便利和优惠的制度。我国现行的企业分类管理即可被看作是 AEO 制度的中国化。根据《中华人民共和国海关企业分类管理办法》的有关规定，按照守法便利原则，海关对企业设置 AA、A、B、C、D 五个管理类别，实施动态管理。AA 类企业是目前海关给予企业的最高信用等级和荣誉。海关对适用 A 类及以上管理类别的企业给予包括 "担保验放"、"属地申报，口岸验放"、"分类通关"、预约通关及归类化验等 16 项优惠措施，这相当于企业取得了海关服务中的 VIP 身份。

据北京海关有关人士介绍，仅以区域通关为例(区域通关即通常所说的 "属地申报，口岸验放")企业将享受四大便利：一是在通关时间上。当口岸为天津新港、属地为北京海关朝阳口岸时，"属地申报，口岸验放" 模式比转关快 1~2 天，转关比口岸清关快 1~2 天，最快可以实现属地当天申报、口岸当天验放，货物当天就可以运抵北京。二是在运输成本上。

由于货物直接在口岸放行，企业可用非转关专用车辆进行运输，降低了运输成本，加快了货物流转速度，保证了用货需求；同时由于减少了货物滞港时间，各种港口费用也会相应降低。三是在税款资金安全上。由于税款均在属地海关缴纳，企业不用跨区域划款，简化了财务手续、保障税款按时缴纳。四是企业还将享受到北京海关为保障此模式顺利运行所制定的其他配套便利措施，如北京海关在相关现场设立了专门报关窗口，专人专岗办理区域通关业务；设立与口岸海关的联系热线，指定专人负责相关业务咨询，及时解决通关环节遇到的各类问题；对于需查验的货物，采取由口岸海关实际查验的方式，避免企业为此办理转关查验手续，减少通关作业环节；在采用区域通关作业模式的同时，引导企业采取网上支付、申请便捷通关等优惠便利措施，实现快上加快。

——扶助企业"修炼内功"，联手多家政府部门扩军 AA 类企业。上述优惠措施固然诱人，但其适用范围仅针对取得海关 A 类管理资质以上的企业。这也正体现了海关分类管理政策的"风向标"效应，即"让守法诚信者获得充分的便利，让违法、失信者切实感受到障碍和不便，进而使之强化守法意识"。余国胜处长告诉记者，为帮助关区内更多的合格企业早日跨入 AA 类管理行列，尽快享受通关便利措施，进一步提升北京企业的外贸竞争力，北京海关于 2009 年 4 月开展了企业分类管理办法实施一周年宣传月活动，通过走访、个性化约谈、座谈会、对外公告等方式宣传《中华人民共和国海关企业分类管理办法》，宣讲海关通关监管便利措施，引导鼓励符合条件的企业申请适用 A 类和 AA 类管理，200 多家 A 类企业踊跃参加。在政策允许的范围内，北京海关积极进行内部协调，缩短审核时限，仅在宣传月期间北京海关就受理了 64 家企业申请。

由于《中华人民共和国海关企业分类管理办法》规定，企业申请 A 类、AA 类管理类别时需满足"在商务、人民银行、工商、税务、质检、外汇、监察等行政管理部门和机构无不良记录"的条件，因此建立以企业为单元的信用管理体系可以说是一项系统工程，单靠海关一家是很难完成的。为此，北京海关不断加强与市商务委、工商、税务、外汇、检验检疫等对口部门的联系配合，形成帮扶企业发展合力。2009 年以来，北京海关企业管理处共召开与相关行政单位的座谈会三次，签订了《北京海关企业管理处与外部单位相关处室联系配合办法》，建立起了较为健全的企业诚信管理长效机制，为进一步全面提升外贸通关服务质量奠定了基础。

——政务公开，网上办事，助燃企业工作热情。政务公开力度的不断加强、现代化网络办公系统的不断拓展对 2009 年以来高资信企业数量的大幅增长来说亦功不可没。诺基亚通信有限公司进口部吴经理要替公司办理海关注册登记，当得知海关开通网上办事系统后即通过互联网进行了申请。让她没想到的是原本材料受理后 5 天才可拿到的"进出口海关通行证"——注册登记证书——1 天就取得了。她很是兴奋，一连说了三个"没想到"。据余处长介绍，为了进一步方便企业办理海关注册登记手续，北京海关专门开发了企业网上办事系统，并于 2009 年 12 月正式开通试用。这使得企业注册登记、变更、分类申请、年审等烦琐的手续通过互联网就可实现"一键办理"。同时，北京海关还将企业关心的办事程序、办理表格、动态信息及时公开，提供网络下载，进一步减少了企业往返次数，节约了成本，简化了程序。网上办事系统开通短短一个月，注册用户即达到200余家。

(资料来源：北京海关网.)

中韩 AEO 互认　进出口企业通关降本提效

近日，首轮中韩 AEO 互认安排联合说明会在青岛举行，总署稽查司派员组成的中方代表团，韩国关税厅、首尔海关、韩国驻华使馆海关专员组成的韩方代表团参加会议。韩国驻青总领事馆、青岛韩国贸易馆、青岛地区 180 家对韩贸易量较大的进出口企业、15 家业务量较大的报关企业，中、韩有关新闻媒体 200 余人应邀参会。中韩海关分别介绍了两国海关 AEO 制度的主要内容，详细说明了中韩 AEO 互认安排以及 AEO 互认试点的情况，并现场回答了与会代表的提问。

据了解，AEO 是"经认证的经营者"(Authorized Economic Operator)的简称，是世界海关组织(WCO)旨在构建海关与商界之间的合作伙伴关系，实现贸易安全与便利目标而引入的一项制度。中韩两国海关在 2013 年 6 月签署了 AEO 互认安排，将为双方优质企业提供通关便利，企业可以减少通关时间、降低通关成本，进一步提高国际竞争力。

中国是韩国第一大贸易伙伴，据统计，全国 2000 余家海关 AA 类企业与韩国往来贸易将享受两国海关互认的便利。由于地理优势和产品互补，山东对韩贸易逐步升温，2013 年上半年山东省对韩国进出口 139.8 亿美元，逆势增长 2.9%，其中进口更是实现了 16.9%的增长率。据统计，2013 年以来山东口岸有进出口记录的 AA 类企业共有 763 家，这些企业将在与中国签订 AEO 互认安排国家的贸易往来中享受到境外的通关便利。山东现代威亚汽车发动机有限公司是一家专业的汽车发动机制造公司，按照海关分类管理级别即将进入 AEO 企业行列，并且该公司自韩国进口产品主要从青岛口岸通关。公司购买部部长贺丰林表示："通过 AEO 认证后将进一步扩大我们公司的知名度、降低物流成本、提高通关效率，预计全年可降低物流成本约 500 万元。"

(资料来源：中国海关总署网.)

六、报关单位的海关法律责任

报关单位的海关法律责任，是指报关单位违反海关法律规范所应承担的法律后果，并由海关及有关司法机关对其违法行为依法予以追究，实施法律制裁。

《海关法》、《海关行政处罚实施条例》和有关海关行政规章等都对报关单位的法律责任进行了规定。《中华人民共和国刑法》关于走私犯罪的规定，《中华人民共和国行政处罚法》关于行政处罚的原则、程序、时效、管辖、执行等规定，也都适用于对报关单位海关法律责任的追究。

(一)报关单位海关法律责任的原则性规定

(1) 有走私行为,构成犯罪的,将被依法追究刑事责任。

(2) 有走私行为,尚不构成犯罪的,由海关没收走私货物、物品及违法所得,可以并处罚款;对专门或者多次用于掩护走私的货物、物品,专门或者多次用于走私的运输工具,海关将予以没收;对藏匿走私货物、物品的特制设备,海关将责令拆毁或者没收。

(3) 报关单位有违反《海关法》及有关法律、行政法规、海关规章或海关规定程序、手续,尚未构成走私的行为,海关按《海关行政处罚实施条例》的有关规定处理。

(二)报关单位违反海关监管规定的行为及其处罚

(1) 违反国家进出口管理规定,进出口国家禁止进出口的货物的,责令退运,处 100 万元以下罚款。

(2) 违反国家进出口管理规定,进出口国家限制进出口的货物的,进出口货物的收发货人向海关申报时不能提交许可证件的,进出口货物不予放行,处货物价值 30% 以下罚款。

(3) 违反国家进出口管理规定,进出口属于自动进出口许可管理的货物,进出口货物的收发货人向海关申报时不能提交自动许可证明的,进出口货物不予放行。

(4) 报关单位在办理报关业务的过程中,进出口货物的品名、规格、税则号列、数量、价格、贸易方式、原产地、起运地、运抵地、最终目的地或者其他应当申报的项目未申报或者申报不实的,分别依照下列规定予以处罚,有违法所得的,没收违法所得。

① 影响海关统计准确性的,予以警告或者处 1000 元以上 1 万元以下罚款。

② 影响海关监管秩序的,予以警告或者处 1000 元以上 3 万元以下罚款。

③ 影响国家许可证件管理的,处货物价值 5% 以上 30% 以下罚款。

④ 影响国家税款征收的,处漏缴税款 30% 以上 2 倍以下罚款。

⑤ 影响国家外汇、出口退税管理的,处申报价格 10% 以上 50% 以下罚款。

⑥ 在代理报关业务中,因进出口货物收发货人未按照规定向报关企业提供所委托报关事项的真实情况,致使发生上述情形的,有关法律责任由委托人承担;因报关企业对委托人所提供情况的真实性未进行合理审查,或者因工作疏忽致使发生上述情形的,可以对报关企业处货物价值 10% 以下罚款,暂停其 6 个月以内从事报关业务,情节严重的,撤销其报关注册登记。

【应用案例】

报关务必仔细,以免因商品归类错误等原因承担受罚风险

2006—2007 年,南京某公司出口 12 批焊丝。前批货物出口时,报关海关编码为 83113000。而 2007 年海关进一步细化了焊丝的海关编码,该公司出口的焊丝属于硅锰丝,海关编码为72292000，出口退税率低于前焊丝退税率，并在海关官网上作了公示。

但该企业在接下来的出口业务中，仍按原焊丝海关编码报关，先后5批共50多万美元，多得出口退税30多万元人民币。2008年海关在专项治理过程中发现了此问题，做出了相应处罚：没收多得退税款，处以出口额20%的罚款，降低海关信用等级。

（资料来源：http://www.docin.com/p-560205578.html.）

(5) 报关单位有下列行为之一的，处货物价值5%以上30%以下罚款，有违法所得的，没收违法所得。

① 未经海关许可，擅自将海关监管货物开拆、提取、交付、发运、调换、改装、抵押、质押、留置、转让、更换标记、移作他用或者进行其他处置的。

② 未经海关许可，在海关监管区以外存放海关监管货物的。

③ 经营海关监管货物的运输、储存、加工、装配、寄售、展示等业务，有关货物灭失、数量短少或者记录不真实，不能提供正当理由的。

④ 经营保税货物的运输、储存、加工、装配、寄售、展示等业务，不依照规定办理收存、交付、结转、核销等手续，或者中止、延长、变更、转让有关合同不依照规定向海关办理手续的。

⑤ 未如实向海关申报加工贸易制成品单位耗料量的。

⑥ 未按照规定期限将过境、转运、通运货物运输出境，擅自留在境内的。

⑦ 未按照规定期限将暂时进出口货物复运出境或者复运进境，擅自留在境内或者境外的。

⑧ 有违反海关规定的其他行为，致使海关不能或者中断对进出口货物实施监管的。

上述规定中所涉货物属于国家限制进出口需要提交许可证件的，当事人在规定期限内不能提交，另处货物价值30%以下罚款；漏缴税款的，可以另处漏缴税款1倍以下罚款。

(6) 报关单位有下列行为之一的，予以警告，可以处3万元以下罚款。

① 擅自开启或者损毁海关封志的。

② 遗失海关制发的监管单证、手册等凭证，妨碍海关监管的。

(7) 伪造、变造、买卖海关单证的，处5万元以上50万元以下罚款，有违法所得的，没收违法所得；构成犯罪的，依法追究刑事责任。

(8) 进出口侵犯知识产权的货物的，没收侵权货物，并处货物价值30%以下罚款；构成犯罪的，依法追究刑事责任。

需要向海关申报知识产权状况，而未按规定如实申报的，或者未提交合法适用有关知识产权的证明文件的，可以处5万元以下罚款。

(9) 报关企业有下列情形之一的，责令改正，给予警告，可以暂停其6个月以内从事报关业务。

① 拖欠税款或者不履行纳税义务的。

② 报关企业出让其名义供他人办理进出口货物报关纳税事宜的。

③ 损坏或者丢失海关监管货物，不能提供正当理由的。

④ 有需要暂停其从事报关业务的其他违法行为的。

(10) 报关企业有下列情形之一的，海关可以撤销其注册登记。

① 报关企业构成走私犯罪或者 1 年内有 2 次以上走私行为的。

② 所属报关员 1 年内 3 人次以上被海关暂停执业的。

③ 被海关暂停从事报关业务，恢复从事报关业务后 1 年内再次发生拖欠税款或者不履行纳税义务、出让企业名义供他人办理进出口货物报关纳税事宜、损坏或者丢失海关监管货物且不能提供正当理由等情形的。

④ 有需要撤销其注册登记的其他违法行为的。

(11) 报关企业非法代理他人报关或者超出海关准予的从业范围进行报关活动的，责令改正，处 5 万元以下罚款，暂停其 6 个月以内从事报关业务；情节严重的，撤销其报关注册登记。

(12) 进出口货物收发货人、报关企业向海关工作人员行贿的，撤销其报关注册登记，并处 10 万元以下罚款；构成犯罪的，依法追究刑事责任，并不得重新注册登记为报关企业。

(13) 提供虚假资料骗取海关注册登记的，撤销其注册登记，并处 30 万元以下罚款。

(14) 海关对于未经海关注册登记从事报关业务的，予以取缔，没收违法所得，并处 10 万元以下罚款。

(15) 报关单位有下列情形之一的，海关予以警告，责令其改正，并可以处人民币 1 000 元以上 5 000 元以下罚款。

① 报关企业取得变更注册登记许可后或者进出口货物收发货人单位名称、企业性质、企业住所、法定代表人(负责人)等海关注册登记的内容发生变更，未按照规定向海关办理变更手续的。

② 未向海关备案，擅自变更或者启用报关专用章的。

③ 所属报关员离职，未按照规定向海关报告并办理相关手续的。

(16) 法人或者其他组织有违反海关法的行为，除处罚该法人或者组织外，对其主管人员和直接责任人员予以警告，可以处 5 万元以下罚款，有违法所得的，没收违法所得。

第三节　海关对报关员的管理

我国海关规定，进出口货物的报关业务应由经海关批准的报关员代表进出口货物收发货人或者报关企业向海关办理。

一、报关员的概念

报关员是指依法取得报关员从业资格，并在海关注册，向海关办理进出口货物报关业务的人员。

根据我国海关规定，报关员必须受雇于一个依法向海关注册登记的进出口货物收发货人或者报关企业，并代表该企业向海关办理报关业务。因此，报关员不是自由职业者，不得非法接受他人委托从事报关业务。

报关员是向社会提供专业化智力服务的专业人员。报关员是联系报关单位与海关之间的桥梁，在进出口货物的通关工作中起着重要作用。报关员业务水平的高低和报关质量的好坏不仅影响进出口货物的通关速度和海关的工作效率，也直接影响报关单位的经济效益。

【应用案例】

某年8月某天，报关员A拿到客户的出口报关资料，申报品名是传动装置，申报商品编码，申报金额有4万多美元。一看到单证，报关员A就想到传动装置有几种：一种是用在发动机内部的传动装置，如皮带轮、张紧轮、惰轮；还有一种是用在车辆上的传动装置，如方向传动轴、齿轮传动装置。而且当时两者退税相差4个百分点，A马上与客户沟通，询问商品的具体情况及其用途。原来此商品是用在大型汽车上的，应该归类在8708项下。为客户挽回直接经济损失1万多元人民币。客户说现在金融危机拿订单不容易，现在又多了4个百分点退税的保证。

由上面的案例可知，一名优秀的报关员可以为他的客户挽回损失的经济利益，同时维护了国家的经济利益。

(资料来源: http://w1hgzwm8.blog.sohu.com/222166417.html .)

二、报关员资格

我国《海关法》第十一条规定，报关人员必须依法取得报关从业资格。未依法取得报关从业资格的人员，不得从事报关业务。该条规定从法律上明确了报关员资格许可制度。我国报关员资格许可是通过报关员资格全国统一考试和颁发报关员资格证书的形式进行的。

(一)报关员资格考试

1. 考试的组织主体与原则

报关员资格全国统一考试由海关总署组织。海关总署负责确定考试原则，制定考试大纲、应试规则，统一命题；指导、监督各地海关具体实施考试，处理考试工作中的重大问题；组织阅卷，公布考试成绩；管理各海关审核报关员资格申请、颁发报关员资格证书事宜。

直属海关在海关总署指导下具体实施考试；认定、处理考试违规行为；受理、审查报关员资格申请，颁发报关员资格证书。直属海关可以委托隶属海关受理、审核报关员资格申请，及办理颁发证书等事宜。直属海关应当将受委托的隶属海关和委托的内容予以公告。

考试实行公平、公开、公正、诚信的原则，采取全国统一报名、统一命题、统一考试、统一评分标准和统一阅卷核分的方式进行。

2. 考试的报名条件

我国海关规定，报关员资格考试的报名条件是：①具有中华人民共和国国籍；②年满18周岁，具有完全民事行为能力；③具有大学专科及以上学历。

香港、澳门特别行政区居民中的中国公民和台湾居民，可以凭有效身份证件报名参加考试。

有下列情形之一的，不得报名参加考试，已经办理报名手续的，报名无效。

(1) 因故意犯罪受过刑事处罚，以及正在被执行刑罚或者依法被剥夺、限制人身自由的。

(2) 因在报关活动中发生走私或严重违反海关规定的行为，被海关依法取消报关从业资格的。

(3) 在考试中发生作弊行为，被海关取消考试成绩，或者有其他违规行为，被海关以作弊论处，不满3年的。

3. 考试与报名的时间

报关员资格全国统一考试每年举行一次。海关总署在考试3个月前对外公告考试事宜。特殊情况下，经海关总署决定，可以进行调整。考试时间一般为每年的11月份，具体起讫时间将标示在准考证副证上。考试时限为180分钟，不分场次。

报名时间一般在每年的5—6月份。

4. 考试的内容

考试主要测试考生从事报关业务必备的基础知识和技能，考试内容包括报关专业知识、报关专业技能、报关相关知识以及与报关业务相关的法律、行政法规及海关总署规章。

考试具体范围按照海关总署当年制定并公布的《报关员资格全国统一考试大纲》确定。

【相关链接】

2013年《报关员资格全国统一考试大纲》内容

2013年《报关员资格全国统一考试大纲》内容主要包括以下四个方面。

(1) 报关专业知识：包括报关与海关管理、报关与对外贸易管制、海关监管货物报关程序。

(2) 报关专业技能：包括进出口商品归类、进出口税费的计算与缴纳、进出口货物报关单填制。

(3) 与报关工作相关的海关法律制度。

(4) 与报关相关的国际贸易知识。

(二)报关员资格的取得

海关总署核定并公布报关员资格考试合格分数线。直属海关及受委托的隶属海关根据合格分数线，公布成绩合格、可以申请报关员资格的考生名单。

考试合格的考生，应当自考试合格分数线公布之日起 6 个月内向原报名海关申请报关员资格。

海关依法对申请人授予报关员资格的申请进行受理、审查和做出决定。除当场做出决定的以外，海关应当自受理申请之日起 20 个工作日内做出是否授予报关员资格的决定。决定不授予报关员资格的，应当向申请人制发"中华人民共和国海关不予授予报关员资格决定书"。海关决定授予报关员资格的，应当自做出决定之日起 10 个工作日内颁发报关员资格证书。颁发报关员资格证书的，海关可以不再制发受理决定书和准予报关员资格决定书。

考生在报名、考试等过程中有作弊行为，并取得报关员资格的，海关应当宣布其考试成绩无效，并撤销其报关员资格。

报关员资格证书是从事报关工作的资格证明，由海关总署统一制作，取得报关员资格证书者可以按规定向海关申请报关员注册。

报关员资格证书损毁、遗失或者个人信息发生变更的，可以向原发证海关申请补发或者换发。

【相关链接】

报关员资格考试通过率

首次报关员资格全国统一考试于 1997 年 12 月 21 日在全国 40 个考区进行，参加考试的考生有 6 万多人。由于 1997—2000 年期间，海关采取了只对行业内从业人员开放的原则，需报关企业向海关提出培训考试申请，经海关核准者方能参加考试，所以在此期间报名人数和通过人数并不多，但通过率相对比较高。

自 2001 年起，海关向社会开放了报关员考试市场，只要符合海关要求的社会人员、从业人员均可参加考试。2008 年，海关提高了报关员考试报名的学历条件，要具有大学专科及以上学历。近几年全国每年的参考人数大约在 12 万人，考试通过率为 10% 左右(见表 2.2)。

这一水平与国际上许多国家如日本、韩国的报关员资格考试合格率水平类似。

表2.2 历年报关员考试人数、通过率与合格分数线

年 份	全国报名人数	实际参加考试人数	全国合格人数	全国平均通过率/%	合格分数线/分
2012		75 000	11 432	15.26	120
2011		98 200	10 500	10.7	120
2010		97 300	14 579	14.97	120
2009	210 000	107 600	11 394	10.59	115
2008	269 813	127 461	8466	6.64	110
2007	378 386	278 740	29 843	10.08	110
2006	387 413	221 409	17 912	8.09	110
2005	342 379	182 398	18 757	10.23	120
2004	210 728	124 131	14 293	11.5	120
2003	141 104	106 075	12 092	11.4	120

三、报关员注册

报关员注册，是指报关单位所在地直属海关或受其委托的隶属海关，对通过报关员资格考试、依法取得报关员资格证书的人员提出的注册申请，依法做出准予报关员注册的决定，并颁发报关员证和 IC 卡的行为。

报关员注册是法律设定的海关行政许可事项之一，《中华人民共和国海关报关员执业管理办法》的第二章明确规定了报关员注册制度的实体性和程序性要求。

(一)注册的条件

1. 申请报关员注册的条件

申请报关员注册，必须同时具备以下 3 个基本条件。

(1) 申请人必须具有中华人民共和国国籍。

(2) 申请人必须通过报关员资格全国统一考试，取得报关员资格证书。

(3) 申请人必须与所在报关单位建立劳动合同关系或者聘用合同关系。

首次申请报关员注册的申请人，还应当经过在一个报关单位连续 3 个月的报关业务实习。报关员注册有效期届满后连续 2 年未注册，再次申请报关员注册的申请人，还应当经过海关报关业务岗位考核合格。

2. 海关不予报关员注册的情形

申请人有下列情形之一的，海关不予报关员注册。

(1) 不具有完全民事行为能力的。

(2) 因故意犯罪受到刑事处罚的。

(3) 被海关取消报关从业资格的。

3. 海关暂缓报关员注册的情形

申请人有下列情形之一的，海关暂缓报关员注册。

(1) 被海关暂停执业期间注销报关员注册的。

(2) 被海关暂停执业期间注册有效期届满的。

(3) 记分达到《中华人民共和国海关对报关员记分考核管理办法》规定分值，未参加海关组织的报关业务岗位考核或者考核不合格，注销报关员注册的。

(4) 记分达到《中华人民共和国海关对报关员记分考核管理办法》规定分值，未参加海关组织的报关业务岗位考核或者考核不合格，注册有效期届满的。

(二)注册的程序

1. 申请人注册申请

申请报关员注册的，申请人本人应当到报关单位所在地直属海关提出报关员注册申请。报关单位为报关企业跨关区分支机构的，应当到报关企业跨关区分支机构所在地直属海关提出报关员注册申请。直属海关可以委托隶属海关实施报关员注册。

本人不能到海关提出申请的，可以委托所在报关单位提出申请。申请人委托报关单位代为提出申请的，应当出具授权委托书。

申请报关员注册，应当向海关提交下列文件、材料：① 报关员注册申请书；② 申请人所在报关单位的报关企业登记证书或者收发货人登记证书复印件；③ 报关员资格证书复印件；④ 与所在报关单位签订的合法有效的劳动合同复印件(报关单位为非企业性质的，可以提交聘用合同复印件或者人事证明)；⑤ 身份证件复印件；⑥ 所在报关单位为其缴纳社会保险证明复印件，但法律、行政法规另有规定的，依照其规定。

首次申请报关员注册的，还应当提交报关单位出具的报关业务实习证明材料。

报关员注册有效期届满之日起连续 2 年未注册再次申请报关员注册的，还应当提交海关报关业务岗位考核合格的证明材料。

台湾居民和香港、澳门居民中的中国公民提出申请的，还应当提交"台港澳人员就业证"复印件。

2. 海关批准注册

申请人的申请符合法定条件的，海关准予报关员注册，并在规定期限内向申请人颁发报关员证和 IC 卡。

申请人的申请不符合法定条件的，海关不予办理报关员注册。

(三)注册的有效期

报关员注册有效期为 2 年。报关员需要延续报关员注册有效期的，应当办理报关员注册延续手续。报关员未办理注册延续手续或者海关未准予报关员注册延续的，自有效期届满之日起，其报关员注册自动终止。

(四)注册的变更

报关员姓名、身份证件号码等身份资料以及所在报关单位名称、海关编码发生变更的，报关员应当在变更事实发生之日起的 20 日内，持报关员资格证书、报关员证和变更证明文件等材料的原件及复印件到注册地海关书面申请变更报关员注册。

对报关员提出的变更报关员注册申请，注册地海关应当按照报关员注册程序进行审核，对符合法定条件的，换发报关员证和 IC 卡。

(五)注册的延续

报关员在注册有效期届满后仍然需要从事报关业务的，应当重新向海关申请办理报关员注册手续，并应当在注册有效期届满 30 日前向海关提出。逾期提出报关员注册延续申请的，海关不予受理。

申请办理报关员注册延续应提交的文件、材料包括：① 报关员注册延续申请书；② 报关员证复印件；③ 申请人所在报关单位的报关企业登记证书或者收发货人登记证书复印件；④ 报关员资格证书复印件；⑤ 与所在报关单位签订的合法有效的劳动合同复印件(报关单位为非企业性质的，可以提交聘用合同复印件或者人事证明)；⑥ 身份证件复印件；⑦ 所在报关单位为其缴纳社会保险证明复印件，但法律、行政法规另有规定的，依照其规定。

台湾居民、香港和澳门居民中的中国公民办理报关员注册延续手续的，还应当提交"台港澳人员就业证"复印件。

海关应当比照报关员注册程序在有效期届满前对报关员的延续申请予以审查，对符合报关员注册条件的，依法做出准予延续 2 年有效期的决定。

海关应当在报关员注册有效期届满前做出是否准予延续的决定；逾期未做出决定的，视为准予延续，依法为其办理报关员注册延续手续。

海关可以当场做出决定并换领报关员证的，不再制发受理决定书、准予延续报关员注册决定书。

海关对不再具备报关员注册条件的，应当依法做出不予延续的决定，说明理由，并告知申请人享有依法申请行政复议或者提起行政诉讼的权利。

报关员在被海关暂停执业期间有效期届满，需要延续有效期的，应当在有效期届满 30 日前到海关申请暂缓办理报关员注册延续，并在暂停执业期满后 30 日内提出延续报关员注册的申请。

(六)注册的注销

1. 应由报关员或者所在报关单位办理报关员注册注销的情形

(1) 报关员不再从事报关业务的。

(2) 报关员辞职的。

(3) 报关单位解除与报关员的劳动合同关系的(报关单位为非企业性质的，解除聘用合同关系或者人事关系)。

(4) 报关单位申请注销海关注册登记的。

发生上述情形之一的，报关员应当到注册地海关申请报关员注册的注销。

报关员未按照规定申请注销的，所在报关单位应向注册地海关办理报关员注册注销手续。

申请注销报关员注册的，应当提交注销报关员注册申请书、报关员证和报关员资格证书。不能提交报关员证的，应当提交在报刊刊登的作废声明。所在报关单位按规定办理报关员注册注销手续，不能提交报关员证和报关员资格证书的，应当提交报刊声明和说明材料。

2. 应由海关依法办理报关员注册注销的情形

(1) 报关员注册有效期届满未延续的。

(2) 报关员死亡或者丧失民事行为能力的。

(3) 报关员注册依法被撤销、撤回的。

(4) 报关员被海关依法取消从业资格的。

(5) 报关员所在报关单位被海关注销注册登记的。

(6) 法律、行政法规和规章规定的应当注销的其他情形。

(七)其他规定

(1) 报关员更换报关单位的，应当注销原报关员注册，重新申请报关员注册。

(2) 报关员遗失报关员证的，应当及时向注册地海关书面说明情况，并在报刊声明作废。

海关应当自收到情况说明和报刊声明证明之日起 20 日内予以补发。

四、报关员执业

取得报关员资格证书的人员，应当经海关注册并颁发报关员证和 IC 卡后执业。报关员证和 IC 卡是报关员执业的凭证。除法律、行政法规另有规定的外，报关单位的报关业务应当由报关员办理。

(一)报关员执业范围

进出口货物收发货人的报关员，可以在中华人民共和国关境内的各口岸地或者海关监管业务集中的地点执业。报关企业及其跨关区分支机构的报关员，应当在所在报关企业或者跨关区分支机构的报关服务的口岸地或者海关监管业务集中的地点执业。

报关员应当在一个报关单位执业。报关员应当在所在报关单位授权范围内执业。首次申请报关员注册人员在报关单位实习期间，不得以报关员的名义办理报关业务。报关员应当按照报关单位的要求和委托人的委托依法办理下列业务。

(1) 按照规定如实申报进出口货物的商品编码、商品名称、规格型号、实际成交价格、原产地及相应优惠贸易协定代码等报关单有关项目，并办理填制报关单、提交报关单证等与申报有关的事宜。

(2) 申请办理进出口货物缴纳税费、退税、补税、减税、免税等事宜。

(3) 申请办理加工贸易合同备案(变更)、深加工结转、外发加工、内销、放弃核准、余料结转、核销及保税监管等事宜。

(4) 协助海关办理进出口货物的查验、结关等事宜。

(5) 应当由报关员办理的其他报关事宜。

(二)报关员的权利和义务

1. 报关员的权利

(1) 以所在报关单位名义执业，办理报关业务。

(2) 向海关查询其办理的报关业务情况。

(3) 拒绝海关工作人员的不合法要求。

(4) 对海关对其做出的处理决定享有陈述、申辩、申诉的权利。

(5) 依法申请行政复议或者提起行政诉讼。

(6) 合法权益因海关违法行为受到损害的，依法要求赔偿。

(7) 参加执业培训。

2. 报关员的义务

(1) 熟悉所申报货物的基本情况，对申报内容和有关材料的真实性、完整性进行合理审查。

(2) 提供齐全、正确、有效的单证，准确、清楚、完整填制海关单证，并按照规定办理报关业务及相关手续。

(3) 海关查验进出口货物时，配合海关查验。

(4) 配合海关稽查和对涉嫌走私违规案件的查处。

(5) 按照规定参加直属海关或者直属海关授权组织举办的报关业务岗位考核。

(6) 持报关员证办理报关业务，海关核对时，应当出示。

(7) 妥善保管海关核发的报关员证和相关文件。

(8) 协助落实海关对报关单位管理的具体措施。

【应用案例】

委托人提供错误信息的后果

2008 年，广西某报关公司代理 B 企业报关出口一批冻鱼片，报关员根据 B 企业提供的材料向海关进行报关，由于租船订舱是在深圳口岸，所以采用转关方式报关。在广西某口岸报关之后，转到深圳盐田海关放行并装船。当司机将货物运往深圳之后，才发现装船的口岸应是在深圳的大鹏海关。其原因是 B 企业向报关员提供了错误的转关口岸，最后 B 企业只能与其国外的客户协商，因延误装船期而进行赔偿。

(资料来源：苏超艳. 报关理论与实务. 第 2 版. 北京：清华大学出版社，北京交通大学出版社，2012.)

耽误贸易统计的风险

2010 年 6 月，A 公司向海关总署申请行政复议，认为海关总署对外公布的统计数据与其货物实际进口量存在差异，直接阻碍其行业资格准入的审核。A 公司称 2010 年 1—5 月，该公司共向全国 11 个海关申报进口某类矿砂 91.3 万吨，但海关总署对外公布的数据则为88.6 万吨。根据本年度该企业所在行业商会与有关部门的联合发文规定，截至今年 5 月底，进口量小于 90 万吨的企业，将不再颁发该矿砂的进口许可证件。现行业商会以申报进口量不符合规定要求为由，拒绝向该公司核发进口许可证件，直接导致该企业面临经营危机。

海关总署复议部门经了解，统计部门对外公布的数据为该公司每月向海关申报并办结海关手续的货物进口量，数据真实、客观。A 公司 5 月底进口的最后一批货物虽已向口岸海关申报，并已实际到港，但由于业务人员未及时到口岸海关办理结关手续，导致官方公布数据与该公司实际向海关申报数据相差了 2.7 万吨。

《中华人民共和国海关统计条例》中明确规定进口货物的日期应按照海关放行的日期

统计；出口货物的日期，按照办结海关手续的日期统计。A 公司于 5 月底进口的最后一批货物，虽然已经向口岸海关申报并实际到港，但由于未在 6 月之前到海关办结相关手续，从程序上说，海关尚未对该批货物完成监管、予以放行，因此，该票货物不能纳入海关 5 月份进口货物的统计数据。

考虑到该行业商会以企业向海关申报进口量为标准审核经营资格，而该企业确实已经向海关申报进口足够数量的货物，若因企业未及时办理海关结关手续的轻微失误而导致其丧失经营资格，后果过于严厉，有悖于海关 "服务经济" 的工作职责，海关总署复议部门建议 A 公司向统计部门查询该公司 2010 年 1—5 月的申报进口数据，以海关核准的数据向有关部门证明其实际申报进口量。A 公司按照复议部门的建议，圆满地解决了经营资格问题，并撤销了行政复议申请。同时，在公司内，对报关员的工作疏忽，耽搁贸易统计，造成取消经营资格的风险，开展了职业风险警示教育。

(资料来源：谷儒堂，白凤川. 报关基础. 北京：中国海关出版社，2011.)

(三)报关员执业禁止行为

报关员执业不得有以下行为。

(1) 故意制造海关与报关单位、委托人之间的矛盾和纠纷。

(2) 假借海关名义，以明示或者暗示的方式向委托人索要委托合同约定以外的酬金或者其他财物、虚假报销。

(3) 同时在两个或者两个以上报关单位执业。

【应用案例】

报关员只能在一个报关单位执业

怡和鞋业有限公司和泰和鞋业有限公司是两家中外合资企业，均向海关办理了报关注册登记手续，其法人代表都是李某。李某认为这两家公司都是自己的，为节约成本，打算只聘请一个报关员为这两家公司办理报关业务。请问这种做法是否可行，为什么？

这种做法不可行。因为依据《中华人民共和国海关对报关员执业管理办法》"报关员应当在一个报关单位执业"， 因此报关员不得兼任两个或两个以上报关单位的报关工作。案例中虽然两家企业是同一个法人，但却是两个报关单位，所以李某这种想法下的行为是被海关禁止的。

(资料来源：百度文库网.)

(4) 私自接受委托办理报关业务，或者私自收取委托人的酬金及其他财物。

(5) 将报关员证转借或者转让他人，允许他人持本人报关员证执业。

(6) 涂改报关员证。

(7) 其他利用执业之便谋取不正当利益的行为。

【应用案例】

报关企业职员为他人虚开报关费用发票被判刑

2011 年 1 月 27 日，梧州市长洲区人民法院对一起涉嫌受贿罪和伪造公司印章罪案进行公开宣判，判处被告人陈某有期徒刑 1 年 2 个月，缓刑 1 年 6 个月。

被告人陈某在担任梧州市对外经济贸易货运报关行(以下简称"外贸报关行")的业务经理期间，根据时任领×电子(梧州)有限公司(简称"领×电子公司")报关员陈某才(另案处理)私下里的请求，为陈某才开具实际不发生代理关系的代理报关费用发票，并约定以发票票面金额的 6%给予陈某回扣。为此，在 2007—2008 年间，被告人陈某就利用其在外贸报关行工作的职务便利，并私刻"梧州市对外经济贸易货运报关行发票专用章"的假印章，先后以"合同核销"、"转厂报关"、"结转报关"、"进口报关"、"出口报关"、"合同变更"等名义多次为陈某才开出虚假的外贸报关行代理领 X 电子公司报关的费用发票。其中，2007年开出 88 笔，共 85 748 元人民币；2008 年开出 143 笔，共 128 689 元人民币，合计 214 437元人民币，陈某获得陈某才给予的好处费共 12 866.22 元人民币(后被告人陈某向侦查机关退出赃款 12 866 元)。

长洲法院经开庭审理后认为，梧州市对外经济贸易货运代理公司和梧州市对外经济贸易货运报关行为同一法人单位，属全民所有制企业，因而陈某应以国家机关工作人员论，应以受贿罪追究其刑事责任。被告人陈某身为国家工作人员，利用职务上的便利，非法收受他人财物，为他人获取利益，其行为已触犯刑律，构成受贿罪；被告人陈某私刻"梧州市对外经济贸易货运报关发票专用章"，多次为陈某才开出虚假的外贸报关发票，其行为已触犯刑律，构成伪造公司印章罪。

被告人陈某既犯受贿罪，又犯伪造公司印章罪，应实行数罪并罚。

鉴于被告人陈某在司法机关立案前已交代其犯罪事实属自首，且已退出非法所得款，可从轻处罚。法院据此依法做出上述判决。

(资料来源：张炳达，顾涛. 进出口货物报关实务. 上海：立信会计出版社，2012.)

(四)报关员的海关记分考核管理

为了规范报关员的报关行为，维护报关秩序，提高报关质量，保证通关效率，海关对报关员实行记分考核管理。根据海关规定，对记分达到规定分值的报关员，海关中止其报关员证效力，不再接受其办理报关手续。报关员应当参加注册地海关的报关业务岗位考核，经岗位考核合格之后，方可重新上岗。

1. 记分考核管理的对象和范围

记分考核管理对象是取得报关从业资格，并按照规定程序在海关注册，持有报关员证件的报关员，即在职报关员。

记分考核管理范围包括报关单填制不规范，报关行为不规范，违反海关监管规定或者有走私行为未被海关暂停执业、撤销报关从业资格。

2．记分考核管理的性质

海关对报关员的记分考核管理是一种教育和管理措施，而不是行政处罚。海关对记分达到一定分值的报关员实行岗位考核管理，目的是督促其增强遵纪守法意识，提高自身业务水平。海关通过对报关员记分计满至考核合格前，中止其报关员证效力、不再接受其办理报关手续的方式，来督促报关员履行义务。

3．记分考核的管理部门

海关企业管理部门负责对报关员记分考核工作进行指导、监督和协调。

海关通关业务现场及相关业务职能部门负责具体执行记分工作。海关人员在记分时，应当将记分原因和记分分值以电子或者纸质告知单的形式告知报关员。

记分的行政行为以各级海关名义做出。

4．记分考核管理量化标准

海关对报关员的记分考核，依据其报关单填制不规范、报关行为不规范的程度和行为性质，一次记分的分值分别为1分、2分、5分、10分、20分、30分。

记分周期从每年1月1日起至12月31日止。报关员在海关注册登记之日起至当年12月31日不足1年的，按一个记分周期计算。一个记分周期期满后，记分分值累加未达到30分的，该周期内的记分分值予以消除，不转入下一个记分周期。但报关员在一个记分周期内办理变更注册登记报关单位或者注销手续的，已记分分值在该记分周期内不予消除。

1）一次记分的分值为1分的情形

(1) 电子数据报关单的有关项目填写不规范，海关退回责令更正的。

(2) 在海关签印放行前，因为报关员原因造成申报差错，报关单位向海关要求修改申报单证及其内容，经海关同意修改，但未对国家贸易管制政策的实施、税费征收及海关统计指标等造成危害的。

(3) 未按照规定在纸质报关单及随附单证上加盖报关专用章及其他印章或者使用印章不规范的。

(4) 未按照规定在纸质报关单及随附单证上签名盖章或者由其他人代表签名盖章的。

2）一次记分的分值为2分的情形

(1) 在海关签印放行前，因为报关员填制报关单不规范，报关单位向海关申请撤销申报单证及其内容，经海关同意撤销，但未对国家贸易管制政策的实施、税费征收及海关统计指标等造成危害的。

(2) 海关人员审核电子数据报关单时，要求报关员向海关解释、说明情况、补充材料或者要求提交货物样品等有关内容的，海关告知后报关员拒不解释、说明、补充材料或者拒不提供货物样品等有关内容，导致海关退回报关单的。

【应用案例】

这样的失误，应避免

小马主要从事纺织品进口报关，在一次报关申报时，不慎将货样与其他批次的货样搞混，恰巧海关人员审核电子数据报关单时有疑问，于是要求小马向海关提交货物样品。由于小马已将货样混清，迟迟不能提供货样，导致海关退回报关单。依据《中华人民共和国海关报关员记分考核管理办法》，这种情况，符合扣 2 分的情形，因此，海关将对小马做出扣记 2 分的处理。

(资料来源：王志明，等.报关综合实务.第二版.大连：东北财经大学出版社，2010.)

3) 一次记分的分值为 5 分的情形

(1) 报关员自接到海关"现场交单"或者"放行交单"通知之日起 10 日内，没有正当理由，未按照规定持打印出的纸质报关单，备齐规定的随附单证，到货物所在地海关递交书面单证并办理相关海关手续，导致海关撤销报关单的。

(2) 在海关签印放行后，因为报关员填制报关单不规范，报关单位向海关申请修改或者撤销报关单(因出口更换舱单除外)，经海关同意且不属于走私、偷逃税等违法违规性质的。

(3) 在海关签印放行后，海关发现因为报关员填制报关单不规范，报关单币值或者价格填报与实际不符且两者差额在 100 万元人民币以下，数量与实际不符且有 4 位数以下差值，经海关确认不属伪报，但影响海关统计的。

4) 一次记分的分值为 10 分的情形

(1) 出借本人报关员证件、借用他人报关员证件或者涂改报关员证件内容的。

(2) 在海关签印放行后，海关发现因为报关员填制报关单不规范，报关单币值或者价格填报与实际不符且两者差额在 100 万元人民币以上，数量与实际不符且有 4 位数以上差值，经海关确认不属伪报的。

5) 一次记分的分值为 20 分的情形

因为违反海关监管规定行为被海关予以行政处罚，但未被暂停执业、取消报关从业资格的，记 20 分。

6) 一次记分的分值为 30 分的情形

因为走私行为被海关予以行政处罚，但未被暂停执业、取消报关从业资格的，记 30 分。

【应用案例】

<h3 style="text-align:center">强化记分管理 打造规范报关市场</h3>

北京某客货公司的报关员小刘近日接到了北京海关企业管理处的"记分告知单"。作为报关员的他由于工作马虎造成差错被扣了 2 分。而这个差错表面看来是个很微小的细节，就是把报关单上的价格 29.865 美元中的小数点看成了分位符，致使成交价格上升了 1000 倍，成了 29 865 美元。这一小小的失误，不仅大大影响了企业的通关速度，还使自己的报关员信用受到了影响。小刘现在是后悔莫及。

据来自北京海关的数据显示：2005 年 1—7 月，北京海关共对 168 家企业的 468 名报关员开具了 858 份"记分告知单"，累计记分 2001 分。从记分类别看，扣分主要发生在成交总价错误和成交币制错误，发生错误率在 90 次以上。其他发生扣分的主要原因有：商品名称、规格型号错误，申报数量错误等，这些错误占被扣分值近 65.15%。而在报关环节中，造成上述错误被扣分的主要原因是：报关员责任心不强、粗心大意造成的。

随着我国对外经济贸易的快速发展，报关员这一职业也深受社会的青睐。据了解，在北京关区报名参加全国海关 2005 年度报关员资格考试的总人数已达 6400 人，比去年增加了 25%。海关有关人士介绍说，表面看来，报关员是个风光的职业，但其不仅需要有极强的业务知识，还要有强烈的工作责任心和法律意识。

北京海关企业管理处的余处长向记者介绍说，海关对报关企业的管理，是海关企业管理的重要内容之一，它对规范报关市场秩序，保证货物通关效率，有着十分重要的意义。报关行业作为一个特殊的行业，负责进出口货物通关运作，其报关行为和报关质量对货物通关的效率有着直接的影响。

"报关员在报关过程中看似很小的失误就会给企业带来不可估量的损失！"企业管理科的杨科长对于加强报关员的业务及素质的培养深有感触。2005 年 6 月份，由于某公司的一名报关员未向海关提供原产地证明，致使企业白白交付了几千元的反倾销税。诸如，由于报关员填写报关单据不认真，将享有最惠国待遇的韩国错填成阿富汗，致使企业多征了 35%的关税。这样的事情时有发生。杨科长强调指出，增强报关员的工作责任心，规范企业的报关行为，提高报关质量是当今报关市场不容忽视的重要课题。目前，根据《中华人民共和国海关行政处罚实施条例》的规定，在一年内有 3 人次以上被海关暂停执业的，海关可以撤销报关企业的注册登记，取消其报关从业资格；报关企业、报关人员非法代理他人报关或者超出海关准予的从业范围进行报关活动的，可处 5 万元以下罚款，暂停其 6 个月以内从事报关业务或者执业。截至目前，北京关区没有发生被责令停业整顿的企业，但这一政策的实施，无疑给报关企业敲响了警钟。

北京海关有关负责人表示，海关作为国家进出境监督管理机关，是连接国内外两个市场、两种经济的桥梁和纽带，也是直接面对各类企业并肩负把关和服务双重职责的政府部门。从这个意义上说，海关与企业的关系密不可分，两者相互依存、相互促进、相互制约。海关的决策和执法对企业有直接的影响，企业的经营和守法同样会对海关的决策和执法造成影响，因此不论是海关还是企业都必须关注对方的决策和行为。截至2005年7月，北京海关共办理新注册企业2291家，其中国有企业298家，外商投资企业421家，其他企业1544家，报关企业28家。外商投资企业注册资金为107 685.45万美元。同时，该关共办理新注册报关员265人，注销报关员189人。截至目前，在北京关区注册报关员共有2568名。

该负责人最后表示，北京海关每个月都将报关员的报关记分情况整理记录，并不定期召开企业和报关员的通报会，同时针对报关环节易出现的问题及时进行政策宣讲，以提高报关质量，帮助企业快速通关。

（资料来源：北京海关网.）

5. 记分考核管理的救济途径

1）提出书面申辩

《记分考核管理办法》结合记分的实际情况，规定了报关员可向记分执行海关提出书面申辩，以降低救济成本。报关员对记分的行政行为有异议的，应当自收到电子或纸质告知单之日起 7 日内向做出该记分行政行为的海关部门提出书面申辩；海关应当在接到申辩申请 7 日内做出答复，对记分错误的应当及时予以更正。

2）提请行政复议或行政诉讼

《记分考核管理办法》根据《中华人民共和国行政复议法》、《中华人民共和国行政诉讼法》的规定，对具体行政行为允许报关员提请行政复议或行政诉讼，但这种救济途径成本高。

6. 岗位考核

根据海关规定，记分达到30分的报关员，海关中止其报关员证效力，不再接受其办理报关手续。报关员应当参加注册登记地海关的报关业务岗位考核，经岗位考核合格之后，方可重新上岗。

岗位考核由直属海关或者直属海关委托的单位负责组织。岗位考核内容为海关法律、行政法规、报关单填制规范及相关业务知识和技能。

报关员经岗位考核合格的，可以向注册登记地海关申请将原记分分值予以消除。岗位考核不合格的，应当继续参加下一次考核。

报关员记分已达30分，拒不参加考核的，直属海关可以将报关员的姓名及所在单位等情况对外公告。

【相关链接】

报关员国家职业标准

2007 年 12 月 7 日，国家劳动和社会保障部、海关总署联合颁布了《报关员国家职业标准(试行)》(以下简称《标准》)，它是我国报关行业第一个国家职业标准，标志着我国报关行业正在逐步走向规范和成熟。报关员作为经济业务人员，从此将按照国家制定的职业标准实行职称评定工作。

考虑到海关行政许可准入的条件和要求较高，因此，《标准》在职业等级设定时，直接从国家职业资格三级起步，即只设助理报关师、报关师、高级报关师三个等级。

《标准》界定了三个职业等级在工作内容上的区别。助理报关师侧重在具体业务操作层面，主要包括报关单填制、报关业务现场操作等；报关师侧重在相对复杂操作和管理层面，主要包括单证复核，对质量、程序的控制，报关核算，报关业务咨询等；高级报关师侧重在全面管理、指导和策划层面，主要包括组织设计、实施报关业务体系、风险管理、企业发展战略管理等。三个职业等级从低到高，依次递进，高级涵盖低级。

标准的制定将有助于激励专业报关人才的健康发展，起到净化报关员队伍的目的。

五、报关员的海关法律责任

(1) 报关员有下列情形之一的，海关予以警告，责令其改正，并可以处人民币 2 000 元以下罚款：

① 有报关员执业禁止行为的；

② 报关员海关注册内容发生变更，未按照规定向海关办理变更手续的。

(2) 报关员违反《中华人民共和国海关报关员执业管理办法》，构成走私或者违反海关监管规定行为的，由海关依照《中华人民共和国海关法》和《中华人民共和国海关行政处罚实施条例》的有关规定予以处理；构成犯罪的，依法追究刑事责任。

【应用案例】

报关员张某将公司清单倒卖给不法分子进行走私

广东省深圳某台商独资企业，从事自行车零件加工，员工大约 600 人，台籍管理人员有 5 位，都是技术出身，对于报关工作均无实际经验。因此，有关报关工作全权交由一名湖南籍的报关员张某负责，有关报关所用的手册、清单均由张某保管。在某年 6 月张某以每份几千元的价格将该公司 210 份清单卖给不法分子，该不法分子凭借这些清单走私进口了价值 400 万元人民币的轴承，并将此批货物倒卖出去。

海关到该企业进行核销时，因在工厂仓库查不到该批轴承，但实际进口报关清单却有此批货，且有报关员签名及企业公章，因此海关判定企业涉嫌走私免税货物，未经海关核准并补缴关税就私自转内销，且金额巨大，于是立即扣押该企业的手册及合同，并要求报关员及企业负责人到海关接受调查。张某在案发后逃逸。

该企业负责人认为是报关员违法，企业实际上并未从事走私活动；而且认为报关员既经海关培训，报关员出了问题，责任不能全由企业负担。但海关认为是企业本身未建立内部控制制度，且报关员是企业的职工，企业的负责人平时未做好对报关员的监督，应该对报关员的违法行为承担责任。因此，海关依法对该企业处以 100 万元人民币的罚款并对张某予以刑事处罚。

(资料来源：武晋军.报关实务(第 2 版).北京：电子工业出版社，2011.)

报关员构成走私犯罪或者 1 年内有 2 次以上走私行为的，海关可以取消其报关从业资格。

(3) 报关员违反海关监管规定的行为及其处罚如下。

① 报关员对委托人所提供情况的真实性未进行合理审查或因工作疏忽致使发生进出口货物的品名、税则号列、数量、规格、价格、贸易方式、原产地、起运地、运抵地、最终目的地或者其他应当申报的项目未申报或者申报不实的，暂停其 6 个月以内报关执业；情节严重的，取消其报关从业资格。

② 报关员被海关暂停报关执业，恢复报关执业后 1 年内再次被暂停报关执业的，海关可以取消其报关从业资格。

③ 报关员非法代理他人报关或者超出海关准予的从业范围进行报关活动的，责令改正，处 5 万元以下罚款，暂停其 6 个月以内报关执业；情节严重的，取消其报关从业资格。

④ 报关员向海关工作人员行贿的，取消其报关从业资格，并处 10 万元以下罚款；构成犯罪的，依法追究刑事责任，并不得重新取得报关从业资格。

⑤ 未取得报关从业资格从事报关业务的，予以取缔，没收违法所得，可以并处 10 万元以下罚款。

⑥ 提供虚假资料骗取报关从业资格的，取消其报关从业资格，并处 30 万元以下罚款。

【应用案例】

报关员的海关法律责任

王某在某报关行供职，2009 年参加了报关员资格全国统一考试，未达到合格分数线；又报名参加了 2010 年的报关员资格全国统一考试并通过了报名确认。王某从 2010 年 8 月就开始借用该报关行其他报关员的名义向海关报关。因此，海关根据《中华人民共和国海关行政处罚实施条例》第三十条的规定，依法取缔王某的非法报关活动，没收违法所得，视情节并处罚款。

(资料来源：王洪海.报关实务.北京：中国电力出版社，2011.)

第四节　报关行业协会

一、报关行业协会的性质、宗旨

中国报关协会(China Customs Brokers Association，CCBA)，于 2002 年 12 月 11 日在北京成立，是由经海关批准的报关单位和个人自愿结成的非营利性质的具有法人资格的全国性行业组织。

中国报关协会是中国唯一的全国性报关行业组织，协会成员可以包括依法成立的地方报关协会、在海关注册登记的报关单位、相关的社会团体、院校、企事业单位和报关从业人员和其他热心报关事业的个人。全国首届入会的会员单位有 435 家。

中国报关协会受民政部和海关总署双重管理，其登记管理机关为民政部，业务主管单位为海关总署。

中国报关协会的宗旨是配合政府部门加强对我国报关行业的管理，维护、改善报关市场的经营秩序，促进会员间的交流与合作，依法代表本行业利益，保护会员的合法权益，促进我国报关服务行业的健康发展。

二、报关行业协会会员的权利与义务

根据协会章程，中国报关协会会员享有的权利与履行的义务分别如下。

(一)会员的权利

(1) 本协会的选举权、被选举权和表决权。

(2) 获得本协会服务的优先权。

(3) 要求协会帮助协调解决有关的业务问题。

(4) 对协会的工作进行监督，提出意见和建议。

(5) 入会、退会的自由权。

(二)会员的义务

(1) 遵守协会章程，执行协会决议和规定；维护行业的信誉和权益。

(2) 参加协会组织的各项活动。

(3) 支持本协会工作。

(4) 按规定缴纳当年会费。

(5) 承办协会交办的工作。

三、报关行业协会的业务范围

根据协会章程,中国报关协会的业务范围具体涉及如下内容。

(1) 贯彻《中华人民共和国海关法》及国家有关法律、法规和政策,协助政府部门加强对报关行业的自律管理。

【应用案例】

企业谈报关协会的作用(一)

张丽(北京东方冠捷电子股份有限公司进出口部经理)认为,其实报关协会对于大型企业来说有两点:一是规范报关市场;二是加强和海关的沟通。我们虽说是自理报关企业,但由于成本原因,业务都委托出去,需要和报关行打交道。但目前的报关市场比较混乱,报关有时出了错误,报关行往往以报关员离开为由推卸责任。作为一家进料加工企业,60%~70%是进口,2003 年进出口金额达 2 亿美金。由于进口的是保税料件,如果报错了,必须删单重报。但如果找不到经手的报关员,企业就不得不承担损失。所以特别需要有一个组织,把报关行管理起来。比如记过处罚、降低信用资格、通报排名等,让我们可以有所选择。如果报关行良性发展,会方便大家的沟通和合作。

(资料来源:报关协会:娘家还是婆家?.中国海关,2004(3).)

(2) 调查研究各有关方面对报关行业的要求,综合分析报关市场的供求关系和发展趋势,为会员提供信息咨询服务,向有关部门反映会员的意见和要求,为政府制定行业发展规划和管理政策提出建议。

(3) 规范行业行为,提倡行业道德操守。

(4) 接受国家主管的委托授权,制定报关服务行业标准,规范报关作业程序,促进通关效率的提高。

(5) 代表本行业协调与有关业务主管部门、企业的工作关系;反映会员的建议和要求,协助解决有关问题,维护会员的合法权益。

【应用案例】

企业谈报关协会的作用(二)

王瑾维(北京报关协会会长、北京海关调查局局长)认为,协会是一个中介组织,要穿针引线,沟通企业和海关。一方面服务政府,具体来说就是服务海关,作为它行政权力的扩展和延伸,承担一些海关不便承担的工作,比如培训报关员、提升报关员素质,等等。另一方面服务企业。北京有 7000~8000 家企业有报关权,不可能都来和海关对话。一是海关没有如此充裕的时间；二是不是所有企业都愿意直接面对海关。而且这种对话还存在海关是不是能听取、企业是不是敢说话等一系列问题，有报关协会做中介，能够比较好地解决这个矛盾。

张丽(北京东方冠捷电子股份有限公司进出口部经理)认为，参加协会增加了与海关的沟通。作为大型企业，也有其他同海关沟通的渠道，但比较形式化。海关虽然已经提供了很多优惠，但还有一些问题解决不了，需要探讨。一些问题也不是主管海关可以解决的，现在有报关协会，这些问题就有机会同更高层的海关去沟通。至于具体报关过程中海关关员的行为不当，企业直接提不方便，有了报关协会，可以迂回地反映，减少正面冲突。

余国胜(北京报关协会副秘书长、北京海关企管处副处长)认为，当海关和企业之间发生矛盾和问题，作为中介组织的报关协会应站在法律的角度，公正对待。双重身份往往会给工作带来很多便利。比如说，一些法规已发布多年，已经不适应形势发展。但我们一方面不能违反现有制度；另一方面还要帮助企业解决困难。2003年在北京关区有数家合资企业改为独资企业，有的还更名。按1999年发布的海关总署企业分类办法，新注册的企业必须满两年才可以申请A类企业。我们就没有机械地照搬，而是充分考虑企业的实际情况。这些企业都是大型企业，从规模和守法诚信的记录来看都不错。虽然名称改变，但经营的内容和生产范围都和原来一样。在不违反原则的情况下，解决了46家企业改制后的通关优惠问题。

(资料来源：报关协会：娘家还是婆家？.中国海关，2004(3).)

(6) 协调、指导地方报关协会的业务开展和工作交流。

(7) 经国家主管部门委托授权，组织报关从业人员的职业等级评定、颁发证书，组织报关从业人员的培训，编写培训教材，提高报关从业人员素质及报关经理人的经营管理水平。

(8) 收集、整理、发送报关行业的信息，组织相关的研讨、论坛、展示活动，依据国家规定出版会刊及专业刊物，创办网站。

(9) 代表本行业参加国际性同行业组织，出席有关国际会议，与国际和地区的同行业组织建立业务联系，促进国际间的合作与交流。

(10) 兴办与宗旨、业务相关的实体。

(11) 经有关政府主管部门批准，对报关企业和报关从业人员进行表彰、奖励。

(12) 承担政府部门、相关团体和会员委托的工作。

【相关链接】

国际报关协会同盟

为鼓励和加强各国报关协会之间的合作，加深各国对报关协会在促进国际贸易中的作用的理解，为报关协会及其委托人改善企业经营环境，影响贸易决策，加强合作交流，提高报关质量，1990年11月28日国际报关协会同盟成立。目前，该同盟共有28个国家的正式会员，遍布五大洲，其中包括美国、加拿大、日本、意大利、韩国、印度等国的报关协会。这些会员分为两种：一种是正式会员，必须是国家报关协会组织或对联盟的宗旨有兴趣的社团法人；另一种是联系会员，对国际贸易有兴趣的企业愿意入会，并经批准，可成为联系会员。全体会员大会每两年召开一次，理事会每年召开一次。目前该同盟已与世界贸易组织、世界海关组织、亚太经合组织、美洲自由贸易区等国际组织建立了密切关系，积极参与国际组织活动，为各国海关所重视，因此具有影响国际贸易环境的能力。同盟内部定期以 E-mail、传真以及专用网页 IFCBA 的形式向会员国提供各国海关的第一手信息，使会员及时取得最新资料，为本国企业服务。

(资料来源：陈丕西，等. 报关实务. 北京：北京大学出版社，2006.)

本 章 小 结

报关是指进出境运输工具负责人、进出口货物收发货人、进出境物品所有人或者他们的代理人向海关办理货物、物品或运输工具进出境手续及相关海关事务的过程。

报关的种类繁多，按照报关的对象，可分为运输工具报关、货物报关和物品报关；按照报关的目的，可分为进境报关和出境报关；按照报关的行为性质，可分为自理报关和代理报关。

进出境运输工具、进出境货物、进出境物品的报关内容是不相同的，着重表现在报关程序、方式、提交的单证的不同。

报关单位是指依法在海关注册登记取得报关从业资格的进出口货物收发货人和报关企业。按照报关单位的不同性质，报关单位可分为进出口货物收发货人和报关企业。

报关注册登记制度是指进出口货物收发货人、报关企业依法向海关提交规定的注册登记申请材料，经注册地海关依法对申请注册登记的材料进行审核，给予其海关注册登记编号(又称经营单位代码)，准其办理报关业务的管理制度。

海关对于进出口货物收发货人，实行备案制；对于报关企业，要求其必须具备规定的设立条件并取得海关报关注册登记许可。

海关根据企业遵守法律等，对报关单位的守法及进出口行为规范程度进行评估，划分出信用差别，按照 AA、A、B、C、D 五个管理类别进行管理，并制定相应的差别管理措施。

报关单位应按照《海关法》及相关的法律、法规规章开展报关活动，并应承担相应的法律责任。

报关员是指依法取得报关员从业资格，并在海关注册，向海关办理进出口货物报关业务的人员。报关员应该按照《海关报关员执业管理办法》规定执业，并应承担相应的法律责任。

中国报关协会是由经海关批准的报关单位和个人自愿结成的非营利性质的具有法人资格的全国性行业组织。协会的宗旨是配合政府部门加强对我国报关行业的管理，维护、改善报关市场的经营秩序，促进会员间的交流与合作，依法代表本行业利益，保护会员的合法权益，促进我国报关服务行业的健康发展。

自 测 题

一、单项选择题

1. 报关企业受委托人的欺骗，向海关报关时发生伪报、瞒报行为的，海关按照法律的规定将追究( )的经济责任。

    A. 报关员   B. 委托单位   C. 委托人   D. 报关企业

2. 以下( )是对报关员行为规则错误的叙述。

    A. 报关员不得同时兼任两个或两个以上报关单位的报关工作

    B. 报关员记分达到 30 分，应当参加注册登记地海关的报关业务岗位考核，考核合格后，方可重新上岗

    C. 报关员遗失报关员证件的，补发新证之前，可以暂时借用其他报关员证办理报关纳税业务

    D. 报关员调动工作，应持调出、调入双方企业的证明文件向所在地海关重新办理注册手续

3. 下列说法不正确的是( )。

    A. 报关企业是具有境内法人地位的经济实体

    B. 报关企业有的属于有限责任公司

    C. 报关企业具有进出口经营权

    D. 报关企业具有报关权

4. 报关单位资格的法定要求是企业( )。

    A. 为对外贸易经营者   B. 为境内法人或其他组织

    C. 经海关注册登记   D. 有一定数量的报关员

5. 小张原来在石家庄一家外贸公司任报关员，期间私下承接北京一家报关行赵经理的业务，但并未影响自己单位的业务。后来小张在未向外贸公司办理离职手续的情况下就跳槽到北京这家报关行。下列表述正确的是( )。

A. 因为小张没有影响本公司的报关业务，所以他代理北京报关行进行的报关活动并不违法

B. 后来小张跳槽到北京这家报关行，因为具有"报关员证"，所以小张在北京这家报关行可以继续从事报关工作

C. 小张非法代理报关，应由北京报关行的赵经理全权承担法律责任，小张没有任何法律责任

D. 小张代理北京报关行报关属于非法代理报关行为

二、多项选择题

1. 根据海关有关管理规定，目前可以向海关办理报关注册手续的企业有(　　)。

A. 专门从事报关服务的企业

B. 经营国际货物运输代理、国际运输工具代理等业务，并接受委托代办进出口货物报关的企业

C. 有进出口经营权的企业

D. 经常接受境外捐赠的儿童福利机构

2. 报关企业在向海关办理注册登记许可申请时，应提交的材料有(　　)。

A. "企业法人营业执照"副本

B. 企业章程

C. 报关单位管理人员情况登记表

D. 报关服务营业场所的所有权证明、租赁证明

3. 下列属于首次申请报关员注册所应具备的条件是(　　)。

A. 必须通过报关员资格全国统一考试，取得报关员资格证书

B. 必须与所在单位建立劳动合同关系或者聘用合同关系

C. 应当经过海关报关业务岗位考核合格

D. 应当经过在一个报关单位连续 3 个月的报关业务实习

4. 以下各项中，(　　)属于报关员执业范围。

A. 填制报关单，向海关提交报关单证

B. 申请办理进出口货物减税、免税等事宜

C. 陪同海关关员查验货物

D. 申请办理缴纳税费和退税、补税事宜

5. 某进出口公司所属报关员丁某在报关办理业务过程中，数量申报不实，从而对海关统计的准确性产生了影响，海关可以(　　)。

A. 对丁某一次记 20 分

B. 暂停丁某 3 个月报关执业

C. 取消丁某的报关从业资格，并处 1 万元罚款

D. 对该公司予以警告，并处 2000 元罚金

三、判断题

1. 进出口货物收发货人既能办理本单位进出口货物的报关业务，也能代理其他单位报关。　　　　　　　　　　　　　　　　　　　　　　　　　　　　（　　）

2. 在直接代理报关中，代理人代理行为的法律后果直接由代理人承担；而在间接代理报关中，代理人代理行为的法律后果由代理人间接承担。　　　　　　（　　）

3. 海关对出让其名义供他人办理进出口货物报关纳税事宜的报关企业将处以 5 万元以下罚款。　　　　　　　　　　　　　　　　　　　　　　　　　　（　　）

4. 在海关查验进出口货物时，报关员应按时到场，负责搬移货物，开拆和重封货物的包装。　　　　　　　　　　　　　　　　　　　　　　　　　　　　（　　）

5. 报关员在填写报关单时有申报不实行为，其责任应由报关员本人承担，其所在报关单位不对此类报关行为负法律责任。　　　　　　　　　　　　　　（　　）

第三章　我国对外贸易管制的制度与措施

【学习要点及目标】

通过本章的学习，了解我国对外贸易管制的含义与目的、报关与对外贸易管制的关系，掌握我国对外贸易管制的主要内容。

【核心概念】

对外贸易管制　进出口许可　进出口许可证　对外贸易经营者　出入境检验检疫制度　入境货物通关单　出境货物通关单　固体废物

【引导案例】

警惕进口旧挖掘机改装而成的"凿地机"

目前，巨大利润诱使部分企业对进口旧挖掘机进行改装、更换工作头后以"凿地机"名义向海关申报进口，严重扰乱了正常旧挖掘机进口贸易秩序。

2009年3月的一天，广州一家进出口贸易公司以一般贸易方式向黄埔海关申报进口3台六成新的"旧履带式凿地机"，生产年份分别是2001年和2002年，型号分别是"加藤HD823MR"、"日立ZX210H"和"日立ZX210K"。

经海关现场查验发现，该批申报进口的"旧履带式凿地机"除工作头为破碎锤外，其余部分均与挖掘机相同，存在企业通过改装规避"进口许可证"管理进口旧挖掘机的嫌疑。

海关随即将有关情况提交国家商务主管部门进行鉴定。不久，国家商务主管部门反馈的鉴定结果也证实了海关的怀疑：该批货物已具备了挖掘机的主要特征，应按照《重点旧机电产品进口管理办法》有关规定申领"进口许可证"，对于无法提交"进口许可证"的企业应予退关。

(资料来源：http://www.maijx.com/information/shownews-49041.html.)

填写原产地证书的代码和编号

2007年，某报关行代理报关A企业从越南进口的木薯干，报关员向海关录入报关单时，在"随附单据"一栏填上"入境货物通关单"。接单审单之后，海关把进出口税费缴款书打印出来后，交给该报关员去银行交税。这时该报关员才发现自己犯了一个大错误，在"随附单据"一栏，除了应填上"入境货物通关单"之外，还应该填上"原产地证书"。众所周知，中国东盟自由贸易区成立后，从 2005 年开始，来自东盟国家的部分农副产品是零关税，如果没有原产地证书证明货物是来自东盟国家的，则要缴纳数额不少的关税。由此可见，了解国家对外贸易管制制度，是一件关乎企业切身利益的事情。

(资料来源：苏超艳.报关理论与实务. 第 2 版. 北京：清华大学出版社，北京交通大学出版社，2012.)

依据《海关法》的相关规定，中国海关履行各项监管职能必须以国家贸易管制政策所涉及的相关法律、法规为依据，因此这一章主要介绍中国对外贸易管制的管理制度和管理措施。

第一节　对外贸易管制概述

一、对外贸易管制的含义、性质及目的

对外贸易管制，是指一国政府为了国家的宏观经济利益、国内外政策需要以及履行所缔结或加入国际条约的义务，对本国的对外贸易活动实施有效的管理而确立实行各种管制制度、设立相应管制机构和采取相应管制措施的总称。

对外贸易管制是政府的一种强制性行政管理行为。它所涉及的法律、行政法规、部门规章，是强制性的法律文件，不得随意改变。因此，对外贸易经营者或其代理人在报关活动中必须严格遵守这些法律、行政法规、部门规章，并按照相应的管理要求办理进出口手续，以维护国家利益不受侵害。对外贸易管制已成为各国不可或缺的一项重要政府职能，也是一个国家对外经济和外交政策的具体体现。

尽管各国所实行的对外贸易管制措施在形式和内容上存在差异，但管制的目的往往是相同的，主要表现为：①保护本国经济利益，发展本国经济；②推行本国的外交政策；③行使国家职能。

二、对外贸易管制的内容及类型

一个国家对外贸易管制制度涉及工业、农业、商业、军事、技术、卫生、环保、税务、资源保护、质量监督、外汇管理以及金融、保险、信息服务等诸多领域。

按照不同的角度，对外贸易管制通常有三种分类形式：一是按管理目的分为进口贸易管制和出口贸易管制；二是按管制手段分为关税措施和非关税措施；三是按管制对象分为货物进出口贸易管制、技术进出口贸易管制和国际服务贸易管制。

我国对外贸易管制制度是一种综合管理制度，主要由海关监管制度、关税制度、对外贸易经营者管理制度、进出口许可制度、出入境检验检疫制度、进出口货物收付汇管理制

度以及贸易救济制度等构成。为保障贸易管制各项制度的实施，我国已基本建立并逐步健全了以《对外贸易法》为核心的对外贸易管制的法律体系，并依照这些法律、行政法规、部门规章和我国履行国际公约的有关规定，自主实行对外贸易管制。本章将着重阐述进出口许可制度、对外贸易经营者管理制度、出入境检验检疫制度、进出口货物收付汇管理制度、对外贸易救济措施等。目前，我国对外贸易管制的主要内容可概括为"证"、"备"、"检"、"核"、"救"五个字。

三、对外贸易管制与海关监管

(一)海关监管是实现对外贸易管制的重要手段

海关执行国家对外贸易管制政策是通过对进出口货物的监管来实现的。我国《对外贸易法》将对外贸易划分为货物进出口、技术进出口和国际服务贸易，而这些贸易都是最终要通过进出境行为来实现的。海关作为进出关境监督管理机关，依据《海关法》所赋予的权力，代表国家在口岸行使进出境监督管理职能，这种特殊的管理职能决定了海关监管是实现贸易管制目标的有效行政管理手段。

具体而言，国家对外贸易管制是通过国家商务主管部门及其他政府职能主管部门依据国家对外贸易管制政策发放各类许可证件或者下发相关文件，最终由海关依据许可证件和相关文件对实际进出口货物的合法性实施监督管理来实现的。缺少海关监管这一环节，任何对外贸易管制政策都不可能充分发挥其效力。

(二)对外贸易管制是海关监管的重要依据

《海关法》第四十条规定："国家对进出境货物、物品有禁止性或者限制性规定的，海关依据法律、行政法规、国务院的规定或者国务院有关部门依据法律、行政法规的授权做出的规定实施监管。"该条款不仅赋予了海关对进出口货物依法实施监督管理的权力，而且还明确了国家对外贸易管制政策所涉及的法律、法规是海关对进出口货物进行监管的法律依据。

根据我国行政管理职责的分工，与对外贸易管制相关的法律、行政法规、部门规章分别由全国人大、国务院及其所属各部、委(局)负责制定、颁发，海关则是贸易管制政策在货物进出口环节的具体执行机关。因此，海关对进出口货物实施监管或制定有关监管程序时，必须以国家对外贸易管制政策所涉及的法律、法规为依据，充分重视这些法律、法规与海关实际监管工作之间的必然联系，以准确贯彻和执行对外贸易管制政策作为海关开展各项管理工作的前提和原则，制定合法、高效的海关监督管理程序，以确保国家各项对外贸易管制目标的实现。

第二节　我国对外贸易管制的主要管理制度

一、我国货物、技术进出口许可管理制度

进出口许可管理制度，是国家对进出口实行的一种行政管理制度，既包括准许进出口的有关证件的审批和管理制度本身的程序，也包括以国家各类许可为条件的其他行政管理手续。进出口许可管理制度作为一项非关税措施，是世界各国管理进出口贸易广泛运用的一种常见手段，在国际贸易中长期存在。

货物、技术进出口许可管理制度是我国进出口许可管理制度的主体，是国家对外贸易管制中极其重要的管理制度。其管理范围包括禁止进出口的货物和技术、限制进出口的货物和技术、自由进出口的货物和技术以及自由进出口中部分实行自动许可管理的货物。

为维护国家安全和社会公共利益，保护人民的生命健康，履行我国所缔结或者参加的国际条约和协定，国务院商务主管部门会同国务院有关部门，依照《对外贸易法》等有关法律法规，制定、调整并公布禁止(限制)进出口货物、技术目录。海关依据国家相关法律、法规对禁止进出口商品实施监督管理。

(一)禁止进出口管理

1. 禁止进口管理

对列入国家公布的禁止进口目录以及国家法律、法规明令禁止或停止进口的货物、技术，任何对外贸易经营者不得经营进口。

1) 禁止进口货物管理

(1) 列入禁止进口货物目录的商品

目前，我国公布的禁止进口货物目录包括以下几个方面。

① 《禁止进口货物目录(第一批)》是为了保护我国的自然生态环境和生态资源，从我国国情出发，履行我国所缔结或者参加的与保护世界自然生态环境相关的一系列国际条约和协定而发布的。如国家禁止进口属破坏臭氧层物质的四氯化碳，禁止进口属世界濒危物种管理范畴的犀牛角、虎骨、麝香等。

② 《禁止进口货物目录(第二批)》均为旧机电产品类，是国家对涉及生产安全 (压力容器类)、人身安全(电器、医疗设备类)和环境保护(汽车、工程及车船机械类)的旧机电产品所实施的禁止进口管理。

③ 《禁止进口货物目录(第三、四、五批)》所涉及的是对环境有污染的固体废物类，

包括废动植物产品，矿渣、矿灰及残渣，废药物，杂项化学品废物，废橡胶和皮革，废特种纸，废织物原料及制品，废玻璃，金属和金属化合物废物，废电池，废弃机电产品和设备及其未经分炼处理的零部件、拆散件、破碎件和砸碎件等。

④ 《禁止进口货物目录(第六批)》是为了保护人的健康，维护环境安全，淘汰落后产品，履行《关于在国际贸易中对某些危险化学品和农药采用事先知情同意程序的鹿特丹公约》和《关于持久性有机污染物的斯德哥尔摩公约》而颁布的，如长纤维青石棉、二噁英等。

(2) 国家有关法律、法规明令禁止进口的商品

① 来自动植物疫情流行的国家和地区的有关动植物及其产品和其他检疫物。

② 动植物病源(包括菌种、毒种等)及其他有害生物、动物尸体、土壤。

③ 带有违反"一个中国"原则内容的货物及其包装。

④ 以氯氟羟物质为制冷剂、发泡剂的家用电器产品以及以氯氟羟物质为制冷工质的家用电器用压缩机。

⑤ 滴滴涕、氯丹等。

⑥ 莱克多巴胺和盐酸莱克多巴胺。

(3) 其他各种原因停止进口的商品

① 以 CFC—12 为制冷工质的汽车及以 CFC—12 为制冷工质的汽车空调压缩机 (含汽车空调器)。

② 旧服装。

③ Ⅷ因子制剂等血液制品。

④ 氯酸钾、硝酸铵。

⑤ 禁止进口和销售 100 瓦及以上普通照明白炽灯。

【相关链接】

我国禁止进境的物品

1. 各种武器、仿真武器、弹药及爆炸物品。

2. 伪造的货币及伪造的有价证券。

3. 对中国政治、经济、文化、道德有害的印刷品、胶卷、照片、唱片、影片、录音带、录像带、激光视盘、计算机存储介质及其他物品。

4. 各种烈性毒药。

5. 鸦片、吗啡、海洛因、大麻以及其他能使人成瘾的麻醉品、精神药物。

6. 带有危险性病菌、害虫及其他有害生物的动物、植物及其产品。

7. 有碍人畜健康的、来自疫区的以及其他能传播疾病的食品、药品或其他物品。

2) 禁止进口技术管理

禁止进口技术实行目录管理。根据《对外贸易法》、《技术进出口管理条例》以及《中华人民共和国禁止进口限制进口技术管理办法》的有关规定，国务院商务主管部门会同国务院有关部门，制定、调整并公布禁止进口的技术目录。

目前，列入《中国禁止进口限制进口技术目录》中的禁止进口技术涉及钢铁冶金、有色金属冶金、化工、石油炼制、石油化工、消防、电工、轻工、印刷、医药、建筑材料生产等行业领域。

2. 禁止出口管理

对列入国家公布的禁止出口目录以及国家法律、法规明令禁止出口的货物、技术，任何对外贸易经营者不得经营出口。

1) 禁止出口货物管理

(1) 列入禁止出口货物目录的商品

目前，我国公布的禁止出口货物目录包括以下几个方面。

① 《禁止出口货物目录(第一批)》是为了保护我国自然生态环境和生态资源，从我国国情出发，履行我国所缔结或者参加的与保护世界自然生态环境相关的一系列国际条约和协定而发布的。如国家禁止出口属破坏臭氧层物质的四氯化碳，禁止出口属世界濒危物种管理范畴的犀牛角、虎骨、麝香，禁止出口有防风固沙作用的发菜和麻黄草等植物。

【应用案例】

海关查获半吨走私麻黄草

摩托车零配件里竟然匿藏了大量国家禁止出口的麻黄草。黄埔海关隶属的老港海关日前查获一起麻黄草走私出口案，查获麻黄草 506 千克。

这批麻黄草夹藏在一批生地、牛膝粒、紫苏叶等中草药材之中，但却申报成脚踏板、链条、刹车片、尾架等摩托车零配件。海关用 H986 大型 X 光集装箱检查设备检查出其中猫腻。据了解，麻黄草产于我国新疆、甘肃、内蒙古等地，可以作为原料加工提取生物碱(麻黄碱)，制成价格昂贵的天然麻黄素，具有较高的药用价值。天然麻黄素，既是多种药品的制药原料，又是非法制造"冰毒"的半成品原料。1998 年以来，我国对麻黄草和麻黄素的生产、经营、运输、使用、出口均实行严格的专项管理。

(资料来源：姚志德. 海关查获半吨走私麻黄草.羊城晚报，2010-05-05.)

② 《禁止出口货物目录(第二批)》主要是为了保护我国匮乏的森林资源，防止乱砍滥伐而发布的，如禁止出口木炭。

③ 《禁止出口货物目录(第三批)》是为了保护人的健康，维护环境安全，淘汰落后产品，履行《关于在国际贸易中对某些危险化学品和农药采用事先知情同意程序的鹿特丹公

约》和《关于持久性有机污染物的斯德哥尔摩公约》而颁布的，如长纤维青石棉、二噁英等。

④ 《禁止出口货物目录(第四批)》主要包括硅砂、石英砂及其他天然砂。

⑤ 《禁止出口货物目录(第五批)》包括无论是否经化学处理过的森林凋落物以及泥炭(草炭)。

(2) 国家有关法律、法规明令禁止出口的商品

① 未定名的或者新发现并有重要价值的野生植物。

② 原料血浆。

③ 商业性出口的野生红豆杉及其部分产品。

④ 劳改产品。

⑤ 以氯氟羟物质为制冷剂、发泡剂的家用电器产品以及以氯氟羟物质为制冷工质的家用电器用压缩机。

⑥ 滴滴涕、氯丹等。

⑦ 莱克多巴胺和盐酸莱克多巴胺。

【相关链接】

我国禁止出境的物品

1. 各种武器、仿真武器、弹药及爆炸物品。

2. 伪造的货币及伪造的有价证券。

3. 对中国政治、经济、文化、道德有害的印刷品、胶卷、照片、唱片、影片、录音带、录像带、计算机存储介质及其他物品。

4. 各种烈性毒药。

5. 鸦片、吗啡、海洛因、大麻以及其他能使人成瘾的麻醉品、精神药物。

6. 新鲜水果、茄科蔬菜、活动物(犬、猫除外)、动物产品、动植物病原体和害虫及其他有害生物、动物尸体、土壤、转基因生物材料、动植物疫情流行的国家和地区的有关动植物及其产品和其他应检物。

7. 有碍人畜健康的、来自疫区的以及其他能传播疾病的食品、药品或其他物品。

8. 内容涉及国家秘密的手稿、印刷品、胶卷、照片、唱片、影片、录音带、录像带、计算机存储介质及其他物品。

9. 珍贵文物及其他禁止出境的文物。

10. 濒危的和珍贵的动植物(均含标本)及其种子和繁殖材料。

2) 禁止出口技术管理

禁止出口技术实行目录管理。根据《对外贸易法》、《技术进出口管理条例》以及《中华人民共和国禁止出口限制出口技术管理办法》的有关规定，国务院商务主管部门会同国务院有关部门，制定、调整并公布禁止出口的技术目录。

目前，列入《中国禁止出口限制出口技术目录》中的禁止出口技术涉及渔、牧、有色金属矿采选、农副食品加工、饮料制造、造纸、化学制品制造、医药制造、非金属矿物制品业、有色金属冶炼、交通运输设备制造、农用机械制造、计算机及其他电子设备制造、工艺品制造、电信信息传输等行业领域，包括畜牧品种的繁育、微生物肥料、中国特有的物种资源、蚕类品种繁育和蚕茧采集加工利用、水产品种的繁育、绿色植物生长调节剂制造、采矿工程、肉类加工、饮料生产、造纸、烟火爆竹生产、化学合成及半合成咖啡因生产、核黄素生产工艺、中药材资源及生产、中药饮片炮制、化学合成及半合成药物生产、非晶无机非金属材料生产、低维无机非金属材料生产、有色金属冶金、稀土的提炼加工和利用、航天器测控、航空器设计与制造、集成电路制造、机器人制造、地图制图、书画墨及八宝印泥制造、中国传统建筑、计算机网络、空间数据传输、卫星应用、大地测量、中医医疗等技术。

(二)限制进出口管理

1. 限制进口管理

国家实行限制进口管理的货物、技术，必须依照国家有关规定，经国务院商务主管部门或者经国务院商务主管部门会同国务院有关部门许可，方可进口。

1) 限制进口货物管理

目前，我国限制进口货物管理按照其限制方式可划分为许可证件管理和关税配额管理。

(1) 许可证件管理

许可证件管理，是指在一定时期内根据国内政治、工业、农业、商业、军事、技术、卫生、环保、资源保护等领域的需要，以及为履行我国所加入或缔结的有关国际条约的规定，以国家各主管部门签发许可证件的方式来实现各类限制进口的措施。

许可证件管理主要包括进口许可证、两用物项和技术进口许可证、密码产品和含有密码技术的设备进口许可证、可用作原料的废物进口许可证、野生动植物种进口、药品进口、音像制品进口、有毒化学品进口、黄金及其制品进口等管理。

国务院商务主管部门或者国务院有关部门在各自的职责范围内，根据国家有关法律、行政法规的规定签发上述各项管理所涉及的各类许可证件，申请人凭相关许可证件办理海关手续。

(2) 关税配额管理

关税配额管理，是指一定时期内国家对部分商品的进口规定进口数量总额并制定该商品关税配额税率，在限额内，经国家批准后允许按照关税配额税率征税进口，如超出限额则按照关税配额外税率征税进口的措施。关税配额管理是一种相对数量的限制。

2) 限制进口技术管理

限制进口技术实行目录管理。根据《对外贸易法》、《技术进出口管理条例》以及《禁止进口限制进口技术管理办法》的有关规定，国务院商务主管部门会同国务院有关部门，制定、调整并公布限制进口的技术目录。属于目录范围内的限制进口的技术，实行许可证管理，未经国家许可，不得进口。

目前，列入《中国禁止进口限制进口技术目录》中属限制进口的技术包括生物技术、化工技术、石油炼制技术、石油化工技术、生物化工技术和造币技术等。

进口属于限制进口的技术，进口经营者应当向国务院商务主管部门提出技术进口申请。国务院商务主管部门收到技术进口申请后，应当会同国务院有关部门对申请进行审查。技术进口申请经批准的，由国务院商务主管部门发给"中华人民共和国技术进口许可意向书"，进口经营者取得技术进口许可意向书后，可以对外签订技术进口合同。进口经营者签订技术进口合同后，应当向国务院商务主管部门申请技术进口许可证。经审核符合发证条件的，由国务院商务主管部门颁发"中华人民共和国技术进口许可证"，企业持证向海关办理进口通关手续。

2. 限制出口管理

国家实行限制出口管理的货物、技术，必须依照国家有关规定，经国务院商务主管部门或者经国务院商务主管部门会同国务院有关部门许可，方可出口。

1) 限制出口货物管理

目前，我国限制出口货物管理按照其限制方式可划分为出口配额限制、出口非配额限制。

(1) 出口配额限制

出口配额限制，是指在一定时期内国家对部分商品的出口数量直接加以限制的措施，以建立公平竞争机制，增强我国商品在国际市场的竞争力，保障最大限度地收汇及保护我国产品的国际市场利益。

我国出口配额限制包括出口配额许可证管理和出口配额招标管理。

【应用案例】

青岛海关破大案 4000 吨稀土走私日本被查

青岛一对夫妻协助珠海发货人将4000多吨稀土偷梁换柱，伪装成氧化铁红企图走私出境，最终被海关查获锒铛入狱。记者昨日从青岛海关获悉，青岛海关日前查获一宗稀土走私大案，并一举打掉稀土走私团伙，该案走私的稀土产品价值1.05亿元，涉税1052万元，所有涉案人员都已被抓获并受到法律严惩。

货名不符发现端倪

据悉,在日前一次海关的专项检查中,青岛海关风险管理平台的工作人员发现,淄博市某报关公司代理报关出口至日本的4000多吨货物,存在异常情况。在向海关申报出口的报关单上,货物的品名为非稀土产品氧化铁红等。然而,在仓单上却显示,这些货物是名为氧化镧的稀土产品,仓单是提供给收货方的,记录的应该是货物名称、数量等的真实信息。由于我国对稀土的出口配额有严格限制,所以这种货品名称不符的现象背后,很可能存在着走私稀土的行为。

青岛夫妻"帮忙"报关

于是,海关缉查人员首先找到了这家报关公司的负责人张某,随后锁定了做货物代运生意的青岛商人逢某。稽查人员在搜查逢某的办公场所时,发现了一个业务记录本,通过这个记录本,缉查人员发现,逢某只是这单生意的中间人,真正的发货人是珠海海友公司负责人胡某。但要逮捕胡某,必须先找到负责为他通关的逢某,从而掌握两人涉嫌走私的证据。

因为逢某常年做稀土生意,对稀土走私链条、各种走私手法和逃避监管的方法都非常精通,而他自己从来没有注册公司,而是挂靠在别人的公司开展业务,要找到他非常困难。经过一段时间的侦查,办案人员忽然在互联网上的一封感谢信里看到了逢某的名字,原来逢某由于脑溢血住院,手术成功后,他的家人给沈阳医科大学写了一封感谢信。获取信息后,办案人员飞到沈阳进行摸排。很快,青岛海关缉私局控制了逢某以及一同涉案的他的妻子周某。此后,在稀土采购方日本某公司的配合下,办案人员又从境外调回大量资料,完善了证据链条,包括胡某在内的所有涉案人员都被抓获,并受到了法律的严惩。在这宗稀土走私大案中,走私的稀土产品价值为1.05亿元,涉税1052万元。

利益驱使铤而走险

经查,胡某在与日本某公司签订供货合同后,从内蒙古某稀土产地采购了4100多吨稀土原料。为了将这些稀土走私出境,他把运货出关的任务交给逢某,并承诺事成后支付逢某800多万元通关好处费。逢某接手后,在青岛租了个仓库将这批稀土存放起来。此后,为了降低被查获的风险,逢某又从淄博市找了一家报关公司,要求对方异地报关,而且报关所用的合同、发票等,全是逢某从不法公司买来的假单据。除了青岛港外,胡某还在天津口岸,通过低报货物价格的手法走私稀土,偷逃应缴税额118万元。

每年"失踪"几万吨稀土

据介绍,稀土是一种战略性资源。长期以来,我国以低廉的价格出口稀土,所谓"宝贝卖着白菜价"。而大量的开采挖掘造成严重的植被退化、水土流失等环境问题。出于环保和国家安全的考虑,我国开始限制稀土出口,可是一些走私团伙为了巨额利润,用各种手法把稀土偷运出国。根据有关数据推算,2006年至2008年,除了国内消费和正常出口之外,每年都有几万吨稀土不知所终。

为了应对这一严峻的形势,中国海关正在不断加大监管力度,提高货物查验率。与此同时，连年开展专项打击行动，从 2008 年至今年共查获稀土走私约 16 000 多吨，为国家追回大量损失。即将出台的《2009—2015 年稀土工业发展规划》和《稀土工业产业发展政策》草案，也已经将遏制稀土走私纳入其中。目前，我国海关正在开展打击稀土等矿产走私的行动，其中打击重点是走私团伙。一批批走私团伙相继落网。工信部表示，下一步还要严格稀土出口企业资质认定，淘汰一些工艺落后的稀土矿，从根上刹住走私的猖獗势头，保护好资源和环境。

(资料来源：青岛新闻网，2010-09-16.)

(2) 出口非配额限制

出口非配额限制，是指在一定时期内根据国内政治、工业、军事、技术、文化、卫生、环保、资源保护等领域的需要，以及为履行我国所加入或缔结的有关国际条约的规定，以国家各主管部门签发许可证件的方式来实现的各类限制出口措施。目前，我国非配额限制管理主要包括出口许可证、两用物项出口、野生动植物种出口、药品出口、美术品出口、黄金及其制品出口等许可管理。

2) 限制出口技术管理

限制出口技术实行目录管理。根据《对外贸易法》、《技术进出口管理条例》、《中华人民共和国生物两用品及相关设备和技术出口管制条例》、《中华人民共和国核两用品及相关技术出口管制条例》、《中华人民共和国导弹及相关物项和技术出口管制条例》、《中华人民共和国核出口管制条例》以及《禁止出口限制出口技术管理办法》等有关规定，国务院商务主管部门会同国务院有关部门，制定、调整并公布限制出口的技术目录。属于目录范围内的限制出口的技术，实行许可证管理，未经国家许可，不得出口。

目前，我国限制出口的技术目录主要有《两用物项和技术进出口许可证管理目录》和《中国禁止出口限制出口技术目录》等，涉及农、林、牧、渔、农副食品加工制造、饮料制造、纺织、造纸、化学原料制造、医药制造、橡胶制品业、金属冶炼及压延、非金属矿物制品业、金属制品业、通用及专用设备制造、电气机械及器材制造等行业领域的技术。

出口属于限制出口的技术，应当向国务院商务主管部门提出技术出口申请，经国务院商务主管部门审核批准后取得技术出口许可证件，企业持证向海关办理出口通关手续。

(三)自由进出口管理

除上述国家禁止、限制进出口货物、技术外的其他货物、技术，均属于自由进出口范围。自由进出口货物、技术的进出口不受限制，但基于监测进出口情况的需要，国家对部分属于自由进口的货物实行自动进口许可管理，对自由进出口的技术实行技术进出口合同登记管理。

1. 货物自动进口许可管理

自动进口许可管理是在任何情况下对进口申请一律予以批准的进口许可制度。这种进口许可实际上是一种在自由进口货物进口前对其进行自动登记的许可制度，是我国进出口许可管理制度中的重要组成部分，也是目前各国普遍使用的一种进口管理制度。

目前，我国自动进口许可管理包括自动进口许可证管理和自动许可进口类可用作原料的废物管理两大类。进口属于自动进口许可管理的货物，进口经营者应当在办理海关报关手续前，向国务院相关主管部门提交自动进口许可申请，凭相关部门发放的自动进口许可的批准证件，向海关办理报关手续。

2. 技术进出口合同登记管理

进出口属于自由进出口的技术，进出口经营者应当向国务院商务主管部门或者其委托的机构办理合同备案登记。国务院商务主管部门或其委托的机构应当自收到规定的文件之日起 3 个工作日内，对技术进出口合同进行登记，颁发技术进出口合同登记证，申请人凭此办理外汇、银行、税务、海关等相关手续。

二、对外贸易经营者管理制度

对外贸易经营者，是指依法办理工商登记或者其他执业手续，依照《对外贸易法》和其他有关法律、行政法规、部门规章的规定从事对外贸易经营活动的法人、其他组织或者个人。

(一)对外贸易经营者经营资格管理制度

作为对外贸易经营者的一个重要标志是取得对外贸易经营资格。为履行入世承诺，促进对外贸易发展，我国对对外贸易经营者的资格管理由先前的核准制转为实行备案制。也就是法人、其他组织或者个人在从事对外贸易经营活动前，必须按照国家的有关规定，依照法定程序在国务院商务主管部门进行备案登记，取得对外贸易经营资格，然后方可在国家允许的范围内从事对外贸易经营活动。

从事货物进出口或者技术进出口的对外贸易经营者，应当向国务院商务主管部门或者其委托的机构办理备案登记，但法律、行政法规和国务院商务主管部门规定不需要备案登记的除外。备案登记的具体实施办法由国务院商务主管部门规定。对外贸易经营者未按照规定办理备案登记的，海关不予办理进出口货物的报关验放手续。

【相关链接】

对外贸易经营者备案登记

依据《对外贸易经营者备案登记办法》，对外贸易经营者在本地区备案登记机关免费办理备案登记。具体备案登记程序如下。

1. 领取"对外贸易经营者备案登记表"。对外贸易经营者可以通过商务部政府网站下载，或到所在地备案登记机关领取登记表。

2. 填写登记表。对外贸易经营者应按登记表的要求认真填写所有事项的信息，并确保所填写内容是完整的、准确的和真实的；同时认真阅读登记表背面的条款，并由企业法定代表人或个体工商负责人签字、盖章。

3. 向备案登记机关提交如下备案登记材料：①按要求填写的登记表。②营业执照复印件。③组织机构代码证书复印件。④对外贸易经营者为外商投资企业的，还应提交外商投资企业批准证书复印件。⑤依法办理工商登记的个体工商户(独资经营者)，须提交合法公证机构出具的财产公证证明；依法办理工商登记的外国(地区)企业，须提交经合法公证机构出具的资金信用证明文件。

备案登记机关应自收到对外贸易经营者提交的上述材料之日起 5 日内办理备案登记手续，在登记表上加盖备案登记印章。备案登记机关在完成备案登记手续的同时，应当完整准确地记录和保存对外贸易经营者的备案登记信息和登记材料，依法建立备案登记档案。

对外贸易经营者应凭加盖备案登记印章的登记表在 30 日内到当地海关、检验检疫、外汇、税务等部门办理开展对外贸易业务所需的有关手续。逾期未办理的，登记表自动失效。

登记表上的任何登记事项发生变更时，对外贸易经营者应按照有关规定，在 30 日内办理登记表的变更手续，逾期未办理变更手续的，其登记表自动失效。备案登记机关收到对外贸易经营者提交的书面材料后，应当即时予以办理变更手续。

(二)对外贸易经营者经营范围管理制度

1. 经营范围

经营范围，是指国家允许对外贸易经营者从事进出口经营活动的具体商品类别和服务项目。

2. 国营贸易

为对关系国计民生的重要进出口商品实行有效的宏观管理，国家可以对部分货物的进出口实行国营贸易管理。

实行国营贸易管理的货物的进出口业务只能由经授权的企业经营，但国家允许部分数量的国营贸易管理的货物的进出口业务由非授权企业经营的除外。

实行国营贸易管理的货物和经授权经营企业的目录，由国务院商务主管部门会同国务院其他有关部门确定、调整并公布。未经批准擅自进出口实行国营贸易管理的货物，海关不予放行。

2014年，我国对玉米、大米、煤炭、原油、成品油、棉花、锑及锑制品、钨及钨制品、白银实行国营贸易管理。

三、出入境检验检疫制度

(一)出入境检验检疫制度的含义与目的

出入境检验检疫制度，是指由国家出入境检验检疫部门依据我国有关法律和行政法规以及我国政府所缔结或者参加的国际条约、协定，对出入境的货物、物品及其包装物，交通运输工具，运输设备和出入境人员实施检验检疫监督管理的法律依据和行政手段的总和。

出入境检验检疫制度是我国对外贸易管制制度的重要组成部分，其目的是为了维护国家声誉和对外贸易有关当事人的合法权益，保证国内生产的正常开展、促进对外贸易的健康发展，保护我国的公共安全和人民生命财产安全等，是国家主权的具体体现。

(二)出入境检验检疫制度的内容

1. 进出口商品检验制度

进出口商品检验制度，是根据《中华人民共和国进出口商品检验法》及其实施条例的规定，国家质量监督检验检疫总局及口岸出入境检验检疫机构对进出口商品所进行的品质、质量检验和监督管理的制度。

我国实行进出口商品检验制度的目的是为了保证进出口商品的质量，维护对外贸易有关各方的合法权益，促进对外经济贸易关系的顺利发展。

商品检验机构实施进出口商品检验的内容包括商品的质量、规格、数量、重量、包装，以及是否符合安全、卫生的要求。我国商品检验的种类分为四种，即法定检验、合同检验、公证鉴定和委托检验。对法律、行政法规、部门规章规定有强制性标准或者其他必须执行的检验标准的进出口商品，依照法律、行政法规、部门规章规定的检验标准检验；对法律、行政法规、部门规章未规定有强制性标准或者其他必须执行的检验标准的，依照对外贸易合同约定的检验标准检验。

2. 进出境动植物检疫制度

进出境动植物检疫制度，是根据《中华人民共和国进出境动植物检疫法》及其实施条例的规定，国家质量监督检验检疫总局及口岸出入境检验检疫机构对进出境动植物、动植物产品的生产、加工、存放过程实行动植物检疫的进出境监督管理制度。

我国实行进出境检验检疫制度的目的是为了防止动物传染病，寄生虫病，植物危险性病、虫、杂草以及其他有害生物传入、传出国境，保护农、林、牧、渔业生产和人体健康，促进对外经济贸易的发展。

进出境动植物检疫的内容主要包括进境检疫、出境检疫、过境检疫、进出境携带和邮寄物检疫以及出入境运输工具检疫等。口岸出入境检验检疫机构实施动植物检疫监督管理的方式主要包括实行注册登记、疫情调查、检测和防疫指导等。

3. 国境卫生监督制度

国境卫生监督制度，是指出入境检验检疫机构根据《中华人民共和国国境卫生检疫法》及其实施细则，以及其他的卫生法律、法规和卫生标准，在进出口口岸对出入境的交通工具、货物、运输容器以及口岸辖区的公共场所、环境、生活设施、生产设备所进行的卫生检查、鉴定、评价和采样检验的制度。

我国实行国境卫生监督制度是为了防止传染病由国外传入或者由国内传出，实施国境卫生检疫，保护人体健康。其监督职能主要包括进出境检疫、国境传染病检测、进出境卫生监督等。

【应用案例】

来自疫区的动植物应该检疫

2009 年 3 月，在墨西哥发生了猪流感。2009 年 4 月，墨西哥 A 公司雇佣一艘巴西货轮装载出产于本土的一批猪肉运往日本，在我国广州港过境，我国就需要对该船只与猪肉进行检疫。根据《中华人民共和国进出口商品检验法》及其实施条例的规定，对来自疫区的船只与动植物需要办理检疫。该巴西船只装载的是来自疫区的动植物，因此，承运人或押运人应当在货物进境时向广州口岸的动植物检疫机关报验，海关凭动植物检疫机关签发的"发放通知单"放行。

(资料来源：王志明，等.报关综合实务.第二版.大连：东北财经大学出版社，2010.)

(三)出入境检验检疫范围

(1) 我国出入境检验检疫制度实行目录管理，即国家质量监督检验检疫总局，根据对外贸易需要，公布并调整《出入境检验检疫机构实施检验检疫的进出境商品目录》(又称《法检目录》)。《法检目录》所列明的商品称为法定检验商品，即国家规定实施强制性检验的进出境商品。

(2) 对于法定检验以外的进出境商品是否需要检验，由对外贸易当事人决定。对外贸易合同约定或者进出口商品的收发货人申请检验检疫时，检验检疫机构可以接受委托，实施检验检疫并制发证书。此外,检验检疫机构对法检以外的进出口商品,可以以抽查的方式予以监督管理。

(3) 对关系国计民生、价值较高、技术复杂或涉及环境及卫生、疫情标准的重要进出口商品,收货人应当在对外贸易合同中约定,在出口国装运前进行预检验、监造或监装,以及保留到货后最终检验和索赔的条款。

四、货物贸易外汇管理制度

对外贸易经营者在对外贸易经营活动中,应当依照国家有关规定结汇、用汇。国家外汇管理局依据国务院《中华人民共和国外汇管理条例》及其他有关规定,对包括经常项目外汇业务、资本项目外汇业务、金融机构外汇业务、人民币汇率的生成机制和外汇市场等领域实施监督管理。

(一)我国货物贸易外汇管理制度的改革与内容

为完善货物贸易外汇管理,大力推进贸易便利化,进一步改进货物贸易外汇服务和管理,我国自 2012 年 8 月 1 日起在全国实施货物贸易外汇管理制度改革,国家外汇管理局分支局(以下简称外汇局)对企业的贸易外汇管理方式由现场逐笔核销改变为非现场总量核查。外汇局通过货物贸易外汇监测系统,全面采集企业货物进出口和贸易外汇收支逐笔数据,定期比对、评估企业货物流与资金流总体匹配情况,便利合规企业贸易外汇收支,对存在异常的企业进行重点监测,必要时实施现场核查。

国家对贸易项下国际支付不予限制,出口收入可按规定调回境内或存放境外。境内机构(以下简称"企业")的贸易外汇收支应当具有真实、合法的交易背景,与货物进出口应当一致。企业出口后应当按合同约定及时、足额收回货款或按规定存放境外;进口后应当按合同约定及时、足额支付货款。企业收取货款后应当按合同约定及时、足额出口货物;支付货款后应当按合同约定及时、足额进口货物。

我国货物贸易外汇管理制度的内容主要包括企业自律、金融机构专业审查及国家外汇管理局的监管三个方面。

(1) 企业办理贸易外汇收支,应当遵守国家外汇管理规定,按照"谁出口谁收汇、谁进口谁付汇"原则办理贸易外汇收支业务。

企业应当根据贸易方式、结算方式以及资金来源或流向,凭相关单证在金融机构办理贸易外汇收支,并按规定进行贸易外汇收支信息申报。

代理进口、出口业务,应当由代理方付汇、收汇。代理进口业务项下,委托方可凭委托代理协议将外汇划转给代理方,也可由代理方购汇。代理出口业务项下,代理方收汇后可凭委托代理协议将外汇划转给委托方，也可结汇将人民币划转给委托方。

对超过规定期限的预收货款、预付货款、延期收款及延期付款等影响贸易外汇收支与货物进出口一致性匹配信息的，企业应当在规定期限内向外汇局报告。

(2) 经营结汇、售汇业务的金融机构(以下简称金融机构)应当对企业提交的贸易进出口交易单证的真实性及其与贸易外汇收支的一致性按规定进行合理审查，并向外汇局报送相关的贸易外汇收支信息。

(3) 外汇局建立进出口货物流与收付汇资金流匹配的核查机制，对企业贸易外汇收支进行非现场总量核查和监测，对存在异常或可疑情况的企业进行现场核实调查(以下简称现场核查)，对金融机构办理贸易外汇收支业务的合规性与报送相关信息的及时性、完整性和准确性实施非现场和现场核查。

根据非现场或现场核查结果，结合企业遵守外汇管理规定等情况，对企业进行分类管理。

当国际收支出现或者可能出现严重失衡时，国家可以对贸易外汇收支采取必要的保障、控制等措施。

(二)国家外汇管理局对货物贸易外汇的主要监管方式

1. 企业名录登记管理

企业依法取得对外贸易经营权后，应当持有关材料到外汇局办理名录登记手续。外汇局将登记备案的企业统一向金融机构发布名录，金融机构不得为不在名录内的企业办理贸易外汇收支业务。外汇局可根据企业的贸易外汇收支业务状况及其合规情况注销企业名录。

2. 非现场核查

外汇局定期或不定期对企业一定期限内的进出口数据和贸易外汇收支数据进行总量比对，核查企业贸易外汇收支的真实性及其与货物进出口的一致性。

3. 现场核查

外汇局可对企业非现场核查中发现的异常或可疑的贸易外汇收支业务实施现场核查，也可对金融机构办理贸易外汇收支业务的合规性与报送信息的及时性、完整性和准确性实施现场核查。外汇局实施现场核查时，被核查单位应当配合外汇局进行现场核查，如实说明情况，并提供有关文件、资料，不得拒绝、阻碍和隐瞒。

4. 分类管理

外汇局根据非现场或现场核查结果，结合企业遵守外汇管理规定等情况，将企业分成A、B、C三类。外汇局对分类结果进行动态调整，并对B、C类企业设立分类管理有效期。在分类管理有效期内，对A类企业贸易外汇收支，适用便利化的管理措施；对B、C类企业的贸易外汇收支，在单证审核、业务类型及办理程序、结算方式等方面实施审慎监管。外汇局建立贸易外汇收支电子数据核查机制，对 B 类企业贸易外汇收支实施电子数据核查管理。对 C 类企业贸易外汇收支业务以及外汇局认定的其他业务，由外汇局实行事前逐笔登记管理，金融机构凭外汇局出具的登记证明为企业办理相关手续。

五、对外贸易救济措施制度

我国于 2001 年 12 月 11 日正式成为世界贸易组织(WTO)成员国，WTO 允许成员方在进口产品倾销、补贴和过激增长等给其国内产业造成损害的情况下，使用反倾销、反补贴和保障措施手段来保护国内产业不受损害。

反倾销、反补贴和保障措施都属于贸易救济措施。反倾销和反补贴措施针对的是价格歧视这种不公平贸易行为，保障措施针对的则是进口产品激增的情况。

我国依据 WTO《反倾销协议》、《补贴与反补贴措施协议》、《保障措施协议》以及我国《对外贸易法》的有关规定，制定颁布了《反倾销条例》、《反补贴条例》以及《保障措施条例》，据此实施反倾销措施、反补贴措施和保障措施，以充分利用 WTO 规则，维护国内市场上国内外商品的公平贸易和正常的竞争秩序。

(一)反倾销措施

反倾销措施包括临时反倾销措施和最终反倾销措施。

1. 临时反倾销措施

临时反倾销措施是指进口方主管机构经过调查，初步认定被指控产品存在倾销，并对国内同类产业造成损害，据此可以依据 WTO 所规定的程序进行调查，在全部调查结束之前，以防止在调查期间国内产业继续受到损害而采取的 WTO 所允许的措施。

临时反倾销措施有两种形式：一是征收临时反倾销税；二是要求提供保证金、保函或者其他形式的担保。

征收临时反倾销税，由商务部提出建议，国务院关税税则委员会根据其建议做出决定，商务部予以公告；要求提供保证金、保函或者其他形式的担保，由商务部做出决定并予以公告。海关自公告规定实施之日起执行。

临时反倾销措施实施的期限，自临时反倾销措施决定公告规定实施之日起，不超过 4 个月；在特殊情形下，可以延长至 9 个月。

2. 最终反倾销措施

对终裁决定确定倾销成立，并由此对国内产业造成损害的，可以征收反倾销税。征收反倾销税应当符合公共利益。

征收反倾销税，由商务部提出建议，国务院关税税则委员会根据其建议做出决定，商务部予以公告。海关自公告规定实施之日起执行。

(二)反补贴措施

反补贴措施也分为临时反补贴措施和最终反补贴措施。

1. 临时反补贴措施

初裁决定确定补贴成立，并由此对国内产业造成损害的，可以采取临时反补贴措施。临时反补贴措施采取以保证金或者保函作为担保的征收临时反补贴税的形式。

采取临时反补贴措施，由商务部提出建议，国务院关税税则委员会根据其建议做出决定，商务部予以公告。海关自公告规定实施之日起执行。

临时反补贴措施实施的期限，自临时反补贴措施决定公告规定实施之日起，不超过 4 个月。

2. 最终反补贴措施

在为完成磋商的努力没有取得效果的情况下，终裁决定确定补贴成立，并由此对国内产业造成损害的，可以征收反补贴税。征收反补贴税应当符合公共利益。

征收反补贴税，由商务部提出建议，国务院关税税则委员会根据其建议做出决定，商务部予以公告。海关自公告规定实施之日起执行。

(三)保障措施

保障措施也分为临时保障措施和最终保障措施。

1. 临时保障措施

临时保障措施是指在有证据表明进口产品数量增加，将对国内产业造成难以弥补的损害的紧急情况下，进口成员方可不经磋商而做出初裁决定，并采取临时性保障措施。临时保障措施的实施期限，自临时保障措施决定公告规定实施之日起，不得超过 200 天，并且此期限计入保障措施总期限。

临时保障措施采取提高关税的形式，如果随后的调查不能证实进口激增对国内有关产业已经造成损害或损害威胁，则征收的关税应迅速退还。

2. 最终保障措施

最终保障措施可以采取提高关税、数量限制等形式，但保障措施应仅在防止或救济严重损害的必要限度内实施。

保障措施的实施期限一般不超过 4 年。如果需要延长实施期限则必须同时满足 4 个条件，即仍需以保障措施防止损害或救济受损害的产业；有证据表明该产业正在进行调整；延长后的措施不得严于延长前的措施；已经履行有关通知、磋商的义务。保障措施的全部实施期限(包括临时保障措施期限)不得超过 8 年。

第三节　我国对外贸易管制的主要管理措施

我国对外贸易管制作为一项综合制度，所涉及的管理措施繁多，具体包括以下主要管理措施及相关规定。

一、进出口许可证管理

进出口许可证管理，是指由商务部或者由商务部会同国务院其他有关部门，依法制定并调整进出口许可证管理货物目录，以签发进出口许可证的方式对进出口许可证管理货物目录中的商品实行的行政许可管理。进出口许可证管理属于国家限制进出口管理范畴，分为进口许可证管理和出口许可证管理。

进出口许可证，是我国进出口许可证管理制度中具有法律效力，用来证明对外贸易经营者经营列入国家进出口许可证管理货物目录商品合法进出口的证明文件，是海关验放该类货物的重要依据。商务部是全国进出口许可证的归口管理部门，负责制定进出口许可证管理办法及规章制度，监督、检查进出口许可证管理办法的执行情况，处罚违规行为。商务部会同海关总署制定、调整和发布年度进口许可证管理货物目录及出口许可证管理货物目录。

商务部统一管理、指导全国各发证机构的进出口许可证签发工作，商务部配额许可证事务局(以下简称许可证局)、商务部驻各地特派员办事处(以下简称特派办)和商务部授权的地方主管部门发证机构(以下简称地方发证机构，包括各省、自治区、直辖市、计划单列市，以及商务部授权的其他省会城市商务厅(局)、外经贸委(厅、局))为进出口许可证的发证机构，负责在授权范围内签发"中华人民共和国进口许可证"(以下简称进口许可证)或"中华人民共和国出口许可证"(以下简称出口许可证)。

凡属于进出口许可证管理的货物，除国家另有规定外，对外贸易经营者应当在进口或出口前按规定向指定的发证机构申领进出口许可证，持有关进出口许可证向海关办理申报和验放手续。

(一)管理范围

1. 实施进口许可证管理的货物

2014 年实施进口许可证管理的货物有重点旧机电产品和消耗臭氧层物质。

(1) 重点旧机电产品包括：旧化工设备、旧金属冶炼设备、旧工程机械、旧起重运输设备、旧造纸设备、旧电力电气设备、旧食品加工及包装设备、旧农业机械、旧印刷机械、旧纺织机械、旧船舶、旧硒鼓 12 大类。

(2) 消耗臭氧层物质包括：一氯二氟甲烷、二氯三氟乙烷、三氯氟甲烷等 49 个商品编号的商品。

许可证局负责签发重点旧机电产品的进口许可证，地方发证机构负责签发消耗臭氧层物质的进口许可证。

【相关链接】

重点旧机电产品进口许可证的申领

在组织进口列入《重点旧机电产品进口目录》的旧机电产品前，经营者应事先向许可证局申领进口许可证，可通过网上和书面两种形式申领。进口许可证应由旧机电产品进口的最终用户提出申请，并且申请企业应具备从事重点旧机电产品用于翻新(含再制造)的资质。申请时进口单位应当向许可证局提交申请进口的重点旧机电产品用途说明，机电产品进口申请表，营业执照复印件，申请进口的重点旧机电产品的制造年限证明材料，申请进口单位提供设备状况说明，其他相关法律、行政法规规定需要提供的文件。从事翻新业务进口重点旧机电产品的单位，国家规定有资质要求的，还须提供资质证明文件；旧船舶的申请进口单位，还需提供海事局出具的"旧船舶进口技术评定书"或渔业船舶检验局出具的"旧渔业船舶进口技术评定书"。

申请进口单位申请材料齐全后，许可证局应正式受理，并向申请进口单位出具受理通知单。许可证局如认为申请材料不符合要求的，应在收到申请材料后的 5 个工作日内一次性告知申请进口单位，要求申请进口单位说明有关情况、补充相关文件或对相关填报内容进行调整。许可证局应在正式受理后 20 日内决定是否批准进口申请；如需征求相关部门或行业协会意见的，商务部应在正式受理后 35 日内决定是否批准进口申请。

2. 实施出口许可证管理的货物

2014 年实行出口许可证管理的货物有 48 种，分别实行出口配额许可证、出口配额招标和出口许可证管理。

(1) 实行出口配额许可证管理的货物是：小麦、玉米、大米、小麦粉、玉米粉、大米粉、棉花、锯材、活牛(对港澳)、活猪(对港澳)、活鸡(对港澳)、煤炭、原油、成品油、稀土、锑及锑制品、钨及钨制品、锡及锡制品、白银、铟及铟制品、钼、磷矿石。

(2) 实行出口配额招标的商品是：蔺草及蔺草制品、滑石块(粉)、镁砂、甘草及甘草制品。

(3) 实行出口许可证管理的货物是：活牛(对港澳以外市场)、活猪(对港澳以外市场)、活鸡(对港澳以外市场)、冰鲜牛肉、冻牛肉、冰鲜猪肉、冻猪肉、冰鲜鸡肉、冻鸡肉、消耗臭氧层物质、石蜡、部分金属及制品、铂金(以加工贸易方式出口)、汽车(包括成套散件)及其底盘、摩托车(含全地形车)及其发动机和车架、天然砂(含标准砂)、钼制品、柠檬酸、维生素 C、青霉素工业盐、硫酸二钠、焦炭、碳化硅、矾土、氟石。

对港澳出口的活牛、活猪、活鸡实行全球许可证下的国别(地区)配额许可证管理，对港、澳、台出口天然砂实行出口许可证管理，对标准砂实行全球出口许可证管理。

玉米、小麦、棉花、煤炭、原油、成品油 6 种商品的出口许可证，由许可证局签发；大米、玉米粉、小麦粉、大米粉、锯材、活牛、活猪、活鸡、稀土、锑及锑制品、钨及钨制品、锡及锡制品、白银、铟及铟制品、钼、磷矿石、蔺草及蔺草制品、滑石块(粉)、镁砂、甘草及甘草制品、铂金(以加工贸易方式出口)、天然砂(含标准砂)22 种商品的出口许可证由各地特派办签发；消耗臭氧层物质、石蜡、部分金属及制品、汽车(包括成套散件)及其底盘、摩托车(含全地形车)及其发动机和车架、钼制品、柠檬酸、青霉素工业盐、维生素 C、硫酸二钠、冰鲜牛肉、冻牛肉、冰鲜猪肉、冻猪肉、冰鲜鸡肉、冻鸡肉、氟石、焦炭、碳化硅、矾土 20 种商品的出口许可证，由地方发证机构签发。

在京中央企业的出口许可证由许可证局签发。

以陆运方式出口的对港澳地区活牛、活猪、活鸡出口许可证由广州特派办、深圳特派办签发。

进口原木加工锯材复出口的许可证签发：黑龙江省商务厅负责签发本省企业的出口许可证；内蒙古自治区商务厅负责签发本自治区企业的出口许可证；新疆维吾尔自治区商务厅负责签发本自治区企业的出口许可证；福建省外经贸厅负责签发本省企业的出口许可证。

广州特办、海南特办负责签发本省企业对台港澳地区天然砂出口许可证，福州特办负责签发本省企业对台天然砂出口许可证；福州特办负责签发标准砂出口许可证。

(二)报关规范

(1) 进口许可证的有效期为 1 年，当年有效。特殊情况需要跨年度使用时，有效期最长不得超过次年 3 月 31 日。进口许可证应当在有效期内使用，逾期自行失效。

(2) 出口许可证的有效期最长不得超过 6 个月，且有效期截止时间不得超过当年 12 月 31 日。商务部可视具体情况，调整某些货物出口许可证的有效期。出口许可证应当在有效期内使用，逾期自行失效。

【应用案例】

报关单位应注意许可证的有效期

某进出口公司出口一批属于许可证管理的货物，该公司于 2007 年 8 月领取了出口许可证，因为货源组织时间较长，该批货物在次年 3 月中旬才能够装运，该公司在 3 月 5 日到海关办理报关手续时被海关拒绝。

(3) 进出口许可证是国家管理货物进出口的凭证，不得买卖、转让、涂改、伪造或变造。一经签发，不得擅自更改证面内容。如需更改，经营者应当在许可证有效期内提出更改申请，并将许可证交回原发证机构，由原发证机构重新换发许可证。

【应用案例】

出售"大米出口配额"？连环骗局骗走 55 万元

义乌人章先生是一家进出口商行的老板，长年做大米生意。去年 2 月的一天，他在网上看到一条"提供大米出口配额"的帖子。章先生想打"擦边球"赚一笔，于是，他立即和发帖人滑祎军联系，商量合作事宜。章先生没有想到，他就此陷入一出连环骗局，先后被骗 55 万元。上周，两名骗子滑祎军和王冠华被义乌警方移交检察机关起诉。

警方表示，这是一种新型合同诈骗案，在我省尚属首例，在全国也极为少见。按照国家相关规定，大米出口配额的买卖、转让都是违法的。警方提醒：如果有人出售"大米出口配额"，他一定是骗子，因为国家严禁大米走私出口。

(资料来源：http://cd.qq.com/a/20100608/001723.htm，2014-03-17.)

(4) 进出口许可证实行"一证一关"(指出口许可证只能在一个海关报关，下同)管理。一般情况下，进出口许可证为"一批一证"(指进出口许可证在有效期内一次报关使用，下同)。如要实行"非一批一证"(指进出口许可证在有效期内可多次报关使用，下同)，应当同时在进出口许可证备注栏内打印"非一批一证"字样，但最多不超过 12 次，由海关在许可证背面"海关验放签注栏"内逐批签注核减进出口数量。

(5) 对实行"一批一证"进出口许可证管理的大宗、散装货物，以出口为例，其溢装数量在货物总量 3%以内的原油、成品油予以免证，其他货物溢装数量在货物总量 5%以内的予以免证；对实行"非一批一证"制的大宗、散装货物，在每批货物出口时，按其实际出口数量进行许可证证面数量核扣，在最后一批货物出口时，应按该许可证实际剩余数量溢装上限，即 5%(原油、成品油在溢装上限 3%)以内计算免证数额。

(6) 外商投资企业出口货物、加工贸易方式出口货物、补偿贸易项下出口货物(包括大米、玉米、小麦、活牛、活猪、活鸡、牛肉、猪肉、鸡肉、原油、成品油、煤炭、汽车及其底盘、摩托车及其发动机和车架)实行"非一批一证"管理。

(7) 消耗臭氧层物质的货样广告品须凭出口许可证出口。

(8) 企业以一般贸易、加工贸易、边境贸易和捐赠贸易方式出口汽车产品须申领出口许可证；企业以工程承包方式出口汽车产品应申领出口许可证，但不受出口资质管理限制。

(9) 我国政府在对外援助项下提供的目录产品不纳入配额和许可证管理。

(10) 国家对部分出口货物实行指定口岸报关出口。企业出口此类货物，须在指定的口岸报关出口。

① 锑及锑制品，指定黄埔海关、北海海关、天津海关为报关口岸。

② 镁砂项下产品"按重量计含氧化镁 70%以上的混合物"(HS 编码为 3824909200)的出口许可证由各特派办签发，不再指定报关口岸；镁砂项下其他产品的出口许可证由大连特派办签发，指定大连(大窑湾、营口、鲅鱼圈、丹东、大东港)、青岛(莱州)、天津(东港、新港)、长春(图们)、满洲里为报关口岸。

③ 甘草，指定天津海关、上海海关、大连海关为报关口岸；甘草制品，指定天津海关、上海海关为报关口岸。

④ 稀土，指定天津海关、上海海关、青岛海关、黄埔海关、呼和浩特海关、南昌海关、宁波海关、南京海关和厦门海关为报关口岸。

⑤ 以进口原木加工锯材复出口方式出口的锯材，黑龙江省指定大连、绥芬河为报关口岸；内蒙古自治区指定满洲里、二连浩特、大连、天津、青岛为报关口岸；新疆维吾尔自治区指定阿拉山口、天津、上海为报关口岸；福建省指定福州、厦门、莆田和漳州为报关口岸。

⑥ 福建省企业对台出口的天然砂，企业所在省的海关为报关口岸。

二、两用物项和技术进出口许可证管理

为维护国家安全和社会公共利益，履行我国在缔结或者参加的国际条约、协定中所承担的义务，国家限制两用物项和技术进出口，对两用物项和技术实行进出口许可证管理。

(一)管理部门

商务部是全国两用物项和技术进出口许可证的归口管理部门，负责制定两用物项和技术进出口许可证管理办法及规章制度，监督、检查两用物项和技术进出口许可证管理办法的执行情况，处罚违规行为。

商务部指导全国各发证机构的两用物项和技术进出口许可证发证工作。商务部配额许可证事务局和受商务部委托的省级商务主管部门为两用物项和技术进出口许可证发证机构。两用物项和技术进出口前，进出口经营者应当向发证机关申领"中华人民共和国两用

物项和技术进口许可证"(以下简称两用物项和技术进口许可证)或"中华人民共和国两用物项和技术出口许可证"(以下简称两用物项和技术出口许可证),凭以向海关办理进出口通关手续。

【相关链接】

两用物项和技术进出口许可证办理程序

1. 进出口属于两用物项和技术进出口许可证管理的货物,进出口经营者在进出口前获相关行政主管部门批准文件后,凭批准文件到所在地发证机构申领两用物项和技术进出口许可证(在京的中央管理企业向许可证局申领),其中:

(1) 核、核两用品、生物两用品、有关化学品、导弹相关物项、易制毒化学品和计算机的批准文件为商务主管部门签发的两用物项和技术进口或者出口批复单。其中,核材料的出口凭国防科工局(原国防科工委)的批准文件办理相关手续,外商投资企业进出口易制毒化学品凭"商务部外商投资企业易制毒化学品进口批复单"或"商务部外商投资企业易制毒化学品出口批复单"申领两用物项和技术进口或出口许可证。

(2) 监控化学品进出口的批准文件为国家履行禁止化学武器公约工作领导小组办公室签发的监控化学品进口或者出口核准单。监控化学品进出口经营者向许可证局申领两用物项和技术进口或出口许可证。

(3) 进口放射性同位素须按《放射性同位素与射线装置安全和防护条例》和《两用物项和技术进出口许可证管理办法》的有关规定,报环境保护部审批后,在商务部配额许可证事务局申领两用物项和技术进口许可证。

2. 两用物项和技术进出口许可证实行网上申领。申领两用物项和技术进出口许可证时除上述批准文件外还应提交:进出口经营者公函(介绍信)原件、进出口经营者领证人员的有效身份证明以及网上报送的两用物项和技术进出口许可证申领表。如因异地申领等特殊情况,需要委托他人申领两用物项和技术进出口许可证的,被委托人应提供进出口经营者出具的委托公函(其中应注明委托理由和被委托人身份)原件和被委托人的有效身份证明。

3. 发证机构收到相关行政主管部门批准文件(含电子文本、数据)和相关材料并经核对无误后,应在3个工作日内签发两用物项和技术进口或者出口许可证。

(二)管理范围

两用物项和技术是指《中华人民共和国核出口管制条例》、《中华人民共和国核两用品及相关技术出口管制条例》、《中华人民共和国导弹及相关物项和技术出口管制条例》、《中华人民共和国生物两用品及相关设备和技术出口管制条例》、《中华人民共和国监控化学品管理条例》、《中华人民共和国易制毒化学品管理条例》、《中华人民共和国放射性同位素与射线装置安全和防护条例》及《有关化学品及相关设备和技术出口管制办法》所规定的相关物项及技术。

为便于对上述物项和技术的进出口实施管制，商务部和海关总署依据上述法规联合颁布了《两用物项和技术进出口许可证管理办法》，并发布了《两用物项和技术进出口许可证管理目录》，规定对列入该目录的物项及技术的进出口统一实行两用物项和技术进出口许可证管理。

2014 年两用物项和技术进出口许可证管理目录，分为《两用物项和技术进口许可证管理目录》和《两用物项和技术出口许可证管理目录》两个部分。其中，目录中列名的实施两用物项和技术进口许可证管理的商品包括监控化学品管理条例监控名录所列物项(65 种)、易制毒化学品(43 种)、放射性同位素(8 种)共 3 类；目录中列名的实施两用物项和技术出口许可证管理的商品包括核出口管制清单所列物项和技术(153 种)、核两用品及相关技术出口管制清单所列物项和技术(174 种)、生物两用品及相关设备和技术出口管制清单所列物项和技术(144 种)、监控化学品管理条例名录所列物项(65 种)、有关化学品及相关设备和技术出口管制清单所列物项和技术(37 种)、导弹及相关物项和技术出口管制清单所列物项和技术(185 种)、易制毒化学品(60 种)、计算机(6 种)共 8 类。

如果出口经营者拟出口的物项和技术存在被用于大规模杀伤性武器及其运载工具风险的，无论该物项和技术是否列入管理目录，都应当办理两用物项和技术出口许可证。出口经营者在出口过程中，如发现拟出口的物项和技术存在被用于大规模杀伤性武器及其运载工具风险的，应及时向国务院相关行政主管部门报告，并积极配合采取措施中止合同的执行。

(三)报关规范

(1) 对以任何方式进口或出口，以及过境、转运、通运列入《两用物项和技术进出口许可证管理目录》的商品，两用物项和技术的进出口经营者应当主动向海关出具有效的两用物项和技术进出口许可证。

(2) 海关有权对进出口经营者进出口的货物是否属于两用物项和技术提出质疑，进出口经营者应按规定向相关行政主管部门申请进口或者出口许可，或者向商务主管部门申请办理不属于管制范围的相关证明。

(3) 两用物项和技术进出口许可证一经签发，任何单位和个人不得更改证面内容。如需对证面内容进行更改，进出口经营者应当在许可证有效期内向相关行政主管部门重新申请进出口许可，并凭原许可证和新的批准文件向发证机构申领两用物项和技术进出口许可证。

(4) 两用物项和技术进口许可证证面的进口商、收货人应分别与海关进口货物报关单的经营单位、收货单位相一致；两用物项和技术出口许可证证面的出口商、发货人应分别与海关出口货物报关单的经营单位、发货单位相一致。

(5) 两用物项和技术进出口许可证有效期一般不超过 1 年。跨年度使用时，在有效期内只能使用到次年 3 月 31 日，逾期发证机构将根据原许可证有效期换发许可证。

(6) 两用物项和技术进出口许可证仅限于申领许可证的进出口经营者使用，不得买卖、转让、涂改、伪造或变造。

(7) 两用物项和技术进口许可证实行"非一批一证"制和"一证一关"制，两用物项和技术出口许可证实行"一批一证"制和"一证一关"制。

【应用案例】

商务部对上海智通公司违规出口敏感物项实施行政处罚

上海智通化工有限公司在明知氟化氢钾属于《有关化学品及相关设备和技术出口管制办法》的管制物项、出口需要办理两用物项和技术出口许可证的情况下，将氟化氢钾伪装成氟硼酸钾，采取伪报品名的方式企图逃避海关监管，2006 年 6 月，上海海关已对该公司进行行政处罚。

为落实国家出口管制政策法规，依据《敏感物项和技术出口经营登记管理办法》的规定，商务部决定自 2007 年 4 月 5 日起注销上海智通化工有限公司的敏感物项和技术出口经营登记证书。

(资料来源：http://2008.nbfet.gov.cn/jdc/detail.php?id=9107，2014-03-17.)

三、密码产品和含有密码技术的设备进口许可证管理

为加强商用密码管理，保护信息安全，保护公民和组织的合法权益，维护国家的安全和利益，国家对密码产品和含有密码技术的设备实行限制进口管理。

(一)管理部门

国家密码管理局是密码产品和含有密码技术设备进口的国家主管部门，会同海关总署依法制定、调整并公布《密码产品和含有密码技术的设备进口管理目录》，以签发"密码产品和含有密码技术设备进口许可证"(以下简称密码进口许可证)的形式，对该类产品实施进口限制管理。

(二)管理范围

管理列入《密码产品和含有密码技术的设备进口管理目录(第一批)》，以及虽暂未列入目录但含有密码技术的进口商品。

列入第一批管理目录的商品包括加密传真机、加密电话机、加密路由器、非光通信加密以太网络交换机、密码机(包括电话密码机、传真密码机等)、密码卡等商品。

(三)报关规范

(1) 对外贸易经营者进口列入《密码产品和含有密码技术的设备进口管理目录(第一批)》的商品，以及含有密码技术但暂未列入管理目录的商品，在组织进口前应事先向国家密码管理局申领密码进口许可证，凭以向海关办理通关手续。

(2)从海关特殊监管区域、保税监管场所进入境内区外，需交验密码进口许可证。

(3)进口单位知道或者应当知道其所进口的商品含有密码技术，但暂未列入目录的，也应当申领密码进口许可证。进口时，应主动向海关提交密码进口许可证。

(4) 在进口环节发现应提交而未提交密码进口许可证的，海关按有关规定进行处理。

(5) 有下列情形之一的，免予提交密码进口许可证。

① 加工贸易项下为复出口而进口的。

② 由海关监管，暂时进口后复出口的。

③ 从境外进入保税区、出口加工区及其他海关特殊监管区域和保税监管场所的，或在海关特殊监管区域、保税监管场所之间进出的。

四、固体废物进口管理

为了防治防止固体废物污染环境，保障人体健康，维护生态安全，促进经济社会可持续发展，我国对固体废物实行限制进口、自动许可进口和禁止进口三类管理。

【相关链接】

知 识 背 景

从资源获取的途径来看，除了开采、储备，还有一个重要途径是再生。当我们从地下、海底、山区找矿产越来越难时，其实很多矿产资源就在我们的身边，只是它已经不再以"资源"的形式出现，而是堆在我们周围的"废旧物资"。世上有多少新，就有多少旧。废旧物资是全球唯一在增长、迟早要取代地下矿藏、俯拾皆是的"富矿"。

例如，把铁矿石炼成钢水，要消耗大量能源，还会产生很多废渣，如果将废钢作为炼钢原料，则可节省大量能源投入。从物流意义上来看，某一国家的废钢的产出和消耗如果不平衡，就要输入或者输出废钢，以达到平衡，目前，美国是主要的废钢输出国，而我国则为主要的废钢输入国。

同时海关有关人士也指出，可回收利用的进口废旧物资不可一律视为"洋垃圾"。我国作为缺铜缺铝大国，对铜、铝的需求量非常大，从国外进口一定量的可回收铜、铝，不但可以满足我国的生产需要，缓解国内铜矿、铝矿开采业的压力，还有助于保护我国的生态环境。从海关监管的角度来看，只有国家禁止进口的货物是"洋垃圾"，而国家许可进口的有再生利用价值的废旧物资，不能算作"洋垃圾"。废旧物资回收给环境带来的危害，在国内有关部门监管到位的情况下是可以预见、可以防止的。否则，有关部门应及时将无法有效管理和控制的废物列入禁止进口的目录。

(资料来源：张炳达，顾涛. 进出口货物报关实务. 上海：立信会计出版社，2012.)

(一)管理部门

环境保护部对全国固体废物进口环境管理工作实施统一监督管理，商务部、国家发改委、海关总署和国家质量监督检验检疫总局在各自的职责范围内负责固体废物进口相关管理工作，定期公布调整相关管理目录。

【相关链接】

进口固体废物办理程序

国家对进口可用作原料的固体废物的国外供货商实行注册登记制度。向中国出口可用作原料的固体废物的国外供货商，应当取得国务院质量监督检验检疫部门颁发的注册登记证书。国家对进口可用作原料的固体废物的国内收货人实行注册登记制度。进口可用作原料的固体废物的国内收货人在签订对外贸易合同前，应当取得国务院质量监督检验检疫部门颁发的注册登记证书。

固体废物利用单位在组织进口列入限制进口目录和自动许可进口目录的固体废物前，应当直接向环境保护部提出固体废物进口申请，由环境保护部审查批准，取得环境保护部签发的"中华人民共和国限制进口类可用作原料的固体废物进口许可证"或"中华人民共和国自动许可进口类可用作原料的固体废物进口许可证"(以下统称为废物进口许可证)后才可组织进口。

进口固体废物境外起运前，应当由国务院质量监督检验检疫部门指定的装运前检验机构实施装运前检验，检验合格的，出具装运前检验证书；进口的固体废物运抵固体废物进口相关许可证列明的口岸后，国内收货人应当持固体废物进口相关许可证报检验检疫联、装运前检验证书以及其他必要单证，向口岸出入境检验检疫机构报检。出入境检验检疫机构经检验检疫，对符合国家环境保护控制标准或者相关技术规范等强制性要求的，出具入境货物通关单，并备注"经初步检验检疫，未发现不符合国家环境保护控制标准要求的物质"；对不符合国家环境保护控制标准或者相关技术规范等强制性要求的，出具检验检疫处理通知书，并及时通知口岸海关和口岸所在地省、自治区、直辖市环境保护行政主管部门。海关凭有效废物进口许可证及入境货物通关单办理通关手续。

(二)管理范围

固体废物是指《固体废物进口管理办法》管理范围内的废物，即在生产、生活和其他活动中产生的丧失原有利用价值或者虽未丧失利用价值但被抛弃或者放弃的固态、半固态、液态和置于容器中的气态的物品、物质以及法律、行政法规规定纳入固体废物管理的物品、物质。

目前，我国对进口废物实施分类目录管理。对列入《限制进口类可用作原料的废物目录》的固体废物实施限制进口管理；对列入《自动许可进口类可用作原料的废物目录》的固体废物实施自动进口管理；对列入《禁止进口固体废物目录》且未列入《限制进口类可用作原料的废物目录》及《自动许可进口类可用作原料的废物目录》或虽列入《限制进口类可用作原料的废物目录》及《自动许可进口类可用作原料的废物目录》但经入境检验检疫不符合进口可用作原料的固体废物环境保护控制标准或者相关技术规范等强制性要求的固体废物实施禁止进口管理。

【应用案例】

北京海关查获 2013 今年首批进口"洋垃圾"

近日，北京海关下属首都机场海关在货运渠道查获一批破旧背包。这批旧背包总重 176 千克，共计 104 件，背包外观陈旧，有多处明显磨损及开线痕迹。这是北京海关在打击进口固体废物的"绿篱"专项行动中首次查获的一批"洋垃圾"。根据海关相关规定，现场关员已经责令当事人进行退运处理。

海关查获废旧滑雪"洋垃圾"

2012 年北京海关查获一批进口废旧滑雪器材。经初步确认，该批货物涉嫌国家禁止进口的旧衣物，也就是俗称的"洋垃圾"。

在位于朝阳口岸内的北京海关朝阳办事处，关员打开一个 40 尺集装箱的箱门后，一股陈旧衣物的霉味儿令在场查验人员掩鼻。集装箱里满是五颜六色的滑雪板、滑雪杖、滑雪靴等滑雪器材，由于没有包装直接散落在箱体里，看起来一片狼藉。箱内还横七竖八地"躺"着一些大小不一的编织袋，从已经飞了边儿的破旧编织袋边缘，可以看到袋里装的也是滑雪靴。

从外观看，这批滑雪器材已使用很长时间，磨损严重。如果侥幸通关，这些二手滑雪器材可能会流向北京一些滑雪场，给使用的滑雪者埋下安全隐患。据了解，该批货物起运地为日本，由北京一家商贸公司报关进口。报关单显示，这批货物中滑雪鞋 2580 双、滑雪板 480 组、滑雪杖 405 对。单件滑雪靴和滑雪板的申报价值仅为 5~7 美元，而一双新的滑雪靴市场价格至少在几百元人民币左右。

"滑雪是冬天市民喜爱的运动，这些器材作为运动设备，使用年限已到，如果继续使用，会带来人身安全方面的隐患。最重要的是，没有经过特殊处理的'洋垃圾'有可能携带病菌，威胁生态环境，危害人体健康。"海关关员介绍说，按照海关规定，"洋垃圾"应该做退运处理。目前该案已移交缉私部门处理。

(资料来源：北京海关网.)

(三)报关规范

(1) 向海关申报进口列入《限制进口类可用作原料的废物目录》和《自动进口许可管理类可用作原料的废物目录》的废物，报关单位应主动向海关提交有效的废物进口许可证、口岸检验检疫机构出具的入境货物通关单及其他有关单据。

【应用案例】

进口铜废碎料报关手续

江苏某地金属公司在 2008 年从智利进口一批铜废碎料，货物运抵连云港，在向连云港海关申报进口时，提交了由地方政府环境保护行政部门批准的证明，但海关不接受申报。原因在于：根据《废物进口环境保护管理暂行规定》，对于列入《限制进口的可用作原料的废物目录》中的任何废物，必须经国家环保总局审查批准方可进口。本例仅仅获取了地方政府环境保护行政部门批准的证明，还没有报国家环保总局审批，没有获取国家环保总局签发的进口废物批准证书，因此不能够办理海关申报手续。

(2) 废物进口许可证当年有效，因故在有效期内未使用完的，利用企业应当在有效期届满 30 日前向发证机关提出延期申请。只能延期一次，延期最长不超过 60 日。

(3) 固体废物进口相关许可证实行"一证一关"管理。一般情况下固体废物进口相关许可证为"非一批一证"制，如要实行"一批一证"，应当同时在固体废物进口相关许可证备注栏内打印"一批一证"字样。

(4) 海关怀疑进口货物的收货人申报的进口货物为固体废物的，可以要求收货人送口岸检验检疫部门进行固体废物属性检验，必要时，海关可以直接送检，并按照检验结果处理。

(5) 固体废物从海关特殊监管区域和场所进口到境内区外或者在海关特殊监管区域和场所之间进出的，无须办理固体废物进口相关许可证。

(6) 海关特殊监管区域和场所内的单位不得以转口货物为名存放进口固体废物。

【相关链接】

北京海关成功破获首起固体废物走私大案

2014 年 2 月 21 日，北京海关发布消息称：该关查获京关首起走私固体废物大案，共查获固体废塑料及固体废金属约 4474 吨，抓获犯罪嫌疑人 4 名。

2013 年北京海关根据海关总署提出的"开展绿篱行动，建设美丽中国"的行动部署，对北京海关辖区内相关企业开展风险数据分析工作。北京海关迅速组成由海关稽查人员和缉私警察组成混合编队开始查缉工作。下属北京经济技术开发区海关通过加强风险数据研判发现，主营废塑进口企业的"北京帝松公司"可能存在加工生产能力不足情况，极有可能存在"倒卖许可证"、"倒卖货物"风险。为尽可能确保证据的原始性、真实性，海关立即行动，由专业稽查人员开始径行稽查。

海关人员一方面对财务、库管人员采取隔离问询的方式进行进一步询问，另一方面迅速控制用于日常记账和管理的电脑设备，掌握原始证据材料；同时，北京海关缉私局的干警也第一时间赶到了现场。缉私局在对关区固体废物利用企业进行全面摸排的基础上，以从事进口固体废物经营的国内企业为切入点，准确锁定了固体废物走私进口中的关键环节。

海关缉私局沿线索深入挖掘发现，该涉案企业很可能与异地另外一家公司相互勾结倒卖固体废物许可证。缉私干警马不停蹄赶往天津，发现了北京帝松公司将"固废许可证"倒卖给天津普航货运代理有限公司。2013 年 10 月 16 日，北京海关对"帝松公司、普航公司"走私固体废物案正式立案侦查。办案人员兵分两路同时行动，在北京、天津将涉案的 3 名犯罪嫌疑人全部抓获，一举告破"北京帝松技术有限公司、天津普航货运代理有限公司"走私固体废物案。共查获固体废塑料 2974 吨。

然而，此案并没有结束。2013 年 10 月下旬，北京海关缉私局在侦办"帝松公司和普航公司涉嫌走私废物案"过程中，根据嫌疑人供述，发现北京禹王公司同样涉嫌非法转让"固体废物进口许可证"，且走私手法与帝松公司类似，具有走私固体废弃物重大嫌疑，决定立即对其展开侦查工作。办案过程中，北京海关强化打私合力，既充分发挥稽查人员的"见账"优势，成功查找案件突破口，又充分利用缉私部门的办案手段，第一时间锁定涉案人员。经查，2011 年禹王公司与普航公司合谋，由其出面向环保部门申请"固体废物进口许可证"，委托天津商储进出口有限公司从天津口岸，以一般贸易的方式申报进口废五金等固体废物约 1500 余吨，转卖给天津、河北等地不具有环评资质的加工企业从中牟利。

北京海关缉私人员介绍，固体废物是一种特殊商品。国家虽然允许进口利用可作为原料的固体废物，但实施严格的许可管理和定点利用制度。2011 年 8 月 1 日环境保护部、商务部、海关总署等五部委联合发布实施了《固体废物进口管理办法》，防止不法分子造成二次工业污染。但是不法分子受利益驱动，为逃避相关部门监管，形成紧密的犯罪团伙，向中间包税商购买低廉的进口废塑料、废金属，中间包税商利用其在国外稳定的货源，又有非法购买的"进口废物许可证"，将废物进口后加价销售从中牟取非法利润。

负责此案的海关缉私警察在深入侦查河北周边的一些县镇时发现，非法进入境内的固体废物大部分都在小作坊、小加工厂内直接进行简单的、甚至粗暴的处理。这些行为无疑对大气、水体造成严重污染。北京海关相关负责人表示，下一步，海关将通过与天津、河北等相关部门的联合行动，进一步打击华北地区走私固体废物走私违法分子，阻断固体废物向没有资质的加工企业流动，减少对环境的污染，为首都恢复蓝天贡献一分力量。

目前，此案正在进一步侦办中。

（资料来源：海关总署网.）

五、自动进口许可证管理

为了监测货物的进口情况，商务部对部分自由进口货物实行自动许可管理。

(一)管理部门

商务部许可证局、各地特派办、地方发证机构及地方机电产品进出口机构负责自动进口许可货物管理和自动进口许可证的签发工作。

(二)管理范围

管理列入商务部公布的《自动进口许可管理货物目录》。

2014 年实施自动进口许可管理的商品包括非机电类商品和机电类商品两大类。

1) 非机电类商品

非机电类商品包括牛肉、猪肉及副产品、羊肉、肉鸡、鲜奶、奶粉、大豆、油菜籽、植物油、豆粕、烟草、二醋酸纤维丝束、铜精矿、煤、铁矿石、铝土矿、原油、成品油、氧化铝、化肥、钢材 21 类商品。

2) 机电类商品

(1) 由商务部发证的机电产品包括光盘生产设备，烟草机械，移动通信产品，卫星广播、电视设备及关键部件，汽车产品，飞机，船舶，游戏机 8 类商品。

(2) 由地方、部门机电产品进出口办公室发证的机电产品包括汽轮机、发动机(非 87 章车辆用)及关键部件、水轮机及其他动力装置、化工装置、食品机械、工程机械、造纸机械、纺织机械、金属冶炼及加工设备、金属加工机床、电气设备、铁路机车、汽车产品、飞机、船舶、医疗设备 16 类商品。

【应用案例】

全国首个空港整车进口口岸昨迎首单

2013 年 8 月 18 日，全国首个空港整车进口口岸——首都国际机场，迎来了整车进口业务开通后的"第一单"。

作为全国首家空港整车进口口岸，首都国际机场的相应资质在今年 7 月通过验收。昨天，这单由嘉里大通担任物流代理商的两辆来自伦敦的劳斯莱斯新款车，成为首个"尝鲜者"。

北京海关相关负责人介绍，算上企业准备报关材料的时间，在首都国际机场进口的汽车进境后，从飞机卸载到海关放行，只需要 3~4 个工作日，整个进口周期控制在一周以内。而在过去，从国外进口整车通过海外到达，往往需要花费至少一两个月。

在北京空港整车进口口岸获批之前，全国所拥有的整车进口口岸，主要集中在天津、上海、黄埔等三大海港港口，几乎清一色走海运，这使得整车进口周期大大延长。北京海关介绍，过去从北京空港进口的整车只限于临时性的展车和样车，例如车展上的展车或是用于研发用的样品车，购买的进口汽车则仍要走其他海港(如天津港)进行通关。

据介绍，之前首都国际机场没有整车报关验收资质，相关公司如果从伦敦进车，往往选择停靠在天津港口，路上就要花费1个月的时间。

对于部分和首都国际机场有直航班机的城市，车商们即使为了"赶时间"把车辆空运到北京后，也要辗转把车运到最近的天津港办理通关手续，去天津的路费少说也要三五千元。北京海关表示，以前很多原本可以空运至北京的整车，因为怕到天津周转麻烦，选择直接海运到天津，但预计以后直接空运到北京的整车将大大增加。据了解，目前宝马、克莱斯勒等高端车企都已计划从北京口岸空运进口汽车。

报关的两辆劳斯莱斯新款车的总价值为2000多万元人民币，这也带来了一定的经济增量和税收。据了解，超豪华汽车进口需要缴纳关税、消费税和增值税，平均税率在134%左右。

记者从市商务委了解到，经初步估算，建成初期首都国际机场口岸将实现年高端整车进口量700多辆，进口总值2.3亿美元，新增关税、进口环节增值税、消费税约21.6亿元，整车销售额43.2亿元，营业税2.376亿元。

事实上，不仅仅是汽车厂商，越来越多汽车产业链条上的参与者们也对首都国际机场口岸投来了关注的目光。围绕汽车保管代理、物流运输、维修售后及零配件进口、生产、销售等高附加值产业链，天竺综保区计划引入一些配套企业，打造全国最大的进口高端整车产业园。

本案例相关链接：

根据我国《汽车产业发展政策》规定：国家指定相应口岸为整车进口口岸。

我国已经先后批准的汽车进口口岸包括大连、天津、上海、黄埔、钦州、福州、青岛、张家港、梅山等沿海口岸，满洲里、新疆阿拉山口、深圳皇岗、北京首都国际机场等内陆口岸。

海关总署分析认为，在当前扩大进口、增强内需的新形势下，适当增设汽车整车进口口岸，不仅能使口岸设置更科学合理，还能充分发挥港口物流吞吐能力，增加进口，提升物流综合效益。同时，汽车进口企业也可以就近办理通关手续，减少通关成本，提高通关效率，减轻道路交通及环境保护的压力。

汽车口岸的增加势必放大汽车进口量，这是否会对国内汽车消费市场造成一定冲击？有关专家认为，目前我国进口汽车需求在国内汽车需求中只占补充地位，2008年、2009年和2010年其所占比例分别为6.1%、4.3%和6.4%，未对国产车的生产和销售造成实质影响。

另一方面，我国对进口汽车实行自动进口许可管理。企业进口汽车必须到商务主管部门申领"自动进口许可证"，并持证到海关办理通关手续。即使增设汽车进口口岸后出现进口数量大幅增长的情况，仍可由发证部门通过采取减少发证数量的手段达到稳定汽车进口数量的目的。

(资料来源：北京海关网、青岛财经网.)

进口列入《自动进口许可管理货物目录》的商品，应事先向发证机构申领"中华人民共和国自动进口许可证"(以下简称自动进口许可证)。

【相关链接】

自动进口许可证办理程序

收货人(包括进口商和进口用户)在办理海关进口报关手续前，应向所在地或相应的发证机构提交自动进口许可证申请，并取得自动进口许可证。收货人申请自动进口许可证，应当提交其从事货物进出口的资格证书、备案登记文件或者外商投资企业批准证书(以上证书、文件仅限公历年度内初次申领者提交)，自动进口许可证申请表，货物进口合同(属于委托代理进口的，应当提交委托代理进口协议正本)。对进口货物用途或者最终用户法律、法规有特定规定的，应当提交进口货物用途或者最终用户符合国家规定的证明材料、针对不同商品在管理目录中列明的应当提交的材料，以及商务部规定的其他应当提交的材料。

收货人可以直接向发证机构书面申请自动进口许可证，也可以通过网上申请。其中书面申请的，收货人可以到发证机构领取或者从相关网站下载"自动进口许可证申请表"(可复印)等有关材料，按要求如实填写，并采用送递、邮寄或者其他适当方式，与其他相关材料一并递交发证机构。采取网上申请的，收货人应当先到发证机构申领用于企业身份认证的电子钥匙。申请时，登录相关网站，进入相关申领系统，按要求如实在线填写"自动进口许可证申请表"等资料，同时向发证机构提交有关材料。

申请内容正确且形式完备的，发证机构收到后应当予以签发自动进口许可证，最多不超过10个工作日。对于收货人已申领的自动进口许可证，如未使用，应当在有效期内交回原发证机构，并说明原因，发证机构对收货人交回的自动进口许可证予以撤销。自动进口许可证如有遗失，收货人应当立即向原发证机构以及自动进口许可证证面注明的进口口岸地海关书面报告挂失。原发证机构收到挂失报告后，经核实无不良后果的，予以重新补发。对于自动进口许可证自签发之日起1个月后未领证的，发证机构可予以收回并撤销。

有下列情形之一的，免交自动进口许可证。

(1) 加工贸易项下进口并复出口的(原油、成品油除外)。

(2) 外商投资企业作为投资进口或者投资额内生产自用的(旧机电产品除外)。

(3) 货样广告品、实验品进口，每批次价值不超过5000元人民币的。

(4) 暂时进口的海关监管货物。

(5) 进入保税区、出口加工区等海关特殊监管区域及进入保税仓库、保税物流中心的属自动进口许可证管理的货物。

(6) 加工贸易项下进口的不作价设备监管期满后留在原企业使用的。

(7) 国家法律法规规定其他免领自动进口许可证的。

(三)报关规范

(1) 进口列入《自动进口许可管理货物目录》的货物，收货人在办理报关手续时须向海关提交自动进口许可证。

(2) 自动进口许可证有效期为 6 个月，但仅限公历年度内有效。

(3) 自动进口许可证项下的货物原则上实行"一批一证"管理，对部分货物也可实行"非一批一证"管理。对实行"非一批一证"管理的，在有效期内可以分批次累计报关使用，但累计使用不得超过 6 次。每次报关时，海关在自动进口许可证原件"海关验放签注"栏内批注后，留存复印件，最后一次使用后，海关留存正本。同一进口合同项下，收货人可以申请并领取多份自动进口许可证。

(4) 对实行"一批一证"的自动进口许可证管理的大宗、散装货物，其溢装数量在货物总量 3%以内的原油、成品油、化肥、钢材 4 种大宗散装货物予以免证，其他货物溢装数量在货物总量 5%以内的予以免证；对"非一批一证"的大宗散装货物，每批货物进口时，按其实际进口数量核扣自动进口许可证额度数量，最后一批货物进口时，应按该自动进口许可证实际剩余数量的允许溢装上限，即 5%(原油、成品油、化肥、钢材在溢装上限 3%)以内计算免证数额。

六、进口关税配额管理

关税配额管理属限制进口，实行关税配额证管理。对外贸易经营者经国家批准取得关税配额证后允许按照关税配额税率征税进口，如超出限额则按照配额外税率征税进口。

根据我国加入世贸组织承诺和宏观调控需要，2014 年继续对小麦、玉米、稻谷和大米、糖、羊毛及毛条、棉花 7 种农产品和尿素、磷酸二铵、复合肥三种化肥的进口实施关税配额管理。

(一)实施关税配额管理的农产品

(1) 农产品进口关税配额为全球配额，由商务部及国家发展改革委统一管理。企业通过一般贸易、加工贸易、易货贸易、边境小额贸易、援助、捐赠等贸易方式进口上述农产品均纳入关税配额管理范围。

(2) 海关凭商务部、国家发展改革委各自授权机构向最终用户发放的，并加盖"商务部农产品进口关税配额证专用章"或"国家发展和改革委员会农产品进口关税配额证专用章"

的"农产品进口关税配额证"办理验放手续。其中，以加工贸易方式进口上述农产品，海关凭企业提交的在"贸易方式"栏目中注明"加工贸易"的进口关税配额证办理通关验放手续。由境外进入保税仓库、保税区、出口加工区的上述农产品，无须提交"农产品进口关税配额证"，海关按现行规定验放并实施监管。从保税仓库、保税区、出口加工区出库或出区进口的关税配额农产品，企业持进口关税配额证向海关办理进口手续。

(3) "农产品进口关税配额证"实行"一证多批"制，即最终用户需分多批进口的，自每年1月1日起至当年12月31日有效期内，凭"农产品进口关税配额证"可多次办理通关手续，直至海关核注栏填满为止。

(4) 农产品进口关税配额的申请期为每年10月15日至30日(凭合同先来先领分配方式除外)。商务部、国家发展改革委分别于申请期前1个月在《国际商报》、《中国经济导报》以及商务部和国家发展改革委网站上公布每种农产品下一年度进口关税配额总量、关税配额申请条件及国务院关税税则委员会确定的关税配额农产品税则号列和适用税率。

(5) 农产品进口关税配额的分配是根据申请者的申请数量和以往进口实绩、生产能力、其他相关商业标准或根据先来先领的方式进行分配。分配的最小数量将以每种农产品商业上可行的装运量确定。每年1月1日前，商务部、国家发展改革委通过各自授权机构向最终用户发放"农产品进口关税配额证"，并加盖"商务部农产品进口关税配额证专用章"或"国家发展和改革委员会农产品进口关税配额证专用章"。

(二)实施关税配额管理的工业品

(1) 化肥进口关税配额为全球配额，商务部负责全国化肥关税配额管理工作。商务部的化肥进口关税配额管理机构负责管辖范围内化肥进口关税配额的发证、统计、咨询和其他授权工作。进口关税配额内的化肥，海关凭进口单位提交的《化肥进口关税配额证明》，按配额内税率征税并验放。

(2) 化肥进口关税配额公历年度内有效，《化肥进口关税配额证明》在公历年度内有效期不超过180天。化肥关税配额持有者，在配额证明有效期内未完成进口时，可以到原发证机构办理延期手续，最长期限不超过前款规定。

(3) 商务部负责在化肥进口关税配额总量内，根据国民经济综合平衡及资源合理配置的要求，对化肥进口关税配额进行分配。凡在中华人民共和国工商行政管理部门登记注册的企业(以下简称申请单位)，在其经营范围内均可向所在地区的授权机构申请化肥进口关税配额。商务部于每年的9月15日至10月14日公布下一年度的关税配额数量。申请单位应当在每年的10月15日至30日向商务部提出化肥关税配额的申请。商务部考虑申请单位以往的进口实绩、申请单位的生产能力、经营规模、销售状况、以往分配的配额是否得到充分使用、新的进口经营者的申请情况、申请配额的数量情况等因素，于每年12月31日前将化肥关税配额分配到进口用户。

七、出入境检验检疫管理

对列入《法检目录》及其他法律、法规规定需要检验检疫的货物进出口时，货物所有人或其合法代理人，在办理进出口通关手续前，必须向口岸检验检疫机构报检。海关凭口岸出入境检验检疫机构签发的"中华人民共和国检验检疫入境货物通关单"(以下简称入境货物通关单)或"中华人民共和国检验检疫出境货物通关单"(以下简称出境货物通关单)验放。

自 2008 年 1 月 1 日起，国家实行出入境货物通关单电子数据联网，出入境检验检疫机构对法检商品签发通关单，实时将通关单电子数据传输至海关，企业持通关单向海关办理法检商品验放手续，办结海关手续后将通关单使用情况反馈给检验检疫部门。

(一)入境货物通关单

入境货物通关单是我国出入境检验检疫管理制度中，对列入《法检目录》及其他法律、法规规定需要检验检疫的货物在办理进口报关手续前，依照有关规定口岸检验检疫机构接受报检后签发的单据。入境货物通关单是进口报关的专用单据，是海关验放该类货物的重要依据之一。

1. 适用范围

入境货物通关单主要适用于以下情况。

(1) 列入《法检目录》的商品。

(2) 外商投资财产价值鉴定(受国家委托，为防止外商瞒骗对华投资额而对其以实物投资形式进口的投资设备的价值进行的鉴定)。

(3) 进口可用作原料的废物。

(4) 进口旧机电产品。

(5) 进口货物发生短少、残损或其他质量问题需对外索赔时，其赔付的进境货物。

(6) 进口捐赠的医疗器械。

(7) 其他未列入《法检目录》，但国家有关法律、行政法规明确由出入境检验检疫机构负责检验检疫的入境货物或特殊物品等。

2. 报关规范

(1) 向海关申报进口上述范围的商品，报关单位应主动向海关提交有效的入境货物通关单及其他有关单据。

(2) 入境货物通关单实行"一批一证"制度，证面内容不得更改。

(二)出境货物通关单

出境货物通关单是我国出入境检验检疫管理制度中,对列入《法检目录》及其他法律、法规规定需要检验检疫的货物在办理出口报关手续前,依照有关规定口岸检验检疫机构接受报检后签发的单据。出境货物通关单是出口报关的专用单据,是海关验放该类货物的重要依据之一。

1. 适用范围

出境货物通关单适用于以下情况。

(1) 列入《法检目录》的货物。

(2) 出口纺织品标识。

(3) 对外经济技术援助物资及人道主义紧急救灾援助物资。

(4) 其他未列入《法检目录》,但国家有关法律、行政法规明确由出入境检验检疫机构负责检验检疫的出境货物。

2. 报关规范

(1) 向海关申报出口上述范围的商品,报关单位应主动向海关提交有效的出境货物通关单及其他有关单据。

(2) 出境货物通关单实行"一批一证"制度,证面内容不得更改。

【相关链接】

北仑口岸关检合力严惩伪造通关单案件

日前,北仑检验检疫局根据线索,及时发现并查处了一起伪造、买卖通关单案件,由于案件当事人涉嫌触犯《刑法》,目前该案件已移送公安机关作进一步处理。

据介绍,北仑海关在受理温州某公司对一批木质浴室柜套装和水龙头的出口申报时,发现该公司递交的通关单的颜色和质地均有可疑之处,于是请北仑局对通关单的真伪进行验证。经北仑局鉴定,该份通关单上所注的"签发机构"、"检验检疫专用章"、"签发人员"均系伪造,通过 CIQ 系统核对该份通关单上的编号和流水号,均无相关记录,种种迹象表明这是一起涉嫌买卖、伪造检验检疫单证、印章的犯罪案件。北仑局初步调查取证后查明,温州某公司在出口该批货物时,因完成正常报检手续时间已超过外贸合同规定的发货日期,便于1月中旬委托中间人在深圳非法购得一份"出境货物通关单",企图以伪造的通关单蒙混过关。

由于该案件当事人的行为已构成伪造、买卖国家机关的公文、证件、印章的事实,涉嫌触犯《刑法》第二百八十条,北仑局已将本案涉及刑事犯罪的相关资料和线索移交北仑公安机关。

(资料来源:中国质量新闻网,2008-02-20.)

八、野生动植物种进出口管理

为挽救珍稀濒危动植物种，保护、发展和合理利用野生动植物资源，维护自然生态平衡，国家实行野生动植物种进出口管理。

(一)管理部门

我国野生动植物种进出口管理的主管部门是中华人民共和国濒危物种进出口管理办公室。其职责是会同国家其他部门，依法制定或调整《进出口野生动植物种商品目录》，签发"濒危野生动植物种国际贸易公约允许进出口证明书"(以下简称公约证明)、"中华人民共和国濒危物种进出口管理办公室野生动植物允许进出口证明书"(以下简称非公约证明)或"非《进出口野生动植物种商品目录》物种证明"(以下简称物种证明)。

(二)管理范围

我国进出口管理的濒危物种包括《濒危野生动植物种国际贸易公约》成员国(地区)应履行保护义务的物种及为保护我国珍稀物种而自主保护的物种。

(三)报关规范

1. 向海关提交公约证明

向海关申报进出口列入《进出口野生动植物种商品目录》中属于《濒危野生动植物种国际贸易公约》成员国(地区)应履行保护义务的物种，报关单位应主动向海关提交有效的公约证明及其他有关单据。公约证明实行"一批一证"制度。

2. 向海关提交非公约证明

向海关申报进出口列入《进出口野生动植物种商品目录》中属于我国自主规定管理的野生动植物及其产品，报关单位应主动向海关提交有效的非公约证明及其他有关单据。非公约证明实行"一批一证"制度。

3. 向海关提交物种证明

对于进出口列入《进出口野生动植物种商品目录》中适用公约证明、非公约证明管理的《濒危野生动植物种国际贸易公约》附录及国家重点保护野生动植物以外的其他列入商品目录的野生动植物及相关货或物品和含野生动植物成分的纺织品，均须事先申领物种证明，报关单位凭以办理报关手续。

物种证明分为"一次使用"和"多次使用"两种。一次使用的物种证明有效期自签发之日起不得超过 6 个月。多次使用的物种证明只适用于同一物种、同一货物类型、在同一报关口岸多次进出口的野生动植物。多次使用的物种证明有效期截至发证当年 12 月 31 日。进出口企业必须按照物种证明规定的口岸、方式、时限、物种、数量和货物类型等进出口野生动植物。

【应用案例】

首都机场海关查获动物制品

2011 年 9 月 16 日，首都机场海关查获进境旅客携带未申报的穿山甲甲片 1 包，毛重 9.39 千克。同日，首都机场海关还查获进境旅客携带未申报的象牙制品 46 件，毛重 5.08 千克。9 月 14 日，首都机场海关查获进境旅客携带鳄鱼皮制品 11 件，包括鳄鱼皮钱包 4 件、鳄鱼皮包 2 件、鳄鱼皮腰带 5 条。海关按规定将上述物品扣留。

根据《濒危野生动植物种国际贸易公约》，以及中国的《海关法》、《野生动植物保护法》等法律、法规的规定，邮寄、携带、托运野生动植物及其制品出入国境的，必须持国家濒危办或其驻各地办事处出具的允许进出口证明书，向出入境海关申报。

据海关介绍，除象牙外，下列野生动物及制品也属于国家限制进境物品：河马牙、犀牛角、野生牛角、扭角羚羊角、海龟壳、珊瑚、贝壳的雕刻品及由其制成的项链、耳环、手镯等装饰品；虎、豹、熊等食肉动物毛皮或者制品；蟒蛇、眼镜蛇等蛇类以及鳄鱼、巨蜥、穿山甲等爬行动物皮革及制成品、野生动物的狩猎纪念物。

首都机场海关截获上百千克非法入境干海马

猛然看去，一堆堆像干草一样的棕黄色卷曲物塞满了四个大行李包，关员们正在仔细检查这几个包裹。这是笔者在首都机场 3 号航站楼海关旅检现场看到的一幕。2010 年 8 月，隶属于北京海关的首都机场海关查获了近万只干海马，共计 131.7 千克。这些海马分别由两名中国籍旅客从埃及开罗携带进境，在通关前均未向海关申报。据悉，海马属于硬骨鱼类，因其头部酷似马头而得名。因其具有强身健体、舒筋活络、消炎止痛、镇静安神等药用功能，向来被认为是一种名贵药材，素有"北方人参，南方海马"的美称。有关资料显示，目前全球海马的年交易量在 2000 多万只以上，虽然我国山东、江苏、广东、福建等沿海地区有产，但由于产量有限、供需不平衡等原因，历年均需进口予以弥补。尽管海马是我国明令保护的野生动物，但由于其价格逐年上升，利润空间巨大，所以部分旅客仍旧铤而走险携带大批海马入境。经北京海关委托中国科学院动物研究所初步鉴定，这批海马被认定属于《濒危野生动植物种国际贸易公约》附录二物种，属国家限制进出口的珍贵动物制品。据悉，近年来北京海关已查获多起走私珍贵动物及动物制品案件，并不断加大对濒危物种的保护力度。北京海关缉私部门有关负责人表示，北京海关将继续保持边境生态执法的高压态势，切实履行生态保护职责。目前该案件线索已经移交北京海关缉私部门作进一步处理。

(资料来源：北京海关网.)

九、药品进出口管理

为加强对药品的监督管理，保证药品质量，保障人体用药安全，维护人民身体健康和用药合法权益，国家对药品实行限制进出口管理。

(一)管理部门

我国药品进出口管理的主管部门是国家食品药品监督管理局。其职责是会同国务院商务主管部门，依法制定并调整管理目录，签发相关的许可证件。

(二)管理范围

我国进出口管理的药品包括列入《进口药品目录》、《生物制品目录》、《精神药品管制品种目录》、《麻醉药品管制品种目录》、《兴奋剂目录》的药品。

(三)报关规范

1. 向海关提交进出口准许证

向海关申报进出口精神药品、麻醉药品和兴奋剂管理范围内的药品，报关单位应主动向海关提交有效的进出口准许证及其他有关单据。进出口准许证仅限在该证注明的口岸海关使用，并实行"一批一证"制度，证面内容不得自行更改，如需更改，应到国家食品药品监督管理局办理换证手续。

2. 向海关提交进口药品通关单

向海关申报进口列入《进口药品目录》、《生物制品目录》中的药品，报关单位应主动向海关提交有效的进口药品通关单及其他有关单据。进口药品通关单仅限在该单注明的口岸海关使用，并实行"一批一证"制度，证面内容不得更改。

3. 药品必须经由国务院批准的允许药品进口的口岸进口

目前，允许进口药品的口岸有北京、天津、上海、大连、青岛、成都、武汉、重庆、厦门、南京、杭州、宁波、福州、广州、深圳、珠海、海口、西安、南宁 19 个城市所在地直属海关所辖关区口岸。

【相关链接】

父子走私"康泰克"胶囊粉出境 涉嫌卖毒受审

康泰克胶囊在新西兰属于违禁药品，市场上禁止出售。但因康泰克中含有盐酸伪麻黄碱，可以提炼出冰毒，在中国售价约 13 元一盒的康泰克在新西兰的黑市，可卖到人民币约 330 元。

2004 年，解群英陪儿子到新西兰留学，得知该情况后，通过非法手段在国内购买了 1 万多盒康泰克，夹带在沙发中托运至新西兰，不想被警方查获。解在新西兰被判刑 6 年 4 个月，服刑 4 年后获释并被驱逐出境。

2009 年开始，解群英父子拉拢外甥梁兴"重操旧业"，先在昌平租了一间房屋，雇小时工把买来的药全部拆开，倒出粉末装袋。然后找人定做了 10 张中空的大理石桌，将康泰克粉末塞入桌子中空层，以家具的名义出口到新西兰。

2006 年年底至 2010 年 1 月间，解群英、梁兴和解飞先后从陕西人张海明手中购买新康泰克 700 余箱，3 人将胶囊内的药粉装袋出售。这些新康泰克中共含有盐酸伪麻黄碱 126000 余克，经营数额 127 万余元。

卫生部全国合理用药监测网专家孙忠实表示，康泰克中含有的"伪麻黄碱"成分，的确是合成冰毒的一种原料。含麻黄碱类药物是老百姓的常用药品，在临床上主要用于治疗感冒、咳嗽、哮喘等常见疾病。这类药物中的麻黄碱含量很少，按医嘱或说明书指导用药是很安全的。"从药理上来说，康泰克药粉确实能提炼冰毒。但一方面含量少；另一方面制毒的成本也很高。"

据了解，2008 年 11 月，国家药监局曾发布通知称，药品零售企业零售含麻黄碱类复方制剂的，一次不得超过 5 个最小包装。

（资料来源：http://www.jianke.com/news/155102.html，2014-03-17.）

十、美术品进出口管理

为加强对美术品进出口经营活动、商业性美术品展览活动的管理，促进中外文化交流，丰富人民群众文化生活，国家对美术品进出口实施监督管理。

(一)管理部门

我国药品进出口管理的主管部门是国家食品药品监督管理局。其职责是会同国务院商务主管部门，依法制定并调整管理目录，签发相关的许可证件。

文化部负责对美术品进出口经营活动的审批管理，同时委托美术品进出口口岸所在地省、自治区、直辖市文化行政部门负责本辖区美术品的进出口审批，并由后者签发进出口批准文件，报关单位凭以向海关办理通关手续。

【相关链接】

美术品进出口批准文件办理程序

我国对美术品进出口实行专营，经营美术品进出口的企业必须是在商务部门备案登记、取得进出口资质的企业。美术品进出口单位应当在美术品进出口前，向美术品进出口口岸所在地省、自治区、直辖市文化行政部门提出申请，并报送以下材料。

(1) 美术品进出口单位的企业法人营业执照、对外贸易经营者备案登记表。

(2) 进出口美术品的来源、目的地、用途。

(3) 艺术创作者名单、美术品图录和介绍。

(4) 审批部门要求提供的其他材料。

文化行政部门应当自受理申请之日起 15 日内做出决定。批准的，发给批准文件，批准文件中应附美术品详细清单。不批准的，文化行政部门书面通知申请人并说明理由。

(二)管理范围

纳入我国进出口管理的美术品是指艺术创作者以线条、色彩或者其他方式，经艺术创作者以原创方式创作的具有审美意义的造型艺术作品，包括绘画、书法、雕塑、摄影等作品，以及艺术创作者许可并签名的，数量在 200 件以内的复制品。

批量临摹的作品、工业化批量生产的美术品、手工艺品、工艺美术产品、木雕、石雕、根雕、文物等均不纳入美术品进行管理。

我国禁止进出境含有下列内容的美术品：违反宪法确定的基本原则的；危害国家统一、主权和领土完整的；泄露国家秘密、危害国家安全或者损害国家荣誉和利益的；煽动民族仇恨、民族歧视，破坏民族团结，或者侵害民族风俗习惯的；宣扬或者传播邪教迷信的；扰乱社会秩序，破坏社会稳定的；宣扬或者传播淫秽、色情、赌博、暴力、恐怖或者教唆犯罪的；侮辱或者诽谤他人、侵害他人合法权益的；蓄意篡改历史、严重歪曲历史的；危害社会公德或者有损民族优秀文化传统的；我国法律、行政法规和国家规定禁止的其他内容的。

(三)报关规范

(1) 向海关申报进出口管理范围内的美术品，报关单位应主动向海关提交有效的进出口批准文件及其他有关单据。

(2) 美术品进出口单位向海关递交的批准文件不得擅自更改。如有更改，应当及时将变更事项向审批部门申报，经审批部门批准确认后，方可变更。

(3) 文化行政部门的批准文件，不得伪造、涂改、出租、出借、出售或者以其他任何形式转让。

(4) 同一批已经批准进口或出口的美术品复出口或复进口，进出口单位可持原批准文件正本到原进口或出口口岸海关办理相关手续，文化行政部门不再重复审批。上述复出口或复进口的美术品如与原批准内容不符，进出口单位则应当到文化行政部门重新办理审批手续。

十一、音像制品进口管理

为加强对音像制品进口的管理，促进国际文化交流，丰富人民群众的文化生活，我国对音像制品实行许可管理制度。

(一)管理部门

国家新闻出版广电总局负责全国音像制品进口的监督管理和内容审查等工作，县级以上地方人民政府新闻出版行政部门负责本行政区域内的进口音像制品的监督管理工作，各级海关在其职责范围内负责音像制品进口的监督管理工作。

音像制品应在进口前报国家新闻出版广电总局进行内容审查，审查批准取得"进口音像制品批准单"后方可进口。

【相关链接】

进口音像制品办理程序

进口音像制品实行许可管理制度，应在进口前报国家新闻出版广电总局进行内容审查。具体分为以下三类。①音像制品成品进口经营单位应向国家新闻出版广电总局提出申请并报送以下材料：进口录音或录像制品报审表、进口协议草案或订单、节目样片、中外文歌词，以及内容审查所需的其他材料。②进口用于出版的音像制品，应向国家新闻出版广电总局提出申请并报送以下材料：进口录音或录像制品报审表，版权贸易协议中外文文本草案、原始版权证明书、版权授权书和国家版权局的登记文件，节目样片，中外文曲目、歌词或对白，以及内容审查所需的其他材料。③进口用于展览、展示的音像制品，由展览、展示活动主办单位提出申请，并将音像制品目录和样片报国家新闻出版广电总局进行内容审查。海关按暂时进口货物管理。

国家新闻出版广电总局自受理进口音像制品申请之日起30日内做出批准或者不批准的决定。批准的，发给"进口音像制品批准单"；不批准的，应当说明理由。

图书馆、音像资料馆、科研机构、学校等单位进口供研究、教学参考的音像制品成品，应当委托国家新闻出版广电总局批准的音像制品成品进口经营单位办理进口审批手续。

(二)管理范围

进口音像制品，是指从外国进口音像制品成品和进口用于出版(包括利用信息网络出版)及其他用途的音像制品，包括录有内容的录音带、录像带、唱片、激光唱盘、激光视盘等。列入我国首批音像制品进口管理目录的商品有：重放声音或图像信息的磁带、已录制的其他磁带、其他磁性媒体、仅用于重放声音信息的已录制光学媒体、其他录制光学媒体、已录制唱片及其他媒体共涉及7个海关10位商品编号。

国家禁止进口有下列内容的音像制品：反对宪法确定的基本原则的；危害国家统一、主权和领土完整的；泄露国家秘密、危害国家安全或者损害国家荣誉和利益的；煽动民族仇恨、民族歧视，破坏民族团结，或者侵害民族风俗、习惯的；宣扬邪教、迷信的；扰乱社会秩序，破坏社会稳定的；宣扬淫秽、赌博、暴力或者教唆犯罪的；侮辱或者诽谤他人，侵害他人合法权益的；危害社会公德或者民族优秀文化传统的；有法律、行政法规和国家规定禁止的其他内容的。

(三)报关规范

(1) 向海关申报进口音像制品，报关单位应主动向海关提交有效的"进口音像制品批准单"及其他有关单据。

(2) "进口音像制品批准单"的内容不得更改，如需修改，应重新办理。"进口音像制品批准单"一次报关使用有效，不得累计使用。其中，属于音像制品成品的，批准单当年有效；属于用于出版的音像制品的，批准单有效期限为1年。

(3) 在经批准进口出版的音像制品版权授权期限内，音像制品进口经营单位不得进口该音像制品成品。

(4) 随机器设备同时进口及进口后随机器设备复出口的记录操作系统、设备说明、专用软件等内容的音像制品，无须申领"进口音像制品批准单"，海关凭进口单位提供的合同、发票等有效单证验放。

【相关链接】

国门之盾显神威　篡改版图终现形

2012年4月，记者从江门海关获悉，该关在货运渠道查获了一批含有侵害国家主权内容的地图产品，这也是该关开展"国门之盾"行动以来，查获的首宗印刷制品违规出口案件。

不久前，深圳某进出口公司向该关驻外海办事处申报出口"世界地图"印刷制品一批，该办事处关员通过细致的审查分析，发现该批地图图样中存在着将中印主权争议的中国藏南地区划入印度版图等多处篡改版图的情况，涉嫌领土划分错误、侵害国家主权，于是依法将其扣留，并送广东省测绘部门进行鉴定。经鉴定，确认该批地图错绘中印东段国界，将我国大片领土错划给印度；同时漏绘钓鱼岛、赤尾屿，错绘南海海域归属范围线，属于严重损害我国主权的情况。目前，该批地图已移交海关缉私部门作进一步处理。

据海关有关人士介绍，凡是载有危害国家统一、主权和领土完整的，煽动民族仇恨、民族歧视，破坏民族团结，或者侵害民族风俗、习惯的，宣扬邪教、迷信等这一类型的印刷品及音像制品，国家明文规定一律禁止进出境。

(资料来源：海关总署网.)

十二、民用爆炸物品进出口管理

为了加强对民用爆炸物品进出口的管理，维护国家经济秩序，保障社会公共安全，国家对民用爆炸物品实施进出口限制管理。

(一)管理部门

工业和信息化部为国家进出口民用爆炸物品主管部门，负责民用爆炸物品进出口的审批；公安机关负责民用爆炸物品境内运输的安全监督管理；海关负责民用爆炸物品进出口环节的监管。

在进出口民用爆炸物品前，进出口企业应当向工业和信息化部申领"民用爆炸物品进/出口审批单"。

【相关链接】

进出口民用爆炸物品办理程序

进出口民用爆炸物品，应当逐单申请办理审批手续。国家对进出口民用爆炸物品的企业实施资质管理：对取得"民用爆炸物品生产许可证"的企业可以申请进口用于本企业生产的民用爆炸物品原材料(含半成品)，出口本企业生产的民用爆炸物品(含半成品)；对取得"民用爆炸物品销售许可证"的企业可以申请进出口其"民用爆炸物品销售许可证"核定品种范围内的民用爆炸物品。

具备上述资质的企业申请进出口民用爆炸物品，应当向工业和信息化部提交下列材料。

(1) 民用爆炸物品进出口申请报告及已填写相关内容的"民用爆炸物品进/出口审批单"。

(2) 工商营业执照原件及复印件。

(3) "民用爆炸物品生产许可证"或者"民用爆炸物品销售许可证"原件及复印件。

(4) 企业法定代表人及经办人的身份证明原件及复印件。

(5) 进出口合同原件、复印件及中文译本(译本应当加盖申请人的公章，下同)。

(6) 进口民用爆炸物品，应当提交具备与进口量相适应的仓储条件和满足行业安全要求的证明材料、不低于我国现行产品标准的证明材料、符合国家有关安全运输和储存标准的证明材料、符合《民用爆炸物品警示标志、登记标志通则》的证明材料、符合国家有关环保标准的证明材料和产品使用说明(相关材料应当提供中文译本)。

(7) 出口民用爆炸物品，应当提交民用爆炸物品进口国的许可文件原件、复印件、中文译本，以及最终用户证明和最终用途证明。

(8) 法律、行政法规规定的其他材料。

工业和信息化部对申请材料进行审查，对申请材料不齐全或者不符合法定形式的，应当当场或者在 5 个工作日内一次告知申请人需要补正的全部内容，逾期不告知的，自收到申请材料之日起即为受理；对申请材料齐全，符合法定形式，或者已按要求提交全部补正申请材料的，应当予以受理，并出具受理通知书，自受理申请之日起 20 个工作日内做出是否批准的决定。批准进出口民用爆炸物品的，应当向申请人核发"民用爆炸物品进/出口审批单"；不予批准的，应当书面告知申请人。

(二)管理范围

管理范围包括：用于非军事目的、列入我国"民用爆炸物品品名表"的各类火药、炸药及其制品，雷管、导火索等点火和起爆器材。

(三)报关规范

(1) 向海关申报进出口民用爆炸物品，报关单位应主动向海关提交有效的"民用爆炸物品进/出口审批单"及其他有关单据。"民用爆炸物品进/出口审批单"实行"一批一单"和"一单一关"管理。

(2) 海关无法确定进出口物品是否属于民用爆炸物品的，由进出口企业将物品样品送交具有民用爆炸物品检测资质的机构鉴定，海关依据有关鉴定结论实施进出口管理。

(3) 民用爆炸物品在海关特殊监管区域或者场所与境外之间进出的，应当向海关提交"民用爆炸物品进/出口审批单"。

【应用案例】

国家首次组织进口硝酸铵经满洲里口岸申报入境

记者从满洲里海关获悉，2005 年 12 月 15 日，黑龙江省某公司以民用爆破器材从满洲里口岸申报进口 2000 吨硝酸铵，价值 30.4 万美元。这是自国家禁止进口硝酸铵以来首次组织进口，也是满洲里口岸首次以民用爆破器材进口的硝酸铵。国家此次进口硝酸铵的目的是为了缓解目前国内硝酸铵供应紧张和市场价格过高的局面。

2002 年 9 月 30 日，国务院办公厅下发 52 号文件，通知禁止将硝酸铵作为化肥销售，同时暂停进口硝酸铵。采取此项行动的主要原因是当年连续发生多起涉及国内爆炸事件的刑事案件和事故。硝酸铵是生产炸药的主要原料，又是一种农业肥料，它可以被用来私自制成炸药，也常被烟花爆竹生产商违规制成烟花爆竹，这种烟花爆竹经常引发重大爆炸事故。为了从源头上杜绝用硝酸铵非法生产炸药，我国对硝酸铵实施了严格的管理与控制。

因此，自 2002 年 9 月 30 日国务院办公厅 52 号文件下发之日起，硝酸铵就被列入"民用爆炸物品品名表"内，其销售、购买与使用纳入民用爆炸品管理之列，严令禁止将硝酸铵作为肥料销售并暂停进口硝酸铵。

据满洲里海关有关负责人介绍，鉴于进口硝酸铵存在一定的安全隐患，且国家对硝酸铵进口事宜有明确规定，满洲里海关将严格按照国家相关政策执行海关监管工作，认真履行通关职责，并及时为国家允许进口的硝酸铵办理通关验放手续。

(资料来源：海关总署网.)

十三、黄金及其制品进出口管理

(一)管理部门

中国人民银行为黄金及其制品进出口的管理机关，会同海关总署依法制定并调整《黄金及其产品进出口管理目录》，签发"黄金及其制品进出口准许证"。

进出口列入《黄金及其制品进出口管理商品目录》的货物，海关凭中国人民银行或其授权的中国人民银行分支机构签发的"黄金及其制品进出口准许证"办理验放手续。保税区、出口加工区及其他海关特殊监管区域和保税监管场所与境外之间进出，海关特殊监管区域、保税监管场所之间进出的黄金及其产品，免予办理"黄金及其制品进出口准许证"，由海关实施监管。保税区、出口加工区及其他海关特殊监管区域和保税监管场所与境内区外之间进出黄金及其产品，应办理"黄金及其制品进出口准许证"。

(二)管理范围

管理列入《黄金及其制品进出口管理商品目录》的货物。主要包括：氰化金、氰化金钾(含金 40%)、其他金化合物、非货币用金粉、非货币用未锻造金、非货币用半制成金、货币用未锻造金(包括镀铂的金)、金的废碎料、镶嵌钻石的黄金制首饰及其零件、镶嵌濒危物种制品的金首饰及零件、其他黄金制首饰及其零件、金制工业用制品、实验室用制品等。

(三)报关规范

进出口列入《黄金及其制品进出口管理商品目录》的货物，报关单位应主动向海关提交有效的"黄金及其制品进出口准许证"及其他有关单据。

【应用案例】

皇岗海关查获黄金制品 11.5 千克

杜女士本打算将金元宝、金佛像等"传家宝"带到新加坡，但 2010 年 3 月 28 日经皇岗口岸出境时却遇到麻烦，海关关员以违规携带黄金制品将她携带的这些"传家宝"予以扣留。

　　28 日上午，持新加坡护照的杜女士提着行李箱来到皇岗口岸，经海关出境通道时被海关关员拦截。关员现场从行李箱内发现金元宝、金佛像、金狮子等，这批黄金制品有 21 件、重约 11.5 千克。在接受海关调查时，杜女士称"这些黄金制品是祖辈传下来的，不知道带出境要许可证件"。

沙头角海关查获一宗港籍旅客违规携带黄金、白银类饰品出境案件

　　2013 年 8 月，沙头角海关查获 1 宗旅客违规超量携带黄金、白银类饰品制品出境案，查获黄金饰品 643.2 克、白银饰品 250.1 克。

　　笔者从沙头角海关了解到，一名手提黑色公文包的港籍男子经沙头角口岸出境，经过海关监管区域时，神情有异，被海关关员列为重点查验对象。经查验，海关在其随身携带的公文包中查获黄金转运珠、黄金耳钉、黄金项链、黄金手链、黄金手镯等足金首饰 643.2 克，银项链、银手链、银吊坠等白银饰品 250.1 克，该案已移交缉私部门处理。

　　据沙头角海关负责人介绍，旅客携带金、银及其制品进境，应以自用、合理数量为限。在一般情况下，超过 50 克须向海关进行书面申报。超出自用、合理数量范围的，视同进出口货物，须凭中国人民银行总行批准，依照《中华人民共和国海关进出口税则》予以征税放行。如果是携带黄金出境则更加严格，因为黄金属于国家限制出境的资源性物资，任何单位和个人出口黄金须持有中国人民银行颁发的专用许可证件，出境旅客携带黄金也应向海关主动申报，数量以自用合理数量为限(一般是为 50 克以下)。

　　该负责人提醒，凡隐瞒不报或者用其他方法逃避海关监管的，海关依照《中华人民共和国海关法》和《中华人民共和国海关法行政处罚实施细则》的有关规定处理。涉嫌走私的，将承担相应的法律责任。

(资料来源：海关总署网.)

十四、有毒化学品进出口管理

　　为保护人体健康和生态环境，加强有毒化学品进出口的环境管理，国家对进出口有毒化学品进行监督管理。

(一)管理部门

　　环境保护部为有毒化学品进出口的主管部门，会同海关总署，依法制定并调整《中国禁止或严格限制的有毒化学品名录》，签发"有毒化学品环境管理放行通知单"。

(二)管理范围

　　有毒化学品是指进入环境后通过环境蓄积、生物累积、生物转化或化学反应等方式损

害健康和环境，或者通过接触对人体具有严重危害和具有潜在危险的化学品。

管理列入《中国禁止或严格限制的有毒化学品名录》的化学品。

(三)报关规范

进出口列入《中国禁止或严格限制的有毒化学品名录》的化学品，报关单位应主动向海关提交有效的"有毒化学品环境管理放行通知单"及其他有关单据。

【应用案例】

皇岗海关查获今年首宗剧毒化学品入境案

近日，皇岗海关在福田口岸旅检渠道查获一港籍旅客私带氯化钯入境案件，查获氯化钯20瓶，重2千克，保守估算这批物品市值约20万元人民币。这是今年以来该关在旅检渠道查获的首宗剧毒化学品入境案。

2013年3月18日，港籍旅客黄某背着一个黑色背包从福田口岸入境，皇岗海关关员对其进行了例行检查。"当事人过关时，刚开始还很淡定，一副若无其事的样子，给人以正常旅客的假象。当时我们打开他的背包，发现里面只放着一盒'蛋卷'和一盒'奶茶'，全部都包装完好，外面封着塑料封膜。"皇岗海关关员说。虽然这些"食品"看似与超市货柜架上的并无两样，但是细心的关员还是发现了端倪，将蛋卷盒放在手中掂了掂，发现明显比一般的蛋卷盒要重很多。于是便问当事人黄某，黄某说这蛋卷是铁盒包装的，但他说这话时明显紧张了起来。

关员立刻将背包过X光机进行图像检查，发现这些包装完好的食品盒内没有半点食品，里面全部都是瓶子，经检测为2千克氯化钯(100克/瓶，共20瓶)。经初步询问，当事人黄某承认是替人带货，并收取了带货费500元。目前，海关缉私部门正对该案件作进一步处理。

氯化钯："钯盐"的一种，剧毒，对皮肤、肺部等有较强的刺激作用。钯盐类属于国家限制进出口的有毒化学品，对运输和贮藏有极严格的管理要求，且报关入境需要在国家相关部门办理相关许可证，手续复杂。国内一些珠宝加工厂、金属电镀厂为逃避管理，便采取种种办法将危险化学品走私入境。

深圳海关：深圳湾海关查获剧毒化学品钯盐和镀铑水入境案

中国经济网记者2010年5月20日从深圳湾海关获悉，该关5月19日在一辆粤ZBXXX港小客车中查到一名陈姓香港旅客携带未向海关申报的剧毒化学品：贺利氏二氯二氨钯("钯盐"的一种)4373.6克、美泰乐镀铑液(俗称镀铑水)2500毫升，初步估计案值约人民币50万元。这是今年以来该关查获的首宗剧毒化学品走私案。

深圳湾海关关员表示，当天下午约2时许，当事人陈某持《港澳居民来往内地通行证》驾驶ZBXXX港小客车经深圳湾口岸入境。海关经过风险分析，对其下达布控指令进行查验。当海关关员询问其有无物品申报，她表示没有物品要向海关申报。后经海关检查，在当事人放置于车尾箱的行李箱内查到有未向海关申报的贺利氏二氯二氨钯 4373.6 克(198.8克/瓶，共 22 瓶)、美泰乐镀铑液 2500 毫升(125 毫升/瓶，共 20 瓶)，当事人自称是帮他人带回大陆用于电镀所需。目前，该案已移交缉私部门处理。

深圳湾海关负责人介绍，钯盐、镀铑水等通常用于金属电镀、首饰珠宝加工等用途，属于国家严格限制进出口的有毒化学品，由于此类危险化学品的运输和贮藏有极严格的管理要求，且报关入境需要在国家环保总局办理相关许可证，手续复杂。国内一些珠宝加工厂、金属电镀厂为逃避管理，便采取种种办法，违法将危险化学品走私入境。

(资料来源：中国海关总署网.)

十五、农药进出口管理

(一)管理部门

农业部为农药进出口的主管部门，会同海关总署依法制定并调整《中华人民共和国进出口农药管理名录》，签发"农药进出口登记管理放行通知单"。

进出口列入上述目录的农药，应事先向农业部农药检定所申领"农药进出口登记管理放行通知单"，凭以向海关办理进出口报关手续。

(二)管理范围

受管理的农药是指用于预防、消灭或者控制危害农业、林业的病、虫、草和其他有害生物，有目的地调节植物、昆虫生长的化学合成或者来源于生物、其他天然物质的一种物质或者几种物质的混合物及其制剂。

管理列入《中华人民共和国进出口农药管理名录》的农药。

(三)报关规范

进出口列入《中华人民共和国进出口农药管理名录》的农药，报关单位应主动向海关提交有效的"农药进出口登记管理放行通知单"及其他有关单据。

"农药进出口登记管理放行通知单"实行"一批一证"管理，进出口一批农药产品，办理一份通知单，对应一份海关进出口货物报关单。通知单一式两联，第一联由进出口单位交海关办理通关手续，由海关留存与报关单一并归档；第二联由农业部留存。

"农药进出口登记管理放行通知单"经签发，任何单位或个人不得修改证明内容；如需变更证明内容，应在有效期内将原证交回农业部农药检定所，并申请重新办理进出口农药登记证明。

【应用案例】

玻璃珠中竟藏匿 4.8 万包无证农药

2010 年 9 月 19 日，杭州海关在义乌口岸一票申报品名为玻璃珠的出口货物中查获了大量涉嫌偷逃进出口农药登记证明的蟑螂药，共计 40 箱，4.8 万包。这也是杭州海关隶属义乌海关今年以来查获的数量最多的一批涉嫌偷逃进出口农药登记证明的货物。

蟑螂药属于国家限制出口类物品，根据农业部和海关总署联合下发的《关于对进出口农药实施登记证明管理的通知》相关要求，凡在我国进出口的农药(包含原药和制剂)必须要有农业部签发的进出口农药登记证明，否则一律不得进出口。

(资料来源：中国海关总署网.)

海关如何处理未申领许可证件的进出口货物

2005 年 1 月 12 日，华威进出口有限责任公司(以下简称华威公司)以一般贸易方式向某海关申报进口农药一批，总价值人民币 50 万元。某海关经审查发现，华威公司所进口农药属于国家限制进口货物，该公司申报时未提交有关许可证件，其行为违反了《海关法》的有关规定。

2005 年 1 月 25 日，某海关根据《海关行政处罚实施条例》(以下简称《处罚条例》)第十四条的规定，认定华威公司的上述行为违反海关监管规定，对该公司处以人民币 5 万元的罚款，同时决定不予放行涉案货物。华威公司对海关的行政处罚决定未提出异议，在规定期限内如数缴纳了罚款，并在此后多次向海关申请办理该批货物的通关放行手续。因华威公司一直不能提交涉案农药的进口许可证，某海关对其放行申请未予批准。

在多次申请未获准的情况下，华威公司不服海关对其进口货物不予放行的处理决定，向某海关的上一级海关申请行政复议。华威公司在《复议申请书》中称，该公司未领取许可证件进口国家许可证件管理商品确实违反了法律规定，但其已因此受到海关处罚，承担了相应的法律责任，该公司在正常情况下所负有的提交许可证件的法律义务已得以免除，某海关在对该公司"无证进口"行为实施处罚后不应再要求其提交许可证件，更不能以此为由对涉案货物作不予放行处理；某海关对进口农药所作处理决定没有法律依据，致使有关货物长时间滞留港口无法通关，给该公司造成了巨大经济损失，请复议机关依法纠正某海关上述违法行为，尽快放行涉案货物，同时责令该海关赔偿其经济损失人民币 10 万元。

复议机关经审理认为，本案涉案货物属于国家许可证件管理商品，申请人华威公司申报进口上述货物时不能向海关提交有关许可证件，违反了国家进出口管理规定，被申请人依据《处罚条例》第十四条之规定对其科处罚款并无不当。同时，根据《处罚条例》第五条之规定，华威公司就上述货物所负有的提交许可证件、缴纳应缴税款及办理相关海关手续的义务不能因海关行政处罚而得以免除，在该公司不能交验进口许可证件的情况下，某海关不予放行涉案货物的决定于法有据，并不构成对当事人合法权益的侵害；华威公司因货物无法通关所受到的经济损失是由于其自身过错造成的，海关无须承担行政赔偿责任。2005年2月25日，复议机关对本案做出行政复议决定，确认某海关对该公司进口农药不予放行的处理决定合法，驳回华威公司的复议申请和赔偿请求。

（资料来源：http://www.penavicocargo.com/china/news/view.jsp?id=582，2014-03-17.)

十六、兽药进口管理

(一)管理部门

农业部为兽药进出口的主管部门，会同海关总署依法制定并调整《进口兽药管理目录》，签发"进口兽药通关单"。

进口列入上述目录的兽药，应事先向进口口岸所在地省级人民政府兽医行政管理部门申请办理"进口兽药通关单"，凭此向海关办理进口报关手续。

(二)管理范围

受管理的兽药是指用于预防、治疗、诊断畜禽等动物疾病，有目的地调节其生理机能的物质。

管理列入《进口兽药管理目录》的兽药。

(三)报关规范

进口列入《进口兽药管理目录》的兽药，报关单位应主动向海关提交有效的"进口兽药通关单"及其他有关单据。"进口兽药通关单"实行"一单一关"制，在30日有效期内只能一次性使用。

兽药进口单位进口暂未列入《进口兽药管理目录》的兽药时，应如实申报，主动向海关出具"进口兽药通关单"；对进口同时列入《进口药品目录》的兽药，海关免予验核"进口药品通关单"；对进口的兽药，因企业申报不实或伪报用途所产生的后果，企业应承担相应的法律责任。

【应用案例】

深圳皇岗海关查获走私进口900支动物用口蹄疫苗

中国经济网记者2010年9月7日从深圳海关隶属皇岗海关获悉，该关机动调研部门的关员在物流渠道对一辆货柜车进行检查时，发现司机在驾驶室、工具箱内藏带5箱药剂，后查明为动物用口蹄疫苗，共计900支。

中国经济网记者了解到，此次皇岗海关查获的为Aftopor牌"猪只不活化口蹄疫苗"，主要用于猪、牛等经济动物防治口蹄疫。目前，国内对进口该类疫苗征收超过 20% 的综合税率，且需要相关管理部门出具进口许可证件。涉案的香港司机承认，自己贪图带工费，所以为国内某企业藏带该批货物。

目前，深圳海关已对该案件进行进一步处理。

(资料来源：中国经济网.)

十七、水产品捕捞进口管理

为有效履行我国政府相关义务(进口部分水产品时有义务验核船旗国政府主管机构签署的合法捕捞证明)，树立我国负责任渔业国际形象，我国对部分水产品捕捞进口实施进口限制管理。

(一)管理部门

农业部为部分水产品捕捞进口的主管部门，会同海关总署依法制定并调整公布了《实施合法捕捞证明的水产品清单》。

对进口列入《实施合法捕捞证明的水产品清单》的水产品(包括进境样品、暂时进口、加工贸易进口以及进入海关特殊监管区域和海关保税监管场所等)，有关单位应向农业部申请"合法捕捞产品通关证明"。

申请"合法捕捞产品通关证明"时应提交由船旗国政府主管机构签发的合法捕捞证明原件。如在船旗国以外的国家或地区加工的该目录所列产品进入我国，申请单位应提交由船旗国政府主管机构签发的合法捕捞产品副本和加工国或者地区授权机构签发的再出口证明原件。

(二)管理范围

管理列入《实施合法捕捞证明的水产品清单》的水产品，包括冻大眼金枪鱼、剑鱼、蓝鳍金枪鱼、南极犬牙鱼 4 种鱼。

(三)报关规范

进口列入《实施合法捕捞证明的水产品清单》的水产品，报关单位应主动向海关提交有效的"合法捕捞产品通关证明"及其他有关单据。

本 章 小 结

对外贸易管制，是指一国政府为了国家的宏观经济利益、国内外政策需要以及履行所缔结或加入国际条约的义务，对本国的对外贸易活动实施有效的管理而确立实行各种管制制度、设立相应管制机构和采取相应管制措施的总称。

对外贸易管制按照不同的角度可分为三类：一是按管理目的分为进口贸易管制和出口贸易管制；二是按管制手段分为关税措施和非关税措施；三是按管制对象分为货物进出口贸易管制、技术进出口贸易管制和国际服务贸易管制。

我国对外贸易管制的主要管理制度包括：货物、技术进出口许可管理制度；对外贸易经营者管理制度；出入境检验检疫制度；货物贸易外汇管理制度；对外贸易救济措施制度。

我国对外贸易管制的主要管理措施包括：进出口许可证管理、两用物项和技术进出口许可证管理、密码产品和含有密码技术的设备进口许可证管理、固体废物进口管理、自动进口许可证管理、进口关税配额管理、出入境检验检疫管理、野生动植物种进出口管理、药品进出口管理、美术品进出口管理、音像制品进口管理、民用爆炸物品进出口管理、黄金及其制品进出口管理、有毒化学品进出口管理、农药进出口管理、兽药进口管理、水产品捕捞进口管理。

对进口或出口属于我国对外贸易管制的货物和技术，进出口经营者应当事先按规定向指定的发证机构申领进出口许可证件，持有关进出口许可证件向海关办理申报和验放手续。

自 测 题

一、单项选择题

1. 实行"非一批一证"管理的出口许可证，其使用次数最多不超过( )次。
   A. 3   B. 6   C. 5   D. 12

2. 发证机关根据企业申请于 2009 年 9 月 30 日向企业签发了自动进口许可证，该证截至( )有效。
   A. 2010 年 3 月 31 日   B. 2009 年 12 月 31 日
   C. 2010 年 6 月 30 日   D. 2010 年 9 月 30 日

3. 下列关于国家对限制进口货物管理的表述错误的是( )。
   A. 国家实行限制进口管理的货物，必须依照国家有关规定取得国务院外经贸主管部门或者由其会同国务院有关部门许可，方可进口

B. 实行配额或者非配额限制的进口货物，采用配额许可证管理

C. 关税配额内进口的货物，按照配额内税率缴纳关税

D. 关税配额外进口的货物，按照配额外税率缴纳关税

4. "进口药品通关单"是针对(　　)的进口管理批件。

    A. 麻醉药品　　　B. 精神药品　　　C. 一般药品　　　　D. 所有药品

5. 进口用于出版的音像制品，在组织进口前应向(　　)申领"进口音像制品批准单"。

    A. 商务部　　　　B. 文化部　　　　C. 新闻出版总署　　D. 广电总局

二、多项选择题

1. 《中华人民共和国货物进出口管理条例》根据管理的不同需要，把进出口货物分为(　　)。

    A. 禁止进出口货物　　　　　　　B. 限制进出口货物

    C. 鼓励进出口货物　　　　　　　D. 自由进出口货物

2. 下列货物中(　　)被列入了《禁止进口货物目录》和《禁止进口固体废物目录》。

    A. 犀牛角　　　B. 虎骨　　　　C. 废药物　　　　D. 杂项化学品废物

3. 下列各项中(　　)向海关申报进口时须交验"入境货物通关单"。

    A. 列入《法检目录》属于进境管理的商品　　B. 进口捐赠的医疗器械

    C. 进口旧机电产品　　　　　　　　　　　　D. 进口可再利用的废物原料

4. 进口属于自由进口的技术，应当向商务部办理登记，并提交(　　)。

    A. 技术进口合同正本　　　　　　B. 技术进口合同副本

    C. 技术进口合同登记申请书　　　D. 签约双方法律地位的证明文件

5. 以下各项中(　　)是对我国进出口药品管理的正确表述。

    A. 精神药品进出口准许证须向国家卫生部申领

    B. 生化药品应归入《麻醉药品管制品种目录》中的药品，不论用于何种用途，均需事先申领麻醉药品进出口准许证

    C. 国家对一般药品实行目录管理，进口药品通关单是国家针对一般药品的进口管理批件

    D. 一般药品出口无须领取相关准许证

三、判断题

1. 对列入《两用物项和技术进出口许可证管理目录》的物项及技术的出口，统一实行两用物项和技术出口许可证管理，目录以外的无须办理两用物项和技术出口许可证。

    (　　)

2. 凭商检局出具的"入境货物通关单"就可到海关办理申报进口兽药的有关验放手续。

    (　　)

3. 国内某企业从新加坡进口一批贱金属废碎料用于加工出口产品，该企业应该向当地环境保护主管部门提出废物进口申请，由其审核并报环境保护部批准，凭环境保护部签发的"废物进口许可证"办理通关手续。 （ ）

4. 用于列入《进出口野生动植物种商品目录》中属于我国自主规定管理的野生动植物及其产品的进出口通关，不论以何种方式进出口列入上述管理范围的野生动植物及其产品，均须事先申领公约证明。 （ ）

5. 海关特殊监管区域和保税监管场所之间进出的黄金及其产品，应办理"黄金及其制品进出口准许证"，并由海关实施监管。 （ ）

第四章　海关监管货物及其报关程序(上)

【学习要点及目标】

通过本章的学习，了解海关监管货物的含义、类型，掌握海关监管货物的报关程序及相关规定。

【核心概念】

海关监管货物　报关程序　电子报关　电子口岸　一般进出口货物　申报　滞报金　通关作业无纸化　海关查验　分类通关

【引导案例】

案例一：中国华中进出口集团公司与中国香港华宁公司以 FOB 高雄 USD18 元/台的价格条款签订了进口 10 000 台原产于我国台湾的简易型电动可调气泵(属自动许可管理、法定商检商品)的合同。该批货物于 2002 年 11 月 9 日由"蓝湖"号货轮载运进境。该公司应当怎样向海关申报货物进口？

案例二：江苏雪山纺织品有限公司向日本某商社出口一批男士羽绒服(机织面料，按重量计，含棉 40%、涤纶 40%、粘胶 20%)。该公司应当怎样向海关申报货物出口？

(资料来源：王志明，等. 报关综合实务. 第二版. 大连：东北财经大学出版社，2010.)

案例三：刚工作不久的报关员小鲍喜滋滋地回忆着自己成功报关的一票出口货物的过程，货物已经在昨天晚上装船了，终于独立完成了一个任务！真有成就感啊！可是，过了一个星期，客户忽然来电话找小鲍，小鲍以为客户又有新业务了呢，正心中暗喜，没想到客户问："小鲍，上周我出口的那票货的报关单什么时候能退回来呀，我等着办退税呢，帮我催催啊！"可能客户着急有别的事情，没等小鲍说什么就挂了电话。小鲍心里纳闷儿，货都走了，还有什么事情这么重要吗？

(资料来源：刘庆珠. 报关实训. 北京：首都经济贸易大学出版社，2009.)

中国海关的重要或基本的监管对象是进出境货物，因此这一章主要介绍我国海关监管货物的含义、类型和报关程序以及一般进出口货物的报关程序。

第一节 概 述

一、海关监管货物的含义与类型

(一)含义

海关监管货物,是指自进境起到办结海关手续止的进口货物,自向海关申报起到出境止的出口货物,以及自进境起到出境止的过境、转运、通运货物等应当接受海关监管的货物。

(二)类型

根据货物进出境目的的不同,海关监管货物可以分为以下六大类。

(1) 一般进出口货物。一般进口货物是指自进境起到办结海关手续进入国内生产、消费领域流通的进口货物;一般出口货物是指自向海关申报起到办结海关手续离境到境外生产、消费领域流通的出口货物。

(2) 保税货物。保税货物是指经海关批准未办理纳税手续进境,在境内储存、加工、装配后复运出境的货物。保税货物又分为保税加工货物和保税物流货物两大类。

(3) 特定减免税货物。特定减免税货物是指经海关依法准予免税进口的用于特定地区、特定企业,有特定用途的货物。

(4) 暂准进出境货物。暂准进境货物是指经海关批准凭担保进境,在境内使用后原状复运出境的货物;暂准出境货物是指经海关批准凭担保出境,在境外使用后原状复运进境的货物。

(5) 过境、转运、通运货物。过境、转运、通运货物是指由境外起运,通过中国境内继续运往境外的货物。

(6) 其他进出境货物。其他进出境货物是指上述货物以外尚未办结海关手续的其他进出境货物。

二、海关监管货物的报关程序

(一)含义

报关程序,是指进出口货物收发货人、物品所有人、运输工具负责人或其代理人按照海关的规定,办理货物、物品、运输工具进出境及相关海关事务的手续和步骤。本章所指的报关程序主要限于进出境货物的报关程序。

(二)基本程序

从海关对进出境货物进行监管的全过程来看,报关程序按时间先后可以分为三个阶段:前期阶段、进出口阶段、后续阶段。

1. 前期阶段

前期阶段是指进出口货物收发货人或其代理人根据海关对进出境货物的监管要求,在货物进出口之前,向海关办理备案手续的过程。主要包括:

(1) 保税加工货物进口之前,进口货物收货人或其代理人办理加工贸易备案手续,申请建立加工贸易电子化手册或电子账册。

(2) 特定减免税货物进口之前,进口货物收货人或其代理人办理货物的减免税备案和审批手续,申领减免税证明。

(3) 暂准进出境货物进出口之前,进出口货物收发货人或其代理人办理货物暂准进出境备案申请手续。

(4) 其他进出境货物中的加工贸易不作价设备进口之前,进口货物收货人或其代理人办理加工贸易不作价设备的备案手续;出料加工货物出口之前,出口货物发货人或其代理人办理出料加工的备案手续。

2. 进出口阶段

进出口阶段是指进出口货物收发货人或其代理人根据海关对进出境货物的监管要求,在货物进出境时,向海关办理进出口申报、配合查验、缴纳税费、提取或装运货物手续的过程。具体包括:

1) 进出口申报

进出口货物的收发货人或其代理人在海关规定的期限内,按照海关规定的形式,向海关报告进出口货物的情况,提请海关按其申报的内容放行进出口货物。

2) 配合查验

申报进出口的货物经海关决定查验时,进出口货物的收发货人或其代理人到达查验现场,配合海关查验货物,按照海关要求搬移货物,开拆包装,以及重新封装货物。

3) 缴纳税费

进出口货物的收发货人或其代理人接到海关发出的税费缴纳通知书后,向海关指定的银行办理税费款项的缴纳手续,通过银行将有关税费款项缴入海关专门账户。

4) 提取或装运货物

进口货物的收货人或其代理人,在办理了进口申报、配合查验、缴纳税费等手续,海关决定放行后，凭海关加盖放行章的进口提货凭证或海关通过计算机发送的放行通知书，提取进口货物。

出口货物的发货人或其代理人，在办理了出口申报、配合查验、缴纳税费等手续，海关决定放行后，凭海关加盖放行章的出口装货凭证或海关通过计算机发送的放行通知书，通知港区、机场、车站及其他有关单位装运出口货物。

3. 后续阶段

后续阶段是指进出口货物收发货人或其代理人根据海关对进出境货物的监管要求，在货物进出境储存、加工、装配、使用、维修后，在规定的期限内，按照规定的要求，向海关办理上述进出口货物核销、销案、申请解除监管等手续的过程。主要包括：

(1) 保税加工货物，进口货物收货人或其代理人在规定期限内办理申请核销的手续。

(2) 特定减免税货物，进口货物收货人或其代理人在海关监管期满，或者在海关监管期内经海关批准出售、转让、退运、放弃并办妥有关手续后，向海关申请办理解除海关监管的手续。

(3) 暂准进境货物，收货人或其代理人在暂准进境规定期限内，或者在经海关批准延长暂准进境期限到期前，办理复运出境手续或正式进口手续，然后申请办理销案手续；暂准出境货物，发货人或其代理人在暂准出境规定期限内，或者在经海关批准延长暂准出境期限到期前，办理复运进境手续或正式出口手续，然后申请办理销案手续。

(4) 其他进出境货物中的加工贸易不作价设备、出料加工货物、修理货物、部分租赁货物等，进出口货物收发货人或其代理人在规定的期限内办理销案手续。

第二节 一般进出口货物的报关程序

一、一般进出口货物概述

(一)含义

一般进出口货物是一般进口货物和一般出口货物的合称，是指在进口环节缴纳了应征的进口税费并办结了所有必要的海关进口手续，海关放行后不再进行监管，直接进入生产和消费领域流通的进口货物以及在出口环节缴纳了应征的出口税费并办结了所有必要的海关出口手续，海关放行后离境的出口货物。

(二)特征

一般进出口货物具有以下特征：①进出境时缴纳进出口税费；②进出口时提交相关的

许可证件(货物进出口时受国家法律、行政法规管制并需要申领进出口许可证件的);③进口货物海关放行后进境即办结海关手续,出口货物海关放行后离境即办结海关手续。

(三)范围

海关监管货物按货物进境、出境后是否复运出境、复运进境,可以分为两大类:一类是实际进出口的货物,即进境、出境后不再复运出境、复运进境的货物;另一类是非实际进出口的货物,即进境、出境后还将复运出境、复运进境的货物。

实际进出口的货物,大都属于一般进出口货物的范围,具体包括:

(1) 不享受特定减免税或不批准保税的一般贸易进口货物。

(2) 一般贸易出口货物。

(3) 转为实际进口的保税货物、暂准进境货物,转为实际出口的暂准出境货物。

(4) 易货贸易、补偿贸易进出口货物。

(5) 不批准保税的寄售代销贸易货物。

(6) 承包工程项目实际进出口货物。

(7) 外国驻华商业机构进出口陈列用的样品。

(8) 外国旅游者小批量订货出口的商品。

(9) 随展览品进境的小卖品。

(10) 免费提供的进口货物,如外商在经济贸易活动中赠送的进口货物和免费提供的试车材料等、我国在境外的企业、机构向国内单位赠送的进口货物。

【应用案例】

转为实际进口的保税货物

大连某加工企业从缅甸购进一批橡胶进行车轮胎的加工,原本属进料加工业务,后因大连市场车轮胎价格上涨,该企业将生产的有关产品在当地直销。为此,这笔贸易就适用于一般进出口货物报关制度。

(资料来源:王艳娜. 报关实务. 大连:东北财经大学出版社,2012.)

【知识要点提示】

一般进出口货物并不完全等同于一般贸易货物

一般贸易是国际贸易中的一种交易方式。在我国的对外贸易中,一般贸易是指中国境内有进出口经营权的企业单边进口或单边出口的贸易。按一般贸易交易方式进出口的货物即为一般贸易货物。一般进出口货物,是指按照海关一般进出口监管制度监管的进出口货物。一般贸易货物在进口时可以按一般进出口监管制度办理海关手续,这时它就是一般进出口货物；符合条件的，可以享受特定减免税优惠，按特定减免税监管制度办理海关手续，这时它就是特定减免税货物；经海关批准保税的，也可以按保税监管制度办理海关手续，这时它就是保税货物。

二、一般进出口货物的报关程序

一般进出口货物报关程序没有前期阶段和后续阶段，只有进出口阶段，由四个环节构成，即进出口申报、配合查验、缴纳税费、提取或装运货物。

(一)进出口申报

1. 申报的含义

申报是指进出口货物收发货人、受委托的报关企业，依照《海关法》及有关法律、行政法规的要求，在规定的期限、地点，采用电子数据报关单和纸质报关单形式，向海关报告实际进出口货物的情况，并接受海关审核的行为。

2. 申报的形式

根据《中华人民共和国海关进出口货物申报管理规定》，申报采用电子数据报关单申报形式和纸质报关单申报形式。电子数据报关单和纸质报关单均具有法律效力。

电子数据报关单申报形式是指进出口货物的收发货人、受委托的报关企业通过计算机系统按照《中华人民共和国海关进出口货物报关单填制规范》的要求向海关传送报关单电子数据并备齐随附单证的申报方式。

纸质报关单申报形式是指进出口货物的收发货人、受委托的报关企业，按照海关的规定填制纸质报关单，备齐随附单证，向海关当面递交的申报方式。

一般情况下，进出口货物的收发货人、受委托的报关企业应当以电子数据报关单形式向海关申报，与随附单证一并递交的纸质报关单的内容应当与电子数据报关单一致；特殊情况下经海关同意，允许先采用纸质报关单形式申报，电子数据事后补报，补报的电子数据应当与纸质报关单内容一致。在向未使用海关信息化管理系统作业的海关申报时，可以采用纸质报关单申报形式。

【相关链接】

电子通关系统

我国海关已经在进出境货物通关作业中全面使用计算机进行信息化管理，成功地开发运用了多个电子通关系统。

海关 H883/EDI 通关系统

H883/EDI 通关系统是中国海关报关自动化系统的简称,是我国海关利用计算机对进出口货物进行全面信息化管理,实现监管、征税、统计三大海关业务一体化管理的综合性信息利用项目。

海关 H2000 通关系统

H2000 通关系统是对 H883/EDI 通关系统的全面更新换代项目。H2000 通关系统在集中式数据库的基础上建立了全国统一的海关信息作业平台。

中国电子口岸系统

中国电子口岸系统又称口岸电子执法系统,简称电子口岸,是利用现代计算机信息技术,将与进出口贸易管理有关的政府机关分别管理的进出口业务信息电子底账数据集中存放在公共数据中心,为管理部门提供跨部门、跨行业联网数据核查,为企业提供网上办理各种进出口业务的国家信息系统。

电子口岸系统和 H2000 通关系统连接起来,构成了覆盖全国的进出口贸易服务和管理的信息网络系统。进出口企业在其办公室就可以上网向海关及其他有关国家管理机关办理与进出口贸易有关的各种手续,与进出口贸易有关的海关及其他有关国家管理机关也能在网上对进出口贸易进行有效管理。因此,电子通关系统不但提高了海关及相关管理部门管理的整体效能,而且使进出口企业真正享受到简化报关手续的便利。

3. 申报的地点

进口货物应当由收货人或其代理人在货物的进境地海关申报,出口货物应当由发货人或其代理人在货物的出境地海关申报。

【应用案例】

进口货物在进境地海关申报

济南某单位从俄罗斯陆运进口汽车一批,在满洲里海关报关后,火车经哈尔滨、北京运至济南。在该案例中,进口货物是由收货人或其代理人在货物的进境地海关即满洲里海关申报进口。

经收发货人申请,海关同意,进口货物的收货人或其代理人可以在设有海关的货物指运地申报,出口货物的发货人或其代理人可以在设有海关的货物起运地申报。

【应用案例】

进口货物在指运地海关申报

四川乐山市某医药研究所空运进口一批仪器,经首都机场转至成都机场,后在乐山海关报关。在该案例中,进口货物是由收货人或其代理人在货物的指运地海关即乐山海关申报进口。

以保税货物、特定减免税货物和暂准进境货物申报进境的货物，因故改变使用目的从而改变货物性质转为一般进口时，进口货物的收货人或其代理人应当在货物所在地的主管海关申报。

4. 申报的时间

1) 申报期限

进口货物的申报期限为自装载货物的运输工具申报进境之日起 14 日内(从运输工具申报进境之日的第二天开始算)。进口货物自装载货物的运输工具申报进境之日起超过 3 个月仍未向海关申报的，货物由海关提取并依法变卖。对属于不宜长期保存的货物，海关可以根据实际情况提前处理。

出口货物的申报期限为货物运抵海关监管区后、装货的 24 小时以前。

经电缆、管道或其他特殊方式进出境的货物，进出口货物收发货人或其代理人按照海关规定定期申报。

2) 申报日期

申报日期是指申报数据被海关接受的日期。

采用先电子数据报关单申报，后提交纸质报关单，或者仅以电子数据报关单方式申报的，申报日期为海关计算机系统接受申报数据时记录的日期。该日期将反馈给原数据发送单位，或公布于海关业务现场，或通过公共信息系统发布。电子数据报关单经过海关计算机检查被退回的，视为海关不接受申报，进出口货物收发货人或其代理人应当按照要求修改后重新申报，申报日期为海关接受重新申报的日期。海关已接受申报的报关单电子数据，送人工审核后，需要对部分内容进行修改的，进出口货物收发货人或其代理人应当按照海关规定进行修改并重新发送，申报日期仍为海关原接受申报的日期。

先纸质报关单申报，后补报电子数据，或只提供纸质报关单申报的，海关工作人员在报关单上作登记处理的日期，为海关接受申报的日期。

3) 滞报金

进口货物收货人超过规定期限向海关申报产生滞报的，由海关按规定征收滞报金。

滞报金的计算公式为

$$滞报金额=进口货物完税价格×0.5‰×滞报期间(滞报天数)$$

滞报金的征收，以自运输工具申报进境之日起第 15 日为起始日，以海关接受申报之日为截止日。滞报金按日计征。起始日和截止日均计入滞报期间。

【知识拓展】

进口货物收货人在向海关传送报关单电子数据申报后，未在规定期限或核准的期限内提交纸质报关单，海关按予以撤销电子数据报关单处理，进口货物收货人因此重新向海关申报产生滞报的，滞报金的征收，以自运输工具申报进境之日起第 15 日为起始日，以海关重新接受申报之日为截止日。

进口货物收货人申请并经海关依法审核，必须撤销原电子数据报关单重新申报，产生滞报的，经进口货物收货人申请并经海关审核同意，滞报金的征收，以撤销原电子数据报关单之日起第 15 日为起始日，以海关重新接受申报之日为截止日。

进口货物因收货人在运输工具申报进境之日起超过 3 个月未向海关申报，被海关提取作变卖处理后，收货人申请发还余款的，滞报金的征收，以自运输工具申报进境之日起第 15 日为起始日，以该 3 个月期限的最后一日为截止日。

【应用案例】

把好报关重新申报"时间关"

2006 年 2 月 28 日，宁波某公司向宁波海关申报进口了一批设备。宁波海关在审核单证时发现，该批货物商品项数申报有误，必须删单重报，于是随即通知企业。企业虽然也于当日在宁波海关办理了删单手续，但由于工作疏忽，直至 5 月 9 日企业才到宁波海关重新申报，由此导致该批货物滞报 50 多天，产生了 40 多万元的滞报金，企业为此懊悔不已。

《中华人民共和国海关征收进口货物滞报金办法》(海关总署令第 128 号)第六条规定，进口货物收货人申报并经海关依法审核，必须撤销原电子数据报关单重新申报的，经进口货物收货人申请并经海关审核同意，以撤销原报关单之日起第十五日为起征日。对此，宁波海关提醒企业，要把好报关单删单后重新申报"时间关"，切莫因此类细节问题带来不必要的经济损失。

(资料来源：段辉. 国际商报口岸周刊，2006-05-13(B6).)

滞报金的计征起始日如遇法定节假日，则顺延至其后第一个工作日。

以人民币"元"为计征单位，不足人民币 1 元的部分免予计收。

滞报金的起征点为人民币 50 元。

【应用案例】

超期未报需缴纳滞报金

西安某公司进口了一批价值 5000 美元的货物，由法国巴黎的戴高乐机场起运，2009 年 10 月 3 日至西安申报进境。该公司 10 月 24 日去西安海关申报，并在当日收到回执。请问该公司是否应该缴纳滞报金？如果需要缴纳，应缴纳多少？(美元汇率 1 美元=6.36 元人民

币，10月18日为周六)

解答：该公司应该缴纳滞报金。应缴纳滞报金=5000×6.36×0.5‰×5=79.5元人民币

(资料来源：王艳娜. 报关实务. 大连：东北财经大学出版社，2012.)

【相关链接】

滞报金的减免情形

有下列情形之一的，进口货物收货人可以向海关申请减免滞报金。

1. 政府主管部门有关贸易管理规定变更，要求收货人补充办理有关手续或者政府主管部门延迟签发许可证件，导致进口货物产生滞报的。

2. 产生滞报的进口货物属于政府间或国际组织无偿援助和捐赠用于救灾、社会公益福利等方面的进口物资或其他特殊货物的。

3. 因不可抗力导致收货人无法在规定期限内申报，从而产生滞报的。

4. 因海关及相关执法部门工作原因致使收货人无法在规定期限内申报，从而产生滞报的。

5. 其他特殊情况经海关批准的。

有下列情形之一的，海关不予征收滞报金。

1. 收货人在运输工具申报进境之日起超过3个月未向海关申报，进口货物被依法变卖处理，余款按《海关法》第三十条规定上缴国库的。

2. 进口货物收货人在申报期限内，根据《海关法》的有关规定向海关提供担保，并在担保期限内办理有关进口手续的。

3. 进口货物收货人申报并经海关依法审核，必须撤销原电子数据报关单重新申报，因删单重报产生滞报的。

4. 进口货物经海关批准直接退运的。

5. 进口货物应征收滞报金金额不满人民币50元的。

5. 申报的程序

1) 准备申报单证

申报单证可以分为报关单和随附单证两大类。

报关单是由报关员按照海关规定格式填制的申报单，是指进出口货物报关单或者带有进出口货物报关单性质的单证，比如特殊监管区域进出境备案清单、进出口货物集中申报清单、ATA单证册、过境货物报关单、快件报关单等。

随附单证又可分为基本单证和特殊单证两大类。

基本单证是指进出口货物的货运单据和商业单据，主要有进口提货单据、出口装货单据、商业发票、装箱单等。

特殊单证主要有进出口许可证件、加工贸易电子化手册和电子账册、特定减免税证明、

原产地证明书、贸易合同等。

进出口货物收发货人或其代理人应向报关员提供基本单证、特殊单证，报关员审核这些单证后据以填制报关单。

准备申报单证的原则是：基本单证、特殊单证必须齐全、有效、合法，填制报关单必须真实、准确、完整，报关单与随附单证数据必须一致。

准备申报单证是报关员开始进行申报工作的第一步，也是整个报关工作能否顺利进行的关键一步。

【相关链接】

海关对"无证进出口"的处理

根据我国《海关行政处罚实施条例》第十四条的规定，进出口货物收发货人在向海关申报时不能提交许可证件，即构成"无证进出口"。

根据有关规定，"无证进出口"当事人在此情况下有以下三种处理方式可供选择。

1. 积极争取补办有关许可证件，以使货物顺利通关。事实上，有些许可证件还是存在很大补办可能的，如自动许可证明，当事人提出申请并说明理由，有关主管部门通常会核发此类证件。当事人补来许可证件的，海关将在依法办结有关手续后放行货物。

2. 如果无法补办有关许可证件，当事人亦可向海关申请退运无证货物，海关将依据有关规定对当事人的退运申请进行审查，符合条件的，准予退运。

3. 对于既无法补办许可证件也不便或不能退运的货物，当事人亦可声明放弃(选择此种方式的当事人对有关货物须享有所有权)。在此情况下，海关可比照《海关法》第三十条第四款的规定对有关货物进行处理：依法提取变卖，所得价款在扣除运输、装卸、储存等费用后上缴国库。

(资料来源：http://www.hgzc.net.cn/index.php?ac=show&classid=7&id=390，2014-03-17.)

2) 申报前看货取样

进口货物的收货人，向海关申报前，因确定货物的品名、规格、型号、归类等原因，可以向海关提出查看货物或者提取货样的书面申请。海关审核同意的，派员到场实际监管。

查看货物或提取货样时，海关开具取样记录和取样清单；提取货样的货物涉及动植物及产品以及其他须依法提供检疫证明的，应当按照国家的有关法律规定，在取得主管部门签发的书面批准证明后提取。提取货样后，到场监管的海关关员与进口货物的收货人在取样记录和取样清单上签字确认。

3) 申报

进出口货物收发货人或其代理人可以选择终端申报方式、委托 EDI 方式、自行 EDI 方式、网上申报方式 4 种电子申报方式中适用的一种，将报关单内容录入海关电子计算机系统，生成电子数据报关单。

进出口货物收发货人或其代理人在委托录入或自行录入报关单数据的计算机上接收到海关发送的接受申报信息，即表示电子申报成功；接收到海关发送的不接受申报信息后，则应当根据信息提示修改报关单内容后重新申报。

海关审结电子数据报关单后，进出口货物收发货人或其代理人应当自接到海关"现场交单"或"放行交单"信息之日起10日内，持打印的纸质报关单，备齐规定的随附单证并签名盖章，到货物所在地海关提交书面单证，办理相关海关手续。

4) 补充申报

补充申报是指进出口货物的收发货人、受委托的报关企业依照海关有关行政法规和规章的要求，在《中华人民共和国海关进(出)口货物报关单》之外采用补充申报单的形式，向海关进一步申报为确定货物完税价格、商品归类、原产地等所需信息的行为。

有下列情形的，收发货人、报关企业应当向海关进行补充申报。

(1) 海关对申报货物的价格、商品编码等内容进行审核时，为确定申报内容的完整性和准确性，要求进行补充申报的；海关对申报货物的原产地进行审核时，为确定货物原产地的准确性，要求收发货人提交原产地证书，并进行补充申报的。

(2) 海关对已放行货物的价格、商品编码和原产地等内容进行进一步核实时，要求进行补充申报的。

收发货人、报关企业可以主动向海关进行补充申报，并在递交报关单时一并提交补充申报单。

补充申报的申报单包括"中华人民共和国海关进出口货物价格补充申报单"、"中华人民共和国海关进出口货物商品归类补充申报单"、"中华人民共和国海关进出口货物原产地补充申报单"，以及海关行政法规和规章规定的其他补充申报单证。

收发货人、报关企业应按要求如实、完整地填写补充申报单，并对补充申报内容的真实性、准确性承担相应的法律责任。补充申报的内容是对报关单申报内容的有效补充，不得与报关单填报的内容相抵触。

海关在对进出口货物申报时的价格、商品编码、原产地等内容审核的过程中，要求收发货人、报关企业进行补充申报的，可通过补充申报管理系统(以下简称系统)发送电子指令通知收发货人、报关企业向海关申报电子数据补充申报单。

收发货人、报关企业应当在收到海关补充申报电子指令之日起 5 个工作日内，通过系统向海关申报电子数据补充申报单。法律、行政法规和海关规章另有规定的除外。

电子数据补充申报单经海关审核通过后，收发货人、报关企业应当打印纸质补充申报单(一式两份)签名盖章后递交现场海关。适用通关作业无纸化通关方式申报的补充申报单，无须递交纸质补充申报单。

电子数据补充申报单的修改、撤销等比照报关单的有关管理规定办理。

收发货人、报关企业在规定时限内未能按要求进行补充申报的，海关可根据已掌握的信息，按照有关规定确定货物的完税价格、商品编码和原产地。

5) 修改申报内容或撤销申报

海关接受进出口货物申报后，电子数据和纸质的进出口货物报关单不得修改或者撤销。确有正当理由的，经海关审核批准，可以修改或撤销。

进出口货物收发货人或其代理人确有如下正当理由的，可以向原接受申报的海关申请修改或者撤销进出口货物报关单。

(1) 由于报关人员操作或书写失误造成所申报的报关单内容有误，并且未发现有走私违规或者其他违法嫌疑的。

(2) 出口货物放行后，由于装运、配载等原因造成原申报货物部分或全部退关、变更运输工具的。

(3) 进出口货物在装载、运输、存储过程中因溢短装，不可抗力的灭失、短损等原因造成原申报数据与实际货物不符的。

(4) 根据贸易惯例先行采用暂时价格成交，实际结算时按商检品质认定或国际市场实际价格付款方式需要修改申报内容的。

(5) 由于计算机、网络系统等方面的原因导致电子数据申报错误的。

(6) 其他特殊情况经海关核准同意的。

【知识要点提示】

> 海关已经决定布控、查验的以及涉案的进出口货物的报关单在办结前不得修改或者撤销。

进出口货物收发货人或其代理人申请修改或者撤销进出口货物报关单的，应当向海关提交"进出口货物报关单修改/撤销申请表"，并相应提交可以证明进出口实际情况的合同、发票、装箱单等相关单证，外汇管理、国税、检验检疫、银行等有关部门出具的相关单证，应税货物的海关专用缴款书、用于办理收付汇和出口退税的进出口货物报关单证明联等海关出具的相关单证。

海关发现进出口货物报关单需要进行修改或者撤销，但进出口货物收发货人或其代理人未提出申请的，海关应当通知进出口货物的收发货人或其代理人。进出口货物收发货人或者其代理人应当填写"进出口货物报关单修改/撤销确认书"，并对进出口货物报关单修改或者撤销的内容进行确认，然后由海关对进出口货物报关单进行修改或者撤销。

因修改或者撤销进出口货物报关单导致需要变更、补办进出口许可证件的，进出口货物收发货人或其代理人应当向海关提交相应的进出口许可证件。

6. 通关作业无纸化

为进一步改进海关监管和服务，海关总署决定在全面推开分类通关改革的基础上，自 2012 年 8 月 1 日起在全国海关试点开展通关作业无纸化改革工作。

目前，在北京、天津、上海、南京、杭州、宁波、福州、青岛、广州、深圳、拱北、黄埔等海关关区全部业务现场和所有业务及上述 12 个海关以外的其余 30 个海关的一些业务现场和部分业务开展试点。

1) 含义

通关作业无纸化是指海关以企业分类管理和风险分析为基础，按照风险等级对进出口货物实施分类，运用信息化技术改变海关验核进出口企业递交纸质报关单及随附单证办理通关手续的做法，直接对企业通过中国电子口岸录入申报的报关单及随附单证的电子数据进行无纸审核、验放处理的通关作业方式。2013 年内，将"属地申报，口岸验放"通关模式下的报关单纳入通关作业无纸化改革试点范围。

2) 适用范围

通关作业无纸化适用范围：AA 类、A 类、B 类的进出口企业和报关企业。

涉及许可证件但未实现许可证件电子数据联网核查的进出口货物暂不适用"通关作业无纸化"作业方式。

3) 程序

(1) 企业经报关所在地直属海关审核同意，在与报关所在地直属海关、第三方认证机构(中国电子口岸数据中心)签订电子数据应用协议后，可在该海关范围内适用"通关作业无纸化"通关方式。

(2) 经海关审核准予适用"通关作业无纸化"通关方式的进出口企业需要委托报关企业代理报关的，应当委托经海关审核准予适用"通关作业无纸化"通关方式的报关企业。

(3) 经海关批准的试点企业可以自行选择有纸或无纸作业方式。选择无纸作业方式的企业在货物申报时，应在电子口岸录入端选择"通关无纸化"方式。

(4) 对于经海关批准且选择"通关作业无纸化"方式申报的经营单位管理类别为 AA 类企业或 A 类生产型企业的，申报时可不向海关发送随附单证电子数据，通关过程中根据海关要求及时提供，海关放行之日起 10 日内由企业向海关提交，经海关批准符合企业存单(单证暂存)条件的可由企业保管。

对于经海关批准且选择"通关作业无纸化"方式申报的经营单位管理类别为 A 类非生产型企业或 B 类企业的，应在货物申报时向海关同时发送报关单和随附单证电子数据。

【应用案例】

北京海关无纸化通关再攻下一城

2013年5月13日,中国海关进出口舱单管理系统在首都机场海关全面上线。上线至今,共有70余家航空公司,300余个航班切换至该海关仓单管理系统,76家企业在该系统进行了备案。北京海关物流监控处副处长曹利强表示,新仓单系统使有条件使用系统终端的大中型企业可以"坐在家中"报关,不仅大大缩短了通关时间、节约了通关成本,更在实现全无纸化通关的目标路径上再攻下一城。

据介绍,新舱单系统是实现航空运输企业和货运代理企业向海关传输其载运货物和物品情况的平台。系统的全面上线,使海关舱单管理的工作重点从简单的单货审核转变为对现代国际物流信息的全过程监控。

曹利强表示,新舱单系统的全面上线,丰富了舱单管理数据,实现了电子信息的提前传输。

曹利强称,对于海关来说,运输工具、舱单、监管场所、查验"四位一体"的物流监控体系可以保证查验工作在货物流动初期即可介入,将风险目标提前锁定,以舱单为源头的海关风险管理模式初步建立,规范了企业舱单传输过程和环节,严控了海关实际监管,为进出口企业提供更大便利。

同时,曹利强认为,对于企业来说,该系统的实施缩短了货物滞港时间,节省了收货人的物流成本,省掉了之前的录入单据,提高了口岸通关效率。

对此,北京纵坐标国际物流有限公司货运部经理马利深有体会。作为一家中型货代公司,他表示,目前公司北京通关的货物几乎完全实现了终端自录入,无须再去专业的信息中心进行实地输入,每批货物通关时间平均缩短了至少一天。这对公司而言,意味着人力、物力成本的降低;对客户而言,则意味着可能因通关时间的缩短在市场上抢占商机。

另据曹利强透露,海关总署为全国海关定下了2013年全年实现无纸化通关率50%的基本目标,各地海关都纷纷在政策措施上下功夫力求保额甚至超额完成。新仓单系统在北京海关的全面上线,无疑为实现50%无纸化通关基本目标奠定了极好的基础。

目前,全国范围内,进出口舱单管理系统正在北京、厦门等少数地方海关进行试点。

(资料来源:北京海关网.)

北京海关通关新政　进口报关时间减半

"报关员不用往返企业与海关之间,在公司就能申报通关,一分钟不到,海关就把放行的电子回执反馈回来了。"中国图书进出口总公司物流部经理孟燕盯着电脑,收到放行回执后,她立刻打电话通知人员直接去仓库提货。去年,北京海关实施通关新政,大大提升了通关效率,"原来仅打印单证到海关窗口排队等审核,最少就得一小时"。

2012 年，北京海关试点的无纸化通关作业已覆盖至全部业务现场。目前，北京进口报关平均通关时间为 23.5 小时，部分低风险、无单证的进口货品无纸化通关甚至进入"读秒时代"。而此前，北京进口报关平均通关时间要两天以上。

(资料来源：北京海关网.)

企业通关迈入"E"时代

企业不需要办理纸质单证报关手续，直接通过电子报关，既省时间又省钱。昨天上午，"直通车"接访开进深圳海关，深圳海关副关长陈振冲会同 8 位企业代表及市民，就"通关单电子放行"、企业的海关信用等级、个人物品申报等政策与问题进行了交流和沟通。

实行通关单电子放行。在活动中记者了解到，今年，深圳海关与深圳出入境检验检疫局共同推进了"出境法定检验检疫货物通关单电子放行"改革试点项目，并于 8 月 18 日，以中兴、华为两家公司为试点企业，正式启动该项目，企业通关正式迈入"E"时代。

海关介绍，"通关单电子放行"是指海关、检验检疫部门在通关单电子数据联网核查的基础上，深圳检验检疫部门对检验检疫合格的试点企业出境法定检验检疫货物实行无纸报检，不再出具纸质通关单；深圳海关对试点企业出口货物实行"单证暂存"或"事后交单"的无纸报关，凭经通关单联网核查数据比对正常的通关单电子数据办理出境货物报关手续。

"企业无须申领、交验通关单；纳入试点范围的出口货物不用缴纳通关单签证费"，深圳海关负责人介绍，"通关单电子放行"模式简化了企业手续办理，降低了企业成本，同时缩短了企业出口业务通关作业周期。

将增加试点企业数量。那么该如何成为试点企业呢？面对来访企业的疑惑，深圳海关负责人解释，试点企业主要是从现有的海关"事后交单"、"单证暂存"企业以及国检高资信企业里甄选出来，"前期试点的中兴、华为就符合这一资质"。下一阶段，深圳海关还将进一步增加试点企业数量，让更多的企业享受便利。

(资料来源：广州日报，2011-11-17(A22).)

上海海关无纸化通关实现"优、快、准"

近日来，上海浦江海关驻航交所出口报关大厅，一如往日的繁忙，但却秩序井然。报关员小刘先从电子排队叫号机上取了个号，然后就安心地坐在一边等候，轮到了会有语音叫号，同时窗口电子屏也会提醒，那时他就可以到指定窗口办理业务了。

自上海海关于去年年底率先在全国实施通关无纸化改革试点以来，报关员们为争抢时间而拥挤在海关窗口的场面已大为改观。而在海关工作区域，装报关单的篮筐也由过去的五种颜色简化为蓝、绿两色，简单明了也易于操作。所有这些，只是改革给人的第一直观印象。

对于这一改革的切身体会，美蓓亚精密机电有限公司的一位工作人员显得颇为感慨：

"如今我们只要通过计算机系统就可以足不出户完成报关，短短几秒钟就能收到海关的放行回执，凭电子回执可直接办理提发货手续。"他所说的"足不出户报关"，其实指的就是这次改革的一大亮点——"无纸通关、企业单证暂存"通关作业模式。

据了解，适用这种模式的试点企业由海关系统自动完成通关审核、验放手续，同时可以自行保存纸质报关单证而无须交到海关。由于报关不用来回跑，单证也无须交到海关，简化的通关手续让企业同时享受到提高通关速度和降低通关成本的双重好处。这种新的通关作业模式还能较好地适应原料配件零库存、生产成品负库存等新的贸易方式和物流运作模式的需要。

"无纸通关、企业单证暂存模式主要面向诚信守法企业，根据守法便利原则，只有高资信的企业才能享受，目前试点的企业也仅有37家。"上海海关监管通关处张亚平处长说，"不过随着改革试点的进一步深入，越来越多的高资信企业会享受到这项VIP服务。"

对于绝大多数普通进出口企业而言，海关的通关无纸化改革带给它们的最大实惠莫过于通关速度的明显提升。记者从上海航联报关、上海优佛物流等公司了解到，以前每次报关一般要花上几个小时，繁忙时段甚至要耗费半天时间，如今基本1个小时就可以搞定，货物在港口停留时间更短，企业通关成本更低，自然更满意了。

上海浦江海关黄尧根关长对此的解释是："按照以前的审单作业模式，我们的关员需要逐票审核报关单，低风险货物也不例外，这就影响了通关速度，特别是低风险单证的流转速度。改革试点后，只有10%左右的单证需要人工逐票重点审核，近四成的单证可以由关员作快速审核，而约一半的低风险单证可由计算机自动放行，低风险单证的平均作业速度和流转速度提升1倍，每票单证作业时间缩短至7~8分钟，单证流转时间缩短为1小时。"

(资料来源：东方网，2008-04-11.)

(二)配合查验

1. 海关查验

1) 查验含义

海关查验是指海关为确定进出口货物收发货人向海关申报的内容是否与进出口货物的真实情况相符，或者为确定商品的归类、价格、原产地等，依法对进出口货物进行实际核查的执法行为。

【应用案例】

海关查验环节发现的一些虚假申报

某公司2005年以来进口的手机锂电池按照手机锂电池芯归入税号8507.8020.10，享受9%的暂定税率。后经海关核实其属于完整的锂电池，应归入8507.8020.90(税率12%)。

另一家公司多次申报进口硫化橡胶 O 形圈。原产地日本，申报税号为 4061.9310(暂定税率 5%)。后经海关布控查验，货物是汽车减震器上使用的密封圈，应归入税号 4016.9390(税率 15%)。

(资料来源：张炳达，顾涛.进出口货物报关实务.上海：立信会计出版社，2012.)

黄埔海关查获集装箱内价值 70 万元走私烟

黄埔海关属下的新港海关日前查获一起利用集装箱隐蔽走私香烟大案，在一个申报出口的大型集装箱里查获包括国产中华、云烟、红塔山等 15 种品牌的香烟 12787 条，价值超过 70 万元人民币。

据了解，4 月 6 日，深圳一贸易公司向黄埔新港海关申报出口电脑机箱，并于次日将满载货物的集装箱运至港口。海关在对货物进行查验时发现，集装箱货柜里所有货物的外包装均为尺寸规格一致、排列整齐的纸箱，箱体外层装的是申报出口的电脑机箱，但箱体内层装的竟然全是走私香烟。

办案人员介绍，走私分子为躲避海关检查，将集装箱里的电脑机箱和走私香烟间隔堆放，以平衡该货柜的透视密度，企图模糊 X 光的图像辨认，没想到最终还是未逃过海关 H986 大型集装箱监管系统的火眼金睛。

(资料来源：信息时报，2004-04-10.)

2) 查验地点

查验应当在海关监管区内实施。

因货物易受温度、静电、粉尘等自然因素影响，不宜在海关监管区内实施查验，或者因其他特殊原因，需要在海关监管区外查验的，经进出口货物收发货人或其代理人书面申请，海关可以派员到海关监管区外实施查验。

【应用案例】

海关上门服务 为企业提供通关便捷

为了进一步践行党的群众路线教育实践活动，广州海关下属佛山海关驻高明办事处采取积极措施，主动服务高明企业，为企业提供"上门服务"助力便捷通关。

日前，佛山海关驻高明办事处收到来自本田金属技术(佛山)有限公司进口一台大型生产设备的申报。然而，该企业表示如果按平时通关流程，该设备须在海关监管码头进行卸柜、开柜查验后再装柜，等到运抵厂区后再卸柜，很可能对设备造成损耗，且影响设备安装效率。

考虑到该票货物过于沉重、庞大，且木箱包装开启后难于再次包装运输，为便利企业让货物快速进场安装调试，高明办事处决定派出两名查验关员到厂提供"上门服务"。

2014 年 3 月 24 日下午，两名上门服务的查验关员看到眼前的庞然大物吃了一惊。这台申报价值近两亿日元的卧式冷室压铸机整整装了 39 个木箱，木箱最小的也有一辆轿车大小，最大的箱体拆卸时甚至不得不用到升降梯。两名关员仔细对照发货前的货物照片，确定型号铭牌位置，对该货物开始进行开箱查验。在确认向海关申报单货相符后，这批设备终于顺利卸货并安置进厂房，整个查验过程仅用了半个小时。

"这次'上门验放'不仅帮助我们节省了通关时间，还提高了设备装卸过程中的安全系数。" 本田金属技术(佛山)有限公司的相关负责人卓月新表示，"佛山海关驻高明办事处的服务越来越贴心了。"

据介绍，高明办事处近来主动为广大守法企业提供优质的进出口通关服务，以服务高明区外向型经济发展，对海关高信誉管理级别的企业，通过"上门验放"等形式为企业提供通关便利。

(资料来源: 中国海关总署网.)

3) 查验时间

海关在对进出口货物实施查验前，应当通知进出口货物收发货人或者其代理人到场。

当海关决定查验时，即将查验的决定以书面通知的形式通知进出口货物收发货人或其代理人，并约定具体的查验时间。查验时间一般是在海关正常工作时间内。

在一些进出口业务繁忙的口岸，海关也可接受进出口货物收发货人或其代理人的请求，在海关正常工作时间以外实施查验。

对于危险品或者鲜活、易腐、易烂、易失效、易变质等不宜长期保存的货物，以及因其他特殊情况需要紧急验放的货物，经进出口货物收发货人或其代理人申请，海关可以优先实施查验。

【应用案例】

"龙虾跑得比人快"

2011 年 1 月 26 日晚 9 时，首都机场货场，刚刚从澳大利亚运抵的龙虾正在装车，准备送往京深海鲜市场，而这时离它们下飞机只相隔一小时。"一个小时的时间，同班机的旅客也许还没走出机场呢，这样算起来这些龙虾'跑'得比人都快"，首都机场海关相关负责人杨大运笑着说。

"把这箱和最下面的那箱打开。"首都机场海关官员一手拿着报关单，一手指着成堆的白色塑料箱有条不紊地开箱查验。"龙虾，对，拿出几个看看。"当海关官员伸手拎出一只龙虾时，原本好像正在打盹的龙虾开始挣扎起来。"好了，封箱吧，可以装车运走了。"等在旁边的京深海鲜市场商户李先生，马上将停在旁边的货车开了过来。从开箱检验，到龙虾上车，整个通关过程不到 20 分钟。

"这样的鲜活货物，我们都是实行'应急通关'的政策，24小时随到随通"，杨大运告诉记者。据杨大运介绍，每批鲜活货物下机之后，为了尽可能地缩短通关时间，海关官员都会与货主一起在货场查验通关，并直接让货主第一时间将货物运走，而余下的通关手续只需货主去海关柜台补办就可以了。"对于这些货物，真的是时间就是生命，早一分钟，货主就可能减少一分损失，到了百姓餐桌上也能更'生猛'一分。"杨大运说。

（资料来源：北京海关网.）

日本海豚飞抵北京 享受特殊通关服务

2009年12月15日凌晨三时的首都机场，来自日本的5只瓶鼻海豚一下飞机就立即被装上几辆特制的箱式大货车，驶向北京海洋馆。这5只海豚都是2至3岁的幼豚，三雄两雌，主要用于配种。

近日，一批特别的客人——北京海洋馆从日本采购的5只瓶鼻海豚来到北京，刚到机场就享受到"特别服务"迅速通关。

据北京海关有关负责人介绍，企业在进口鲜活类物资时往往选择深夜或凌晨降落的货运包机。为保证鲜活物资能够在运抵后第一时间通关，北京海关专门开发了"清单验放管理系统"。从今年9月1日到12月14日，北京海关已经通过"清单验放"方式办理鲜活物资通关共2879票，货值4800万美元，总重2700吨，有效解决了鲜活物资的通关时效问题。

（资料来源：北京海关网.）

4）查验方法

海关实施查验可以彻底查验，也可以抽查。彻底查验是指对一票货物逐件开拆包装，验核货物实际状况；抽查是指按照一定比例有选择地对一票货物中的部分货物验核实际状况。

按照操作方式，查验可以分为人工查验和机检查验。

人工查验包括外形查验、开箱查验。外形查验是指对外部特征直观、易于判断基本属性的货物的包装、唛头和外观等状况进行验核；开箱查验是指将货物从集装箱、货柜车厢等箱体中取出并拆除外包装后对货物实际状况进行验核。

机检查验，是指以技术检查设备为主，对货物实际状况进行验核。

海关可以根据货物情况及实际执法需要，确定具体的查验方式。

【应用案例】

战冰斗雪保通关

"原本以为我们的货可能因为大雪耽搁了，"2014年2月13日，杭州众意纸业有限公司外贸部经理朱江敏看着堆放在仓库里的货物感慨地说，"幸好湖州海关的同志赶在昨天下雪前帮我们办完了通关手续,否则这么大的雪一下,这些等着急需的原料就接不上了。"

2月12日下午两点多,在湖州海关监控查验科副科长黄江的电脑上跳出来最新的查验信息:"杭州众意纸业有限公司的42个标箱货物等待查验"。

"天气预报明天有雪,路上一冻,车子可就开不动了。"湖州海关监控查验科副科长黄江说,"箱子很多,我们争取赶在下雪前把货物都放行掉。"说话间,他拿起单证,带领查验关员们走向监管场地,剪锁、开箱、核对……在凛冽的寒风中,他们穿梭在冰冷的集装箱之间,天空中已然飘起的雪花没能阻挡他们的脚步。

同样在杭州海关驻富阳办事处口岸监管点,一辆辆大型集装箱卡车顺畅地进出卡口,海关关员们正忙碌地穿梭于查验平台和集装箱之间。

为了让企业能够把春节期间积压在港口的货物尽快地运送到工厂,恢复正常生产,富阳办事处启动了"极端天气应急通关通道"。在大雪纷飞的监管场地上,海关查验关员抱着厚厚的报关单和海关监管运输车辆登记本往返于卡口及查验平台,核对车辆信息,查验监管货物。

"这批货正好赶在春节期间到港,早一天通关验放货物,就能节约一大笔滞箱滞港费用,真是太感谢海关的同志了。"浙江众意纸业有限公司采购部主任朱江敏显得有些激动。

据统计,2月12日当天,富阳办事处共监管了集装箱逾250个,查验集装箱90余个。

(资料来源:中国海关总署网.)

宁波海关查验关员全年无休把国门

春节长假过后,上班族们又恢复了规律的上班作息,节后工作相对比较轻松。但在宁波海关隶属北仑海关,查验场地依然一片繁忙景象。

"国外春节不放假,国内工厂依然需要如期出货,春节期间虽然我们安排了两天的大通关加班,但年后还是有一次出货'小高潮',为此,我们集中安排人力确保通关顺畅便捷。"宁波海关查验中心副主任李进军说。

2012年2月6日,笔者冒雨走进了北仑港二期码头,体验了一次"海关查验之旅"。

刚到9时,查验报关大厅里已经挤满了办事人员。在前台的接单窗口,等待接单的报关员已排起了一条长龙,接单关员手里的报关单证厚厚一叠。"现在每天白班的单证大约有130~150票,开通了两个接单窗口,一个早上我们就得全部接单、派单完毕。"接单关员刘笑远说。直到11:10分,接单关员才停下了手头的工作,其间,一口水都没有喝过。

而在查验堆场,面积达2万平方米的空旷场地上已经满满当当地排满了等待查验的集装箱。

"这是景德镇的瓷器,很容易破损,倒箱时务必注意搬运方式,轻拿轻放。""这毛毯倒箱后一定要放在大棚底下,这下雨天货物一淋湿损失就严重了,注意保持货物洁净整齐。"当日带班科长张清一边巡查倒箱情况,一边叮嘱着场地装卸人员。每一天,带班科组长都会轮流进行白班、晚班的场地巡查，确保查验工作顺利开展。

查验堆场仓库里，查验关员朱狄正对着满集装箱的假冒国际品牌货物，仔细查看品牌、清点数量。"别看这么一个集装箱，里面竟然藏了 20 多个假冒国际知名品牌，光是点数量、分品牌，4 个工人就要清点一个星期。"朱狄这样告诉笔者。在现场，笔者看到了"路易威登"的皮包，"鳄鱼"、"法拉利"、"宝格利"的手表，"香奈儿"、"古奇"的丝巾等各种国际奢侈品，满满当当地铺在场地仓库里。

夜幕渐渐降临，但查验关员的晚班才刚刚拉开序幕。

与此同时，无论是港区、码头，还是查验堆场，依然灯火通明，亮如白昼，工作人员各司其职，繁忙依旧，吊车、铲车正加足马力不停地周转着。海关查验关员仍然在忙碌地进行开箱、清点、核查。一旦查验无误，堆场立即可以进行装箱作业，各项环节紧凑有序地进行着。"晚班主要查验当班船期的出口货物，查验完后当晚就能装船。如果不加班，留到第二天查验的话就只能等下一个船期。"晚班查验关员陈诚说。"晚班带来的便捷和效率难以言喻，企业可以随时安排出货，不会受到船期等客观条件的制约，海关晚班查验给我们吃了一颗定心丸。"宁波东南物流有限公司报关员汤林峰由衷称赞。

随着宁波港吞吐量的不断攀升，每日往来船只数以万计，如何维持口岸正常通关秩序，净化口岸进出口环境，这与北仑海关 150 余位海关关员全年无休的辛勤工作密不可分。在打击侵权、严密把关的同时，北仑海关努力提升服务水平，2009 年 1 月，在全省率先推出"365 天两班制查验"作业模式，查验时间均由原来的每天 9 时至 16 时延长至 22 时。

"新模式下海关实行了 365 天无假日作业，让企业在节假日期间照常能享受和平时一样的服务，不仅为企业节省了物流成本，更缩短了进出口贸易循环的周期，全面提升了进出口企业的竞争实力。"宁波海关查验中心副主任李进军如此介绍。

除了推行 365 无假日作业，宁波海关还不断向科技要效率，积极推行非侵入式机检查验，在原有两台大型集装箱检测系统的基础上，新安装了 PB6000 机检系统，PB6000 是目前全国海关系统领先的科技军。

"3 年前，我们只有一台 H986 大型机检系统，查验主要是依靠人工查验，近几年我们加大了检验查验力度，新增两台机检设备，与人工查验进行互补，提高了查验效率和查获率。"李进军副主任自豪地说。

随着口岸的发展，海关查验员的查验量也在逐年增多，顺势而为推出 365 日全年无休作业，查验两班倒机制，最大限度地维持了口岸正常通关秩序，确保通关顺畅。

现在，无论是周末节假日还是凌晨，只要企业有需求，这些查验关员就会在第一时间到达堆场，进行查验放行。宁波口岸的通关效率在这些查验员的努力下明显的提速。以往，一个集装箱的工作时间往往是半个或一个工作日才能完成，现在只需要两个小时。

面对宁波口岸迅猛发展的良好势头，经常连上五个"白加黑"的查验关员也毫无怨言。"我们是基石，基础打好了，才能造高楼大厦。"这是他们的肺腑之言。

（资料来源：中国海关总署网.）

【相关链接】

海关查验的现代化改革

据资料统计，对一个集装箱进行人工掏箱检查，一般货物需要3~4个小时，特殊货物需要1~2天，检查费用约700元。而使用威视股份的检查系统(同方威视)，一般货物只需3~5分钟，检查费用约170元，那些人工检查极不方便的货物，如贵重物品、密封货物等，也难逃检查系统的火眼金睛。1998年年初，威视股份迈出了第一步。他们研制生产的固定式集装箱检查系统通过产品审定，使我国成为继德、法、美之后第四个掌握集装箱检查系统生产技术的国家。设备主要以直线加速器为辐射源，射线穿透集装箱，箱内的货物在显示屏上形成高清晰度图像。检查人员就可一览无余。

这一设备的使用，对加强海关监管和提高通关速度无疑是具有重大意义的。在固定式系统推出不到10个月的时间里，威视股份又拿出了世界上第一台以直线加速器为辐射源的车载移动式集装箱检查系统。《深圳特区报》曾在一篇报道中说，日本一家企业经过多方考察后，将价值10亿美元的索尼游戏机的加工订单，投向深圳市一家企业。原因是深圳通关环境良好，海关利用高科技检查货物无须开箱，无损产品，令人放心。报道中提到"大鹏海关近年启用的H986装箱检查系统平均每3分钟可以完成一个集装箱的检查"。科技通关大大缩短了进出口货物在港口停留的时间。

(资料来源：张炳达，顾涛.进出口货物报关实务.上海：立信会计出版社，2012.)

北京海关缉毒犬首次登机查毒

2009年1月7日下午3点，穿戴整齐的"维特"和"泰格"登上T3航站楼一架来自阿联酋的飞机机舱内，埋头忙起自己的工作。它们俩都是拉布拉多缉毒犬，这是中国缉毒犬首次登机检查。

据介绍，近年来北京空港口岸人体藏毒和行李夹层藏毒案件明显增多，但一直以来缉毒犬只是在旅客通关大厅进行毒品查验，使携毒人员在躲开缉毒犬查验上有了可乘之机。为此，北京海关启动训练缉毒犬直接登机检查，将缉毒战线前移到机舱内。

北京海关透露，缉毒犬在登机前要先全身洗澡，防止在机舱内留下异味，还要穿戴专门的鞋套，避免破坏机舱内的设施。为不影响航班正常运转，缉毒犬从登机到检查完毕，不会超过10分钟。

据悉，缉毒犬前天首次登机检查亮相是海关、边检和民航等口岸各部门的协调作业，一旦缉毒犬在飞机上发现毒品线索，各相关单位将在第一时间联动协作，以最快的速度进行布控查缉，以抓捕贩毒分子。

(资料来源：北京海关网.)

接单莫贸然　报关要慎重

接单时没有考虑客户的要求是否符合国家法律、法规，报关时产品归类"张冠李戴"。最近，有不少企业在这方面吃了不少亏。海关提醒——接单莫贸然，报关要慎重。

受金融危机影响，一些外向型企业受到了较大冲击。最近，宁波海关工作人员发现，不少企业接单很贸然，没有仔细鉴别客户的要求是否符合国家法律、法规；还有一些企业出口报关时产品归类"张冠李戴"，以致吃了不少亏。

订单中存有风险

宁波海关近日查获了一批"儿童玩具"，其中 3092 支包装精美的"塑料玩具枪"里有 2106 支经公安部门鉴定属于仿真枪，为国家禁止出口货物。申报企业负责人表示，这批货物是按照客户订货要求制造和采购的，他们本以为是普通玩具而已，不知道这些"玩具枪"是禁止出口的仿真枪。"不仅仅是禁止出口，即使在国内制造流通也不行，我国法律早在 1996 年就明确规定禁止制造和销售仿真枪，构成犯罪的还将依法追究刑事责任。"查验关员告诉记者。

其实，订单中存有风险，生产企业必须仔细鉴别以免给自己造成重大的损失。

上个月，某贸易有限公司根据客户委托，订制了一批水烟具出口。实际上该批水烟具在外观上涉嫌侵犯一种"水烟壶"实用新型专利权。生产厂家在不知情的情况下，将该批货物当作正常货物向海关申报出口，结果被宁波海关查获。

义乌一家公司根据越南客户要求，制作了一批棉吊床和套装。今年 6 月，海关查验时发现，该批纺织品上印有"二战"纳粹徽章图案。根据《中华人民共和国海关进出境印刷品及音像制品监管办法》有关规定，该批货物属于禁止进出境货物。

报关时"张冠李戴"

7 月 30 日，某进出口贸易有限公司向宁波海关申报出口一批空调配件，查验的关员发现该批货物实际为铜制三通，结构类似 T 形，连接出水用。当时货主解释这批货物的功能为连接空调出水所用，因为考虑到跟空调相关，就申报为空调配件。实际该批铜制三通并无专用性，不能归入空调配件。类似的情况还有将通用的螺丝、螺帽报成汽车配件等。

报关时"张冠李戴"，如是主观意愿的，毫无疑问将被处罚。如不是出于主观意愿且情节轻微的，海关也要责令改单，这样就会延误出口时间。另外，不同的出口商品有不同的退税率，报关"张冠李戴"，就会使企业享受不到应该享受的出口退税率。

宁波海关提醒

针对上述问题，宁波海关提醒企业在进行外贸接洽时一定要多长一个"心眼"，在接单、生产的时候不能太匆忙，事前可查询"知识产权海关保护备案申请管理系统"。在报关时，要十分慎重，应根据相关规定，实事求是地申报货物品名，如遇辨别困难，应当及时向当地海关或公安部门咨询。

（资料来源：中国海关总署网.）

5) 复验

有下列情形之一的，海关可以对已查验货物进行复验。

(1) 经初次查验未能查明货物的真实属性，需要对已查验货物的某些性状作进一步确认的。

(2) 货物涉嫌走私违规，需要重新查验的。

(3) 进出口货物收发货人对海关查验结论有异议，提出复验要求并经海关同意的。

(4) 其他海关认为必要的情形。

已经参加过查验的查验人员不得参加对同一票货物的复验。

6) 径行开验

有下列情形之一的，海关可以在进出口货物收发货人或者其代理人不在场的情况下，对进出口货物进行径行开验：① 进出口货物有违法嫌疑的；② 经海关通知查验，进出口货物收发货人或者其代理人届时未到场的。

海关径行开验时，存放货物的海关监管场所经营人、运输工具负责人应当到场协助，并在查验记录上签名确认。

【应用案例】

海关径行查验

河北某进出口公司向日本出口的糖水白桃罐头，委托蓝天货运公司在天津新港海关代为报关。天津新港海关对商品规格产生疑问，于是径行查验。进入货物存放仓库后，要求负责保管该批货物的工作人员随同，并在查验完毕后要求其在查验记录中签字。

(资料来源：王志明，等. 报关综合实务. 第二版. 大连：东北财经大学出版社，2011.)

某企业向当地海关申报进口一批烤面包机，货物已运抵海关监管区内的仓库。海关根据情报，在没有通知该企业的情况下，由仓库人员陪同对这批货物进行了查验，发现该批货物是高档音响器材。该企业以海关查验时报关员不在场为由，拒绝承认查验结果。最终，当地海关对其进行了处罚。

(资料来源：百度文库网.)

2. 配合查验

海关查验货物时，进出口货物收发货人或其代理人应当到场，配合海关查验。具体包括以下内容。

(1) 负责按照海关要求搬移货物，开拆和重封货物的包装。

(2) 如实回答查验人员的询问以及提供必要的资料。

(3) 协助海关提取需要作进一步检验、化验或鉴定的货样，收取海关出具的取样清单。

(4) 查验结束后，应当对查验人员所如实填写并签名的查验记录进行签名确认。拒不签名的，查验人员应当在查验记录中予以注明，并由货物所在监管场所的经营人签名证明。

【应用案例】

不配合海关查验而被行政处罚

2006 年 4 月 11 日，A 公司委托 B 报关公司向某海关以一般贸易方式申报进口一批仪器设备，价值人民币 80 万元。某海关在审单过程中认为该公司进口货物申报税号可能有误，遂决定布控，要求对货物进行彻底查验。A 公司向海关提出，称因工厂急需该批设备，申请海关允许其将货物提回工厂后，海关在工厂内查验。该海关经审核同意了该公司的申请。

2006 年 4 月 13 日，该关两名关员在 B 报关公司报关员吴某的陪同下到 A 公司厂房内对货物实施查验，要求 A 公司逐件打开货物外包装，根据布控详细比对申报项目与实际货物情况。A 公司法定代表人李某不能理解海关关员逐件验货的方式，数次试图阻止关员查验货物，经人劝说后离开了查验现场。在查验过程中，由于 A 公司工人在卸货时操作不当，致使一个木箱从高处坠落，箱内仪器被损坏。李某闻讯后赶到现场，唆使工人将放置货物的集装箱箱门关闭并上锁，致使海关关员不能对其余货物进行查验。在说服教育无效的情况下，海关关员制作了现场查验记录，详细说明查验过程中发生的情况，要求在场的报关员吴某签字确认，并对集装箱施加海关封志后离开 A 公司。2006 年 5 月 11 日，某海关向 A 公司制发行政处罚告知单，拟适用《海关行政处罚实施条例》第二十二条第(九)项"不按照规定接受海关对进出境运输工具、货物、物品进行检查、查验的"对其予以警告，并处罚款人民币 3000 元。A 公司就此向海关进行了陈述与申辩，该关进行了复核。2006 年 5 月 18 日，某海关制发行政处罚决定书，决定对 A 公司予以警告，并处罚款人民币 3000 元。

A 公司不服某海关的行政处罚决定，于 2006 年 6 月 1 日向该关上一级海关申请行政复议，并提出因海关查验造成其货物损坏，要求海关予以赔偿 30 000 元。复议机关经审查认为，A 公司阻挠海关对其进口货物进行查验，违反了《海关法》的有关规定，情节较为恶劣，依法应予处罚。某海关做出的行政处罚决定认定事实清楚、量罚适当、程序合法。至于 A 公司认为海关查验致使货物损坏并要求赔偿，复议机关认为，该公司工人在开拆、搬运货物过程中操作不当致使货物损坏，有关损失不应由海关承担。因此，复议机关做出行政复议决定，维持某海关的行政处罚决定，驳回 A 公司的赔偿申请。

(资料来源：谷儒堂，白凤川. 报关基础. 北京：中国海关出版社，2011.)

3. 货物损坏赔偿

因进出口货物所具有的特殊属性，容易因开启、搬运不当等原因导致货物损毁，需要海关查验人员在查验过程中予以特别注意的，进出口货物收发货人或其代理人应当在海关实施查验前声明。

海关在依法查验进出境货物、物品时，损坏被查验的货物、物品的，应当赔偿当事人的实际损失。海关赔偿的范围仅限于在实施查验过程中，由于查验人员的责任造成被查验货物损坏的直接经济损失。直接经济损失的金额根据被损坏货物及其部件的受损程度确定，或者根据修理费确定。

【应用案例】

海关应该承担部分赔偿责任

2008年6月，江西WH贸易公司对进口的一批液晶显示屏向海关申报，海关予以开箱查验。查验过程中，海关工作人员与WH贸易公司人员共同失手摔坏了一个液晶显示屏。为此，海关工作人员应当承担部分赔偿责任。

(资料来源：中国海关总署网.)

有下列情形之一的，海关不承担赔偿责任。

(1) 进出口货物的收发货人或其代理人搬移、开拆、重封包装或保管不善造成的损失。

(2) 易腐、易失效货物在海关正常工作程序所需时间内(含扣留或代管期间)所发生的变质或失效。

(3) 海关正常查验时产生的不可避免的磨损。

(4) 在海关查验之前已发生的损坏和海关查验之后发生的损坏。

(5) 由于不可抗力的原因造成货物的损坏、损失。

(6) 进出口货物的收发货人或其代理人在海关查验时对货物是否受损坏未提出异议，事后发现货物有损坏的。

【应用案例】

海关不应承担赔偿责任

海关查验完一批贵重的器皿，交给发货人或其代理人时，有关发货人或其代理人未发现货物有损坏，后来又发现了货损且证实是海关造成的，发货人要求海关负责赔偿。很显然，根据海关不承担赔偿责任的情形规定，该海关不应承担赔偿责任，因为发货人或其代理人没有在查验现场提出。

(三)缴纳税费

经过申报、查验环节后，海关核对计算机计算的税费，开具税款缴款书和收费票据。进出口货物收发货人或其代理人在规定时间内，持缴款书或收费票据向指定银行办理税费交付手续或通过网上向指定银行进行电子支付税费。

(四)提取或装运货物

海关在接受进出口货物的申报、审核电子数据报关单和纸质报关单及随附单证、查验货物、征免税费或接受担保以后，就可以对进出口货物做出结束海关进出境现场监管决定并放行货物，一般由海关在进口货物提货凭证或者出口货物装货凭证上加盖海关放行章。进出口货物收发货人或其代理人签收进口提货凭证或者出口装货凭证，凭以提取进口货物或将出口货物装上运输工具离境。

在实行"无纸通关"申报方式的海关，海关做出现场放行决定时，通过计算机将海关决定放行的信息发送给进出口货物收发货人或其代理人和海关监管货物保管人。进出口货物收发货人或其代理人从计算机上自行打印海关通知放行的凭证，凭以提取进口货物或将出口货物装上运输工具离境。

【相关链接】

向科技要红利 黄埔海关海陆一体智能化通关模式大幅提高通关效率

"报关员再也不用跟车到海关了，"增城市丰鼎五金塑胶制品有限公司报关经理廖先生轻松地对笔者说道："按照传统通关模式，报关员必须跟车到海关。自从海关推行海陆一体智能化通关模式，司机在卡口扫一下载货清单，无须查验的话，即可离场，人力资源成本大大降低。"

廖先生所说的海陆一体智能化通关模式，正是黄埔海关为提高通关效率推出的新型通关监管模式。该模式有两大特点：一是"智能化"，主要是运用"车检场智能化通关监管系统"，通过信息化、自动化技术和风险管理手段，自动采集、自动比对、自动处理报关数据、转关数据及物流数据，自动生成验放指令并自动放行车辆及货物；二是"海陆一体"，通过参数配置，解决车检场"智能化通关监管系统"与海运通关作业系统不能兼容的问题，实现智能化车场与海运码头通关作业的一体化。

海陆一体智能化通关模式适应了增城经济技术开发区迅猛发展的需要，将海关现场实际作业时间相比之前提前了 1~1.5 个小时，极大降低了企业物流成本。截至 2013 年 12 月 31 日，新塘海关通过该模式监管车辆 27 408 辆，船舶 853 艘，监管车辆数同比上升 16.7%，91.1% 的车辆在 30 分钟内完成通关手续，科技创新给海关和企业都带来了实实在在的红利。

(资料来源：中国海关总署网.)

海关个性化服务，企业得到实惠和便利

"货物不用拆拆装装，我们这回节省了几万元"。2005 年 8 月 20 日，北京海关来到河北定兴县为希比利汽车出口上门验放一批出口汽车，避免了由于货物装拆而引起的损失，企业老总向记者发出这样的感言。在以往上门报关检验的时候，反复的拆装经常引起货物

损坏并浪费资金,随着北京海关上门服务的增多,许多企业都得到了这样的实惠和便利。

昨天记者跟随北京海关来到货物验放地,在这里,海关车站办事处监管科关员对这批汽车底盘和零件进行现场验放。这批 1500 套的汽车三类底盘及汽车零件出口俄罗斯,合同总金额为 800 万美金,全部通过丰台口岸分批发运。由于此类物品价值、质量、工艺水平较高,规格形态各异,重量大,不利于多次装卸。8 月 18 日该公司向海关提出申请在工厂装箱。昨天下午,北京海关丰台口岸官员上门对全部货物顺利验货通关,保护了出口企业货品质量并为企业节省了运输及拆卸费。

2006 年 11 月的一天,一张报关单送到了北京海关朝阳口岸关员的手中,北京奔驰-戴姆勒克莱斯勒汽车有限公司向海关申报进口一批价值 350 万美元,总重达 46 吨的成套散件,公司急等这批零件上线装配。北京海关立即启动紧急验放程序,派专人连夜到企业实行上门验放,为企业节省了大量的通关滞留时间,保证生产线的正常运转。

北京奔驰-戴姆勒克莱斯勒汽车有限公司是北京现代制造业的重点企业,2004 年 11 月至 2006 年 10 月,公司在北京朝阳口岸办理进口汽车零件货物总计 1776 标箱,缴纳关税、增值税总计人民币 14 亿元;进口减免税设备价值 8000 万美元。公司负责进出口业务的工作人员告诉记者,"公司进口货运量大、物流运作时间紧、汽车零件报关项目多归类复杂,一开始面对这么多的手续和环节,经常感到一筹莫展,常常是由于不了解海关规定,导致拖延了通关时间,耽误了企业的正常生产"。

北京海关朝阳办事处的负责人告诉记者,新的经济贸易秩序对海关监管提出了更高的要求,海关不仅要严格监管,更要针对企业物流运作的特点,有针对性地为企业提供个性化服务,量身打造有特色的监管模式。

北京海关了解到这些问题后,针对企业特点,在通关及物流监控等方面与企业进行深入沟通,帮助他们及时了解相关政策、法律、法规,规范通关行为。同时在具体的申报、查验、放行等监管环节对企业采取了多项便捷措施,同时实行 24 小时不间断服务,节假日加班办理通关手续,还专门制定了应急通关预案,企业的通关效率大大提高。

在申报环节,进口的汽车零件项目多名称复杂,归类容易引发争议,如果归类错误将会影响关税的税率及相应的监管,在实际验放环节也将出现问题,造成货物不能及时放行。北京海关与企业形成密切沟通机制,在企业要上新车型时,主动上门对进口商品进行预归类,不仅提高了企业的通关速度,同时也避免了查验环节的归类争议。

在查验环节,针对汽车零件复杂、设备包装拆卸困难等特点,海关对企业 80% 的货物实行上门验放。非重点查验的货物可将货物由天津港口直提工厂,大大降低了运输成本,缩短的物流时间,一年直接为企业带来近百万元的效益。同时北京海关充分利用 H986 等先进的集装箱检查设备,提高机检率降低人工查验率,非侵入式查验减少开箱提高了企业的通关效率。

在放行环节,海关与企业建立互信机制,对北京奔驰汽车有限公司采用信用放行、先放后税。企业先行提货,在海关规定的期限内补办相关手续即可。此举有效地缩短了企业的到货时间。同时按海关要求，企业承诺对海关信用放行的货物进行自查，定期上交自查报告，保证海关监管的及时有效。

(资料来源：北京海关网.)

(五)申请签发相关证明联(书)

进出口货物收发货人或其代理人，办理完提取进口货物或装运出口货物的手续以后，如果需要海关签发有关货物的报关单证明联或办理其他证明手续的，均可向海关提出申请。

1. 申请签发报关单证明联

常见的报关单证明联主要有：进口付汇证明联、出口收汇证明联和出口退税证明联。

1) 进口付汇证明联

对需要在银行或国家外汇管理部门办理进口付汇核销的进口货物，进口货物的收货人或其代理人应当向海关申请签发进口货物报关单付汇证明联。海关经审核，对符合条件的，即在进口货物报关单付汇证明联上签章。同时，通过电子口岸执法系统向银行和国家外汇管理部门发送证明联电子数据。

2) 出口收汇证明联

对需要在银行或国家外汇管理部门办理出口收汇核销的出口货物，出口货物的发货人或其代理人应当向海关申请签发出口货物报关单收汇证明联。海关经审核，对符合条件的，即在出口货物报关单收汇证明联上签章。同时，通过电子口岸执法系统向银行和国家外汇管理部门发送证明联电子数据。

3) 出口退税证明联

对需要在国家税务机构办理出口退税的出口货物，出口货物的发货人或其代理人应当向海关申请签发出口货物报关单退税证明联。海关经审核，对符合条件的，即在出口货物报关单退税证明联上签章。同时，通过电子口岸执法系统向国家税务机构发送证明联电子数据。

【相关链接】

上海2人涉嫌骗取出口退税3000余万元被判无期

2009年10月22日电 上海市第一中级人民法院22日对一起骗取出口退税案件做出一审判决，被告人李炜和章扬侃均犯虚开增值税专用发票罪、骗取出口退税罪，分别被判处无期徒刑。此前，两人利用虚假"出口"所谓高科技软件的方式，骗取出口退税达3400余万元。

法院审理查明，2004年8月，李炜在香港注册星顺公司。2005年2月，以李炜妻子刘晔为法定代表人的竹川公司在上海注册成立。

与此同时，李炜找到一名软件工程师，委托其开发一个软件。李炜提出的要求相当特别，这个软件必须能申请软件著作权，且能通过软件测试，而且开发时间要快，但是软件的具体功能、类型全都不论。2005年8月，李炜取得了名为"竹川票据打印软件V1.0"的软件，这款软件事实上无法装入硬件板卡。同年10月，李炜取得了软件的著作权，并由此开始得以享受增值税超过3%部分即征即返的优惠政策。

此后，竹川公司以单价4.3万元到5.6万元的价格，"销售"4200余套软件给章扬侃的维珍公司，销售金额高达1.93亿余元。在子虚乌有的业务往来同时，竹川开给维珍公司增值税发票。

接下来，章扬侃在深圳电子产品市场的摊位购得100余块板卡，假称这些普通板卡带有"竹川票据打印软件V1.0"软件，这样即可以享受国家全额退税。章扬侃通过两家进出口贸易公司将板卡出口到在香港的星顺公司。此后，李、章两人分工配合，李炜在上海发货，章扬侃在香港收货，再将板卡带回深圳并快递至上海，如此循环"出口"。由于竹川公司、维珍公司有悖常理的转账方式，引起了相关部门的注意。经过侦查，李炜等人骗取国家高额退税款的行径浮出水面。在此期间，李炜妻子刘晔逃往境外，李炜、章扬侃到案。

法院审理后认为，李炜、章扬侃在没有真实交易的情况下，共同利用国家的出口退税政策与对软件行业的税收优惠政策骗取国家税款，虚开增值税专用发票税额3400余万元，在此基础上骗取出口退税款3400余万元，给国家税款造成特别重大的损失，其行为均已构成虚开增值税专用发票罪与骗取出口退税罪。法院由此做出一审判决。

(资料来源：新华网.)

2. 申请签发进口货物证明书

对进口汽车、摩托车，进口货物的收货人或其代理人应当向海关申请签发进口货物证明书，进口货物收货人凭以向国家交通管理部门办理汽车、摩托车的牌照申领手续。海关放行汽车、摩托车后，签发进口货物证明书。同时，将"进口货物证明书"上的内容通过计算机发送给海关总署，再传输给国家交通管理部门。其他进口货物如需申领"进口货物证明书"，收货人或其代理人也可向海关提出申请。

【应用案例】

行政审批下放助汽车通关进入"秒时代"

黄埔新沙口岸作为华南地区最大整车进口口岸，近年来该关以汽车"货物进口证明书"(以下简称《证明书》)管理和签发工作为抓手，不断优化整车进口通关环境，助推整车进口快速通关，使得新沙口岸进口汽车通关效率居全国进口汽车前列。2013年，签发证明书27.1万份，整车进口27万辆，占当年全国汽车进口总量的22.7%。

宝马(中国)汽车贸易有限公司是黄埔海关隶属新沙海关最大的整车进口商，企业表示，目前新沙海关在优化行政审批后，单票数据录入时间由原来的 16 秒缩短至 4 秒，汽车联系单签发时间缩短一半以上，给企业带来了极大的便利。新沙海关介绍说，别看只有 12 秒，通关节约的分秒对海关和企业来说都是效益。

据介绍，汽车证明书签发由黄埔海关总关下放到新沙海关现场办理，避免企业须往返于现场海关和总关两地办理申领汽车"货物进口证明书"各个环节的手续，缩短了汽车进口通关周期，加快了汽车通关速度；新沙海关采取优先报关、预审价、预归类、网上支付等一系列的便捷通关措施，与码头口岸单位之间建立起海关、商检、码头"一站式"的工作机制，实行"无缝隙、零等待"的服务理念；然后运用科技手段提升进口汽车通关效率，在全国率先将 RFID、"二维码"技术嵌入汽车通关作业中；海关与检验检疫部门密切配合，实行"一次申报，一次查验，一次放行"的"三个一"通关模式，到岸前可受理报关、纳税、报检，车到及时实施查验、检测，检测合格即可放行。

(资料来源：中国海关总署网.)

三、分类通关报关作业程序

为进一步优化海关监管和服务，提高通关效率，在出口货物分类通关改革试点的基础上，在全国海关进一步深化分类通关改革工作。出口货物分类通关改革扩大到全国海关开展；进口货物分类通关改革在北京、天津、大连、上海、南京、杭州、宁波、福州、厦门、青岛、广州、深圳、拱北、黄埔、江门海关开展试点。

(一)分类通关的含义与适用范围

分类通关是指海关以企业资信状况为基础，综合商品、物流等各类要素，按照风险高低对进出口货物实施分类通关作业。

与以往通关模式相比，"分类通关"是对低风险货物的报关单证由计算机快速审核，而对高风险货物的报关单证则由海关实施重点审核和查验。海关通关作业方式由"纸面人工为主、逐票审核"向"电子自动为主、重点审核"转变。

所有通过海关通关作业系统(H2000)报关的进出口货物均适用分类通关。

(二)分类通关的海关管理

对诚信守法企业的进出口货物，海关快速放行。

纸质报关单证有"现场交单"和"事后交单"两种方式供企业自主选择。

"现场交单"，即企业按照《中华人民共和国海关进出口货物申报管理规定》(海关总署令第 103 号)的要求，在货物放行前向海关递交纸质报关单证。

"事后交单"，即经海关审核准予适用"事后交单"通关方式的企业采取"无纸报关"

方式录入报关单向海关申报，经海关核准放行后，报关人在规定期限内向海关递交纸质报关单证。

涉及许可证件的进出口货物不适用"事后交单"通关方式。

试点海关范围内 A 类及以上的进出口企业和代理报关企业，可以向注册地海关申请适用"事后交单"通关方式。

经海关审核准予适用"事后交单"通关方式的进出口企业需要委托报关企业代理报关的，应当委托经海关审核准予适用"事后交单"通关方式的报关企业。

A 类及以上企业经注册地海关同意，并与海关、电子口岸签订协议书后，可在全国试点海关范围内适用"事后交单"通关方式。

适用"事后交单"通关方式的企业应当自货物放行之日起 10 日内到海关办理交单验核等相关手续。

(三)分类通关的作业方式

根据通关作业风险分析系统识别的风险高低的不同风险判别结果，海关业务现场采取三种作业方式对所有进出口货物实施差别化管理。

1. 低风险快速放行

对 AA 类企业申报的货物，或经海关 H2000 系统风险分析或海关专业审单确定为低风险的货物(包括特殊监管区域和保税监管场所货物)，不涉及许可证件和税费的，或仅涉及通关单并且通关单联网比对正常的，计算机系统完成电子审核后，自动放行。对纸质报关单证，由申报人根据条件在"现场交单"、"事后交单"和"企业暂存"三种方式中自主选择。"事后交单"和"企业暂存"基于企业是 A 类以上且已与海关签约，企业在申报时自主选择无纸方式，海关计算机系统判别后，会根据企业的类型，发回执告知企业单证处置的方式。其中，"企业暂存"又分为"企业自存"和"报关企业集中代存"两种。

2. 低风险单证审核

对经海关 H2000 系统风险分析或专业审单确定为低风险，但涉及许可证件管理或征收税费要求的货物，申报人现场递交纸质单证。根据风险提示审核纸质报关单及随附单证信息，现场海关按照许可证件管理及税收征管等管理要求，对相关许可证件进行批注，或打印税款凭证后交企业办理缴纳税费手续，实施审核、验放一体化的快速作业。

3. 高风险重点审核

对经海关 H2000 系统风险分析或专业审单确定为高风险的货物(包括预定式／预警式布控、专业审单布控、随机布控等)，现场海关在受理企业递交的此类单证时，会根据海关作业系统提示的"高风险重点审核"信息,对单证进行全面、细致审核,实施严格管理,对审核有疑问的,立即进行查验布控。

(四)分类通关的报关作业流程

1. 向海关申报电子数据

根据海关核准的情况自主选择"有纸报关"或"事后交单"(录入界面为"无纸报关")的通关方式申报。

对于企业申报的涉及许可证件管理、征税、减免税的进口货物及适用"担保验放"的货物按"有纸报关"录入。

对于 A 类及以上企业经注册地海关核准,并与海关、电子口岸签订协议书的及适用"自行暂存"报关单或"集中代存"报关单的货物按"事后交单"("无纸报关")录入。

企业可通过电子口岸联网报关系统录入报关单数据,必要时还应录入海关要求的其他单据数据,经审核确认后正式向海关申报。

2. 根据海关系统风险提示办理差别式通关手续

(1) 对"低风险快速放行"报关单,在海关 H2000 系统自动完成海关接单和放行操作,业务现场直接签章放行后,报关单位提取或装运货物。

(2) 对"低风险单证审核"报关单,在海关现场关员审核报关单及其随附证件是否相符、齐全、有效,审核计税要素,完成接单审核、征收税费及放行的作业过程中,报关单位须对应做出缴纳税费、提取或装运货物的行为。

(3) 对"高风险"报关单,在海关现场关员根据系统提示的重点审核内容对报关单进行审核,对审核无误的,完成接单审核、征收税费等作业;而对审核有疑问的,实施布控查验的作业过程中,报关单位须对应做出缴纳税费、配合查验、提取或装运货物的行为。

海关根据系统风险提示办理差别式通关手续过程中,待完成报关单放行作业后,海关 H2000 系统向港区等监管场所发送海关放行信息。

【应用案例】

北京海关各口岸全面实施分类通关 进出口货物平均通关速度提高三分之一

北京海关从 2011 年 6 月 29 日起实行分类通关,经近 1 个月试运行,提高诚信企业和无证(许可证)无税货物通关效率超过 30%,并决定从 8 月 1 日起在北京全关区实行。

"分类通关实施这段时间以来,我们企业现在 70%到 80%的业务通关速度都提高了,这对我们生产运营太重要了。"新时代国际运输服务有限公司副总经理王维胜说。记者日前从北京海关了解到,截至今年 7 月底,北京海关主要业务现场已经全部实施分类通关改革,进出口货物的通关效率得到大幅提高。

与以往的通关模式相比，分类通关是在风险甄别的前提下对低风险货物的报关单证由计算机快速审核，而对高风险货物的报关单证则由海关实施重点审核和查验，海关通关作业方式由"纸面人工为主、逐票审核"向"电子自动为主、重点审核"转变。

据了解，使用分类通关模式的报关单中的大部分是低风险报关单，这部分报关单是由计算机系统自动审单、放行的。在传统通关模式下，海关对每一票进出口货物需要进行 48 项到 50 多项审核，平均需用时 10～15 分钟，而分类通关则对诚信低风险企业和低风险货物报关由计算机系统快速审核，轻点鼠标用时仅 8 秒。

数据显示，2011 年上半年，北京海关进出口分类通关报关单 391 147 份，占同期北京关区进出口报关单的 53.4%。其中，"低风险快速放行"报关单 259 285 份，"低风险单证审核"报关单 93 328 份，"高风险重点审核"报关单 38 534 份。采用分类通关方式后，北京口岸进出口货物的平均通关速度提高了三分之一。

(资料来源：北京海关网.)

【相关链接】

海关出口风险分类监管在全国推开

2009 年起，海关总署在全国海关开展以风险管理为核心的出口分类通关改革试点。即在风险分类的基础上，海关通关管理系统(H2000)根据是否涉税、涉证，将报关单划分为高风险重点审核、低风险单证审核和低风险快速放行三类通关作业模式。对诚信守法企业的报关单和其他经风险分析判别为低风险的报关单(货物)，由计算机快速验放，提高通关效率；对走私违法等诚信度低企业的报关单和其他经分析判别为高风险的报关单(货物)，实施重点审核和查验。

随着全球经济一体化进程的加快和我国开放型经济的发展，海关监管、征税、打私、统计等传统职能不断加重，反恐、贸易安全、环境保护、知识产权保护等非传统职能快速拓展。而海关队伍加上缉私警察也不过只有 5 万人，因而面临着有限的行政管理资源和快速增长的业务量的突出矛盾。

如何做到既管得住，又不影响通关速度，找准这一矛盾的平衡点成了关键。而最早起源于保险行业的风险管理理念，给了海关以启迪。

2009 年 7 月，海关总署在北京、天津等 15 个海关对出口的海运和空运货物试点分类通关。这些海关出口报关单量占全国出口报关单量的 96.5%。一年多来，从 15 个试点海关反映和相关评估情况来看，达到了"优化监管质量、提高通关效率、整合资源配置、缓解关员压力"的改革预期目标。

据统计数据显示，在风险分析的基础上，这些海关 83% 的出口报关单适用了低风险模式通关，实现了低风险货物的快速放行。从三种通关模式比较来看，低风险模式的整体通关速度比"高风险重点审核"模式快 33.3%。

实施分类通关后，出口货物的风险得到明显区分，海关监管效能明显提高。2009 年 7月至 12 月，试点海关数据对比显示，高风险模式中的潜在风险是低风险模式中潜在风险的4.6 倍。今年上半年，改革效果继续扩大，试点海关高风险模式中的潜在风险是低风险模式中潜在风险的 5.28 倍。这种差异，不仅实际验证了不同模式中潜在风险的高低，而且反映出海关风险防范把重点放在高风险模式上，实际监管更加有效。

此外，分类通关改革后，海关对人力资源进行了重新配置，把节省的人力充实到通关一线，监管的针对性和有效性进一步提高。据统计，开展分类通关的海关把近四分之三的查验力量集中在高风险货物上，高风险货物的查验比例是低风险货物的 12 倍。今年上半年，82.33%的低风险货物享受到通关便利，而超过 7 成的查验资源集中配置在对高风险货物进行重点监管上。

今年上半年，高资信企业(AA 类和 A 类)通过低风险模式放行的货物比率为 87.5%。上述数据反映，守法经营的出口企业，更多地享受到了分类通关的便利，体现了海关管理中"守法便利、违法惩戒"的原则，不断引导企业珍惜企业资信，守法经营，努力营造和净化执法环境。同时，通关效率的提高，缩短了守法企业出口货物在港口的滞留时间，物流成本进一步降低，得到了进出口企业、行业协会的充分肯定。15 个试点海关所在地政府也多次对分类通关改革给予了高度评价。

(资料来源：法制网.)

本 章 小 结

海关监管货物，是指自进境起到办结海关手续止的进口货物，自向海关申报起到出境止的出口货物，以及自进境起到出境止的过境、转运、通运货物等应当接受海关监管的货物。

根据货物进出境目的的不同，海关监管货物可以分为：一般进出口货物，保税货物，特定减免税货物，暂准进出境货物，过境、转运、通运货物，其他进出境货物。

报关程序，是指进出口货物收发货人、物品所有人、运输工具负责人或其代理人按照海关的规定，办理货物、物品、运输工具进出境及相关海关事务的手续和步骤。

进出口货物报关程序按时间先后可以分为三个阶段：前期阶段、进出口阶段、后续阶段。其中，前期阶段是指进出口货物收发货人或其代理人在货物进出口之前，向海关办理备案手续的过程。进出口阶段是指进出口货物收发货人或其代理人在货物进出境时，向海关办理进出口申报、配合查验、缴纳税费、提取或装运货物手续的过程。后续阶段是指进出口货物收发货人或其代理人在货物进出境储存、加工、装配、使用、维修后，向海关办理上述进出口货物核销、销案、申请解除监管等手续的过程。

一般进出口货物是指在进口环节缴纳了应征的进口税费并办结了所有必要的海关进口手续,海关放行后不再进行监管,直接进入生产和消费领域流通的进口货物以及在出口环节缴纳了应征的出口税费并办结了所有必要的海关出口手续,海关放行后离境的出口货物。

一般进出口货物报关程序包括:进出口申报、配合查验、缴纳税费、提取或装运货物。

进出口货物收发货人或其代理人应在规定的期限、地点,采用电子数据报关单和纸质报关单形式,向海关报告实际进出口货物的情况。

海关查验是指海关为确定进出口货物收发货人向海关申报的内容是否与进出口货物的真实情况相符,或者为确定商品的归类、价格、原产地等,依法对进出口货物进行实际核查的执法行为。

进出口货物收发货人或其代理人应在规定时间内,持缴款书或收费票据向指定银行办理税费交付手续或通过网上向指定银行进行电子支付税费。

海关在接受进出口货物的申报、审核电子数据报关单和纸质报关单及随附单证、查验货物、征免税费或接受担保以后,就可以对进出口货物做出结束海关进出境现场监管决定并放行货物。

分类通关是指海关以企业资信状况为基础,综合商品、物流等各类要素,按照风险高低对进出口货物实施分类通关作业。

根据通关作业风险分析系统识别的风险高低的不同风险判别结果,海关业务现场采取三种作业方式对所有进出口货物实施差别化管理:低风险快速放行、低风险单证审核、高风险重点审核。

自 测 题

一、单项选择题

1. 进口货物的收货人向海关申报的时限是( )。
   A. 自运输工具申报进境之日起 7 日内　　B. 自运输工具申报进境之日起 14 日内
   C. 自运输工具申报进境之日起 16 日内　　D. 自运输工具申报进境之日起 20 日内

2. 对进口货物收货人或其代理人未在规定的期限内向海关申报的,由海关自到期的次日起,至报关单位向海关申办货物进口手续之日止,按日征收进口货物到岸价格( )的滞报金。
   A. 0.5%　　　　　B. 1%　　　　　C. 0.5‰　　　　　D. 1‰

3. 下列不属于超期未报货物的是( )。
   A. 在海关批准的延长期限内办结海关手续的溢卸、误卸货物

B. 超过规定期限 3 个月未向海关办理复运出境或者其他海关手续的暂准进境货物

C. 超过规定期限 3 个月未运输出境的过境、转运和通运货物

D. 超过规定期限 3 个月未向海关办理复运出境或者其他海关手续的保税货物

4. 某公司 CIF 广州 USD500 000.00 进口一批货物，装载货物的船舶于 2006 年 4 月 26 日(星期五)申报进境，该公司于 5 月 16 日向海关申报，该公司需向海关缴纳的滞报金应是 (   )美元。

    A. 850.00   B. 1050.00   C. 1500.00   D. 1800.00

5. 天津某外贸公司从新加坡进口一批鲜活类货物通关时，因涉嫌走私被海关扣留，在此期间货物发生变质，对此损失应以下列(   )方式处理?

    A. 货物损失是在海关正常工作程序所需时间内发生，海关不予赔偿

    B. 货物变质与海关扣留货物有关，故该损失全部由海关承担

    C. 因货物变质与收货人或其代理人涉嫌走私有关，故该损失由双方各承担 50%

    D. 如果构成走私，损失由收货人或其代理人自负；未构成走私，损失由海关负责赔偿

二、多项选择题

1. 下列关于进出口货物申报期限的表述正确的是(   )。

    A. 进口货物的收货人应当自货物进境之日起 14 日内向海关申报

    B. 进口货物的收货人应当自装载货物的运输工具申报进境之日起 14 日内向海关申报

    C. 出口货物的发货人除海关特准的外，应当在货物运抵海关监管区后、装货的 24 小时以前向海关申报

    D. 出口货物的发货人除海关特准的外，应当在货物运抵海关监管区装货后的 24 小时以前向海关申报

2. 进出口货物申报后确有正当理由的，经海关同意方可修改或撤销申报。下列表述中属于正当理由的是(   )。

    A. 由于计算机技术方面的原因而导致的电子数据错误

    B. 海关在办理出口货物的放行手续后，由于装运、配载原因造成原申报货物部分或全部退关的

    C. 因海关审价、归类认定后需对申报数据进行修改的

    D. 发送单位或申报单位有关人员在操作或书写上的失误，造成非涉及国家贸易管制政策、税收及海关统计指标内容错误的

3. 关于申报地点，以下表述正确的是(   )。

    A. 进口货物应当在进境地海关申报

    B. 出口货物应当在出境地海关申报

C. 保税货物转为一般进口时应当在货物原进境地海关申报

D. 经收货人申请，海关同意，进口货物可以在设有海关的指运地申报

4. 以下关于海关查验的表述正确的是(　　)。

A. 进出口货物收发货人对海关查验结论有异议，可以向海关提出复验要求

B. 已经参加过查验的查验人员应当参加对同一票货物的复验

C. 经海关通知查验，进出口货物收发货人或者代理人届时未到场的，海关可以径行开验

D. 进出口货物的收发货人或其代理人在海关查验时，对货物是否受损坏未提出异议，事后发现货物有损坏的，海关不负赔偿的责任

5. 下列属于现场海关已经放行但尚未结关的进境货物是(　　)。

A. 无代价抵偿货物　　　　　　B. 保税加工货物

C. 特定减免税货物　　　　　　D. 暂准进境货物

三、判断题

1. 对于经电缆、管道等方式输送进出口的货物，如水、原油、电力、天然气等，应该由经营人按主管海关的要求，定期向海关申报。 (　　)

2. 申报、配合查验、缴纳税款、提取或者装运货物、核销、销案是进出口货物报关的基本环节。 (　　)

3. 一般进出口货物也称为一般贸易货物，是指在进出境环节缴纳了应征的进出口税费并办结了所有必要的海关手续，海关放行后不再进行监管，可以直接进入生产和流通领域的进出口货物。 (　　)

4. 电子数据报关单与纸质报关单有同等的法律效力。 (　　)

5. 电子数据报关单被海关退回的，进出口货物收发货人或其代理人应当按照要求修改后重新申报，申报日期为海关接受重新申报的日期。 (　　)

第五章　海关监管货物及其报关程序(中)

【学习要点及目标】

通过本章的学习，了解保税加工(物流)货物的含义、特性和报关的基本程序，掌握保税加工(物流)货物报关的要求以及海关监管的要点。

【核心概念】

保税加工货物　保税物流货物　银行保证金台账　异地加工贸易　外发加工　深加工结转　电子化手册　电子账册　出口加工区　珠海园区　保税仓库　出口监管仓库　保税物流中心　保税物流园区　保税区　保税港区

【引导案例】

高报单耗、伪报品名受处罚

1999 年至 2001 年间，沈阳北鹏集团有限公司经营进料加工业务，保税进口冻鸡腿等鸡制品，委托其下属企业沈阳正捷肉鸡公司加工生产成腿肉后复出口。在经营进料加工业务期间，将高出成率、低单耗的鸡全腿向海关申报为低出成率、高单耗的鸡边腿。通过此种高报单耗的方式，沈阳北鹏集团利用在沈阳海关办理的六本进料加工手册中的 26 票进口报关单，以伪报品名方式将保税进口的鸡爪、鸡胗、翅中、翅尖等鸡制品擅自在国内销售。之后，利用高出成率的鸡全腿生产的腿肉复出口，完成进料加工手册的核销。被告人陈延明作为沈阳北鹏集团有限公司总经理，负责沈阳正捷肉鸡公司的全面工作，其安排被告人刘宏以高报单耗的方式向海关申报，并以低出成率、高单耗的鸡边腿向海关备案，致使北鹏集团可以仅用高出成率的鸡全腿就可以加工生产出口合同中规定的产成品数量完成出口。待货物进口后，全面安排沈阳正捷肉鸡公司擅自内销以伪报品名方式保税进口的鸡翅、鸡爪、翅尖、鸡胗等鸡制品。经核定，沈阳北鹏集团有限公司擅自内销保税进口的鸡制品 623 726 kg，偷逃应缴税额人民币 1 558 950.22 元。

沈阳中法审理后认定，被告人陈延明、刘宏均犯走私普通货物罪。鉴于被告单位案发后，向海关补缴了税款，没有造成国家税款的损失，且二被告人均能够认罪，有悔罪表现，可从轻处罚。判决如下：北鹏集团有限公司犯走私普通货物罪，判处罚金 160 万元；对陈某判处有期徒刑 3 年，缓刑 5 年；对刘某判处有期徒刑 2 年，缓刑 2 年。

(资料来源：节选自 110 网相关判裁案例.)

中国海关的监管货物不仅包括一般进出口货物，而且还包括保税货物、特定减免税货物、暂准进出境货物、过境、转运、通运货物和其他进出境货物。第四章主要介绍了一般进出口货物的报关程序，因此这一章主要介绍保税货物的报关程序，具体包括保税加工货物的报关程序和保税物流货物的报关程序。

保税制度是指经海关批准的境内企业所进口的货物，在海关监管下在境内指定的场所储存、加工、装配，并暂缓缴纳各种进口税费的一种海关监管业务制度。

保税制度能够使企业简化进出口手续，减少因纳税而造成的资金占用和利息成本，有利于国内出口加工企业的开办和经营，也有利于实行保税制度的口岸城市经济贸易的繁荣。

保税制度所涉及的保税进出口货物成为海关监管货物中的一个重要内容。保税货物，是指经海关批准未办理纳税手续进境，在境内储存、加工、装配后复运出境的货物。根据保税货物进入关境的目的不同，可以将保税货物分为保税加工货物和保税物流货物。

【相关链接】

保税制度的缘起

保税制度最早产生于中世纪诸侯分立的欧洲，众多公国划地为境，设立关卡，对进入关卡的货物征收关税。转口贸易中的商品在进入某公国时，往往是将该国作为贸易中转地，而并非在该国销售，也同样需要缴纳进口税费，这种局面严重制约了转口贸易的发展。

于是，一些公国从发展本国航运业出发，在转口贸易货物入境时，保留对其税款的征收，直至该货物确定最终流向时再作相关处理。这大大减轻了转口贸易商货物流转的成本，转口贸易商纷纷以该国作为转口贸易的中转地，促进了该国航运业的发展。在16世纪中期，意大利的里窝那港口成为世界上第一个实行保税制度的城市，并产生了最初的保税形式——保税储存制度。

经过几百年的发展和完善，保税制度不再仅仅局限于原来的转口贸易，而是被不同国家根据其需要适用于不同贸易方式中的货物，如加工贸易、寄售维修贸易等。

(资料来源：http://wenku.baidu.com/link?url=ohrKfWKFooQ16vKKTaMHM7V2V-rqkr_
kzNjitsewFyv2LpTUG264V__A.)

第一节　保税加工货物的报关程序

一、保税加工货物概述

(一)含义

保税加工货物是指经海关批准未办理纳税手续进境，在境内加工、装配后复运出境的货物。

保税加工货物通常被称为加工贸易保税货物。加工贸易保税货物不完全等同于加工贸易货物。只有经过海关批准准予保税进口的加工贸易货物才是保税加工货物。

(二)特征

保税加工货物具有以下特征。

(1) 料件进口时暂缓缴纳进口关税及进口环节海关代征税,成品出口时除另有规定外无须缴纳关税。

(2) 料件进口时除国家另有规定外免予交验进口许可证件,成品出口时凡属许可证件管理的,必须交验出口许可证件。

(3) 进出境海关办结货物现场放行手续并未结束海关监管。

(三)范围

保税加工货物包括以下几个方面。

(1) 专为加工、装配出口产品而从国外进口且海关准予保税的原材料、零部件、元器件、包装物料、辅助材料(简称料件)。

(2) 用进口保税料件生产的成品、半成品。

(3) 在保税加工生产过程中产生的副产品、残次品、边角料和剩余料件。

(四)管理

海关对加工贸易企业实施联网监管,即加工贸易企业通过数据交换平台或者其他计算机网络方式向海关报送能满足海关监管要求的物流、生产经营等数据,海关对数据进行核对、核算,并结合实物进行核查。海关对加工贸易企业实施联网监管的方式可分为电子化手册监管和电子账册监管两种。

对保税加工货物的管理,主要可以归纳为以下五个方面。

1. 商务部门审批

加工贸易业务须经过商务主管部门审批才能进入海关备案程序。大体上有以下两种情况。

1) 商务主管部门审批加工贸易合同

加工贸易经营企业在向海关办理加工贸易合同备案建立电子化手册之前,先要到商务主管部门办理加工贸易合同的审批手续,经审批后核发"加工贸易业务批准证书"和"加工贸易企业经营状况和生产能力证明"。

加工贸易经营企业凭商务主管部门出具的"加工贸易业务批准证书"和"加工贸易企

业经营状况和生产能力证明"两个单证及商务主管部门审批同意的加工贸易合同到海关备案。

2) 商务主管部门审批加工贸易经营范围

加工贸易经营企业在向海关申请建立电子账册之前,先要到商务主管部门办理加工贸易经营范围的审批手续,经审批后核发"经营范围批准证书"。

由商务主管部门对加工贸易企业做出前置审批,加工贸易经营企业凭商务主管部门出具的"经营范围批准证书"和"加工贸易企业经营状况和生产能力证明"到海关申请建立电子账册。

2. 海关备案保税

加工贸易料件的保税进口须经海关批准。海关批准保税是通过受理备案来实现的。因此加工贸易经营单位应持上述商务主管部门的批件(如开展进料加工还应持税务主管部门的批件)和加工贸易合同等有关材料及预录入的有关表格向主管海关申办加工贸易合同的登记备案。

3. 纳税暂缓

国家规定专为加工出口产品而进口的料件,按实际加工复出口成品所耗用料件的数量准予免缴进口关税和进口环节增值税、消费税。这里所指的免税,是指用在出口成品上的料件可以免税。但是在料件进口的时候无法确定用于出口成品上的料件的实际数量,海关只有先准予保税,在产品实际出口并最终确定使用在出口成品上的料件数量后,再确定征免税的范围,即用于出口的部分不予征税,不出口的部分征税,然后再由企业办理纳税手续。

料件进境时未办理纳税手续,适用海关事务担保,具体担保手续按加工贸易银行保证金台账制度执行。

加工贸易银行保证金台账制度,是指经营加工贸易单位或企业凭海关核准的手续,按合同备案料、件金额向指定银行申请设立加工贸易进口料件保证金台账,加工成品在规定期限内全部出口,经海关核销合同后,由银行核销保证金台账的一种加工贸易管理制度。加工贸易银行保证金台账制度的核心是对不同地区的加工贸易企业和加工贸易涉及的进出口商品实行分类管理,对部分企业进口的部分料件,由银行按照海关根据规定计算的金额征收保证金。

加工贸易企业按报关单位分类管理中"收发货人的审定标准"分为 AA 类、A 类、B 类、C 类、D 类五个管理类别。

地区分为东部地区和中西部地区。东部地区包含辽宁省、北京市、天津市、河北省、山东省、江苏省、上海市、浙江省、福建省、广东省。中西部地区指东部地区以外的中国其他地区。

商品分为禁止类、限制类、允许类三类。

列入加工贸易禁止类进口商品目录的，凡用于深加工结转转入，或从具有保税加工功能的海关特殊监管区域内企业经实质性加工后进入区外的商品，不按加工贸易禁止类进口商品管理。列入加工贸易禁止类出口商品目录的，凡用于深加工结转转出，或进入具有保税加工功能的海关特殊监管区域内企业加工生产的商品，不按加工贸易禁止类出口商品管理。这些商品未经实质性加工不得直接出境。

以加工贸易深加工结转方式转出、转入的商品属于限制类的按允许类商品管理。

禁止类和限制类以外的商品为允许类商品。

【相关链接】

> ### 加工贸易禁止类和限制类商品目录
>
> 加工贸易禁止类和限制类商品目录由商务部、海关总署会同国家其他有关部门适时公布。
>
> 目前我国公布的加工贸易禁止类商品目录主要包括：① 国家明令禁止进出口的商品；② 为种植、养殖而进口的商品；③ 高能耗、高污染的商品；④ 低附加值、低技术含量的商品；⑤ 其他列名的加工贸易禁止类商品。
>
> 目前我国公布的加工贸易进口限制类商品，主要包括冻鸡，植物油，初级形状聚乙烯，聚酯切片，天然橡胶，糖，棉，棉纱，棉坯布和混纺坯布，化学短纤，铁和非合金钢材、不锈钢，电子游戏机等；目前我国公布的加工贸易出口限制类商品，主要包括线型低密度聚乙烯、初级形状聚苯乙烯、初级形状环氧树脂、初级形状氨基树脂等化工品，拉敏木家具、容器等制成品，玻璃管、棒、块、片及其他型材和异型材，羊毛纱线，旧衣物，部分有色金属等。

加工贸易企业分类管理的具体内容如下(见表 5.1)。

(1) 任何企业都不得开展禁止类商品的加工贸易。

(2) 适用 D 类管理的企业不得开展加工贸易。

(3) 适用 C 类管理的企业，不管在什么地区开展加工贸易，进口限制类、允许类商品都要设台账，按全部进口料件应征税款金额全额征收保证金。

(4) 东部地区适用 B 类管理的企业开展加工贸易，进口限制类、允许类商品均设台账，进口限制类商品按进口的限制类商品应征税款的 50%征收保证金，进口允许类商品不征收保证金。

(5) 东部地区适用 A 类管理的企业，中西部地区适用 A 类、B 类管理的企业开展加工贸易，进口限制类、允许类商品均设台账，但实行保证金台账空转。

(6) 适用 AA 类管理的企业，不管在什么地区开展加工贸易，进口允许类商品不设台账，进口限制类商品设台账,但实行保证金台账空转。

(7) 适用 AA 类、A 类、B 类管理的企业,不管在什么地区,进口料件(不管是限制类还是允许类商品)金额在 1 万美元及以下的,可以不设台账,因此也不征收保证金。

(8) 东部地区适用 B 类管理的企业从事限制类商品加工贸易,其台账保证金计算公式如下。

A. 进口料件属限制类商品或进口料件、出口成品均属限制类商品:

台账保证金=(进口限制类料件的关税+进口限制类料件的增值税)×50%

B. 出口成品属限制类商品:

台账保证金=进口料件备案总值×(限制类成品备案总值÷全部出口成品备案总值)×22%×50%

(9) 适用 C 类管理的企业从事限制类商品加工贸易,其台账保证金计算公式为

台账保证金=(进口全部料件的进口关税+进口全部料件的进口增值税)×100%

表 5.1　加工贸易银行保证金台账分类管理

台账分类管理内容	禁止类商品		限制类商品		允许类商品	
	东　部	中 西 部	东　部	中 西 部	东　部	中 西 部
AA 类企业	不准开展加工贸易		空转		不转	
A 类企业					空转	
B 类企业			半实转	空转		
C 类企业			实转			
D 类企业	不准开展加工贸易					
特殊监管区域企业	不准开展加工贸易		不转			

注:表中"不转"指不设台账;"空转"指设台账不付保证金;"实转"指设台账付保证金;"半实转"指设台账减半支付保证金。

【相关链接】

天津海关稽查中规范管理 21 家企业获评"海关 A 类"

在稽查工作中为企业指出内部管理、进出口经营工作的问题,引导企业规范企业管理,2011 年,已经有 21 家曾接受海关稽查的企业被评定为海关 A 类以上企业,享受海关担保验放等便捷措施,便利企业进出口货物。

日前,天津三星泰科光电子有限公司顺利通过天津海关的稽查,稽查中,海关关员不仅运用稽查手段实现了严密监管,还为该企业指出了进出口经营活动中的问题。通过稽查后,天津三星泰科光电子有限公司最终被天津海关授予海关 AA 类企业,公司通关效率提

升了 50%左右，并且适用较低查验率等便捷措施，预计今年公司进出口业务将增长 30%～40%。

目前，天津海关更加注重稽查与企业管理的有效衔接，突出了对企业的规范和引导。在有计划开展常规稽查和专项稽查的同时，通过定期汇总查发问题，加大了海关政策宣传。为有效防范企业非故意行为引发违法违规问题的发生，天津海关稽查部门建立了与地方政府外经贸部门、行业协会等定期召开工作联席会的沟通机制，加大海关与政府、协会多方参与的共管力度，并通过宣讲会的方式，帮助企业正确、深入地理解相关政策，有效降低违法违规行为的发生。

据统计，今年先后有电装(天津)汽车导航系统有限公司、英泰汽车饰件有限公司等 21家曾经接受过稽查的企业被评定为海关 A 类以上企业，享受了担保验放、开展加工贸易业务可不用设立台账保证金、适用较低查验率等便捷措施，为企业发展打下了良好基础。

(资料来源：中国海关总署网.)

4. 监管延伸

1) 监管地点延伸

保税加工的料件运离进境地口岸海关监管场所后进行加工装配的地方，都是海关监管的场所。

2) 监管时间延伸

保税加工的料件在进境地被提取并不是海关保税监管的结束，而是继续，海关一直要监管到加工、装配后复运出境或者办结正式进口手续最终核销结案为止。这里涉及两个期限，具体如下。

(1) 准予保税的期限

准予保税的期限是指经海关批准保税后在境内加工、装配、复运出境的时间限制。

电子化手册管理的保税加工期限，原则上不超过 1 年，经批准可以延长，延长的最长期限原则上也是 1 年。具体执行中根据合同期限、加工期限和其他情况而有所变化。

电子账册管理的料件保税期限，从企业的电子账册记录第一批料件进口之日起到该电子账册被撤销止。

海关特殊监管区域保税加工的期限，原则上是从料件进区到成品出区办结海关手续止。

(2) 申请核销的期限

申请核销的期限是指加工贸易经营人向海关申请核销的最后日期。

电子化手册管理的保税加工报核期限是在电子化手册有效期到期之日起或最后一批成品出运后 30 天内。

电子账册管理的保税加工报核期限，一般以 180 天为 1 个报核周期，首次报核是从海关批准电子账册建立之日起算，满 180 天后的 30 天内报核；以后则从上一次的报核日期起算，满 180 天后的 30 天内报核。

5．核销结关

保税加工货物经过海关核销后才能结关。保税加工货物的核销是一项非常复杂的工作。保税加工的料件进境后要进行加工、装配，改变原进口料件的形态，复出口的商品不再是原进口的商品。这样，向海关的报核，不仅要确认进出数量是否平衡，而且还要确认成品是否由进口料件生产。在报核的实践中，数量往往是不平衡的。因此，正确处理报核中发生的数量不平衡问题，是企业报核必须解决的问题。

二、电子化手册管理下的保税加工货物报关程序

电子化手册管理模式的主要特征是以合同为单元进行监管，一个加工贸易合同建立一个电子化手册。其基本程序是合同备案、进出口报关和合同报核。

(一)合同备案

1．合同备案的含义

加工贸易合同备案是指加工贸易企业持经批准的加工贸易合同到主管海关备案，申请保税并建立加工贸易电子化手册或领取其他准予备案凭证的行为。

2．合同备案的步骤

企业办理加工贸易合同备案前需要报商务主管部门审批合同，领取"加工贸易业务批准证"和"加工贸易企业经营状况和生产能力证明"；需要领取其他许可证件的还要向有关主管部门申领许可证件。然后向主管海关申请合同备案，其步骤为：

(1) 将合同相关内容预录入与主管海关联网的计算机。

(2) 由海关审核确定是否准予备案。准予备案的，由海关确定是否需要开设加工贸易银行保证金台账。

(3) 需办理开设台账手续的，应向银行(中国银行、工商银行)办理台账保证金专用账户设立手续。已设立台账保证金专用账户的企业，凭"海关注册登记证明"向银行进行一次性备案登记。

银行与海关目前采用台账电子化联网管理模式。企业在预录入端收到回执后，直接凭银行签发的电子"银行保证金台账登记通知单"向海关办理加工贸易合同备案手续，无须再往返于海关与银行之间传递单证，有关单证的电子数据均实现网上传输。

(4) 不需要开设台账的，直接由海关建立电子化手册或核发其他备案凭证。

3．合同备案的内容

1) 备案单证

(1) 商务主管部门按照权限签发的"加工贸易业务批准证"和"加工贸易企业经营状况和生产能力证明"。

(2) 加工贸易合同或合同副本。

(3) 加工贸易合同备案申请表及加工贸易合同备案呈报表。

(4) 属于加工贸易国家管制商品的需交验主管部门的许可证件或许可证件复印件。

(5) 为确定单耗和损耗率所需的有关资料。

(6) 其他备案所需要的单证。

2) 保税额度

加工贸易合同项下海关准予备案的料件，包括为履行产品出口合同进口直接用于加工出口产品而在生产过程中消耗掉的数量合理的触媒剂、催化剂、磨料、燃料，全额保税。

加工贸易合同项下海关不予备案的料件，以及试车材料、未列名消耗性物料等，不予保税，进口时按照一般进口货物照章征税。

3) 台账制度

按加工贸易银行保证金台账分类管理的原则，或不设台账，或设台账不付保证金，或设台账并付保证金。

为了简化手续，进口料件金额在 1 万美元及以下的，适用 AA 类、A 类、B 类管理的加工贸易企业按规定不设台账或台账保证金空转，因此也不必向银行交付保证金。适用 AA 类、A 类、B 类管理的加工贸易企业进口金额在 5 000 美元及以下的客供服装辅料(拉链、纽扣、鞋扣、扣襻、摁扣、垫肩、胶袋、花边等 78 种)免领手册，但必须凭出口合同向主管海关备案。

4．合同备案的凭证

海关受理并准予备案后，企业应当领取海关准予备案的凭证。

1) 电子化手册编号

按规定可以不设台账的合同，在准予备案后，由企业直接向受理合同备案的主管海关领取电子化手册编号。

按规定在银行开设了台账的合同，由企业凭银行签发的"银行保证金台账登记通知单"，到合同备案主管海关领取电子化手册编号。

2) 其他准予备案的凭证

对为生产出口产品而进口属于国家规定的 78 种列名服装辅料，且金额不超过 5 000 美元的合同，除 C 类企业外，免予建立电子化手册，直接凭出口合同备案准予保税后，凭海关在备案出口合同上的签章和编号直接进入进出口报关阶段。

5. 合同备案的变更

已经海关登记备案的加工贸易合同，其品名、规格、金额、数量、加工期限、单耗、商品编码等发生变化的，须向主管海关办理合同备案变更手续，开设台账的合同还须变更台账。

合同变更应在合同有效期内报原商务审批部门批准。为简化合同变更手续，对贸易性质不变、商品品种不变，合同变更的金额小于1万美元(含1万美元)和合同延长不超过3个月的合同，企业可直接到海关和银行办理变更手续，不需再经商务主管部门重新审批。

1万美元及以下的备案合同，变更后进口金额超过1万美元的，适用AA类、A类、B类管理的企业，需重新开设台账的，应重新开设台账；东部地区适用B类管理的企业的合同金额变更后，进口料件如果涉及限制类商品的，由银行按海关计算的金额加收相应的保证金。

因企业管理类别调整，合同从"空转"转为"实转"的，应对原备案合同交付台账保证金。经海关批准，可只对原合同未履行出口部分收取台账保证金。

管理类别调整为D类的企业，经海关批准，对已备案合同允许交付全额台账保证金后继续执行，但合同不得再变更和延期。

对允许类商品转为限制类商品的，已备案合同不再交付台账保证金。对原限制类或允许类商品转为禁止类的，对已备案合同按国家即时发布的规定办理。

6. 与合同备案相关的事宜

1) 异地加工贸易合同备案

异地加工贸易是指一个直属海关的关区内加工贸易经营企业，将进口料件委托另一个直属海关关区内的加工企业加工，并组织出口的加工贸易。

开展异地加工贸易应在加工企业所在地设立台账，由加工贸易经营企业向加工企业所在地主管海关办理合同备案手续。海关对开展异地加工贸易的经营企业和加工企业实行分类管理，如果两者的管理类别不相同，按其中较低类别管理。

【知识拓展】

异地加工贸易合同备案的步骤

一是经营企业凭所在地商务主管部门核发的"加工贸易业务批准证"和加工企业所在地县级以上商务主管部门出具的"加工贸易加工企业经营状况和生产能力证明"，填制"异地加工贸易申请表"，向经营企业所在地主管海关提出异地加工贸易申请，经海关审核后，领取经营企业所在地主管海关的关封。

二是经营企业持关封和合同备案的必要单证，到加工企业所在地主管海关办理合同备案手续。

2) 加工贸易单耗申报

单耗，是指加工贸易企业在正常加工条件下加工单位成品所耗用的料件量。单耗包括净耗和工艺损耗。

净耗，是指在加工后，料件通过物理变化或者化学反应存在或者转化到单位成品中的量。

工艺损耗，是指因加工工艺原因，料件在正常加工过程中除净耗外所必需耗用，但不能存在或者转化到成品中的量，包括有形损耗和无形损耗。

工艺损耗率，是指工艺损耗占所耗用料件的百分比。

上述几个概念之间的关系可用公式表示如下。

$$单耗=净耗/(1-工艺损耗率)$$

【应用案例】

工艺损耗实例说明

2001 年海关总署发布的《夹层玻璃加工贸易单耗标准》规定，生产夹层玻璃原料为平板玻璃，工艺损耗率为 26.5%；原料为聚乙烯醇缩丁醛薄膜，工艺损耗率为 16%。各地外经贸管理部门应严格按照本标准审批加工贸易合同(包括结转深加工)，各地海关应严格按照本标准进行备案、核销。该《标准》的制定，有助于防止企业随意高报单耗，因为工艺损耗的标准明确了，而净耗又可以通过成品直接衡量出来。

加工贸易企业应当在加工贸易备案环节向海关进行单耗备案。申报单耗是指加工贸易企业向海关报告单耗的行为。加工贸易企业应当在成品出口、深加工结转或内销前如实向海关申报单耗。经主管海关批准的，加工贸易企业也可在报核前向海关申报单耗。

加工贸易企业申报单耗时应填写"中华人民共和国海关加工贸易单耗申报单"，具体内容包括：①加工贸易项下料件和成品的商品名称、商品编号、计量单位、规格型号和品质；②加工贸易项下成品的单耗；③加工贸易同一料件有保税和非保税料件的，应当申报非保税料件的比例。

3) 加工贸易外发加工申请

外发加工，是指经营企业因受自身生产特点和条件限制，经海关批准并办理有关手续，委托承揽企业对加工贸易货物进行加工，在规定期限内将加工后的产品运回本企业并最终复出口的行为。

外发加工的成品、剩余料件及生产过程中产生的边角料、残次品、副产品等加工贸易货物，经经营企业所在地主管海关批准，可以不运回本企业，直接出口至境外、海关特殊监管区域或保税监管场所，或者以深加工结转方式出口。

经营企业申请开展外发加工业务，应当向海关提交下列单证：①经营企业签章的"加工贸易货物外发加工申请表"；②经营企业与承揽企业签订的加工合同或者协议；③承揽企业营业执照复印件；④经营企业签章的"承揽企业经营状况和生产能力证明"；⑤海关需要收取的其他单证和材料。

经营企业申请开展外发加工业务，应当如实填写"加工贸易货物外发加工申请审批表"及"加工贸易外发加工货物外发清单"，经海关审核批准后，方可进行外发加工。

经营企业或者承揽企业生产经营管理不符合海关监管要求，以及申请外发的货物属于涉案货物且案件未审结的，海关不予批准外发加工业务。

有下列情形之一的，申请开展外发加工业务的经营企业应当向海关提供相当于外发加工货物应缴税款金额的保证金或者银行保函。

(1) 外发加工业务跨关区的。

(2) 全部工序外发加工的。

(3) 外发加工后的货物不运回直接出口的。

(4) 申请外发加工的货物未涉案，但经营企业或者承揽企业涉嫌走私、违规，已被海关立案调查、侦查且未审结的。

申请外发加工的货物之前已向海关提供不低于应缴税款金额的保证金或者银行保函的，经营企业无须再向海关提供保证金或者银行保函。

【相关链接】

除旧布新做"除法"

俗话说，"不破不立"。只有大胆革除监管环节的一些制约瓶颈，逐步消除影响通关效率和企业经营的节点，才能够有效推动加工贸易的飞速发展。

位于张家港保税区内的从事高端棉条生产的民营纺织企业金海澜也正沐浴着政策变化带来的雨露。公司关务主管朱经理对此兴奋不已，原来根据过去的海关监管规定，区内的加工贸易企业委托区外企业加工，必须要全额缴纳风险担保金。2013 年南京海关隶属张家港保税港区海关根据海关总署支持苏州地区加工贸易转型升级试点这一有利政策，对 B 类以上加工贸易企业外发至浙江、上海、安徽地区加工且全部运回的情况，全部免予征收风险担保金，进一步减轻了企业的负担。"海关还出台了 A 类企业跨关区外发至沪浙皖以外的所有业务都减半征收风险保证金的政策，我们公司在海关的辅导下，正积极争取升为信用级别更高的 A 类企业，到时我们就会享受到更多的优惠便利措施。"朱经理高兴地说。

(资料来源：中国海关总署网.)

33家外发加工企业得益

前不久，宁波申洲织造集团公司一票外方加工业务，在宁波海关开发区办事处关员的指导下，迅速办结。"自成为加工贸易联网监管企业后，宁波海关为我们公司的外发加工业务发展打开了一道新的大门。"宁波申洲公司关务经理王伟说。

越来越大的业务需求与宁波本地劳动力资源成本提高，成为申洲公司进一步发展中面临的一对矛盾。2009年，申洲公司开始在安徽开设新厂承接北仑本部的外发加工业务，使加工贸易向中西部梯度转移。去年，该公司进出口总值7.3亿美元，而加工贸易联网监管进出口总值达4.9亿美元。其中，申洲(安徽)公司通过承接申洲本部的加工贸易外发加工业务，实际完成1375万件成衣的加工任务，实际进出口额达到1022万美元。

随着宁波地区土地资源减少、劳动力成本大幅上升，近几年像申洲公司这样实现外发加工产业转移的企业越来越多。但外发加工，对于海关来说涉及保税货物管理，因而具有一定的监管风险。宁波海关既要鼓励企业开展外发加工，又必须严密监管，这是个新的难题。

为了帮助企业有效解决生产能力不足的问题，并能够尽量节约成本，延长生产链，提高产品附加值，从2003年开始，宁波海关就开始推出外发加工联网监管。据了解，这种监管方式，是结合现代信息技术和网络技术，以"电子手册(账册)+联网核查"为内容，能够实现对企业进出口及生产经营状况全过程、全方位、动态实时的监管。

"最大的便利就是在订单确定之前，可以免税进口原材料，这就极大地降低了采购成本，也缓解了资金流压力，并使企业能够更加灵活、自如地应对市场变化，也使企业获得了更大的发展空间。"宁波海关开发区办事处审批科科长郑艳萍说，为了确保外发加工不仅对企业有帮助，海关又能加强监管，宁波海关在联网监管企业中挑选了一批资信良好的企业，一方面宣传外发加工政策优点，积极鼓励企业开展外发加工业务，同时又加大政策法规宣传力度，增强企业的守法意识，在监管方面加大实地验货，对联网监管的电子账册加强管理，加强对外发加工合同的合理性、真实性、逻辑性审查，掌握企业的加工生产工艺情况，严把单耗关，降低风险度。

目前，在宁波已有33家从事外发加工业务的企业成为海关加工贸易联网监管企业，涉及纺织、钢铁、船舶制造、光电等多行业，产业覆盖面较广。加工贸易联网监管企业已经成为支撑宁波地区外向型经济迅猛发展的重要力量之一。去年，这些企业全年实现加工贸易进出口总值28.49亿美元，占宁波地区加工贸易量的16.2%。其中，北仑区域有9家联网企业在实现18.2亿美元的进出口值的同时，提供了近5万个就业岗位。

(资料来源: http://jm.ec.com.cn/article/jmzx/jmzxdfjm/jmzxningbo/201107/1150971_1.html.)

4) 加工贸易串料申请

加工贸易货物应当专料专用。

因加工出口产品急需，需向海关申请，经海关核准，经营企业保税料件之间、保税料件与非保税料件之间可以进行串换，但料件串换限于同一企业，并应当遵循同品种、同规格、同数量、不牟利的原则。

来料加工保税进口料件不得串换。

【相关链接】

料件串换监管新模式保障企业连续生产

"2006年我们生产了220万条高品质拉舍尔毛毯，不仅牢牢占据了日本市场，而且还畅销到了欧美等国家。取得这一喜人业绩的因素很多，其中，宁波海关开发区办事处推行的'加工贸易料件串换'监管改革措施，彻底解决了长期困扰我们发展的难题，使生产效率大大提高了。"3月14日，记者在维科集团与世界500强企业日本丸红公司合资的兴洋浙东(宁波)毛毯有限公司采访时，常务副总经理郑岗欣喜地说。

兴洋浙东(宁波)毛毯公司是最早落户宁波开发区的外企之一，目前生产规模在国内及亚洲同行业中居领先地位，特别是其生产的"KOYO"品牌的拉舍尔毛毯已成为日本家喻户晓的知名品牌。去年该公司进口加工贸易料件总量达3756吨，以腈纶线和腈纶纤维为主，但出口的产品种类已达300多种。郑岗告诉记者，在兴洋公司多工序、多流程、多品种的生产过程中，很难确保同一手册中保税进口料件与不同型号的出口产品一一对应，手册之间加工贸易料件串换十分频繁。按照原有政策规定，企业料件串换必须先向海关申请，得到批准后方能进行，申报过程最快也要3~4个工作日，企业连续性生产得不到保障。为解决这一问题，该企业专门安排了10个人在生产的各个环节进行控制管理，但串料问题还是无法避免，并影响到了交货期和企业的商业信誉。有时为了履行合同，兴洋公司不得不采用比海运价格高出十倍的空运方式出口，大大增加了经营成本。据测算，仅安排专人管理的人头费和办理各种手续的费用就达70余万元。

针对海关加工贸易料件串换监管规定与开发区企业生产连续性之间的突出矛盾，从去年下半年起，宁波海关开发区办事处经海关总署批准，率先在全国范围内对兴洋浙东(宁波)毛毯有限公司等4家企业开展了"加工贸易料件串换"监管措施改革试点，主要是海关对企业串换料件行为实行一次性核准和总量控制，不再要求企业多次申报，从而满足了企业连续生产的需要，不仅降低了生产成本，而且生产效率大大提高。去年兴洋公司产量比2005年增长了32%，产品供不应求。

"海关改革'加工贸易料件串换'监管措施，对我们来说最大的好处是可以根据国际市场的变化，科学合理地安排生产，最大限度满足市场需求。"另一家试点企业宁波开发区盖尔太平洋公司进出口部经理张正立这样对记者说。该公司是澳大利亚盖尔太平洋公司在中国乃至亚洲投资建设的第一家独资企业，公司在开发研制和生产纤维布方面居国际领先水平，其生产的"酷乐"系列休闲遮阳产品销量在全球名列前茅。

张正立告诉记者，该公司进口料件有以加工贸易方式进口的，也有以一般贸易方式进口的，在生产中两者之间串换在所难免。按照以往的模式，公司在料件的进口数量上很难把握,如果进口量大,碰到产品销售不畅时,会造成料件库存增加或产品积压,手册核销成问题;如进口量少,又造成生产线上停工待料。海关新监管措施的实施,使这一问题迎刃而解。

(资料来源:北仑新闻网.)

私自串换加工贸易料件补税案

2007 年 4 月 11 日,上海海关的内部网络上出现了一条"扎眼"新闻——伟创力电子科技(上海)有限公司(以下简称"伟创力")由于"擅自转让保税料件",补税 2811 万元。

伟创力一直是全球最大的代加工企业之一,该公司位于上海市嘉定区,是新加坡伟创力国际有限公司出资 3000 万美元创设的独资企业。

据上海海关有关方面人士介绍,补税事件发生在伟创力代加工摩托罗拉手机的批件中。由于为摩托罗拉代工手机,伟创力需定期从国外进口摩托罗拉手机的原装配件,以"来料加工"方式进口。

根据海关方面的有关规定,这类用于出口产品的料件,进口时享受免关税和增值税待遇,但前提是加工的成品必须用于出口。代加工企业不得以任何形式将产品进行内销。

但是记者了解到,过去两年中,伟创力却将这些保税的料件用于其他品牌手机的加工,同时用采购国内的同样配件,组装成摩托罗拉手机继而出口,严重违反了海关的规定。

伟创力相关人士向记者解释,当时正值公司从外高桥保税区搬往嘉定工业园区的当口。由于伟创力既有大量往国外供货的单子,又有向国内供货的单子,而在内部 ERP 供料系统的管理中,两者并不分开,"所以给国内供货的生产线也使用了国外的进口零件"。

该人士称,2005 年年初,税务部门就曾因此事上门检查。为此,伟创力还调集了 1 亿元的保证金给相关部门用于查税。

IT 代工业内的一名资深人士在说到伟创力事件时说:"本该用于出口的配件进行了内销,这样一来企业便'非法'享受了关税和增值税。而且,由于进口原装配件通常质量较好,所以代工企业通过转卖可以获得一笔不错的收入。"

苏州一家电子企业关务进出口部负责人介绍说,对代工企业而言,"来料加工"的"料"所有权属于客户,因此完全没有归属处置的任何权利。而"进料加工"的"料"归属权则在自己,代工企业有权对"料"进行处置,但若要进行内销,也需要提前向海关申请,进行相关"料件"的补税工作。

而伟创力人士则分辩说:代工行业的利润率一般较低,虽然营业额很大,但毛利只有0.5%到 1%左右。如此低的利润率也使得员工待遇不高,人员流动非常大。这样的特质给管理带来很大的难度,很多内部管理人员通常会分不清"来料"和"进料"。"通常这是一个管理上的问题。"该人士说。

记者获知,在查税事件后,伟创力曾花巨资引进海关的录料系统,将用途不同的原材料分别录入数据库管理。

(资料来源：节选自《21世纪经济报道》2007年4月24日相关资讯.)

5) 加工贸易抵押申请

经营企业申请，经海关批准，加工贸易货物可以抵押。

但有下列情形之一的，不予办理抵押手续。

(1) 抵押影响加工贸易货物生产正常开展的。

(2) 抵押加工贸易货物或其使用的保税料件涉及进出口许可证件管理的。

(3) 抵押加工贸易货物属来料加工货物的。

(4) 以合同为单元进行管理，抵押期限超过手册有效期限的。

(5) 以企业为单元进行管理，抵押期限超过1年的。

(6) 经营企业或加工企业涉嫌走私、违规，已被海关立案调查、侦查，案件未审结的。

(7) 经营企业或加工企业因为管理混乱被海关要求整改，在整改期内的。

(8) 海关认为不予批准的其他情形。

经营企业在申请办理加工贸易货物抵押手续时，应向主管海关提交以下材料。

(1) 正式书面申请。

(2) 银行抵押贷款书面意向材料。

(3) 海关认为必要的其他单证。

经审核符合条件的，经营企业在缴纳相应保证金或者银行保函后，主管海关准予其向境内银行办理加工贸易货物抵押，并将抵押合同、贷款合同复印件留存主管海关备案。

保证金或者银行保函按抵押加工贸易货物对应成品所使用全部保税料件应缴税款金额计算。

(二)进出口报关

电子化手册管理下的保税加工货物报关，适用进出口报关阶段程序，有进出境货物报关、深加工结转货物报关和其他保税加工货物报关三种情形。

1. 进出境货物报关

保税加工货物进出境由加工贸易经营单位或其代理人凭电子化手册编号或持有其他准予合同备案的凭证向海关申报。

保税加工货物进出境的报关程序与一般进出口货物一样，也有四个环节，其中申报、配合查验、提取货物或装运货物三个环节与一般进出口货物基本一致。不同的是，保税加工货物进境的报关程序第三个环节不是缴纳税费，而是暂缓纳税，即保税。

加工贸易企业在主管海关备案的情况在计算机系统中已生成电子底账，有关电子数据通过网络传输到相应的口岸海关，因此企业在口岸海关报关时提供的有关单证内容必须与电子底账数据相一致。也就是说，报关数据必须与备案数据一致，一种商品报关的商品编码、品名、规格、计量单位、数量、币制等必须与备案数据无论在字面上还是计算机格式上都完全一致。若不一致，报关就不能通过。

保税加工货物进出境报关的许可证件管理要求如下：① 进口料件，除易制毒化学品、监控化学品、消耗臭氧层物质、原油、成品油等个别规定商品外，均可以免予交验进口许可证件。② 出口成品，属于国家规定应交验出口许可证件的，在出口报关时必须交验出口许可证件。

保税加工货物进出境报关的税收征管要求如下：准予保税的加工贸易料件进口时暂缓纳税。加工贸易项下出口应税商品，如系全部使用进口料件加工生产的成品，不征收出口关税。加工贸易项下出口应税商品，如系部分使用进口料件、部分使用国产料件加工的成品，则按海关核定的比例征收出口关税。其计算公式为

出口关税=出口货物完税价格×出口关税税率×出口成品中使用的国产料件和全部料件的价值比例

【应用案例】

一套设备的 85%是用进口料件生产，15%是用国内的料件生产，那么该设备出口的时候，按15%的国内的料件来征收出口关税。

2. 深加工结转货物报关

深加工结转，是指加工贸易企业将保税进口料件加工的产品转至另一加工贸易企业进一步加工后复出口的经营活动。

深加工结转货物报关程序可分为计划备案、收发货登记、结转报关三个环节。

1) 计划备案

加工贸易企业开展深加工结转，转出、转入企业应当向各自主管海关提交"中华人民共和国海关加工贸易保税货物深加工结转申请表"，申报结转计划。

转出企业在申请表(一式四联)中填写本企业的转出计划并签章，凭申请表向转出地海关备案。

转出地海关备案后，留存申请表第一联，其余三联退转出企业交转入企业。

转入企业自转出地海关备案之日起 20 日内，持申请表其余三联，填制本企业的相关内容后，向转入地海关办理报备手续并签章。

转入地海关审核后，将申请表第二联留存，第三、四联交转入、转出企业凭以办理结转收发货登记及报关手续。

2) 收发货登记

转出、转入企业办理结转计划申报手续后，应当按照经双方海关核准后的申请表进行实际收发货。

转出、转入企业的每批次收发货记录应当在保税货物实际结转情况登记表上进行如实登记，并加盖企业结转专用名章。

结转货物退货的，转入、转出企业应当将实际退货情况在登记表中进行登记，同时注明"退货"字样，并各自加盖企业结转专用名章。

3) 结转报关

转出、转入企业分别在转出地、转入地海关办理结转报关手续。转出、转入企业可以凭一份申请表分批或者集中办理报关手续。转出(入)企业每批实际发(收)货后在90日内办结该批货物的报关手续。

转入企业凭申请表、登记表等单证向转入地海关办理结转进口报关手续，并在结转进口报关后的第二个工作日内将报关情况通知转出企业。

转出企业自接到转入企业通知之日起10日内，凭申请表、登记表等单证向转出地海关办理结转出口报关手续。

结转进口、出口报关的申报价格为结转货物的实际成交价格。

一份结转进口货物报关单对应一份结转出口货物报关单，两份报关单之间对应的申报序号、商品编号、数量、价格和手册号应当一致。

结转货物分批报关的，企业应当同时提供申请表和登记表的原件及复印件。

3. 其他保税加工货物的报关

其他保税加工货物是指加工贸易保税进口料件在加工过程中产生的剩余料件、边角料、残次品、副产品和受灾保税货物。

剩余料件，是指加工贸易企业在从事加工复出口业务过程中剩余的、可以继续用于加工制成品的加工贸易进口料件。

边角料，是指加工贸易企业从事加工复出口业务，在海关核定的单耗标准内、加工过程中产生的、无法再用于加工该合同项下出口制成品的数量合理的废、碎料及下脚料。

残次品，是指加工贸易企业从事加工复出口业务，在生产过程中产生的有严重缺陷或者达不到出口合同标准，无法复出口的制成品(包括完成品和未完成品)。

副产品，是指加工贸易企业从事加工复出口业务，在加工生产出口合同规定的制成品(主产品)过程中同时产生的，且出口合同未规定应当复出口的一个或一个以上的其他产品。

受灾保税货物，是指在加工贸易企业从事加工出口业务中，因不可抗力原因或其他经海关审核认可的正当理由造成损毁、灭失、短少等导致无法复出口的保税进口料件和加工制成品。

对于上述剩余料件、边角料、残次品、副产品、受灾保税货物，加工贸易企业应当在手册有效期内处理完毕。处理的方式有内销、结转、退运、放弃、销毁等。除放弃后应该销毁处理的外，其他处理方式都必须填制报关单报关。有关报关单是企业报核的必要单证。

1) 内销

保税加工货物转内销应经商务主管部门审批，加工贸易企业凭"加工贸易保税进口料件内销批准证"办理内销料件正式进口报关手续，缴纳进口税和缓税利息。

属进口许可证件管理的，企业还须按照规定向海关提交进口许可证件；申请内销的剩余料件，如果金额占该加工贸易合同项下实际进口料件总额的3%及以下且总值在人民币1万元及以下的，免予审批，免予提交许可证件。

凡符合条件的B类及以上加工贸易企业将保税加工货物转内销的，可实施"内销集中办理纳税手续"措施。企业在事先向海关备案，并按规定提供相应担保条件下，可在内销当月集中办理纳税手续。

【应用案例】

放大效应做"乘法"

有效推广现有改革试点的应用范围，放大改革所带来的乘数效应，是实施业务改革试点的应有之义。

在苏州地区试点反映良好的"内销集中申报"业务在2013年全面扩围，全关区B类以上加工贸易企业均可从中受益。企业在申请内销集中申报后，料件及产品可享受先销后税政策，大大减轻了企业资金压力，切实让企业感受到加工贸易内销便利化，享受到转型升级政策的实惠。索尼数字产品(无锡)有限公司是今年以来无锡地区内销增长最快的加工贸易企业，公司关务主管过炎说："索尼不断拓展国内市场，在国内成功销售数码相机、手机用液晶屏等产品，一方面是公司研发新技术、新产品不断打开国内市场；另一方面得益于海关先销后税等内销政策，让企业在转型发展中更有动力。"南通地区的企业内销数据也因这一政策而一路狂飙，2013年，南通海关已为21家企业核准并办理内销集中纳税手续，全年内销征税达到了3.68亿元。不仅提高了内销效率，也大大降低了企业的资金成本，有效推动企业灵活运用国际国内两种资源，服务两个市场。

(资料来源：中国海关总署网.)

【知识拓展】

内销征税的相关规定

1. 关于征税的数量

剩余料件和边角料内销，直接按申报数量计征进口税；制成品和残次品根据单耗关系折算耗用掉的保税进口料件数量计征进口税；副产品内销，按申报时实际状态的数量计征进口税。

2. 关于征税的完税价格

进料加工进口料件或其制成品(包括残次品)内销时，以料件的原进口成交价格为基础确定完税价格。料件的原进口成交价格不能确定的，以接受内销申报的同时或者大约同时进口的、与料件相同或者类似的货物的进口成交价格为基础确定完税价格。

来料加工进口料件或其制成品(包括残次品)内销时，以接受内销申报的同时或者大约同时进口的、与料件相同或者类似的货物的进口成交价格为基础确定完税价格。

加工企业内销加工过程中产生的副产品或者边角料，以内销价格作为完税价格。

3. 关于征税的税率

加工贸易保税货物，经批准正常的转内销征税，适用海关接受申报办理纳税手续之日实施的税率。属于实行关税配额管理的，企业如能按照规定向海关提交有关进口配额许可证件，海关按照关税配额税率计征税款；企业如未按照规定向海关提交有关进口配额许可证件，海关按照关税配额外适用的税率计征税款。

4. 关于征税的缓税利息

保税加工货物包括加工贸易保税料件或制成品及剩余料件、残次品、副产品和受灾保税货物，经批准内销，凡依法需要征收税款的，除征收税款外，还应加征缓税利息。边角料不加征缓税利息。

缓税利息计息期限的起始日期为内销料件或制成品所对应的加工贸易合同项下首批料件进口之日，终止日期为海关填发税款缴款书之日。

2) 结转

剩余料件可以结转至另一个加工贸易合同项下生产出口，但应当在同一经营单位、同一加工厂、同样的进口料件和同一加工贸易方式的情况下结转。

加工贸易企业申请办理剩余料件结转时应当向海关提供以下文件：①加工贸易剩余料件结转申请表；②企业拟结转的剩余料件清单；③海关按规定需收取的其他单证和材料。

海关依法对企业结转申请予以审核，对符合规定的做出准予结转的决定，并向企业签发加工贸易剩余料件结转联系单，由企业在转出手册的主管海关办理出口报关手续，在转入手册的主管海关办理进口报关手续。

3) 退运

加工贸易企业因故申请将剩余料件、边角料、残次品、副产品等保税加工货物退运出境的，应凭电子化手册编号并持有关单证向口岸海关报关，办理出口手续，留存有关报关单证，以备报核。

4) 放弃

企业放弃剩余料件、边角料、残次品、副产品等，应当提交书面申请交由海关处理。

对符合规定的，海关将做出准予放弃的决定，开具"加工贸易企业放弃加工贸易货物交接单"。企业凭以在规定的时间内将放弃的货物运至指定的仓库，并办理货物的报关手续，留存有关报关单证以备报核。

主管海关凭接受放弃货物的部门签章的"加工贸易企业放弃加工贸易货物交接单"及其他有关单证，核销企业的放弃货物。

经海关核定，有下列情形的(申请放弃的货物属于国家禁止或限制进口的废物的；申请放弃的货物属于对环境造成污染的；法律、行政法规、规章规定不予放弃的其他情形)，海关将做出不予放弃的决定，并告知企业其他处理办法。

5) 销毁

被海关做出不予结转决定或不予放弃决定的加工贸易货物或涉及知识产权等原因企业要求销毁的加工贸易货物，企业可以向海关提出销毁申请，海关经核实同意销毁的，由企业按规定销毁，必要时海关可以派员监督销毁。货物销毁后，企业应当收取有关部门出具的销毁证明材料，以备报核。

6) 受灾保税加工货物的处理

对于受灾保税加工货物，加工贸易企业应在灾后 7 日内向主管海关书面报告，并提供下列证明材料(商务主管部门的签注意见；有关主管部门出具的证明文件；保险公司出具的保险赔款通知书或检验检疫部门出具的有关检验检疫证明文件)，海关可视情况派员核查取证。

因不可抗力造成的受灾保税加工货物灭失，或者已完全失去使用价值无法再利用的，可由海关审定，并予以免税。

因不可抗力造成的受灾保税货物需销毁处理的，同其他保税加工货物的销毁处理一样。

因不可抗力造成的受灾保税加工货物虽失去原使用价值但可再利用的，按海关审定的受灾保税货物价格，按对应的进口料件适用的税率，缴纳进口税和缓税利息。其对应进口料件属于实行关税配额管理的，按照关税配额税率计征税款。

对非不可抗力因素造成的受灾保税加工货物，海关按照原进口货物成交价格审定完税价格照章征税。属于实行关税配额管理，无关税配额证的，按关税配额外适用的税率计征税款。

因不可抗力造成的受灾保税货物对应的原进口料件内销征税时，如属进口许可证件管理的，免予交验许可证件；反之，不是因不可抗力造成的受灾保税货物对应的原进口料件内销征税时，如属进口许可证件管理的，应当交验进口许可证件。

(三)合同报核

1. 报核和核销的含义

加工贸易合同报核，是指加工贸易企业在加工贸易合同履行完毕或终止合同并按规定对未出口的货物进行处理后，按照规定的期限和规定的程序，向加工贸易主管海关申请核销、结案的行为。

加工贸易合同核销，是指加工贸易经营企业加工复出口并对未出口的货物办理有关海关手续后，凭规定单证向海关申请解除监管，海关经审查、核查属实且符合有关法律、行政法规的规定，予以办理解除监管手续的行为。

2．报核的时间

经营企业应当在规定的期限内将进口料件加工复出口，并自加工贸易电子化手册项下最后一批成品出口之日起或者加工贸易电子化手册到期之日起 30 日内向海关报核。

经营企业对外签订的合同因故提前终止的，应当自合同终止之日起 30 日内向海关报核。

3．报核的单证

企业报核所需提交的单证如下：企业合同核销申请表；进出口货物报关单； 核销核算表；其他海关需要的资料。

4．报核的步骤

企业报核的步骤如下：①合同履约后，及时收集、整理、核对手册和进出口货物报关单；②根据有关账册记录、仓库记录、生产工艺资料等查清此合同加工生产的实际单耗，据以填写核销核算表；③填写核销预录入申请单，办理报核预录入手续；④携带有关报核需要的单证，到主管海关报核，并填写报核签收回联单。

【知识拓展】

特殊情况的报核

(1) 遗失进出口货物报关单的合同报核

按规定企业应当用报关单留存联报核，在遗失报关单的情况下，可以凭报关单复印件向原报关地海关申请加盖海关印章后报核。

(2) 无须建立手册的 5000 美元及以下的 78 种列名服装辅料的合同报核

企业直接持进出口货物报关单、合同、核销核算表报核。报核的出口货物报关单应当是注明备案编号的一般贸易出口货物报关单。

(3) 撤销合同报核

加工贸易合同备案后因故提前终止执行，未发生进出口而申请撤销的，应报商务主管部门审批，企业凭审批件和手册报核。

(4) 有走私违规行为的加工贸易合同报核

加工贸易企业因走私行为被海关缉私部门或者法院没收保税加工货物的，凭相关证明材料，如"行政处罚决定书"、"行政复议决定书"、"判决书"、"裁决书"等向海关报核。

加工贸易企业因违规等行为被海关缉私部门或法院处以警告、罚款等处罚但不没收保税加工货物的，不予免除加工贸易企业办理相关海关手续的义务。

5. 海关受理报核和核销

海关对企业的报核应当依法进行审核，对不符合规定的，不予受理并书面告知企业理由和要求企业重新报核；符合规定的，予以受理。

经核销情况正常但未开设台账的，海关向经营单位签发"核销结案通知书"；经核销情况正常且开设台账的，签发"银行保证金台账核销联系单"，企业凭以到银行核销台账，其中"实转"的台账，企业在银行领回保证金和应得的利息或者撤销保函，并领取"银行保证金台账核销通知单"，凭以向海关领取核销结案通知书。

【相关链接】

外发加工贸易"松绑减负"

"根据最新的海关监管规定，除全工序外发加工情形外，海关不再对外发加工货物收取保证金或保函。同时，外发加工的备案手续也将进一步简化……"近日，广州海关隶属南沙海关组织召开加工贸易企业简政放权政策宣讲会，会上，向加工贸易企业代表介绍了2014年3月12日由海关总署发布的《中华人民共和国海关加工贸易货物监管办法》。目前，加工贸易领域的系列便利措施正式实行，其中对外发加工的"松绑减负"尤为引人关注。

外发加工业务是指加工贸易企业委托承揽者对加工贸易货物进行加工，在规定期限内将加工后的产品最终复出口的行为。由于企业实际生产往往流程多样，工序复杂，外发加工在加工贸易领域较为普遍。据不完全统计，南沙区涉及外发加工业务的企业多达40多家，约占加工贸易企业总数的25%。

南沙海关有关负责人表示，以往，企业开展外发加工如涉及跨关区外发加工、全部工序外发加工、外发加工后货物不运回直接出口等情况，均需要向海关提供相当于外发加工货物应缴税款金额的保证金或者银行保函。现在海关优化对外发加工的监管，既体现出对市场贸易实际的尊重，更带来实实在在的好处。

名幸电子(广州南沙)有限公司便是政策的直接受惠者。该企业报关主管龚相华表示："海关取消对外发加工收取保证金的做法，减少了资金流压力，降低了运营成本，有利于企业提升竞争力，进一步转型升级。"目前，南沙海关已将之前按规定收取的7家企业外发加工业务涉及1900万元的银行保函退回企业，切实减负增效。

据了解，新的《中华人民共和国海关加工贸易货物监管办法》还取消了加工贸易备案(变更)、外发加工、深加工结转、余料结转、核销、放弃核准6项行政许可事项，同时简化深加工结转等业务的纸质单证及业务操作流程，海关简政放权的务实举措助力企业"轻装上阵"快速发展。

(资料来源：中国海关总署网.)

三、电子账册管理下的保税加工货物报关程序

电子账册管理模式的主要特征是以企业为单元进行监管，一个加工贸易企业建立一个电子账册。其基本程序是电子账册建立、备案，进出口报关，报核和核销。

(一)电子账册建立

电子账册的建立要经过加工贸易经营企业的联网监管的申请和审批、加工贸易业务的申请和审批、建立商品归并关系和电子账册三个步骤。

1. 联网监管的申请和审批

加工贸易经营企业申请电子账册管理模式的加工贸易联网监管，一般应当具备下列条件：在中国境内具有独立法人资格，并具备加工贸易经营资格，在海关注册的生产型企业；守法经营，资信可靠，内部管理规范，对采购、生产、库存、销售等实行全程计算机管理；能按照海关监管要求提供真实、准确、完整并具有被查核功能的数据。

申请电子账册管理模式的加工贸易联网监管的企业在向海关申请联网监管前，应当先向企业所在地商务主管部门办理前置审批手续，由商务主管部门对申请联网监管企业的加工贸易经营范围依法进行审批。

经商务主管部门审批同意后，加工贸易企业向所在地直属海关提出书面申请，并提供下列单证：加工贸易企业联网监管申请表；企业进出口经营权批准文件；企业上一年度经审计的会计报表；工商营业执照复印件、经营范围清单(含进口料件和出口制成品的品名及4位数的 HS 编码)；海关认为需要提供的其他单证。

主管海关在接到加工贸易企业电子账册管理模式的联网监管申请后，对申请实施联网监管的企业进口料件、出口成品的归类和商品归并关系进行预先审核和确认。经审核符合联网监管条件的，主管海关制发"海关实施加工贸易联网监管通知书"。

2. 加工贸易业务的申请和审批

联网企业的加工贸易业务由商务主管部门审批。商务主管部门总体审定联网企业的加工贸易资格、业务范围和加工生产能力。

商务主管部门收到联网企业申请后，对非国家禁止开展的加工贸易业务予以批准，并签发"联网监管企业加工贸易业务批准证"。

3. 建立商品归并关系和电子账册

联网企业凭商务主管部门签发的"联网监管企业加工贸易业务批准证"向所在地主管

海关申请建立电子账册。

海关以商务主管部门批准的加工贸易经营范围、年生产能力等为依据，建立电子账册。

电子账册包括加工贸易"经营范围电子账册"和"便捷通关电子账册"。"经营范围电子账册"用于检查控制"便捷通关电子账册"进出口商品的范围，不能直接报关。"便捷通关电子账册"用于加工贸易货物的备案、通关和核销。电子账册编码为 12 位。"经营范围电子账册"第一、二位为标记代码"IT"，因此"经营范围电子账册"也叫"IT 账册"；"便捷通关电子账册"第一位为标记代码"E"，因此"便捷通关电子账册"也叫"E 账册"。

电子账册是在商品归并关系确立的基础上建立起来的，没有商品归并关系就不能建立电子账册，所以联网监管的实现依靠商品归并关系的确立。

商品归并关系，是指海关与联网企业根据监管的需要按照中文品名、HS 编码、价格、贸易管制等条件，将联网企业内部管理的"料号级"商品与电子账册备案的"项号级"商品归并或拆分，建立"一对多"或"多对一"的对应关系。

(二)备案

1. "经营范围电子账册"备案

企业凭商务主管部门的批准证通过网络向海关办理"经营范围电子账册"备案手续，备案内容为：经营单位名称及代码；加工单位名称及代码；批准证件编号；加工生产能力；加工贸易进口料件和成品范围(商品编码前 4 位)。

企业在收到海关的备案信息后，应将商务主管部门的纸质批准证交海关存档。

企业的经营范围、加工能力等发生变更时，经商务主管部门批准后，企业可通过网络向海关申请变更。海关予以审核通过，并收取商务主管部门出具的"联网监管企业加工贸易业务批准证变更证明"等相关书面材料。

2. "便捷通关电子账册"备案

企业可通过网络向海关办理"便捷通关电子账册"备案手续，备案内容为：企业基本情况表，包括经营单位及代码、加工企业及代码、批准证编号、经营范围账册号、加工生产能力等；料件、成品部分，包括归并后的料件、成品名称、规格、商品编码、备案计量单位、币制、征免方式等；单耗关系，包括出口成品对应料件的净耗、损耗率等。

其他部分可同时申请备案，也可分阶段申请备案，但料件必须在相关料件进口前备案，成品和单耗关系最迟在相关成品出口前备案。

海关将根据企业的加工能力设定电子账册最大周转金额，并对部分高风险或需要重点监管的料件设定最大周转数量。电子账册进口料件的金额、数量，加上电子账册剩余料件的金额、数量，不得超过最大周转金额和最大周转数量。

"便捷通关电子账册"的最大周转金额、核销期限等需要变更时，企业应向海关提交申请，海关批准后直接变更。"便捷通关电子账册"的基本情况表中的内容、料件成品发生变化的，包括料件、成品品种、单损耗关系的增加等，只要未超出经营范围和加工能力的，企业不必报经商务主管部门审批，可通过网络直接向海关申请变更，海关予以审核通过。

(三)进出口报关

电子账册管理下的保税加工货物报关与电子化手册模式一样，包括进出境货物报关、深加工结转货物报关和其他保税加工货物报关。

1. 进出境货物报关

1) 报关清单的生成

使用"便捷通关电子账册"办理报关手续，企业应先根据实际进出口情况，从企业系统导出料号级数据生成归并前的报关清单，通过网络发送到电子口岸。报关清单应按照加工贸易合同填报监管方式，进口报关清单填制的总金额不得超过电子账册最大周转金额的剩余值，其余项目的填制参照报关单的填制规范。

2) 报关单的生成

联网企业进出口保税加工货物，应使用企业内部的计算机，采用计算机原始数据形成报关清单，报送中国电子口岸。电子口岸将企业报送的报关清单根据归并原则进行归并，并分拆成报关单后发送回企业，由企业填报完整的报关单内容后，通过网络向海关正式申报。

3) 报关单的修改、删除

不涉及报关清单的报关单内容可直接进行修改，涉及报关清单的报关单内容修改必须先修改报关清单，再重新进行归并。报关单申报后，一律不得修改，只能删除。

4) 填制报关单的要求

联网企业备案的进口料件和出口成品等内容，是货物进出口时与企业实际申报货物进行核对的电子底账，因此申报数据与备案数据应当一致。企业按实际进出口的"货号"(料件号和成品号)填报报关单，并按照加工贸易货物的实际性质填报监管方式。

海关按照规定审核申报数据，进口货物报关单的总金额不得超过电子账册最大周转金额的剩余值，如果电子账册对某项下料件的数量进行限制，那么报关单上该项商品的申报数量不得超过其最大周转量的剩余值。

5) 申报方式的选择

联网企业可根据需要和海关规定分别选择有纸报关或无纸报关方式申报。

联网企业进行无纸报关的，海关凭同时盖有申报单位和其代理企业的提货专用章的放行通知书办理"实货放行"手续；报关单位凭同时盖有经营单位、报关单位及报关员印章的纸质单证办理"事后交单"事宜。

联网企业进行有纸报关的，应由本企业的报关员办理现场申报手续。

有关许可证件管理和税收征管的规定与电子化手册管理下的保税加工货物进出境报关一样，可参照电子化手册的有关内容。

2. 深加工结转货物报关

电子账册管理下的深加工结转货物报关与电子化手册管理下的保税加工货物深加工结转报关一样，可参照电子化手册的有关内容。

3. 其他保税加工货物报关

经主管海关批准，联网监管企业可按月度集中办理内销征税手续，并应在每个核销周期结束前，必须办结本期所有的内销征税手续。

联网企业以内销、结转、退运、放弃、销毁等方式处理保税进口料件、成品、副产品、残次品、边角料和受灾货物的报关手续，参照电子化手册的有关内容。后续缴纳税款时，缓税利息计息日为电子账册上期核销之日(未核销过的为"便捷通关电子账册"记录首次进口料件之日)的次日至海关开具税款缴纳证之日。

(四)报核和核销

对电子账册模式的核销实行滚动核销的形式，即对电子账册按照时间段进行核销，将某个确定的时间段内企业的加工贸易进出口情况进行平衡核算。

企业必须在规定的期限内完成报核手续，确有正当理由不能按期报核的，经主管海关批准可以延期，但延长期限不得超过60天。

企业报核和海关核销程序如下。

1. 企业报核

1) 预报核

预报核是加工贸易联网企业报核的组成部分。企业在向海关正式申请核销前，在电子账册本次核销周期到期之日起30天内，将本核销期内申报的所有的电子账册进出口报关数据按海关要求的内容，包括报关单号、进出口岸、扣减方式、进出标志等以电子报文形式向海关申请报核。

2) 正式报核

正式报核是指企业预报核通过海关审核后，以预报核海关核准的报关数据为基础，准确、详细地填报本期保税进口料件的应当留存数量、实际留存数量等内容，以电子报文形式向海关正式申请报核。

　　海关认为必要时可以要求企业进一步报送料件的实际进口数量、耗用数量、内销数量、结转数量、边角料数量、放弃数量、实际损耗率等内容，对比对不相符且属于企业填报有误的可以退单，企业必须重新申报。

　　经海关认定企业实际库存多于应存数，有合理正当理由的，可以计入电子账册下期核销，对其他原因造成的，依法处理。

　　联网企业不再使用电子账册的，应当向海关申请核销。电子账册核销完毕，海关予以注销。

2. 海关核销

　　海关核销的基本目的是掌握企业在某个时段所进口的各项保税加工料件的使用、流转、损耗的情况，确认是否符合以下的平衡关系。

　　进口保税料件(含深加工结转进口)=出口成品折料(含深加工结转出口)+内销料件+内销成品折料+剩余料件+损耗-退运成品折料

　　海关核销除了对书面数据进行必要的核算外，还会根据实际情况采取盘库的方式。经核对，企业报核数据与海关底账数据及盘点数据相符的，海关通过正式报核审核，打印核算结果，系统自动将本期结余数转为下期期初数。企业实际库存量多于电子底账核算结果的，海关会按照实际库存量调整电子底账的当期结余数量；企业实际库存量少于电子底账核算结果且可以提供正当理由的，对短缺部分，联网企业按照内销处理；企业实际库存量少于电子底账核算结果且联网企业不能提供正当理由的，对短缺部分，海关将移交缉私部门处理。

【应用案例】

"无纸化报核"为加工贸易企业减负

　　结合加工贸易联网监管业务管理，2013年南京海关率先在隶属苏州海关、苏州工业园区海关、昆山海关开展了加工贸易联网监管企业无纸化报核试点工作。改革后，在加工贸易的核销季，各家公司不用再到各部门借用人员集中整理进出口数据，也不用再要求公司安排专车运送资料，更不用带上十来个同事搬运报关单，只需要单车单人，带上1份会计师事务所报告和1张数据光盘，到海关办理账册报核结案手续，真正实现让企业轻装上阵。全球笔记本电脑生产巨头纬创集团的关务主管单平安向记者介绍道，按照海关规定，综合保税区内企业每半年度要办理电子账册核销一次，对他而言，每次核销都是一场"集中会战"。"减负"让我们轻装上阵，除了人力和办公成本，最重要的是节约了时间成本，让我们公司产品升级和产业转型的周期大为缩短。

(资料来源：中国海关总署网.)

【相关链接】

北京海关推广运行新账册系统 保税物流企业受益良多

2012年6月8日，北京昊运联合国际货运代理有限公司报关员何凯来到北京海关下属天竺海关，顺利办理了一票货物的通关手续。据从海关了解，该票货物的报关品名为水银灯，货物价值23 920美元。这是北京海关推广运行新的HW账册系统的首票货物，标志着该关新系统的正式开通。

据从海关了解，HW账册是海关特殊监管区域物流账册系统的简称，是海关总署自6月1日起在全国海关全面推广运行的新系统，主要适用于保税港区、综合保税区、出口加工区等区内从事保税物流业务的企业。HW账册，是区内物流企业开展仓储业务前向主管海关申请建立的电子底账，是海关为控制和记录企业申报进出及存仓货物所建立的电子数据账册。

北京海关下属天竺海关备案科科长王薇介绍说："HW账册采用记账式管理模式，实际上就是区内物流企业需在设立账册时，向海关备案如加工单位、申报类型、批准证编号等表头信息，待海关审核通过后，企业即可凭海关核发的电子账册在指定口岸办理进出口报关业务，这样就免去了传统的电子账册在前期备案及核销审批环节，海关提高了通关效率，企业也得到最实际的优惠。"

"以前企业在通关前需向海关就每种商品的项号、品名、规格型号、计量单位、税号、原产国等信息进行备案，往往需要至少1~2个工作日的时间。HW这个新系统建立后，企业只需在设立账册时备案表头信息，在通关时直接进行申报，这样我办理一票货物从预录入、备案审核到通关、验放的全部海关手续，只需要5个小时，比以前节省了大约半天到一天时间。"报关员何凯感慨地说。

北京海关下属天竺海关关长卢晓明表示，该关开出的首本HW账册的首票货物，标志着北京海关HW账册系统的推广工作正式开启。北京海关HW账册系统启用后，大大节约了企业通关时间，为天竺综合保税区内企业开展保税物流业务提供便利。该账册的运行不仅进一步规范了海关对特殊监管区域内物流企业的管理，优化了监管流程，同时也将促进区内保税物流业务的健康发展。

(资料来源：北京海关网.)

四、出口加工区进出货物报关程序

(一)出口加工区简介

1. 含义

出口加工区是指经国务院批准在中华人民共和国境内设立的，由海关对进出区货物及区内相关场所进行封闭式监管的特定区域。

2. 功能

出口加工区具有从事保税加工、拓展保税物流及开展研发、检测、维修业务的功能。

出口加工区内设置出口加工型企业、专为区内加工企业生产提供服务的仓储企业和经海关核准专门从事区内货物进、出的运输企业。

3. 管理

出口加工区是海关监管的特定区域。出口加工区与境内其他地区之间设置符合海关监管要求的隔离设施及闭路电视监控系统，在进出区通道设立卡口。海关在出口加工区内设立机构，并依照《中华人民共和国海关对出口加工区监管的暂行办法》对进出区的货物及区内相关场所实行24小时监管。区内不得经营商业零售业务，不得建立营业性的生活消费设施。除安全人员和企业值班人员外，其他人员不得在出口加工区内居住。区内企业建立符合海关监管要求的电子计算机管理数据库，并与海关实行电子计算机联网，进行电子数据交换。

出口加工区与境外之间进出的货物，除国家另有规定的外，不实行进出口许可证件管理。国家禁止进出口的货物，不得进出出口加工区。因国内技术无法达到产品要求，须将国家禁止出口商品运至出口加工区内进行某项工序加工的，应报经商务主管部门批准，海关比照出料加工管理办法进行监管，其运入出口加工区的货物，不予签发出口退税报关单。

从境外运入出口加工区的加工贸易货物全额保税。出口加工区区内企业开展加工贸易业务不实行加工贸易银行保证金台账制度，适用电子账册管理，出口加工区内企业从境外进口的自用的生产、管理所需设备、物资，除交通运输工具和生活消费用品外，予以免税。

境内区外进入出口加工区的货物视同出口，办理出口报关手续，除属于取消出口退税的基建物资外，可以办理出口退税手续。

【相关链接】

出口加工区的建立情况

出口加工区一般选在经济相对发达、交通运输和对外贸易方便、劳动力资源充足、城市发展基础较好的地区，多设于沿海港口或国家边境附近。世界上第一个出口加工区为1956年建于爱尔兰的香农国际机场。中国台湾高雄在60年代建立了出口加工区。以后，一些国家也效法设置。中国在80年代实行改革开放政策后，沿海一些城市开始兴建出口加工区。

(资料来源：百度百科.)

(二)报关程序

出口加工区内企业在进出口货物前,应向出口加工区主管海关申请建立电子账册,包括"加工贸易电子账册(H 账册)"和"企业设备电子账册"。出口加工区进出境货物和进出区货物通过电子账册办理报关手续。

1. 与境外之间

出口加工区企业从境外运进货物或运出货物到境外,由收发货人或其代理人填写进、出境货物备案清单,向出口加工区海关备案。

对于跨越关区进出境的出口加工区货物,除邮递物品、个人随身携带物品、跨越关区进口车辆和出区在异地口岸拼箱出口货物以外,可以按转关运输中的直转转关方式办理转关。对于同一直属海关关区内的出口加工区进出境货物,可以按直通式报关。

【知识拓展】

跨越关区进出境的出口加工区货物按直转转关方式转关的报关程序

1. 境外货物运入出口加工区

货物到港后,收货人或其代理人向口岸海关录入转关申报数据,并持"进口转关货物申报单"、"汽车载货登记簿"向口岸海关物流监控部门办理转关手续;口岸海关审核同意企业转关申请后,向出口加工区海关发送转关申报电子数据,并对运输车辆进行加封。

货物运抵出口加工区后,收货人或其代理人向出口加工区海关办理转关核销手续,出口加工区海关物流监控部门核销"汽车载货登记簿",并向口岸海关发送转关核销电子回执;同时收货人或其代理人录入"出口加工区进境货物备案清单",向出口加工区海关提交运单、发票、装箱单、电子账册编号、相应的许可证件等单证办理进境报关手续;出口加工区海关审核有关报关单证,确定是否查验,对不需查验的货物予以放行,对需要查验的货物,由海关实施查验后,再办理放行手续,签发有关备案清单证明联。

2. 出口加工区货物运往境外

发货人或其代理人录入出口加工区出境货物备案清单,向出口加工区海关提交运单、发票、装箱单、电子账册编号等单证,办理出口报关手续,同时向出口加工区海关录入转关申报数据,并持出口加工区出境货物备案清单、"汽车载货登记簿"向出口加工区海关物流监控部门办理出口转关手续;出口加工区海关审核同意企业转关申请后,向口岸海关发送转关申报电子数据,并对运输车辆进行加封。

货物运抵出境地海关后,发货人或其代理人向出境地海关办理转关核销手续,出境地海关核销"汽车载货登记簿",并向出口加工区海关发送转关核销电子回执;货物实际离境后,出境地海关核销清洁载货清单并反馈给出口加工区海关,出口加工区海关凭以签发有关备案清单证明联。

2. 与境内区外其他地区之间

1) 出口加工区货物运往境内区外

出口加工区运往境内区外的货物，按照对进口货物的有关规定办理报关手续。由区外企业录入进口货物报关单，凭发票、装箱单、相应的许可证件等单证向出口加工区海关办理进口报关手续。进口报关结束后，区内企业填制出口加工区出境货物备案清单，凭发票、装箱单、电子账册编号等向出口加工区海关办理出区报关手续。

出口加工区海关放行货物后，向区外企业签发进口货物报关单付汇证明联，向区内企业签发出口加工区出境货物备案清单收汇证明联。

出口加工区内企业内销加工贸易制成品，以接受内销申报的同时或者大约同时进口的相同货物或者类似货物的进口成交价格为基础确定完税价格。内销加工过程中产生的边角料或者副产品，以内销价格作为完税价格。由区外企业缴纳进口关税和进口环节海关代征税，免予交付缓税利息。属于许可证件管理的商品，应向海关出具有效的进口许可证件。

【知识拓展】

区内企业产生的边角料、废品、残次品出区内销的相关规定

出口加工区内企业产生的边角料、废品、残次品等原则上应复运出境。如出区内销应按照对区外其他加工贸易货物内销的相关规定办理。

(1) 边角料、废品内销，海关按照报验状态归类后适用的税率和审定的价格计征税款，免予提交许可证件。

(2) 边角料、废品以处置方式销毁的，或者属于禁止进口的固体废物需出区进行利用或者处置的，区内企业持处置单位的"危险废物经营许可证"复印件以及出口加工区管委会和所在地(市)级环保部门的批准文件向海关办理有关手续。

(3) 对无商业价值且不属于禁止进口的固体废物的边角料和废品，需运往区外以处置之外的其他方式销毁的，应凭出口加工区管委会的批件，向主管海关办理出区手续，海关予以免税，并免予验核进口许可证件。

(4) 残次品出区内销，按成品征收进口关税和进口环节海关代征税，属于进口许可证件管理的，企业应当向海关提交相应许可证件；对属于《法检目录》内的出区内销残次品，须经出入境检验检疫机构按照国家技术规范的强制性要求检验合格后，方可内销。

出口加工区内企业需要将有关模具、半成品运往区外进行外发加工，应当报经加工区主管海关关长批准，由接受委托的区外企业向出口加工区主管海关缴纳货物应征关税和进口环节增值税等值的保证金或银行保函后办理出区手续。加工完毕后，加工产品应按期(一般为6个月)运回出口加工区，区内企业向出口加工区主管海关提交运出出口加工区时填写的"委托区外加工申请书"及有关单证，办理验放核销手续。加工区主管海关办理验放核销手续后，退还保证金或撤销保函。

出口加工区区内使用的机器、设备、模具和办公用品等，须运往境内区外进行维修、测试或检验时，区内企业或管理机构应向主管海关提出申请，并经主管海关核准、登记、查验后，方可将机器、设备、模具和办公用品等运往境内区外维修、测试或检验。区内企业将模具运往境内区外维修、测试或检验时，应留存模具所生产产品的样品，以备海关对运回出口加工区的模具进行核查。运往境内区外维修、测试或检验的机器、设备、模具和办公用品等，不得用于境内区外加工生产和使用。

运往境内区外维修、测试或检验的机器、设备、模具和办公用品等，应自运出之日起2个月内运回加工区。因特殊情况不能如期运回的，区内企业应于期限届满前 7 天内，向主管海关说明情况，并申请延期。申请延期以 1 次为限，延长期限不得超过 1 个月。

运往境内区外维修的机器、设备、模具和办公用品等，运回出口加工区时，要以海关能辨认其为原物或同一规格的新零件、配件或附件为限，但更换新零件、配件或附件的，原零件、配件或附件应一并运回出口加工区。

2) 境内区外货物运入出口加工区

境内区外运入出口加工区的货物，按照对出口货物的有关规定办理报关手续。由区外企业录入出口货物报关单，凭购销合同(协议)、发票、装箱单等单证向出口加工区海关办理出口报关手续。出口报关结束后，区内企业填制出口加工区进境货物备案清单，凭购销发票、装箱单、电子账册编号等单证向出口加工区海关办理进区报关手续。

出口加工区海关查验、放行货物后，向区外企业签发出口货物报关单收汇证明联和出口退税证明联，向区内企业签发出口加工区进境货物备案清单付汇证明联。

从境内区外运进出口加工区供区内企业使用的国产机器、设备、原材料、零部件、元器件、包装物料、基础设施，加工企业和行政管理部门生产、办公用房所需合理数量的国产基建物资等，按照对出口货物的管理规定办理出口报关手续，海关签发出口货物报关单退税证明联(除不予退税的基建物资外)。境内区外企业依据出口货物报关单退税证明联向税务部门申请办理出口退(免)税手续。

3) 出口加工区出区深加工结转

出口加工区货物出区深加工结转是指区内加工贸易企业(以下简称转出企业)经海关批准并办理相关的手续，将本企业生产的产品直接转入其他出口加工区等海关特殊监管区域内或区外加工贸易企业(以下简称转入企业)进一步加工后复出口的经营活动。

出口加工区企业开展深加工结转时，转出企业凭出口加工区管委会出具的"出口加工区深加工结转业务批准证"，向所在地的出口加工区海关办理海关备案手续后方可开展货物的实际结转；对转入其他出口加工区、保税区等海关特殊监管区域的，转入企业凭加盖所在区管委会印章的"出口加工区深加工结转业务批准证"办理结转手续，对转入出口加工区、保税区等海关特殊监管区域外加工贸易企业的，转入企业凭商务主管部门的批复办理结转手续。

对结转至海关特殊监管区域外的加工贸易企业的货物，海关按照对保税加工进口货物的有关规定办理手续，结转产品如果属于加工贸易项下进口许可证件管理商品的，企业应当向海关提供相应的有效进口许可证件。

对转入特殊监管区域的，转出、转入企业分别在自己的主管海关办理结转手续；对转入特殊监管区域外加工贸易企业的，转出、转入企业在转出地主管海关办理结转手续。

对转入特殊监管区域的深加工结转，除特殊情况外，比照转关运输方式办理结转手续；不能比照转关运输方式办理结转手续的，在向主管海关提供相应的担保后，由企业自行运输。

【知识拓展】

转入特殊监管区域外加工贸易企业的深加工结转报关程序

转入特殊监管区域外加工贸易企业的深加工结转报关程序如下。

(1) 转入企业在"中华人民共和国海关出口加工区出区深加工结转申请表"(一式四联)中填写本企业的转入计划，凭申请表向转入地海关备案。

(2) 转入地海关备案后，留存申请表第一联，其余三联退还转入企业，由转入企业送交出口加工区转出企业。

(3) 转出企业自转入地海关备案之日起 30 天内，持申请表其余三联，填写本企业的相关内容后，向主管海关办理备案手续。

(4) 转出地海关审核后，留存申请表第二联，将第三、第四联分别交给转出企业、转入企业。

(5) 转出、转入企业办理结转备案手续后，凭双方海关核准的申请表进行实际收发货。转出企业的每批次发货记录应当在一式三联的"出口加工区货物实际结转情况登记表"上如实登记，转出地海关在卡口签注登记表后，货物出区。

(6) 转出、转入企业每批实际发货、收货后，可以凭申请表和转出地卡口海关签注的登记表分批或者集中办理报关手续。转出、转入企业每批实际发货、收货后，应当在实际发货、收货之日起30天内办结该批货物的报关手续。转入企业填报结转进口货物报关单，转出企业填报结转出口备案清单。一份结转进口货物报关单对应一份结转出口备案清单。

【应用案例】

拓展功能　筑巢引凤——廊坊海关助出口加工区飞速发展

2010 年 1 到 10 月，廊坊出口加工区进出区货值7.4 亿元，比去年同期增长10.9 倍，实现海关税收3900 万元。

廊坊出口加工区于 2005 年 6 月 3 日经国务院批准设立，2008 年 9 月份正式封关运行。其传统功能是保税加工，返销出口。近年来，区域经济和生产制造、物流等产业的发展，越来越要求出口加工区不断丰富功能，拓展业务领域，为区域发展增添新亮点，为企业发展提供更为有力的政策支持和更宽阔的平台。

2009 年海关总署开始在全国各出口加工区拓展保税物流、检测、维修等功能。廊坊海关抓住有利时机，积极采取措施，大力推动廊坊出口加工区拓展功能：深入企业进行政策宣讲，帮助企业了解、熟悉政策；支持物流企业进区，满足了出口加工区内设立专门从事加工区内货物进出的运输企业的需要；同时按照"功能叠加"思路，增加保税物流、仓储等功能，为增加廊坊出口加工区的竞争能力提供支持。

为畅通物流通关，廊坊海关坚持"全天候、无假日"通关制度，保证出口货物和生产急需的进口货物及时通关。在预录入、审单环节设置专门服务，为保税物流企业办理快速通关手续。对当天入、出区的保税物流货物，在查验场站实行"一次查验"，实现货物流动的高效性。建立廊坊出口加工区海关办事处与北京机场海关之间的直接转关业务，减少货物流转环节，大大提高了物流效率。

通过拓展保税物流等功能，出口加工区内生产企业实现了"零库存"模式，区内物流企业实现了"体内循环"，从而打通了"区外—区内—境外"的货物流通环节，加快出口加工区国际物流业的发展。区内仓储型企业也开展了保税物流业务。截至目前，区内仓储型企业已与燕达国际医疗投资管理有限公司、诺维汽车内饰(中国)有限公司等多家企业开展了保税物流业务，进出区货值达 3.3 亿元。

富士康(廊坊)精密电子有限公司等企业也选择了与出口加工区廊坊铭远物流有限公司等物流企业合作，充分享受到国家政策优惠，有效解决了该企业不同子公司间加工贸易产品手机用配件的相互调配问题，极大地提高了物流速度，降低了经营成本。今年以来，出口加工区内企业进出口量攀升，1～10 月共有进出口报关单 2430 份，去年增长了 3.5 倍。

（资料来源：石家庄海关网.）

五、珠海园区进出货物报关程序

(一)珠海园区简介

1. 含义

珠澳跨境工业区，是指经国务院批准设立，在我国珠海经济特区和澳门特别行政区之间跨越珠海和澳门关境线，由中国海关和澳门海关共同监管的海关特殊监管区域。

珠澳跨境工业区由珠海园区和澳门园区两部分组成。其中，珠海园区，是指经国务院批准设立的珠澳跨境工业区的珠海园区；澳门园区，是指经国务院批准设立的珠澳跨境工业区的澳门园区。

2. 功能

珠海园区具有从事保税加工、保税物流、国际转口贸易等功能。

珠海园区可以开展以下业务：加工制造；检测、维修、研发；储存进出口货物及其他未办结海关手续货物；国际转口贸易；国际采购、分销和配送；国际中转；商品展示、展销；经海关批准的其他加工和物流业务。

3. 管理

1) 园区管理

珠海园区实行保税区政策，与中华人民共和国关境内的其他地区之间进出货物在税收方面实行出口加工区政策。

海关在珠海园区派驻机构，依照本办法对进出珠海园区的货物、物品、运输工具以及珠海园区内企业、场所实行 24 小时监管。

珠海园区实行封闭式管理。珠海园区与区外以及澳门园区之间，应当设置符合海关监管要求的围网隔离设施、卡口、视频监控系统以及其他海关监管所需的设施。

法律、行政法规禁止进出口的货物、物品，不得进出珠海园区。珠海园区内不得建立商业性生活消费设施。除安全保卫人员和企业值班人员外，其他人员不得在珠海园区居住。

2) 企业管理

珠海园区内企业应当具有法人资格，具备向海关缴纳税款及履行其他法定义务的能力，并且在区内拥有专门的营业场所。特殊情况下，经直属海关批准，区外法人企业可以依法在珠海园区内设立分支机构。

区内企业应当按照《中华人民共和国海关对报关单位注册登记管理规定》及相关规定向海关办理注册登记、变更、注销、行政许可延续及换证等手续。

区内企业应当依据《中华人民共和国会计法》及国家有关法律、行政法规的规定，设置符合海关监管要求的账簿、报表，记录本企业的财务状况和有关进出珠海园区货物、物品的库存、转让、转移、销售、加工、使用和损耗等情况，如实填写有关单证、账册，凭合法、有效凭证记账并且进行核算。

海关对区内企业实行电子账册监管制度和计算机联网管理制度。珠海园区行政管理机构或者其经营主体应当在海关指导下通过"电子口岸"平台建立供海关、区内企业以及其他相关部门进行电子数据交换和信息共享的计算机公共信息平台。区内企业应当建立符合海关联网监管要求的计算机管理系统，按照海关规定的认证方式，提供符合海关查阅格式的电子数据并且与海关信息系统联网。

3) 加工贸易管理

区内企业自开展业务之日起，应当每年向珠海园区主管海关办理报核手续，珠海园区主管海关应当自受理报核申请之日起 30 天内予以核销。区内企业有关账册、原始单证应当自核销结束之日起至少保留 3 年。

区内企业开展加工贸易不实行加工贸易银行保证金台账制度。

4) 特殊情况处理

有下列情形之一的，区内企业应当在情况发生之日起 5 个工作日内书面报告海关，并且办理相关手续：遭遇不可抗力的；海关监管货物被盗窃的；区内企业分立、合并、破产的。

因不可抗力造成珠海园区内货物损坏、灭失的，区内企业应当及时书面报告珠海园区主管海关，并且提供保险、灾害鉴定部门的有关证明。经珠海园区主管海关核实确认后，按照以下规定处理。

(1) 货物灭失，或者虽未灭失但完全失去使用价值的，海关依法办理核销和免税手续。

(2) 进境货物损坏，失去原使用价值但可以再利用的，区内企业可以向海关办理退运手续。要求运往区外的，由区内企业提出申请，并且经珠海园区主管海关核准后，按照出区时的实际状态办理海关手续。

(3) 区外进入珠海园区的货物损坏，失去原使用价值但可以再利用，并且向区外出口企业进行退换的，可以退换为与损坏货物同一品名、规格、数量、价格的货物，并且向珠海园区主管海关办理退运手续。

因保管不善等非不可抗力因素造成货物损坏、灭失的，按照以下规定办理。

(1) 对于从境外进入珠海园区的货物，区内企业应当按照一般进口货物的规定，以货物进入珠海园区时海关接受申报之日适用的税率、汇率，依法向海关缴纳损毁、灭失货物原价值的进口环节海关代征税。

(2) 对于从境内区外进入珠海园区的货物，区内企业应当重新缴纳出口退还的国内环节有关税款，海关根据有关单证办理核销手续。

(二)报关程序

1. 与境外之间

海关对珠海园区与境外之间进出的货物实行备案制管理，由货物的收发货人或其代理人填写进出境货物备案清单，向海关备案。

对于珠海园区与境外之间进出的货物，区内企业提出书面申请并且经海关批准的，可以办理集中申报手续。

珠海园区与境外之间进出的货物应当向珠海园区主管海关申报。珠海园区与境外之间进出货物的进出境口岸不在园区主管海关管辖区域的，区内企业应当按照转关运输等方式办理有关手续。

珠海园区与境外之间进出的货物,不实行进出口配额、许可证件管理。

2. 与境内区外之间

1) 出区

珠海园区内货物运往区外视同进口,海关按照货物进口的有关规定办理手续。由区内企业填制出境货物备案清单向珠海园区主管海关办理申报手续,区外收货人或其代理人填制进口货物报关单向珠海园区主管海关办理申报手续。需要征税的,按照货物出区时的实际状态征税;属于配额、许可证件管理商品的,区内企业或者区外收货人还应当向海关出具进口配额、许可证件。

区内企业跨关区配送货物或者异地企业跨关区到珠海园区提取货物,可以在珠海园区主管海关办理申报手续,也可以按照规定在异地企业所在地海关办理申报手续。

【相关链接】

珠海园区内不同性质货物运往区外的相关规定

1. CEPA 货物出区

以一般贸易方式经珠海园区进入境内区外,并且获得香港或者澳门签证机构签发的CEPA优惠原产地证书的货物,可以按照规定享受CEPA零关税优惠。

2. 残次品、边角料出区

区内企业在加工生产过程中产生的残次品内销出区的,海关按内销时的实际状态征税。属于进口配额、许可证件管理的,企业应当向海关出具进口配额、许可证件。

区内企业在加工生产过程中产生的边角料、废品,以及加工生产、储存、运输等过程中产生的包装物料,区内企业提出书面申请并且经海关批准的,可以运往区外,海关按出区时的实际状态征税。属于进口配额、许可证件管理商品的,免领进口配额、许可证件;属于列入《禁止进口废物目录》的废物及其他危险废物需出区进行处置的,有关企业凭珠海园区行政管理机构及所在地的市级环保部门批件等材料,向海关办理出区手续。

3. 退运出区

需要退运到区外的货物,区内企业向珠海园区主管海关提出退运申请,提供注册地税务部门证明其货物未办理出口退税或者所退税款已退还税务部门的证明材料和出口单证,并且经珠海园区主管海关批准的,可以办理退运手续;属于已经办理出口退税手续并且所退税款未退还税务部门的,应当按照进口货物办理进口手续,需要征税的,按照货物出区时的实际状态征税;属于进口配额、许可证件管理商品的,区内企业或者区外收货人还应当向海关出具进口配额、许可证件。

4. 出区外发加工

区内企业需要将模具、原材料、半成品等运往区外进行加工的,应当在开展外发加工前，凭承揽加工合同或者协议、承揽企业营业执照复印件和区内企业签章确认的承揽企业生产能力状况等材料，向珠海园区主管海关办理外发加工手续。

委托区外企业加工的期限不得超过6个月，加工完毕后的货物应当按期运回珠海园区。在区外开展外发加工产生的边角料、废品、残次品、副产品不运回珠海园区的，海关应当按照实际状态征税。货物运回园区后，区内企业凭出区时的委托区外加工申请书及有关单证，向海关办理验放核销手续。

5. 出区深加工结转

区内企业可以将本企业加工生产的产品转入其他海关特殊监管区域以及区外加工贸易企业进一步加工后复出口，按照出口加工区货物出区深加工结转的程序办理有关手续。

6. 出区展示

经珠海园区主管海关批准，区内企业可以在区外进行商品展示，并且比照海关对暂准进境货物的有关规定办理进出区手续。

7. 出区检测、维修

在珠海园区内使用的机器、设备、模具和办公用品等海关监管货物，区内企业或者珠海园区行政管理机构向珠海园区主管海关提出书面申请，并且经珠海园区主管海关核准、登记后，可以运往区外进行检测、维修。区内企业将模具运往区外进行检测、维修的，应当留存模具所生产产品的样品或者图片资料。

运往区外进行检测、维修的机器、设备、模具和办公用品等，不得在区外用于加工生产和使用，并且应当自运出之日起60天内运回珠海园区。因特殊情况不能如期运回的，区内企业或者珠海园区行政管理机构应当在期限届满前7天内，以书面形式向海关申请延期，延长期限不得超过30天。

检测、维修完毕运回珠海园区的机器、设备、模具和办公用品等应当为原物。有更换新零件、配件或者附件的，原零件、配件或者附件应当一并运回区内。

对在区外更换的国产零件、配件或者附件，需要退税的，由区内企业或者区外企业提出申请，园区主管海关按照出口货物的有关规定办理手续，签发出口货物报关单证明联。

2) 进区

货物从境内区外进入珠海园区视同出口，海关按照货物出口的有关规定办理手续。属于出口应税商品的，按照有关规定进行征税；属于许可证件管理商品的，区内企业或者区外发货人还应当向海关出具出口许可证件。

从区外进入珠海园区供区内企业使用的国产机器、设备、原材料、零部件、元器件、包装物料及建造基础设施，企业和行政管理部门生产、办公用房所需合理数量的国产基建物资等，海关按照出口货物的有关规定办理手续，签发出口货物报关单退税证明联。

从区外进入珠海园区供区内企业和行政管理机构使用的生活消费用品、交通运输工具等，海关不予签发出口货物报关单退税证明联。

从区外进入珠海园区的进口机器、设备、原材料、零部件、元器件、包装物料、基建物资等，有关企业应当向海关提供上述货物或者物品的清单，并且办理出口报关手续；上述货物或者物品已经缴纳的进口环节税，不予退还。

区内企业运往境内区外进行外发加工的货物，加工生产过程中使用国内料件并且属于出口应税商品的，加工产品运回区内时，所使用的国内料件应当按规定缴纳出口关税。

经珠海园区主管海关批准，区内企业可以承接区外商品的展示，并且比照海关对暂准出境货物的有关规定办理进出区手续。

【应用案例】

拱北海关服务园区　为对澳门贸易搭便捷桥梁

2010年12月8日上午11点，珠海泉露饮品有限公司的855箱矿泉水出口到澳门。由于事先在拱北海关办理了集中报关业务，这批矿泉水仅用时1分钟便办完了通关手续，直接运往澳门了。

泉露是珠澳跨境工业区珠海园区的企业，每天有大量的饮用水送到澳门，珠海园区与澳门咫尺之隔的地域优势，以及全天候的通关条件，恰好能够满足企业的需要。

"之所以选择在跨境工业区仓储矿泉水，图得就是方便！"泉露饮品有限公司董事长郑剑儒表示，"海关的集中报关服务，再加上口岸24小时开放，只要我们客户需要，马上就能送过去！"

这天正是全国第一个跨境工业区——珠澳跨境工业区正式运行4周年的日子。珠海园区企业可以享受"保税区、出口加工区税收政策及24小时通关专用口岸"三重特殊政策，尽管珠海园区仅有0.29平方千米，4年来，越来越多的企业看中这里的政策优势，珠海园区内的企业已由最初的13家增加到目前的74家。

"在这里，珠海和澳门之间的货物贸易更为便捷通畅，可为内地市场和海外市场之间的对外贸易搭建快捷的桥梁。"驻区海关张均秀副主任分析。

有好的政策，更要有好的服务，拱北海关通过走访企业，开展"面对面"宣讲会等交流活动，及时了解企业的困难，为企业解决实际问题。优利赛电子有限公司是区内一家从事电子产品售后服务、维修检测服务的公司，因为业务需要，维修人员须携带维修工具和零部件不定期多次往返珠澳两地。拱北海关主动约见企业，指引优利赛公司可以指定专门携带人员到海关做登记备案，以"客带货"的方式办理维修物品的进出境手续。很快，企业理顺了业务运作流程，随叫随到服务客户，成了企业的竞争"招牌"。

谈到2008年的金融危机，园区内的德诚服饰有限公司报关员李星语印象深刻。因受大环境影响，一度合同锐减，企业大量成衣积压。关键时刻，拱北海关积极引导企业不断调整思路，利用园区区位及政策优势，大力发展物流业，企业得以重整旗鼓。

德诚服饰是园区企业成功转型的众多个例之一。拱北海关积极探索海关特殊监管区域新模式，引导珠海园区确定了由制造业向服务业转变，从以加工贸易为主向仓储物流业过渡的发展目标。经过转型升级，园区目前从事仓储物流业的企业已占全区企业的6成以上。

据拱北海关最新统计，自珠澳跨境工业区封关运作以来，珠海园区进出境(区)货物28.4万吨，货值18.9亿美元，业务量年增长率超过3倍。今年1～10月，珠澳跨境工业区珠海园区进出境(区)货值8.6亿美元，货运量12.5万吨，比去年同期分别增长了91%和73%。

拱北海关启动"两单一审"通关改革

2013年8月1日上午10点25分，拱北海关首票"两单一审"业务报关单在珠澳跨境工业区顺利办结手续，跨境工业区通宇物流有限公司申报出口货值7万美元充电器一批，整个海关作业过程仅用了3分钟，这标志着"两单一审"通关业务改革在拱北关区正式启用。现场办理业务的梁舒萍副科长介绍，在此前的通关作业模式下，对于一票从境内区外进入珠澳跨境工业区的货物，区外企业和区内企业需要分别向海关申报"出口报关单"和"进境备案清单"，海关人员要对上述两份单证分别审核。而推行"两单一审"通关改革后，可以将两份单证借助计算机系统相互关联，《进境备案清单》作为《出口报关单》的随附单证，不需要企业现场交单，情况无异常的，电脑自动对碰，海关在单证处理环节可以实现一次审单、一次查验、一次放行。与之相同，从珠澳跨境工业区珠海园区进入内地的货物，也实行"两单一审"模式。

报关员关海新表示："有了'两单一审'，通关手续减半，单证处理时间减半，对企业是一个重要利好！"据海关介绍，仅当天上午，驻区海关共处理"两单一审"业务31票，平均每票仅耗时2分钟。

"两单一审"业务改革，是拱北海关根据海关总署部署，推行通关作业无纸化改革后，在珠澳跨境工业区推行的又一项重大的通关作业改革，有利于减少企业排队报关和海关处理单证的时间。这不仅可以帮助跨境工业区内保税物流企业加速通关，也加快了区内企业与区外产业链的对接，进一步增强了跨境工业区企业的竞争力。

(资料来源：拱北海关网.)

第二节　保税物流货物的报关程序

一、保税物流货物概述

(一)含义

保税物流货物，是指经海关批准未办理纳税手续进境，在境内进行分拨、配送或储存后复运出境的货物，也称保税仓储货物。

已办结海关出口手续尚未离境，经海关批准存放在海关保税监管场所或特殊监管区域的货物，带有保税物流货物的性质。

(二)特征

保税物流货物具有以下特征。

(1) 进境时暂缓缴纳进口关税及进口环节海关代征税，复运出境免税，内销应当缴纳进口关税和进口环节海关代征税，不征收缓税利息。

(2) 进出境时除国家另有规定外，免予交验进出口许可证件。

(3) 进境海关现场放行不是结关，进境后必须进入海关保税监管场所或特殊监管区域，运离这些场所或区域必须办理结关手续。

(三)范围

保税物流货物包括：

(1) 进境经海关批准进入海关保税监管场所或特殊监管区域，保税储存后转口境外的货物。

(2) 已经办理出口报关手续尚未离境，经海关批准进入海关保税监管场所或特殊监管区域储存的货物。

(3) 经海关批准进入海关保税监管场所或特殊监管区域保税储存的加工贸易货物，供应国际航行船舶和航空器的油料、物料和维修用零部件，供维修外国产品所进口寄售的零配件，外商进境暂存货物。

(4) 经海关批准进入海关保税监管场所或特殊监管区域保税的其他未办结海关手续的进境货物。

(四)管理

海关对保税物流货物的监管模式有两大类：一类是非物理围网的监管模式，包括保税仓库、出口监管仓库；另一类是物理围网的监管模式，包括保税物流中心、保税物流园区、保税区、保税港区、综合保税区、综合实验区、国际边境合作中心等。

对各种监管形式的保税物流货物的管理，主要可以归纳为以下五个方面(见表5.2)。

1. 设立审批

保税物流货物必须存放在经过法定程序审批设立的保税监管场所或者特殊监管区域。保税仓库、出口监管仓库、保税物流中心，要经过海关审批，并核发批准证书，凭批准证书设立及存放保税物流货物；保税物流园区、保税区、保税港区要经过国务院审批，凭国务院同意设立的批复设立，并经海关等部门验收合格才能进行保税物流货物的运作。

未经法定程序审批同意设立的任何场所或者区域都不得存放保税物流货物。

2. 准入保税

保税物流货物通过准予进入保税监管场所或特殊监管区域来实现保税。海关对于保税物流货物的监管通过对保税监管场所和特殊监管区域的监管来实现，海关应当依法监管这些场所或者区域，按批准存放范围准予货物进入这些场所或者区域，不符合规定存放范围的货物不准进入。

3. 纳税暂缓

凡是进境进入保税监管场所或特殊监管区域的保税物流货物在进境时都可以暂不办理进口纳税手续，等到运离海关保税监管场所或特殊监管区域时才办理纳税手续，或者征税，或者免税。在这一点上，保税物流监管制度与保税加工监管制度是一致的，但是保税物流货物在运离海关保税监管场所或特殊监管区域征税时不需同时征收缓税利息，而保税加工货物(特殊监管区域内的加工贸易货物和边角料除外)内销征税时要征收缓税利息。

4. 监管延伸

1) 监管地点延伸

进境货物从进境地海关监管现场，已办结海关出口手续尚未离境的货物从出口申报地海关现场，分别延伸到保税监管场所或者特殊监管区域。

2) 监管时间延伸

保税仓库存放保税物流货物的时间是 1 年，可以申请延长，最长可延长 1 年；特殊情况下，延期后货物存储期超过 2 年的，由直属海关审批。

出口监管仓库存放保税物流货物的时间是 6 个月，可以申请延长，最长可延长 6 个月。

保税物流中心存放保税物流货物的时间是 2 年，可以申请延长，无特殊情形最长可延长 1 年。

保税物流园区、保税区、保税港区存放保税物流货物的时间没有限制。

5. 运离结关

除暂准运离(如维修、测试、展览等)需要继续监管以外，每一批货物运离保税监管场所或者特殊监管区域，都必须根据货物的实际流向办结海关手续。

表 5.2　各种监管形式下的保税物流货物的相关管理要点比较

监管场所、区域名称	存货范围	储存期限	服务功能	注册资本(不低于)	面积(不低于)		审批权限	入区退税	备注
					东部	中西部			
保税仓库	进口	1 年+1 年	储存	300 万元人民币	公用/维修 2000 平方米 液体 5000 立方米		直属海关	否	按月报表
出口监管仓库	出口①	半年+半年	储存/出口/配送/国内结转		配送 5000 平方米 结转 1000 平方米		直属海关	否②	退换货物先入后出
保税物流中心	进出口	2 年+1 年	储存/全球采购配送/国内结转/转口/中转③	5000万元人民币	100 000 平方米	50 000 平方米	海关总署等四部委	是	
保税物流园区	进出口	无期限	储存/国际转口贸易/全球采购配送/中转/展示				国务院	是	按年报核
保税区	进出口	无期限	物流园区功能+维修/加工				国务院	否	离境退税
保税港区	进出口	无期限	保税区功能+港口功能				国务院	是	

注：①出口配送型仓库可以存放为拼装出口货物而进口的货物。

　　②经批准享受入仓即退税政策的除外。

　　③保税物流中心的经营者不得开展物流业务。

二、保税仓库货物的报关程序

(一)保税仓库简介

1. 含义

保税仓库是指经海关批准设立的专门存放保税货物及其他未办结海关手续货物的仓库。

保税仓库按照使用对象不同分为公用型保税仓库、自用型保税仓库。

公用型保税仓库由主营仓储业务的中国境内独立企业法人经营，专门向社会提供保税仓储服务。

自用型保税仓库由特定的中国境内独立企业法人经营，仅存储供本企业自用的保税货物。

保税仓库中专门用来存储具有特定用途或特殊种类商品的称为专用型保税仓库，包括液体危险品保税仓库、备料保税仓库、寄售维修保税仓库和其他专用保税仓库。其中液体危险品保税仓库是指符合国家关于危险化学品存储规定的，专门提供石油、成品油或者其他散装液体危险化学品保税仓储服务的保税仓库；备料保税仓库是指加工贸易企业存储为加工复出口产品所进口的原材料、设备及其零部件的保税仓库，所存保税货物仅限于供应本企业；寄售维修保税仓库是指专门存储为维修外国产品所进口寄售零配件的保税仓库。

【应用案例】

福建闽台农产品公共保税仓库通过验收

据《福建日报》报道，日前，厦门海关加贸处和泉州海关对福建闽台农产品公共保税仓库进行验收。该保税仓库位于泉州市南安石井镇，是我省(福建)首家以经营台湾农产品保税仓储业务为主的公共保税仓库，该保税仓库于 2010 年 6 月 18 日由厦门海关正式批准成立。保税仓包括 1800 平方米的低温冷库和 2500 平方米的普通仓库，能够为农产品进出口提供一站式服务。经过前期建设改造，目前已基本符合海关对保税仓库的各项管理规定。

据了解，自闽台农产品公共保税仓库批准成立以来，已有多家台湾企业前来咨询相关业务开展事宜。经过几次海关政策宣讲，"保税仓库可以有效减少企业的资金压力和运营成本。""保税仓的通关时间快，农产品的保鲜当然更好。"已经成为企业共识。

(资料来源：中国海关总署网.)

2. 功能

保税仓库的功能单一，就是仓储，而且只能存放进境货物。

经海关批准，保税仓库可以存入下列货物。

(1) 加工贸易进口货物。

(2) 转口货物。

(3) 供应国际航行船舶和航空器的油料、物料和维修用零部件。

(4) 供维修外国产品所进口寄售的零配件。

(5) 外商进境暂存货物。

(6) 未办结海关手续的一般贸易进口货物。

(7) 经海关批准的其他未办结海关手续的进境货物。

保税仓库应当按照海关批准的存放货物范围和商品种类开展保税仓储业务。

保税仓库不得存放国家禁止进境货物，不得存放未经批准的影响公共安全、公共卫生或健康、公共道德或秩序的国家限制进境货物及其他不得存入保税仓库的货物。

【应用案例】

保税仓库的简单加工和物流仓储功能

国内某厂家出口一批玩具到美国后因包装问题退回香港，国内厂家一时无法向海关申请到质量不符合退运的批文，无法办理正式退运进口报关手续。此时可以将货品由香港直接运入深圳某个保税仓库，派工人到顺仓仓库改换包装，改换完毕后装柜交香港码头再出口。

香港的 A 公司选择深圳某保税仓库代替香港的工场作为简单加工的场所：A 公司购买的意大利的大理石在深圳道入境进仓，国内工人在这里挑选、分级、重新装箱，再运至香港。廉价的国内人工费仅是香港的十分之一，A 公司大大降低了成本，增加了产品的市场竞争力。

香港 B 公司在深圳、东莞均设有工厂，国外的原材料到香港码头后，由于在香港的仓储费用昂贵，料件若直接运到一个厂区又恐两个厂区料件不能兼顾，因此可将料件以保税方式由福汉兴安排香港车提柜并经福田保税区一号通道拖运至深圳福汉兴保税仓库存放。待国内工厂需要用料时，派国内厂家的理货员到该保税仓库指定需要的货品，填报好准确的报关文件，由国内的车辆经福田保税区二号通道直接报关进口或转关至东莞海关拆关。

(资料来源：张炳达，顾涛. 进出口货物报关实务. 上海：立信会计出版社，2012.)

3. 设立

保税仓库应当设立在设有海关机构、便于海关监管的区域。

1) 申请设立的条件

申请设立保税仓库的经营企业应当具备下列条件。

(1) 经工商行政管理部门注册登记，具有企业法人资格。

(2) 注册资本最低限额为 300 万元人民币。

(3) 具备向海关缴纳税款的能力。

(4) 经营特殊许可商品存储的，应当持有规定的特殊许可证件。

(5) 经营备料保税仓库的加工贸易企业，年出口额最低为 1 000 万美元。

(6) 具有专门存储保税货物的营业场所。

(7) 法律、行政法规、海关规章规定的其他条件。

保税仓库应当具备下列条件。

(1) 符合海关对保税仓库布局的要求。

(2) 具备符合海关监管要求的安全隔离设施、监管设施和办理业务必需的其他设施。

(3) 具备符合海关监管要求的保税仓库计算机管理系统并与海关联网。

(4) 具备符合海关监管要求的保税仓库管理制度，符合《会计法》要求的会计制度。

(5) 符合国家土地管理、规划、交通、消防、安全、质检、环保等方面法律、行政法规及有关规定。

(6) 公用保税仓库面积最低为 2000 平方米，液体危险品保税仓库容积最低为 5000 立方米，寄售维修保税仓库面积最低为 2000 平方米。

(7) 法律、行政法规、海关规章规定的其他条件。

2) 申请设立和审批

企业申请设立保税仓库的，应向仓库所在地主管海关提交书面申请，提供能够证明上述条件已经具备的有关文件。

申请材料齐全有效的，主管海关予以受理。申请材料不齐全或者不符合法定形式的，主管海关应当在 5 个工作日内一次告知申请人需要补正的全部内容。主管海关应当自受理申请之日起 20 个工作日内提出初审意见并将有关材料报送直属海关审批。

直属海关应当自接到材料之日起 20 个工作日内审查完毕，对符合条件的，出具批准文件，批准文件的有效期为 1 年；对不符合条件的，应当书面告知申请人理由。

3) 验收和运营

申请设立保税仓库的企业应当自海关出具保税仓库批准文件 1 年内向海关申请保税仓库验收。

保税仓库验收合格后，经海关注册登记并核发"中华人民共和国海关保税仓库注册登记证书"，方可投入运营。

4. 管理

(1) 保税仓库不得转租、转借给他人经营，不得下设分库。

(2) 海关对保税仓库实施计算机联网管理，并可以随时派员进入保税仓库检查货物的收、付、存情况及有关账册。

(3) 保税仓储货物存储期限为 1 年。确有正当理由的，经海关同意可予以延期；除特殊情况外，延期不得超过 1 年。

(4) 保税仓储货物，未经海关批准，不得擅自出售、转让、抵押、质押、留置、移作他用或者进行其他处置。

(5) 保税仓储货物在存储期间发生损毁或者灭失的，除不可抗力外，保税仓库应当依法向海关缴纳损毁、灭失货物的税款，并承担相应的法律责任。

(6) 保税仓储货物可以进行包装、分级分类、加刷唛码、分拆、拼装等简单加工，不得进行实质性加工。

(7) 保税仓库经营企业应于每月前 5 个工作日内，以计算机数据和书面形式将上月仓库货物入、出、转、存、退等情况报送仓库主管海关，并向海关提交月报关单报表、库存总额报表及其他海关认为必要的月报单证。

【应用案例】

厦门海关探索"保税仓库"特色监管模式

"多亏有了保税仓库，大大降低了进境发动机的维修成本，仅 2014 年 1 月份我们维修的两台发动机就节约了近 414 万元的成本。"2 月 25 日，厦门新科宇航科技有限公司业务部经理邱国富在厦门海关隶属高崎机场海关报关时，高兴地告诉负责保税业务的关员牛恬恬。

设立于 2011 年 2 月的厦门新科宇航科技有限公司，是一家致力于为境内外航空公司提供发动机维修与维护服务的专业公司。考虑到该公司须在机坪上进行飞机部件维修，为加快飞机维修零部件的周转速度，同时降低维修航材的进口成本，高崎机场海关指导该公司在机坪附近设立保税仓库。自 2012 年 1 月保税仓库设立后，该公司的维修成本大幅下降，截至 2014 年 1 月底，该公司利用保税仓库共进出口保税航材 6.75 亿元人民币，累计节约维修成本约 5335 万元。

"航材保税仓库具有缓税的特性，如果是用于境外飞机维修时，保税航材还能直接享受税费减免，极大减轻了企业的资金压力。"关员小牛介绍，高崎机场海关辖区共设有太古公共保税仓库和豪富、霍尼韦尔等 8 家其他专用型航材保税仓库，1 月份厦门海关监管上述 9 家仓库共进出口保税航材 14.8 亿元人民币，比去年同期增长 1.7 倍，监管维修飞机 34 架次。

为帮助企业用好航材保税仓库功效，高崎机场海关根据航材存储及领用的特殊性和时效性，探索"修理物品+保税仓库"的特色监管模式。此外，定期前往维修企业调研，宣讲海关政策、开展业务培训，协助企业逐步完善保税仓库监管规程，并协调多家维修企业探索航材数据共享，力求最大限度发挥保税仓库的功能，助力厦门航空维修产业链继续保持业界"领头羊"地位。

(资料来源：中国海关总署网.)

(二)保税仓库货物报关程序

1. 入库报关

保税仓储货物入库时，收发货人或其代理人持有关单证向海关办理货物报关入库手续，海关根据核定的保税仓库存放货物范围和商品种类对报关入库货物的品种、数量、金额进行审核，并对入库货物进行核注登记。

入库货物的进境口岸不在保税仓库主管海关的，经海关批准，按照海关转关的规定或者在口岸海关办理相关手续。

2. 出库报关

1) 出口报关

保税仓储货物出库复运往境外的，发货人或其代理人应当填写出口报关单，并随附出库单据等相关单证向海关申报，保税仓库向海关办理出库手续并凭海关签印放行的报关单发运货物。

出境货物出境口岸不在保税仓库主管海关的，经海关批准，可以在口岸海关办理相关手续，也可以按照海关规定办理转关手续。

2) 进口报关

保税仓储货物出库运往境内其他地方的，收发货人或其代理人应当填写进口报关单，并随附出库单据等相关单证向海关申报，保税仓库向海关办理出库手续并凭海关签印放行的报关单发运货物。

保税货物出仓批量少、批次频繁的，经海关批准可以办理集中报关手续。集中报关出仓的，保税仓库经营企业应当向主管海关提出书面申请，写明集中报关的商品名称、发货流向、发货频率、合理理由。

【应用案例】

北京海关打造甜蜜圣诞节

随着圣诞节的到来，京城大街小巷弥漫着巧克力的气息。为保证巧克力产品的相关特殊原料及时入库，北京海关调派一线人力，加班加点工作。现场关员们一方面加紧核对入出库货物数量，快速审批出库账册；另一方面加强部门间协作，加快报关单单证流转，做好内销征税和货物放行，全力保障企业快速通关。"巧克力的原料中有很多特殊原料，需要及时入库进行灭菌低温保存，稍微晚一点，可能就会导致整条生产线停滞，给企业带来不可估量的损失。"玛氏企业负责人激动地说，"真的很感谢北京海关的各位同志给予我们高效便捷的服务，使我们的产品及时供应到节日的市场上！"

玛氏食品(中国)有限公司是当前市场上巧克力供应的主力军，德芙巧克力、MM豆、士力架等就是该企业的产品。据了解，为保证节前市场巧克力供应，该企业低温可可浆、脱臭可可脂、黄油、榛仁等巧克力原辅料大批量申报进口。据统计，2012年12月该企业申报共计6万余件，总重量约1976.92吨，环比增长62.23%。

据海关关员介绍，玛氏食品(中国)有限公司是北京海关下属平谷办事处长期监管的一家生产型进出口企业，主要经营巧克力原辅料进口和相关产品的生产，企业生产所需原料均从该处办理转关进口。由于企业信誉良好且货物风险较低，北京海关给予其一定通关便利条件。考虑到货物性质特殊，用于生产加工的原材料由企业先向海关申报，并从境外运抵密云经济技术开发区保税仓库予以储存，所有货物都保存在低温灭菌的环境下，以保证原料的品质不受影响。企业随后再根据生产需求向海关填报进口货物申报单，办理内销出库手续并向海关缴纳相应税款，然后运送到加工生产线上进行商品生产。海关相关部门定期到保税监管仓库进行巡库、盘库，保证后续监管到位。

(资料来源：北京海关网.)

三、出口监管仓库货物的报关程序

(一)出口监管仓库简介

1. 含义

出口监管仓库，是指经海关批准设立，对已办结海关出口手续的货物进行存储保税物流配送，提供流通性增值服务的海关专用监管仓库。

出口监管仓库分为出口配送型仓库和国内结转型仓库。其中，出口配送型仓库是指存储以实际离境为目的的出口货物的仓库；国内结转型仓库是指存储用于国内结转的出口货物的仓库。

2. 功能

出口监管仓库的功能也只有仓储，主要用于存放出口货物。

经海关批准，出口监管仓库可以存入下列货物。

(1) 一般贸易出口货物。

(2) 加工贸易出口货物。

(3) 从其他海关特殊监管区域、场所转入的出口货物。

(4) 其他已办结海关出口手续的货物。

(5) 出口配送型仓库还可以存放为拼装出口货物而进口的货物，以及为改换出口监管仓库货物包装而进口的包装物料。

出口监管仓库不得存放下列货物。

(1) 国家禁止进出境货物。

(2) 未经批准的国家限制进出境货物。

(3) 海关规定不得存放的货物。

3. 设立

出口监管仓库的设立应当符合区域物流发展和海关对出口监管仓库布局的要求，符合国家土地管理、规划、交通、消防、安全、环保等有关法律、行政法规的规定。

1) 申请设立的条件

申请设立出口监管仓库的经营企业，应当具备下列条件。

(1) 经工商行政管理部门注册登记，具有企业法人资格。

(2) 具有进出口经营权和仓储经营权。

(3) 注册资本在 300 万元人民币以上。

(4) 具备向海关缴纳税款的能力。

(5) 具有专门存储货物的场所，其中出口配送型仓库的面积不得低于 5000 平方米，国内结转型仓库的面积不得低于 1000 平方米。

2) 申请设立和审批

企业申请设立出口监管仓库，应当向仓库所在地主管海关提交书面申请，提供能够证明上述条件已经具备的有关文件。

【相关链接】

企业申请设立出口监管仓库需要提交的材料

企业申请设立出口监管仓库需要提交的材料包括以下几个方面。

(1) "出口监管仓库申请书"。

(2) "出口监管仓库申请事项表"。

(3) 申请设立出口监管仓库企业的申请报告及可行性报告。

(4) 申请设立出口监管仓库企业成立批文或者有关主管部门批准开展有关业务的批件复印件。

(5) 申请设立出口监管仓库企业工商营业执照和税务登记证复印件。

(6) 申请设立出口监管仓库企业"进出口货物收发货人注册登记证书"或者"报关企业注册登记证书"复印件。

(7) 出口监管仓库库址土地使用权证明文件或者租赁仓库的租赁协议复印件。

(8) 仓库地理位置示意图及平面图。

海关依据《中华人民共和国行政许可法》和《中华人民共和国海关实施〈中华人民共和国行政许可法〉办法》的规定，受理、审查设立出口监管仓库的申请。对于符合条件的，做出准予设立出口监管仓库的行政许可决定，并出具批准文件；对于不符合条件的，做出不予设立出口监管仓库的行政许可决定，并应当书面告知申请企业。

3) 验收和运营

申请设立出口监管仓库的企业应当自海关出具批准文件之日起 1 年内向海关申请验收出口监管仓库。

出口监管仓库验收合格后，经直属海关注册登记并核发"中华人民共和国海关出口监管仓库注册登记证书"，可以投入运营。

4．管理

(1) 出口监管仓库必须专库专用，不得转租、转借给他人经营，不得下设分库。

(2) 海关对出口监管仓库实施计算机联网管理。海关可以随时派员进入出口监管仓库检查货物的进、出、转、存情况及有关账册、记录。

(3) 出口监管仓库经营企业应当如实填写有关单证、仓库账册，真实记录并全面反映其业务活动和财务状况，编制仓库月度进、出、转、存情况表和年度财务会计报告，并定期报送主管海关。

(4) 出口监管仓库所存货物的储存期限为 6 个月。经海关批准可以延长，延长的期限最长不得超过 6 个月。货物存储期满前，仓库经营企业应当通知发货人或其代理人办理货物的出境或者进口手续。

(5) 出口监管仓库所存货物未经海关批准，不得出售、转让、抵押、质押、留置、移作他用或者进行其他处置。

(6) 货物在仓库储存期间发生损毁或者灭失，除不可抗力原因外，出口监管仓库应当依法向海关缴纳损毁、灭失货物的税款，并承担相应的法律责任。

(7) 经主管海关同意，可以在出口监管仓库内进行品质检验、分级分类、分拣分装、加刷唛码、刷贴标志、打膜、改换包装等流通性增值服务。

(二)出口监管仓库货物报关程序

出口监管仓库货物报关，大体可以分为进仓报关、出仓报关、结转报关和更换报关。

1．进仓报关

出口货物存入出口监管仓库时，发货人或其代理人应当向主管海关办理出口报关手续，填制出口货物报关单。按照国家规定应当提交出口许可证件和缴纳出口关税的，发货人或其代理人必须提交许可证件和缴纳出口关税。

发货人或其代理人按照海关规定提交报关必需单证和仓库经营企业填制的"出口监管仓库货物入仓清单"。

对经批准享受入仓即退税政策的出口监管仓库，海关在货物入仓结关后予以签发出口货物报关单退税证明联；对不享受入仓即退税政策的出口监管仓库，海关在货物实际离境后签发出口货物报关单退税证明联。

经主管海关批准，对批量少、批次频繁的入仓货物，可以办理集中报关手续。

2. 出仓报关

出口监管仓库货物出仓可能出现出口报关和进口报关两种情况。

1) 出口报关

出口监管仓库货物出仓出境时，仓库经营企业或其代理人应当向主管海关申报。仓库经营企业或其代理人按照海关规定提交报关必需的单证，并提交仓库经营企业填制的"出口监管仓库货物出仓清单"。

出仓货物出境口岸不在仓库主管海关的，经海关批准，可以在口岸所在地海关办理相关手续，也可以在主管海关办理相关手续。

2) 进口报关

出口监管仓库货物转进口的，应当经海关批准，按照进口货物的有关规定办理相关手续。

(1) 用于加工贸易的，由加工贸易企业或其代理人按保税加工货物的报关程序办理进口报关手续。

(2) 用于可以享受特定减免税的特定地区、特定企业和特定用途的，由享受特定减免税的企业或其代理人按特定减免税货物的报关程序办理进口报关手续。

(3) 进入国内市场或用于境内其他方面的，由收货人或其代理人按进口货物的报关程序办理进口报关手续。

3. 结转报关

经转入、转出方所在地主管海关批准，并按照转关运输的规定办理相关手续后，出口监管仓库之间，出口监管仓库与保税区、出口加工区、珠澳跨境工业园区、保税物流园区、保税港区、综合保税区、保税物流中心、保税仓库等海关特殊监管区域和保税监管场所之间可以进行货物流转。

4. 更换报关

对已存入出口监管仓库因质量等原因要求更换的货物，经仓库所在地主管海关批准，可以更换货物。被更换货物出仓前，更换货物应当先行入仓，并应当与原货物的商品编码、品名、规格型号、数量和价值相同。

【应用案例】

宜昌市首家出口监管仓库启用

2013年3月29日上午,我市首家出口配送型出口监管仓库在宜化集团揭牌,这意味着今后出口量小的企业无须四处找同行"拼箱"出口,只需将货物运到该仓库,即可实现"拼箱"。同时,还将大大缩短企业办理退税时间。副市长王应华出席揭牌仪式。

宜昌利达丰华出口配送型出口监管仓库位于猇亭大道399号,面积11000平方米,是迄今为止我市唯一的一家出口配送型出口监管仓库。仓库正式运营后,通过货物入仓退税,能够缩短企业出口退税时间,提高企业资金使用效率。同时,作为货物分拨中心,仓库还能提高货物流通时效,降低整体物流成本。

宜昌海关相关负责人表示,该出口监管仓库是我市全力推进外向型城市建设、加速对外开放进程的又一成果。

(资料来源:武汉海关网.)

黄埔关区首家出口配送型出口监管仓库正式运作

2007年3月12日,黄埔关区首家出口配送型出口监管仓库——东莞岭南进出口有限公司陆逊梯卡出口监管仓库正式开始运作,主要提供产品的检测、包装等流通性增值服务。据了解,陆逊梯卡集团目前眼镜营销约占全球三分之一,该集团将依托出口监管仓库在东莞建立新全球物流中心,取代目前使用的意大利、日本等物流中心,按计划该出口监管仓库眼镜入仓量将达到1800万套/年。

(资料来源:黄埔海关网.)

天津海关:本市首家享受入仓退税仓库

海关总署、国家税务总局于2010年9月某日前联合批准坐落于天津市武清区的天津泉兴国际物流有限公司出口监管仓库享受入仓退税政策。据了解,这是天津市首家享受该政策的出口监管仓库。

天津武清海关关长史新鸣介绍:"出口监管仓库的入仓退税政策是海关和国家税务部门为支持我国物流业健康发展出台的一项优惠政策,它将有效降低企业尤其是外贸企业的物流成本,减少企业资金占压,提高企业应对国际贸易风险的能力。"入仓退税政策是指"国内货物进入出口监管仓库,视同出口,享受出口退税政策",即企业将符合海关相关要求的国内出口货物存入经批准享受该项政策的海关出口监管仓库后,企业可按照《出口监管仓库货物入仓即予退税暂行管理办法》的规定办理出口退税。

天津泉兴国际物流有限公司总经理刘东海表示:"在海关的大力支持下,仓库获批享受入仓退税政策将进一步吸引更多天津市乃至周边省市的企业将货物存入该库，对企业发展将产生重大推动作用。"

(资料来源：天津网-数字报刊.)

乘"入仓退税"东风 出口监管仓业务量逆势而上

尽管受全球金融危机影响，广州关区出口监管仓库货物进出口却逆势而上，2008年12月到2009年4月底，广东国通、广州南沙国际物流、南海中南、广州空港国际物流4家享受"入仓退税"政策的出口监管仓库进出仓货物总值1.05亿美元，同比上升116%。

2008年12月，经海关总署、国家税务总局批准，广东国通物流城出口监管仓库等4家出口监管仓库被列入第二批享受"入仓退税"政策试点范围。"入仓退税"政策实行后，企业可快速办理出口退税，资金周转期缩短30～60天，同时确保加工贸易手册到期及时核销，避免货物在境外仓储费用高、二次配送等问题，适应了国际采购商对商品进行全球配送的发展需求。

为配合"入仓退税"模式的运作，广州海关进一步明确业务流程和操作要求，创新监管方式，推行电子海关监管，实现海关与仓库信息化联网。仓库在网上向海关办理货物进出仓库备案、延期存储、简单加工、集中报关、货物进出仓库确认等业务，海关在网上审核和批复，企业人员无须持纸质单证往返海关办理手续，足不出户就可通过网络办妥海关业务。出口货物进入出口监管仓库后，海关能第一时间掌握有关情况，迅速签发报关单退税证明联，促进了海关的严密监管和高效运作。

(资料来源：广州海关网.)

四、保税物流中心货物的报关程序

(一)保税物流中心简介

保税物流中心分为保税物流中心(A型)和保税物流中心(B型)。下文主要以后者为主进行介绍。

1. 含义

保税物流中心，是指经海关总署批准，由中国境内一家企业法人经营，多家企业进入并从事保税仓储物流业务的海关集中监管场所。

2. 功能

保税物流中心的功能是保税仓库和出口监管仓库功能的叠加，既可以存放进口货物，也可以存放出口货物，还可以开展多项增值服务。

1) 存放货物的范围

(1) 国内出口货物。

(2) 转口货物和国际中转货物。

(3) 外商暂存货物。

(4) 加工贸易进出口货物。

(5) 供应国际航行船舶和航空器的物料、维修用零部件。

(6) 供维修外国产品所进口寄售的零配件。

(7) 未办结海关手续的一般贸易进口货物。

(8) 经海关批准的其他未办结海关手续的货物。

2) 开展业务的范围

(1) 保税存储进出口货物及其他未办结海关手续的货物。

(2) 对所存货物开展流通性简单加工和增值服务。

(3) 全球采购和国际分拨、配送。

(4) 转口贸易和国际中转。

(5) 经海关批准的其他国际物流业务。

但保税物流中心不得开展以下业务。

(1) 商业零售。

(2) 生产和加工制造。

(3) 维修、翻新和拆解。

(4) 存储国家禁止进出口货物，以及危害公共安全、公共卫生或者健康、公共道德或者秩序的国家限制进出口货物。

(5) 存储法律、行政法规明确规定不能享受保税政策的货物。

(6) 其他与保税物流中心无关的业务。

3. 设立

1) 保税物流中心的设立

保税物流中心应当设在靠近海港、空港、陆路枢纽及内陆国际物流需求量较大，交通便利，设有海关机构且便于海关集中监管的地方。

申请设立保税物流中心应当具备以下条件。

(1) 符合海关对保税物流中心的监管规划建设要求。

(2) 仓储面积，东部地区不低于 10 万平方米，中西部地区不低于 5 万平方米。

(3) 经省级人民政府确认，符合地方发展总体布局，满足加工贸易发展对保税物流的需求。

(4) 建立符合海关监管要求的计算机管理系统，提供海关查阅数据的终端设备，并按照海关规定的认证方式和数据标准，通过电子口岸平台与海关联网，以便海关在统一平台上与国税、外汇管理等部门实现数据交换及信息共享。

(5) 设置符合海关监管要求的安全隔离设施、视频监控系统等监管、办公设施。

物流中心经营企业应当具备以下资格条件。

(1) 经工商行政管理部门注册登记，具有独立的企业法人资格。

(2) 注册资本不低于 5000 万元人民币。

(3) 具备对中心内企业进行日常管理的能力。

(4) 具有协助海关对进出保税物流中心的货物和中心内企业的经营行为实施监管的能力。

设立保税物流中心的申请由直属海关受理，报海关总署审批。经营企业自海关总署出具批准其筹建物流中心文件之日起 1 年内向海关总署申请验收，由海关总署会同国家税务总局、国家外汇管理总局等部门或者委托被授权的机构按照相关规定进行审核验收。

保税物流中心验收合格后，由海关总署向企业核发 "保税物流中心验收合格证书" 和 "保税物流中心注册登记证书"，颁发保税物流中心标牌。

保税物流中心在验收合格后方可开展有关业务。

【相关链接】

山西方略保税物流中心通过国务院验收

山西唯一一家保税物流中心——山西方略保税物流中心 16 日通过国务院联合验收组验收，从此正式封关运营。

山西方略保税物流中心集功能叠加、政策优惠于一体，是山西省 "十一五" 发展规划重点建设项目和加快推进服务业 "1+10" 工程建设中现代物流业重点项目，是省政府确立的 "无水口岸" 试点、大通关的平台以及融入国际市场的 "汇聚点"。

2008 年 12 月 26 日，山西方略保税物流中心经国务院授权，由海关总署、财政部、国家税务总局、国家外汇管理局的联合批准设立。中心共分两期建设，2009 年 6 月一期已建成，面积 23 万平方米，分为海关特殊监管区和口岸功能区，海关特殊监管区域 9.03 万平方米。完成了隔离围网、巡逻道、智能卡口、视频监控系统、电子地磅、监管仓库、验货专场等设施的建设，中心建有联检办公楼、公用型特殊监管仓、2842 米铁路专用线、专业物流设备、监控中心、信息中心。二期面积 200 万平方米，海关特殊监管区域 40.97 万平方米。

方略保税物流中心自封关运营以来，打通了山西三个主要出海港口，把港口功能延伸到内陆。该中心与连云港、天津港、青岛港、日照港、太原铁路局强强联合，先后成立了 "连方国际物流有限公司"、"津方国际物流有限公司"、"铁方物流有限公司"。青岛港山西办事处也设在该中心,开通运营了方略至各港口的国际集装箱多式联运大列和"五定班列"。搭建起各港口与山西的循环物流平台,将沿海的港口综合贸易功能、国际国内集装箱场站功能延伸到内陆,形成以连云港为龙头,以海—铁—陆多式联运的现代物流干线网络和配送网络。

同时,方略保税物流中心还与各港口海关、检验检疫部门对接,实现了进出口货物的大通关、大通检;与码头、船务公司、货代公司、保险公司对接合作,实现了货物到港口后与国际海运的无缝衔接。形成国内外货物一路畅通、双向流转、规模化直达式运输,使货物降低了运输成本,提高了货物运输效率。

2009 年以来,该中心把服务延伸到内贸与外贸领域,涉及产品包括建材、铸件、柠檬酸、玻璃器皿等机电化工产品;果汁、芦笋等农副产品;铁矿粉、铁矿砂等冶炼炉料;镍铁、生铁等共计 10 多个系列 100 余种商品,服务范围遍及全国大部分地区,业务拓展到世界 20 多个国家和地区,服务客户达 200 余个。目前,方略保税物流中心正着手引进期货交易平台企业,将先设立铜、锌、铝、镁等有色金属期货电子商务平台,同时,积极与成熟的期货交易市场合作,设立其交割库,为国际中转和国际分拨打好基础。

(资料来源: 根据中国新闻网 2009 年 6 月和 9 月的有关新闻整理.)

2) 保税物流中心内企业的设立

进入保税物流中心的企业应当具备如下条件。

(1) 具有独立的法人资格或者特殊情况下的中心外企业的分支机构。

(2) 具有独立法人资格的企业注册资本最低限额为 500 万元人民币,属企业分支机构的,该企业注册资本不低于 1 000 万元人民币。

(3) 具备向海关缴纳税款和履行其他法律义务的能力。

(4) 建立符合海关监管要求的计算机管理系统并与海关联网。

(5) 在保税物流中心内有专门存储海关监管货物的场所。

【相关链接】

企业申请进入保税物流中心需要提交的材料

企业申请进入保税物流中心需要提交的材料包括以下几方面。

(1) 保税物流中心企业设立申请书。

(2) 企业内部管理制度。

(3) 企业法人营业执照复印件。

(4) 法定代表人的身份证明复印件。

(5) 税务登记证复印件。

(6) 股权结构证明书(合资、合作企业)和投资主体各方的注册登记文件的复印件。

(7) 开户银行证明复印件。

(8) 会计师事务所出具的验资报告等资信证明文件。

(9) 物流中心内所承租仓库位置图、仓库布局图及承租协议。

(10) 报关单位报关注册登记证书。

企业申请进入保税物流中心应当向所在地主管海关提交书面申请，提供能够证明上述条件已经具备的有关文件。

主管海关受理后报直属海关审批。直属海关对经批准的企业核发"中华人民共和国海关保税物流中心企业注册登记证书"。

中心内企业需变更有关事项的，由主管海关受理后报直属海关审批。

4. 管理

(1) 物流中心不得转租、转借他人经营，不得下设分中心。

(2) 保税物流中心经营企业应当设立管理机构负责物流中心的日常工作，制定完善的物流中心管理制度，协助海关实施对进出物流中心的货物及中心内企业经营行为的监管。

(3) 保税物流中心经营企业不得在本中心内直接从事保税仓储物流的经营活动。

(4) 中心内企业根据需要经主管海关批准，可以分批进出货物，月度集中报关，但集中报关不得跨年度办理。实行集中申报的进出口货物，应当适用每次货物进出口时海关接受申报之日实施的税率、汇率。

(5) 未经海关批准，保税物流中心企业不得擅自将所存货物抵押、质押、留置、移作他用或者进行其他处置。保税物流中心内的货物可以在中心内企业之间进行转让、转移，但必须办理相关海关手续。

(6) 保税物流中心内货物保税存储期限为两年，确有正当理由的，经主管海关同意可以予以延期，除特殊情况外，延期不得超过 1 年。

(7) 保税仓储货物在存储期间发生损毁或者灭失的，除不可抗力外，保税物流中心经营企业或中心内企业应当依法向海关缴纳损毁、灭失货物的税款，并承担相应的法律责任。

(二)保税物流中心进出货物报关程序

1. 保税物流中心与境外之间的进出货物报关

(1) 保税物流中心与境外之间进出的货物，应当在保税物流中心主管海关办理相关手续。保税物流中心与口岸不在同一主管海关的，经主管海关批准，可以在口岸海关办理相关手续。

(2) 保税物流中心与境外之间进出的货物，除实行出口被动配额管理和中华人民共和国参加或者缔结的国际条约及国家另有明确规定的以外，不实行进出口配额、许可证件管理。

(3) 从境外进入保税物流中心内的货物，凡属于规定存入范围内的货物予以保税；属于保税物流中心内企业进口自用的办公用品、交通运输工具、生活消费品等，以及保税物流中心开展综合物流服务所需进口的机器、装卸设备、管理设备等，按照进口货物的有关规定和税收政策办理相关手续。

2. 保税物流中心与境内之间的进出货物报关

物流中心货物跨关区提取，可以在物流中心主管海关办理手续，也可以按照海关其他规定办理相关手续。

1) 出中心

保税物流中心货物出中心进入境内视同进口，按照货物进入境内的实际贸易方式和实际状态填制进口货物报关单，办理进口报关手续；属于许可证件管理的商品，企业还应当向海关出具有效的许可证件。

从保税物流中心进入境内用于在保修期限内免费维修有关外国产品并符合无代价抵偿货物有关规定的零部件或者用于国际航行船舶和航空器的物料或者属于国家规定可以免税的货物，免征进口关税和进口环节海关代征税。

2) 进中心

货物从境内进入保税物流中心视同出口，办理出口报关手续。如需缴纳出口关税的，应当按照规定纳税；属于许可证件管理的商品，还应当向海关出具有效的出口许可证件。

从境内运入保税物流中心的原进口货物，境内发货人应当向海关办理出口报关手续，经主管海关验放；已经缴纳的关税和进口环节海关代征税，不予退还。

从境内进入保税物流中心已办结报关手续的货物或者从境内进入保税物流中心供中心内企业自用的国产机器设备、装卸设备、管理设备、检测检验设备等及转关出口货物(起运地海关在已收到保税物流中心主管海关确认转关货物进入物流中心的转关回执后)，海关给予签发用于办理出口退税的出口货物报关单证明联。

从境内运入保税物流中心的下列货物，海关不予签发用于办理出口退税的出口货物报关单证明联。

(1) 供中心内企业自用的生活消费品、交通运输工具。

(2) 供中心内企业自用的进口的机器设备、装卸设备、管理设备、检测检验设备等。

(3) 保税物流中心之间，保税物流中心与出口加工区、保税物流园区和已实行国内货物入仓环节出口退税政策的出口监管仓库等海关特殊监管区域或者海关保税监管场所往来的货物。

【应用案例】

北京海关驻平谷办事处助推马坊国际物流中心发展

一、概况介绍

平谷马坊国际物流中心(即北京平谷国际陆港)是《北京市"十一五"时期物流业务发展规划》中确定的"十一五"期间重点建设口岸型物流基地,是北京"四大物流基地"之一,自立项建设以来就受到市委市政府、海关总署等各级领导的高度重视和关注。该口岸依托连接京津、辐射华北的重要枢纽——京平(蓟)高速公路,畅通了海运货物入京的首都第二通道,并以其特有的通关优势成为京东北进出口企业的首选通道。

2010年3月12日,北京国际陆港正式启动运行。同年7月5日,北京海关、天津海关共同签署了《关于平谷马坊国际物流中心转关监管业务联系配合办法》,标志着平谷马坊国际物流中心新运行模式的正式启用,通关优势进一步得到加强。

优越的区位优势、完善的配套建设,更重要的是高效、特色化的通关服务,共同树立起平谷马坊国际物流中心的"品牌口岸"形象。2011年,该口岸累计监管货物货值达5.62亿美元,吸引了包括世界500强企业——玛氏食品(中国)有限公司等百余家知名企业在马坊口岸办理通关业务,范围覆盖了京东地区以及海淀、通州等多个区(县)。经过一年多的快速发展,马坊口岸以食品、汽车配件以及红酒为主要进口货物的口岸结构特色基本形成。

平谷马坊国际物流中心在成了带动京东北地区外向型经济发展的强劲动力后,越来越受到社会各界的广泛关注。2011年以来,先后有中央电视台、中国网络电视台、北京电视台、《北京日报》等多家媒体对其进行专题报道,知名度进一步扩大。

二、口岸特点

(一)多种通关方式"并驾齐驱",适应不同企业需求

经海关总署批准,北京海关立足不同类型企业通关需求,在平谷马坊国际物流中心实施多种通关模式,逐步形成了该口岸特有的通关优势。一是普通转关模式,对来自天津、秦皇岛、上海等地转关货物,及时核销,快速验放,保证通关效率;二是区域通关模式,采取属地申报、口岸验放模式,大大便利了进出口企业;三是货物出口转关与中转转关模式,对于京东地区出口货物以及小型、拼箱进口转关货物实现了快速通关。

(二)在确保有效监管前提下,打造特色式服务品牌

1. 提供"预约加班"服务,保障企业及时通关。

马坊业务运行首日,海关即推出了"预约加班服务承诺":接受24小时预约通关,资质良好的企业可在到货前向海关提前申请预约通关,确保进出口货物及时验放,提高了监管货物入库和布控货物查验的效率,降低了企业通关成本。此外,针对天气等原因导致监管车辆无法按时到达监管区域的特殊情况,海关还将启动应急方案,加班值守,保证货物尽快验核放行,减轻企业负担。

2. 科学选取查验方式，最大限度为企业服务。

根据货物的实际情况，基于企业需求，可利用 H986 大型集装箱查验设备对货物进行非侵入式查验；同时，对冷冻品、易腐易变质食品、大型设备、高精尖设备等不宜保存或无法在转关堆场内开拆的特殊货物，企业可申请不入区查验，海关将视情派员上门查验，核销并验放货物。

3. 企业缴税灵活便捷，充分享受"一站式"服务。

目前，在该物流中心通关时，企业可通过网上支付、电子支付等形式方便、快捷缴纳税款，同时，已入驻平谷马坊国际物流中心联检大楼的工商银行马坊物流园区支行可以以柜台支付的形式受理各种税费业务，可以使广大企业充分享受"一站式"服务的便利、高效。

三、海关机构

目前，北京海关驻平谷办事处作为平谷马坊国际物流中心的海关派驻机构，承担着马坊口岸进出境监管及平谷、密云地区各类海关监管职能。现设有审单通关科、物流监控科、稽查科、保税监管科 4 个现场科室以及综合业务科、财务关务保障科两个行政科室。

(资料来源：北京海关网.)

【相关链接】

促进文化产品走出去引进来　全国首个文化保税中心落户大山子

境外文化产品一进北京就要交税或交保证金的历史即将改变。2012 年 11 月 7 日上午，全国首个文化保税中心——北京大山子文化保税中心成立仪式在 798 艺术区举行，市领导鲁炜、程红为中心揭牌。

北京大山子文化保税中心由北京歌华文化发展集团在海关总署、文化部、北京市委市政府支持下筹备建设。保税中心一期建设以文化公共保税仓库和保税展厅为主，可以为区内文化创意生产、贸易企业提供仓储、中转、物流、保管等系列保税服务；二期将推动建设物理围网和电子管理的海关监管区域，增强区域内生产、加工、展示、交易、金融服务保税功能；三期建设将积极拓展对整个大山子艺术区及全市文化创意产业提供文化保税服务，从而带动全市文化进出口贸易发展。

北京海关关长甘荣坤把文化保税的优势形象地称为"境内关外"。境外文物或艺术品通过保税中心进入中国展示将简化手续、降低成本，保税区内生产加工的文化创意产品出口成本也将随之降低。他表示，大山子地区已经成为中国文化艺术品创做出口的重要基地和世界第三大文化创意产业交易中心。在此建立文化保税中心，必将对促进中国文化产品走出去和世界优秀文化产品引进来，支持文化创意产业发展产生重要影响。海关部门既要做好文化产品进出境监管，更要创造性地为文化创意产业做好服务保障。

据歌华集团总经理李丹阳介绍，大山子保税中心的范围包括以 798 艺术区为核心的约 6 平方千米面积，目前已经初步确定了三个仓储面积平均在 2000 平方米左右的文化公共保税仓库，今后还将根据区内文化企业的实际需求逐步拓展。公共保税仓库是目前海关授权程度最高的保税服务基地，可为文化企业提供进出口报批、物流、通关、仓储、评估、担保、保险、交割、结算等全流程保税服务。798园区内从事艺术品展示交易的知名企业百雅轩艺术发展公司董事长李大钧说，文化保税中心为国外文化艺术品进入中国交流展示乃至交易开通了一条便捷、优惠的"绿色通道"。而且随着文化保税中心的进一步发展，国内文化企业还可以把生产车间设在区内，生产中所需进口的国外高精尖仪器设备都能享受免税优惠，将能为文化企业降低出口成本约30%～40%，有力促进中国文化产品"走出去"。

市文资办主任周茂非表示，文化保税中心建设是北京市贯彻落实文化强国战略、先行先试发挥文化中心示范作用、创新文化发展模式的重大举措，也是首都文化对外贸易的战略性产业化带动项目，必将对推动首都文化大发展大繁荣、建设具有重大国际影响力的文化中心产生重要促进作用。

(资料来源：北京海关网.)

五、保税物流园区进出货物的报关程序

(一)保税物流园区简介

1. 含义

保税物流园区(以下简称园区)，是指经国务院批准，在保税区规划面积内或者毗邻保税区的特定港区内设立的、专门发展现代国际物流的海关特殊监管区域。

2. 功能

保税物流园区的主要功能是保税物流，可以开展以下业务。

(1) 存储进出口货物及其他未办结海关手续的货物。

(2) 对所存货物开展流通性简单加工和增值服务。

(3) 国际转口贸易。

(4) 国际采购、分销和配送。

(5) 国际中转。

(6) 检测、维修。

(7) 商品展示。

(8) 经海关批准的其他国际物流业务。

3. 管理

1) 园区管理

海关在园区派驻机构，依照《中华人民共和国海关对保税物流园区的管理办法》，对进

出园区的货物、运输工具、个人携带物品及园区内相关场所实行 24 小时监管。

园区与境内其他地区之间应当设置符合海关监管要求的卡口、围网隔离设施、视频监控系统及其他海关监管所需的设施。

除安全人员和相关部门、企业值班人员外，其他人员不得在园区内居住。

园区内不得建立工业生产加工场所和商业性消费设施，不得开展商业零售、加工制造、翻新、拆解及其他与园区无关的业务。

法律、行政法规禁止进出口的货物、物品不得进出园区。

2) 企业管理

园区行政管理机构及其经营主体、在园区内设立的企业等单位的办公场所应当设置在园区规划面积内、围网外的园区综合办公区内。

海关对园区企业实行电子账册监管制度和计算机联网管理制度。

园区行政管理机构或者其经营主体应当在海关指导下通过电子口岸建立供海关、园区企业及其他相关部门进行电子数据交换和信息共享的计算机公共信息平台。

园区企业应当建立符合海关监管要求的电子计算机管理系统，提供海关查阅数据的终端设备，按照海关规定的认证方式和数据标准与海关进行联网。

园区企业应当依照有关法律、行政法规的规定，规范财务管理，设置符合海关监管要求的账簿、报表，记录本企业的财务状况和有关进出园区货物、物品的库存、转让、转移、销售、简单加工、使用等情况，如实填写有关单证、账册，凭合法、有效的凭证记账和核算。

3) 物流管理

园区内设立仓库、堆场、查验场和必要的业务指挥调度操作场所。园区货物不设存储期限。园区企业自开展业务之日起，应当每年向园区主管海关办理报核手续。园区主管海关应当自受理报核申请之日起 30 天内予以核库。企业有关账册、原始数据应当自核库结束之日起至少保留 3 年。园区企业应当编制月度货物进、出、转、存情况表和年度财务会计报告，并定期报送园区主管海关。

经园区主管海关批准，园区企业可以在园区综合办公区专用的展示场所举办商品展示活动。展示的货物应当在园区主管海关备案，并接受海关监管。

园区内货物可以自由流转。园区企业转让、转移货物时应当将货物的具体品名、数量、金额等有关事项向海关进行电子数据备案，并在转让、转移后向海关办理报核手续。

未经园区主管海关许可，园区企业不得将所存货物抵押、质押、留置、移作他用或者进行其他处置。

园区与区外非海关特殊监管区域或者保税监管场所之间货物的往来，企业可以使用其他非海关监管车辆承运。承运车辆进出园区通道时应当经海关登记，海关可以对货物和承

海关理论与实务

运车辆进行查验、检查。

4) 特殊情况处理

除法律、行政法规规定不得声明放弃的货物外，园区企业可以申请放弃货物。放弃的货物由主管海关依法提取变卖，变卖收入由海关按照有关规定处理。依法变卖后，企业凭放弃该批货物的申请和园区主管海关提取变卖该货物的有关单证办理核销手续；确因无使用价值无法变卖并经海关核准的，由企业自行处理，园区主管海关直接办理核销手续。放弃货物在海关提取变卖前所需的仓储等费用，由企业自行承担。

对按照规定应当销毁的放弃货物，由企业负责销毁，园区主管海关可以派员监督。园区主管海关凭有关主管部门的证明材料办理核销手续。

因不可抗力造成园区货物损坏、损毁、灭失的，园区企业应当及时书面报告园区主管海关，说明理由并提供保险、灾害鉴定部门的有关证明。经主管海关核实确认后，按照下列规定处理。

(1) 货物灭失，或者虽未灭失但完全失去使用价值的，海关予以办理核销和免税手续。

(2) 进境货物损坏、损毁，失去原使用价值但可再利用的，园区企业可以向园区主管海关办理退运手续。如不退运出境并要求运往区外的，由区内企业提出申请，并经园区主管海关核准，根据受灾货物的使用价值估价、征税后运出园区外。

(3) 区外进入园区的货物损坏、损毁，失去原使用价值但可再利用，且需向出口企业进行退换的，可以退换为与损坏货物同一品名、规格、数量、价格的货物，并向园区主管海关办理退运手续。需退运到区外的，如属于尚未办理出口退税手续的，可以向园区主管海关办理退运手续；如属于已经办理出口退税手续的，按照进境货物运往区外的有关规定办理。

因保管不善等非不可抗力因素造成货物损坏、损毁、灭失的，按下列规定办理。

(1) 对于从境外进入园区的货物，园区企业应当按照一般进口货物的规定，以货物进入园区时海关接受申报之日适用的税率、汇率，依法向海关缴纳损毁、灭失货物原价值的关税、进口环节增值税和消费税。

(2) 对于从区外进入园区的货物，园区企业应当重新缴纳因出口而退还的国内环节有关税收，海关据此办理核销手续。

(二)保税物流园区进出货物的报关程序

1. 保税物流园区与境外之间进出货物报关

海关对园区与境外之间进出的货物实行备案制管理，但园区自用的免税进口货物、国际中转货物或者法律、行政法规另有规定的货物除外。

园区与境外之间进出的货物应当向园区主管海关申报。园区货物的进出境口岸不在园

254

区主管海关管辖区域的，经园区主管海关批准，可以在口岸海关办理申报手续。

园区内开展整箱进出、二次拼箱等国际中转业务的，由开展此项业务的企业向海关发送电子舱单数据，园区企业向园区主管海关申请提箱、集运等，凭舱单等单证办理进出境申报手续。

保税物流园区与境外之间进、出货物的报关程序如下。

1) 境外运入园区

境外货物到港后，园区企业或其代理人可以先凭舱单将货物直接运到园区，再凭进境货物备案清单向园区主管海关办理申报手续。除法律、行政法规另有规定外，境外运入园区的货物不实行许可证件管理。

下列货物从境外进入园区，海关予以保税。

(1) 园区企业为开展业务所需的货物及其包装物料。

(2) 加工贸易进口货物。

(3) 转口贸易货物。

(4) 外商暂存货物。

(5) 供应国际航行船舶和航空器的物料、维修用零部件。

(6) 进口寄售货物。

(7) 进境检测、维修货物及其零配件。

(8) 看样订货的展览品、样品。

(9) 未办结海关手续的一般贸易货物。

(10) 经海关批准的其他进境货物。

下列货物、物品从境外进入园区，海关予以免税。

(1) 园区的基础设施建设项目所需的设备、物资等。

(2) 园区企业为开展业务所需机器、装卸设备、仓储设施、管理设备及其维修用消耗品、零配件及工具。

(3) 园区行政机构及其经营主体、园区企业自用合理数量的办公用品。

境外进入园区的园区行政机构及其经营主体、园区企业自用交通运输工具、生活消费品，按一般进口货物的有关规定办理申报手续。

2) 园区运往境外

从园区运往境外的货物，除法律、行政法规另有规定外，免征出口关税，不实行许可证件管理。

进境货物未经流通性简单加工，需原状退运出境的，园区企业可以向园区主管海关申请办理退运手续。

2. 保税物流园区与境内区外之间进出货物报关

园区与区外之间进出的货物，由园区企业或者区外的收发货人或其代理人在园区主管海关办理申报手续。

园区企业在区外从事进出口贸易且货物不实际进出园区的，可以在收发货人所在地的主管海关或者货物实际进出境口岸的海关办理申报手续。

除法律、行政法规规定不得集中申报的货物外，园区企业少批量、多批次进出货物的，经园区主管海关批准可以办理集中申报手续，并适用每次货物进出口时海关接受该货物申报之日实施的税率、汇率。集中申报的期限不得超过1个月，且不得跨年度办理。

保税物流园区与区外之间进出货物的报关程序如下。

1) 园区货物运往区外

园区货物运往区外，视同进口。园区企业或者区外收货人或其代理人按照进口货物的有关规定向园区主管海关申报，海关按照货物出园区时的实际监管方式办理相关手续。

(1) 进入国内市场的，按一般进口货物报关，提供相关的许可证件，照章缴纳进口关税，以及进口环节的增值税、消费税。

(2) 用于加工贸易的，按保税加工货物报关，提供电子化手册或电子账册编号，继续保税。

(3) 用于可以享受特定减免税的特定企业、特定地区或有特定用途的，按特定减免税货物报关，提供"进出口货物征免税证明"和相应的许可证件，免缴进口关税、进口环节的增值税。

园区企业跨关区配送货物或者异地企业跨关区到园区提取货物的，可以在园区主管海关办理申报手续，也可以按照海关规定办理进口转关手续。

园区行政管理机构及其经营主体和园区企业使用的机器、设备和办公用品等需要运往区外进行检测、维修的，应当向园区主管海关提出申请，经园区主管海关核准、登记后可以运往区外。

运往区外检测、维修的机器、设备和办公用品等不得留在区外使用，并自运出之日起60天内运回园区。因特殊情况不能如期运回的，园区行政管理机构及其经营主体和园区企业应当于期满前10天内，以书面形式向园区主管海关申请延期，延长期限不得超过30天。

检测、维修完毕运进园区的机器、设备等应当为原物。有更换新零配件或者附件的，原零配件或者附件应当一并运回园区。

对在区外更换的国产零配件或者附件，如需退税，由区内企业或者区外企业提出申请，园区主管海关按照出口货物的有关规定办理，并签发出口货物报关单退税证明联。

园区企业在区外其他地方举办商品展示活动的，应当比照海关对暂准进境货物的管理规定办理有关手续。

2) 区外货物运入园区

区外货物运入园区，视同出口，由区内企业或者区外的发货人或其代理人向园区主管海关办理出口申报手续。属于应当缴纳出口关税的商品，应当照章纳税；属于许可证件管理的商品，应当同时向海关出具有效的许可证件。

用于办理出口退税的出口货物报关单证明联的签发手续，按照下列规定办理。

(1) 从区外运入园区，供园区企业开展业务的国产货物及其包装材料，由园区企业或者区外发货人或其代理人填写出口货物报关单，海关按照对出口货物的有关规定办理，签发出口货物报关单退税证明联；货物从异地转关进入园区的，起运地海关在收到园区主管海关确认转关货物已进入园区的电子回执后，签发出口货物报关单退税证明联。

(2) 从区外运入园区，供园区行政管理机构及其经营主体和园区企业使用的国产基建物资、机器、装卸设备、管理设备等，海关按照对出口货物的有关规定办理，并签发出口货物报关单退税证明联。

(3) 从区外运入园区，供园区行政管理机构及其经营主体和园区企业使用的生活消费用品、办公用品、交通运输工具等，海关不予签发出口货物报关单退税证明联。

(4) 从区外进入园区的原进口货物、包装物料、设备、基建物资等，区外企业应当向海关提供上述货物或者物品的清单，按照出口货物的有关规定办理申报手续，海关不予签发出口货物报关单退税证明联，原已缴纳的关税、进口环节增值税和消费税不予退还。

(5) 除已经流通性简单加工的货物外，区外进入园区的货物，因质量、规格型号与合同不符等原因，需原状返还出口企业进行更换的，园区企业应当在货物申报进入园区之日起1年内向园区主管海关申请办理退换手续。更换的货物进入园区时，可以免领出口许可证件，免征出口关税，但海关不予签发出口货物报关单退税证明联。

3) 保税物流园区与其他海关特殊监管区域、保税监管场所之间往来货物

海关对于园区与其他海关特殊监管区域或者保税监管场所之间往来的货物，继续实行保税监管，不予签发出口货物报关单退税证明联。但货物从未实行国内货物入区(仓)环节出口退税制度的海关特殊监管区域或者保税监管场所转入园区的，按照货物实际离境的有关规定办理申报手续，由转出地海关签发出口货物报关单退税证明联。

园区与其他海关特殊监管区域、保税监管场所之间的货物交易、流转，不征收进出口环节和国内流通环节的有关税收。

【应用案例】

国际采购商青睐保税物流园区　18家入驻跨国企业去年采购额接近2亿美元

宁波保税物流园区正在成为跨国公司在中国建立采购和物流中心的首选地之一。笔者

日前在美国"沃茨"设在保税物流园区的仓库内看到，一批批从全国各地采购来的阀门在这里进行贴(标)签、分类、分装等简单加工。此后，这些产品将通过毗邻的北仑港四期码头分别运往伍斯特、夏洛特、奥克兰、芝加哥、长滩等港口，再直接配送到国外的用户手中。

美国沃茨水工业集团是一家大型跨国企业。"沃茨"亚太区物流总经理蒋维俊说："我们每年在中国的阀门采购总量超过 2 亿美元，以前都是由各生产厂家自行出口运到美国，经过分拨之后再送到客户手中，时间周期长，物流成本高。在宁波保税物流园区设立采购和物流中心后，一年节省的物流成本就达上百万美元。"2008 年，"沃茨"通过保税物流园区出口的货值突破 1 亿美元。

自 2005 年 8 月封关运作以来，宁波保税物流园区的国际中转、国际配送、国际采购、转口贸易四大功能取得了重大突破，引来大批国际采购商"群雁东南飞"。除了美国"沃茨"，采购和配送圣诞用品、家纺用品的物流巨头丹麦马士基，采购儿童用品和益智类玩具的美国智佳等 18 家国际知名出口配送型物流企业和跨国采购配送中心都已落户宁波保税物流园区。据宁波保税区海关统计，去年园区完成进出区货值超过 16 亿美元，同比增长 26%，特别是国际采购配送业务获得快速发展，18 家入驻跨国企业采购额接近 2 亿美元。

(资料来源：宁波日报，2009-03-14.)

盐田港保税物流园区出口额大增

昨日，记者在盐田港保税物流园区看到，上海上实外联发进出口有限公司一辆满载 iPhone 4 手机的货柜车，正准备从盐田港保税物流园区二线电子闸口出闸。嘀……货柜司机刷卡完毕，车辆和货柜信息读入园区信息系统，系统自动识别该货柜已办结海关手续可以出闸，立即抬杠放行。"目前全国市场上所有销售的 iPhone 系列手机，都是从盐田港保税物流园区办理进口手续进入国内市场的。"上海上实外联发进出口有限公司工作人员小王告诉记者。

"好的海关监管服务造就好的通关环境，好的通关环境才能引来更多优质企业到盐田港保税物流园区办理进出口业务。"大鹏海关负责人向记者透露，目前，已有微软、苹果、索尼、飞利浦、富士康等一大批世界知名企业进驻园区，国内市场上许多畅销的电子产品都是从盐田港保税物流园区走向全国。

"选择在盐田港保税物流园区办理进出口业务，既能充分享受园区的各种政策优势和海关的通关便利措施，又能依靠盐田港 100 多条国际航线在最短时间内实现远洋运输，为我们企业节省了大量通关时间，也大大降低了通关成本。"一家园区内企业负责人高兴地告诉记者。

据了解，目前，盐田港保税物流园区已具备保税仓储、国际中转、国际配送、国际采购、转口贸易、开展流通性简单加工和增值服务、园区内货物自由流转等多项功能，适应目前跨国公司普遍采用的"保税生产、全球分拨、全球集中采购"的模式，充分满足了广大进出口企业的物流配送需求。另外，盐田港保税物流园区也是全国少数几个实现"区港联动"的保税区之一，与盐田港天然连为一体，园区与盐田港码头之间设有24小时电子监控的直通通道，是全国实行"区港联动"试点港口中地理位置最为优越的试点区域。跨国公司非常看好这些优势。

盐田港保税物流园区充分利用政策优势和港口区位优势，促进区、港、航的一体化发展，极大提高了盐田港保税物流园区的竞争力，园区的外贸进出口业务直线攀升。在2011年上半年全国保税物流园区的排名中，盐田港保税物流园区实际进出口总额达到15.5亿美元，位居全国第二。

大鹏海关负责人向记者介绍了一串数字：2006年盐田港保税物流园区刚成立时，园区仓储面积只有6万平方米，海关监管的进出境(一线)货物和货值只有18.6万吨和8.7亿美元，海关监管的进出区(二线)货物和货值只有12.3万吨和4.8亿美元，海关税收只有0.3亿元。而到今年8月，园区仓储面积就达到55万平方米，是成立之初的9.17倍；海关监管的进出境(一线)货物和货值达到23.28万吨和21.43亿美元，是成立之初的1.25倍和2.46倍；海关监管进出区(二线)货物和货值达到45.29万吨和103.47亿美元，是成立之初的3.68倍和21.56倍；海关税收达到45.3亿元，是成立之初的151倍。

盐田港保税物流园区的快速发展，离不开大鹏海关的大力推动。该保税物流园区成立5年以来，大鹏海关积极推进园区信息系统建设，推出了分类通关、24小时预约通关、企业分类管理、绿色通道等一系列服务措施。同时，积极为企业排忧解难，帮助园区企业努力打造社会化、专业化、信息化的现代物流服务体系。海关提供的优质服务赢得了园区广大企业的拥护和赞扬，近日，园区企业联合向大鹏海关送来了"心系企业促物流，优质服务推发展"的锦旗。

(资料来源：深圳商报，2011-10-27.)

六、保税区进出货物的报关程序

(一)保税区简介

1. 含义

保税区，是指经国务院批准在中华人民共和国境内设立的由海关进行监管的特定区域。

2. 功能

保税区具有出口加工、转口贸易、商品展示、仓储运输等功能。

【应用案例】

保税区的实用功能

物流分拨功能

香港贸易商 D 公司有一批韩国产的塑胶粒需卖给中山、东莞、广州、深圳等地的十几家工厂，货柜到达香港码头后直接拖至福汉兴仓库拆柜入仓存放。深圳以外的工厂凭加工贸易合同手册在福田保税区办理进口转关手续提货，而深圳的工厂可凭进口集中报关清单直接报关进口，手续简单，运费低廉。

部分代替深加工结转功能

东莞的 Q 公司和宝安的 A 公司都是来料加工厂，Q 公司生产的成品如电阻要卖给 A 公司作料件，以往办理这种跨关区的"转厂"，手续很烦琐。现在他们选择了福汉兴仓库后一切都变得简单了：Q 公司办理东莞至福保的出口转关手续，交货至福汉兴仓库视同出境，A公司再用进口报关单办理货物的进口手续，货物的运输可由国内车辆完成。

其他功能

东莞某工厂的合同手册即将到期，海关要求工厂的产品必须限期出口方可核销。而这批成品所订的船期未到，于是他们将货品出口转关至福田保税区入福汉兴仓库暂时存放，这样入福汉兴仓库的货品视同出境，厂家的合同核销问题迎刃而解。当船期到时，再由福汉兴仓库出货交至香港码头或盐田/蛇口码头。

(资料来源：深圳福汉兴(国际)运输有限公司网站.)

3. 管理

1) 税区管理

保税区与境内其他地区之间，设置符合海关监管要求的隔离设施。

保税区内仅设置保税区行政管理机构和企业。除安全保卫人员外，其他人员不得在保税区居住。

国家禁止进出口的货物、物品，不得进出保税区。

国家明令禁止进出口的货物和列入加工贸易禁止类商品目录的商品在保税区内也不准开展加工贸易。

2) 物流管理

海关对进出保税区的货物、物品、运输工具、人员及区内有关场所，有权依照《海关法》的规定进行检查、查验。

在保税区内设立的企业，应当向海关办理注册手续。区内企业应当依照国家有关法律、行政法规的规定设置账簿、编制报表，凭合法、有效凭证记账并进行核算，记录有关进出保税区货物和物品的库存、转让、转移、销售、加工、使用和损耗等情况。

区内企业必须与海关实行电子计算机联网，进行电子数据交换。

进出保税区的运输工具的负责人，应当持保税区主管机关批准的证件连同运输工具的名称、数量、牌照号码及驾驶员姓名等清单，向海关办理登记备案手续。

未经海关批准，从保税区到非保税区的运输工具和人员不得运输、携带保税区内的免税(保税)货物。

从非保税区进入保税区的货物，按照出口货物办理手续。在办理出口手续时，不办理出口退税手续。可享受出口退税货物应当在货物实际离境后办理。

保税区内的转口货物可以在区内仓库或者区内其他场所进行分级、挑选、刷贴标志、改换包装等简单加工。

3) 加工贸易管理

保税区企业开展加工贸易，进口易制毒化学品、监控化学品、消耗臭氧层物质需要提供进口许可证件；生产激光光盘，进口国家限制进口可用作原料的废物并对其进行加工、拆解需要主管部门批准；其他加工贸易料件进口免予交验许可证件。

保税区内企业开展加工贸易，不实行银行保证金台账制度。

区内加工企业加工的制成品及其在加工过程中产生的边角余料运往境外时，应当按照国家有关规定向海关办理手续，除法律、行政法规另有规定外，免征出口关税。

区内加工企业将区内加工贸易料件及制成品，在加工过程中产生的副产品、残次品、边角料运往非保税区时，应当依照国家有关规定向海关办理进口报关手续，并依法纳税，免缴缓税利息。

(二)保税区进出货物报关程序

保税区货物报关分进出境报关和进出区报关。

1. 进出境报关

进出境报关采用报关制和备案制相结合的申报方式。保税区与境外之间进出境货物，属自用的，采取报关制，填写进出口货物报关单，即保税区内企业进口自用合理数量的机器设备、管理设备、办公用品及工作人员所需自用合理数量的应税物品及货样，由收货人或其代理人填写进口货物报关单向海关报关；属非自用的，采取备案制，填写进出境货物备案清单，即保税区内企业的加工贸易料件、转口贸易货物、仓储货物进出境，由收货人或其代理人填写进出境货物备案清单向海关报关。

保税区与境外之间进出的货物，除易制毒化学品、监控化学品、消耗臭氧层物质等国家规定的特殊货物外，不实行进出口许可证件管理，免予交验许可证件。

为保税加工、保税仓储、转口贸易、展示而从境外进入保税区的货物可以保税。

从境外进入保税区的以下货物可以免税(进口关税和进口环节税收),海关按照特定减免税货物进行监管。

(1) 区内生产性的基础设施建设项目所需的机器、设备和其他基建物资。

(2) 区内企业自用的生产、管理设备和自用合理数量的办公用品及其所需的维修零配件,生产用燃料,建设生产厂房、仓储设施所需的物资、设备。

(3) 保税区行政管理机构自用合理数量的管理设备和办公用品及其所需的维修零配件。

2. 进出区报关

1) 保税加工货物进出区

进区,报出口,要有加工贸易电子化手册或者电子账册编号,填写出口货物报关单,提供有关的许可证件。出口应当征收出口关税的商品,须缴纳出口关税;海关不签发出口货物报关单退税证明联。

出区,报进口,按不同的流向填写不同的进口货物报关单。

(1) 出区进入国内市场的,按一般进口货物报关,填写进口货物报关单,提供有关的许可证件。

(2) 出区用于加工贸易的,按加工贸易货物报关,填制进口货物报关单,提供加工贸易电子化手册或者电子账册编号。

(3) 出区用于可以享受特定减免税企业的,按特定减免税货物报关,提供进出口货物征免税证明和应当提供的许可证件,免缴进口税。

2) 进出区外发加工

保税区企业货物外发到区外加工,或区外企业货物外发到保税区加工,需经主管海关核准。

进区提交外发加工合同向保税区海关备案,加工出区后核销,不填写进出口货物报关单,不缴纳税费。

出区外发加工的,须由区外加工贸易经营企业在加工企业所在地海关办理加工贸易备案手续,建立电子化手册或者电子账册,需要设立银行保证金台账的应当设立台账。加工期限最长 6 个月,情况特殊,经海关批准可以延长,延长的最长期限是 6 个月。备案后按保税加工货物出区进行报关。

3) 设备进出区

不管是施工还是投资设备,进出区均需向保税区海关备案,设备进区不填写报关单,不缴纳出口税,海关不签发出口货物报关单退税证明联,设备系从国外进口已征进口税的,不退进口税;设备退出区外,也不必填写报关单进行申报,但要报保税区海关销案。

【相关链接】

天竺海关全力推动国内首个"文化保税区"在京发展

随着 2012 年 3 月 11 日，国家对外文化贸易基地揭牌暨北京国际文化贸易服务中心奠基仪式在北京天竺综合保税区的隆重举行，一直积极促进文化创意产业入区发展的北京海关，成为这个国内首个"文化保税区"强有力的助推器。

北京海关下隶属天竺海关关长卢晓明介绍说，像货物保税区一样，"文化保税区"也要为文化"走出去"提供一个新平台。北京海关将帮助文化企业充分利用保税区海关特殊监管区的区域优势，并努力与企业一道，寻求文化政策的有效突破与创新，为文化企业"走出去"和"引进来"提供便利渠道。同时，海关还将进一步分析"文化保税区"内企业的特点，根据其在"走出去"过程中及操作环节中遇到的各种实际困难和障碍，就如何节约费用成本、克服困难、寻求发展空间等多方面进行探索，帮助企业抗击风险，做大做强。

歌华美术公司是一家已入区公司。歌华美术的王总经理感慨地对笔者说："没想到海关想得比我们还全，做得准备比我们自己还充分，让我们入区经营很踏实，很有信心！"

据了解，目前天竺海关充分发挥全国首家空港型综合保税区的政策、功能优势，已经制定了多项措施，推动区内文化产业发展。其中包括：拟制展览展示、文化产品物流等业务的海关监管操作流程，开发了海关监管辅助系统的相关管理功能模块；加大对文化企业的招商引资力度；建立项目联络人制度，即对于准备入区和已入区并即将开展业务的文化产业项目、文化流通和创意企业，海关将指派专人负责，及时了解并解决其规划建设、运营模式、经营范围等相关问题，帮助企业全面了解综保区的政策。天竺海关卢关长还表示，海关将根据区内文化企业的业务需求，制定完善适合该类企业发展的业务流程及通关模式，全面解决企业遇到的各类疑难问题。同时，进一步加强与文化企业的交流沟通，了解其经营状况，倾听诉求，帮扶企业解决注册备案、建设、业务操作、政策解读等问题，引导企业健康快速发展。

另据了解，该"文化保税区"有望成为亚洲最大的文化产品交易市场，将为国内外文化生产、传输、贸易机构提供保税服务公共平台，为文化产品和文化项目提供展示、推介、交易、仓储、物流等组合服务。

(资料来源：北京海关网.)

七、保税港区进出货物的报关程序

(一)保税港区简介

1. 含义

保税港区是指经国务院批准，设立在国家对外开放的口岸港区和与之相连的特定区域内，具有口岸、物流、加工等功能的海关特殊监管区域。

海关对区内企业实行计算机联网管理制度和海关稽查制度。区内企业应当应用符合海关监管要求的计算机管理系统，提供供海关查阅数据的终端设备和计算机应用的软件接口，按照海关规定的认证方式和数据标准与海关进行联网，并确保数据真实、准确、有效。海关依法对区内企业开展海关稽查，监督区内企业规范管理和守法自律。

【相关链接】

上海洋山保税港区

上海洋山保税港区是经国务院批准设立的国内首家保税港区，由规划中的小洋山港口区域、东海大桥和与之相连接的陆上特定区域组成，其中，小洋山港口区域面积达 2.14 平方千米；陆地区域位于上海市南汇芦潮港，面积 6 平方千米。洋山保税港区实行出口加工区、保税区和港区的"三区合一"，更凸现区位优势和政策优势。洋山保税港区的设立和洋山海关的开通，对于充分发挥洋山港区的区位优势和功能作用，大力发展国际中转、配送、采购、转口贸易和出口加工等业务，拓展相关功能，实现港口经济与产业经济的联动发展，全面提升上海港的国际竞争力，进一步确立上海国际航运中心的地位和提高我国对外开放的水平具有十分重要的意义。目前保税港区内的洋山港一期码头自 2005 年年底投入运营以来，状况良好，一期码头设计吞吐能力为 220 万 TEU，2006 年年底达到 300 万 TEU。

(资料来源：王洪海. 报关实务. 北京：中国电力出版社，2011.)

天津海关助力东疆保税港区进入发展快车道

据天津海关消息，2011 年 1—10 月，天津东疆保税港区区域经济发展势头良好，共计新增注册登记企业 132 家，同比增长 112.9%；注册资本 19848.5 美元。今年以来共接受进出口报关单及备案清单 18 912 票，货值 37.69 亿美元，货运量 30.37 万吨，同比分别增长 32.57%、215.40% 和 108.73%。

东疆保税港区海关积极推动"东疆创业年"活动，发挥东疆政策功能优势，以"严密监管、优化环境、服务创业、促进发展"为目标，有效提升港区投资环境，助力东疆保税港区发展进入快车道。《国务院关于天津北方国际航运中心核心功能区建设方案的批复》(国函〔2011〕51 号)下发后，东疆保税港区获得了国际船舶登记制度、国际航运税收、航运金融业务和租赁业务四大方面的创新试点支持政策。在这些备受关注、支持力度颇大的"试点政策套餐"的吸引下，目前已有数十家大型飞机金融租赁公司计划在东疆开展飞机租赁业务，租赁进口商包括国航、南航等 10 余家国内主要航空公司。截至目前已完成 24 票飞机租赁通关业务。该关还将在下一步积极研究飞机融资租赁减免税审批、租赁出口货物退税、起运港退税等业务的操作模式，研究探索船舶登记、航运金融以及国际中转、配送、采购业务的海关管理模式，助力东疆北方国际航运中心核心功能区建设，促进东疆保税港区对外贸易持续快速发展。

（资料来源：中国海关总署网.）

2. 功能

保税港区具有中国所有海关特殊监管区域所具有的全部功能，可以开展下列业务。

(1) 存储进出口货物和其他未办结海关手续的货物。

(2) 对外贸易，包括国际转口贸易。

(3) 国际采购、分销和配送。

(4) 国际中转。

(5) 检测和售后服务维修。

(6) 商品展示。

(7) 研发、加工、制造。

(8) 港口作业。

(9) 经海关批准的其他业务。

3. 管理

1) 港区管理

保税港区实行封闭式管理。保税港区与中华人民共和国关境内的其他地区之间设置符合海关监管要求的卡口、围网、视频监控系统及海关监管所需的其他设施。

保税港区内不得居住人员。除保障保税港区内人员正常工作、生活需要的非营利性设施外，保税港区内不得建立商业性生活消费设施和开展商业零售业务。

国家禁止进出口的货物、物品不得进出保税港区。

区内企业的生产经营活动应当符合国家产业发展要求，不得开展高耗能、高污染和资源性产品及列入《加工贸易禁止类商品目录》商品的加工贸易业务。

2) 物流管理

海关对进出保税港区的运输工具、货物、物品及保税港区内企业、场所进行监管。

区内企业需要开展危险化工品和易燃易爆物品生产、经营和运输业务的，应当取得安全监督、交通等相关部门的行政许可，并报保税港区主管海关备案。

有关储罐、装置、设备等设施应当符合海关的监管要求。通过管道进出保税港区的货物，应当配备计量检测装置和其他便于海关监管的设施、设备。

申请在保税港区内开展维修业务的企业应当具有企业法人资格，并在保税港区主管海关登记备案。区内企业所开展的维修业务仅限于我国出口的机电产品的售后维修，维修后的产品、更换的零配件及维修过程中产生的物料等应当复运出境。

经保税港区主管海关批准，区内企业可以在保税港区综合办公区专用的展示场所举办商品展示活动。展示的货物应当在海关备案，并接受海关监管。

保税港区内货物可以自由流转。区内企业转让、转移货物的，双方企业应当及时向海关报送转让、转移货物的品名、数量、金额等电子数据信息。

保税港区货物不设存储期限。但存储期限超过两年的，区内企业应当每年向海关备案。

经海关核准，区内企业可以办理集中申报手续。实行集中申报的区内企业应当对 1 个自然月内的申报清单数据进行归并，填制进出口货物报关单，在次月底前向海关办理集中申报手续。集中申报适用报关单集中申报之日实施的税率、汇率。集中申报不得跨年度办理。

【应用案例】

分 送 集 报

根据《中华人民共和国海关保税港区管理暂行办法》第二十五条规定，保税港区内企业可以办理集中申报手续。保税港区内企业可以通过该种方式，先让审批货物分批进关，后补报报关单，对于通关时效要求高的鲜活商品、书报杂志以及公路口岸频繁进出的保税货物，可以极大地提高通关效率，并在方便企业合法进出方面起到积极的促进作用。分送集报允许本月进出的货物可以于次月底前向海关办理集中申报手续，并且适用报关单集中申报之日实施的税率、汇率。

现在国际贸易市场行情瞬息万变，时间就是金钱，效率就是效益。以前的报关程序为报关以后企业物资才能进入保税港区，如果有些货物报关信息不齐，就不能装车发运，极大限制了运输车辆的配载规模，从而加大了运输成本。而实行分送集报后，可以最大限度地对企业货物进行配载，使货物的单位运输成本大大降低，报入报出更加灵活，从而加快了进出口规模和速度，提升了企业出口竞争的实力。

青岛保税区宏轮工贸有限公司是首个在海关帮助下实行"集中报关"的企业，自采取了分送集报后，公司可将从国内工厂采购的出口货物分批先行运入保税港区仓库，在一个月内把多批入库货物信息集中报成一票报关单。由于采取先入库后报关方式，厂家有充足的时间准备报关资料办理报关，也大大降低了运输成本，节约了运输时间。例如该企业从厂家进货 2000 条轮胎，有 6 个规格型号，如果按照以前报关模式，可能由于商检信息、报验、规格型号不齐等原因要报成 6 票报关单，而运输 2000 条轮胎也需要分 6 车次运输，报关费用及运输成本很高，耗时也会很长，严重的会影响企业出口计划。而实行了集中报关后，该企业可以根据实际需要分 2～3 批次向海关申报，并在 1 个月内收齐所有报关资料进行报关，运输车辆也可以最大限度地配载，企业通关时间、报关费用、运输成本大大降低，与厂家配合更加灵活，从而紧紧抓住稍纵即逝的国际市场机会，提高了企业的核心竞争力。

(资料来源：大众日报，2013-11-15.)

3) 加工贸易管理

区内企业不实行加工贸易银行保证金台账和合同核销制度，海关对保税港区内的加工贸易货物不实行单耗标准管理。区内企业应当自开展业务之日起，定期向海关报送货物的进区、出区和储存情况。

4) 特殊情况处理

区内企业申请放弃的货物，经海关及有关主管部门核准后，由保税港区主管海关依法提取变卖，变卖收入由海关按照有关规定处理，但法律、行政法规和海关规章规定不得放弃的货物除外。

因不可抗力造成保税港区货物损毁、灭失的，区内企业应当及时书面报告保税港区主管海关，说明情况并提供灾害鉴定部门的有关证明。经保税港区主管海关核实确认后，按照下列规定处理。

(1) 货物灭失，或者虽未灭失但完全失去使用价值的，海关予以办理核销和免税手续。

(2) 进境货物损毁，失去部分使用价值的，区内企业可以向海关办理退运手续。如不退运出境并要求运往区外的，由区内企业提出申请，经保税港区主管海关核准，按照海关审定的价格进行征税。

(3) 区外进入保税港区的货物损毁，失去部分使用价值，且需向出口企业进行退换的，可以退换为与损毁货物相同或者类似的货物，并向保税港区主管海关办理退运手续。

需退运到区外的，属于尚未办理出口退税手续的，可以向保税港区主管海关办理退运手续；属于已经办理出口退税手续的，按照进境货物运往区外的规定办理。

因保管不善等不可抗力因素造成货物损毁、灭失的，区内企业应当及时书面报告保税港区主管海关，说明情况。经保税港区主管海关核实确认后，按照下列规定办理。

(1) 从境外进入保税港区的货物，区内企业应当按照一般贸易进口货物的规定，按照海关审定的货物损毁或灭失前的完税价格，以货物损毁或灭失之日适用的税率、汇率缴纳关税、进口环节海关代征税。

(2) 从区外进入保税港区的货物，区内企业应当重新缴纳因出口而退还的国内环节有关税收，海关据此办理核销手续，已缴纳出口关税的，不予退还。

(二)进出保税港区货物的报关程序

保税港区企业向海关申报货物进出境、进出区，以及在同一区域内或者不同特殊区域之间流转货物的双方企业，应填制海关"进(出)境货物备案清单"。保税港区与境内(区外)之间进出的货物，区外企业应同时填制"进(出)口货物报关单"，向保税港区主管海关办理进出口报关手续。

货物在同一保税港区企业之间、不同特殊区域企业之间或保税港区与区外之间流转的，应先办理进口报关手续，后办理出口报关手续。

综合保税区及被整合到国务院新批准设立的综合保税区或保税港区内的出口加工区、保税物流园区、保税区或保税物流中心，按照保税港区模式运作。

具体程序如下。

1. 保税港区与境外之间

保税港区与境外之间进出的货物应当在保税港区主管海关办理海关手续；进出境口岸不在保税港区主管海关辖区内的，经保税港区主管海关批准，可以在口岸海关办理海关手续。

海关对保税港区与境外之间进出的货物实行备案制管理，对从境外进入保税港区的货物予以保税。货物的收发货人或者代理人应当如实填写"进出境货物备案清单"，向海关备案。

下列货物从境外进入保税港区，海关免征进口关税和进口环节海关代征税。

(1) 区内生产性的基础设施建设项目所需的机器、设备和建设生产厂房、仓储设施所需的基建物资。

(2) 区内企业生产所需的机器、设备、模具及其维修用零配件。

(3) 区内企业和行政管理机构自用合理数量的办公用品。

从境外进入保税港区，供区内企业和行政管理机构自用的交通运输工具、生活消费用品，按进口货物的有关规定办理报关手续，海关按照有关规定征收进口关税和进口环节海关代征税。

从保税港区运往境外的货物免征出口关税。

保税港区与境外之间进出的货物，不实行进出口配额、许可证件管理，但法律、行政法规和规章另有规定的除外。

对于同一配额、许可证件项下的货物，海关在进区环节已经验核配额、许可证件的，在出境环节不再要求企业出具配额、许可证件原件。

2. 保税港区与区外非特殊监管区域或场所之间

保税港区与区外之间进出的货物，区内企业或者区外收发货人按照进出口货物的有关规定向保税港区主管海关办理申报手续。需要征税的，区内企业或者区外收发货人按照货物进出区时的实际状态缴纳税款；属于配额、许可证件管理商品的，区内企业或者区外收发货人还应当向海关出具配额、许可证件。对于同一配额、许可证件项下的货物，海关在进境环节已经验核配额、许可证件的，在出区环节不再要求企业出具配额、许可证件原件。

1) 出区

(1) 一般贸易货物出区

一般贸易货物出区，按一般进口货物的报关程序办理海关手续。属于优惠贸易协定项下货物，符合海关总署相关原产地管理规定的，按协定税率或者特惠税率办理海关征税手续。

一般贸易货物出区符合保税或者特定减免税条件的，可以按保税货物或者特定减免税货物的报关程序办理海关手续。

(2) 加工贸易货物出区

区内企业生产的加工贸易成品及在加工生产过程中产生的残次品、副产品出区内销的，按进口货物办理进口手续，海关按内销时的实际状态征税。属于进口配额、许可证件管理的，企业应当向海关出具进口配额、许可证件。

区内企业在加工生产过程中产生的边角料、废品，以及加工生产、储存、运输等过程中产生的包装物料，区内企业提出书面申请并且经海关批准的，可以运往区外，海关按出区时的实际状态征税。属于进口配额、许可证件管理的，免领进口配额、许可证件；列入《禁止进口废物目录》的废物及其他危险废物需出区进行处置的，有关企业凭保税港区行政管理机构及所在地的市级环保部门批件等材料，向海关办理出区手续。

区内企业生产的加工贸易成品出区深加工结转按出口加工区深加工结转程序办理海关手续。

(3) 出区展示

区内企业在区外其他地方举办商品展示活动的，比照海关对暂准进境货物的管理规定办理有关手续。

(4) 出区检测、维修

保税港区内使用的机器、设备、模具和办公用品等海关监管货物，可以比照进境修理货物的有关规定，运往区外进行检测、维修。区内企业将模具运往区外进行检测、维修的，应当留存模具所生产产品的样品或者图片资料。

运往区外进行检测、维修的机器、设备、模具和办公用品等，不得在区外用于加工生产和使用，并且应当自运出之日起 60 日内运回保税港区。因特殊情况不能如期运回的，区内企业或者保税港区行政管理机构应当在期限届满前 7 日内，以书面形式向海关申请延期，延长期限不得超过 30 日。检测、维修完毕运回保税港区的机器、设备、模具和办公用品等应当为原物。有更换新零件、配件或者附件的，原零件、配件或者附件应当一并运回保税港区。对在区外更换的国产零件、配件或者附件，需要退税的，由区内企业或者区外企业提出申请，保税港区主管海关按照出口货物的有关规定办理手续，签发出口货物报关单证明联。

(5) 出区外发加工

区内企业需要将模具、原材料、半成品等运往区外进行加工的，应当在开展外发加工前，凭承揽加工合同或者协议、承揽企业营业执照复印件和区内企业签章确认的承揽企业生产能力状况等材料，向保税港区主管海关办理外发加工手续。

委托区外企业加工的期限不得超过 6 个月，加工完毕后的货物应当按期运回保税港区。在区外开展外发加工产生的边角料、废品、残次品、副产品不运回保税港区的，海关应当按照实际状态征税。区内企业凭出区时委托区外加工申请书及有关单证，向海关办理验放核销手续。

2) 进区

区外货物进入保税港区的，按照货物出口的有关规定办理缴税手续，并按照下列规定签发用于出口退税的出口货物报关单证明联。

(1) 从区外进入保税港区供区内企业开展业务的国产货物及其包装物料，海关按照对出口货物的有关规定办理，签发出口货物报关单证明联。货物转关出口的，起运地海关在收到保税港区主管海关确认转关货物已进入保税港区的电子回执后，签发出口货物报关单证明联。

(2) 从区外进入保税港区供保税港区行政管理机构和区内企业使用的国产基建物资、机器、装卸设备、管理设备、办公用品等，海关按照对出口货物的有关规定办理，除属于取消出口退税的基建物资外，签发出口货物报关单证明联。

(3) 从区外进入保税港区供保税港区行政管理机构和区内企业使用的生活消费用品和交通运输工具，海关不予签发出口货物报关单证明联。

(4) 从区外进入保税港区的原进口货物、包装物料、设备、基建物资等，区外企业应当向海关提供上述货物或者物品的清单，按照出口货物的有关规定办理申报手续，海关不予签发出口货物报关单证明联，原已缴纳的关税、进口环节海关代征税不予退还。

3. 保税港区与其他海关特殊监管区域或者保税监管场所之间

海关对于保税港区与其他海关特殊监管区域或者保税监管场所之间往来的货物，实行保税监管，不予签发用于办理出口退税的出口货物报关单证明联。但货物从未实行国内货物入区(仓)环节出口退税制度的海关特殊监管区域或者保税监管场所转入保税港区的，视同货物实际离境，由转出地海关签发出口货物报关单退税证明联。

海关对于保税港区与其他海关特殊监管区域或者保税监管场所之间的流转货物，不征收进出口环节的有关税收。

承运保税港区与其他海关特殊监管区域或者保税监管场所之间往来货物的运输工具，应当符合海关监管要求。

【知识拓展】

综合保税区

综合保税区是设立在内陆地区的具有保税港区功能的海关特殊监管区域，由海关参照有关规定对综合保税区进行管理，执行保税港区的税收和外汇政策，集出口加工区、保税区、保税物流园区、港口的功能于一身，可以发展国际中转、配送、采购、转口贸易和出口加工等业务。根据现行有关政策，海关对保税区实行封闭管理，境外货物进入保税区，实行保税管理；境内其他地区货物进入保税区，视同出境；同时，外经贸、外汇管理部门也对保税区实行相对优惠的政策。企业在综合保税区开展口岸作业业务，海关、商检等部门在园区内查验货物后，可在任何口岸(海港或空港)转关出口，无须再开箱查验。

截至 2013 年 9 月 25 日，经国务院批准设立的综合保税区有 33 家，分别是：唐山曹妃甸综合保税区、淮安综合保税区、衡阳综合保税区、湘潭综合保税区、盐城综合保税区、无锡高新区综合保税区、济南综合保税区、沈阳综合保税区、南京综合保税区、长春兴隆综合保税区、潍坊综合保税区、成都综合保税区、苏州工业园综合保税区、天津滨海新区综合保税区、北京天竺综合保税区、海南海口综合保税区、广西凭祥综合保税区、黑龙江绥芬河综合保税区、上海浦东机场综合保税区、江苏昆山综合保税区、重庆西永综合保税区、广州白云机场综合保税区、苏州高新技术产业开发区综合保税区、西安综合保税区、西安高新综合保税区、银川综合保税区、郑州新郑综合保税区、新疆阿拉山口综合保税区、新疆喀什综合保税区、武汉东湖综合保税区、太原武宿综合保税区、舟山港综合保税区、贵阳综合保税区。其中，苏州工业园综合保税区、天津滨海新区综合保税区、北京天竺综合保税区、重庆西永综合保税区、郑州新郑综合保税区、广西凭祥综合保税区、昆山综合保税区、苏州高新区综合保税区、沈阳综合保税区等已封关运行。

海关对综保区的监管技术不断革新，正发挥着巨大的作用。例如 2013 年南京海关在关区全面推行"综保区信息化管理系统"，通过信息技术带来的互联互通，将综合保税区的货物通关速度直接带入了"读秒"时代。"综保区信息化管理系统"将海关与监管场所、报关公司、承运公司等企业联网，实时交换数据，取消纸质文件流转，不仅丰富了海关监管手段，更是将报关单数据与物流数据自动比对，实现单证实货一体化放行，实现了真正意义上的通关过程"全自动"。在淮安综保区内，货物到场确认后 5 分钟内即放行。而在泰州，以前 4 个小时才能出去的货物，如今 10 分钟就完成了放行。

(资料来源：中国海关总署网.)

本 章 小 结

保税制度是指经海关批准的境内企业所进口的货物，在海关监管下在境内指定的场所储存、加工、装配，并暂缓缴纳各种进口税费的一种海关监管业务制度。

保税货物，是指经海关批准未办理纳税手续进境，在境内储存、加工、装配后复运出境的货物。根据保税货物进入关境的目的不同，可以将保税货物分为保税加工货物和保税物流货物。

保税货物的报关程序包括前期备案、进出境报关、后期核销。

加工贸易银行保证金台账制度，是指经营加工贸易的单位或企业凭海关核准的手续，按合同备案料、件金额向指定银行申请设立加工贸易进口料件保证金台账，加工成品在规定期限内全部出口，经海关核销合同后，由银行核销保证金台账的一种加工贸易管理制度。

加工贸易银行保证金台账制度的核心是对不同地区的加工贸易企业和加工贸易涉及的进出口商品实行分类管理，对部分企业进口的部分料件，由银行按照海关根据规定计算的金额征收保证金。

出口加工区是指经国务院批准设立的从事保税加工、拓展保税物流及开展研发、检测、维修业务的由海关监管的特定区域。

珠海园区是指经国务院批准设立的从事保税加工、保税物流、国际转口贸易等珠澳跨境工业区的珠海园区。

保税仓库是指经海关批准设立的专门存放保税货物及其他未办结海关手续货物的仓库。

出口监管仓库是指经海关批准设立，对已办结海关出口手续的货物进行存储保税物流配送，提供流通性增值服务的海关专用监管仓库。

保税物流中心(B 型)是指经海关总署批准，由中国境内一家企业法人经营，多家企业进入并从事保税仓储物流业务的海关集中监管场所。

保税物流园区是指经国务院批准，在保税区规划面积内或者毗邻保税区的特定港区内设立的、专门发展现代国际物流的海关特殊监管区域。

保税区是指经国务院批准在中华人民共和国境内设立的具有出口加工、转口贸易、商品展示、仓储运输等功能的由海关进行监管的特定区域。

保税港区是指经国务院批准，设立在国家对外开放的口岸港区和与之相连的特定区域内，具有口岸、物流、加工等功能的海关特殊监管区域。

自 测 题

一、单项选择题

1. 以下各项中，属于保税加工货物的特征的是(　　)。

A. 进出境时缴纳进出口税费　　　B. 进出境海关现场放行并未结关

C. 进出口时提交相关的许可证件　D. 海关放行即办结了海关手续

2. 以下各项中,关于电子账册海关核销的说法错误的是(　　)。

A. 电子账册模式的海关核销实行滚动核销的方式

B. 海关核销的基本要求是确定企业在某个时段所进口的各项保税加工料件的使用、流转、损耗的情况符合一定的平衡关系

C. 海关核销时发现企业实际库存量少于电子底账核算结果且联网企业不能提供正当理由的,海关将对短缺部分按照内销处理

D. 海关核销方式有书面数据核算和盘库两种方式

3. 如果物流中心与口岸不在同一主管海关,经主管海关批准,可以在(　　)办理相关手续。

A. 口岸海关　　　B. 主管海关　　　C. 直属海关　　　D. 隶属海关

4. 北京加工贸易企业A进口料件生产半成品后转给南京加工贸易企业B继续深加工,最终产品由B企业出口。下列结转申报手续正确的是(　　)。

A. 先由A企业报进口,后由B企业报出口

B. 先由A企业报出口,后由B企业报进口

C. 先由B企业报进口,后由A企业报出口

D. 先由B企业报出口,后由A企业报进口

5. 保税区和出口加工区共有的主要功能是(　　)。

A. 仓储运输　　　B. 商品展示　　　C. 加工贸易　　　D. 转口贸易

二、多项选择题

1. 下列贸易行为应填写出口货物报关单的是(　　)。

A. 非保税区运入保税区供加工生产产品用　　B. 加工贸易深加工结转

C. 加工贸易成品转内销　　　　　　　　　　D. 保税仓库货物复出口

2. 下列属于保税仓库储存的保税货物的是(　　)。

A. 残疾人康复用品

B. 供应国际运输工具的燃料和物料

C. 参加国内展览会的国外展览品

D. 经海关批准,未办结海关手续存在保税仓库的货物

3. 以下各项中对保税物流园区货物监管的说法正确的是(　　)。

A. 保税物流园区的货物可以进行流通性简单加工及增值服务

B. 保税物流园区货物不设存储期限

C. 保税物流园区企业在园区外举办商品展示活动的,举办商按一般进口货物办理

有关手续

D. 因质量、规格型号与合同不符，需原状返还出口企业进行更换的更换货物进入园区时，海关签发出口货物报关单证明联

4. 对于履行加工贸易合同中产生的剩余料件、边角料、残次品、副产品等，在海关规定的下列处理方式中需要填制报关单向海关申报的有( )。

A. 销毁　　　　　B. 结转　　　　C. 退运　　　　D. 放弃

5. 根据《海关法》对保税货物的定义，下列各项中属于保税货物的有( )。

A. 来料加工合同项下进口的料件和加工的成品

B. 为保证来料加工合同的顺利执行，外商提供以工缴费偿还价款的专用设备

C. 来料加工合同项下进口的包装物料

D. 临时进口货样

三、判断题

1. 保税区内企业自用的生产、管理设备和自用合理数量的办公用品及其所需的维修零配件，生产用燃料，建设生产厂房、仓储设施所需的物资、设备，予以免税。( )

2. 实行分类管理的开展异地加工贸易的经营企业和加工企业，当两者的管理类别不相同时，应按其中较高类别管理。( )

3. 适用 C 类管理的企业在开展加工贸易时实行保证金台账"实转"。( )

4. 金额不超过 5000 美元，并属于 78 种列名辅料的，企业可以凭出口合同直接报关保税进口，而不用办理手册，不设台账，也不需要向主管海关备案。( )

5. 从非保税区运入保税区的供加工生产产品用的货物，属于应税出口商品的，应缴纳出口关税。( )

第六章 海关监管货物及其报关程序(下)

【学习要点及目标】

通过本章的学习，了解减免税货物、暂准进出境货物、过境货物、转运货物、通运货物、其他进出境货物的含义、特性和报关的基本程序，掌握前述各类货物的报关要求以及海关监管的要点，了解、掌握海关监管货物的特殊申报程序。

【核心概念】

减免税货物 暂准进出境货物 过境货物 转运货物 通运货物 货样 广告品 进出境快件 加工贸易不作价设备 管道运输货物 租赁货物 无代价抵偿货物 出料加工货物 进出境修理货物 溢卸货物和误卸货物 退运货物 退关货物 放弃货物 超期未报关进口货物 集中申报转关 提前报关转关 直转转关 中转转关 "属地申报，口岸验放"

【引导案例】

退运货物申报要符合条件

2008 年，浙江省永康市某工具制造有限公司向宁波海关申报进口一批手提式刨床，申报贸易方式为"退运货物"，原货物于 2006 年 12 月出口。经查验，这批货物实际为台式刨床，并非企业原出口货物，不符合退运货物申报条件。这批货物后改为一般贸易方式申报，该公司共缴纳税款 4.7 万元。

根据海关总署 2005 年 1 月 4 日颁布的《中华人民共和国海关进出口货物征税管理办法》第五十七条规定："因品质或者规格原因，出口货物自出口放行之日起 1 年内原状退货复运进境的，纳税义务人在办理进口申报手续时，应当按照规定提交有关单证和证明文件。经海关确认后，对复运进境的原出口货物不予征收进口关税和进口环节海关代征税。"非原出口货物退回的，不能享受免税退运进境待遇。在此，宁波海关提醒企业，在申报退运货物时，应注意相关法律规定的条件，做到准确申报，避免产生不必要的麻烦，影响货物通关。

(资料来源: http://www.cqn.com.cn/news/zggmsb/2007/168316.html，2014-03-03.)

中国海关的监管货物不仅包括一般进出口货物，而且还包括保税货物、特定减免税货物、暂准进出境货物、过境、转运、通运货物和其他进出境货物。在其前面两章分别介绍了一般进出口货物的报关程序和保税货物的报关程序，因此这一章主要介绍特定减免税货物、暂准进出境货物、过境、转运、通运货物和其他进出境货物的报关程序。

第一节　减免税货物的报关程序

一、减免税货物概述

(一)含义

减免税货物，是指海关根据国家的政策规定准予减税、免税进口的货物。

减免税货物可分为法定减免税货物、特定减免税货物和临时减免税货物三大类。

(二)管理

1. 进口减免税货物的监管期限

除海关总署另有规定外，在海关监管年限内，减免税申请人应当按照海关规定保管、使用进口减免税货物，并依法接受海关监管。

进口减免税货物的监管年限为：船舶、飞机 8 年；机动车辆 6 年；其他货物 5 年。

监管年限自货物进口放行之日起计算。

2. 进口货物减免税申请主体

减免税申请人可以自行向海关申请办理减免税备案、审批、税款担保和后续管理业务等相关手续，也可以委托他人办理前述手续。

进口货物减免税申请人，是指根据有关进口税收优惠政策和有关法律、法规的规定，可以享受进口税收优惠，并依法向海关申请办理减免税相关手续的具有独立法人资格的企事业单位、社会团体、国家机关；符合规定的非法人分支机构；经海关总署审查确认的其他组织。

已经在海关办理注册登记并取得报关注册登记证书的报关企业或者进出口货物收发货人可以接受减免税申请人的委托，代为办理减免税相关事宜。

3. 减免税货物税款担保

有下列情形之一的，减免税申请人可以向海关申请凭税款担保先予办理货物放行手续。

(1) 主管海关按照规定已经受理减免税备案或者审批申请，尚未办理完毕的。

(2) 有关进口税收优惠政策已经国务院批准，具体实施措施尚未明确，海关总署已确认减免税申请人属于享受该政策范围的。

(3) 其他经海关总署核准的情况。

国家对进出口货物有限制性规定，应当提供许可证件而不能提供的，以及法律、行政法规规定不得担保的其他情形，进出口地海关不得办理减免税货物凭税款担保放行手续。

减免税申请人需要办理税款担保手续的，应当在货物申报进口前向主管海关提出申请。主管海关准予担保的，出具"中华人民共和国海关准予办理减免税货物税款担保证明"(以下简称准予担保证明)。进口地海关凭主管海关出具的准予担保证明，办理货物的税款担保和验放手续。

税款担保期限不超过 6 个月，经直属海关关长或其授权人批准可以予以延期，延期时间自税款担保期限届满之日起算，延长期限不超过 6 个月。特殊情况仍需要延期的，应当经海关总署批准。海关按规定延长减免税备案、审批手续办理时限的，减免税货物税款担保时限可以相应延长，主管海关应当及时通知减免税申请人向海关申请办理减免税货物税款担保延期的手续。

4. 进口减免税货物的报告与稽查

在海关监管年限内，减免税申请人应当自进口减免税货物放行之日起，在每年的第 1 季度向主管海关递交"减免税货物使用状况报告书"，报告减免税货物使用状况。

在海关监管年限及其后 3 年内，海关依照《海关法》和《稽查条例》有关规定对减免税申请人进口和使用减免税货物情况实施稽查。

5. 进口减免税货物的减免税额度

在海关监管年限内，减免税申请人将进口减免税货物转让给进口同一货物享受同等减免税优惠待遇的其他单位的，不予恢复减免税货物转出申请人的减免税额度，减免税货物转入申请人的减免税额度按照海关审定的货物结转时的价格、数量或者应缴税款予以扣减。

减免税货物因品质或者规格原因原状退运出境，减免税申请人以无代价抵偿方式进口同一类型货物的，不予恢复其减免税额度；未以无代价抵偿方式进口同一类型货物的，减免税申请人在原减免税货物退运出境之日起 3 个月内向海关提出申请，经海关批准，可以恢复其减免税额度。

对于其他提前解除监管的情形，不予恢复减免税额度。

二、减免税货物的报关程序

法定减免税货物的进出口报关程序比较简单，不需要收发货人事先向海关提出申请，海关可径直予以办理减免税，放行后海关也不再实施监管。而特定减免税货物和临时减免税货物的进口报关程序则比较复杂，需要收货人事先向海关提出申请，货物进口后需要海关继续实施监管。

(一)减免税备案和审批

进出口货物减免税申请人应当向其所在地海关申请办理减免税备案、审批手续，特殊情况除外。

投资项目所在地海关与减免税申请人所在地海关不是同一海关的，减免税申请人应当向投资项目所在地海关申请办理减免税备案、审批手续。

投资项目所在地涉及多个海关的，减免税申请人可以向其所在地海关或者有关海关的共同上级海关申请办理减免税备案、审批手续。有关海关的共同上级海关可以指定相关海关办理减免税备案、审批手续。

投资项目由投资项目单位所属非法人分支机构具体实施的，在获得投资项目单位的授权并经投资项目所在地海关审核同意后，该非法人分支机构可以向投资项目所在地海关申请办理减免税备案、审批手续。

1. 减免税备案

减免税申请人按照有关进出口税收优惠政策的规定申请减免税进出口相关货物，海关需要事先对减免税申请人的资格或者投资项目等情况进行确认的，减免税申请人应当在申请办理减免税审批手续前，向主管海关申请办理减免税备案手续。

【相关链接】

减免税申请人向主管海关申请办理减免税备案手续需要提交的材料

申请人申请备案需要提交下列材料。

(1) 进出口货物减免税备案申请表。

(2) 企业营业执照或者事业单位法人证书、国家机关设立文件、社团登记证书、民办非企业单位登记证书、基金会登记证书等证明材料。

(3) 相关政策规定的享受进出口税收优惠政策资格的证明材料。

(4) 海关认为需要提供的其他材料。

减免税申请人按规定提交证明材料的，应当交验原件，同时提交加盖减免税申请人有效印章的复印件。

2. 减免税审批

减免税备案后，减免税申请人应当在货物申报进口前，向主管海关申请办理进口货物减免税审批手续，并同时提交相关材料。

【相关链接】

减免税申请人向主管海关申请办理减免税审批手续需要提交的材料

申请人申请审批需要提交下列材料。

(1) 进出口货物征免税申请表。

(2) 企业营业执照或者事业单位法人证书、国家机关设立文件、社团登记证书、民办非企业单位登记证书、基金会登记证书等证明材料。

(3) 进出口合同、发票及相关货物的产品情况资料。

(4) 相关政策规定的享受进出口税收优惠政策资格的证明材料。

(5) 海关认为需要提供的其他材料。

减免税申请人按照规定提交证明材料的，应当交验原件，同时提交加盖减免税申请人有效印章的复印件。

海关收到减免税申请人的减免税审批申请后，经审核符合相关规定的，做出进出口货物征税、减税或者免税的决定，并签发"中华人民共和国海关进出口货物征免税证明"(以下简称征免税证明)。

征免税证明的有效期按照具体政策规定签发，但最长不得超过半年。减免税申请人应当在征免税证明的有效期内办理有关进口货物通关手续。需要延期的，应当在征免税证明有效期内向海关提出延期申请。征免税证明可以延期一次，延期时间自有效期届满之日起算，延长期限不得超过 6 个月。海关总署批准的特殊情况除外。

征免税证明使用一次有效，即一份征免税证明上的货物只能在一个进口口岸一次性进口。如果同一合同项下货物分口岸进口或分批到货的，应向审批海关申明，并按到货口岸、到货日期分别申请征免税证明。

【应用案例】

西宁海关已审批减免税达 1.94 亿

2006 年西宁海关已为青海省 20 家企事业单位审批办理减免税证明 76 份，审批总货值 9858.70 万美元，与去年同期相比增长 16.60 倍；审批减免税款 1.94 亿元，较去年同期增长 14.48 倍。

青藏铁路工程相关设备大量进口和青海盐湖工业集团有限公司青海百万吨钾肥产品综合利用项目下设备的进口，成为今年前 4 个月减免税业务的增长点。

从 4 月份进口减免税商品的征免性质来看，对国内投资鼓励项目青藏铁路公司第二批进口的道岔融雪设备、信号系统等设备及第一批进口的机车备件、工具等减免税款 4522.89 万元，占审批总减免税款的 71.70%；青海盐湖工业集团有限公司进口的氢氧化钾离子膜电解装置减免税款 1226.98 万元，占审批总减免税款的 19.45%；对贷款项目青海省牧羊仔(集团)实业有限责任公司进口的肉食品加工设备减免税款 437.98 万元，占审批总减免税款的 6.94%；对享受外商投资鼓励项目的西宁旺旺食品有限公司进口的水处理设备减免税款 23.05 万元；享受科教用品项目减免的单位为青海师范大学、中国科学院西北高原生物研究所和青海省有色地勘局地质矿产勘查院，减免税款 35.52 万元。

(资料来源：http://www.cnr.cn/wcm/qinghai/xinwen/t20060518_181316.html.)

中关村海关 站在中国高科技产业最前沿的国门卫士

中关村海关设立于 1995 年 12 月 22 日，是全国第一家经国务院批准设在高新技术产业开发实验区内的属地型海关。

十几年来，北京的中关村从零散的电子市场成长为国际知名的数码电子产品集散地。中关村海关励精图治，锐意进取，不断创新工作方式和管理手段，为维护公平有序的进出口秩序和营造开放宽松的投资环境进行着不懈的努力，为首都高新技术企业的发展和高等院所的科研工作做出了积极的贡献。服务主打高科技产业，中关村海关最大的监管特点是管辖范围内科研机构、高等学府等具备减免税资格的单位数量极多，达到 400 多家。其中包括了中科院、农科院、航天城等国家级的科研单位，清华、北大、人大、北航等知名大学以及微软、中星微电子、宝洁、安捷伦等大型跨国企业在中国设立的研发中心，监管对象可以说是"知识色彩浓厚，研究领域超前"。

国家对于进口设备的税收减免有非常严格而复杂的规定。面对各种性质的单位申报的千变万化的减免税申请，海关被推到了政府行政执法的最前沿。几年来，中关村海关积极转变政府职能，坚持走建设服务型、法治型、责任型海关的道路，既要当好国家政策的执行者，又要当好企业发展的知心人，找准把关与服务的平衡点。对高科技名词耳熟能详的电磁能量器、晶体衍射仪、透射电子显微镜、飞秒激光系统等一般人不会接触到的事物，海关关员不仅要听到还要看到。

具有代表性的是国家级中科院高能物理所组建正负电子对撞机项目，该项目需进口大量普仪晶体和专用硅光管，种类繁多，用量大，各种晶体的作用只有专业学科的研究人员才能一一说明。为了确定这些晶体能够符合国家税收减免政策，中关村海关一次次到实地考察晶体应用状况，并同科研人员甚至是院士级的科研人员进行反复研讨，确定这些进口原料的性质和功能，从而为其办理减免税手续，帮助研究机构在政策允许范围内，尽可能地享受税收优惠，节省科研经费。电子对撞机的研究成果许多被运用到了"嫦娥一号"探月卫星的科学试验中，另外"神舟系列"、"探月工程"航空航天所使用的大量设备如空间遥感测量设备也都是经中关村海关审批进口的减免税项目。支持首都现代化建设投资总额163.4 亿元的首钢产业结构升级项目是中关村海关接受的投资额最大的减免税项目。为了首都的大气质量改善，北京市对原有的一批国有企业进行了设备更新改造，首钢也开始了"非钢化"的战略转移，从国外引进了污水处理、烟气脱硫等设备项目。在这些项目备案过程中遇到了诸如金额大、设备多，人员对政策不够熟悉等许多问题。中关村海关为此特地走访了首钢集团，对相关人员进行培训，有针对性地解答企业办理中遇到的实际问题，为企业出谋划策。面对大到自动控制设备，小到螺丝螺母的厚厚的产品清单，关员加班加点一丝不苟地核对审查，确保申报准确，推动项目按计划逐步实施。

北京京丰燃气发电有限公司为解决北京市供电紧张局面，按照首都环保能源规划，从日本引进了350MW级燃气蒸汽联合循环发电设备。进口金额高达8345万美元的成套设备，由一个从没有办理过免税业务的公司在短时间内完成是十分困难，中关村海关在项目开始之初即深入企业了解情况，由业务骨干加班进行免税备案，为设备进口争取了宝贵的时间。针对大型燃气机组——"巨无霸"分批进口，且零散设备多而复杂的情况，海关为其量体裁衣，特别制作了一式两份的设备清单，创新监管方法，既方便了企业，又有利于海关有效监管。"特事特办"服务奥运通关在奥运会上发挥了积极作用的天气精确控制和预报设施、运动员训练和恢复设施、大气质量监测设施以及卫星信号"村村通"工程等许多服务保障项目都是通过中关村海关办理的相关手续而引进的。

中关村海关针对奥运项目坚持"特事特办，急事急办，开辟奥运绿色通道"的原则，全力做好奥运项目的通关服务工作。一是加强信息沟通，建立联系制度。在接到项目申报材料后，随时与项目负责人进行相关信息的沟通，针对重点企业建立联系人制度和会晤机制以便更好地了解项目进展情况。二是做好前期工作，提高审批效率。主动走访奥运相关企业、院校、国家重点实验室，了解项目情况，向办事人员讲解减免税政策、法规及相关操作流程。三是组织精兵强将，集中办理奥运项目。集中减免税业务骨干组成特别审核小组，集中办理奥运相关项目的审批工作，形成奥运项目审批绿色快速通道，既提高了审批效率，又科学地把握了执法尺度。四是特事特办，急事急办。由于奥运建设项目内容多，时间紧迫，多次组织经验丰富的关员加班加点，力争在最短的时间内完成审批工作，同时在奥运相关设备通关遇阻时积极主动地为企业解决难题，及时与口岸海关多方协调，帮助企业快速便捷通关。

自2004年以来的5年，中关村海关累计审批减免税货值244亿元，减免税额54.4亿元，始终不折不扣地执行着国家的税收政策，同时也为科研机构、院校和企业提供了实实在在的通关服务。

(资料来源：北京海关网.)

(二)进口报关

减免税货物进口报关程序，可参照一般进出口货物的报关程序。但二者又有所不同，具体如下。

(1) 减免税货物进口报关时，进口货物收货人或其代理人除了向海关提交报关单及随附单证以外，还应当向海关提交征免税证明。海关在审单时从计算机查阅征免税证明的电子数据，核对纸质的征免税证明。

(2) 减免税货物进口填制报关单时，报关员应当特别注意报关单上"备案号"栏目的填写。"备案号"栏内填写征免税证明的编号，编号写错将不能通过海关计算机逻辑审核，或者在提交纸质报关单证时无法顺利通过海关审单。

(三)减免税货物的处置

1. 变更使用地点

在海关监管年限内，减免税货物应当在主管海关核准的地点使用。需要变更使用地点的，减免税申请人应当向主管海关提出申请，说明理由，经海关批准后方可变更使用地点。减免税货物需要移出主管海关管辖地使用的，减免税申请人应当事先持有关单证及需要异地使用的说明材料向主管海关申请办理异地监管手续，经主管海关审核同意并通知转入地海关后，减免税申请人可以将减免税货物运至转入地海关管辖地，转入地海关确认减免税货物情况后进行异地监管。

减免税货物在异地使用结束后，减免税申请人应当及时向转入地海关申请办结异地监管手续，经转入地海关审核同意并通知主管海关后，减免税申请人应当将减免税货物运回主管海关管辖地。

2. 结转

在海关监管年限内，减免税申请人将进口减免税货物转让给进口同一货物享受同等减免税优惠待遇的其他单位的，应当按照下列规定办理减免税货物结转手续。

(1) 减免税货物的转出申请人持有关单证向转出地主管海关提出申请，转出地主管海关审核同意后，通知转入地主管海关。

(2) 减免税货物的转入申请人向转入地主管海关申请办理减免税审批手续。转入地主管海关审核无误后签发征免税证明。

(3) 转出、转入减免税货物的申请人应当分别向各自的主管海关申请办理减免税货物的出口、进口报关手续。转出地主管海关办理转出减免税货物的解除监管手续。结转减免税货物的监管年限应当连续计算。转入地主管海关在剩余监管年限内对结转减免税货物继续实施后续监管。

(4) 转入地海关和转出地海关为同一海关的，按照本条第一款规定办理。

3. 转让

在海关监管年限内，减免税申请人将进口减免税货物转让给不享受进口税收优惠政策或者进口同一货物不享受同等减免税优惠待遇的其他单位的，应当事先向减免税申请人主管海关申请办理减免税货物补缴税款和解除监管手续。

4. 移作他用

在海关监管年限内，减免税申请人需要将减免税货物移作他用的，应当事先向主管海关提出申请。经海关批准，减免税申请人可以按照海关批准的使用地区、用途、企业将减免税货物移作他用。主要包括以下情形。

(1) 将减免税货物交给减免税申请人以外的其他单位使用。

(2) 未按照原定用途、地区使用减免税货物。

(3) 未按照特定地区、特定企业或者特定用途使用减免税货物的其他情形。

按照以上规定将减免税货物移作他用的，减免税申请人应当按照移作他用的时间补缴相应税款；移作他用时间不能确定的，应当提交相应的税款担保，税款担保不得低于剩余监管年限应补缴的税款总额。

5. 变更、终止

1) 变更

在海关监管年限内，减免税申请人发生分立、合并、股东变更、改制等变更情形的，权利义务承受人应当自营业执照颁发之日起 30 日内，向原减免税申请人的主管海关报告主体变更情况及原减免税申请人进口减免税货物的情况。

经海关审核，需要补征税款的，承受人应当向原减免税申请人主管海关办理补税手续；可以继续享受减免税待遇的，承受人应当按照规定申请办理减免税备案变更或者减免税货物结转手续。

2) 终止

在海关监管年限内，因破产、改制或者其他情形导致减免税申请人终止，没有承受人的，原减免税申请人或者其他依法应当承担关税及进口环节海关代征税缴纳义务的主体应当自资产清算之日起 30 日内向主管海关申请办理减免税货物的补缴税款和解除监管手续。

6. 退运、出口

在海关监管年限内，减免税申请人要求将进口减免税货物退运出境或者出口的，应当报主管海关核准。

减免税货物退运出境或者出口后，减免税申请人应当持出口货物报关单向主管海关办理原进口减免税货物的解除监管手续。

减免税货物退运出境或者出口的，海关不再对退运出境或者出口的减免税货物补征相关税款。

7. 贷款抵押

在海关监管年限内，减免税申请人要求以减免税货物向金融机构办理贷款抵押的，应当向主管海关提出书面申请。经审核符合有关规定的，主管海关可以批准其办理贷款抵押手续。

减免税申请人不得以减免税货物向金融机构以外的公民、法人或者其他组织办理贷款抵押。

减免税申请人以减免税货物向境内金融机构办理贷款抵押的，应当向海关提供下列形式的担保。

(1) 与货物应缴税款等值的保证金。

(2) 境内金融机构提供的相当于货物应缴税款的保函。

(3) 减免税申请人、境内金融机构共同向海关提交"进口减免税货物贷款抵押承诺保证书"，书面承诺当减免税申请人的抵押贷款无法清偿需要以抵押物抵偿时，抵押人或者抵押权人先补缴海关税款，或者从抵押物的折(变)价款中优先偿付海关税款。

减免税申请人以减免税货物向境外金融机构办理贷款抵押的，应当向海关提交与货物应缴税款等值的保证金或者境内金融机构提供的相当于货物应缴税款的保函。

8. 解除监管

减免税货物海关监管年限届满的，自动解除监管，减免税申请人可以不用向海关申请领取"中华人民共和国海关进口减免税货物解除监管证明"。

在海关监管年限内的进口减免税货物，减免税申请人书面申请提前解除监管的，应当向主管海关申请办理补缴税款和解除监管手续。按照国家有关规定在进口时免予提交许可证件的进口减免税货物，减免税申请人还应当补交有关许可证件。

减免税申请人需要海关出具解除监管证明的，可以自办结补缴税款和解除监管等相关手续之日或者自海关监管年限届满之日起 1 年内，向主管海关申请领取解除监管证明。海关审核同意后出具"中华人民共和国海关进口减免税货物解除监管证明"。

【相关链接】

多家企业因擅用减免税设备被查

受国际金融危机等因素影响，一些企业资金紧张、产能闲置，单位价值大的进口减免税设备往往因此成为企业"盘活资产"的重要对象。不过，海关温岭办事处提醒说，7 月份以来，我市已经有两家企业因擅自抵押进口减免税设备而被立案调查，案值近 2000 万元，占到台州同类案件数的一半，整个杭州海关辖区更是有 15 家企业涉案，案值 2.19 亿元。

"在进口通关环节享受国家税收减免优惠的进口减免税货物，进口后不属于结关放行，仍是海关监管货物。"这位工作人员提醒说，货物在规定监管年限内的使用必须符合办理减免税货物审批时核准的特定企业、特定地区或特定用途的规定。因此，这种擅自"盘活资产"行为是违法的。

海关工作人员分析说，近期进口减免税设备违规案件主要表现为：一是擅自将进口减免税设备抵押给银行以获取贷款；二是将进口减免税设备擅自改变用途，用于非进口时约定用途产品的生产；三是擅自将进口减免税设备交给或租赁给其他公司使用。

除了企业相关人员法律、法规知识不熟悉外，部分企业特别是集团企业往往习惯在不同子公司之间调配资产，结果忽略了母子公司间的独立法人地位，无意间触犯了进口减免税设备监管的法律、法规。

(资料来源：节选自浙江温岭新闻网 2009 年 9 月相关资讯.)

第二节　暂准进出境货物的报关程序

一、暂准进出境货物概述

(一)含义

暂准进出境货物，包括暂准进境货物和暂准出境货物。暂准进境货物是指为了特定的目的，经海关批准暂时进境，在规定的期限内原状复运出境的货物；暂准出境货物是指为了特定的目的，经海关批准暂时出境，在规定的期限内原状复运进境的货物。

(二)范围

暂准进出境货物包括：

(1) 在展览会、交易会、会议及类似活动中展示或者使用的货物。

(2) 文化、体育交流活动中使用的表演、比赛用品。

(3) 进行新闻报道或者摄制电影、电视节目使用的仪器、设备及用品。

(4) 开展科研、教学、医疗活动使用的仪器、设备及用品。

(5) 上述 4 项活动中使用的交通工具及特种车辆。

(6) 货样。

(7) 慈善活动使用的仪器、设备及用品。

(8) 供安装、调试、检测设备时使用的仪器、工具。

(9) 盛装货物的容器。

(10) 旅游用自驾交通工具及其用品。

(11) 工程施工中使用的设备、仪器及用品。

(12) 海关批准的其他暂时进出境货物。

(三)特征

1．暂时免予缴纳税费

暂准进出境货物在进境或者出境时向海关缴纳相当于应纳税款的保证金或者提供其他担保的，暂时免予缴纳全部税费。

2．免予提交许可证件

除我国缔结或者参加的国际条约、协定及国家法律、行政法规和海关总署规章另有规定外，暂准进出境货物可以免予交验许可证件。

3．按原状复运进出境

暂准进出境货物应当自进境或者出境之日起 6 个月内复运出境或者复运进境；经收发货人申请，海关可以根据规定延长复运出(进)境的期限。

4．按货物实际流向办结海关手续

暂准进出境货物应当在规定期限内，由货物的收发货人根据货物的不同流向向海关办理核销结关手续。

(四)监管模式

我国海关对暂准进出境货物实行以下 4 种监管模式。

(1) 使用 ATA 单证册报关的暂准进出境货物(使用 ATA 单证册报关的上述第 1 项货物)。

(2) 不使用 ATA 单证册报关的展览品(不使用 ATA 单证册报关的上述第 1 项货物)。

(3) 集装箱箱体(指包含在"盛装货物的容器"中暂准进出境的集装箱箱体)。

(4) 其他暂准进出境货物(包括上述所有 12 项不使用以上三种监管方式报关的暂准进出境货物)。

二、暂准进出境货物的报关程序

(一)使用 ATA 单证册的暂准进出境货物

1．ATA 单证册概述

1) 含义

ATA 单证册是"暂准进口单证册"的简称，是指世界海关组织通过的《货物暂准进口公约》及其附约 A 和《关于货物暂准进口的 ATA 单证册海关公约》(以下简称《ATA 公约》)

中规定使用的、用于替代各缔约方海关暂准进出口货物报关单和税费担保的国际性通关文件。

【知识拓展】

ATA 单证册与中国

ATA 单证册(ATA Carnet) 是一份国际通用的海关文件，它是世界海关组织为暂准进口货物而专门创设的。ATA 单证册已经成为暂准进口货物使用的最重要的海关文件。

ATA 由法文 Admission Temporaire 与英文 Temporary Admission 的首字母组成，表示暂准进口。从其字面可知，使用 ATA 单证册的货物有别于普通进口货物，这类货物在国际间流转时，其所有权不发生转移。

ATA 单证册的签发和担保由各国担保商会负责，每个国家只能有一个担保商会，各担保商会有权指定多个国内出证机构，并对下属出证机构签发的 ATA 单证册承担担保责任。国际商会国际局负责对世界范围内 ATA 单证册制度的运转进行日常管理。

我国于 1993 年加入了《关于货物暂准进口的 ATA 单证册海关公约》、《货物暂准进口公约》和《展览会和交易会公约》。自 1998 年 1 月起，我国开始实施 ATA 单证册制度。经国务院批准、海关总署授权，中国国际贸易促进委员会/中国国际商会是我国 ATA 单证册的出证和担保商会，负责我国 ATA 单证册的签发和担保工作。

(资料来源: 百度百科.)

2) 格式

一份 ATA 单证册一般由 8 页 ATA 单证组成：一页绿色封面单证、一页黄色出口单证、一页白色进口单证、一页白色复出口单证、两页蓝色过境单证、一页黄色复进口单证、一页绿色封底。

我国海关只接受用中文或者英文填写的 ATA 单证册。

3) 适用

我国海关对我国加入《ATA 公约》和《伊斯坦布尔公约》的 ATA 单证册项下暂时进境货物及中国国际商会签发的 ATA 单证册项下暂时出境货物适用 ATA 单证册暂准进出境。

适用 ATA 单证册的仅限于展览会、交易会、会议及类似活动项下的货物。展览会、交易会、会议及类似活动是指：

(1) 贸易、工业、农业、工艺展览会及交易会、博览会。

(2) 因慈善目的而组织的展览会或会议。

(3) 为促进科技、教育、文化、体育交流，开展旅游活动或者民间友谊而组织的展览会或会议。

(4) 国际组织或者国际团体组织代表会议。

(5) 政府举办的纪念性代表大会。

在商店或其他营业场所以销售国外货物为目的而组织的非公共展览会不属于展览会、交易会、会议及类似活动。

我国海关不接受邮运渠道的货物使用 ATA 单证册。

4) 管理

(1) 出证担保机构

中国国际商会是我国 ATA 单证册的出证和担保机构，负责签发出境 ATA 单证册，向海关报送所签发单证册的中文电子文本，协助海关确认 ATA 单证册的真伪，并且向海关承担 ATA 单证册持证人因违反暂准进出境规定而产生的相关税费、罚款。

(2) 管理机构

海关总署在北京海关设立 ATA 核销中心。ATA 核销中心对 ATA 单证册的进出境凭证进行核销、统计及追索，应成员方担保人的要求，依据有关原始凭证，提供 ATA 单证册项下暂准进出境货物已经进境或者从我国复运出境的证明，并且对全国海关 ATA 单证册的有关核销业务进行协调和管理。

(3) 延期审批

使用 ATA 单证册报关的货物暂准进出境期限为自货物进出境之日起 6 个月。超过 6 个月的，ATA 单证册持证人可以向海关申请延期。延期最多不超过 3 次，每次延长期限不超过 6 个月。延长期限届满应当复运出境、进境或者办理进出口手续。

ATA 单证册项下货物延长复运出境、进境期限的，ATA 单证册持证人应当在规定期限届满 30 个工作日前向货物暂准进出境申请核准地海关提出延期申请，并提交"货物暂时进/出境延期申请书"及相关申请材料。

直属海关受理延期申请的，应当于受理申请之日起 20 个工作日内制发"中华人民共和国海关货物暂时进/出境延期申请批准决定书"或者"中华人民共和国海关货物暂时进/出境延期申请不予批准决定书"。

参加展期在 24 个月以上展览会的展览品，在 18 个月延长期届满后仍需要延期的，由主管地直属海关报海关总署审批。

ATA 单证册项下暂时进境货物申请延长期限超过 ATA 单证册有效期的，ATA 单证册持证人应当向原出证机构申请续签 ATA 单证册。续签的 ATA 单证册经主管地直属海关确认后可替代原 ATA 单证册。

续签的 ATA 单证册只能变更单证册有效期限，其他项目均应当与原单证册一致。续签的 ATA 单证册启用时，原 ATA 单证册失效。

(4) 追索

ATA 单证册项下暂时进境货物未能按照规定复运出境或者过境的，ATA 核销中心向中国国际商会提出追索。自提出追索之日起 9 个月内，中国国际商会向海关提供货物已经在规定期限内复运出境或者已经办理进口手续证明的，ATA核销中心可以撤销追索；9个月期满后未能提供上述证明的，中国国际商会应当向海关支付税款和罚款。

2. 报关程序

1) 进出口申报

持ATA单证册向海关申报进出境货物，不需向海关提交进出口许可证件，也不需另外再提供担保。但如果进出境货物受公共道德、公共安全、公共卫生、动植物检疫、濒危野生动植物保护、知识产权保护等限制的，展览品收发货人或其代理人应当向海关提交相关的进出口许可证件。

(1) 进境申报

进境货物收货人或其代理人持ATA单证册向海关申报进境展览品时，先在海关核准的出证协会中国国际商会及其他商会，将ATA单证册上的内容预录入进境地海关与商会联网的ATA单证册电子核销系统，然后向展览会主管海关提交纸质ATA单证册、提货单等单证。

海关在白色进口单证上签注，并留存白色进口单证(正联)，将存根联和ATA单证册其他各联退还给货物收货人或其代理人。

【应用案例】

欧盟ATA单证册首次登陆北仑口岸

近日，英国某公司委托宁波某企业持ATA单证册(全称"货物暂准进口单证册")向北仑海关申报进口缝纫设备配件一批，重381千克，价值210欧元。该ATA单证册由英国伦敦商业协会签发，有效期至2006年7月，本次进境是应中国缝制机械协会的邀请，前来上海参加8月底举行的"2005中国国际缝制设备展览会"展览。这是欧盟的ATA单证册首次登陆北仑口岸，表明宁波的外向型经济和口岸通关环境正日益与国际接轨，北仑口岸的知名度和影响力已有较大的提高。

(资料来源：宁波海关网.)

(2) 出境申报

出境货物发货人或其代理人持ATA单证册向海关申报出境展览品时，向出境地海关提交国家主管部门的批准文件、纸质ATA单证册、装货单等单证。

海关在绿色封面单证和黄色出口单证上签注，并留存黄色出口单证(正联)，将存根联和ATA单证册其他各联退还给出境货物发货人或其代理人。

【应用案例】

海关通关快　企业展会忙

近日，宁波外联报关有限公司报关员卢孔波拿着本蓝色的小册子，向宁波海关申报出口冰激凌机、雪融机等一批机械设备至香港参展，10分钟后这批货物已核准出境。

这本神奇的蓝色小册子名为"ATA单证册"，是国际通用的一种海关文件，也是世界海关组织为暂准进口货物专门创设的，俗称"货物通关护照"、"货物免税进口单证册"，在国际经贸活动中广泛使用。

据宁波海关介绍，ATA单证册由持证人向本国主管部门申请押保，持证人在出国前就预先安排好去一个或多个国家的海关手续。这样一来，持证人向各国海关进行实际进出境申报时，就无须填写其他报关文件，而且免纳货物进口关税担保。"有了ATA单证册，我们的产品出口参展，就不用担心因不熟悉各国海关政策而导致进境参展不便，国际间参展更加游刃有余。"宁波启发家具有限公司外贸部经理周国华表示。

此外，为进一步方便广大企业，宁波海关还在通关现场开设ATA单证册绿色通道，提供专窗专人服务，同时通过"通关我帮您"服务平台提供ATA单证册相关业务咨询，方便广大企业了解并使用ATA单证册。

据宁波海关统计，2011年一季度宁波海关共办理ATA单证册项下进出口货物41票，同比增长46.43%，货物总值352.83万美元，增长98.27%。

(资料来源：宁波海关网.)

(3) 异地复运出境、进境申报

使用ATA单证册进出境的货物异地复运出境、进境申报，ATA单证册持证人应当持主管地海关签章的海关单证向复运出境、进境地海关办理手续。货物复运出境、进境后，主管地海关凭复运出境、进境地海关签章的海关单证办理核销结案手续。

(4) 过境申报

过境货物承运人或其代理人持ATA单证册向海关申报将货物通过我国转运至第三国参加展览会的，不必填制过境货物报关单。海关在两份蓝色过境单证上分别签注后，留存蓝色过境单证(正联)，将存根联和ATA单证册其他各联退还给运输工具承运人或其代理人。

2) 转关

ATA单证册项下暂时进出境货物办理转关的，指运地、起运地海关为主管海关。

使用ATA单证册暂时进境汽车不受国家汽车产业政策规定的整车进口指定口岸的限制，允许转关监管至指运地海关办理暂时进境手续。

经海关同意在境内留购的暂时进境汽车，必须转关至整车进口指定口岸办理进口手续。

3) 结关

(1) 正常结关

持证人在规定期限内将进境展览品和出境展览品复运进出境，海关在白色复出口单证和黄色复进口单证上分别签注，留存单证(正联)，将存根联和 ATA 单证册其他各联退还给持证人，正式核销结关。

(2) 非正常结关

ATA 单证册项下暂时进境货物复运出境时，因故未经我国海关核销、签注的，ATA 核销中心凭由另一缔约国海关在 ATA 单证上签注的该批货物从该国进境或者复运进境的证明，或者我国海关认可的能够证明该批货物已经实际离开我国境内的其他文件，作为已经从我国复运出境的证明，对 ATA 单证册予以核销。

发生上述情形的，ATA 单证册持证人应当按照规定向海关缴纳调整费。在我国海关尚未发出"ATA 单证册追索通知书"前，如果持证人凭其他国海关出具的货物已经运离我国关境的证明要求予以核销单证册的，免予收取调整费。

使用 ATA 单证册暂准进出境货物因不可抗力的原因受损，无法原状复运出境、进境的，ATA 单证册持证人应当及时向主管地海关报告，可以凭有关部门出具的证明材料办理复运出境、进境手续；因不可抗力的原因灭失或者失去使用价值的，经海关核实后可以视为该货物已经复运出境、进境。

使用 ATA 单证册暂准进出境货物因不可抗力以外的原因灭失或者受损的，ATA 单证册持证人应当按照货物进出口的有关规定办理海关手续。

(二)不使用 ATA 单证册报关的进出境展览品

进出境展览品的海关监管有使用 ATA 单证册的，也有不使用 ATA 单证册直接按展览品填制进出口货物报关单报关的。以下介绍不使用 ATA 单证册报关的展览品。

1. 进出境展览品的范围

1) 进境展览品

展览品是指：展览会展示的货物；为了示范展览会展出机器或者器具所使用的货物；设置临时展台的建筑材料及装饰材料；宣传展示货物的电影片、幻灯片、录像带、录音带、说明书、广告、光盘、显示器材等；其他用于展览会展示的货物。

下列在境内展览会期间供消耗、散发的用品(以下简称展览用品)，由海关根据展览会性质、参展商规模、观众人数等情况，对其数量和总值进行核定，在合理范围内的，按照有关规定免征进口关税和进口环节税。

(1) 在展览活动中的小件样品，包括原装进口的或者在展览期间用进口的散装原料制成的食品或者饮料的样品。

(2) 为展出的机器或者器件进行操作示范被消耗或者损坏的物料。

(3) 布置、装饰临时展台消耗的低值货物。

(4) 展览期间免费向观众散发的有关宣传品。

(5) 供展览会使用的档案、表格及其他文件。

上述货物、物品应当符合下列条件。

(1) 由参展人免费提供并在展览期间专供免费分送给观众使用或者消费的。

(2) 单价较低，做广告样品用的。

(3) 不适用于商业用途，并且单位容量明显小于最小零售包装容量的。

(4) 食品及饮料的样品虽未包装分发，但确实在活动中消耗掉的。

展览用品中的酒精饮料、烟草制品及燃料不适用有关免税的规定。

展览会期间出售的小卖品，属于一般进口货物范围，进口时应当缴纳进口关税和进口环节海关代征税，属于许可证件管理的商品，应当交验许可证件。

2) 出境展览品

出境展览品包括：国内单位到国外举办展览会或参加外国博览会、展览会而运出的展览品，以及与展览活动有关的宣传品、布置品、招待品、小卖品和其他公用物品。

与展览活动有关的小卖品、展卖品，可以按展览品报关出境；不按规定期限复运进境的办理一般出口手续，交验出口许可证件，缴纳出口关税。

2. 展览品的暂准进出境期限

进境、出境展览品的暂准进境、出境期限是 6 个月，即自展览品进境、出境之日起 6 个月内复运出境、进境。超过 6 个月的，进出境展览品的收发货人可以向海关申请延期。延期最多不超过 3 次，每次延长期限不得超过 6 个月。

展览品申请延长复运出境、进境期限的，展览品收发货人应当在规定期限届满 30 个工作日前向货物暂准进出境申请核准地海关提出延期申请，并提交"货物暂时进/出境延期申请书"及相关申请材料。

直属海关受理延期申请的，应当于受理申请之日起 20 个工作日内制发"中华人民共和国海关货物暂时进/出境延期申请批准决定书"或者"中华人民共和国海关货物暂时进/出境延期申请不予批准决定书"。

参加展期在 24 个月以上展览会的展览品，在 18 个月延长期届满后仍需要延期的，由主管地直属海关报海关总署审批。

3. 展览品的进出境申报

1) 进境申报

境内展览会的办展人或者参加展览会的办展人、参展人(以下简称办展人、参展人)应当在展览品进境 20 个工作日前，向主管地海关提交有关部门备案证明或者批准文件及展览品清单等相关单证办理备案手续。

展览会不属于有关部门行政许可项目的，办展人、参展人应当向主管地海关提交展览会邀请函、展位确认书等其他证明文件及展览品清单办理备案手续。

展览会的主办单位或其代理人应在展出地海关办理展览品进口申报手续。从非展出地海关进口的展览品，应当在进境地海关办理转关手续，将展览品在海关监管下从进境口岸转运至展览会举办地主管海关办理申报手续。

展览会主办单位或其代理人应当向海关提交展览品清单、报关单、提货单、发票、装箱单等。展览品中涉及检验检疫等管制的，还应当向海关提交有关许可证件。

展览会主办单位或其代理人应当向海关提供担保。在海关指定场所或者海关派专人监管的场所举办展览会的，经主管地直属海关批准，参展的展览品可免予向海关提供担保。

展览会主办单位或其代理人应当于展览品开箱前通知海关，以备海关到场查验。海关查验时，展览品所有人或其代理人应当到场，并负责搬移、开拆、封装货物等协助查验的工作。

展览会期间展出或使用的印刷品、音像制品及其他海关认为需要审查的物品，应经过海关审查同意后，方能展出或使用。对我国政治、经济、文化、道德有害的以及侵犯知识产权的印刷品和音像制品，不得展出或使用，并由海关根据情况予以没收、退运出境或责令展出单位更改后使用。

【应用案例】

北京海关紫禁城验放瑞典藏中国陶瓷展展品

2005 年 9 月 18 日，一批来自瑞典的中国瓷器，在紫禁城午门城楼接受北京海关现场业务一处的现场查验。它们将要参加 9 月 26 日开幕的"瑞典藏中国外销瓷展"。250 多年前一艘满载着中国商品的瑞典著名商船"哥德堡"号从中国起航，然而在返回瑞典途中触礁沉没，据说这些商品相当于瑞典当时全国国民生产总值。这艘沉船上的宝物即将回到它们的出生地展出。

北京海关关员介绍，这批展品于 9 月 9 日由空运渠道抵京，共计 53 箱，165 件，总重 1150 千克，总价值约 122 万美元，分别来自于瑞典海事博物馆、如斯博物馆、东方博物馆和西方古董公司，于 9 月 13 日正式向海关申报进口。因为参展的艺术品价值很高，而且包装方式比较复杂，针对这种情况，北京海关特允许将展品运送至展厅后再开箱查验，并现场逐一核对展品，避免了在海关监管仓库开箱查验后再次装箱。

这场来自瑞典的"瑞典藏中国外销瓷展"是作为故宫博物院 80 华诞庆典活动的一部分举办的，其主要展品都是从瑞典 18 世纪沉没的"哥德堡"号商船上打捞上来的中国外销瓷。而 12 月 26 日展览结束后，"粉彩孔雀牡丹纹汤盆"、"黑彩描金花卉大碗"、"粉彩描金帆船纹大盘"等 18 件精美的瓷器由此次展览的赞助商之一——沃尔沃公司无偿捐赠给故宫博物院永久收藏，总价值达 48.3 万瑞典克朗。

(资料来源：北京海关网.)

全年最大车展物资进境 北京海关提供全面优质服务

2012 年 4 月 6 日，2012 年"北京国际汽车展览会"第一批参展的物资运抵北京。截至目前，北京海关已经顺利监管此次车展的进境海运展品 407 个集装箱，空运展品 560 多吨。据了解，该批展品中包括展台、展架、车辆配件以及各种即将参展的名车。

在位于北京顺义楼梓庄的海关展览品监管仓库内，刚刚运抵的三辆名牌跑车已经停泊在仓库的一侧。两名海关关员正根据报关单，核对发动机的型号、车架号码以及参展车号等。"这三辆车都是从英国运输来参展的，每辆车的报价都在 15 万英镑以上。"负责车展报关运输的中国国际展览运输有限公司的副总经理汪浴洪介绍说，"这次展会进境展品总量大，时间集中，由于货物流转的效果是每个环节的累积，所以各个通关环节都很重要。而海关正是从细节入手，在报关、单据流转、查验、展览会现场监管等环节，都推出相应的监管预案和科学的通关措施，这样高效的服务给了我们很大的支持。"

在首批进口的参展车中，申报价格最高的是一排量 8 升，2 门 2 座，2012 年刚刚出厂的布加迪，申报价格为 180 万欧元。"从现在到车展开始前，还会有大批的参展车辆和物资进境。我们届时还会到展览会现场对暂时进境的车辆进行现场查验，以保证参展车辆及时布展，为组委会和展商节省通关时间和成本。"北京海关现场业务二处展览品监管科科长殷海峰说。

两年一届的北京国际汽车展国际影响力大，社会关注度高，不仅是体现国内外汽车业发展方向的风向标，更是展现北京繁荣会展经济的重要窗口。"积极支持北京会展经济的发展，一直是我们的重要工作之一。今年春节后，我们就专门成立了汽车展现场工作领导小组，主动与展会主办单位、报关代理单位联系，听取需求，提出建议。我们还把人员进行定岗分工，保证现场通关效率。同时，为了提升车展单证审核和现场通关速度，我们还特别设立了'车展审单专用窗口'和'车展现场应急查验通道'，明确应急处置措施。我们会把海关的监管工作更贴近展会、服务到门，保证参展物资通关顺畅。"北京海关现场业务二处副处长徐伟介绍说。

"北京国际汽车展览会"将于 2012 年 4 月 25 日至 5 月 2 日在中国国际展览中心(新、老馆)举办。据了解，全球所有的跨国公司全部报名参加了本届车展，展览规模创历史新高，成为本年度全球规模最大的汽车展会。北京海关相关负责人表示，将继续秉承"树首都海关品牌，创一流工作业绩"的工作方针，为此次汽车展提供全面优质的服务。

(资料来源：北京海关网.)

2) 出境申报

境内出境举办或者参加展览会的办展人、参展人应当在展览品出境20个工作日前，向主管地海关提交有关部门备案证明或者批准文件及展览品清单等相关单证办理备案手续。

展览会不属于有关部门行政许可项目的，办展人、参展人应当向主管地海关提交展览会邀请函、展位确认书等其他证明文件及展览品清单办理备案手续。

展览品出境申报手续应当在出境地海关办理。在境外举办展览会或参加国外展览会的企业，应当向海关提交国家主管部门的批准文件、报关单、展览品清单(一式两份)等单证。

展览品属于应当缴纳出口关税的，向海关缴纳相当于税款的保证金；属于核用品、核两用品及相关技术的出口管制商品的，应当提交出口许可证。

海关对展览品进行开箱查验，核对展览品清单。查验完毕，海关留存一份清单，另一份封入"关封"交还给发货人或其代理人，凭以办理展览品复运进境申报手续。

4．进出境展览品的核销结关

1) 复运进出境

进境展览品按规定期限复运出境，出境展览品按规定期限复运进境后，海关分别签发报关单证明联，展览品所有人或其代理人凭以向主管海关办理核销结关手续。

异地复运出境、进境的展览品，进出境展览品的收发货人应当持主管地海关签章的海关单证向复运出境、进境地海关办理手续。货物复运出境、进境后，主管地海关凭复运出境、进境地海关签章的海关单证办理核销结案手续。

展览品未能按规定期限复运进出境的，展览会主办单位或出国举办展览会的单位应当向主管海关申请延期，在延长期内办理复运进出境手续。

2) 转为正式进出口

进境展览品在展览期间被人购买的，由展览会主办单位或其代理人向海关办理进口申报、纳税手续，其中属于许可证件管理的，还应当提交进口许可证件。

出口展览品在境外参加展览会后被销售的，由海关核对展览品清单后要求企业补办有关正式出口手续。

3) 展览品放弃或赠送

展览会结束后，进口展览品的所有人决定将展览品放弃交由海关处理的，由海关依法变卖后将款项上缴国库。

展览品的所有人决定将展览品赠送的，受赠人应当向海关办理进口手续，海关根据进口礼品或经贸往来赠送品的规定办理。

4) 展览品毁坏、丢失、被窃

进境展览品因毁坏、丢失、被窃等原因不能复运出境的，展览会主办单位或其代理人应当向海关报告。对于毁坏的展览品，海关根据毁坏程度估价征税；对于丢失或被窃的展览品，海关按照进口同类货物征收进口税。

进出境展览品因不可抗力的原因受损，无法原状复运出境、进境的，进出境展览品的收发货人应当及时向主管地海关报告，可以凭有关部门出具的证明材料办理复运出境、进境手续；因不可抗力的原因灭失或者失去使用价值的，经海关核实后可以视为该货物已经复运出境、进境。

进出境展览品因不可抗力以外其他原因灭失或者受损的，进出境展览品的收发货人应当按照货物进出口的有关规定办理海关手续。

(三)集装箱箱体

1. 集装箱箱体概述

集装箱箱体是一种大型装货容器，既是一种运输设备，又是一种货物。当货物用集装箱装载进出口时，集装箱箱体就作为一种运输设备；而当一个企业购买进口或销售出口集装箱时，集装箱箱体就是普通的进出口货物。

集装箱箱体作为货物进出口是一次性的，而在通常情况下，是作为运输设备暂准进出境的。这里介绍的是后一种情况。

2. 集装箱箱体的报关程序

暂准进出境的集装箱箱体报关有以下两种情况。

(1) 境内生产的集装箱及我国营运人购买进口的集装箱在投入国际运输前营运人应当向其所在地海关办理登记手续。

海关准予登记并符合规定的集装箱箱体，无论是否装载货物，海关准予暂时进境和异地出境，营运人或其代理人无须对箱体单独向海关办理报关手续，进出境时也不受规定的期限限制。

(2) 暂准进境的境外集装箱箱体，无论是否装载货物，承运人或其代理人应当向海关申报，并应当于入境之日起 6 个月内复运出境。如因特殊情况不能按期复运出境的，营运人应当向暂准进境地海关提出延期申请，经海关核准后可以延期，但延长期最长不得超过 3 个月，逾期应按规定向海关办理进口报关纳税手续。

(四)其他暂准进出境货物

1. 其他暂准进出境货物概述

1) 范围

除使用 ATA 单证册报关的货物、不使用 ATA 单证册报关的展览品、集装箱箱体按各自的监管要求由海关进行监管外，其余的暂准进出境货物，均属于其他暂准进出境货物的范围，均按其他暂准进出境货物进行监管。

2) 期限

其他暂准进出境货物应当自进出境之日起 6 个月内复运出境或复运进境。超过 6 个月的，收发货人可以向海关申请延期。延期最多不超过 3 次，每次延长期限不超过 6 个月。

国家重点工程、国家科研项目使用的暂准进出境货物，在 18 个月延长期届满后仍需要延期的，由主管地直属海关报海关总署审批。

3) 管理

(1) 暂准进出境申请和审批

暂准进出境货物收发货人向海关提出货物暂准进出境申请时，应当按照海关的要求提交"货物暂时进/出境申请书"、暂准进出境货物清单、发票、合同或者协议、其他相关单据。

海关就暂准进出境货物的暂准进出境申请做出是否批准的决定后，应当制发"中华人民共和国海关货物暂时进/出境申请批准决定书"或者"中华人民共和国海关货物暂时进/出境申请不予批准决定书"。

(2) 延期申请和审批

暂准进出境货物申请延长复运出境、进境期限的，收发货人应当在规定期限届满 30 个工作日前向货物暂准进出境申请核准地海关提出延期申请，并提交"货物暂时进/出境延期申请书"，及相关申请材料。直属海关做出决定并制发相应的决定书。申请延长期限超过 18 个月的，由海关总署做出决定。

2. 其他暂准进出境货物报关程序

1) 进出境申报

(1) 进境申报

其他暂准进境货物进境时，收货人或其代理人应当向海关提交主管部门允许货物为特定目的而暂时进境的批准文件、进口货物报关单、商业及货运单据等，向海关办理暂时进境申报手续。

其他暂准进境货物不必提交进口货物许可证件，但对国家规定需要实施检验检疫的，或者为公共安全、公共卫生等实施管制措施的，仍应当提交有关的许可证件。

其他暂准进境货物在进境时，收货人或其代理人免予缴纳进口税，但必须向海关提供担保。

(2) 出境申报

其他暂准出境货物出境时，发货人或其代理人应当向海关提交主管部门允许货物为特定目的而暂时出境的批准文件、出口货物报关单、货运和商业单据等，向海关办理暂时出境申报手续。

其他暂准出境货物，除易制毒化学品、监控化学品、消耗臭氧层物质、有关核出口、核两用品及相关技术的出口管制条例管制的商品及其他国际公约管制的商品外，不需交验许可证件。

(3) 异地复运出境、进境申报

异地复运出境、进境的其他暂准进出境货物，收发货人应当持主管地海关签章的海关单证向复运出境、进境地海关办理手续。货物复运出境、进境后，主管地海关凭复运出境、进境地海关签章的海关单证办理核销结案手续。

【应用案例】

记者采访器材保证金异地返还工作顺利开展

北京海关 2009 年 12 月 23 日公布，截至目前，已经有两位国外进境记者办理了记者采访器材保证金异地返还业务。

记者采访器材保证金异地返还，是指境外记者携带采访器材进境，在按照规定缴纳保证金、办理采访器材入境通关手续后，如其从原进境地以外的其他口岸出境，可从出境地海关提取采访器材保证金。

来自韩国的短期记者朴台泰是这项措施的受惠者。据笔者了解，近日，朴台泰随身携带摄像器材一套，由南京禄口机场入境，并由北京首都机场海关出境。朴台泰告诉笔者，办理采访器材入境手续的时候，在海关人员的提醒和指导下，他填写了"记者采访器材保证金异地返还申请书"。朴台泰说："原计划我将在南京结束我此次中国采访之行。在了解了中国海关对于采访器材保证金异地返还的措施之后，我调整了采访行程，将终点站改在了北京，整个采访行程变得更有效率。"

"Very good！"办理完保证金退还手续之后，朴台泰对着征税柜台上方的"中国海关"，高高竖起了大拇指。

据了解，为方便外国记者办理采访器材保证金相关手续，海关总署已于 9 月 1 日起制定实施了《记者采访器材保证金异地返还实施细则》。

(资料来源：北京海关网.)

2) 结关

(1) 复运进出境

其他暂准进境货物复运出境，暂准出境货物复运进境，进出口货物收发货人或其代理人必须留存由海关签章的复运进出境的报关单，准备报核。

(2) 转为正式进出口

其他暂准进出境货物因特殊情况，改变特定的暂准进出境目的转为正式进出口，收发货人或其代理人应当在货物复运出境、进境期限届满30个工作日前向主管地海关申请，经主管地直属海关批准后，按照规定提交有关许可证件，办理货物正式进口或者出口的报关纳税手续。

(3) 放弃

其他暂准进境货物在境内完成暂时进境的特定目的后，如货物所有人不准备将货物复运出境，可以向海关声明将货物放弃，海关按放弃货物的有关规定处理。

(4) 不可抗力

因不可抗力的原因受损，无法原状复运出境、进境的，收发货人应当及时向主管地海关报告，可以凭有关部门出具的证明材料办理复运出境、进境手续；因不可抗力的原因灭失或者失去使用价值的，经海关核实后可以视为该货物已经复运出境、进境。因不可抗力以外其他原因灭失或者受损的，收发货人应当按照货物进出口的有关规定办理海关手续。

第三节　过境、转运、通运货物的报关程序

一、过境货物

(一)过境货物概述

1. 含义

过境货物是指从境外起运，在我国境内不论是否换装运输工具，通过陆路运输，继续运往境外的货物。

2. 范围

下列货物准予过境。

(1) 与我国签有过境货物协定的国家的过境货物。

(2) 在同我国签有铁路联运协定的国家收、发货的过境货物。

(3) 未与我国签有过境货物协定但经国家商务、运输主管部门批准，并向入境地海关备

案后准予过境的货物。

下列货物禁止过境。

(1) 来自或运往我国停止或禁止贸易的国家和地区的货物。

(2) 各种武器、弹药、爆炸品及军需品(通过军事途径运输的除外)。

(3) 各种烈性毒药、麻醉品和鸦片、吗啡、海洛因、可卡因等毒品。

(4) 我国法律、法规禁止过境的其他货物、物品。

3. 管理

海关对过境货物有以下监管规定。

(1) 过境货物经营人应当持主管部门的批准文件和工商行政管理部门颁发的营业执照,向海关主管部门申请办理注册登记手续。

(2) 过境货物自进境起到出境止属海关监管货物,应当接受海关监管。未经海关许可,任何单位和个人不得开拆、提取、交付、发运、调换、改装、抵押、转让,或者更换标记。

(3) 装载过境货物的运输工具,应当具有海关认可的加封条件或装置,海关认为必要时,可以对过境货物及其装载装置进行加封。运输部门和过境货物经营人应当负责保护海关封志的完整,任何人不得擅自开启或损毁。

(4) 有伪报货名和国别,借以运输我国禁止过境的货物以及其他违反我国法令的情事,应将货物依法扣留处理。

(5) 民用爆炸品、医用麻醉品等的过境运输,应经海关总署商有关部门批准后,方可过境。

(6) 过境货物的过境期限为 6 个月,即过境货物应当自进境之日起 6 个月内运输出境。因特殊情况,可以向海关申请延期,但延长期限不得超过 3 个月。过境货物在规定时间内不能出境的,海关按规定处以罚款。过境货物自进境之日起超过 3 个月未向海关申报的,海关视其为进口货物,海关按规定提取依法变卖处理。

(7) 过境货物在进境以后、出境之前,应当按照运输主管部门规定的路线运输,运输主管部门没有规定的,由海关指定。根据实际情况,海关需要派员押运过境货物时,经营人或承运人应免费提供交通工具和执行监管任务的便利,并按照规定缴纳规费。

(8) 过境货物进境后因换装运输工具等原因需卸地储存时,应当经海关批准并在海关监管下存入经海关指定或同意的仓库或场所。

(9) 海关认为必要时,可以查验过境货物。海关在查验过境货物时,经营人或承运人应当到场,按照海关的要求负责搬移货物、开拆和重封货物的包装,并在海关查验记录上签字。

(10) 过境货物在境内发生灭失和短少时(除不可抗力的原因外),应当由经营人负责向出境地海关补办进口纳税手续。

(二)过境货物的报关程序

海关对过境货物监管的目的，是为了防止过境货物在我国境内运输过程中滞留在国内，或将我国货物混入过境货物随运出境；防止禁止过境货物从我国过境。因此，海关要求过境货物经营人必须办理相应的过境货物通关手续。

1. 进境

过境货物进境时，过境货物经营人应当向海关递交过境货物报关单、运单、转载清单、载货清单、发票、装箱清单等，办理过境手续。

过境货物经进境地海关审核无误后，海关在提运单上加盖"海关监管货物"戳记，并将过境货物报关单和过境货物清单制作"关封"后加盖"海关监管货物"专用章，连同上述提运单一并交给经营人。

经营人或承运人应当负责将进境地海关签发的关封完整及时地带交出境地海关。

2. 出境

过境货物出境时，经营人应当向出境地海关申报，并交验进境地海关签发的关封和海关需要的其他单证。

过境货物经出境地海关审核有关单证、关封或货物无讹后，由海关在运单上加盖放行章，在海关监管下出境。

【应用案例】

海关助力日照成为铁路运输过境口岸

近日，一列满载 2091 吨韩国过境柴油的货运列车经日照海关查验、施封并办理过境监管手续后由岚山港发往二连浩特口岸，3 天后将在二连浩特海关办结过境监管手续，出境至蒙古国。这是日照口岸首票液体化工品货物过境业务，也是首票铁路运输过境业务，标志着日照口岸成为继黄岛之后山东省内第二个铁路运输过境口岸。

据了解，蒙古国每年大约需要从国外进口柴油 20 万吨。受内陆国地理位置因素制约，其从韩国等国家海运进口的柴油需从中国过境。此前，过境柴油业务主要通过我国营口、大连等东北区域口岸办理。立足日照港地处鲁东南、服务中西部的区域优势以及码头等级、设备配置、信息化管理、装卸效率等基础设施优势，日照海关深入践行"港兴关兴"和"立足日照、服务日照、发展日照"理念，加大对过境货物监管研究力度，于 2012 年 7 月初成功开展公路运输过境运输业务，为日照口岸铁路运输过境业务的成功开展积累了宝贵经验。

据该票业务代理商日照众和国际货运代理有限公司张经理介绍，蒙、韩进出口双方企业将综合我国面向东北亚各港口运力拨分货量，预计日照口岸后期过境柴油运量每月可达

6000～8000 吨。

二、转运货物

(一)转运货物概述

1. 含义

转运货物是指由境外起运，通过我国境内设立海关的地点换装运输工具，不通过境内陆路运输，继续运往境外的货物。

2. 范围

进境运输工具载运的货物具备下列条件之一的，可以办理转运手续。

(1) 持有转运或联运提货单的。

(2) 进口载货清单上注明是转运货物的。

(3) 持有普通提货单，但在起卸前向海关声明转运的。

(4) 误卸下的进口货物，经运输工具经理人提供确实证件的。

(5) 因特殊原因申请转运，获海关批准的。

3. 管理

海关对转运货物有以下监管规定。

(1) 转运货物不能立即转运出境需卸地存放的，应向海关申请，经海关核准后存入海关同意的仓库或场所。

(2) 转运货物在中国口岸存放期间，不得开拆、改换包装或进行加工。

(3) 转运货物必须在 3 个月之内办理海关有关手续并转运出境。逾期未办的，海关按照《海关法》的规定提取变卖。

(4) 转运货物自进境起到出境止，属海关监管货物，海关一般不予实施查验或仅作外形核对，但海关保留查验权。

(二)转运货物的报关程序

海关对转运货物实施监管的主要目的，是为了防止货物在口岸换装过程中误进口或误出口。因此，海关要求转运货物承运人必须办理相应的转运货物通关手续。

转运货物的报关程序如下。

(1) 载有转运货物的运输工具进境后，承运人应当在进口载货清单上列明转运货物的名称、数量、起运地和到达地，并向主管海关申报进境。

(2) 申报经海关同意后，在海关指定的地点换装运输工具。

(3) 在规定时间内运送出境。

【应用案例】

郑州国际机场首票国际空空转运货物顺利起航

2013 年 7 月 8 日凌晨，随着丝绸之路西部航空公司一架波音 747-400 全货机飞离郑州新郑国际机场，郑州机场国际货站完成了首票国际空空转运货物的保障工作。

此次转运的货物是先搭乘香港航空的货机从郑州进港，然后在郑州机场国际货站的中转库区存放，最后搭乘丝绸之路西部航空的货机飞往欧洲。为了顺利保障此票空空转运的货物，郑州机场货站领导协调郑州机场海关、河南检验检疫机场办等联检单位全力配合。

据悉，截至 5 月底，郑州机场货邮增速继续保持全国机场第一。

(资料来源：民航资源网.)

海关全力支持连云港港口首次开展汽车国际转运业务

2006 年 12 月 7 日 12 时，连云港港口首次成功转运至韩国 2396 辆韩国现代轿车由巴拿马籍"现代 202"轮装运出境，标志着连云港港口新车国际转运业务的诞生。这不仅是连云港承接的最大批次国际转运轿车，也是江苏口岸历史上中转汽车量最大的一次。

11 月 21 日，连云港港口集团有限公司向连云港海关反映：韩国现代汽车公司印度分公司生产的批量汽车欲销售运输至韩国，但由于目的地(韩国)场地不足等客观原因，需要在我国港口储存后再转运至韩国。第一批业务是被国家指定的汽车进口口岸大连港承揽的，连云港港口通过多方努力，争取到第二批 2396 辆现代新车的国际转运业务，预计 11 月 24 日船将抵港。连云港港口并非国家指定的汽车进口口岸，也从未开展汽车国际转运业务。连云港海关为全力支持港口增加业务品种，接到求助后，及时向南京海关请示汇报，得到南京海关的支持，连夜召开业务协调会，制定相关监管措施：一是召集港务部门协调配合工作会议，确定装卸计划和监管路线；二是安排监管场地，设置隔离设备；三是指派专人实行 24 小时职守；四是指派专人对轿车实行三班 24 小时巡查；五是利用码头监控摄像设备，对该批轿车进行 24 小时监控。使汽车国际转运业务得以在连云港港口顺利开展。

(资料来源：南京海关网.)

三、通运货物

(一)通运货物概述

1. 含义

通运货物是指从境外起运，不通过我国境内陆路运输，运进境后由原运输工具载运出境的货物。

2. 管理

海关对通运货物有以下监管规定。

(1) 通运货物自进境起至出境止，属于海关监管货物，未经海关许可不得从运输工具上卸下。

(2) 运输工具因装卸其他货物需要倒装卸下通运货物时，应向海关申请，在海关监管下进行，并如数装回原运输工具。

(二)通运货物的报关程序

海关对通运货物实施监管的主要目的，是为了防止通运货物与其他货物的混卸、误卸。因此，海关要求通运货物承运人必须办理相应的通运货物通关手续。

通运货物的报关程序如下。

(1) 运输工具进境时，运输工具的负责人应凭注明通运货物名称和数量的"船舶进口报告书"或国际民航机使用的"进口载货舱单"向进境地海关申报。

(2) 进境地海关在接受申报后，在运输工具抵、离境时对申报的货物予以核查，并监管货物实际离境。

第四节　其他进出境货物的报关程序

一、货样、广告品

(一)货样、广告品概述

1. 含义

货样是指专供订货参考的进出口货物样品。

广告品是指用以宣传有关商品内容的进出口广告宣传品。

2. 分类

货样、广告品 A：有进出口经营权的企业价购或售出货样、广告品。

货样、广告品 B：没有进出口经营权的企业(单位)进出口(包括免费提供)的货样、广告品。

(二)货样、广告品的报关程序

除暂准进出境的货样、广告品外，进出口货样、广告品的报关程序也是四个环节，即申报、配合查验、缴纳税费、提取或装运货物。

1. 证件管理

(1) 进口非许可证件管理的货样、广告品，其证件管理情况如下。

① 有进出口经营权的企业，在其经营范围内进口非许可证件管理的货样、广告品(不论价购、价售或免费提供)，凭经营权向海关申报。

② 没有进出口经营权的单位进口数量合理且价值在人民币 1000 元以下的非许可证件管理的货样、广告品，凭其主管司局级以上单位证明向海关申报。数量不合理或价值在人民币 1000 元以上的，凭省级商务主管部门的审批证件向海关申报。

(2) 进口属于许可证件管理的货样、广告品，凭进口许可证件向海关申报。

(3) 进口货样、广告品属自动进口许可管理的机电产品和一般商品(属旧机电产品除外)，每批次价值在人民币 5000 元以下免领自动进口许可证。

(4) 出口货样每批次货值在人民币 3 万元以下免领出口许可证；运出境外的两用物项和技术的货样或实验用样品，按规定办理两用物项和技术出口许可证，凭两用物项和技术出口许可证向海关申报。

(5) 列入《法检目录》范围内的进出口货样、广告品，凭出入境检验检疫部门签发的出入境货物通关单向海关申报。

2. 税收管理

进出口货样、广告品，除法定减免税外，一律照章征税。

二、进出境快件

(一)进出境快件概述

1. 含义

进出境快件是指进出境快件运营人以向客户承诺的快速商业运作方式承揽承运的进出境的货物、物品。

进出境快件运营人(以下简称运营人)是指在中华人民共和国境内依法注册，在海关登记备案的从事进出境快件运营业务的国际货物运输代理企业。

2．分类

进出境快件分为文件类、个人物品类和货物类三类。

(1) 文件类进出境快件是指法律、行政法规规定予以免税且无商业价值的文件、单证、票据及资料。

(2) 个人物品类进出境快件是指海关法规规定自用、合理数量范围内的进出境的旅客分离运输行李物品、亲友间相互馈赠物品和其他个人物品。

(3) 货物类进出境快件是指文件类、个人物品类进出境快件以外的进出境快件。

运营人不得承揽、承运《中华人民共和国禁止进出境物品表》所列物品，如有发现，不得擅作处理，应当立即通知海关并协助海关进行处理。

未经中华人民共和国邮政部门批准，运营人不得承揽、承运私人信件。

(二)进出境快件的报关程序

1．申报

1) 申报时间

进出境快件通关应当在海关正常办公时间内进行，如需在海关正常办公时间以外进行的，需事先征得所在地海关同意。

2) 申报方式

运营人应当按照海关的要求采用纸质文件方式或电子数据交换方式向海关办理进出境快件的报关手续。

3) 申报期限

进境快件应当自运输工具申报进境之日起 14 日内，出境快件在运输工具离境 3 小时之前，向海关申报。

4) 申报单证

运营人办理进出境快件报关手续时，应当按不同的进出境快件规定分别向海关提交有关报关单证。

(1) 文件类进出境快件报关时，运营人应当向海关提交 "中华人民共和国海关进出境快件 KJ1 报关单" (以下简称 KJ1 报关单)、总运单副本和海关需要的其他单证。

(2) 个人物品类进出境快件报关时，运营人应当向海关提交 "中华人民共和国海关进出境快件个人物品报关单"，每一进出境快件的分运单、进境快件收件人或出境快件发件人身份证件影印件和海关需要的其他单证。

(3) 进境的货物类快件报关时，运营人应当按下列情形分别向海关提交申报单证。

① 对关税税额在人民币 50 元以下的货物和海关规定准予免税的货样、广告品，应提

交"中华人民共和国海关进出境快件 KJ2 报关单"(以下简称 KJ2 报关单)、每一进境快件的分运单、发票和海关需要的其他单证。

② 对应予征税的货样、广告品(法律、行政法规规定实行许可证件管理的、需进口付汇的除外),应提交"中华人民共和国海关进出境快件 KJ3 报关单"(以下简称 KJ3 报关单)、每一进境快件的分运单、发票和海关需要的其他单证。

(3) 其他进境的货物类快件,一律按进口货物相应的报关程序提交申报单证。

(4) 出境的货物类快件报关时,运营人应当按下列情形分别向海关提交申报单证。

① 对货样、广告品(法律、行政法规规定实行许可证件管理的、应征出口关税的、需出口收汇的、需出口退税的除外),应提交 KJ2 报关单、每一出境快件的分运单、发票和海关需要的其他单证。

② 其他出境的货物类快件,一律按出口货物相应的报关程序提交申报单证。

2. 查验

海关查验进出境快件时,运营人应派员到场,并负责进出境快件的搬移、开拆、封装。

海关对进出境快件中的个人物品实施开拆查验时,运营人应通知进境快件的收件人或出境快件的发件人到场,收件人或发件人不能到场的,运营人应向海关提交其委托书,代理其履行义务,并承担相应的法律责任。

海关认为必要时,可对进出境快件径行开验、复验或者提取货样。

【应用案例】

北京航空快件大提速——天竺综保区快件中心启用,通关流程从 4 小时缩至 40 分钟

北京海关 2013 年 1 月 4 日发布:昨天,在刚刚启用的天竺综保区快件中心,一封封国际快件在监管仓库的流水线上接受海关自动查验后,就被运到一网之隔的一级分拨库清点。接着,这些快件被分装到航空集装器,由一串串运货小车拉着直奔停机坪,马不停蹄地塞入国际航班的货舱。

北京航空快件通关能有多快?答案是 40 分钟。正是由于通关的高效率,北京城区下午 4 点半交寄快件,第二天上午就能送达新加坡、马尼拉、东京、首尔等地。

快件中心紧邻天竺综合保税区的口岸操作区设立,是独立于普通航空货件通关区域的"绿色通道"。新落成的两大库区,已经打出了 Fedex、DHL、UPS、TNT、顺丰等醒目标识,一溜排开的卡车泊位,正对着各个库区的卷闸门。昨天上午,工人们正忙着装卸快件。综合服务大厅内,海关、检验检疫、银行窗口集中设置,通关手续一站式办理,攥着报关单的各大快递公司业务员,悠闲地在座位上整理单据。

"再也不用在机场周边来回折腾忍受拥堵之苦了。"一位航空货代公司的业务员说,过去海关监管、检验检疫、航空货站在首都机场周边分散运行,十万火急运抵机场的快件先得经历机场"周边游",通关流程少说也得 4 个小时左右。航空快件从飞机上卸货清点后,必须租用海关监管车运到 10 千米外的快件中心,经历装车、铅封、拆封、卸货、查验的复杂流程。虽然距离不算远,但当时还未扩建的机场货运路上大卡车扎堆,堵上一两个小时司空见惯,"要求次日到达的航空快件,只能尽量提早城区揽收的截件时间,影响生意"。

随着快件中心的启用,北京航空快件的海关监管,也从原始的手工查验变成自动化查验。库区一层,自动化的分拣线环绕其中。仔细看不难发现,海关自动查验线也嵌在其中,X 光机将快件的单据信息和三维立体图像同时传输到海关查验系统。如果怀疑快件有可能违禁,工作人员只要轻点屏幕上方的"开检"按钮,这一可疑快件就会被升降电梯一样的移载机,直接送到库区二层的传送带,接受海关人员开包查验。如果查验确认没有违禁品,快件会被恢复包装,由移载机自动送回到分拣线。而此前,北京航空快件海关查验只能人工核对报关单据,觉得可疑就让快递公司将快件拿小推车送到现场查验区,没问题再通知快递公司取回。高效的自动分拣线、海关查验线让首都机场快件处理能力大幅提升。

"去年,首都机场的快件中心处理量是 800 万件,现在至少能达到 3200 万件。"首都机场海关关长胡天舒透露,这将充分满足北京航空快件年增 17%～18%的需求。目前,除 Fedex、DHL、UPS、TNT 等快递巨头外,冠捷、时代瑞丰、中外运、民航快递、华惠、鹰联等 9 家国际快递经营企业也已入驻快件中心。

(资料来源:北京海关网.)

【相关链接】

倾心助力 快件发展

加入世界贸易组织后,中国与世界各国的贸易量大幅上涨,进出北京口岸的国际快件量逐年递增。来自北京海关的数据显示:2002—2005 年间,北京口岸承运快件航线增至 59 条,辐射 228 个国家和地区;海关监管快件进出口量从 256 万件升至 423 万件,重量从 6900 吨增至 19 437 吨,年均增幅 20%。

在快件行业飞速发展的链条中,海关义不容辞地担当起推动的先锋。推行 24 小时通关、"一站式"办公、高度透明的通关流程、有效的风险管理机制,海关不断优化口岸通关环境,吸引了包括 DHL、Fedex、UPS、TNT 在内的 13 家国际知名快件企业落户监管库区,使快件行业呈现良好的可持续发展态势。

实行无纸化通关,是海关给快件企业的发展注入的第一股活力。讲求高效是快递企业生存与竞争的关键所在。企业通过网络提前申报电子数据,海关提前审单,无须查验直接放行的货物到港后即可直接提取,完全省去了报关员准备单据、往返申报现场的环节,通关时间由原来最长需要 14 小时缩短至目前的 2 小时,大幅度提高了进口快件的交投效率。

推行风险分类管理,为快件企业构建公平、有利的发展空间,是海关为快件企业的发展注入的第二股活力。海关对所有快件企业一视同仁,突出守法便利规则,敦促企业守法经营。报关公司违规操作行为得到有效遏制,快件企业间平等、公平的竞争局面逐步形成。

增强服务意识、转变服务理念，改良通关布局、简化办事程序，打造优质通关环境，是海关为快件企业的发展注入的第三股活力。快件现场引入预录入和银行两家单位，形成了口岸独一无二的预录入、审单、缴税、查验、放行"一条龙"通关布局。快件企业足不出户就可以完成清关作业，既省时省力，又降低了通关风险，提高了通关效率。

同时，北京海关还注重培植关企合作，创造新型合作关系。北京海关对库区内货运量最大的 DHL、Fedex、TNT、UPS 快递公司分别设立由关员担任的"关企协作专员"，专职沟通协调通关事务，宣讲海关政策，接受公司质询和建议。同时利用 MOU 搭建海关与快递企业的"诚信"基础，DHL 公司主动接通了文件类快件数据专线，UPS 公司向海关推介公司风险分析管理系统。企业已经从单纯服从管理的角色向海关合作者的角色转变。

快件，正在海关助力下，在世界各个角落飞速穿梭。

(资料来源：北京海关网.)

三、加工贸易不作价设备

(一)加工贸易不作价设备概述

1. 含义

加工贸易不作价设备是指与加工贸易经营企业开展加工贸易(包括来料加工、进料加工及外商投资企业履行产品出口合同)的境外厂商，免费(不需境内加工贸易经营企业付汇，也不需用加工费或差价偿还)向经营单位提供的加工生产所需设备。

属于加工贸易不作价设备的加工贸易进口设备必须是不作价的，可以是由境外厂商免费提供，也可以是向境外厂商免费借用(临时进口不超过半年的单件的模具、机器除外)，进口设备的一方不能以任何方式、任何途径，包括用加工费扣付、出口产品减价等方式来偿付提供设备的一方设备价款或租金。

2. 范围

加工贸易境外厂商免费提供的不作价设备，如果属于国家禁止进口商品和《外商投资项目不予免税的进口商品目录》所列商品，海关不能受理加工贸易不作价设备申请。除此以外的其他商品，加工贸易企业可以向海关提出加工贸易不作价设备免税进口的申请。

3. 特征

加工贸易不作价设备与保税加工货物进境后虽然都用于加工贸易生产，但有明显的区别，主要区别在于：前者是加工贸易生产设备，进境后使用时一般不改变形态，国家政策不强调复运出境；后者是加工贸易生产料件，进境后使用时一般改变形态，国家政策强调加工后复运出境。

加工贸易不作价设备与特定减免税设备都是免税进境的生产设备，但在海关管理上有明显的区别：前者按保税货物管理；后者按特定减免税货物管理。

加工贸易不作价设备与保税加工货物、特定减免税货物一样，在进口放行后需要继续监管。

(二)加工贸易不作价设备的报关程序

加工贸易不作价设备的报关程序，与保税货物、特定减免税货物的报关程序一样，包括备案、进口、核销三个阶段。

1. 备案

加工贸易不作价设备的备案合同应当是订有加工贸易不作价设备条款的加工贸易合同或者加工贸易协议，单独的进口设备合同不能办理加工贸易不作价设备的合同备案。

加工贸易设备备案的加工贸易经营企业应当符合下列条件之一。

(1) 设立独立专门从事加工贸易(不从事内销产品加工生产)的工厂或车间，并且不作价设备仅限在该工厂或车间使用。

(2) 对未设立独立专门从事加工贸易的工厂或车间、以现有加工生产能力为基础开展加工贸易的项目，使用不作价设备的加工生产企业，在加工贸易合同(协议)期限内，其每年加工产品必须是70%以上属出口产品。

加工贸易不作价设备的备案手续如下。

(1) 凭商务主管部门批准的加工贸易合同(协议)和批准件及"加工贸易不作价设备申请备案清单"到加工贸易合同备案地主管海关办理合同备案申请手续。

(2) 主管海关根据加工贸易合同(协议)、批准件和"加工贸易不作价设备申请备案清单"及其他有关单证，对照《外商投资项目不予免税的进口商品目录》，审核准予备案后，核发登记手册。

海关核发的加工贸易登记手册的有效期一般为1年，1年到期前，加工贸易经营企业向海关提出延期申请。

加工贸易不作价设备不纳入加工贸易银行保证金台账管理的范围，因此不需要设立台账。

海关可以根据情况对加工贸易不作价设备收取相当于进口设备应纳进口关税和进口环节海关代征税税款金额的保证金或者银行或非银行金融机构的保证函。

不在加工贸易合同或者协议里订明的单独进口的不作价设备及其零配件、零部件不予备案。

2. 进口

企业凭登记手册向口岸海关办理进口报关手续，口岸海关凭登记手册验放。

加工贸易不作价设备，除国家另有规定的外，进境时免进口关税，不免进口环节增值税，如有涉及进口许可证件管理的，可免交进口许可证件。

加工贸易不作价设备进口申报时，报关单的"贸易方式"栏填"不作价设备"(代码0320)。

对临时进口(期限在6个月以内)加工贸易生产所需的不作价模具、单台设备，按暂准进境货物办理进口手续。

3. 核销

加工贸易不作价设备自进口之日起至按海关规定解除监管止，属海关监管货物，企业应按海关的规定保管、使用。加工贸易不作价设备的海关监管期限一般是5年。

申请解除海关监管有两种情况。

1) 监管期内

监管期限未满，企业申请提前解除监管，主要有以下五种情况。

(1) 结转

加工贸易不作价设备在享受同等待遇的不同企业之间结转及加工贸易不作价设备转为减免税设备，转入和转出企业分别填制进、出口货物报关单，报关单"贸易方式"栏根据报关企业所持加工贸易登记手册或征免税证明，分别选择填报"加工贸易设备结转"、"减免税设备结转"；报关单"备案号"栏分别填报加工贸易登记手册编号、征免税证明编号或为空；报关单其他栏目按现行《报关单填制规范》关于结转货物的要求填报。

(2) 转让

转让给不能享受减免税优惠或者不能进口加工贸易不作价设备的企业，必须由原备案加工贸易合同或者协议的商务主管部门审批，并按照规定办理进口海关手续，填制进口货物报关单，提供相关的许可证件，按照以下计算公式确定完税价格缴纳进口关税。

转让设备进口完税价格(CIF)×{1－[按加工贸易不作价设备规定条件使用月数÷(5×12)]}

不足15天的，不计月数，超过或者等于15天的作为1个月计算。

(3) 留用

监管期未满本企业移作他用或者虽未满监管期但加工贸易合同已经履约本企业留用的，必须由原备案加工贸易合同或者协议的商务主管部门审批，并按照规定办理进口海关手续，填制进口货物报关单，提供相关的许可证件，按照上述计算公式确定完税价格缴纳进口关税。

(4) 修理、替换

进境加工贸易不作价设备需要出境修理或者由于质量或规格不符需要出境替换的，可以使用加工贸易不作价设备登记手册申报出境和进境，也可以按照出境修理货物或者无代价抵偿货物办理海关进出境手续。

(5) 退运

监管期内退运应当由原备案加工贸易合同或者协议的商务主管部门审批，凭批准件和加工贸易不作价登记手册到海关办理退运出境的海关手续。

2) 监管期满

加工贸易不作价设备5年监管期满，如不退运出境，可以留用，也可以向海关申请放弃。

(1) 留用

监管期限已满的不作价设备，要求留在境内继续使用，企业可以向海关申请解除监管，也可以自动解除海关监管。

(2) 放弃

监管期满既不退运也不留用的加工贸易不作价设备，可以向海关申请放弃，海关比照放弃货物办理有关手续。放弃货物要填制进口货物报关单。

四、管道运输货物

(一)管道运输货物概述

1. 含义

管道运输货物，是指通过管道运输方式进口的原油、天然气。

2. 管理

(1) 管道运输货物在办结申报、纳税及其他海关手续前，属于海关监管货物，未经海关许可，不得进行销售、抵押、质押或者进行其他处置。

(2) 管道运输货物施行定期申报制度。办理定期申报的收货人应当向海关提供有效担保，可以申请总担保。

(3) 跨境运输管道境内计量站是海关监管场所，应当接受海关监管。计量站的计量仪表、设备、软件等应当符合海关监管要求，并经国家主管部门或者法律、法规授权的计量检定机构检定或者校准。

(4) 海关可以对跨境管道的管线设施和计量设备的旁通出口、流量计、流量计算机柜以及其他关键部位施加封志。管道经营单位需要开启海关施加的封志的，应当向海关提交书面申请，经审核同意的，由海关派员实施开启。开启原因消失后，由海关再次施加封志。海关对计量站设施进行实地检查时，管道经营单位应当到场并提供必要的协助。

(5) 管道经营单位接收和复运出境清管器等设备的，应当按照暂准进出口货物的管理规定办理海关手续，接受海关监管。

(二) 管道运输货物的报关程序

1. 申报

1) 申报的期限

管道运输货物的收货人应当在每月 1 日至 14 日期间向海关定期申报上月进口的货物，并按照海关接受该货物申报进口之日适用的税率、汇率缴纳相应税款。超过规定期限向海关申报的，海关依法征收滞报金。

2) 申报的单证

管道运输货物的收货人向海关办理申报手续时应当提供以下单证。

(1) 进口货物报关单。

(2) 入境计量报告。

(3) 相应的许可证件。

(4) 海关要求的其他单证，如原产地证明或者其他足以证明原产地的材料。

不同国别的原产地混合运输的货物，收货人应当按照定期申报时间段内不同国别的原产地货物进口数量分别向海关申报。

2. 查验

管道经营单位应当按照海关规定传输计量站计量电子数据，并向海关报送相应时段的纸质入境计量报告。海关根据计量数据进行现场验核时，管道经营单位应当到场并提供必要的协助。

海关认为必要时，可以按照海关化验管理规定提取管道运输货物样品进行化验。管道经营单位应当提供必要的协助。

【应用案例】

内地首条供澳天然气永久管道恢复供气

2013 年 7 月 23 日，在横琴海关现场监管下，珠海横琴供澳门输气的永久管道向澳门恢复出口管道天然气。

据了解，该管道始于珠海横琴，通过 12.8 千米的地下管道，穿过十字门水道，在澳门冰仔落地。设计年输气规模为 5.2 亿立方米。该管道将在未来 20 年里担负起向澳门输送天然气的重任。

拱北海关下属的横琴海关落实"守法便利"原则，加快通关速度，规范通关流程，支持内地供应澳门重点项目。为确保供澳天然气数量的准确监管，实行了外出监管、定期核查、引入视频监控和网络数据传输等一系列措施。

据了解，为配合珠海市横琴新区大开发，珠海横琴—澳门天然气管道曾于 2011 年 6 月 1 日暂停供气，此后启动了天然气管道保护工程，该工程竣工后，永久管道于 7 月 23 日供气。据出口天然气的中海油珠海管道天然气有限责任公司介绍，管道出口的天然气主要供应澳门居民用户和澳门大学新校区。

(资料来源：拱北海关网.)

海关总署：中俄原油管道首批原油 2 日从漠河入境

据海关总署消息，中俄原油管道首批原油于北京时间 2010 年 11 月 2 日 9 时 36 分顺利从俄罗斯进入中国漠河兴安首站，漠河海关对进站原油进行了全程监管。

据漠河海关消息，中俄原油管道 1 日进入试运行阶段，俄方末站(加林达末站)于北京时间 1 日 19 时开始向管道注油。2010 年 11 月份，中国拟从俄罗斯进口原油 25 万吨，12 月份拟进口 30 万吨。2011 年 1 月 1 日，将正式履行双方每年 1500 万吨的石油协议。

据悉，中俄原油管道穿越工程封闭区自 2009 年 8 月 1 日正式开通，至 2010 年 8 月 31 日，哈尔滨海关共监管进出境货物 2836 吨，价值 1786.8 万美元，监管进出境运输工具 1669 辆(艘)次，进出境人员 8769 人次。

据介绍，中俄原油管道是俄罗斯"东西伯利亚—太平洋"石油管道的中国支线。"东西伯利亚—太平洋"管线西起伊尔库茨克州的泰舍特，东至俄罗斯太平洋沿岸的科济米诺湾，全长 4000 多千米。其中国支线起自俄罗斯远东原油管道斯科沃罗季诺分输站，穿越中国漠河县边境，途经黑龙江省和内蒙古自治区 13 个县市区，止于大庆末站，管道全长 1000 余千米。依据中俄两国间协定，该管线自 2011 年起将担负每年 1500 万吨的供油任务，共持续 20 年。管道输油能力最高可升至每年 3000 万吨。

(资料来源：中国政府网.)

五、租赁货物

(一)租赁货物概述

1. 含义

租赁是指所有权和使用权之间的一种借贷关系，即由资产所有者(出租人)按契约规定，将租赁物件租给使用人(承租人)，承租人在规定期限内支付租金并享有租赁物件使用权的一种经济行为。跨越国(地区)境的租赁就是国际租赁，而以国际租赁方式进出境的货物，即为租赁进出口货物。

下文主要以租赁进口货物为主进行介绍。

2. 范围

国际租赁大体上有两种：一种是金融租赁，带有融资性质；一种是经营租赁，带有服务性质。因此，租赁进口货物包含金融租赁进口货物和经营租赁进口货物两类。

金融租赁进口货物一般是不复运出境的，租赁期满，出租人会以很低的名义价格转让给承租人，承租人按合同规定分期支付租金，租金的总额一般都大于货价；经营租赁进口的货物一般是暂时性的，按合同规定的期限复运出境，承租人按合同规定支付租金，租金总额一般都小于货价。

(二)租赁货物的报关程序

1. 金融租赁进口货物的报关程序

1) 按货物的完税价格一次性缴纳税款

收货人或其代理人在租赁货物进口时应当向海关提供租赁合同，按进口货物的实际价格向海关申报，提供相关的进口许可证件和其他单证，按海关审查确定的货物完税价格计算税款数额，缴纳进口关税和进口环节海关代征税。

海关现场放行后，不再对货物进行监管。

2) 按租金分期缴纳税款

收货人或其代理人在租赁货物进口时应当向海关提供租赁合同，按照第一期应当支付的租金和按照货物的实际价格分别填制报关单向海关申报，提供相关的进口许可证件和其他单证。按海关审查确定的第一期租金的完税价格计算税款数额，缴纳进口关税和进口环节海关代征税。

海关现场放行后，还需要对货物继续进行监管。纳税义务人在每次支付租金后的 15 日内按支付租金额向海关申报，并缴纳相应的进口关税和进口环节海关代征税，直到最后一期租金支付完毕。

金融租赁进口货物租期届满之日起 30 日内，纳税义务人应当申请办结海关手续，将租赁进口货物退运出境。如不退运出境，以残值转让，则应当按照转让的价格审查确定完税价格计征进口关税和进口环节海关代征税。

2. 经营租赁进口货物的报关程序

收货人或其代理人在租赁货物进口时应当向海关提供租赁合同，按照第一期应当支付的租金或者租金总额和按照货物的实际价格分别填制报关单向海关申报，提供相关的进口许可证件和其他报关单证，按海关审查确定的第一期租金或租金总额的完税价格计算税款数额，缴纳进口关税和进口代征税。

海关现场放行后，还需要对货物继续进行监管。

分期缴纳税款的，纳税义务人在每次支付租金后的 15 日内按支付租金向海关申报，提供报关单证，并缴纳相应的进口关税和进口环节海关代征税，直到最后一期租金支付完毕。

经营租赁进口货物租期届满之日起 30 日内，纳税义务人应当申请办结海关手续，将租赁进口货物复运出境或者办理留购、续租的申报纳税手续。

【应用案例】

我关首次办理进口租赁飞机业务

2011 年 8 月 5 日，三一集团有限公司在我关驻黄花机场办事处现场以租赁贸易方式申报进口一架庞巴迪型公务机，租赁期为十年。我关依照相关规定为其办理了通关验放手续，并建立起监管档案和台账，以便对其租金进行按期征税和后续监管，此单为我关首次办理进口租赁飞机业务。

(资料来源：长沙海关网.)

汕头海关首次办理租赁期满飞机退运出境优质服务赢得美誉

2013 年 4 月某日，3 架在国内承担空中客运服务 20 年租赁期满的 B737-300 型飞机经揭阳潮汕机场退运出境，这是汕头海关首次办理租赁期满飞机退运出境业务。

据南方航空股份有限公司汕头航空有限公司相关人员介绍，此次退运出境的 3 架 B737-300 型客机系 1993 年从爱尔兰租赁进口，负责国内空中客运服务。由于租赁合同已到期，加上公司改制合并等原因，汕头航空有限公司向汕头海关驻机场办事处提出客机退运出境申请。在了解到公司无法向海关提供当时进口的原始报关单证，逾期又将承担经济赔偿，影响企业声誉等实际困难后，汕头海关急企业之所急，特事特办，在相关规定框架内化繁就简，协调监管部门和现场海关，参照国内其他海关的先进做法，为企业提供政策咨询，开通监管"绿色通道"，派员现场监管，快速解决通关问题。该关真诚服务企业促进发展的做法得到了企业的好评。

(资料来源：汕头海关网.)

六、无代价抵偿货物

(一)无代价抵偿货物概述

1. 含义

无代价抵偿货物是指进出口货物在海关放行后，因残损、短少、品质不良或者规格不符，由进出口货物的发货人、承运人或者保险公司免费补偿或者更换的与原货物相同或者与合同规定相符的货物。

收发货人申报进出口的无代价抵偿货物，与退运出境或者退运进境的原货物不完全相同或者与合同规定不完全相符的，经收发货人说明理由，海关审核认为理由正当且税则号列未发生改变的，仍属于无代价抵偿货物范围。

收发货人申报进出口的免费补偿或者更换的货物，其税则号列与原进出口货物的税则号列不一致的，不属于无代价抵偿货物范围，属于一般进出口货物范围。

2. 管理

海关对无代价抵偿货物有以下监管规定。

(1) 进出口无代价抵偿货物免予交验进出口许可证件。

(2) 进口无代价抵偿货物，不征收进口关税和进口环节海关代征税；出口无代价抵偿货物，不征收出口关税。

(3) 纳税义务人申报进出口的无代价抵偿货物，与退运出境或者退运进境的原货物不完全相同或者与合同规定不完全相符的，应当向海关说明原因。海关经审核认为理由正当，且其税则号列未发生改变的，应当按照审定进出口货物完税价格的有关规定和原进出口货物适用的计征汇率、税率，审核确定其完税价格，计算应征税款。应征税款高于原进出口货物已征税款的，应当补征税款的差额部分。应征税款低于原进出口货物已征税款，且原进出口货物的发货人、承运人或者保险公司同时补偿货款的，海关应当退还补偿货款部分的相应税款；未补偿货款的，税款的差额部分不予退还。

(4) 纳税义务人应当在原进出口合同规定的索赔期内且不超过原货物进出口之日起 3 年，向海关申报办理无代价抵偿货物的进出口手续。

(5) 现场放行后，海关不再按照无代价抵偿货物进行监管。

(二)无代价抵偿货物的报关程序

1. 残损、品质不良或规格不符引起的无代价抵偿货物进出口海关手续

残损、品质不良或规格不符引起的无代价抵偿货物，进出口前应当先办理被更换的原进出口货物中残损、品质不良或规格不符货物的有关海关手续。

1) 原进口货物退运出境及原出口货物退运进境

原进口货物的收货人或其代理人应当办理被更换的原进口货物中残损、品质不良或规格不符货物的退运出境的报关手续。被更换的原进口货物退运出境时不征收出口关税。

原出口货物的发货人或其代理人应当办理被更换的原出口货物中残损、品质不良或规格不符货物的退运进境的报关手续。被更换的原出口货物退运进境时不征收进口关税和进口环节海关代征税。

2) 原进口货物不退运出境，放弃交由海关处理

被更换的原进口货物中残损、品质不良或规格不符货物不退运出境，但原进口货物的收货人愿意放弃，交由海关处理的，海关应当依法处理并向收货人提供证明，凭以申报进口无代价抵偿货物。

3) 原进口货物不退运出境也不放弃及原出口货物不退运进境

被更换的原进口货物中残损、品质不良或规格不符货物不退运出境且不放弃交由海关处理的，原进口货物的收货人应当按照海关接受无代价抵偿货物申报进口之日适用的有关规定申报进口，并按照海关对原进口货物重新估定的价格计算的税额缴纳进口关税和进口环节海关代征税，属于许可证件管理的商品还应当交验相应的许可证件。

被更换的原出口货物中残损、品质不良或规格不符的货物不退运进境，原出口货物的发货人应当按照海关接受无代价抵偿货物申报出口之日适用的有关规定申报出口，并按照海关对原出口货物重新估定的价格计算的税额缴纳出口关税，属于许可证件管理的商品还应当交验相应的许可证件。

2. 无代价抵偿货物报关应当提供的单证

收发货人向海关申报无代价抵偿货物进出口时除应当填制进出口货物报关单和提供基本单证外，还应当提供其他特殊单证。

1) 进口申报需要提交的特殊单证

(1) 原进口货物报关单。

(2) 原进口货物退运出境的出口货物报关单或者原进口货物交由海关处理的货物放弃处理证明。

(3) 原进口货物税款缴纳书或者征免税证明。

(4) 买卖双方签订的索赔协议。

因原进口货物短少而进口无代价抵偿货物，不需要提交前款第(2)项所列单证。

海关认为需要时，纳税义务人还应当提交具有资质的商品检验机构出具的原进口货物残损、短少、品质不良或者规格不符的检验证明书或者其他有关证明文件。

2) 出口申报需要提交的特殊单证

(1) 原出口货物报关单。

(2) 原出口货物退运进境的进口货物报关单。

(3) 原出口货物税款缴纳书或者征免税证明。

(4) 买卖双方签订的索赔协议。

因原出口货物短少而出口无代价抵偿货物，不需要提交前款第(2)项所列单证。

海关认为需要时，纳税义务人还应当提交具有资质的商品检验机构出具的原出口货物残损、短少、品质不良或者规格不符的检验证明书或者其他有关证明文件。

【应用案例】

如何确认"无代价抵偿"货物

大连某科技有限公司 2004 年由美国某公司进口一套大豆出仓系统。2005 年 11 月,出仓机的滑动式轴承磨损严重,通过"无代价抵偿"方式更换了一套滑动式轴承,已损部件未退运出境(以下简称"第一次更换行为")。2006 年 6 月,该轴承又产生严重磨损,经商检部门检验是设计缺陷。企业与外方签订索赔协议,将滑动轴承更换为滚动轴承(以下简称"第二次更换行为"),又拟以"无代价抵偿"方式向海关申报。

第一次更换行为如何申报?如何征税?第一次更换行为符合"无代价抵偿"货物的定义,但海关对这批更换料件仍应照章征税。原因在于其原进口货物未退运出境且未放弃交由海关处理。根据《中华人民共和国海关进出口货物征税管理办法》(以下简称《征税管理办法》)第三十四条的规定,"纳税义务人申报进出口无代价抵偿货物,被更换的原进口货物不退运出境且不放弃交由海关处理的,……海关应当按照接受无代价抵偿货物申报进出口之日适用的税率、计征汇率和有关规定对原进出口货物重新估价征税"。一方面,为保证依法征税,第一次更换行为应照章征税(因原货物仍留在境内);另一方面,为保障税负公平,海关对其留在境内的磨损件应估价征税,并把原多征的税款退还给纳税义务人。

第二次更换行为如何申报?如何征税?第二次更换行为不符合"无代价抵偿"货物的定义,海关对这批货物应以"一般贸易"的方式通关并照章征税。原因在于 2006 年申报的替换件(滚动轴承)与原进口货物不完全相同或与原货物不完全相符(原进口货物是滑动轴承)。根据《中华人民共和国海关进出口货物征税管理办法》的规定,此种情况下,首先纳税义务人应该向海关说明原因;其次,如海关认为理由正当,且其税则号列未发生改变的,应当按照审定进出口货物完税价格的有关规定和原进出口货物适用的计征汇率、税率,审核确定其完税价格,计征应征税款;最后,如果纳税义务人申报进出口的免费补偿或者更换的货物,其税则号列与原货物的税则号列不一致的,不适用无代价抵偿货物的有关规定,海关应当按照一般进出口货物的有关规定征收税款。在这个案例中,两者税则号不一致,滑动轴承归入 8483300090,滚动轴承归入 8482 项下,按照上述规定的第三款,海关应该按一般贸易进口方式征收税款。

(资料来源:张洪光. 如何确认"无代价抵偿"货物. 中国海关,2007(1).)

七、出料加工货物

(一)出料加工货物概述

1. 含义

出料加工货物是指我国境内企业运到境外进行技术加工后复运进境的货物。

2．原则

出料加工的目的，是为了借助国外先进的加工技术提高产品的质量和档次。因此只有在国内现有的技术手段无法或难以达到产品质量要求而必须运到境外进行某项工序加工的情况下，才可开展出料加工业务。

出料加工原则上不能改变原出口货物的物理形态。对完全改变原出口货物物理形态的，不属于出料加工，应按一般贸易货物办理进出口手续。

3．管理

出料加工货物在境外加工期限为 6 个月，如确需延期的，须报经海关核准，但延期的最长时间不得超过 3 个月。

出料加工经营单位应按海关规定如期将原出境经加工后的货物复运进口，逾期不复运进口或有走私出口等违法情事，由海关按照《海关法》、《海关法行政处罚实施细则》的有关规定进行处理。

(二)出料加工货物的报关程序

1．备案

开展出料加工的经营企业应当到主管海关办理出料加工合同的备案申请手续。海关根据出料加工的有关规定审核决定是否受理备案，受理备案的应当核发"出料加工手册"。

2．进出口

1) 出境申报

出料加工货物出境，发货人或其代理人应当向海关提交手册、出口货物报关单、货运单据及其他海关需要的单证申报出口，属许可证件管理的商品，免交许可证件；属应征出口税的，应提供担保。

海关为有效监管可以对出料加工出口货物附加标志、标记或留取货样。

2) 进境申报

出料加工货物复运进口，收货人或其代理人应当向海关提交手册、进口货物报关单、货运单据及其他海关需要的单证申报进口，海关对出料加工复进口货物以境外加工费、材料费、复运进境的运输及其相关费用和保险费审查确定完税价格征收进口关税和进口环节海关代征税。

3．核销

出料加工货物全部复运进境后，经营人应当向海关报核，海关进行核销，提供担保的，应当退还保证金或者撤销担保。

出料加工货物未按海关允许期限复运进境的，海关按照一般进出口货物办理，将货物出境时收取的税款担保金转为税款，货物进境时按一般进口货物征收进口关税和进口环节海关代征税。

【应用案例】

航天申航公司成功办理国内首本"出料加工手册"

中国航天科技集团公司八院申航公司积极创新业务模式，近日成功办理了上海关区内第一本"出料加工手册"。由此，上海新光汽车电器有限公司在保证裸铜带质量的前提下，借用国外先进的镀锡工艺，铜带成本每吨降低4万元人民币。

上海浦东海关签发"出料加工手册"尝试性举措得到海关总署的高度赞许。此举可鼓励国内企业利用特殊监管区域的技术优势承接区外企业的委托加工，引导国内企业进入加工贸易产业链，拓展国内市场。

"境内关外"报关难题

新光公司长期以来为大众、神龙、上汽、通用等汽车生产商做配套，提供汽车中央电器内部铜制簧片(即保险丝盒)，以前由于国产镀锡工艺技术质量不过关，该零件只能全部依靠进口。为降低成本，新光汽车正在做国产化研发。

新光公司于2008年年底开始与坐落在上海松江保税加工区内的日资同和金属材料有限公司合作，向该企业收购国产高质量的镀锡铜带。但是，由于该企业地处保税出口加工区内，属于"境内关外"性质的企业，国产裸铜带无法正常运到出口加工区，只能办理一般贸易出口、复进口报关手续。按照国家税务总局的规定，国内货物进出口加工区无法全额退税，并且国产铜带经过加工区企业镀锡加工后视同进口铜带，复进口报关时综合税率为25%，该价格接近纯进口铜带价格，企业难以承受。

国际政策"雪中送炭"

在进退两难之际，申航公司充分利用国际政策，借助在上海浦东海关长期良好的信誉，做了大量的协调、推动工作。申航公司提出办理"出料加工手册"，将国产裸铜出料到松江出口加工区加工，使成本控制在70元/千克，而同期进口铜带价格在110元/千克，采用出料加工，每千克少支付40元。按照新光公司全年120吨计算，共节约480万～500万元。这对于处于金融危机困境下的企业，无疑是"雪中送炭"。

由于中国进料加工贸易占绝对主导地位，出料加工几乎没有，出料到出口加工区加工，国内尚没有应用先例。所以，经过了将近一年的时间，申航公司反复与海关沟通。上海浦东海关为解决此难题，经多次协商确定按出料加工方式报国家海关总署报备后，特别签发给申航公司国内唯一的"出料加工手册"。

目前，第一笔1吨镀锡紫铜带，标的金额1万余美金的业务已顺利完成通关手续。

从 1990 年 5 月国务院批准建立第一个保税区到现在，我国已建有上海外高桥、天津港、深圳福田、沙头角等 15 个保税区，由国家海关总署主管。期间有大量外商在监管区内设厂导入了一大批国际先进的技术及加工能力。但是仅限于两头在外的出口加工业务，没有起到对国内产业链的带动、促进作用。在我国加入 WTO 之后，随着关税水平下调，进口保税政策优势逐步减弱，面对新形势，如何对中国保税区进行改革，以适应新形势下的新要求，同时发挥区内企业各项技术能力优势带动国内加工贸易产业发展，是国家一直在探索的课题。

(资料来源：中国航天报，2010.8.30; http://www.spacechina.com/n25/n144/n206/n216/c85588/content.html.)

八、进出境修理货物

(一)进出境修理货物概述

1. 含义

进境修理货物，是指运进境进行维护修理后复运出境的机械器具、运输工具或者其他货物以及为维修这些货物需要进口的原材料、零部件。出境修理货物，是指运出境进行维护修理后复运进境的机械器具、运输工具或者其他货物以及为维修这些货物需要出口的原材料、零部件。

进境修理包括原出口货物运进境修理和其他货物运进境修理。出境修理包括原进口货物运出境修理和其他货物运出境修理。

原进口货物出境修理包括原进口货物在保修期内运出境修理和原进口货物在保修期外运出境修理。

2. 管理

海关对进出境修理货物有以下监管规定。

(1) 进出境修理货物免缴纳进出口关税和进口环节海关代征税，但要向海关提供担保，并接受海关后续监管。对于一些进境维修的货物，也可以申请按照保税货物办理进境手续。

(2) 出境修理货物进境时，在保修期内并由境外免费维修的，可以免征进口关税和进口环节海关代征税；在保修期外或者在保修期内境外收取维修费用的，应当按照境外修理费和材料费审定完税价格计征进口关税和进口环节海关代征税。

(3) 进出境修理货物免予交验许可证件。

(二)进出境修理货物的报关程序

1. 进境修理货物

货物进境后，收货人或其代理人持维修合同或者含有保修条款的原出口合同以及申报进口需要的所有单证办理货物进口申报手续，并提供进口税款担保。

货物进口后在境内维修的期限为进口之日起 6 个月，可以申请延长，延长的期限最长不超过 6 个月。在境内维修期间受海关监管。

修理货物复出境申报时应当提供原修理货物进口申报时的报关单(留存联或复印件)。

修理货物复出境后应当申请销案，正常销案的，海关应当退还保证金或撤销担保。未复出境部分货物应当办理进口申报纳税手续。

【应用案例】

修理物品复出口　品名申报要规范

2006 年 3 月某日，宁波某企业向宁波北仑海关递交了一份出口报关单，称其在去年 7 月份进口的一批修理物品现已完修出境，申请退还当时缴纳的一笔 3 万元人民币的保证金。现场关员审核报关单时发现，出口申报的品名为"激光划线仪"，与此前进口申报的品名"划线仪"不一致，存在申报不规范的问题，因此决定对该企业的申请不予受理，并告知企业应尽快到出口地海关修改品名，在担保期限内，仍可凭更改后正确的出口报关单向海关申请退还保证金。

随着中国对外经济的快速发展，"Made In China"产品依靠质优价廉在国际市场中开拓出了自己的一片天地。与此同时，部分出口产品由于品质、规格或者其他原因，需要退运回国进行修理后复出口提供给国外买方，这类产品属于暂时进出口货物。根据海关对保证金管理的有关规定，企业应以修理物品的贸易方式向海关申报进口，并申请在缴纳一定数量的现金(即保证金)后先放行其货物，企业在担保期限内履行了货物修理完毕复出口的承诺后，凭出口报关单退还已缴纳的保证金，海关在审核单证无误后退还并核销保证金。宁波的这家企业虽然履行了货物复出口的承诺，但是由于其出口申报不规范，导致货物出口品名与进口品名不一致，不符合相关规定的要求，海关依法退回了企业的申请。

海关提醒广大进出口企业：修理物品办理押保放行手续后，企业应在担保期限内尽快修复产品将其出口，同时要努力做到规范申报，注意出口品名与进口品名的一致性，否则不但会给自己带来无谓的麻烦和问题，甚至产生不必要的损失。

(资料来源：宁波海关网.)

2. 出境修理货物

发货人在货物出境时，向海关提交维修合同或含有保修条款的原进口合同以及申报出口需要的所有单证，办理出境申报手续。

货物出境后，在境外维修的期限为出境之日起 6 个月，可以申请延长，延长的期限最长不超过 6 个月。

货物复运进境时应当向海关申报在境外实际支付的修理费和材料费，由海关审查确定完税价格，计征进口关税和进口环节海关代征税。

超过海关规定期限复运进境的，海关按一般进口货物计征进口关税和进口环节海关代征税。

【相关链接】

机场海关对出境修理物品采取总担保 加快出口货物通关速度

近年来，国航、川航等企业出境修理物品增长迅猛，仅2008年1月份就办理出境修理物品担保335票，海关监管压力随之增长。机场海关在充分调研的基础上，经审单处批准，扩大现行总担保范围，国航、川航等频繁出口的修理物品在获得总担保批准后，不再逐票办理担保审批手续，只需在H2000系统作保单备案即可放行。总担保形式大大简化了担保手续，比以往节省60%的通关时间，加快了出口货物验放速度，同时减轻了企业负担和现场关员的工作强度，得到了企业的一致好评。

(资料来源：成都海关网.)

九、溢卸货物和误卸货物

(一)溢卸货物和误卸货物概述

1. 含义

溢卸货物，是指未列入进口载货清单、提单或运单的货物，或者多于进口载货清单、提单或运单所列数量的货物。

误卸货物，是指将运往境外港口、车站或境内其他港口、车站而在本港(站)卸下的货物。

2. 管理

经海关核实的溢卸货物和误卸货物，由载运该货物的原运输工具负责人，自运输工具卸货之日起3个月内，向海关申请办理退运出境手续；或者由该货物的收发货人，自运输工具卸货之日起3个月内，向海关申请办理退运或者申报进口手续。

经载运该货物的原运输工具负责人或该货物的收发货人申请，海关批准，可以延期3个月办理退运出境或者申报进口手续。

超过上述规定的期限，未向海关办理退运或者申报进口手续的，由海关提取依法变卖处理。

溢卸货物、误卸货物属于危险品或者鲜活、易腐、易烂、易失效、易变质、易贬值等不宜长期保存的货物的，海关可以根据实际情况，提前提取依法变卖处理，变卖所得价款按有关规定办理。

(二)溢卸货物和误卸货物的报关程序

根据对货物的不同处置情况，溢卸、误卸货物报关程序分别如下。

1. 退运境外

对于进口溢卸、误卸货物，该货物的原运输工具负责人或者收发货人可以自运输工具卸货之日起 3 个月内，提供承运人或者发货人的书面证明文书，向海关申请办理退运出境手续。

2. 溢短相补

运输工具负责人或其代理人要求将溢卸货物抵补短卸货物的，应与短卸货物原收货人协商同意，并限于同一运输工具、同一品种的货物。

非同一运输工具或同一运输工具非同一航次之间抵补的，只限于同一运输公司、同一发货人、同一品种的进口货物。

上述两种情况都应由短卸货物原收货人或其代理人按照无代价抵偿货物的报关程序办理进口手续。

3. 就地进口

溢卸货物由原收货人接受的，原收货人或其代理人应按一般进口货物报关程序办理进口手续，填写进口货物报关单向进境地海关申报，并提供相关的溢卸货物证明，如属于许可证件管理商品的，应提供有关的许可证件；海关征收进口关税和进口环节海关代征税后，放行货物。

4. 物归原主

误卸进境货物，如属于应运往国外的，运输工具负责人或其代理人要求运往境外时，经海关核实后按照转运货物的报关程序办理海关手续，转运至境外。

误卸进境货物，如属于运往国内其他口岸的，可由原收货人或其代理人就地向进境地海关办理进口申报手续，也可以经进境地海关同意办理转关运输手续。

5. 境内转售

对于进口溢卸、误卸货物，原收货人不接受或不办理退运手续的，运输工具负责人或其代理人可以要求在国内进行销售，由购货单位向海关办理相应的进口手续。

十、退运货物

退运货物，是指原出口货物或进口货物因各种原因造成退运进口或者退运出口的货物。

退运货物包括一般退运货物和直接退运货物。

(一)一般退运货物

一般退运货物,是指已办理申报手续且海关已放行出口或进口,因各种原因造成退运进口或退运出口的货物。

1. 一般退运进口货物的海关手续

1) 报关
一般退运进口货物的报关分以下两种情况。

(1) 原出口货物已收汇

原出口货物退运进境时,若该批出口货物已收汇、已核销,原发货人或其代理人应填写进口货物报关单向进境地海关申报,并提供原货物出口时的出口货物报关单,现场海关应凭加盖有已核销专用章的"外汇核销单出口退税专用联"(正本),或税务部门出具的"出口商品退运已补税证明",保险公司证明或承运人溢装、漏卸的证明等有关资料办理退运进口手续,同时签发一份进口货物报关单。

(2) 原出口货物未收汇

原出口货物退运进口时,若出口未收汇,原发货人或其代理人在办理退运手续时,提交原出口货物报关单、出口收汇核销单、报关单退税证明联向进口地海关申报退运进口,同时填制一份进口货物报关单;若出口货物部分退运进口,海关应在原出口货物报关单上批注退运的实际数量、金额后退回企业并留存复印件,海关核实无误后,验放有关货物进境。

2) 税收
因品质或者规格原因,出口货物自出口之日起 1 年内原状退货复运进境的,经海关核实后不予征收进口税;原出口时已经征收出口关税的,只要重新缴纳因出口而退还的国内环节税,自缴纳出口税款之日起 1 年内准予退还。

【相关链接】

出口货物频遭退运须引起重视

在"宁波制造"以其价位低、品质好的特点畅销海外市场的同时,因质量不符、延误交货或其他原因而在货物出口后又被退运回来的现象也不断增加。据宁波海关统计,2006年上半年宁波市企业出口退运货物累计值为 2415 万美元,比去年同期增长 16.8%。企业出口退运货物主要来自欧盟、美国和中国香港,退运货物货值分别为 1054 万美元、448 万美元和 216 万美元,三者合计占总退运金额的 71.1%。其中,退运货物以机电产品为主,货值 1590

万美元,增长 24.4%,占退运货物总额的 65.8%;退运纺织和服装制品 229 万美元,增长 3.2%。

宁波海关有关人士分析认为,宁波企业出口货物遭遇退运主要有三个方面的原因。

一是产品质量不合格导致国外客户拒收。上半年宁波市企业被退运的车轮零件与去年同期相比增长了 14.3 倍,其中 6 月份宁波某机械制造有限公司被退回一批汽车轮毂,是由于经国外客户试验动平衡没有达到标准,而发生部分退运。此外,宁波一大型轴承出口公司两批出口到新加坡的轴承均因表面存在锈斑而被退回。慈溪某进出口公司的 27.5 吨冻烤鳗由于被检测出硝基呋喃类代谢产物(AOZ)超标而遭到日本方面的退货,损失高达 54.6 万美元。

二是进口国设置技术性贸易壁垒,提高了产品准入门槛。随着经济全球化和贸易自由化的发展,技术贸易壁垒(TBT)已成为新的、最主要的国际贸易障碍,而技术标准是国际技术性贸易壁垒的核心。例如,宁波某电器有限公司出口的一批电吹风遭到德国客户的退货。据企业反映,由于经德国权威检测机构——LGA GmbH QualiTest 测试发现,电吹风的前筒和后盖很容易被拆分开,存在对使用者造成致命电击的安全隐患,不符合德国关于家用电器安全标准的要求,因而遭到退货。

三是产品规格不符合客户要求引起退运。上半年已有多起水海产品出口由于此类原因被退运。如宁波某公司出口的一批冻虾,由于出运产品规格与合同约定不一致而遭遇退运。

四是货物在运输过程中受损而导致出口退货。现阶段大多数出口产品采用海运集装箱的运输方式,运输时间长、装卸次数多,而且,货物运输过程中的环境骤变、温差大、野蛮装卸都会造成货物受潮变质、表面摩擦、挤压变形等损伤,致使产品的外观、品质受影响。仅 2013 年宁波口岸就有近 70 批,430 万美元的货物因此而被退运。例如,宁波江北有一家企业连续两批总价值达 11 万美元的蜡烛被退运,经查为集装箱破漏导致部分产品在运输过程中熔化。因为运输途中产品未完全固定,导致货物侧板凹陷变形,宁波北仑某电器制造有限公司 3 批金额达 21.37 万美元的饮水机被加拿大客户退运。有几批木质家具因运输过程中发生霉变被退运。

有关专家分析指出,退运货物的增多不仅增加通关、物流压力,使企业蒙受较大损失,还会损害我国出口产品形象,容易引发贸易摩擦。因此海关部门人士建议,针对退运原因,企业要对症下药积极应对。

首先,健全和完善行业标准,努力打破国外技术壁垒。对于在出口产品中占主体地位的机电产品,目前面临着以欧盟双指令为代表的国外技术性贸易壁垒。为应对欧盟环保指令,企业首先应进行系统攻关,借鉴其他跨国企业的应对措施和经验,寻求与欧盟有关方面进行沟通和申诉的机会等。同时,应制定相关绿色产品的设计标准及程序,从产品设计的源头抓起,在不影响产品安全性能的基础上,尽量减少回收成本。此外,还应要求所有的原材料供应商所提供的原材料不得含有 ROHS 指令所限制的有害物质。

其次,要加强企业的自律行为,提高企业自我保护意识,树立长远的企业发展目标。针对部分企业赶工赶时、突击出口、质量不过关等现象,有关企业必须增强质量意识,树立"质量立身"的观念，避免影响中国产品的国际形象和遭受更多的经济损失。同时外贸企业应当主动全面地了解国际贸易规则，规范自己的出口行为，严格按照规则行事。

再次，在企业遭遇进口国不合理要求时，要发挥行业协会的作用，共同商量破解之法，积极维护自身的合法利益。

最后，出口企业重视产品包装及运载工具，关注诸如包装等随附材料的品质要求，充分考量商品的特性、形态和运输方式对包装的特殊要求，评估储存、运输和使用过程等特殊环境(如遭遇恶劣气候条件)对产品和随附品的影响，采取积极措施尽量消除引发产品质量"变异"的风险。重视集装箱的壳体质量，尽量选择实力强、信誉好的船公司，同时在装货前一定要仔细检查空柜，看看是否存在破漏、柜门封条不完好等情况。针对易变质食品、冷冻品等特殊产品，应及时按规定向检验检疫部门申请运载工具的适载检验。

(资料来源：根据中国宁波网、大众网等相关文章整理.)

2．一般退运出口货物的海关手续

1) 报关

因故退运出口的进口货物，原收货人或其代理人应填写出口货物报关单申报出境，并提供原货物进口时的进口货物报关单、保险公司证明或承运人溢装、漏卸的证明等有关资料，经海关核实无误后，验放有关货物出境。

2) 税收

因品质或者规格原因，进口货物自进口之日起 1 年内原状退货复运出境的，经海关核实后可以免征出口关税，已征收的进口关税和进口环节海关代征税，自缴纳进口税款之日起 1 年内准予退还。

【应用案例】

需要办理退运出口的情形

上海某公司从德国进口工业生产用机械 1000 台，货物到达上海后，该公司委托上海外运公司代理其向浦江海关报关。货物通关之后，该公司发现其中 150 台机械无法正常运行，经过与出口商协商，对方同意退换有故障的 150 台机械。在此情况下，该公司又委托上海外运公司代理其向浦江海关办理退运手续。

(资料来源：苏超艳. 报关理论与实务. 第 2 版. 北京：清华大学出版社，北京交通大学出版社，2012.)

(二)直接退运货物

1. 含义

直接退运货物，是指在进境后、办结海关放行手续前，进口货物收发货人、原运输工具负责人或者其代理人(以下统称当事人)申请直接退运境外,或者海关根据国家有关规定责令直接退运境外的全部或者部分货物。

进口转关货物在进境地海关放行后,当事人申请办理退运手续的,不属于直接退运货物,应当按照一般退运货物办理退运手续。

2. 范围

1) 当事人申请直接退运的货物范围

在货物进境后、办结海关放行手续前,有下列情形之一的,当事人可以向海关申请办理直接退运手续。

(1) 因国家贸易管理政策调整,收货人无法提供相关证件的。

(2) 属于错发、误卸或者溢卸货物,能够提供发货人或者承运人书面证明文件的。

(3) 收发货人双方协商一致同意退运,能够提供双方同意退运的书面证明文件的。

(4) 有关贸易发生纠纷,能够提供法院判决书、仲裁机构仲裁决定书或者无争议的有效货物所有权凭证的。

(5) 货物残损或者国家检验检疫不合格,能够提供国家检验检疫部门根据收货人申请而出具的相关检验证明文书的。

对在当事人申请直接退运前,海关已经确定查验或者认为有走私违规嫌疑的货物,不予办理直接退运,待查验或者案件处理完毕后,按照海关有关规定处理。

2) 海关责令直接退运的货物范围

在货物进境后、办结海关放行手续前,有下列情形之一依法应当退运的,由海关责令当事人将进口货物直接退运境外。

(1) 进口国家禁止进口的货物,经海关依法处理后的。

(2) 违反国家检验检疫政策法规,经国家检验检疫部门处理并且出具"检验检疫处理通知书"或者其他证明文件的。

(3) 未经许可擅自进口属于限制进口用作原料的固体废物,经海关依法处理后的。

(4) 违反国家有关法律、行政法规,应当责令直接退运的其他情形。

3. 报关程序

当事人向海关申请直接退运,应当按照海关要求提交"进口货物直接退运申请书"、证明进口实际情况的合同、发票、装箱清单、已报关货物的原报关单、提运单或者载货清单等相关单证,符合申请条件的相关证明文书及海关要求当事人提供的其他文件。海关按行政许可程序受理或者不予受理,受理并批准直接退运的,制发"准予直接退运决定书"。

对需要责令进口货物直接退运的,由海关根据相关政府行政主管部门出具的证明文件,向当事人制发"中华人民共和国海关责令进口货物直接退运通知书"。

办理进口货物直接退运手续，应当按照《报关单填制规范》填制进出口货物报关单，并符合下列要求。

(1) "标记唛码及备注"栏填"准予直接退运决定书"或者"责令直接退运通知书"编号。

(2) "贸易方式"栏填"直接退运"(代码4500)。

当事人办理进口货物直接退运的申报手续时，应当先填写出口货物报关单向海关申报，再填写进口货物报关单，并在进口货物报关单的"标记唛码及备注"栏填报关联报关单(出口货物报关单)号。

因进口货物收发货人或者承运人的责任造成货物错发、误卸或者溢卸，经海关批准或者责令直接退运的，当事人免予填制报关单，凭"准予直接退运决定书"或者"责令直接退运通知书"向海关办理直接退运手续。

经海关批准或者责令直接退运的货物不需要交验进出口许可证或者其他监管证件，免予征收各种税费及滞报金，不列入海关统计。

对货物进境申报后经海关批准直接退运的，在办理进口货物直接退运出境申报手续前，海关应当将原进口货物报关单或者转关单数据予以撤销。

进口货物直接退运应当从原进境地口岸退运出境。对因运输原因需要改变运输方式或者由另一口岸退运出境的，应当经由原进境地海关批准后，以转关运输方式出境。

【相关链接】

海关发现1127吨废五金从日本千叶港过来

宁波镇海海关2006年6月查获1127吨辐射超标的废旧五金。经检验检疫部门检测，这批货物的γ射线值超标，辐射源为铯-137，辐射值超国家环控规定的三倍以上，为国家明令禁止进境货物。

据宁波海关介绍，这批废五金是由宁波某再生金属有限公司申报进口，以整船散货形式从日本千叶港起运。

镇海海关物流监控科副科长戴维鼓告诉记者，5月25日，这艘船舶进入锚地，向镇海海关作了进境申报。戴维鼓发现它的货源地是日本千叶港，该港口距离福岛核泄漏事故发生地距离较近，属辐射含量高风险地区，当时就把这批货物列为重点关注对象。

据戴维鼓讲述，6月3日晚上该船靠港，6月4日凌晨开始由运输队卸货，按规定每一辆转运卡车都要依次通过门式辐射探测仪进行辐射含量检测，其中有一辆车引发了报警信号，显示γ射线值超标。对货物进行隔离之后，检验检疫部门通过手持式核素探测仪测定辐射源为铯-137。

"这批货有一千吨，那一车大概10吨左右，辐射物质只是很小的一部分。"戴维鼓说。

这批货为什么来宁波

对于辐射超标的情况镇海海关今年已是第二次查到。日本核泄漏事故以来，宁波海关已在进口货运渠道查获辐射值超标废五金8544吨。

据戴维鼓介绍，镇海有一个再生资源加工园区，已成立10年左右，这些企业都是从台州陆续转移过来，现在仅镇海这样的废金属加工企业就有五六十家。废金属的运输方式大多通过船舶，有散装和集装箱两种，后者货源地多是欧美，而散装的90%来自日本，多是旧电机、钢板等，查到的几次辐射超标都跟核泄漏事故有关。

废旧五金又称城市矿山，收回利用能耗较低，以铜为例，矿石提炼加工所需能耗是废金属拆解的40倍，出于节能考虑，国家鼓励这样的企业发展。一般能再利用的金属有铜、铁、铝三种。

日本为何没有这个行当

废旧五金再回收属劳动密集型产业，铜归铜，铁归铁，材料拆解主要靠人力，往往一批货物需要上百名工人忙上十天半个月，日本有这样的回收机构，但他们这么干不划算，而我国的人力成本则相对较低。

在宁波中、小规模的企业还养不起这么几百号员工，因此还有专门从事劳动力输出的机构，有活的时候就派人干。

当事公司拒绝采访，记者联系了镇海的另一家金兴再生金属有限公司，公司金经理介绍说干这行现在利润越来越薄，光日本到宁波的运费就要七八万美金，再加上到港口后的停靠、装卸费用，这趟船退运基本上这家公司一年白干，再运回去得亏150多万元。

国家规定的违禁品每家公司都清楚，但日本港口过来的时候检测会有疏漏，到了宁波他们也很无奈。目前按照惯例，查到一批整船的问题货物都要退运回货源地。

已作退运处理

γ射线是原子核衰变和核反应产生的，穿透力极强，过量的γ射线照射也会破坏人体的正常组织，造成部分机体的失常，引起射线病，如皮炎、脱发、呕吐、白细胞减少、癌症甚至死亡。戴维鼓说，他们检测到的射线值很微量，对人体的影响不会特别明显。

目前，宁波海关对该批货物作了退运出境的决定，案件已移交至海关缉私部门进一步处理。

(资料来源：http://hzdaily.hangzhou.com.cn/dskb/html/2012-06/06/content_1284210.htm，2014-03-03.)

十一、退关货物

(一)退关货物含义

退关货物，又称出口退关货物，是指向海关申报出口并获准放行，但因故未能装上运输工具，经发货单位请求，退运出海关监管区域不再出口的货物。

(二)退关货物的报关程序

(1) 出口货物的发货人及其代理人应当在得知出口货物未装上运输工具,并决定不再出口之日起 3 天内,向海关申请退关。

(2) 经海关核准且撤销出口申报后方能将货物运出海关监管场所。

(3) 已缴纳出口关税的退关货物,可以在缴纳税款之日起 1 年内提出书面申请,向海关申请退税。

(4) 出口货物的发货人及其代理人办理出口货物退关手续后,海关应对所有单证予以注销,并删除有关报关电子数据。

【应用案例】

暂时进出境货物申报需提供海关批准决定书

2007 年 8 月某日,宁波亨润家具有限公司向宁波海关申报出口一批木制镜框、木框架椅子等货物,申报贸易方式为"暂时进出货物(2600)"。海关关员审核时发现此份单证虽然提供了货物出境通关单及此前进口报关单复印件,但未能提供"货物暂时进出境申请批准决定书"。由于企业无法及时补办相关证件,货物只好退关。

为了维护良好的对外贸易秩序,营造公平的贸易环境,海关总署 157 号令于 2007 年 5 月 1 日起施行《中华人民共和国海关暂时进出境货物管理办法》,其中第十五条规定:ATA 单证项下暂时进出境货物申报时,ATA 单证册持证人应向海关提交有效的 ATA 单证册。非 ATA 单证册项下暂时进出境货物申报时,货物收发货人应当填制海关进出口报关单,并向海关提交货物清单、"中华人民共和国海关货物暂时进出境申请批准决定书"和其他相关单证。

在此,海关提醒相关企业,申报暂时进出境货物的商品时,应当提供完整的证件,如有疑问请向当地海关咨询。

预核签章不可少

2006 年 7 月某日,宁波某进出口公司向宁波海关申报出口一批棉制针织手套至比利时,价值 3 万美金。经海关审单关员询问,发现货物实际为棉制针织洗澡用巴掌形手套,以毛圈织物做成。由于棉制针织手套的商品编码为 61169200,出口无须提供任何监管证件,而该类洗澡用手套的商品编码则为 63026090,出口需提供商会预核签章,所以该批货物因无法提供预核签章而导致退关。

根据《海关进出口税则——统计目录商品及品目注释》的相关规定,税号 6116 项下的手套不包括供按摩或盥洗用的"摩擦手套",该类手套应归入税号 6302 项下的盥洗用织物制品。另外，如果出口上述案例中的以毛圈织物做成的棉制洗澡用手套至美国，还需提供"输美纺织品临时出口许可证"。

在此，宁波海关提醒相关企业及人员注意，要熟悉掌握海关的有关政策和规定，同时了解有关商品的属性特征，在此基础上对商品进行归类并提供必要的监管证件，才能保证货物的顺利通关。

压缩机新政实施首日—企业出口吃"闭门羹"

2006 年 3 月 1 日，宁波某空调企业向宁波海关下属北仑海关申报出口一批税号为 8415812000 的商用空调，价值 3 万多美元。因企业未关注相关政策，漏提供可证明产品为非全氯氟烃物质为制冷剂的出境货物通关单，该批货物最终被退关，从而吃到了政策实施首日的第一个"闭门羹"。

为履行保护臭氧层国际义务，商务部、海关总署、质检总局、环保总局于去年联合发布了 2005 年第 117 号公告，规定自 2006 年 3 月 1 日起，禁止进出口部分以全氯氟烃物质为冷制剂的工业、商业用压缩机，具体商品税号为：8414301400、8414301500、8415812000、8415822000、8418301000 和 8418401000。公告同时将上述税号的压缩机列入《必须实施检验的进出口商品目录》，规定进出口经营者进出口上述商品时需向检验检疫机构提供产品为非全氯氟烃物质为制冷剂的书面保证，海关凭检验检疫机构出具的"出(入)境货物通关单"办理验放手续。进口属于自动进口许可管理的上述产品，还应办理"自动进口许可证"，海关凭"自动进口许可证"和"入境货物通关单"办理验放手续。

今年起出口摩托车车架需提供许可证件

2006 年 3 月某日，浙江某公司向宁波海关申报出口价值约 2 万元的摩托车车架一批，申报税号为 87141900.90。经海关工作人员审单发现，摩托车车架的正确税号应为 87141900.10，并且需提供出口许可证件。由于该公司一时无法提供许可证，最终导致了该批货物的退关。

根据商务部和海关总署 2005 年第 85 号联合公告的相关规定，2006 年我国对 46 种货物实行出口许可证管理，包括出口配额许可证、出口配额招标和出口许可证管理，而摩托车车架就位列这 46 种货物之中，并且是 2006 年新增的实行出口许可证管理的货物。同时根据海关总署 2005 年第 64 号公告的相关规定，摩托车车架的税号也由原先的 87141900.90(摩托车其他零件、附件)调整为 87141900.10(摩托车车架)。

宁波海关提醒相关企业注意，应及时关注国家政策的调整变化，规范生产经营活动，切勿因自身的盲目行为而导致不必要的损失。

宁波海关提醒企业：涂层棉制服装不等于其他材料制服装

2005 年 8 月某日，宁波某进出口公司向宁波海关申报出口一批女童服装至德国，总值约 29.6 万人民币。该批服装的申报归类为"其他材料制"女式服装，无须提供"纺织品出口自动许可证"，但是经海关人员询问，得知该批服装为表面涂 PVC 的棉制女童服装。由于涂层服装有专门的归类，而且该批女童服装中的涂层棉制裤子需提供"纺织品出口自动许可证"，因此该批货物只能进行退关处理。事后，该公司的经办人员后悔地说，他们以为棉制的服装一经涂层就算是其他材料制的服装了，所以才造成了如此严重的错误。

在此，宁波海关提醒相关的服装企业注意，《税则》中所称的"其他材料制"服装一般是指以毛、棉、化纤和丝以外的其他纺织纤维为原料制成的服装，常见的比如麻、亚麻等等。而以毛、棉、化纤和丝为原料制成的服装在《税则》中是有具体列名的，应按具体列名归类。另外，涂层服装也有专门的归类，不能简单地把涂层服装等同于其他材料服装。

套散件应按组装成品归类

2006 年 4 月某日，浙江某公司向宁波海关申报出口一批电动摩托车零件，价值 3 万余美元。经海关查验发现，货物实为电动摩托车成套散件，企业因归类错误需重做商检而被迫办理退关。

在此，海关提醒企业：对于成套散件，税则归类总规则二(一)的第二部分明确规定，完整品或制成品的未组装件或拆散件应归入已组装物品的同一税号。而零件则应归入具体列名的税号或按其材料归入相应章内，不一而足，视具体情况而定。值得注意的是，某一物品的未组装零件如超出组装成品所需数量的，超出部分应单独归类。

一条电子数据未发 40 余万元货物滞港

近日，宁波某货运有限公司向宁波海关下属的北仑海关代理申报出口一批女鞋等商品，价值约 44.04 万元人民币。该批货物分属 6 家出口企业，申报报关单 7 份，属拼箱出运。该货运公司在正式向海关申报时发现，其中一份报关单的预配舱单电子数据因疏忽未及时向海关发送，导致该单不能在装船时间截止前申报。按海关对拼箱货物集中申报、集中放行的相关规定，另外 6 份已办理单证放行的报关单也不得不作删单退关处理。这样，价值 40 余万元的货物滞留在北仑港，给 6 家出口企业带来了不同程度的损失。

为此，宁波海关提醒广大企业及报关单位：在申报进出口时除按规定提供相关的纸面单证外，还应及时向海关发送舱单、核销单等电子数据。企业有此方面的疑问应提前向海关咨询，避免因此类错误而引起不必要的经济损失。

（资料来源：宁波海关网.）

十二、放弃货物

(一)放弃货物概述

1. 含义

放弃货物，又称放弃进口货物，是指进口货物的收货人或其所有人声明放弃，由海关提取依法变卖处理的货物。

2．范围

放弃交由海关处理的货物的范围如下。

(1) 没有办结海关手续的一般进口货物。

(2) 保税货物。

(3) 在监管期内的特定减免税货物。

(4) 暂准进境货物。

(5) 其他没有办结海关手续的进境货物。

国家禁止或限制进口的废物、对环境造成污染的货物不得声明放弃。

(二)放弃货物的处理

放弃进口货物由海关提取依法变卖处理。

由海关提取依法变卖处理的放弃进口货物的所得价款，优先拨付变卖处理实际支出的费用后，再扣除运输、装卸、储存等费用。所得价款不足以支付运输、装卸、储存等费用的，按比例支付。

变卖价款扣除相关费用后尚有余款的，上缴国库。

【应用案例】

朔州监管组监督销毁一批保税仓储货物

2010 年 3 月 16 日和 17 日，大同海关朔州监管组派员监督销毁一批保税仓储货物，该批货物为康明斯牌自卸卡车用滤芯，共4328 件。该货物为外商放弃货物，经评估已经无商业价值，故财保处同意对其销毁处理并委托朔州监管组对其实施过程进行监督，海关、保税仓库和康明斯公司均派人员到场。

(资料来源：太原海关网.)

攀枝花海关完成首批放弃货物的处置

该批放弃货物为攀钢国贸、攀枝花学院进口，由于货物零星且进口价值较高，在总关职能部门的帮助指导下，该关解决了价格评估及寻找购买方等困难，并于 2008 年 12 月 16 日顺利完成该批货物处置，处置款已及时足额上缴。

(资料来源：成都海关网.)

合肥海关委托拍卖行拍卖企业放弃货物铁丝 30 吨

2004 年 12 月某日，合肥海关以公开拍卖的方式处理了一批企业放弃货物。该批货物为进口台湾产铁丝，数量 30 吨。该关依法委托拍卖行进行了公开拍卖，最终拍得 93 000 元，高出拍卖底价一倍多。

(资料来源：合肥海关网.)

十三、超期未报关进口货物

(一)超期未报关进口货物概述

1. 含义

超期未报关进口货物，是指在规定的期限内未向海关申报的海关监管货物。

2. 范围

超期未报关货物的范围包括：

(1) 自运输工具申报进境之日起，超过 14 天未向海关申报的进口货物。

(2) 自运输工具申报进境之日起，超过 3 个月未向海关申报的进口货物。

(3) 在海关批准的延长期满仍未办结海关手续的溢卸货物、误卸货物。

(4) 超过规定期限 3 个月未向海关办理复运出境或者其他海关手续的保税货物。

(5) 超过规定期限 3 个月未向海关办理复运出境或者其他海关手续的暂准进境货物。

(6) 超过规定期限 3 个月未运输出境的过境、转运和通运货物。

(二)超期未报关进口货物的处理

进口货物的收货人应当自运输工具申报进境之日起 14 日内向海关申报。进口货物的收货人超过上述规定期限向海关申报的，由海关按照《中华人民共和国海关征收进口货物滞报金办法》的规定，征收滞报金；超过 3 个月未向海关申报的，其进口货物由海关提取依法变卖处理。

超期未报关进口货物属于《出入境检验检疫机构实施检验检疫的进出境商品目录》范围的，由海关在变卖前提请出入境检验检疫机构进行检验、检疫，检验、检疫的费用与其他变卖处理实际支出的费用从变卖款中支付。

变卖所得价款，在优先拨付变卖处理实际支出的费用后，按照以下的顺序扣除相关费用和税款，所得价款不足以支付同一顺序的相关费用的，按照比例支付：①运输、装卸、储存等费用；②进口关税；③进口环节海关代征税；④滞报金。

按照规定扣除相关费用和税款后，尚有余款的，自货物依法变卖之日起 1 年内，经进口货物收货人申请，予以发还。其中被变卖货物属于许可证件管理商品的，应当提交许可证件而不能提供的，不予发还；不符合进口货物收货人资格、不能证明其对进口货物享有权利的，申请不予受理。逾期无进口货物收货人申请、申请不予受理或者不予发还的，余款上缴国库。

申请发还余款的，申请人应当提供证明其为该进口货物收货人的相关资料。经海关审核同意后，申请人应当按照海关对进口货物的申报规定，补办进口申报手续，并提交有关进口许可证件和其他有关单证。

【应用案例】

超期未报关货物海关如何处理

案例一：中海集装箱运输有限公司于 2006 年 8 月 18 日承运 6 个冷藏箱的土豆进境，共计 152.4 吨，截至 12 月 18 日仍未有货主申报，经天津出入境检验检疫局检验确认货物已腐烂变质，不符合进境标准。新港海关和服务中心会同出入境检验检疫部门，于 12 月 29 日将该货物运至指定地点进行销毁处理。

案例二：包头海关首次拍卖一批超期未报关保税货物。据了解，拍卖的物品为企业存放于海关保税仓库的进口铝板热轧设备机组部件，在超过规定期限未向海关办理出库报关手续，包头海关依照相关法律规定，对其进行提取依法变卖处理。在拍卖会上，共有 28 家商户及个人参与，标的物拍卖底价为 100 万元，经过 25 轮叫价，最终以 250 万元成交。

案例三：2001 年 2 月，汕头 A 公司向香港 B 公司订购了一批国家限制进口钢材，香港 B 公司随后与韩国 C 公司签订了购买钢材合同，同时委托境外 D 银行为其购买上述钢材开具信用证，D 银行于同年 4 月向韩国 C 公司开立了金额为 92.5 万美元的信用证。2001 年 8 月，韩国 C 公司按合同约定将上述信用证项下钢材运抵汕头港并储存在港口海关监管区内，但此后汕头 A 公司未收取货物、支付货款并办理进口报关手续，香港 B 公司也没有就该批钢材向境外 D 银行支付货款赎取提单。在此情况下，D 银行向国外供货方韩国 C 公司支付了信用证项下货物应付款项，并以此获得了进口钢材的正本提单。在此期间，汕头 A 公司进口钢材因自运输工具申报进境之日起超过 3 个月未向海关申报，某海关根据《海关法》第三十条的有关规定，于 2002 年 2 月依法提取上述超期未报关钢材委托专门拍卖机构进行公开拍卖，拍卖所得价款人民币 8 896 025.60 元，扣除拍卖手续费、仓储费、税款等有关费用后，剩余货款为人民币 5 832 052.82 元。境外 D 银行在获悉进口钢材被海关拍卖后，持正本提单以货物所有权人的身份向某海关申请发还上述变卖余款。2002 年 8 月，某海关针对 D 银行的申请做出不予发还变卖余款的书面决定，同时阐明了有关理由：即 D 银行属于境外银行，不是具有进出口经营权并实际进口货物的中华人民共和国境内法人或组织，不是《海关法》所规定的进口货物"收货人"，因此无权要求海关发还超期未报关货物的变卖余款。

D 银行不服某海关的上述决定，向海关总署申请行政复议。D 银行认为，该银行通过支付货款合法取得了信用证项下进口钢材的正本提单，其对上述钢材依法享有所有权，某海关擅自提取变卖该批钢材的行为侵犯了其财产所有权；进口钢材未在规定期限内报关应完全归责于汕头 A 公司没有依法履行进口申报义务，该银行本身无任何过错，某海关变卖处理钢材后本应将拍卖所得款项全额发还所有权人，但某海关拒不履行上述义务，其行为进一步侵犯了该银行的合法权益。鉴于此，D 银行请求总署依法确认某海关提取变卖进口钢材行为违法，撤销该海关不予发还变卖款项的行政决定，并责令其发还上述款项。

海关总署经复议认为，《海关法》第三十条规定，对于收货人自运输工具申报进境之日起三个月内未办理报关手续的进口货物，海关有权提取变卖。根据上述规定，本案某海关对超过规定期限未办理报关手续的进口钢材提取变卖行为于法有据，并无不当。同样基于《海关法》的规定，变卖价款扣除相关费用后的余款只有"进口货物收货人"有权在规定期限内(一年内)申请发还；超期未报关货物如属国家限制进口货物，收货人申请发还余款时还须提交相关许可证件。本案 D 银行系境外金融机构，该银行虽通过垫付信用证款项取得了涉案钢材的正本提单(所有权凭证)，但其本身不具备海关法所规定的"收货人"的主体资格，亦不能提供钢材进口所需的许可证件，因此无权要求海关发还钢材变卖余款。2002 年 11 月 5 日，海关总署做出复议决定，驳回 D 银行的复议申请，维持某海关提取变卖超期未报关货物的具体行政行为以及不予发还变卖余款的决定。

(资料来源：中国海关总署网.)

第五节　海关监管货物的特殊申报程序

一、进出境货物集中申报程序

(一)集中申报概述

1. 含义

集中申报是指经海关备案，进出口货物收发货人在同一口岸多批次进出口规定范围内的货物，可以先以集中申报清单申报货物进出口，再以报关单集中办理海关手续的特殊通关方式。

2. 范围

1) 适用集中申报方式的货物

经海关备案,下列进出口货物可以适用集中申报方式。

(1) 图书、报纸、期刊类出版物等时效性较强的货物。

(2) 危险品或者鲜活、易腐、易失效等不宜长期保存的货物。

(3) 公路口岸进出境的保税货物。

2) 不适用集中申报方式的货物

下列进出口货物不适用集中申报方式。

(1) 涉嫌走私或者违规,正在被海关立案调查的收发货人进出口货物。

(2) 因进出口侵犯知识产权货物被海关依法给予行政处罚的收发货人进出口货物。

(3) 适用 C 类或者 D 类管理类别的收发货人进出口货物。

3) 停止适用集中申报方式的情形

收发货人有下列情形之一的,停止适用集中申报方式。

(1) 担保情况发生变更,不能继续提供有效担保的。

(2) 涉嫌走私或者违规,正在被海关立案调查的。

(3) 进出口侵犯知识产权货物,被海关依法给予行政处罚的。

(4) 海关分类管理类别被降为 C 类或者 D 类的。

(5) 收发货人在备案有效期内主动申请终止适用集中申报通关方式的。

3. 管理

1) 备案管理

(1) 备案地点

收发货人应当在货物所在地海关办理集中申报备案手续。

加工贸易企业应当在主管地海关办理集中申报备案手续。

(2) 备案单证

收发货人申请办理集中申报备案手续的,应当向海关提交"适用集中申报通关方式备案表"。

(3) 备案担保

收发货人申请办理集中申报备案手续的,应当提供符合海关要求的担保,担保有效期最短不得少于 3 个月。

(4) 备案有效期

备案有效期限按照收发货人提交的担保有效期核定。

在备案有效期内,收发货人可以适用集中申报通关方式。

(5) 备案变更、延期和终止

申请适用集中申报通关方式的货物、担保情况等发生变更时，收发货人应当向原备案地海关书面申请变更。

备案有效期届满可以延续。收发货人需要继续适用集中申报方式办理通关手续的，应当在备案有效期届满 10 日前向原备案地海关书面申请延期。

收发货人在备案有效期届满前未向原备案地海关申请延期的，备案表效力终止。收发货人需要继续按照集中申报方式办理通关手续的，应当重新申请备案。

2) 报关管理

进出口货物收发货人可以委托 B 类以上管理类别(含 B 类)的报关企业办理集中申报有关手续。

(二)集中申报程序

进出口货物的集中申报程序分为两步，先是以进出口货物集中申报清单申报，再以进出口货物报关单集中申报。

1. 清单申报

1) 申报时间

以集中申报通关方式办理海关手续的收发货人，应当在载运进口货物的运输工具申报进境之日起 14 日内，出口货物在运抵海关监管区后、装货的 24 小时前填制"集中申报清单"向海关申报。

收货人在运输工具申报进境之日起 14 日后向海关申报进口的，不适用集中申报通关方式。收货人应当以报关单向海关申报。

2) 申报单证

收发货人根据货运单据填制"中华人民共和国海关进/出口货物集中申报清单"，按清单格式录入电子数据向海关申报。

海关审核集中申报清单电子数据，对保税货物核扣加工贸易电子化手册或电子账册数据；对一般贸易货物核对集中申报备案数据。经审核，海关发现集中申报清单电子数据与集中申报备案数据不一致的，应当予以退单。在此情况下，收发货人应当以报关单方式向海关申报。

3) 提交集中申报清单及随附单证

收发货人应当自海关审结集中申报清单电子数据之日起 3 日内，持集中申报清单及随附单证到货物所在地海关办理交单验放手续。属于许可证件管理的，收发货人还应当提交相应的许可证件，由海关在相关证件上批注并留存复印件。

收发货人未在规定期限办理相关海关手续的，海关删除集中申报清单电子数据，收发货人应当重新向海关申报。重新申报日期超过运输工具申报进境之日起14日的，应当以报关单申报。

收发货人在清单申报后申请修改或者撤销集中申报清单的，按报关单修改和撤销的相关规定办理。

2. 报关单集中申报

1) 集中申报的期限

收发货人应当对一个月内以集中申报清单申报的数据进行归并，填制进出口货物报关单，一般贸易货物在次月10日之前、保税货物在次月底之前到海关办理集中申报手续。

一般贸易货物集中申报手续不得跨年度办理。

2) 报关单填制要求

集中申报清单归并为同一份报关单的，各清单中的进出境口岸、经营单位、境内收发货人、贸易方式(监管方式)、起运国(地区)、装货港、运抵国(地区)、运输方式栏目及适用的税率、汇率必须一致。

各清单中规定项目不一致的，收发货人应当分别归并为不同的报关单进行申报。对确实不能归并的，应当填写单独的报关单进行申报。

各清单归并为同一份报关单时，各清单中载明的商品项在商品编号、商品名称、规格型号、单位、原产国(地区)、单价和币制均一致的情况下可以进行数量和总价的合并。

3) 办理相应的手续

收发货人对集中申报清单申报的货物以报关单方式办理海关手续时，应当按照海关规定对涉税的货物办理税款缴纳手续。涉及许可证件管理的，应当提交海关批注过的相应许可证件。

对适用集中申报通关方式的货物，海关按照接受清单申报之日实施的税率、汇率计征税费。

4) 申领报关单证明联

收发货人办结集中申报海关手续后，海关按集中申报进出口货物报关单签发报关单证明联。"进出口日期"以海关接受报关单申报的日期为准。

二、海关监管货物转关申报程序

(一)转关概述

1. 转关含义

转关是指海关监管货物在海关监管下，从一个海关运至另一个海关办理某项海关手续的行为，包括由进境地入境，向海关申请转关运往另一设关地点办理进口海关手续的货物；在起运地已办理出口海关手续运往出境地，由出境地海关监管放行的货物；从境内一个设关地点运往境内另一个设关地点，已经办理入境手续的海关监管的货物。

【知识拓展】

转关中相关概念的含义

进境地：指货物进入关境的口岸。

出境地：指货物离开关境的口岸。

指运地：指进口转关货物运抵报关的地点。

起运地：指出口转关货物报关发运的地点。

2．转关条件

1) 申请转关应符合的条件

申请转关应符合以下条件。

(1) 转关的指运地和起运地必须设有海关。

(2) 转关的指运地和起运地应当设有经海关批准的监管场所。

(3) 转关承运人应当在海关注册登记，承运车辆符合海关监管要求，并承诺按海关对转关路线范围和途中运输时间所做的限定将货物运往指定的场所。

2) 不得申请转关的货物

下列货物不得申请转关。

(1) 汽车整车(包括整套散件及二类底盘)。

(2) 消耗臭氧层物资、化学武器关键前体、可作为化学武器的化学品、化学武器原料、易制毒化学品等。

(3) 固体废物(废纸除外)：动物废物、冶炼渣、木制品废料、纺织品废物、贱金属及其制品的废料、各种废旧五金、废电机、废电器产品、废运输设备、废塑料、碎料及下脚料等。

(4) 国家检验检疫部门规定必须在口岸检验检疫的商品。

3．转关方式

1) 提前报关转关

提前报关转关是指进口货物在指运地先申报，再到进境地办理进口转关手续；出口货物在未运抵起运地监管场所前先申报，货物运抵监管场所后再办理出口转关手续的转关。

2) 直转转关

进口直转转关是指进口货物在进境地海关办理转关手续，货物运抵指运地再在指运地海关办理申报手续的转关。

出口直转转关是指出口货物在运抵起运地海关监管场所申报后，在起运地海关办理出口转关手续再到出境地海关办理出境手续的转关。

3) 中转转关

进口中转转关是指持全程提运单需换装境内运输工具的进口中转货物由收货人或其代理人先向指运地海关办理进口申报手续，再由境内承运人或其代理人向进境地海关批量办理转关手续的转关。

出口中转转关是指持全程提运单需换装境内运输工具的出口中转货物由发货人或其代理人先向起运地海关办理出口申报手续，再由境内承运人或其代理人按出境工具分列舱单向起运地海关批量办理转关手续，并到出境地海关办理出境手续的转关。

4. 转关管理

海关对转关货物有以下监管规定。

(1) 直转方式转关的进口货物应当自运输工具申报进境之日起 14 日内向进境地海关办理转关手续，在海关限定期限内运抵指运地之日起 14 日内，向指运地海关办理报关手续。逾期按规定征收滞报金。

(2) 货物应在电子数据申报之日起的 5 日内，向进境地海关办理转关手续；超过期限仍未到进境地海关办理转关手续的，指运地海关撤销提前报关的电子数据。

(3) 货物应于电子数据申报之日起 5 日内，运抵起运地海关监管场所，办理转关和验放等手续。超过期限的，起运地海关撤销提前报关的电子数据。

(4) 转关货物申报的电子数据与书面单证具有同等的法律效力。对确因填报或传输错误的数据，有正当理由并经海关同意，可作修改或者撤销。对海关已决定查验的转关货物，不再允许修改或撤销申报内容。

(5) 转关货物未经海关许可，不得开拆、提取、交付、发运、调换、改装、抵押、质押、留置、转让、更换标记、移作他用或者进行其他处置。

(6) 海关根据工作需要，可以派员押运转关货物，货物收发货人或其代理人、承运人应当按规定向海关缴纳规费，并提供方便。

(7) 转关货物的存放、装卸、查验应在海关监管场所内进行。特殊情况需要在海关监管场所以外存放、装卸、查验货物的，应向海关事先提出申请，海关按规定监管。

(8) 转关货物在国内储运中发生损坏、短少、灭失情事时，除不可抗力外，承运人、货物所有人、存放场所负责人应承担税赋责任。

【应用案例】

承运人应该承担纳税义务

长春市某进出口公司 A，购买韩国产新闻纸一批。货物进口时由大连口岸转关至长春海关办理该批货物的报关纳税手续。承担该批货物境内转关运输的是大连某运输公司 B。在运输途中，因汽车驾驶员王某吸烟，不慎引发火灾，致使该批新闻纸全部灭失。在这种情况下，应由谁来承担该批货物的纳税义务？

虽然 A 公司是该批货物的收货人，但货物的转关运输是由 B 公司负责的，且该批货物的灭失是发生在运输途中，根据《中华人民共和国海关关于转关货物的监管办法》的相关规定，应由 B 公司承担纳税义务。

(资料来源：武晋军. 报关实务. 第 2 版. 北京：电子工业出版社，2011.)

(二)转关申报程序

1. 进口货物的转关

1) 提前报关的转关

货物的收货人或其代理人在进境地海关办理进口货物转关手续前，向指运地海关录入进口货物报关单电子数据。指运地海关提前受理电子申报，计算机自动生成进口转关货物申报单并传输至进境地海关。

提前报关的转关货物收货人或其代理人应向进境地海关提供进口转关货物申报单编号，并提交下列单证办理转关手续。

(1) 进口转关货物核放单(广东省内公路运输的，提交进境汽车载货清单)。

(2) 汽车载货登记簿或船舶监管簿。

(3) 提货单。

提前报关的进口转关货物，进境地海关因故无法调阅进口转关数据时，可以按直转方式办理转关手续。

【应用案例】

办理转关手续的步骤

北京新达公司从美国进口一批货物，从天津入境，拟采用进口提前报关的转关方式。按照提前报关的转关申报程序规定，北京新达公司办理转关手续的步骤如下。

第一步：新达公司或其代理人向指运地(北京)海关录入进口货物报关单电子数据。

第二步：(北京)海关提前受理电子申报，生成进口转关货物申报单，向进境地(天津)海关传输有关数据。

第三步:新达公司或其代理人向(天津)海关提供"进口货物申报单"编号,并提交进口转关货物核放单、汽车载货登记簿或船舶监管簿、提货单办理转关手续。

(资料来源:百度文库网.)

2) 直转方式的转关

货物的收货人或其代理人在进境地录入转关申报数据,并应持以下单证向进境地海关办理转关手续。

(1) 进口转关货物申报单(广东省内公路运输的,提交进境汽车载货清单)。

(2) 汽车载货登记簿或船舶监管簿。

3) 中转方式的转关

具有全程提运单、需换装境内运输工具的中转转关货物,收货人或其代理人向指运地海关办理进口报关手续后,由境内承运人或其代理人,持以下单证向进境地海关批量办理转关手续。

(1) 进口转关货物申报单。

(2) 进口货物中转通知书。

(3) 进口中转货物的按指运地目的港分列的纸质舱单。

(4) 以空运方式进境的中转货物,提交联程运单。

2. 出口货物的转关

1) 提前报关的转关

由货物的发货人或其代理人在货物未运抵起运地海关监管场所前,向起运地海关录入出口货物报关单电子数据,起运地海关提前受理电子申报,计算机自动生成出口转关货物申报单并传输至出境地海关。

发货人或其代理人应持下列单证在起运地海关办理出口转关手续。

(1) 出口货物报关单。

(2) 汽车载货登记簿或船舶监管簿。

(3) 广东省内公路运输的,提交出境汽车载货清单。

货物到达出境地后,发货人或其代理人应持下列单证向出境地海关办理转关货物的出境手续。

(1) 起运地海关签发的出口货物报关单。

(2) 出口转关货物申报单或出境汽车载货清单(广东省内公路运输)。

(3) 汽车载货登记簿或船舶监管簿。

【应用案例】

出口货物提前报关的转关方式

江苏某港口机械制造股份有限公司(中外合资经营企业)向香港飞翼船务有限公司出口40英尺集装箱半挂车5辆,总价HKD608 000。经海关批准,该批货物运抵起运地海关监管现场前,先向该海关录入出口货物报关单电子数据。货物运至海关监管现场后,转关至上海吴淞口岸装运出境。该批货物从起运地运至上海吴淞口岸,在上海吴淞海关监管下装运出境,其转关运输采用的就是提前报关方式。

(资料来源:青年人报关员考试网.)

2) 直转方式的转关

由发货人或其代理人在货物运抵起运地海关监管场所后,向起运地海关录入出口货物报关单电子数据,起运地海关受理电子申报,计算机自动生成出口转关货物申报单数据并传输至出境地海关。

发货人或其代理人应持下列单证在起运地海关办理出口转关手续。

(1) 出口货物报关单。

(2) 汽车载货登记簿或船舶监管簿。

(3) 广东省内公路运输的,提交出境汽车载货清单。

货物到达出境地后,发货人或其代理人应持下列单证向出境地海关办理转关货物的出境手续。

(1) 起运地海关签发的出口货物报关单。

(2) 出口转关货物申报单或出境汽车载货清单(广东省内公路运输)。

(3) 汽车载货登记簿或船舶监管簿。

【应用案例】

北京海关办理首票公路运输出口转关货物

2012年10月25日,北京海关办理了平谷马坊国际物流中心首票公路运输出口转关货物。

连日来,北京海关大力宣传稳增长促外贸的相关优惠政策,不断扩大马坊国际物流中心转关知名度。

日前,北京京津港国际物流报关有限公司申报公路运输模式出口转关货物一票,经营单位为威格曼(天津)国际贸易有限公司,申报货物为PVC材质建筑用塑钢门窗,货物总价值为36 550.86美元,总重8700千克。该票货物由威格曼(天津)国际贸易有限公司在北京顺义地区采购,首先通过平谷马坊国际物流中心转关至二连浩特海关,再由二连浩特海关通过陆路运输出口,最终目的地为蒙古国额尔登特。平谷海关积极向威格曼(天津)国际贸易有限公司宣传在马坊口岸直接办理转关手续的便利条件,为企业节省物流成本。北京京津港国际物流报关有限公司在 10 月 24 日向平谷办事处申请了预约延时通关,10 月 25 日 10 点该票货物运输至平谷马坊国际物流中心海关监管堆场,平谷办事处迅速对该票货物办理了核对集装箱和监管运输车辆、施加关锁、录入转关申报单、货物放行等一系列出口转关手续。

威格曼(天津)国际贸易有限公司经理对海关关员说:"原来以为要回天津才能办的事在这办理更方便,海关真是处处为我们企业着想啊!"

(资料来源:北京海关网.)

3) 中转方式的转关

具有全程提运单、需换装境内运输工具的出口中转货物,发货人向起运地海关办理出口报关手续后,由承运人或其代理人向起运地海关录入并提交下列单证,按出境运输工具分列舱单,批量办理货物转关手续。

(1) 出口转关货物申报单。

(2) 按出境运输工具分列的电子或纸质舱单。

(3) 汽车载货登记簿或船舶监管簿。

经起运地海关核准后,签发"出口货物中转通知书",承运人或其代理人凭以办理中转货物的出境手续。

3. 境内监管货物的转关

境内监管货物的转关运输,除加工贸易深加工结转按有关规定办理外,均应按进口转关方式办理。

提前报关的,由转入地(相当于指运地)货物收货人或其代理人,在转出地(相当于进境地)海关办理监管货物转关手续前,向转入地海关录入进口货物报关单电子数据报关。由转入地海关提前受理电子申报,并生成进口转关货物申报单,并传输至转出地海关。转入地货物收货人或其代理人应持进口转关货物核放单和汽车载货登记簿或船舶监管簿,并提供进口转关货物申报单编号,向转出地海关办理转关手续。

直转的,由转入地货物收货人或其代理人在转出地录入转关申报数据,持进口转关货物申报单和汽车载货登记簿或船舶监管簿,直接向转出地海关办理转关手续。货物运抵转入地后,海关监管货物的转入地收货人或其代理人向转入地海关办理货物的报关手续。

【相关链接】

数据对接 通关提速——苏沪两地海关合力助推企业出口

2011 年 11 月某日,从江苏昆山出发的装载着 41 个集装箱笔记本电脑的 81421 次列车在重庆中转,通过渝新欧国际铁路货运大通道运往欧洲。

"渝新欧"的横空出世，以一种全新的商品输欧方式，打破了沿袭上百年的中国对欧出口路径，拉近了亚欧之间的时空距离。但很少有人知道，海关在这背后所做的工作和努力。

据了解，昆山的货物出口至欧洲，跨关区转关数据原本需由昆山转至上海，再由上海转至重庆，称为"二次转关"。南京海关分别与上海海关、重庆海关进行关际协商合作，使转关数据直接由南京海关下属的昆山海关传输至重庆海关驻车站办事处，大大简化了二次转关货物的操作流程，提高了通过"渝新欧"出口货物的通关速度。

这是南京海关与上海海关自 2010 年 4 月签订关际联动合作备忘录以来取得的成果之一。此备忘录旨在深入贯彻国家长三角一体化发展战略，签订以来，苏沪两地海关已在推进区域通关改革、加强货物实际监管、统一规范执法行为等方面形成了一系列协调顺畅、沟通有力的联系配合机制。

两地口岸数据对接工作不断加强，目前两地海关之间转关业务量保持10%以上的增速，办理"属地申报，口岸验放"的业务量增速在40%以上，模式运作日趋成熟。"苏太联动"以手续简便、成本低廉的优势吸引了大批货物从太仓港出口，在支持上海建设国际航运中心的同时，也实现太仓港的自身发展。关际合作备忘录签订以后，这一模式进一步扩大了苏州地区参与企业的数量，并将适用范围扩大至无锡、常州等地区，辐射苏南各市。据统计，2011 年 1～10 月"苏太联动"业务量稳步增长，共验放货物 43.62 亿美元，同比增长53%。

(资料来源：中国海关总署网.)

三、跨关区"属地申报，口岸验放"通关程序

(一)"属地申报，口岸验放"概述

1. 含义

"属地申报，口岸验放"是指符合海关规定条件的企业进出口货物时，可自主选择向属地海关任一海关单位申报，在货物实际进出境地的口岸海关办理货物验放手续的一种通关方式。

2. 适用范围

"属地申报，口岸验放"通关方式适用范围：

(1) AA 类企业。

(2) A 类企业。

(3) 一年内无走私违规记录、资信良好的 B 类生产型出口企业。

对因海关规定或国家进出口许可证件管理(许可证件不包括"入(出)境货物通关单")，须在属地或口岸进行申报并办理验放手续的进出口货物，不适用于"属地申报，口岸验放"

通关方式。

(二)程序

(1) 凡进出口企业拟采用"属地申报,口岸验放"通关方式的,需向所在地直属海关提出书面申请。直属海关对申请企业进行审核,并提出是否同意的书面答复意见。

(2) 口岸海关接受并确认进境运输工具负责人或其代理人申报的舱单电子数据后,进口货物的收货人或其代理人即可选择"属地申报,口岸验放"方式,录入进口货物报关单电子数据,向属地海关进行申报。

(3) 出口货物的发货人或其代理人在出口口岸订舱后,即可选择"属地申报,口岸验放"方式,录入出口货物报关单电子数据,向属地海关进行申报。

出口货物运抵口岸海关监管场所后发生退关的,由发货人或其代理人向属地海关申请。属地海关审核无误后,出具出口退关证明,交发货人提交口岸海关办理退关手续。

【相关链接】

区域通关改革显成效

近日,深圳海关与青岛海关、郑州海关签署了《区域通关改革合作备忘录》,自此深圳海关已经与全国 22 个直属海关,198 个业务点建立"属地申报,口岸验放"区域通关合作机制。

近年来,深圳海关积极推动泛珠区域海关通关改革合作,先后与广州、拱北、黄埔、江门、汕头、湛江、南宁、海口海关签订了泛珠区域海关通关改革协调配合办法,与重庆、贵阳、武汉、拉萨、西安、太原、兰州海关等中西部海关签订了《区域通关改革合作备忘录》,以点带面推动区域内进出口物流便捷通关。

据统计,2013 年 1～6 月,深圳海关共办理"属地申报,口岸验放"通关模式进出口货物 13 993 票、货值 14.18 亿美元,同比大幅增长 164%和 63%。在此基础上,深圳海关还将跨关区"属地申报,口岸验放"项目与跨境快速通关项目组合,1 月 17 日、3 月 13 日分别成功办理与长沙海关、南昌海关组合模式出口货物。据深圳海关负责人介绍:"组合模式的推行,使得香港企业与内地企业的进出口货物可由深圳公路口岸实现直通,企业通关效率明显提高,综合成本也可节省将近 1/3。"截至 6 月底,该关共监管运用"组合模式"通关的报关单 71 票,货物金额 1153 万美元。

作为全国业务量最大的海关,深圳海关努力提高通关效率,积极推动跨境快速通关、卡口联网试点,打造跨境、跨关区物流快速通道。先后在深圳皇岗至深圳机场、白云机场、黄埔寮步之间启动跨境快速通关,近期又新增深圳梅林、惠州本部车场、机场快件中心作为试点地区。2013 年 1～6 月,该关共验放"跨境快速通关"车辆 8529 辆次,同比增长 858%。同时,深圳海关大力推行深圳盐田港区与省内海关货柜车检查场实施卡口联网,进一步简化通关环节，为企业节省通关成本，提高通关效率。

(资料来源：中国海关总署网.)

昆明海关、贵阳海关"属地申报，口岸验放"通关模式启动

2011年4月20日，昆明海关副关长薛屹、贵阳海关副关长耿国强分别代表双方，签署了《昆明海关、贵阳海关区域通关合作备忘录》。根据备忘录，双方海关正式开通以"云南"为口岸，以"贵阳"为属地的跨关区"属地申报，口岸验放"通关模式。

据了解，跨关区"属地申报，口岸验放"是海关通关制度的一项重要改革，它有效整合口岸和内地海关的管理资源，使得内陆的进出口企业可以向企业所在地的海关作进出口货物的申报，提高货物通关效率，有效降低企业的经营成本。

为大力支持云南面向西南桥头堡建设，昆明海关与重庆海关、西安海关等西部内陆海关开展合作后，现在又与贵阳海关建立了以云南作为"口岸"，其他西部海关作为"属地"的通关模式。

(资料来源：http://money.163.com/11/0425/14/72GAO74S00253B0H.html，2014-03-09.)

跨关区"属地申报，口岸验放"操作办法正式运作

日前，武钢集团国际贸易总公司进口的16.48万吨球精粉运抵黄岛口岸，黄岛海关根据青岛海关与武汉海关签订的跨关区"属地申报，口岸验放"的操作办法，顺利为其办理了口岸实货验放手续，通关时间由原来的3～5天缩短到现在的3个小时。这标志着青岛海关跨关区"属地申报，口岸验放"业务在黄岛海关正式运作。

据介绍，未开通跨关区"属地申报，口岸验放"业务时，内陆企业进口货物只能就近选择沿海港口，或者进行转关，往往因为手续繁杂而大大拖延了通关时间，给企业造成不必要的损失。在"属地申报，口岸验放"这种新的区域通关模式下，企业可在属地海关完成各业务环节的办理，减少了企业往返于内陆和沿海口岸的申报次数，节省了企业通关成本。与此同时，通过引入"转关查验"作业模式，口岸海关在验放环节确认进口货物需要查验的，可以到属地海关办理查验手续。除进口转关查验货物外，企业可自主选择运输工具运回或装载货物，不必再使用海关监管车辆运输，也不必再进入海关监管场所。海关放行后在口岸验放提货，海关对运输工具不施封，大大提高了进出口物流运转效率，真正实现了"一次申报，一次查验，一次放行。"

黄岛海关有关负责人指出，虽然目前与该关签订协议正式开通此项业务的仅有武汉海关一家，但是其通关速度更快，通关成本更低的优势正逐步凸现出来，下一步，该关将加强与相关海关的联系，争取实现更广范围内区域通关一体化改革。

(资料来源：http://www.gov.cn/gzdt/2006-06/15/content_311067.htm，2014-03-09.)

三小时完成"属地申报，口岸验放"

"海关实施区域通关帮了我们的大忙，原来需要花两天才能办完的手续现在三个小时就全办完了。"2006年1月12日，在首都机场空港口岸，刚刚办完一批天津企业进口货物报关业务的北京某货运代理有限公司的报关员朱辉兴奋地告诉记者。

1月12日上午10点5分，天津三星电子有限公司一批生产急需的电路设备从日本空运到达北京首都机场空港口岸。下午1点，代理这批货物报关手续的报关员朱辉带着已经在天津海关审核通过的报关单据来到首都机场海关报关大厅区域通关专用窗口申请放行。3分钟后，海关关员在通过海关电子数据核对无误后对这批货物办理了放行手续。

从飞机落地到厂家提货只花费了短短的三个小时。而就在几天前，同样的一批货物需要在北京海关申请办理转关手续，然后转关运输到天津海关，再办理申报、纳税、查验、放行手续。这个过程至少需要两天的时间。这一前一后节省了一天多时间。别小看了这一天多时间，它对于按分钟来计算生产进度的生产厂家而言意义可不算小。

这一天多时间的节余正是北京海关和天津海关最近刚刚实施的"属地申报，口岸验放"通关改革的成果。也就是说，采用空运方式的进出口企业可在天津海关申报、纳税，在北京首都机场验放；而采用海运方式的进出口企业可在北京海关申报、纳税，在天津新港验放。这样就大大降低了企业的通关时间和物流成本，使得京津两地的一大批进出口企业获得了实惠。

而"属地申报，口岸验放"正是海关实施环渤海地区区域通关改革试点的重要组成部分。区域通关是海关为了主动适应当前全国区域经济合作不断发展的现实要求，同时也是应对目前现代物流和区域物流的发展需求所做出的重要业务改革。通过主动改革通关监管作业过程中的作业流程、管理制度、管理模式，加强关区间通关监管作业的整体协作配合、有机互动，海关努力推动区域内市场资源的自由流动和有效配置，为区域内中外企业创造一个守法便利、规范有序、快捷高效、符合国际通行做法的通关环境，促进国际物流发展，提高区域经济竞争力。

这一新的通关模式自2005年12月15日在京津两地启动以来，北京海关全力推动此项工作的开展。截至2005年年底，北京海关作为属地海关共办理海运"属地申报，口岸验放"进口报关单6票，涉及利乐包装(北京)有限公司、北京ABB高压开关设备有限公司等试点公司；作为口岸海关，共办理空运"属地申报，口岸验放"进口报关单5票，涉及摩托罗拉(中国)电子公司、天津三星电子等试点公司。

同时，为了使区域通关改革试点落实到位，北京海关还出台了一系列实施办法，包括：开设区域通关专用窗口专门办理相关业务；和天津海关建立畅通的联系渠道，遇到问题及时沟通及时解决；在非正常工作时间预约通关，确保货物及时通关等办法。

正是在这些有力措施的推动下，北京海关实行区域通关改革试点工作进展顺畅。目前，京津两地海关已经就区域通关改革中的具体通关环节达成了联系配合办法，同时也在不断总结经验，为下一步完善和推广区域通关改革积极进行准备。

(资料来源：北京海关网.)

本 章 小 结

　　减免税货物，是指海关根据国家的政策规定准予减税、免税进口的货物，可分为法定减免税货物、特定减免税货物和临时减免税货物三大类。

　　暂准进出境货物，包括暂准进境货物和暂准出境货物。暂准进境货物是指为了特定的目的，经海关批准暂时进境，在规定的期限内原状复运出境的货物；暂准出境货物是指为了特定的目的，经海关批准暂时出境，在规定的期限内原状复运进境的货物。

　　过境货物是指从境外起运，在我国境内不论是否换装运输工具，通过陆路运输，继续运往境外的货物。转运货物是指由境外起运，通过我国境内设立海关的地点换装运输工具，不通过境内陆路运输，继续运往境外的货物。通运货物是指从境外起运，不通过我国境内陆路运输，运进境后由原运输工具载运出境的货物。

　　其他进出境货物包括货样、广告品、进出境快件、加工贸易不作价设备、管道运输货物、租赁货物、无代价抵偿货物、出料加工货物、进出境修理货物、溢卸货物和误卸货物、退运货物、退关货物、放弃货物、超期未报关进口货物。

　　上述各类海关监管货物均应按照海关的相应规定进行报关或处理。

　　海关监管货物的特殊申报程序包括：进出境货物集中申报程序、海关监管货物转关申报程序、跨关区"属地申报，口岸验放"通关程序。

自 测 题

一、单项选择题

　　1. 进出口货物收发货人及其代理人在向海关申请办理无代价抵偿货物进出口时，须提交必要的单证，下列不属于所提交的单证是(　　　)。

　　　　A. 原进出口货物报关单　　　　　　　B. 原产地证明

　　　　C. 合同双方的索赔协议　　　　　　　D. 商检证明

　　2. 下列货物或物品不适用暂准进出口通关制度的是(　　　)。

　　　　A. 进口待转口输出的转口贸易货物

　　　　B. 在展览会中展示或示范用的进口货物、物品

　　　　C. 承装一般进口货物进境的外国集装箱

D. 来华进行文艺演出而暂时运进的器材、道具、服装等

3. 经海关确认的溢卸、误卸货物从(　　)3个月内，可由原装载船舶负责人或货物所有人向海关办理退运或进口手续。

A. 运输工具进境之日起　　　　　　B. 卸货之日起

C. 卸完之日起　　　　　　　　　　D. 向海关申报之日起

4. 进口货物的收货人自运输工具申报进境之日起超过 3 个月未向海关申报的，其进口货物由海关提取依法变卖处理。变卖所得价款，在优先拨付变卖处理实际支出的费用后，其他费用和税款的扣除顺序是(　　)。

A. 运输、装卸、储存等费用——进口关税——进口环节海关代征税——滞报金

B. 进口关税——进口环节税——滞报金——运输、装卸、储存等费用

C. 滞报金——进口关税——进口环节税——运输、装卸、储存等费用

D. 运输、装卸、储存等费用——滞报金——进口关税——进口环节税

5. 从境外起运，在我国境内设立海关的地点换装运输工具，不通过境内陆路运输，继续运往境外的货物是(　　)。

A. 通运货物　　　B. 转口货物　　　C. 过境货物　　　D. 转运货物

二、多项选择题

1. 汕头某企业拟销往西亚一批不锈钢餐刀和其他不锈钢制品，计划经陆路从香港装船出运。该批货物采用出口直转的方式，已向汕头海关办理了相关转关手续，在深圳口岸申报出境时，报关员应该向深圳海关出具的单证资料包括(　　)。

A. 汕头海关签发的出口货物报关单　　B. 出境汽车载货清单

C. 出口货物中转通知书　　　　　　　D. 汽车载货登记簿

2. 下列关于进境快件适用报关单证的表述，正确的是(　　)。

A. 文件类应当适用 KJ1 报关单

B. 个人物品类应当适用快件个人物品报关单

C. 海关规定准予保税的货样、广告品应当适用 KJ2 报关单

D. 其他货物类应当适用 KJ3 报关单

3. 出料加工货物按规定期限复进口，海关审定完税价格时，其价格因素包括(　　)。

A. 原出口料件成本价　　　　B. 境外加工费

C. 境外加工的材料费　　　　D. 复运进境的运输及其相关费用、保险费

4. 某企业申报进境的保税加工料件，经海关批准，在放行前全部退运出境。企业在填制出口货物报关单时，"贸易方式"栏填报错误的有(　　)。

A. 来料料件退换　　　　　　B. 进料料件退换

C. 直接退运　　　　　　　　D. 退运货物

5. 下列关于按租金分期缴纳税款的租赁进口货物的报关手续，正确的是(　　)。

A. 收货人或者其代理人在租赁货物进口报关时应当向海关提供租赁合同

B. 收货人或其代理人需要填制两张报关单，按照第一期应当支付的租金填制1张报关单用于征税，按照货物的实际价格填制1张报关单用于统计

C. 纳税义务人在每次支付租金后的15日内(含第15日)按支付的租金额向海关申报纳税

D. 纳税义务人应当在租期届满之日起15日内，申请办结海关手续

三、判断题

1. 过境货物自入境时起至出境时止属于海关监管货物，未经海关许可，不得开拆、提取、交付、发运、调换、转让、更换标记或是移作他用，但允许在海关监管下在边境换装运输工具。　　　　　　　　　　　　　　　　　　　　　　　　(　　)

2. 特定减免税货物在进口时都可以豁免许可证。　　　　　　　　(　　)

3. 外商投资企业享受特定减免税优惠进口的机器设备自进口之日起超过5年的，可以向海关申请解除监管。　　　　　　　　　　　　　　　　　(　　)

4. 金融租赁进口货物租金小于货价，经营租赁进口货物租金大于货价。　(　　)

5. 出境修理货物超过海关规定期限复运进境的，海关按一般进口货物计征进口关税和进口环节海关代征税。　　　　　　　　　　　　　　　　　(　　)

第七章 进出口商品归类

【学习要点及目标】

通过本章的学习，了解进出口商品归类技能的必要性，熟悉掌握进出口商品归类的总规则，了解我国海关进出口商品分类目录情况，掌握我国进出口商品归类的海关行政管理规定。

【核心概念】

商品名称及编码协调制度　进出口商品归类　预归类　归类总规则

【引导案例】

出口"新手"更应关注 HS 编码

2008 年 2 月，宁波鄞州一家企业在办理出口手续时，因改变商品的 HS 编码，造成出口产品未依法申领出口产品许可证而遭到检验检疫机构的处罚。

该企业开发了一种货物提升功能的产品，共有四种规格，其中一种还正在申请专利。由于产品得到美国客户的认可，该企业迫不及待地想打入美国市场，没想到欲速则不达。因该产品是首次出口，企业人员缺乏相关的报检报关知识，也没有意识到要向监管部门进行咨询，擅自将这种产品归类为不需出口监管的提升机(HS 编码 8425.4990)而直接向海关报关。经海关开箱查验，认定该类商品应该属于千斤顶类别，HS 编码为 8425.4910，属于国家实行出口商品注册登记管理的法定出口检验商品。而该企业既未向检验检疫机构申领许可证，又未向检验检疫机构申请出口检验，试图闯关，于是被查扣，同时也因涉嫌违反商检法及其实施条例而受到检验检疫机构的立案查处。

检验检疫机构提醒初涉出口领域的企业，在产品首次出口时，一定要将自己的产品性质正确定位，了解相关的国家的政策和监管部门的办事程序，诚信守法地办理出口手续，以避免不必要的损失。

(资料来源: 刘庆珠. 报关实训. 北京: 首都经济贸易大学出版社, 2009.)

海关进出口商品归类是海关监管、海关征税及海关统计的基础，正确申报商品的归类是进出口收发货人或其代理人应尽的法律义务，归类的正确与否与报关人的切身利益也密切相关，直接影响到进出口货物的通关效率。因此，学会准确进行进出口商品归类是报关员必须具备的基本技能之一。

海关进出口商品归类是指在《商品名称及编码协调制度公约》(以下简称《协调制度公

约》)商品分类目录体系下，以《中华人民共和国进出口税则》(以下简称《进出口税则》)为基础，按照《进出口税则商品及商品注释》(以下简称《商品及商品注释》)、《中华人民共和国进出口税则本国子目注释》(以下简称《本国子目注释》)以及海关总署发布的关于商品归类的行政裁定、商品归类决定的要求，确定进出口货物商品编码的活动。

海关进出口商品归类是建立在商品分类目录基础上的。

【相关链接】

海关加强综合治税　归类补税创新高

笔者 2010 年 1 月 7 日从海关总署获悉，全国海关加强综合治税，提高税收质量。2009年 1～11 月累计归类纠错 9.6 万项、补税近 13 亿元，同比分别增长 25%和 1045%。11 月份，全国海关归类纠错 9697 项、补税 2 亿多元，同比分别增长 77%和 442%。

归类是海关税收的基础，商品税号不同，相应的税率也不尽相同。青岛海关 2010 年以来共对 60 万条报关数据进行了归类监控。目前已结合青岛海关的商品特色以及近年来发现的各种形式的风险，梳理、归纳了 7 大类 30 种归类风险类型，以此为切入点开展归类监控工作。对监控发现的单个商品的归类风险，不再仅对该项商品进行纠错补税，而是将监控视角扩展至该商品的周边产品及相同归类风险类型的商品。青岛海关通过监控发现部分企业将"挖掘机及叉车用的配重铁"归入税率较低的工程机械零件。由于青岛关区为挖掘机零部件进口量较大的口岸之一，海关将挖掘机零部件列入了监控重点，随即先后对挖掘机用监控器、仪表盘及滤油器等商品进行了监控核查，补征税款约 750 万元。

青岛海关还开发使用了预归类备案申报比对系统，开展进出口商品预归类，大大提高了归类准确性，提高了归类工作效率。截至 12 月 7 日，162 家进出口企业的 1588 项商品申请预归类，海关已接受备案的共 1104 项商品。预归类商品归类准确率达到 99.23%。

大连海关在日常监控工作中，注重对通关数据、风险信息的分析，为归类补税工作提供有力的保障。1～11 月份归类补税共计 5148.29 万元。

前不久，大连海关归类中心关员在工作中发现，某企业申报的"液晶显示器"归入8528.5100(税率为 0)项下，存在归类疑问。大连海关通过调取单据、实物照片、使用说明，参考相关归类决定发现该票商品应归入另一个税率为 7%的税目，随后通过风险平台调取了一年的数据，共补得税款 65 万元。

(资料来源：大连海关网.)

第一节　《商品名称及编码协调制度》概述

《商品名称及编码协调制度》(简称《协调制度》)是一部系统的国际贸易商品分类体系，包括按顺序编排的品目和子目及其相应的六位数编码及条文，类、章和子目的注释，以及商品的归类总规则。截至 2010 年 3 月，已有 204 个国家、地区和国际组织采用《协调制度》分类目录。

一、《商品名称及编码协调制度》的产生

早期的国际贸易商品分类目录只是因为对进出本国的商品征收关税而产生，其结构较为简单。后来随着社会化大生产的发展和进出口商品品种与数量的增加，除了税收的需要，人们还要进行贸易统计，因此，海关合作理事会(1995 年更名为世界海关组织)与联合国分别编制了两个独立的商品分类目录，即《海关合作理事会商品分类目录》(简称 CCCN)和《国际贸易标准分类目录》(简称 SITC)。

由于商品分类目录的不同，一种商品有时在一次国际贸易过程中要使用不同的编码，给国际贸易带来极大的不便。因此，海关合作理事会于 1983 年 6 月通过了《协调制度公约》及其附件《协调制度》。《协调制度》既满足了海关税则和贸易统计需要，又包容了运输及制造业等要求，因此，该目录自 1988 年 1 月 1 日起正式生效后，即被广泛应用于海关税则、国际贸易统计、原产地规则、国际贸易谈判、贸易管制等多个领域。随着新产品的不断出现和国际贸易结构的变化，《协调制度》一般每隔几年就要修订一次。自 1988 年生效以来，《协调制度》共进行了 5 次修订，形成了 1988 年、1992 年、1996 年、2002 年、2007 年和 2012 年共 6 个版本。

为了帮助人们正确理解《协调制度》，海关合作理事会在制定《协调制度》的同时还制定了《商品名称及编码协调制度注释》(简称《协调制度注释》)。《协调制度注释》是对《协调制度》的官方解释，同时与《协调制度》的各个版本同步修订。

二、《商品名称及编码协调制度》的基本结构

《协调制度》将国际贸易涉及的各种商品按照生产类别、自然属性和不同功能用途等分为 21 类 97 章，每一章由若干商品构成，商品项下又细分出若干一级子目和二级子目，所列商品名称的分类和编排是有一定规律的。

从类来看，它基本上按社会生产的分工分类，如农业在第一、二类，化学工业在第六类，纺织工业在第十一类，冶金工业在第十五类，机电制造业在第十六类等。

从章来看，基本上按商品的自然属性或功能、用途来划分。如第一～八十三章(第六十四～六十六章除外)基本上是按商品的自然属性来分章，如第一～五章是活动物和动物产品；第六～十四章是活植物和植物产品；第二十五～二十七章是矿产品。第六十四～六十六章和第八十四～九十七章则是按货物的用途或功能来分章，如第六十四章是鞋，第八十四章是机械设备，第八十七章是车辆，第八十八章是航空航天器，第八十九章是船舶等。

从商品来看，一般也是原材料先于成品，加工程度低的产品先于加工程度高的产品，列名具体的品种先于列名一般的品种。如第三十九章，商品 3901～3914 是初级形状的塑料，商品 3916～3921 是塑料半制品，商品 3922～3926 是塑料制成品。

第二节　《商品名称及编码协调制度》归类总规则

为了避免各商品和子目所列商品发生交叉归类，《协调制度》在类、章下加有类注、章注和子目注释。为了保证《协调制度》解释的统一性，设立了归类总规则，作为整个《协调制度》商品归类的总原则。《协调制度》归类总规则具体包括以下六个归类规则。

一、规则一

(一)条文内容

类、章及分章的标题，仅为查找方便而设；具有法律效力的归类，应按品目条文和有关类注或章注确定，如品目、类注或章注无其他规定，按以下规则确定。

(二)条文解释

(1) 类、章、分章标题只为方便查找，本身不是归类的依据。

尽管《协调制度》每类、章、分章的标题尽可能地概括该类、章、分章所包含的商品，但由于各类、章、分章所包含的商品种类繁多，类、章、分章的标题不可能将其全部包括。如第十五类标题为"贱金属及其制品"，但未包括"铜扣"，而是把"铜扣"归入第九十六章"杂项制品"的 9606。

此外，由于类、章、分章的标题只是一个大概，无法规定具体内容，即同一类的商品在不同条件下可能有不同的分类，而这种情况在标题上是无法得到体现的，所以类、章、分章的标题所列出的商品也有可能不归入该类、章、分章。如第一章的标题是"活动物"，但实际上，马、牛、羊等活动物归入该章，而活的鱼、甲壳动物、软体动物及其他水生无脊椎动物却是归入第三章。

另外，各章标题之间还会产生交叉，例如"塑料鞋"既属于第三十九章标题"塑料及其制品"所列的商品，又属于第六十四章标题"鞋靴、护腿和类似品及其零件"所列的商品，所以仅根据这两章的标题无法确定"塑料鞋"的归类。

(2) 归类的法律依据应该是品目条文和相关的类注、章注。

如对"牛毛"进行归类。如果直接看第五章的标题"其他动物产品"而不能归入第五章，但按第五章章注四"马毛是指马科、牛科动物的鬃毛和尾毛"的规定，该商品应归入品目 0511。

(3) 如果按品目条文、类注或章注还无法确定归类，则按下面的其他规则(规则二、三、四、五、六)确定品目和子目的归类。

二、规则二

(一)条文内容

(1) 品目所列货品，应视为包括该项货品的不完整品或未制成品，只要在进口或出口时该项不完整品或未制成品具有完整品或制成品的基本特征；还应视为包括该货品的完整品或制成品(或按本款可作为完整品或制成品归类的货品)在进口或出口时的未组装件或拆散件。

(2) 品目中所列材料或物质，应视为包括该种材料或物质与其他材料或物质混合或组合的物品。品目所列某种材料或物质构成的货品，应视为包括全部或部分由该种材料或物质构成的货品。由一种以上材料或物质构成的货品，应按规则三归类。

(二)条文解释

(1) 规则二(一)将商品所列货品的范围扩大为不仅包括完整的物品，而且还包括该物品的不完整品或未制成品，只要报验时它们具有完整品或制成品的基本特征。

不完整品指货品缺少某些部分、不完整，如未装轮胎的汽车。

未制成品指货品尚未完全制成，需进一步加工才成为制成品。如齿轮的毛坯。

不完整品是否具有完整品的基本特征，主要是看其关键部件是否存在。以汽车为例，如果发动机、底盘、驾驶室这些关键部件存在，则可以判断为具有汽车的基本特征。

未制成品是否具有制成品的基本特征，主要看其是否具有制成品的大概形状或轮廓。如齿轮的毛坯，须经进一步加工方可作为制成品或制成零件使用，但已具有制成品或制成零件的大概形状或轮廓，则可以判断为具有齿轮的基本特征。

(2) 规则二(一)还将商品所列货品的范围扩大为不仅包括完整的物品，而且还包括该物品的未组装件或拆散件。

未组装件或拆散件指货品尚未组装或已拆散。货品以未组装或拆散形式报验，通常是由于包装、装卸或运输上的需要，或是为了便于包装、装卸或运输。

例如，商品 8517 不仅包括已组装好的电话机，还应包括电话机的未组装件或拆散件。

(3) 规则二(二)将某种材料或物质的商品扩大为包括全部或部分该种材料或物质与其他材料或物质的混合品或组合品，且加进去的材料或物质不改变原来货品的特征。

例如，在鲜牛奶中加入适量的维生素 A 或 D，加入物质适量的维生素 A 或 D 并没有改变原有物质鲜牛奶的基本特征和性质，则该混合品应按商品 0401 鲜牛奶归类。

又如，在稻谷中加入杀鼠剂，加入物质杀鼠剂就改变了原有物质稻谷的特征，已经成为一种用于杀灭老鼠的毒饵，就不能再按商品 1006 的"稻谷"归类。

三、规则三

(一)条文内容

当货品按规则二(二)或由于其他原因看起来可归入两个或两个以上商品时，应按以下规则归类。

(1) 列名比较具体的商品，优先于列名一般的商品。但是如果两个或两个以上商品都仅述及混合或组合货品所含的某部分材料或物质，或零售的成套货品中的某些货品，即使其中某个商品对该货品描述得更为全面、详细，这些货品在有关商品的列名应视为同样具体。

(2) 混合物，不同材料构成或不同部件组成的组合物以及零售的成套货品，如果不能按照规则三(一)归类时，在本款可适用的条件下，应按构成货品基本特征的材料或部件归类。

(3) 货品不能按照规则三(一)或(二)归类时，应按号列顺序归入其可归入的最末一个商品。

(二)条文解释

(1) 本规则的三条归类办法应按照其在本规则的先后次序加以运用。据此，只有在不能按照规则三(一)归类时，才能运用规则三(二)；不能按照规则三(一)和(二)归类时，才能运用规则三(三)。因此，它们运用的次序为：①具体列名；②基本特征；③从后归类。

(2) 只有在商品条文和类注、章注无其他规定的条件下，才能运用本规则。例如，第九十七章章注四(二)规定，根据商品条文既可归入商品 9701~9705 中的一个商品，又可归入商品 9706 的货品，应归入商品 9706 以前的有关商品，即货品应按第九十七章章注四(二)的规定而不能根据本规则进行归类。

(3) 规则三(一)规定列名比较具体的商品应优先于列名比较一般的商品。

① 同一类商品名称的比较。商品的具体名称与商品的类别名称相比，商品的具体名称要具体。如紧身胸衣应归入商品 6212 "紧身胸衣"，而不应归入商品 6208 "女士内衣"。

② 不同类商品名称的比较。如果一个商品所列名称更为明确地包括某一货品，则该商品要比所列名称不那么明确述及该货品的其他商品更为具体。如汽车用的小地毯应归入商品 5703 "簇绒地毯及纺织材料的其他簇绒铺地制品，不论是否制成的"，而不应归入商品 8708 "机动车辆的零件、附件"。

(4) 规则三(二)是指不能按规则三(一)归类的混合物、组合物以及零售的成套货品应按构成货品基本特征的材料或部件归类。

确定货品的基本特征,既可根据其所含材料或部件的性质、价值、体积、数量、重量来确定,也可根据所含材料对货品用途的作用来确定。如由快熟面条、调味包、塑料小叉构成的碗面,由于其中的快熟面条构成了这个零售成套货品的基本特征,所以应按面食归入商品1902。

本款规则所称"零售的成套货品",是指同时符合以下三个条件的货品。

① 由至少两种看起来可归入不同商品的不同物品构成的,如五个咖啡杯不能作为本款规则所称的成套货品。

② 为了迎合某项需求或开展某项专门活动而将几件产品或物品包装在一起的,如包装在一起的手表与打火机就不能作为本款规则所称的成套货品。

③ 其包装形式适于直接销售给用户而货物无须重新包装的,如装于盒、箱内或固定于板上。

例如,成套理发工具,由一个电动理发推子、一把梳子、一把剪子、一把刷子及一条毛巾,装于一个皮匣子内组成,符合上述的三个条件,属于"零售的成套货品",所以应按电动毛发推剪归入商品8510。

(5) 货品如果不能按照规则三(一)或(二)归类时,应按号列顺序归入其可归入的最后一个商品。

例如,"带电子计算器的手表",应按商品8470与商品9102中的后一个商品9102归类。

又如"等量的大麦与燕麦的混合麦",应按商品1003与商品1004中的后一个商品1004归类。

四、规则四

(一)条文内容

根据上述规则无法归类的货品,应归入与其最相类似的货品的商品。

(二)条文解释

由于时代的发展与科技的进步,新产品层出不穷,因此《协调制度》所列的商品不一定将这些新产品都包括在内。因此,按以上规则一至规则三仍无法归类的货品,只能按最相类似的货品的商品来归类。这里的"最相类似"是指从产品的名称、特征、功能、用途、结构等方面因素,综合考虑后加以确定。

一般来说,这条规则不常使用,尤其在《协调制度》中每个商品都设有"其他"子目,不少章单独列出"未列名货品"的商品(如具有独立功能而又未具体列名的机器及器具和电气设备及装置要分别归入商品 8479 和商品 8543)来收容未考虑到的货品，因此规则四实际上很少使用。

五、规则五

(一)条文内容

除上述规则外，本规则适用于下列货品的归类。

(1) 制成特殊形状仅适用于盛装某个或某套物品并适合长期使用的照相机套、乐器盒、枪套、绘图仪器盒、项链盒及类似容器，如果与所装物品同时进口或出口，并通常与所装物品一同出售的，应与所装物品一并归类。但本款不适用于本身构成整个货品基本特征的容器。

(2) 除规则五(一)规定的以外，与所装货品同时进口或出口的包装材料或包装容器，如果通常是用来包装这类货品的，应与所装货品一并归类。但明显可重复使用的包装材料和包装容器可不受本款限制。

(二)条文解释

(1) 规则五(一)仅适用于同时符合以下各条规定的容器。

① 专门按所要盛装的物品进行设计的，有些容器还制成所装物品的特殊形状。

② 适合长期使用的，即容器的使用期限与所盛装的物品相比是相称的，在物品不使用期间(如运输或储藏期间)，这些容器还起保护物品的作用。

③ 与所装物品一同报验的。

④ 通常与所装物品一同出售的。

⑤ 本身并不构成整个货品基本特征的。

例如，与所装电动剃须刀一同报验的电动剃须刀的皮套应与电动剃须刀一并归入商品 8510，装有金、银首饰的首饰盒应与金、银首饰一并归入商品 7113。

但是，装有茶叶的银质茶叶罐则不能与茶叶一并归类。因为银罐本身价值昂贵，已构成整个货品的基本特征，因此应按银制品归入商品 7114。

(2) 规则五(二)仅适用于同时符合以下各条规定的包装材料及包装容器。

① 通常用于包装有关货品的。

② 不属于明显可重复使用的。

③ 与所装物品一同报验的。

例如，装有电视机的瓦楞纸箱应与电视机一并归入商品 8528，包装收割机的木板箱应与收割机一并归入商品 8433。

但是，装有液化煤气的煤气罐则不能与液化煤气一并归类。因为煤气罐具有明显可重复使用的特性，因此应与液化煤气分开归类，归入商品7311。

六、规则六

(一)条文内容

货品在某一商品项下各子目的法定归类，应按子目条文或有关的子目注释以及以上各条规则来确定，但子目的比较只能在同一数级上进行。除条文另有规定的以外，有关的类注、章注也适用于本规则。

(二)条文解释

规则六是专门为商品在《协调制度》子目中的归类而制定的。它有以下含义。

(1) 子目归类的法律依据：按子目条文和子目注释确定；如果按子目条文和子目注释不能确定归类，则上述各规则的原则同样适用于子目的确定；除条文另有规定的以外，有关的类注、章注也适用于子目的确定。

(2) 子目归类的具体方法：①确定子目时，一定要按先确定一级子目，再二级子目，然后三级子目，最后四级子目的顺序进行。②确定子目时，应遵循"同级比较"的原则，即一级子目与一级子目比较，二级子目与二级子目比较，依次类推。

例如，"液压千斤顶"在归入商品8425项下子目时，应按以下步骤进行。

① 先确定一级子目，即将一级子目"滑车及提升机，但倒卸式提升机及提升车辆用的提升机除外"、"卷扬机；绞盘"、"千斤顶；提升车辆用的提升机"进行比较后归入"千斤顶；提升车辆用的提升机"。

② 再确定二级子目，即将二级子目"车库中使用的固定千斤顶系统"、"其他液压千斤顶及提升机"、"其他"进行比较后归入"其他液压千斤顶及提升机"。

③ 然后确定三级子目，即将两个三级子目"液压千斤顶"与"其他"进行比较后归入"液压千斤顶"。

因此，液压千斤顶应归入子目8425.4210。

【相关链接】

子目的表示方式

"—"表示一级子目(第5位上的数字为1～9，第6～8位上的数字均为0)。

"——"表示二级子目(第6位上的数字为1～9，第7～8位上的数字均为0)。

"———"表示三级子目(第7位上的数字为1～9，第8位的上数字为0)。

"———"表示四级子目(第5～8位上的数字均为1～9)。

第三节　我国海关进出口商品分类目录

一、我国海关进出口商品分类目录的产生

我国海关自 1992 年 1 月 1 日起开始采用《协调制度》，进出口商品归类工作成为我国海关最早实现与国际接轨的执法项目之一。

根据海关征税和海关统计工作的需要，我国在《协调制度》的基础上增设本国子目(三级子目和四级子目)，形成了我国海关进出口商品分类目录，分别编制出《海关进出口税则》和《海关统计商品目录》。

我国通过法律程序批准在我国实行的《协调制度注释》称为《商品及商品注释》。 同时，为了明确增设的本国子目的商品含义和范围，我国又制定了《本国子目注释》，作为归类时确定三级子目和四级子目的依据。

根据《协调制度公约》对缔约国权利义务的规定，我国《海关进出口税则》和《海关统计商品目录》与《协调制度》的各个版本同步修订。自 2012 年 1 月 1 日起，我国采用 2012 年版《协调制度》，并据此编制了 2012 年版《海关进出口税则》和《海关统计商品目录》。

二、我国海关进出口商品分类目录的基本结构

《海关进出口税则》中的税则号列即为商品号列，为征税需要每项税则号列后列出了该商品的税率；《海关统计商品目录》中的商品编号即为商品号列，为统计需要，每项商品编号后列出了该商品的计量单位，并增加了第二十二类"特殊交易品及未分类商品"，内分第九十八章、第九十九章 。

《协调制度》中的编码只有 6 位数，而我国海关进出口税则中的编码为 8 位数，其中第 7 位、第 8 位是我国根据实际情况加入的"本国子目"。

编码的编排是有一定规律的，下面以 0810.9010 "荔枝"为例加以说明。

编码：　0　　8　　1　　0　　9·　　0　　0　　1　　0
位数：　1　　2　　3　　4　　5　　6　　7　　8
含义：　章号　　顺序号　　一级子目　二级子目　三级子目　四级子目

需要指出的是，若第 5～8 位上出现数字"9"，则通常情况下代表未具体列名的商品，即在"9"的前面一般留有空序号以便用于修订时增添新商品。

三、我国海关进出口商品分类目录

第一类 活动物；动物产品(第一～五章)

本类共 5 章，包括除特殊情况外的所有种类的活动物以及经过有限度的简单加工的动物产品。其中活动物归入第一章；肉及食用杂碎归入第二章；鱼、甲壳动物、软体动物及其他水生无脊椎动物归入第三章；乳品，蛋品，天然蜂蜜，其他食用动物产品归入第四章；其他未加工或简单加工的各种未列名的动物产品归入第五章。

第二类 植物产品(第六～十四章)

本类共 9 章，包括各种活植物及经过有限度的简单加工的植物产品。其中活树及其他活植物，鳞茎、根及类似品，插花及装饰用簇叶归入第六章；食用蔬菜、根及块茎归入第七章；食用水果及坚果，甜瓜或柑橘属水果的果皮归入第八章；咖啡、茶、马黛茶及调味香料归入第九章；谷物归入第十章；制粉工业产品，麦芽，淀粉，菊粉，面筋归入第十一章；含油子仁及果实，杂项子仁及果实，工业用或药用植物，稻草、秸秆及饲料归入第十二章；虫胶，树胶、树脂及其他植物液、汁归入第十三章；编结用植物材料，其他植物产品归入第十四章。

第三类 动、植物油、脂及其分解产品；精制的食用油脂；动、植物蜡(第十五章)

本类只有 1 章，包括以第一、第二类的动物、植物为原料加工得到的动、植物油，脂及其分解产品，精制的食用油脂，动、植物蜡，处理油脂或蜡所剩的残渣。

第四类 食品；饮料、酒及醋；烟草、烟草及烟草代用品的制品(第十六～二十四章)

本类共 9 章，包括以动、植物为原料加工得到的食品、饮料、酒、醋、动物饲料、烟草等。主要以第一类的动物为原料加工得到的食品归入第十六章；而主要以第二类的植物为原料加工得到的食品归入第十七～二十一章，其中，糖及糖食归入第十七章，可可及可可制品归入第十八章，谷物、粮食粉、淀粉或乳的制品，糕饼点心归入第十九章，蔬菜、水果、坚果或植物其他部分的制品归入第二十章，杂项食品归入第二十一章；饮料、酒及醋归入第二十二章；食品工业的残渣及废料，配制的动物饲料归入第二十三章；烟草、烟草及烟草代用品的制品归入第二十四章。

第五类 矿产品(第二十五～二十七章)

本类共 3 章，包括原矿及经过一定程度加工的矿产品。其中燃料(主要是煤、石油、天然气)及其加工产品归入第二十七章；主要的金属矿归入第二十六章；其他矿则归入第二十五章。

第六类 化学工业及其相关工业的产品(第二十八～三十八章)

本类共 11 章，可分成两部分。第一部分为第二十八～二十九章，主要为单独的已有化学定义的化学品，其中元素和无机化合物归入第二十八章，有机化合物归入第二十九章。

第二部分为第三十~三十八章,主要为按用途分类的化工品。其中药品归入第三十章,该章还包括用于医疗、外科、牙科或兽医用的某些其他物质或物料;肥料归入第三十一章,包括通常作天然或人造肥料的绝大多数产品;染料、颜料、油漆、油墨等归入第三十二章,包括用于鞣料及软化皮革的制剂、植物鞣膏、合成鞣料以及人造脱灰碱液,也包括植物、动物或矿物着色料及有机合成着色料,以及用这些着色料制成的大部分制剂,还包括清漆、干燥剂及油灰等各种其他制品;精油及香膏、芳香料制品及化妆盥洗品归入第三十三章;肥皂、有机表面活性剂、洗涤剂、润滑剂、光洁剂、蜡烛等归入第三十四章;蛋白质物质,改性淀粉,胶,酶归入第三十五章;炸药,烟火制品,火柴,易燃材料制品等归入第三十六章;照相及电影用品归入第三十七章;杂项化学产品归入第三十八章。

第七类 塑料及其制品;橡胶及其制品(第三十九~四十章)

本类共 2 章,是由高分子聚合物组成的塑料与橡胶以及它们的制品。其中,塑料及其制品归入第三十九章;橡胶及其制品则归入第四十章。

第八类 生皮、皮革、毛皮及其制品;鞍具及挽具;旅行用品、手提包及类似容器;动物肠线(蚕胶丝除外)制品(第四十一~四十三章)

本类共 3 章。其中,第四十一章只包括生皮和皮革,不包括制品,其结构按加工程度由低到高排列;第四十二章大部分是由第四十一章的原料经进一步加工制得的制品,同时还包括几乎由任何材料制成的包及旅行用品;第四十三章主要包括毛皮、人造毛皮及其制品。

第九类 木及木制品;木炭;软木及软木制品;稻草、秸秆、针茅或其他编结材料制品;篮筐及柳条编结品(第四十四~四十六章)

本类共 3 章。其中,第四十四章主要包括木及其制品;第四十五章主要包括软木及其制品;第四十六章主要包括各种编结材料制品。

第十类 木浆及其他纤维状纤维素浆;回收(废碎)纸或纸板;纸、纸板及其制品(第四十七~四十九章)

本类共 3 章,并按下列加工程度分列于各章:纸浆、废纸(第四十七章)——纸张及其制品(第四十八章)——印刷品(第四十九章)。

第十一类 纺织原料及纺织制品(第五十~六十三章)

本类共 14 章,包括纺织纤维、半成品及制成品,可分成两部分。第一部分:第五十~五十五章,是按纤维类别划分的,每章内又按纺织品的加工程度由低到高排列,基本按"纺织纤维—纱线—机织物"的顺序列目。其中,第五十章包括蚕丝及其机织物;第五十一章包括羊毛、动物细毛或粗毛及其机织物;第五十二章包括棉花及其机织物;第五十三章包括其他植物纺织纤维、纸纱线及其机织物;第五十四章包括化学纤维长丝及其机织物;第五十五章包括化学纤维短纤及其机织物。第二部分:第五十六~六十三章,包括以特殊的方式或工艺制成的或有特殊用途的半成品及制成品,并且除商品 5809 和 5902 外,商品所列产品一般不分纺织原料的性质。其中,第五十六章包括絮胎、毡呢及无纺织物、绳索及其制品;第五十七章包括地毯及纺织材料铺地用品;第五十八章包括特种机织物、刺绣品等;第五十九章包括浸渍、涂层、包覆或层压的纺织物、工业用纺织制品;第六十章包括针织物及钩编织物;第六十一章包括针织或钩编服装;第六十二章包括非针织或非钩编服装;第六十三章包括其他纺织制成品。

第十二类 鞋、帽、伞、杖、鞭及其零件;已加工的羽毛及其制品;人造花;人发制品(第六十四~六十七章)

本类共 4 章。其中,第六十四章主要包括各种鞋靴;第六十五章主要包括各种帽类;第六十六章主要包括雨伞、阳伞、手杖、鞭子等;第六十七章主要包括羽毛制品、人造花和人发制品等。

第十三类 石料、石膏、水泥、石棉、云母及类似材料的制品;陶瓷产品;玻璃及其制品(第六十八~七十章)

本类共 3 章。其中,第六十八章主要包括石料、石膏、水泥、石棉等制品;第六十九章主要包括成形后经过烧制的陶瓷制品;第七十章主要包括各种玻璃及其制品。本类所包含的商品大都是由第五类的矿产品经进一步加工所制得的制品,本类的商品基本上都是制成品,不包括原料。

第十四类 天然或养殖珍珠、宝石或半宝石、贵金属、包贵金属及其制品;仿首饰、硬币(第七十一章)

本类只有 1 章,主要包括贵金属及其制品、珍珠和宝石及其制品,同时也包括仿首饰和硬币。

第十五类 贱金属及其制品(第七十二~八十三章)

本类共 12 章,主要包括贱金属材料及结构较简单的贱金属制品、金属陶瓷及其制品。其中,第七十二章主要包括钢铁锭、板、条杆及丝等;第七十三章主要包括钢铁制品;第七十四~八十一章主要包括有色金属、金属陶瓷及其制品;第八十二章主要包括贱金属工具等;第八十三章包括贱金属杂项制品。

第十六类 机器、机械器具、电器设备及其零件;录音机及放声机、电视图像、声音的录制和重放设备及其零件、附件(第八十四~八十五章)

本类共 2 章。其中,第八十四章主要包括非电气的机器、机械器具及其零件;第八十五章主要包括电气电子产品及其零件。

第十七类 车辆、航空器、船舶及有关运输设备(第八十六~八十九章)

本类共 4 章,包括各种铁道车辆(第八十六章)、其他陆上车辆(第八十七章)、航空器及航天器(第八十八章)、船舶及浮动结构体(第八十九章)。此外还包括与运输设备有关的具体列名的货品，如归入商品 8609 的集装箱；归入商品 8608 的铁道或电车轨道固定装置及附件和机械信号装置；归入商品 8804 的降落伞等。

第十八类　光学、照相、电影、计量、检验、医疗或外科用仪器及设备、精密仪器及设备；钟表；乐器；上述物品的零件、附件(第九十～九十二章)

本类共 3 章。第九十章主要包括光学、计量、医疗仪器、精密仪器及设备等；第九十一章主要包括钟表及其零件；第九十二章主要包括乐器及其零件、附件。

第十九类　武器、弹药及其零件、附件(第九十三章)

本类仅有 1 章，主要包括供军队、警察或其他有组织的机构(海关、边防等)在陆、海、空战斗中使用的各种武器，个人自卫、狩猎等用的武器等。

第二十类　杂项制品(第九十四～九十六章)

本类所称的杂项制品是指前述各类、章及商品未包括的货品。本类共 3 章，其中第九十四章包括各种家具、寝具、其他章未列名的灯具和活动房屋等；第九十五章包括各种玩具、运动用品、游戏用设备等；第九十六章包括雕刻或模塑制品，扫把、刷子和筛，书写及办公用品，烟具，化妆品用具及其他商品未列名的物品。

第二十一类　艺术品、收藏品及古物(第九十七章)

本类只有 1 章，一般归入本类商品的最大特点是具有一定的收藏价值，主要包括艺术品和收藏品。例如，完全手工绘制的油画、粉画，完全手工制作的雕版画、印制画、石印画原本，雕塑品原件，邮票，动物、植物、矿物等的标本和超过 100 年的古物。

【相关链接】

巧记商品编码顺口溜(一)

自然世界动植矿，一二五类在取样；　三类四类口中物，矿产物料翻翻五；
化工原料挺复杂，打开六类仔细查；　塑料制品放第七，橡胶聚合脂烷烯；
八类生皮合成革，箱包容套皮毛造；　九类木秸草制品，框板柳条样样行；
十类木浆纤维素，报刊书籍纸品做；　十一税则是大类，纺织原料服装堆；
鞋帽伞杖属十二，人发羽毛大半归；　水泥石料写十三，玻璃石棉云母粘；
贵金珠宝十四见，硬币珍珠同类现；　十五查找贱金属，金属陶瓷工具物；
电子设备不含表，机器电器十六找；　光学仪器十八类，手表乐器别忘了；
武器弹药特别类，单记十九少劳累；　杂项制品口袋相，家具文具灯具亮；
玩具游戏活动房，体育器械二十讲；　二十一类物品贵，艺术收藏古物类；
余下运输工具栏，放在十七谈一谈；　商品归类实在难，记住大类第一环。

(资料来源：百度文库网.)

巧记商品编码顺口溜(二)

一类动物一到五, 肉鱼虾蟹乳蛋蜜;	二类六到十四章, 菜果咖茶谷粉胶;
三类只有十五章, 动植油脂食用油;	四类十六到二四, 糖食饮料酒醋烟;
五类二五到二七, 非金金属矿油品;	六类二八到三八, 无机有机最复杂;
药肥油膏皂涤蜡, 炸药燃料影相品;	蛋白淀粉和胶酶, 最后还有杂化品;
三九四零是七类, 塑料橡胶及制品;	四一四三生皮毛, 鞍具旅行手提包;
九类四四到四六, 木炭软木稻秸编;	十类四七到四九, 木浆纸张印刷品;
五零六三十一类, 丝毛棉纤毡毯衣;	六四六七十二类, 鞋帽伞杖鞭羽花;
六八六九七十章, 石水云母陶玻璃;	十四只有七十一, 珍宝贵金首饰币;
七二八三十五类, 钢铁铜镍铝铅锌;	八四八五十六类, 机械电气录声像;
八六八九十七类, 机车车辆飞机船;	九零九二十八类, 光照影计检钟乐;
九十三章十九类, 武器弹药及零件;	九四九六二十类, 家寝灯玩及杂项;
二十一类九七章, 古物艺术收藏品;	归类虽难但有方, 细看多查熟生巧。

(资料来源: 姜颖, 徐丽. 报关实务. 哈尔滨: 哈尔滨工业大学出版社, 2012.)

第四节 我国进出口货物商品归类的海关管理

为了规范进出口货物的商品归类, 保证商品归类结果的准确性和统一性, 根据《海关法》、《进出口关税条例》及其他有关法律、行政法规的规定, 海关总署制定了《中华人民共和国海关进出口货物商品归类管理规定》(以下简称《商品归类管理规定》)。

一、商品归类的原则及依据

进出口货物的商品归类应当遵循客观、准确、统一的原则。

对进出口货物进行商品归类的依据有: ①《进出口税则》; ②《商品及商品注释》; ③《本国子目注释》; ④海关总署发布的关于商品归类的行政裁定; ⑤海关总署发布的商品归类决定。

二、商品归类的申报要求

(一)申报要素要求

为了规范进出口企业的申报行为, 提高申报数据质量, 促进贸易便利化, 海关总署制定了《中华人民共和国海关进出口商品规范申报目录》(以下简称《目录》)。《目录》采用了与《进出口税则》一致的结构，所列商品按照类、章层次排列。除了《税则》中已有的类注释、章注释外，为了准确理解对商品规范申报的要求，在相关章前对该章的共性问题用"注解"加以说明。在使用《目录》时，首先应阅读各章的注解，再查阅具体商品对应的规范申报内容。《目录》正文由"税则号列"、"商品描述"、"申报要素"、"备注详解"、"举例说明"栏目组成。

例如，商品0101"马、驴、骡"的申报要素为：①品名；②是否改良种用；③品种。

商品0202"冻牛肉"的申报要素为：①品名；②制作或保存方法(冻)；③加工方法(整头及半头、带骨或去骨等)；④牛肉部位(如眼肉、腱子肉等)；⑤包装规格。

又如，商品0301"观赏鱼"下各子目的申报要素分别如下。

子目0301.9110"观赏鱼鱼苗"：①品名；②状态(活)；③是否为鱼苗；④拉丁名称。

子目0301.9190"观赏鱼"：①品名；②状态(活)；③拉丁名称。

【应用案例】

标志牌的归类申报要素要求

深圳市某公司欲出口一批沃尔沃轿车不锈钢标志牌，该公司在出口申报时该商品的归类申报要素有哪些？

很显然，根据《规范申报目录》的要求，该商品的税则号为8310.0000，在申报时应符合下列申报要素要求。

品名：轿车标志牌；用途：汽车用；材质：不锈钢制；种类：铭牌；品牌：无品牌。

(二)申报其他要求

收发货人或者其代理人应当按照法律、行政法规规定以及海关要求如实、准确申报进出口货物的商品名称、规格型号等，并且对其申报的进出口货物进行商品归类，确定相应的商品编码。

收发货人或者其代理人向海关提供的资料涉及商业秘密，要求海关予以保密的，应当事前向海关提出书面申请，并且具体列明需要保密的内容，海关应当依法为其保密。收发货人或者其代理人不得以商业秘密为理由拒绝向海关提供有关资料。

海关在审核收发货人或者其代理人申报的商品归类事项时，可以依照《海关法》和《关税条例》的规定行使下列权力，收发货人或者其代理人应当予以配合。

(1) 查阅、复制有关单证、资料。

(2) 要求收发货人或者其代理人提供必要的样品及相关商品资料。

(3) 组织对进出口货物实施化验、检验，并且根据海关认定的化验、检验结果进行商品归类。

【应用案例】

是水泥添加剂吗?

2007 年 5 月, A 公司以一般贸易方式从德国进口水泥添加剂(货物英文名称为 ETHYLENEMATERIAL)两票。A 公司向海关申报的名称和海关商品编码分别为: 水泥添加剂和 38244000。后经海关化验中心化验, 该批货物成分实际为以醋酸乙烯为主要成分的聚合物, 归类参考意见: 39052900。

经查, A 公司此前曾以同样方式进口水泥添加剂三票。

(资料来源: 刘庆珠. 报关实训. 北京: 首都经济贸易大学出版社, 2009.)

海关可以要求收发货人或者其代理人提供确定商品归类所需的资料, 必要时可以要求收发货人或者其代理人补充申报。

收发货人或者其代理人隐瞒有关情况, 或者拖延、拒绝提供有关单证、资料的, 海关可以根据其申报的内容依法审核确定进出口货物的商品归类。

三、商品归类的修改

海关经审核认为收发货人或者其代理人申报的商品编码不正确的, 可以根据《中华人民共和国海关进出口货物征税管理办法》的有关规定, 按照商品归类的有关规则和规定予以重新确定, 并且根据《中华人民共和国海关进出口货物报关单修改和撤销管理办法》等有关规定通知收发货人或者其代理人对报关单进行修改。

收发货人或者其代理人申报的商品编码需要修改的, 应当按照《中华人民共和国海关进出口货物报关单修改和撤销管理办法》等的规定向海关提出申请。

四、商品预归类

商品预归类就是把商品归类过程前置, 在货物实际进出口之前完成商品归类税号的确定工作。它的好处是, 可以有效地提高海关归类的准确性, 加速货物通关, 方便报关单位办理海关手续。

我国海关规定: 商品预归类是指货物在实际进出口的 45 日前, 在海关注册登记的进出口货物经营单位(以下简称申请人)以海关规定的书面形式向海关提出申请并提供商品归类所需的资料, 必要时提供样品, 海关依法做出具有法律效力的商品归类决定的行为。

(一)预归类申请

申请人申请预归类的, 应当填写并且提交"中华人民共和国海关商品预归类申请表"

(格式文本见表 7.1)。

表 7.1　中华人民共和国海关商品预归类申请表

申请人:
企业代码:
通信地址:
联系电话:
商品名称(中、英文):
其他名称:
商品描述(规格、型号、结构原理、性能指标、功能、用途、成分、加工方法、分析方法等):
进出口计划(进出口日期、口岸、数量等):
随附资料清单(有关资料请附后):
此前如就相同商品持有海关商品预归类决定书的，请注明决定书编号:

申请人(章) 　年　月　日	海关(章): 签收人: 接受日期: 年　月　日

预归类申请应当向拟实际进出口货物所在地的直属海关提出。

(二)预归类受理

直属海关对申请预归类的商品归类事项进行审核，认为申请预归类的商品归类事项属于《进出口税则》、《商品及商品注释》、《本国子目注释》以及海关总署发布的关于商品归类的行政裁定、商品归类决定有明确规定的，应当在接受申请之日起 15 个工作日内制发"中华人民共和国海关商品预归类决定书" (以下简称预归类决定书)，并且告知申请人。

属于没有明确规定的，直属海关应当在接受申请之日起 7 个工作日内告知申请人按照规定申请行政裁定。

(三)预归类决定书的使用

申请人在制发预归类决定书的直属海关所辖关区进出口预归类决定书所述商品时，应当主动向海关提交预归类决定书。

申请人实际进出口预归类决定书所述商品，并且按照预归类决定书申报的，海关按照预归类决定书所确定的归类意见审核放行。

预归类决定书内容存在错误的，做出预归类决定的直属海关应当立即制发"中华人民共和国海关商品预归类决定书撤销通知单"，通知申请人停止使用该预归类决定书。

做出预归类决定所依据的有关规定发生变化导致相关预归类决定书不再适用的，做出预归类决定的直属海关应当制发通知单，或者发布公告，通知申请人停止使用有关的预归类决定书。

【应用案例】

疑难归类不再难

"新预归类政策帮了我们很大的忙。"2009年5月某日为企业代理报关的山东朗越国际运输服务有限公司海运部经理邓丹高兴地告诉记者，"以前存在归类疑难问题的报关单，要反复审核归类，一票疑难报关单等上几个小时才能通关是常有的事情。而现在海关开发了预归类系统，直接到数据库中调取商品信息，短短几分钟就快速通关了。对进元电子这样每年4000多票的报关单的企业来说，大大节省了通关时间。"

邓丹提到的进元电子有限公司是烟台市一家主要进口手机用配件，生产手机外壳，为LG手机配套出口的韩资企业。企业生产的电子产品数量多，种类单一，而且对通关时限要求很高。以往的归类审核程序都是在企业申报后的通关环节实行，企业要等到货物到港之后，备齐货物相关信息，向海关逐一手工录入申报，申报成功后再持纸面报关单证递交到海关，由现场接单人员进行逐一归类审核。审核过程中一旦出现归类疑义或归类错误，就需要企业进行补充申报或更改单据，耗费时间且重复劳动多。

青岛海关在全关区推行的新预归类政策，通过开发商品预归类系统，建立商品归类信息数据库，使预归类、预录入、通关环节实行联网。这样一来，再次进口已经在海关预先归类备案的商品时，企业在申报环节直接从数据库中调取相关数据，海关在通关环节只进行程序性审核归类，不再耗费通关时间，有效缓解了通关瓶颈，提高了通关效率。

为引导企业用足用好该项优惠措施，烟台海关就该政策专门召开了工作推介会，向广大进出口企业介绍新预归类政策的优惠及便捷，同时在通关现场设立专门岗位，指定专人为企业讲解政策、答疑解惑，帮助企业尽快开展业务，体验快捷通关效率。

(资料来源：青岛海关网.)

预归类助企业搭快车

2011年3月某日，昆山综合保税区内彩晶光电(昆山)有限公司生产线上传来喜讯：公司自主研发的一款高科技LEO数码产品研制成功。但关务经理李美云却怎么也高兴不起来。

新产品一个星期后就要出样给国外客户，但在进出口商品归类上却遇到了难题。虽然公司内部品名为手机，但事实上却是集无线通信、拍摄和智能化系统于一体的"四不像"，是把它归入手机、数码相机，还是 PDA 好？李美云这个十来年的"老关务"犯了愁。

她想到了海关提供的预归类服务。整机还没出样，心急如焚的李美云就带着产品资料到了昆山海关。但没想到，面对毫无前例可循的"四不像"，通关科关员曹荣成一时也犯了难。看技术参数，数码相机和手机是该款产品的主要功能，但与普通摄像手机不同，相机像素超过了 1400 万，无线通信和数码摄像两大处理芯片，难以界定哪个是主要功能。怎么办？小曹决定到企业生产线上去现场察看。

下厂之前，有着 7 年多审单归类经验的小曹花了整整两个晚上上网充电，补充相关知识，并准备了到现场需要调研了解的归类相关问题。在现场，小曹拿着半制成品，与企业工程师唠起了"家常"。原来，彩晶是数码相机专业厂商，数码相机产量占全球 1/7，开发这款"四不像"，主要定位于时尚人群高清晰画面要求，实现"边走边拍"的功能设计理念。就这样，边听边问，一个多小时过去，小曹心里有了底，带着第一手资料回关，经归类技术小组集体讨论，综合生产流程、功能定位、模块价格以及进出口归类规则等因素分析，在样品出口前三天帮助企业确定了商品编码。日前，彩晶公司第一批样品已按期顺利出口。

(资料来源：中国海关总署网.)

【相关链接】

社会化预归类

社会化预归类是指社会中介机构受进出口货物经营单位的委托，按照《中华人民共和国进出口货物归类管理规定》，以企业或商品为单元，对其拟进出口的货物预先确定商品归类，并出具"进出口商品预归类意见书"的活动。2009 年 3 月，上海关区开始社会化预归类试点工作。目前，上海关区具有资质的预归类中介机构主要包括上海科思达公司、上海欣海报关有限公司等 20 家企业。上海海关按照"企业自愿、协会组织、海关指导"的原则，依托经海关审核中国报关协会授予资质的这 20 家企业，推进商品归类事务的社会化和市场化。

"社会化预归类在缓解企业的归类需求与海关人力资源紧张之间矛盾的同时，为企业提供了更加优质的服务。"上海实业外联发物流有限公司预归类咨询主管赵小姐告诉笔者，"以丰田汽车仓储贸易(上海)有限公司为例，在没有开展社会化预归类之前，该公司从货物靠港、进境备案到货物最终出库，整个交货期约在 18~20 天之间，而这当中，有很大一部分时间是用在了产品的归类确认上。目前，社会化预归类工作的开展解决了丰田的这个难题，丰田的整个交货期从原先的近 20 天，逐渐下降至 8~10 天，最快的时候，从靠港到货物出库，仅需 7 天时间。"由于交货期大大缩短，丰田的业务量增长迅速，公司的规模也逐年扩大，年缴税额也从 2004 年的 1000 万元达到目前的 4000 多万元。

据上海科思达归类工作室主管陈小姐介绍，社会化预归类能够帮助进出口企业在进出口前解决复杂的商品归类难题，提高了通关效率，降低了企业的运营成本。以上海大众为例，上海大众进口汽车零部件种类繁多、归类复杂。经预归类服务机构对其归类数据审核修正后，因归类问题影响通关速度的现象再没有出现，推进贸易便利化得以切实体现。

为提高社会化预归类的质量，上海海关拟制了预归类服务操作规程，开发了"进出口商品预归类服务系统"。同时开展培训，不断提高中介机构从业人员的归类水平。对于经过预归类服务的企业和商品，海关给予归类认可的通关便利，同时通过数据抽查的方式进行考核，以保证中介机构出具预归类意见的准确性。

自2009年9月1日，进出口商品预归类服务操作系统正式运行以来，中介机构通过该系统提交预归类数据近4万条，涉及进出口企业1000余家。进出口企业归类不一致情况及归类差错明显减少，通关速度明显提高。由于预归类服务有效提升了通关效率，不少进出口企业开始选择在上海口岸办理通关手续，比如嘉吉投资(中国)有限公司经中介预归类后，在上海口岸进口商品的预计纳税额达到3000万元。

(资料来源：大连海关网.)

五、商品归类决定

海关总署可以根据有关法律、行政法规的规定，对进出口货物做出具有普遍约束力的商品归类决定。进出口相同货物，应该适用相同的商品归类决定。商品归类决定由海关总署对外公布，如表7.2所示。

表7.2　2013年商品归类决定(Ⅰ)

序号	归类决定编号	商品税则号列	商品名称	英文名称	其他名称	商品描述	归类决定
1	Z2013-0001	1006.3090	泰国原料糯米			该商品最大水分含量14%，50千克/包，破碎率10%。外形呈细长形，白色不透明。生产工艺为：去杂、烘干、投放磁选、分离分级、碾、抛光、分级、电脑色选机、磁选、金属检测，包装打包。	根据国标GB1354—2009，大米分为籼米(用籼型非糯性稻谷制成)、粳米(用粳型非糯性稻谷制成)和糯米三种。糯米又分为籼糯米和粳糯米。根据归类总规则一及六，该商品应归入税则号列1006.3090。

续表

序号	归类决定编号	商品税则号列	商品名称	英文名称	其他名称	商品描述	归类决定
2	Z2013-0002	1212.9999	甜菊叶			该商品是甜菊的晒干叶片。生产工艺：甜菊整株收割后，经脱叶、去梗、去杂和日晒成干叶即可包装存储。该商品外观颜色鲜绿、气味芬芳，披针形或宽柳叶形，叶长4～11厘米，宽0.7～3.5厘米，水分、杂质含量均在10%以下。	根据归类总规则一及六，该商品应归入税则号列1212.9999。
3	Z2013-0003	2106.9090	安婴儿A+无糖婴儿配方奶粉			该商品主要成分为：玉米糖浆固体53.62%、精炼植物油27.81%、牛奶分离蛋白13.16%、矿物质3.88%以及维生素等。其中牛奶分离蛋白是经物理过滤去除脱脂鲜奶中的乳糖后，经高温灭菌、高压固化及喷雾干燥而获得，主要成分为天然牛奶蛋白(含酪蛋白和乳清蛋白)等。	该商品中的牛奶分离蛋白不属于商品04.01至04.04所列的商品，因此该商品不能归入商品19.01项下。根据归类总规则一及六，该商品应归入税则号列2106.9090。
4	Z2013-0004	2201.1010	依云天然矿泉水	Evian natural mineral water		该商品的检测结果为：溶解性总固体378毫克/升，游离二氧化碳4.32毫克/升，锌未检出(<0.001毫克/升)，硒未检出(<0.001毫克/升)，锶0.41毫克/升，锂0.018毫克/升，碘化物未检出(<0.05毫克/升)，偏硅酸19.3毫克/升。	该商品来自天然，所测指标符合国标(GB 8537—2008)的规定，符合商品22.01注释对天然矿泉水的解释。根据归类总规则一及六，该商品应归入税则号列2201.1010。

序号	归类决定编号	商品税则号列	商品名称	英文名称	其他名称	商品描述	归类决定
5	Z2013-0005	2202.9000	莱菲得番茄饮品	LIFEA DEA		该商品配料为：水73.9%、西红柿萃取物10%、梨浓缩液(6倍浓缩)6%、龙舌兰糖浆5%、苹果浓缩液(6倍浓缩)3%、野樱梅浓缩液(10倍浓缩)2%、维生素C 0.1%。其中西红柿提取物是将西红柿的细胞壁打碎后萃取其中的多糖体类物质。加工方法：将各原料投入水中后充分混合，检查、杀菌、包装成袋。该产品规格为：120毫升/袋，直接饮用。	该商品中除含有各种浓缩果汁外，还添加有西红柿萃取物并且添加水量已超出果汁浓缩倍数，不属于税目20.09项下的商品。根据归类总规则一，该商品应归入税则号列2202.9000。
......							
54	Z2013-0054	9603.9090	带手柄的可撕式胶粘滚筒		可撕式粘尘纸(带手柄)	该商品由塑料或者铁制手柄和塑料外罩，以及切成一定尺寸的菱形涂胶纸的胶粘滚筒组成。通过控制其在物体表面的滚动，将灰尘、棉絮等黏附在滚筒表面，以达到清洁效果。胶粘滚筒是由菱形单张胶粘纸一张一张缠绕在纸管上组成，每张之间有0.5厘米间隙，纸与纸之间是断开、不连续的，当胶粘滚筒做滚动清洁后，可手工将已吸附了灰尘的胶粘纸撕去。胶粘滚筒的涂胶纸有10张到90张不等；常规宽度有8厘米到16厘米不等。	根据归类总规则一及四，该商品应归入税则号列9603.9090。

做出商品归类决定所依据的法律、行政法规以及其他相关规定发生变化的，商品归类决定同时失效。商品归类决定失效的，应当由海关总署对外公布。

海关总署发现商品归类决定存在错误的，应当及时予以撤销。撤销商品归类决定的，应当由海关总署对外公布。被撤销的商品归类决定自撤销之日起失效。

【相关链接】

商品归类组织机构与职责

在我国，商品归类职能部门包括：海关总署关税征管司(以下简称关税司)、北京海关进出口商品归类办公室(以下简称归类办)、全国海关进出口商品归类分中心(以下简称归类分中心)、直属海关关税部门、其他涉及归类业务的部门、商品归类非常设机构。

关税司是商品归类工作的主管部门，负责规划、指导、协调和监督全国海关商品归类和化验工作，主要行使以下职责：①研究、起草海关商品归类规章、规定及工作制度；②指导开展商品归类与国家相关政策的调研，提出进出口税则立法建议；③审定商品归类行政裁定及商品归类决定审批稿；④组织全国性的商品归类法规和业务培训；⑤评估全国海关商品归类工作质量。

归类办是海关总署在北京海关设立代表总署面向全国海关行使总署部分归类、化验管理职能的机构，其主要职责是：①组织、协调和监督归类监控工作的实施，汇总、分析和上报全国商品归类业务数据，为税收质量评估提供支持；②对商品归类行政裁定和商品归类决定进行质量监控和后期维护；③处理协调制度商品归类技术委员会秘书处及科学分委会的有关工作，组织归类技术委员会商品归类课题组完成有关课题的研究及相关工作；④协助关税司规划、管理全国四个海关归类分中心的化验工作；⑤汇总各直属海关提出的与商品归类相关的进出口税则立法建议，提出审核意见上报关税司；⑥汇总全国海关归类信息，草拟信息呈报和动态信息。

归类分中心是总署在指定直属海关设立，代表总署面向全国海关行使总署部分商品归类、化验职能的机构，其主要职责是：①在总署授权范围内，对全国海关提交的商品归类疑难问题进行研究并做出解答；②在总署授权范围内，制作商品归类行政裁定和商品归类决定审批稿；③在总署授权范围内，负责对全国海关的商品归类进行指导和监控，及时跟踪总署商品归类相关规定在各直属海关的执行情况，提出分析意见及风险处置建议；④按照职责分工，组织协调制度商品归类技术委员会课题组完成有关课题的研究及相关工作；⑤分管化验片区的化验工作；⑥及时上报分管商品的归类信息。

直属海关关税部门是负责本关区归类、化验工作职能管理的机构，其主要职责是：①组织实施商品归类的法规、规章、工作制度和归类裁定、决定，研究制定本关区的相关归类工作制度和规范；②指导、管理、监督和评估本关区归类工作，开展关区商品归类监控分析，适时发布和反馈归类风险信息；③解决本关区的商品归类疑难问题并负责与关税司、归类办、归类分中心的对口联系；④受理本关区预归类申请，制发预归类决定书；⑤收集企业或部门提出的与商品归类有关的进出口税则立法建议；⑥组织本关区的商品归类、化验业务培训；⑦负责协调管理本关区的化验送检工作及与化验中心的对口联系；⑧解答关区商品归类疑难问题，制发关区"商品归类指导意见书"。

其他涉及归类业务的部门如审单、监管、统计、加工贸易、稽查、缉私等部门应当负责本部门职责范围内涉及商品归类的审核工作，并负责就商品归类疑难问题与商品归类职能部门的对口联系。

商品归类非常设机构是指海关总署设立的协调制度管理委员会、协调制度商品归类技术委员会及其科学分委会、课题组和商品归类顾问小组及各直属海关设立的协调制度商品归类技术小组。这些机构应当按照各自的工作章程及制度开展工作。

(资料来源：http://www.haiguanlvshi.com/gjgl/120.html.)

六、商品归类的其他管理要求

因商品归类引起退税或者补征、追征税款以及征收滞纳金的，按照有关法律、行政法规以及海关总署规章的规定办理。

违反《商品归类管理规定》，构成走私行为、违反海关监管规定行为或者其他违反《海关法》行为的，由海关依照《海关法》和《海关行政处罚实施条例》的有关规定予以处理；构成犯罪的，依法追究刑事责任。

本 章 小 结

《商品名称及编码协调制度》(简称《协调制度》)是一部系统的国际贸易商品分类体系，包括按顺序编排的品目和子目及其相应的六位数编码及条文，类、章和子目的注释，以及商品的归类总规则。

《协调制度》将国际贸易涉及的各种商品按照生产类别、自然属性和不同功能用途等分为 21 类 97 章。

《协调制度》归类总规则包括六个归类规则，应按顺序依次使用：当规则一不适用时，才使用规则二，规则二不适用时，才使用规则三，以此类推。

我国海关自 1992 年 1 月 1 日起开始采用《协调制度》分类目录，并增加了第 7 位、第 8 位子目。

我国商品归类的申报要素要求体现在《中华人民共和国海关进出口商品规范申报目录》之中。

为提高海关归类的准确性，加速货物通关，方便报关单位办理海关手续，我国海关实行商品预归类制度。

自 测 题

一、单项选择题

1. 按照商品归类总规则，下列叙述正确的是(　　)。
   A. 在进行商品税则归类时，商品的包装容器应该单独进行税则归类
   B. 在进行商品税则归类时，列名比较具体的税目优先于列名一般的税目
   C. 在进行商品税则归类时，混合物可以按照其中的一种成分进行税则归类
   D. 从后归类的原则是商品税则归类普遍使用的原则

2. 在进行商品税则归类时，对看起来可以归入两个或两个以上税号的商品，在税目条文和有关的类注或章注均无规定时，其归类次序为(　　)。
   A. 基本特征、最相类似、具体列名、从后归类
   B. 具体列名、最相类似、基本特征、从后归类
   C. 最相类似、具体列名、从后归类、基本特征
   D. 具体列名、基本特征、从后归类、最相类似

3. 我国海关自(　　)起开始采用《协调制度》，进出口商品归类工作成为我国海关最早实现与国际接轨的执法项目之一。
   A. 2001 年 1 月 1 日　　　　B. 2000 年 1 月 1 日
   C. 1994 年 1 月 1 日　　　　D. 1992 年 1 月 1 日

4. 下列可以做出商品预归类决定的我国海关商品归类职能部门是(　　)。
   A. 隶属海关　 B. 直属海关　 C. 海关总署　 D. 北京进出口商品归类办公室

5. 下列货品进出口时，包装物与所装物品应该分别归类的是(　　)。
   A. 纸箱包装的木制婴儿床　　 B. 25 千克塑料桶装涂料
   C. 40 升专用钢瓶装液化氮气　 D. 木箱包装的大型机器设备

二、多项选择题

1. 在我国，对进出口货物进行商品归类的依据有(　　)。
   A.《进出口税则》　 B.《商品及商品注释》
   C.《本国子目注释》　D. 海关总署发布的关于商品归类的行政裁定和商品归类决定

2. 下列关于进出口预归类决定书的使用正确的是(　　)。
   A. 直属海关做出的进出口预归类决定书在本关区范围内有效

B. 海关总署做出的进出口预归类决定书在全国范围内有效

C. 进出口预归类决定书只准申请人使用

D. 预归类决定书内容存在错误的，直属海关应当立即通知申请人停止使用

3. 下列货品属于 HS 归类总规则中所规定的"零售的成套货品"的是(　　)。

A. 一个礼盒，内有咖啡一瓶、咖啡伴侣一瓶、塑料杯子两只

B. 一个礼盒，内有一瓶白兰地酒、一只打火机

C. 一个礼盒，内有一包巧克力、一个塑料玩具

D. 一碗方便面，内有一块面饼、两包调味品、一把塑料小叉

4. 下列货品进出口时，包装物与所装物品应分别归类的是(　　)。

A. 40 升专用钢瓶装液化氮气　　　　B. 25 千克桶(塑料桶)装涂料

C. 纸箱包装的彩色电视机　　　　　　D. 分别进口的照相机和照相机套

5. 下列货品可以与所装物品一并归类的是(　　)。

A. 装有金、银首饰的首饰盒　　　　　B. 装有小提琴的琴箱

C. 装有茶叶的银质茶叶罐　　　　　　D. 包装大型机器设备的木板箱

三、判断题

1. 我国进出口商品编码第五、六位数级子目号为 HS 子目，七、八位数级子目号列为本国子目。　　　　　　　　　　　　　　　　　　　　　　　　　　　　　(　　)

2. 一个商品编码的前两位数字为顺序号，三、四位数字为章号，以后四位数字为子目。　　　　　　　　　　　　　　　　　　　　　　　　　　　　　　　　　(　　)

3. "从后归类"的原则是进行商品归类时优先使用的原则。　　　　　　　(　　)

4. 按照归类总规则的规定，税目所列货品，还应视为包括货物的完整品或制成品在进出口时的未组装件和拆散件。　　　　　　　　　　　　　　　　　　　　(　　)

5. 已具有成品零件的大概形状特征，但是还不能直接使用的毛坯件，可按成品零件归类(除另有规定外)。　　　　　　　　　　　　　　　　　　　　　　　(　　)

四、实训题

请查找下列商品的 HS 编码。

1. 冷藏的葡萄。

2. 石棉制的安全帽。

3. 做手套用的剪成型的针织棉布。

4. 全棉的漂白平纹机织物，250 克/平方米。

5. "鳄鱼"牌牛皮公文包。

6. 晒干的莲子，500 克袋装。

7. 新鲜的未炼制的家禽脂肪。

8. 缺少键盘的便携式计算机。

9. 放在皮盒内出售含有电动理发推子、剪子、梳子、刷子、毛巾的成套理发用具。

10. 全脂奶粉(脂肪含量23%)，未加糖，450克/袋。

第八章　进出口税费计算

【学习要点及目标】

通过本章的学习，了解进口货物原产地的确定标准与进出口税率的适用情况，掌握进出口货物完税价格的确定规则，掌握进出口税费的计算方法，了解进出口税费的减免、征收与退补规定。

【核心概念】

进出口税费　关税　消费税　增值税　船舶吨税　原产地　原产地规则　税率适用　完税价格　税费减免　法定减免　特定减免　临时减免　滞纳金

【引导案例】

不计算关税的麻烦

2007 年，深圳某报关公司代理 A 进出口公司报关进口一批化妆品，交单审单之后，海关打出税费专用缴款书时，税费的数目有误，由于报关员平时没有计算关税的习惯，因此没有发现税费错误。缴税半年后，A 进出口公司的财务人员发现，该批货物进出口税费的数目有误。经过与海关联系并确认之后，办理了一系列的手续，才得以退回多缴部分税款。由此可见，深入了解进出口税费的相关内容，直接关系到企业的切身利益。

(资料来源：苏超艳.报关理论与实务.第 2 版.北京：清华大学出版社，北京交通大学出版社，2012.)

进口按什么征税

某报关行在完成了一票进口货物的申报后，客户拿着海关出具的税收缴款书，不解地问报关员："为什么我们签订的进口合同是 FOB 的，提供给海关的合同也是 FOB 的，而海关出具的缴款书上显示，海关征税是在 CIF 基础上征收呢？该不是海关故意把税基扩大想多收点儿税吧？"这一问，还真让报关员不知如何作答，该用什么合适的规则给客户解释呢？

(资料来源：刘庆珠.报关实训.北京：首都经济贸易大学出版社，2009.)

依法征收税费是海关的基本任务之一，依法缴纳税费是相关纳税义务人的基本义务。学会如何计算和缴纳进出口税费是报关员应该具备的基本技能之一。

进出口税费，是指在进出口环节由海关依法征收的关税、消费税、增值税等税费。

进出口税费计算涉及进出口货物完税价格的审定、原产地确定、税率确定等方面。

第一节　进出口税费概述

一、关税

(一)关税的含义

关税是由海关代表国家，按照国家制定的关税政策和公布实施的税法及进出口税则，对进出关境的货物和物品征收的一种流转税。

(二)关税的要素

1. 关税征收主体

根据《海关法》的规定，行使征收关税职能的国家机关是中华人民共和国海关。未经法律的授权，其他任何单位和个人均无权征收关税。

2. 关税征收对象

法律规定，征收关税的标的物是进出一国关境的货物或物品。

3. 关税纳税主体

关税纳税主体，亦称关税纳税(义务)人，是指依法负有直接向国家缴纳关税义务的法人或自然人。我国关税的纳税义务人是进出口货物的收发货人、进出境物品的所有人。

以下情形相关责任人应承担缴纳税款责任。

(1) 报关企业接受纳税义务人的委托，以纳税义务人的名义办理报关纳税手续，因报关企业违反规定而造成海关少征、漏征税款的，报关企业对少征或者漏征的税款、滞纳金与纳税义务人承担纳税的连带责任。

(2) 报关企业接受纳税义务人的委托，以报关企业的名义办理报关纳税手续的，报关企业与纳税义务人承担纳税的连带责任。

(3) 除不可抗力外，在保管海关监管货物期间，海关监管货物损毁或者灭失的，对海关监管货物负有保管义务的人应当承担相应的纳税责任。

(4) 欠税的纳税义务人，有合并、分立情形的，在合并、分立前，应当向海关报告，依法缴清税款。纳税义务人合并时未缴清税款的，由合并后的法人或者其他组织继续履行未履行的纳税义务；纳税义务人分立时未缴清税款的，分立后的法人或者其他组织对未履行的纳税义务承担连带责任。

(5) 纳税义务人在减免税货物、保税货物监管期间，有合并、分立或者其他资产重组情形的，应当向海关报告。按照规定需要缴税的，应当依法缴清税款；按照规定可以继续享受减免税、保税待遇的，应当到海关办理变更纳税义务人的手续。

(6) 纳税义务人欠税或者在减免税货物、保税货物监管期间，有撤销、解散、破产或者其他依法终止经营情形的，应当在清算前向海关报告。海关应当依法对纳税义务人的应缴税款予以清缴。

(三)关税的分类

按照不同的标准，对关税可以进行不同的分类。

1. 按照货物的流向，关税可分为进口关税、出口关税和过境关税

1) 进口关税

进口关税是指一国(地区)海关对进入其境内的货物和物品征收的关税，这是关税中最主要的一种。

2) 出口关税

出口关税是指一国(地区)海关以出境货物、物品为课税对象所征收的关税。

为鼓励出口，世界各国一般不征收出口关税或仅对少数商品征收出口关税。征收出口关税的主要目的是限制和调控某些商品的过度、无序出口，特别是防止本国一些重要自然资源和原材料的无序出口。

3) 过境关税

过境关税亦称通过税，是指一国(地区)海关对通过其关境的外国货物所征收的一种关税。

征收过境关税的目的是增加财政收入。随着国际贸易的发展，特别是交通条件的改善，目前过境关税已很少见，大多采取税款担保形式操作，以保障过境货物依法原状运出关境。

2. 按照计征标准或计税方法，关税可分为从价税、从量税、复合税、滑准税

1) 从价税

从价税是以货物、物品的价格作为计税标准，以应征税额占货物价格的百分比为税率，价格和税额成正比例关系的关税。我国对进出口货物征收关税主要采用从价税计税标准。

2) 从量税

从量税是以货物和物品的计量单位(如重量、数量、容量等)作为计税标准，按每一计量单位的应征税额征收的关税。

我国目前对冻鸡、啤酒、石油原油、胶卷等进口商品征收从量税。

3) 复合税

复合税是在《进出口税则》中，一个税目中的商品同时使用从价、从量两种标准计税，计税时按两者之和作为应征税额征收的关税。

我国目前对录像机、放像机、摄像机、非家用型摄录一体机、部分数字照相机等进口商品征收复合关税。

4) 滑准税

滑准税是在《进出口税则》中预先按产品的价格高低分档制定若干不同的税率，然后根据进口商品价格的变动而增减进口税率的一种关税。当商品价格上涨时采用较低税率，当商品价格下跌时则采用较高税率，其目的是使该种商品的国内市场价格保持稳定。

目前我国对关税配额外进口的一定数量的棉花(税号：5201.0000)实行滑准税。

【知识拓展】

滑准税在我国的征收状况

1997 年 10 月 1 日到加入世贸组织前，我国曾对进口新闻纸实行过滑准税。2003 年对新闻纸实行单一的从价税税率，停止了滑准税。另外，我国 2005 年 5 月份开始对关税配额外的棉花进口配额征收滑准税，税率滑动的范围为 5%～40%。征收的目的是在大量棉花进口的情况下，减少进口棉对国内棉花市场的冲击，确保棉农收益。这相当于为进口棉花价格设置了底线，因此对国内棉花市场价格形成支撑。

2012 年 1 月 1 日起，我国对关税配额外进口一定数量的棉花继续实施滑准税，并适当调整了滑准税计税公式，具体方式如下。

(1) 当进口棉花完税价格高于或等于 14 元/千克时，暂定从量税税率为 0.570 元/千克。

(2) 当进口棉花完税价格低于 14 元/千克时，暂定关税税率按下式计算：

$$R_i = 8.23/P_i + 3.235\% * P_i - 1 \quad (R_i \leqslant 40\%)$$

(其中：R_i 为暂定关税税税率，对上式计算结果小数点后第 4 位四舍五入保留前 3 位，且当 R_i 按上式计算值高于 0.4 时，取值 0.4；P_i 为关税完税价格，单位为元/千克)

2013 年 1 月 1 日起，我国对关税配额外进口一定数量的棉花继续实施滑准税，并适当调整滑准税计税公式。具体方式如下：

(1) 当进口棉花完税价格高于或等于 14.000 元/千克时，暂定从量税率为 0.570 元/千克。

(2) 当进口棉花完税价格低于 14.000 元/千克时，暂定关税税率按下式计算：

$$R_i = 8.87/P_i + 2.908\% \times P_i - 1 \quad (R_i \leqslant 40\%)$$

(其中：R_i 为暂定关税税率，对上式计算结果小数点后第 4 位四舍五入保留前 3 位，且当 R_i 按上式计算值高于 0.4 时，取值 0.4；P_i 为关税完税价格，单位为元/千克)

2014 年 1 月 1 日起，我国对关税配额外进口一定数量的棉花继续实施滑准税，并适当调整相关公式参数，适用税率有所提高。具体方式如下。

(1) 当进口棉花完税价格高于或等于 15.000 元/千克时，暂定从量税税率为 0.570 元/千克；

(2) 当进口棉花完税价格低于 15.000 元/千克时，暂定从价税税率按下式计算：

$$R_i = 9.337/P_i + 2.77\% \times P_i - 1 (R_i \leqslant 40\%)$$

(其中：R_i 为暂定从价税税率，对上式计算结果小数点后第 4 位四舍五入保留前 3 位；P_i 为关税完税价格，单位为元/千克)

与 2013 年相比有三处修改：一是将暂定从量税起征点由 14.000 元/千克提高到 15.000 元/千克；二是将公式中的常数 8.87 调整为 9.337；三是将常数 2.908% 调整为 2.77%。

3. 按照是否施惠，关税可分为普通关税、优惠关税

1) 普通关税

普通关税又称一般关税，是指对与本国没有签署贸易或经济互惠等友好协定的国家或地区原产的货物征收的非优惠关税。目前我国对少数与我国没有外交关系且不属于世界贸易组织成员的国家或地区的进口货物适用普通税率。

对无法判明原产地的货物，适用普通税率。

2) 优惠关税

优惠关税是指对来自特定国家或地区的进口货物在关税方面给予优惠待遇，按照比普通关税税率低的税率征收的关税。

优惠关税一般有最惠国待遇关税、协定优惠关税、特定优惠关税、普遍优惠关税四种。

(1) 最惠国待遇关税

我国规定，原产于共同适用最惠国待遇条款的世界贸易组织成员的进口货物、原产于与我国签订含有相互给予最惠国待遇条款的双边贸易协定的国家或地区的进口货物，以及原产于我国关境内的进口货物，适用最惠国待遇关税。

(2) 协定优惠关税

我国规定，原产于与我国签订含有关税优惠条款的区域性贸易协定的国家或地区的进口货物，适用协定税率。目前，我国对亚太、东盟、香港 CEPA、澳门 CEPA、台湾农产品、ECFA、秘鲁、新加坡、智利、巴基斯坦、新西兰、哥斯达黎加等自由贸易协定或优惠安排项下进口货物适用协定优惠关税。

(3) 特定优惠关税

特定优惠关税又称特惠关税，原产于与我国签订含有特殊关税优惠条款的贸易协定的国家或地区的进口货物，适用特惠税率。目前，我国对孟加拉、老挝、缅甸、柬埔寨、埃塞俄比亚等共 40 个国家部分进口商品实施特惠关税。

(4) 普遍优惠关税

普遍优惠关税是指发达国家对进口原产于发展中国家的工业制成品、半制成品和某些

初级产品降低或取消进口关税待遇的一种关税优惠。我国是发展中国家，对进口货物不存在普惠税率。

4. 按照是否根据税则征收，关税分为正税和附加税

1) 正税

正税是按照《进出口税则》中的进口税率征收的关税。正税具有规范性、相对稳定性的特点。

2) 附加税

附加税是指国家由于特定需要，对货物除征收关税正税之外另行征收的关税，一般具有临时性特点。附加税包括反倾销税、反补贴税、保障措施关税、报复性关税等。

世界贸易组织不准其成员方在一般情况下随意征收附加税，只有符合世界贸易组织反倾销、反补贴等有关规定的，才可以征收。

(1) 反倾销税

反倾销税是为抵制外国商品倾销进口，保护国内相关产业而征收的一种进口附加税，即在倾销商品进口时除征收进口关税外，另外加征反倾销税。根据我国《反倾销条例》的规定，凡进口产品以低于其正常价值出口到我国且对我国相关企业造成实质性损害的即为倾销。

反倾销税由商务部提出建议，国务院关税税则委员会做出决定，海关负责征收，其税额不超出倾销幅度。目前我国征收的进口附加税主要是反倾销税。

(2) 反补贴税

反补贴税是指为抵消进口商品在制造、生产和输出时直接或间接接受的任何奖金或补贴而征收的附加税，即在补贴商品进口时除征收进口关税外，另外加征反补贴税。根据我国《反补贴条例》的规定，出口国(地区)政府或者任何公共机构提供的为接受者带来利益等的财政资助以及任何形式的收入或者价格支持的为补贴。进口产品存在补贴，并对已经建立的国内产业造成实质损害或者产生实质损害威胁，或者对建立国内产业造成实质阻碍的，采取反补贴措施。

反补贴税由商务部提出建议，国务院关税税则委员会做出决定，海关负责征收，其税额不超出补贴幅度。

(3) 保障措施关税

保障措施关税是指因进口产品数量增加，并对生产同类产品或直接竞争产品的国内产业造成严重损害或严重威胁而征收的关税。保障措施关税分临时保障措施关税和最终保障措施关税两类。其不分国别，对来自所有国家和地区的同一产品，一般只适用一个税率。

根据我国《保障措施条例》的规定，保障措施关税由商务部提出建议，国务院关税税则委员会做出决定，海关负责征收。

(4) 报复性关税

报复性关税是指当他国对本国出口货物有不利或歧视性待遇时，对从该国进口的货物予以报复而征收的一种附加税。

《关税条例》规定：任何国家或者地区违反与中华人民共和国签订或者共同参加的贸易协定及相关协定，对中华人民共和国在贸易方面采取禁止、限制、加征关税或者其他影响正常贸易的措施的，对原产于该国家或者地区的进口货物可以征收报复性关税，适用报复性关税税率。征收报复性关税的货物、适用国别、税率、期限和征收办法，由国务院关税税则委员会决定并公布。

以上按照是否施惠及是否按税则征收标准对关税的分类，均只适用于进口关税。

二、进口环节代征税

进口货物、物品在办理海关手续放行后，进入国内流通领域，与国内货物同等对待，需缴纳应征的国内税。进口货物、物品的国内税依法由海关在进口环节征收。目前，进口环节海关代征税(简称进口环节代征税)主要有增值税、消费税和船舶吨税三种。

(一)增值税

1. 含义

增值税是以商品的生产、流通和劳务服务各个环节所创造的新增价值为课税对象而征收的一种流转税。进口环节增值税是在货物、物品进口时，由海关依法向进口货物的法人或自然人征收的一种增值税。

2. 征收主体

进口环节增值税由海关依法向进口货物的法人或自然人征收，其他环节的增值税由税务机关征收。

3. 纳税义务人

依据《中华人民共和国增值税暂行条例》，在我国境内销售货物或者提供加工、修理修配劳务以及进口货物的单位和个人，为增值税的纳税人，应当缴纳增值税。

4. 征收范围和税率

纳税人销售或者进口下列货物，税率为13%：①粮食、食用植物油；②自来水、暖气、冷气、热水、煤气、石油液化气、天然气、沼气、居民用煤炭制品；③图书、报纸、杂志；④饲料、化肥、农药、农机、农膜；⑤国务院规定的其他货物。

纳税人销售或者进口货物，除适用 13%税率的货物外，以及提供加工、修理修配劳务，税率为 17%。

【相关链接】

海关总署公告 2009 年第 69 号(关于进口粗铜中含金部分免征进口环节增值税有关问题)

经国务院批准，自 2009 年 11 月 1 日起，对进口粗铜中所含的黄金价值部分免征进口环节增值税，非黄金价值部分仍照章征收进口环节增值税。现就有关事项公告如下。

一、享受上述进口税收优惠政策的粗铜仅指归入税则号列 74020000 项下的锭状未精炼铜。

二、进口锭状未精炼铜的进口货物收货人，需在相关货物申报进口前先就作价情况向海关提交书面说明并提交以下有关单证，方能享受上述进口税收优惠政策。

(一)分别列明锭状未精炼铜所含黄金及其他成分各自比例或含量的商检证书。

(二)单独列明锭状未精炼铜所含黄金成分价值的合同或发票。

(三)海关需要的其他相关证明文件。

三、进口货物收货人在向海关申报进口锭状未精炼铜时，其中所含黄金价值部分的商品编码应填报为 7402000001，非黄金价值部分的商品编码应填报为 7402000090。进口货物收货人向海关申报进口税则号列 74020000 项下其他商品时，商品编码应填报为 7402000090。

(二)消费税

1. 含义

消费税是以特定消费品的流转额作为课税对象而征收的一种流转税。即在对货物普遍征收增值税的基础上，选择少数消费品再予征收的一种税。其目的是为了调节产品结构，引导消费方向，保证国家财政收入。

2. 征收主体

进口环节消费税由海关依法向进口货物的法人或自然人征收，其他环节的消费税由税务机关征收。

3. 纳税义务人

依据《中华人民共和国消费税暂行条例》，在我国境内生产、委托加工和进口本条例规定的消费品的单位和个人，以及国务院确定的销售本条例规定的消费品的其他单位和个人，为消费税的纳税人，应当缴纳消费税。

4. 征收范围和税率

如表 8.1 所示，消费税的征收范围，仅限于少数消费品，大体可分为以下 4 种类型的产品。

(1) 一些过度消费会对人的身体健康、社会秩序、生态环境等方面造成危害的特殊消费品，如烟、酒、酒精、鞭炮、焰火等。

(2) 奢侈品、非生活必需品，如贵重首饰及珠宝玉石、化妆品等。

(3) 高能耗的高档消费品，如小轿车、摩托车等。

(4) 不可再生和替代的资源类消费品，如汽油、柴油等。

表 8.1　消费税税目税率

税　目	税　率
一、烟	
1.卷烟	
(1)甲类卷烟	56%加 0.003 元/支(生产环节)
(2)乙类卷烟	36%加 0.003 元/支(生产环节)
(3)批发环节	5%
2.雪茄烟	36%
3.烟丝	30%
二、酒及酒精	
1.白酒	20%加 0.5 元/500 克(或者 500 毫升)
2.黄酒	240 元/吨
3.啤酒	
(1)甲类啤酒	250 元/吨
(2)乙类啤酒	220 元/吨
4.其他酒	10%
5.酒精	5%
三、化妆品	30%
四、贵重首饰及珠宝玉石	
1.金银首饰、铂金首饰和钻石及钻石饰品	5%
2.其他贵重首饰和珠宝玉石	10%
五、鞭炮、焰火	15%

税　目	税　率
六、成品油	
1.汽油	
(1)含铅汽油	1.40 元/升
(2)无铅汽油	1.00 元/升
2.柴油	0.80 元/升
3.航空煤油	0.80 元/升
4.石脑油	1.00 元/升
5.溶剂油	1.00 元/升
6.润滑油	1.00 元/升
7.燃料油	0.80 元/升
七、汽车轮胎	3%
八、摩托车	
1.汽缸容量(排气量，下同)在 250 毫升(含 250 毫升)以下的	3%
2.汽缸容量在 250 毫升以上的	10%
九、小汽车	
1.乘用车	
(1)汽缸容量(排气量，下同)在 1.0 升(含 1.0 升)以下的	1%
(2)汽缸容量在 1.0 升以上至 1.5 升(含 1.5 升)的	3%
(3)汽缸容量在 1.5 升以上至 2.0 升(含 2.0 升)的	5%
(4)汽缸容量在 2.0 升以上至 2.5 升(含 2.5 升)的	9%
(5)汽缸容量在 2.5 升以上至 3.0 升(含 3.0 升)的	12%
(6)汽缸容量在 3.0 升以上至 4.0 升(含 4.0 升)的	25%
(7)汽缸容量在 4.0 升以上的	40%
2.中轻型商用客车	5%
十、高尔夫球及球具	10%
十一、高档手表	20%
十二、游艇	10%
十三、木制一次性筷子	5%
十四、实木地板	5%

(三)船舶吨税

1. 含义

船舶吨税(简称吨税)是由海关在设关口岸对自中华人民共和国境外港口进入境内港口的船舶(简称应税船舶)使用港口助航设施而征收的税款,专项用于航道设施的建设。

根据《中华人民共和国海关船舶吨税暂行办法》和《船舶吨税征收管理作业规程》,船舶吨税由海关代交通部征收,海关征收后就地上缴中央国库。

2. 征纳规定

依据《中华人民共和国船舶吨税暂行条例》,吨税设置优惠税率和普通税率。中华人民共和国籍的应税船舶,船籍国(地区)与中华人民共和国签订含有相互给予船舶税费最惠国待遇条款的条约或者协定的应税船舶,适用优惠税率。其他应税船舶,适用普通税率。吨税按照船舶净吨位和吨税执照期限征收。吨税分 1 年期缴纳、90 天期缴纳与 30 天期缴纳三种,由应税船舶负责人自行选择(见表 8.2)。

表 8.2　吨税税目税率

税目 (按船舶净吨位划分)	税率(元/净吨)						备注
	普通税率 (按执照期限划分)			优惠税率 (按执照期限划分)			
	1 年	90 日	30 日	1 年	90 日	30 日	
不超过 2000 净吨	12.6	4.2	2.1	9.0	3.0	1.5	拖船和非机动驳船分别按相同净吨位船舶税率的 50% 计征税款
超过 2000 净吨,但不超过 10 000 净吨	24.0	8.0	4.0	17.4	5.8	2.9	
超过 10 000 净吨,但不超过 50 000 净吨	27.6	9.2	4.6	19.8	6.6	3.3	
超过 50 000 净吨	31.8	10.6	5.3	22.8	7.6	3.8	

船舶吨税起征日为应税船舶进入港口的当日。进境后驶达锚地的,以船舶抵达锚地之日起计算;进境后直接靠泊的,以靠泊之日起计算。

吨税的应纳税额按照船舶净吨位乘以适用税率计算。其计算公式为

$$船舶吨税税额 = 船舶净吨位 \times 适用税率(元/净吨)$$

【应用案例】

一艘进入我国境内某口岸的希腊籍船舶(净吨位 58 000),船舶负责人申报纳税期 90 日。计算应征税额。

计算过程如下。

首先,确定适用的税率种类,希腊与我国签订了船舶税费最惠国待遇条款的条约或者协定,适用优惠税率;其次,确定船舶吨位和申报纳税期所适用的税率额为 7.6 元/净吨;最后,按照计算公式计算应征税额。

船舶吨税税额=船舶净吨位×适用税率(元/净吨)

=58 000×7.6

=440 800.00(元)

对申报为拖船的,应按照发动机功率每 1 千瓦折合净吨位 0.67 吨进行折算。

应税船舶在吨税执照期满后尚未离开港口的,应当申领新的吨税执照,自上一次执照期满的次日起续缴吨税。

应税船舶负责人应当自海关填发吨税缴款凭证之日起 15 日内向指定银行缴清税款。未按期缴清税款的,自滞纳税款之日起,按日加收滞纳税款 0.5‰的滞纳金。

海关发现少征或者漏征税款的,应当自应税船舶应当缴纳税款之日起 1 年内,补征税款。但因应税船舶违反规定造成少征或者漏征税款的,海关可以自应当缴纳税款之日起 3 年内追征税款,并自应当缴纳税款之日起按日加征少征或者漏征税款 0.5‰的滞纳金。

海关发现多征税款的,应当立即通知应税船舶办理退还手续,并加算银行同期活期存款利息。应税船舶发现多缴税款的,可以自缴纳税款之日起 1 年内以书面形式要求海关退还多缴的税款并加算银行同期活期存款利息。应税船舶负责人或其代理人向海关申请退还税款及利息时,应当提交退税申请书及原船舶吨税缴款书和可以证明应予退税的材料。海关自受理退税申请之日起 30 日内查实并通知应税船舶办理退税手续。应税船舶负责人或其代理人应当自收到海关准予退税的通知之日起 3 个月内办理退税手续。

应税船舶有下列行为之一的,由海关责令限期改正,处 2000 元以上 3 万元以下罚款;不缴或者少缴应纳税款的,处不缴或者少缴税款 50%以上 5 倍以下的罚款,但罚款不得低于 2000 元:①未按照规定申报纳税、领取吨税执照的;②未按照规定交验吨税执照及其他证明文件的。

吨税税款、滞纳金、罚款以人民币计算。

3. 免征吨税的船舶情形

下列船舶免征吨税。

(1) 应纳税额在人民币 50 元以下的船舶。

(2) 自境外以购买、受赠、继承等方式取得船舶所有权的初次进口到港的空载船舶。

(3) 吨税执照期满后 24 小时内不上下客货的船舶。

(4) 非机动船舶(不包括非机动驳船)。

(5) 捕捞、养殖渔船。

(6) 避难、防疫隔离、修理、终止运营或者拆解，并不上下客货的船舶。

(7) 军队、武装警察部队专用或者征用的船舶。

(8) 依照法律规定应当予以免税的外国驻华使领馆、国际组织驻华代表机构及其有关人员的船舶。

(9) 国务院规定的其他船舶。

符合第(5)～(8)项规定的船舶，船舶负责人或其代理人应当向海关提供海事部门、渔业船舶管理部门或者卫生检疫部门等部门、机构出具的具有法律效力的证明文件或者使用关系证明文件，申明免税的依据和理由。

【相关链接】

1 月份日照海关征收船舶吨税激增

船舶吨税是海关代国家其他部门征收的三种进口环节税之一，专项用于海上航标的维护、建设和管理，并自 2001 年起全部上缴中央国库，成为国家中央财政收入的重要来源之一。2010 年 1 月份，日照海关共征收船舶吨税 1780.56 万元，同比增长 114.17%，创单月最好水平。

2006 年以来，日照口岸 30 万吨级矿石码头等一批大型专业化码头相继建成投产，港口卸载能力显著增强。2010 年以来，受国内钢材需求看涨及电煤紧张因素影响，日照口岸铁矿砂、煤炭进口激增，船舶集中到港；同时，由于近期北方持续降温、海面结冰、港口封港，部分船舶转至日照港卸货；另外，日照海关推出了国际航行船舶在港"零待时"监管模式，允许进出港区的国际航行船舶提前办理出入境手续，实现了船舶停靠码头后的即时装卸、即时出入境，大大缩短了船舶在港的非作业停靠时间，降低了企业通关成本，吸引国际大型货轮纷纷选择挂靠该口岸，直接拉动了船舶吨税增加。据统计，1 月份国际航行船舶进出境 544 艘次，同比增长 32.04%。

为确保船舶吨税收入及时上缴国库，日照海关规范船舶申报，同时加大风险分析，提高吨税征管水平，通过开展登轮调研等方式加强对船舶单证及实体的核查，1 月份该关对两艘对外租赁的中国籍船舶补征税款 15 万余元，有效化解了船舶吨税征管风险。

(资料来源：青岛海关网.)

第二节 进出口货物完税价格的审定

目前，我国海关主要采用从价税的征收方法对进出口货物征收税款。经海关审查并确定作为凭以计征税款的货物价格称为完税价格。海关审定货物的完税价格的行为过程称为海关估价。海关审定完税价格是要根据一定的法律规范和判定标准的，即《海关法》、《关税条例》和《审价办法》。

一、进口货物完税价格的审定

进口货物完税价格的审定包括一般进口货物完税价格的审定和特殊进口货物完税价格的审定两方面的内容。

(一)一般进口货物完税价格的审定

海关用来审定进口货物完税价格的估价方法共有六种：进口货物成交价格估价方法、相同货物成交价格估价方法、类似货物成交价格估价方法、倒扣价格估价方法、计算价格估价方法、合理方法。上述估价方法应当依次采用，但如果进口货物纳税义务人提出要求，并提供相关资料，经海关同意，可以颠倒倒扣价格法和计算价格法的适用次序。

1. 进口货物成交价格估价方法

《审价办法》规定：进口货物的完税价格，由海关以该货物的成交价格为基础审查确定，并应包括货物运抵中华人民共和国境内输入地点起卸前的运输及相关费用、保险费。

进口货物的成交价格，是指卖方向中华人民共和国境内销售该货物时买方为进口该货物向卖方实付、应付的，并按有关规定调整后的价款总额，包括直接支付的价款和间接支付的价款。从该定义的内容可以看出，进口货物的成交价格有其特定含义，必须符合"销售"的要求，并由实付、应付价格和直接、间接支付及调整因素构成，还要满足一定的条件。

1) 关于"向中华人民共和国境内销售"

这是指将进口货物实际运入中华人民共和国境内，货物的所有权和风险由卖方转移给买方，买方为此向卖方支付价款的行为。

2) 关于"实付、应付价格"

这是指买方为购买进口货物而向卖方或者为履行卖方义务向第三方已经支付或者将要支付的全部款项。

3) 关于"直接、间接支付"

成交价格应包括直接支付和间接支付，其中直接支付是买方直接向卖方支付的款项，而间接支付是指买方根据卖方的要求，将货款全部或者部分支付给第三方，或者冲抵买卖双方之间的其他资金往来的付款方式。

【应用案例】

间接支付的理解

间接支付常见的有两种情况：一种是由于卖方欠买方债务，因此在实付或应付价格中已经扣减上述债务。例如，中国上海某公司向法国某玩具厂支付了一票货物的价款，共 1850 美元，实际上法国玩具厂应向上海公司收取 2200 美元，但由于法国玩具厂欠上海公司 350 美元，因此，法国玩具厂向上海公司收取 1850 美元。海关完税价格应为 2200 美元。

第二种情况是买方向第三方清偿卖方欠第三方的债务。例如，中国上海某公司向法国某玩具厂支付了一票货物的价款，共 3500 美元。在此以前，法国玩具厂向中国北京的一家公司出售了一批玩具，但在运输过程中货物受到了损失。基于长期的合作关系，法国玩具厂邀请中国上海公司先向北京公司赔偿索赔，然后法国玩具厂从发票中冲减 500 美元。因此，待估货物的价格 3 500 美元是减 500 美元之后的价格。海关完税价格应为 4000 美元。

(资料来源：张炳达，顾涛. 进出口货物报关实务. 上海：立信会计出版社，2012.)

4) 关于"调整因素"

调整因素包括计入项目和扣除项目。

(1) 计入项目

下列项目若由买方支付，未包括在进口货物的实付或应付价格中，有客观量化的数据资料，必须计入完税价格。

① 销售佣金和经纪费

销售佣金是指卖方向其销售代理人支付的佣金，但上述佣金如果由买方直接付给卖方的代理人，按照规定应该计入完税价格中。

经纪费是指买方为购进进口货物向代表买卖双方利益的经纪人支付的劳务费用，根据规定应计入完税价格中。

② 与进口货物作为一个整体的容器费

与有关货物归入同一个税号的容器与该货物视作一个整体，比如说酒瓶与酒构成一个不可分割的整体，两者归入同一税号，如果没有包括在酒的完税价格中间，则应该计入。

③ 包装费

包装费既包括材料费，也包括劳务费。

④ 协助的价值

在国际贸易中，买方以免费或以低于成本价的方式向卖方提供了一些货物或者服务，这些货物或服务的价值被称为协助的价值。具体包括：进口货物所包含的材料、部件、零件和类似货物的价值；在生产进口货物过程中使用的工具、模具和类似货物的价值；在生产进口货物过程中消耗的材料的价值；在境外完成的为生产该进口货物所需的工程设计、技术研发、工艺及制图等工作的价值。

⑤ 特许权使用费

特许权使用费是指进口货物的买方为取得知识产权权利人及权利人有效授权人关于专利权、商标权、专有技术、著作权、分销权或者销售权的许可或者转让而支付的费用。

⑥ 返给卖方的转售收益

(2) 扣减项目

进口货物的价款中单独列明的下列费用、税收，不计入该货物的完税价格。

① 厂房、机械或者设备等货物进口后发生的建设、安装、装配、维修或者技术援助费用，但是保修费用除外。

② 货物运抵境内输入地点起卸后发生的运输及其相关费用、保险费。

③ 进口关税、进口环节代征税及其他国内税。

④ 为在境内复制进口货物而支付的费用。

⑤ 境内外技术培训及境外考察费用。

⑥ 买方为购买进口货物而融资所产生的利息费用。

5) 成交价格本身须满足的条件

根据规定，成交价格必须具备以下四个条件。

(1) 买方对进口货物的处置和使用不受限制。

有下列情形之一的，视为对买方处置或者使用进口货物进行了限制。

① 进口货物只能用于展示或者免费赠送的。

② 进口货物只能销售给指定第三方的。

③ 进口货物加工为成品后只能销售给卖方或者指定第三方的。

④ 其他经海关审查，认定买方对进口货物的处置或者使用受到限制的。

但是以下三种限制并不影响成交价格的成立：国内法律、行政法规规定的限制；对货物转售地域的限制；对货物价格无实质影响的限制。

(2) 进口货物的价格不应受到某些条件或因素的影响而导致该货物的价格无法确定。

有下列情形之一的，视为进口货物的价格受到了使该货物成交价格无法确定的条件或者因素的影响。

① 进口货物的价格是以买方向卖方购买一定数量的其他货物为条件而确定的。

② 进口货物的价格是以买方向卖方销售其他货物为条件而确定的。

③ 其他经海关审查，认定货物的价格受到使该货物成交价格无法确定的条件或者因素

影响的。

(3) 卖方不得直接或间接从买方获得因转售、处置或使用进口货物而产生的任何收益，除非上述收益能够被合理确定。

(4) 买卖双方之间没有特殊关系，或虽有特殊关系但不影响成交价格。

根据规定，有下列情形之一的，应当认定买卖双方有特殊关系。

① 买卖双方为同一家族成员。

② 买卖双方互为商业上的高级职员或董事。

③ 一方直接或间接地受另一方控制。

④ 买卖双方都直接或间接地受第三方控制。

⑤ 买卖双方共同直接或间接地控制第三方。

⑥ 一方直接或间接地拥有、控制或持有对方 5%以上(含 5%)公开发行的有表决权的股票或股份。

⑦ 一方是另一方的雇员、高级职员或董事。

⑧ 买卖双方是同一合伙的成员。

⑨ 买卖双方在经营上相互有联系，一方是另一方的独家代理、经销或受让人。

买卖双方有特殊关系这个事实本身并不能构成海关拒绝成交价格的理由，买卖双方之间存在特殊关系，但是纳税义务人能证明其成交价格与同时或者大约同时发生的下列任何一款价格相近的，视为特殊关系未对进口货物的成交价格产生影响。

① 向境内无特殊关系的买方出售的相同或者类似进口货物的成交价格。

② 按照倒扣价格估价方法所确定的相同或者类似进口货物的完税价格。

③ 按照计算价格估价方法所确定的相同或者类似进口货物的完税价格。

海关在使用上述价格进行比较时，需考虑商业水平和进口数量的不同，以及买卖双方有无特殊关系造成的费用差异。

另外，对于进口公式定价货物，交易中买卖双方未以具体明确的数值约定货物价格，而是在向中华人民共和国境内销售货物所签订的合同中，买卖双方以约定的定价公式来确定货物结算价格的，如同时符合下列条件，海关以买卖双方约定的定价公式所确定的结算价格，即买方为购买该货物支付的价款总额为基础审定完税价格。

——在货物运抵中华人民共和国境内前买卖双方已书面约定定价公式。

——结算价格取决于买卖双方均无法控制的客观条件和因素。

——自货物申报进口之日起 6 个月内能够根据定价公式确定结算价格。

——结算价格符合《审价办法》中成交价格的有关规定。

进口货物成交价格法是海关估价中使用最多的一种估价方法，但是如果货物的进口非因销售引起或销售不能符合成交价格须满足的条件，就不能采用成交价格法，而应该依次采用下列方法审查确定货物的完税价格。

【应用案例】

买卖双方之间特殊关系与完税价格的确定

某市一进口商 B 有限公司于 2009 年 12 月 24 日首次向该市北仑海关申报产地为韩国的氯乙烯 27 000 吨，申报单价为 CIF 680 美元/吨，进口商提供了合同、发票、提单等单证。合同为 2009 年 9 月 1 日到 2010 年 12 月 31 日的长期合约，供货方为韩国 A 股份有限公司。根据合约的规定，进口商每月将进口 2 万～3 万吨氯乙烯。

合同中买卖双方约定采用公式作价：即每吨氯乙烯的 CIF 价=0.23×乙烯价+0.83×二氯乙烷价+固定加工费及运费 115 美元/吨。乙烯采用的是某石油股份有限公司出售给 A 股份有限公司的价格减去 8 美元。二氯乙烷由 "HARRIMAN" 报道杂志中 CIF 亚洲的平均价格计算。加工费与运费之和为固定值 115 美元/吨。对于计价期，合同中规定为 "前一个月的价格计之"。从其作价公式分析，其价格为典型的跨国公司内部转移定价。

海关审价人员对比申报同期氯乙烯国际行情东南亚均价为 CIF 720 美元/吨，及其他口岸进口韩国氯乙烯的价格为 CIF 710～775 美元/吨，认为其申报价格偏低。于是海关制发 "价格质疑通知书"，质疑理由：买卖双方存在特殊关系，且可能对成交价格有影响。企业填写的 "价格申报单" 中证明买卖双方之间为子母公司。企业说明，该氯乙烯作价公式仅适用于 B 公司，而其他公司与母公司订货时，价格另议。

海关根据《海关审定进出口货物完税价格办法》第十六条规定，确定买卖双方存在特殊关系，于是进行特殊关系影响成交价格的审核认定、价格磋商，收集相关材料，认为其申报价格将使该进口商以较低的生产成本获取较高的利润。海关遂不接受进口商的申报价格，并启动海关估价程序，与进口商磋商。由于 A 股份公司未向除 B 有限公司之外的我国境内无特殊关系的买方出售氯乙烯，也未见其他厂商生产的氯乙烯的销售记录，企业方面也未能举证，鉴于以上几点，海关排除采用相同和类似货物成交价格方法。而倒扣价格方法是以被估货物、相同类似进口货物在境内销售的价格为基础估定的，B 有限公司进口氯乙烯是用于生产聚氯乙烯(PVC)，未进行销售，所以倒扣方法也无法使用。计算方法所需要的生产使用的原材料价值和加工费用的标准，限于条件无法收集，而 B 有限公司也拒绝进一步提供相关资料。最后海关根据估价方法的顺序确定采用合理方法估价，按照 CIF 价 720 美元/吨做出初步的估价决定，并对随后进口的 10 票报关单也按照该价格估价征税，共计补税额 142 万元。由于该企业长期进口氯乙烯，用于生产下游的聚氯乙烯，为了正确评估进口商的利润水平，海关将继续对原料进口后生产销售的 PVC 的相关成本及合理利润等开展后续价格核查及监控。

（资料来源：武晋军. 报关实务. 第 2 版. 北京：电子工业出版社，2011.）

2. 相同及类似货物成交价格估价方法

相同及类似进口货物成交价格估价方法，即以与被估货物同时或大约同时向中华人民共和国境内销售的相同货物及类似货物的成交价格为基础，审查确定进口货物完税价格的方法。

"相同货物"，指与进口货物在同一国家或者地区生产的，在物理性质、质量和信誉等所有方面都相同的货物，但是表面的微小差异允许存在。

"类似货物"，指与进口货物在同一国家或者地区生产的，虽然不是在所有方面都相同，但是却具有相似的特征、相似的组成材料、相同的功能，并且在商业中可以互换的货物。

"同时或大约同时"，指在海关接受申报之日的前后各 45 天以内。

【相关链接】

相同和相似货物示例

一辆白色的奥迪 A1 轿车与一辆黑色的奥迪 A1 轿车都是在德国生产，在物理性质、质量和信誉等所有方面都相同，只是颜色不同，属于微小差异，所以它们属于相同货物。而奥迪轿车与宝马轿车都是在德国生产的，在功能上相同，组成材料类似，在商业中可以互换，所以它们属于相似货物。

在运用这两种估价方法时，应注意以下两点。

一是首先应使用和进口货物处于相同商业水平、大致相同数量的相同或类似货物的成交价格，只有在上述条件不满足时，才可采用以不同商业水平和不同数量销售的相同或类似进口货物的价格，但不能将上述价格直接作为进口货物的价格，还须对由此而产生的价格方面的差异做出调整。此外，对进口货物与相同或类似货物之间由于运输距离和运输方式不同而在成本和其他费用方面产生的差异应进行调整。上述调整都必须建立在客观量化的数据资料的基础上。

二是首先应使用同一生产商生产的相同或类似货物的成交价格，只有在没有同一生产商生产的相同或类似货物的成交价格的情况下，才可以使用同一生产国或地区不同生产商生产的相同或类似货物的成交价格。如果有多个相同或类似货物的成交价格，应当以最低的成交价格为基础估定进口货物的完税价格。

3. 倒扣价格估价方法

倒扣价格估价方法即以进口货物、相同或类似进口货物在境内第一次转售的销售价格为基础，扣除境内发生的有关费用来估定完税价格。

1) 用以倒扣的上述销售价格应同时符合的条件

(1) 在被估货物进口时或大约同时,将该货物、相同或类似进口货物在境内销售的价格。

(2) 按照该货物进口时的状态销售的价格。

(3) 在境内第一次转售的价格。

(4) 向境内无特殊关系方销售的价格。

(5) 按照该价格销售的货物合计销售总量最大。

【相关链接】

最大销售总量的单价的理解

国内某一进口商,在货物进口之后,按不同的价格分7批销售了400件衣服。其中:

按100元的单价销售了80件;

按90元的单价销售了60件;

按100元的单价销售了30件;

按95元的单价销售了100件;

按105元的单价销售了50件;

按90元的单价销售了70件;

按100元的单价销售了10件。

这里的最大销售总量单位的单价,不是指这7批销售中间最大的一批销售的单价,而是指把以同一价格销售的所有衣服数量相加,找出其中数量最大的一种的单价。也就是说:

按90元的单价总共销售了两批衣服,总量是130件;

按95元的单价总共销售了一批衣服,总量是100件;

按100元的单价总共销售了三批衣服,总量是120件;

按105元的单价总共销售了一批衣服,总量是50件。

这里,130件总量单位是最大销售总量,所以进口衣服最大销售总量的单价是90元。因此,应该以90元为基础进行倒扣必要的费用,从而确定进口衣服的完税价格。

(资料来源:张炳达,顾涛. 进出口货物报关实务. 上海:立信会计出版社,2012.)

2) 倒扣价格法的倒扣项目

在使用倒扣价格法时,还必须在所确定的销售价格基础上,扣除以下一些税费。

(1) 该货物的同级或同种类货物在境内第一次转售时通常支付的佣金及利润和一般费用。

(2) 货物运抵境内输入地点之后的运输及其相关费用、保险费。

(3) 进口关税、进口环节代征税及其他国内税。

(4) 加工增值额,如果以货物经过加工后在境内转售的价格作为倒扣价格的基础,则必须扣除上述加工增值部分。

4．计算价格估价方法

计算价格估价方法是以发生在生产国或地区的生产成本作为基础的价格。

按有关规定采用计算价格法时，进口货物的完税价格由下列各项目的总和构成。

(1) 生产该货物所使用的料件成本和加工费用。

(2) 向境内销售同等级或者同种类货物通常的利润和一般费用。

(3) 货物运抵中华人民共和国境内输入地点起卸前的运输及其相关费用、保险费。

5．合理方法

合理方法，是指当海关不能根据成交价格估价方法、相同货物成交价格估价方法、类似货物成交价格估价方法、倒扣价格估价方法和计算价格估价方法确定完税价格时，根据公平、统一、客观的估价原则，以客观量化的数据资料为基础审查确定进口货物完税价格的估价方法。

合理方法本身不是一种具体的估价方法，实际运用时，应按顺序合理、灵活使用成交价格法、相同货物成交价格法、类似货物成交价格法、倒扣价格法和计算价格法。

例如，使用相同或类似货物成交价格方法估价时，必须采用与被估货物同一原产地的货物价格，依次使用合理方法时就可采用与被估货物国家发展程度相当的其他国家相同或类似货物价格估定。

又如，使用倒扣方法中有时间要素的要求限制，不得采用被估货物进口前后 90 天外的价格作为倒扣价格的基础，而按照合理方法，这个期限就可以突破，只要不违背客观、公平、统一的海关估价原则。

【知识要点提示】

在运用合理方法估价时，禁止使用以下 6 种价格。

(1) 境内生产的货物在境内的销售价格。

(2) 在两种价格中较高的价格。

(3) 依据货物在出口地市场的销售价格。

(4) 以计算价格法规定之外的价值或者费用计算的相同或者类似货物的价格。

(5) 依据出口到第三国或地区货物的销售价格。

(6) 依据最低限价或武断、虚构的价格。

【应用案例】

不服海关估价征税复议案

2000 年 2~7 月间，当事人上海嘉荣医疗器材有限公司(以下简称上海嘉荣)委托苏州进出口集团公司向太仓海关报关进口输液泵、注射泵 5 批，申报单价均为 USD 400。同年 7 月，太仓海关在价格核查时发现：输液泵、注射泵不同规格间性能存在着较大差异，单价相同不合理；进口报关价与国内售价相差悬殊；其他厂商进口的同类产品，性能低于当事人进口的产品但申报价却高于其产品；且当事人以其母公司香港嘉荣医疗器材有限公司(以下简称香港嘉荣)为交易对象。太仓海关由此推断上述 5 批进口货物申报的成交价格存在问题。8 月 10 日，申请人第 6 次向太仓海关申报进口输液泵一批，申报单价仍为 USD 400。太仓海关遂对此票货物连同前 5 批货物展开审价，并敦促申请人交保办理手续，但申请人始终未缴纳保证金并办理相应海关手续。2001 年 5 月 25 日，太仓海关以西安机场海关受理的单票同期进口相同货物成交价格为依据，估定申请人进口货物的单价为 1500 美元/台，并依此对以上第 6 批货物开列征税税单，对前 5 批货物开出补税税单。

申请人不服太仓海关的估价征税行为，于 2001 年 6 月 14 日向苏州海关提起行政复议。苏州海关复议机构经审查认为，太仓海关估价征税的理由是成立的，但在具体估价过程中，仅以西安机场海关受理的单票进口货物成交价格为依据，未考虑因商业水平、运输方式不同所带来的价格差异，因而依据不足，决定撤销太仓海关做出的征、补税款行为，由太仓海关重新做出相应的征、补税款行为。

经进一步取证，太仓海关获取了相同货物从同一出口国出口时的离岸价格，同时发现申请人上海嘉荣与其境外交易方香港嘉荣之间存在着特殊的经济关系，这种特殊经济关系已对申请人与香港嘉荣间的成交价格产生影响。本着合理原则，太仓海关于 2001 年 12 月 17 日重新对申请人做出了估价征税决定。

申请人仍然不服，于 2001 年 12 月 28 日对太仓海关的重新征、补税款行为再次提起行政复议，并要求海关对滞留在港货物的相关损失和费用予以赔偿。苏州海关再次受理后，经审理确认：申请人上海嘉荣与其境外交易方香港嘉荣之间存在着特殊的经济关系，已对二者交易的成交价格产生影响；太仓海关基于上述理由进行估价并做出相应的征、补税款行为，事实清楚、证据确凿、适用依据正确、程序合法、内容适当；本案在港的进口货物未经办理相关海关手续，太仓海关对因此而滞留在港货物的损失及费用不应承担责任。为此，2002 年 2 月 26 日，苏州海关做出决定，维持太仓海关于 2001 年 12 月 17 日做出的估价征税行为，对申请人就滞留在港货物相关损失和费用提出的赔偿请求不予支持。当事人接受了这一决定，未提出异议，此案终结。

(资料来源：陈丕西. 报关实务. 北京：北京大学出版社，2006.)

(二)特殊进口货物完税价格的审定

1. 加工贸易进口料件或者其制成品一般估价方法

由于种种原因,部分加工贸易进口料件或者其制成品不能按有关合同、协议约定复出口,经海关批准转为内销,需依法对其实施估价后征收进口税款。估价的核心问题有两个:一是按制成品征税还是按料件征税;二是征税的环节是在进口环节还是在内销环节。具体有以下四种情况。

(1) 进口时需征税的进料加工进口料件,以该料件申报进口时的成交价格为基础审查确定完税价格。

(2) 进料加工进口料件或者其制成品(包括残次品)内销时,以料件原进口成交价格为基础审查确定完税价格。制成品因故转为内销时,以制成品所含料件原进口成交价格为基础审查确定完税价格。料件原进口成交价格不能确定的,海关以接受内销申报的同时或者大约同时进口的与料件相同或者类似的货物的进口成交价格为基础审查确定完税价格。

(3) 来料加工进口料件或者其制成品(包括残次品)内销时,以接受内销申报的同时或者大约同时进口的与料件相同或者类似的货物的进口成交价格为基础审查确定完税价格。

(4) 加工过程中产生的边角料或者副产品内销时,以海关审查确定的内销价格作为完税价格。

加工贸易内销货物的完税价格按照上述规定仍然不能确定的,由海关按照合理的方法审查确定。

2. 出口加工区内加工企业内销制成品估价办法

出口加工区内的加工企业内销的制成品(包括残次品),海关以接受内销申报的同时或者大约同时进口的相同或者类似货物的进口成交价格为基础审查确定完税价格。

出口加工区内的加工企业内销加工过程中产生的边角料或者副产品,以海关审查确定的内销价格作为完税价格。

出口加工区内的加工企业内销制成品(包括残次品)、边角料或者副产品的完税价格按照上述规定不能确定的,由海关按照合理的方法审查确定。

3. 保税区内加工企业内销进口料件或者其制成品估价办法

保税区内的加工企业内销的进口料件或者其制成品(包括残次品),海关以接受内销申报的同时或者大约同时进口的相同或者类似货物的进口成交价格为基础审查确定完税价格。

保税区内的加工企业内销的进料加工制成品中,如果含有从境内采购的料件,海关以制成品所含从境外购入的料件原进口成交价格为基础审查确定完税价格。料件原进口成交价格不能确定的,海关以接受内销申报的同时或者大约同时进口的与料件相同或者类似货物的进口成交价格为基础审查确定完税价格。

保税区内的加工企业内销的来料加工制成品中，如果含有从境内采购的料件，海关以接受内销申报的同时或者大约同时进口的与制成品所含从境外购入的料件相同或者类似货物的进口成交价格为基础审查确定完税价格。

保税区内的加工企业内销加工过程中产生的边角料或者副产品，以海关审查确定的内销价格作为完税价格。

保税区内的加工企业内销制成品(包括残次品)、边角料或者副产品的完税价格按照上述规定仍然不能确定的，由海关按照合理的方法审查确定。

4. 从保税区、出口加工区、保税物流园区、保税物流中心等区域、场所进入境内需要征税的货物的估价方法

从保税区、出口加工区、保税物流园区、保税物流中心等区域、场所进入境内，需要征税的货物，海关参照一般进口货物完税价格审定的有关规定，以从上述区域、场所进入境内的销售价格为基础审查确定完税价格，加工贸易进口料件及其制成品除外。如果销售价格中未包括上述区域、场所发生的仓储、运输及其他相关费用的，按照客观量化的数据资料予以计入。

5. 出境加工复运进境货物的估价方法

运往境外加工的货物，出境时已向海关报明，并在海关规定期限内复运进境的，海关以境外加工费和料件费，以及该货物复运进境的运输及其相关费用、保险费审查确定完税价格。

【应用案例】

海关对出境加工复运进境货物完税价格的审定
符合海关规定前往中国香港做后期加工制作的卡拉 OK 影碟，进境时向海关申报的加工费为 HKD 10/张，海关可按 HKD 10/张和该影碟复运进境时的运保费为基础审定完税价格。
(资料来源：百度文库网.)

6. 出境修理复运进境货物的估价方法

运往境外修理的机械器具、运输工具或者其他货物，出境时已向海关报明，并在海关规定的期限内复运进境的，海关以境外修理费和料件费审查确定完税价格。

【应用案例】

海关对出境修理复运进境货物完税价格的审定

符合海关规定运往中国香港修理的价值 HKD 400 000 的运输船，在港修理费和材料费共计 HKD 30 000，修理完毕复运进境时，海关可按 HKD 30 000 审定完税价格。

(资料来源：百度文库网.)

7. 租赁进口货物的估价方法

承租人申请一次性缴纳税款的，可以选择申请按照规定估价方法确定完税价格，或者按照海关审查确定的租金总额作为完税价格。

以租金方式对外支付的租赁货物，在租赁期间以海关审定的该货物的租金作为完税价格，利息予以计入。

留购的租赁货物以海关审定的留购价格作为完税价格。

【应用案例】

留购租赁货物并且申请一次性付清税款，完税价格的确定

某公司以融资租赁方式向国外厂商承租了一套机械设备，设备进口时该公司申请一次性缴纳税款，设备 CIF 价为 30 万美元，租赁期为 3 年，每月支付租金 1 万美元。租赁期满后以 5000 美元留购该设备。在这种情况下，海关按照货物 CIF 价格作为完税价格。因为承租人以融资租赁方式租赁货物并且要留购与要求一次性缴纳税款，根据规定，可以按照货物 CIF 价格或者租金总额作为完税价格，但是一般来说，租金总额会大于货价，承租人不会选择租金总额作为完税价格。

(资料来源：王志明，等. 报关综合实务. 第二版. 大连：东北财经大学出版社，2010.)

按月支付税款与租金，完税价格的确定

某航空公司从欧盟租赁民用飞机一架，该飞机的价格为 6500 万欧元，租赁期为 4 年，每月支付租金 150 万欧元，按月支付租金与税款。4 年期满后，该航空公司支付 5 万欧元购得此飞机。在这种情况下，海关应按照月租金 150 万欧元作为完税价格。因为承租人以融资租赁方式租赁货物并且要留购与要求按月分期缴纳税款，根据规定，应该按照租金总额计算完税价格。

(资料来源：王志明，等. 报关综合实务. 第二版. 大连：东北财经大学出版社，2010.)

8. 暂准进境货物的估价方法

经海关批准的暂准进境货物，应当缴纳税款的，由海关按照审定一般进口货物完税价

格的规定审查确定完税价格。经海关批准留购的暂准进境货物，以海关审查确定的留购价格作为完税价格。

9. 减免税货物的估价方法

在监管年限内，特定减免税货物不能擅自出售、转让或移作他用。如果有特殊情况，经海关批准可以出售、转让，但须向海关办理纳税手续。海关以审定的该货物原进口时的价格，扣除折旧部分价值作为完税价格。

10. 无成交价格货物的估价方法

以易货贸易、寄售、捐赠、赠送等不存在成交价格的方式进口的货物，总体而言都不适用成交价格法，海关与纳税义务人进行价格磋商后，依照相同货物成交价格估价法、类似货物成交价格估价法、倒扣价格估价法、计算价格估价法及合理方法审查确定完税价格。

11. 软件介质的估价方法

进口载有专供数据处理设备用软件的介质，以介质本身的价值或者成本为基础审查确定完税价格。当然，这里所说的进口介质应符合以下的条件：①介质本身的价值或者成本与所载软件的价值分列；②介质本身的价值或者成本与所载软件的价值虽未分列，但是纳税义务人能够提供介质本身的价值或者成本的证明文件，或者能提供所载软件价值的证明文件。

二、出口货物完税价格的审定

(一)出口货物成交价格估价方法

出口货物的完税价格由海关以该货物的成交价格为基础审查确定，包括货物运至中华人民共和国境内输出地点装载前的运输及其相关费用、保险费。

出口货物的成交价格，是指该货物出口销售时，卖方为出口该货物向买方直接收取和间接收取的价款总额。

不计入出口货物完税价格的税收、费用包括：①出口关税；②货物运至中华人民共和国境内输出地点装载后的运费及其相关费用、保险费；③由卖方承担的佣金。

(二)出口货物其他估价方法

出口货物的成交价格不能确定的，海关经了解有关情况，并与纳税义务人进行价格磋商后，可以依次以下列价格审查确定该货物的完税价格。

(1) 同时或者大约同时向同一国家或者地区出口的相同货物的成交价格。

(2) 同时或者大约同时向同一国家或者地区出口的类似货物的成交价格。

(3) 根据境内生产相同或者类似货物的成本、利润和一般费用、境内发生的运输及其相关费用、保险费计算所得的价格。

(4) 按照合理方法估定的价格。

如果出口货物的销售价格中包含了出口关税，则出口货物完税价格的计算公式如下：

出口货物完税价格=FOB(中国境内口岸)-出口关税

因为出口关税=出口货物完税价格×出口关税税率，由此可推导出：

出口货物完税价格=FOB(中国境内口岸)/(1+出口关税税率)

【相关链接】

进出口货物完税价格中的运输及其相关费用、保险费的计算

1. 以一般陆运、空运、海运方式进口的货物

海运进口货物，计算至该货物运抵境内的卸货口岸。如果该货物的卸货口岸是内河(江)口岸，则应当计算至内河(江)口岸。

陆运进口货物，计算至该货物运抵境内的第一口岸。如果运输及其相关费用、保险费支付至目的地口岸，则计算至目的地口岸。

空运进口货物，计算至该货物运抵境内的第一口岸。如果该货物的目的地为境内的第一口岸外的其他口岸，则计算至目的地口岸。

陆运、空运和海运进口货物的运费和保险费，应当按照实际支付的费用计算。如果无法确定或未实际发生，海关应按照该货物进口同期运输行业公布的运费率(额)计算运费；按照"货价加运费"两者总额的3‰计算保险费。

2. 以其他方式进口的货物

邮运的进口货物，应当以邮费作为运输及其相关费用、保险费。

以境外边境口岸价格条件成交的铁路或公路运输进口货物，海关应按照货价的1%计算运输及其相关费用、保险费。

作为进口货物的自驾进口的运输工具，海关可以不另行计入运费。

3. 出口货物

出口货物的销售价格如果包括离境口岸至境外口岸之间的运输、保险费的，该运费、保险费应当扣除。

(资料来源：张炳达，顾涛. 进出口货物报关实务. 上海：立信会计出版社，2012.)

三、海关估价中的价格质疑和价格磋商

(一)价格质疑

在审定完税价格过程中，海关对申报价格的真实性或准确性有疑问，或认为买卖双方的特殊关系可能影响到成交价格时，应当向纳税义务人或者其代理人制发"中华人民共和国海关价格质疑通知书"，将质疑的理由书面告知纳税义务人或者其代理人。

纳税义务人或者其代理人应当自收到价格质疑通知书之日起 5 个工作日内，以书面形式提供相关资料或者其他证据，证明其申报价格真实、准确或者双方之间的特殊关系未影响成交价格。纳税义务人或者其代理人确有正当理由无法在规定时间内提供资料或证据的，可以在规定期限届满前以书面形式向海关申请延期。除特殊情况外，延期不得超过 10 个工作日。

海关经过审查认为出口货物无成交价格的，可以不进行价格质疑，可与纳税义务人直接进行价格磋商。

(二)价格磋商

价格磋商是指海关在使用除成交价格以外的估价方法时，在保守商业秘密的基础上，与纳税义务人交换彼此掌握的用于确定完税价格的数据资料的行为。

海关制发"中华人民共和国海关价格质疑通知书"后，有下列情形之一的，海关应与纳税义务人进行价格磋商，按照《审价办法》列明的方法审查确定进出口货物的完税价格。

(1) 纳税义务人或者其代理人在海关规定期限内，未能提供进一步说明的。

(2) 纳税义务人或者其代理人提供有关资料、证据后，海关经审核其所提供的资料、证据后仍有理由怀疑申报价格的真实性、准确性的。

(3) 纳税义务人或者其代理人提供有关资料、证据后，海关经审核其所提供的资料、证据后仍有理由认为买卖双方之间的特殊关系影响成交价格的。

海关按照《审价办法》规定通知纳税义务人进行价格磋商时，纳税义务人应当自收到"中华人民共和国海关价格磋商通知书"之日起 5 个工作日内与海关进行价格磋商。纳税义务人未在规定的时限内与海关进行磋商的，视为其放弃价格磋商的权利，海关可以直接按照《审价办法》规定的方法审查确定进出口货物的完税价格。

海关与纳税义务人进行价格磋商时，应当制作"中华人民共和国海关价格磋商记录表"。

(三) 价格质疑与价格磋商的特殊情形

(1) 对符合下列情形之一的，经纳税义务人书面申请，海关可以不进行价格质疑以及价

格磋商,按照《审价办法》规定的方法审查确定进出口货物的完税价格。

① 同一合同项下分批进出口的货物,海关对其中一批货物已经实施估价的。

② 进出口货物的完税价格在人民币 10 万元以下或者关税及进口环节代征税总额在人民币 2 万元以下的。

③ 进出口货物属于危险品、鲜活品、易腐品、易失效品、废品、旧品等的。

(2) 对加工贸易进口料件或者其制成品、出口加工区内加工企业内销制成品、保税区内加工企业内销进口料件或者其制成品估价,海关可以不进行价格质疑,经与纳税义务人进行价格磋商后,按照《审价办法》规定的方法审查确定完税价格;经纳税义务人书面申请,海关可以不进行价格磋商,按照《审价办法》规定的方法审查确定进口货物的完税价格。

四、纳税义务人在海关审定完税价格时的权利和义务

(一)纳税义务人的权利

1. 要求具保放行货物

在海关审查确定进出口货物的完税价格期间,纳税义务人可以在依法向海关提供担保后,先行提取货物。

2. 选择估价方法

纳税义务人向海关提供有关资料后,可以提出申请,颠倒倒扣价格估价法和计算价格估价法的适用次序。

3. 了解海关如何确定进出口货物完税价格

纳税义务人可以提出书面申请,要求海关就如何确定其进出口货物的完税价格做出书面说明。

4. 获得救济

纳税义务人对海关的估价决定有异议的,应当按照海关做出的相关行政决定依法缴纳税款,并可以依法向上一级海关申请复议。对复议决定不服的,可以依法向人民法院提起行政诉讼。

(二)纳税义务人的义务

1. 如实提供单证及其他相关资料

纳税义务人向海关申报时,应当按照《审价办法》的有关规定,向海关如实提供发票、

合同、提单、装箱清单等单证。根据海关要求，纳税义务人还应当如实提供与货物买卖有关的支付凭证以及证明申报价格真实、准确的其他商业单证、书面资料和电子数据。

2. 如实申报价格调整项目

货物买卖中发生《审价办法》规定中所列的价格调整项目的，纳税义务人应当如实向海关申报。价格调整项目如果需要分摊计算的，纳税义务人应当根据客观量化的标准进行分摊，并同时向海关提供分摊的依据。

3. 举证证明特殊关系未对进口货物的成交价格产生影响

买卖双方之间虽然存在特殊关系，但是纳税义务人认为特殊关系未对进口货物的成交价格产生影响时，应提供相关资料，以证明其成交价格符合《审价办法》的规定。

第三节　进出口货物原产地确定与税率适用

一、进出口货物原产地确定

(一)原产地的含义

在国际贸易中，原产地是指货物生产的国家(地区)。

随着世界经济一体化和生产国际化的发展，准确认定进出口货物的原产地变得尤为重要。因为确定了进口货物的原产地，就确定了其依照进口国的贸易政策所适用的关税和非关税待遇。原产地的不同决定了进口商品所享受的待遇不同。

(二)原产地规则的含义与类别

1. 原产地规则的含义

为了适应国际贸易的需要，并为执行本国关税及非关税方面的贸易措施，进口国必须对进出口商品的原产地进行认定。因此，各国以本国立法形式制定出其鉴别货物原产地的标准，就是原产地规则。

WTO《原产地规则协议》将原产地规则定义为：一国(地区)为确定货物的原产地而实施的普遍适用的法律、法规和行政决定。

2. 原产地规则的类别

从是否适用优惠贸易协定来分，原产地规则分为两大类：一类为优惠原产地规则；另一类为非优惠原产地规则。

1) 优惠原产地规则

优惠原产地规则是指一国为了实施国别优惠政策而制定的法律、法规，是以双边、多边优惠贸易协定形式或者是由本国自主制定的一些特殊原产地认定标准，因此也称为协定原产地规则。优惠原产地规则具有很强的排他性，优惠范围以原产地为受惠国(地区)的进口产品为限，其目的是促进协议方之间的贸易发展。优惠原产地规则主要有以下两种实施方式：一是通过自主方式授予，如欧盟普惠制(GSP)、中国对最不发达国家的特别优惠关税待遇；二是通过协定以互惠性方式授予，如《北美自由贸易协定》、《中华人民共和国与东南亚国家联盟全面经济合作框架协议》等。为保障缔约各方的优惠贸易利益，目前大多数国家的优惠原产地规则中都设有直接运输规则条款。

我国加入世界贸易组织后，为了进一步改善所处的贸易环境，推进市场多元化进程，截至 2013 年 3 月，共签订了《亚太贸易协定》、《中国—东盟自由贸易协定》、《内地与香港关于建立更紧密经贸关系的安排》、《内地与澳门关于建立更紧密经贸关系的安排》、对台湾农产品零关税优惠措施、《中华人民共和国政府与巴基斯坦伊斯兰共和国政府自由贸易协定》、《中华人民共和国与智利共和国政府自由贸易协定》、《中华人民共和国政府和新西兰政府自由贸易协定》、《中华人民共和国政府和新加坡共和国政府自由贸易协定》、《中华人民共和国政府和秘鲁共和国政府自由贸易协定》、对埃塞俄比亚等最不发达国家给予的特别优惠关税待遇、《海峡两岸经济合作框架协议》、《中华人民共和国政府和哥斯达黎加共和国政府自由贸易协定》等优惠贸易协定。上述优惠贸易协定中均包含相应的优惠原产地规则。

2) 非优惠原产地规则

非优惠原产地规则，是一国根据实施其海关税则和其他贸易措施的需要，由本国立法自主制定的法律、法规，因此也称为自主原产地规则。按照世界贸易组织的规定，适用于非优惠性贸易政策措施的原产地规则，其实施必须遵守最惠国待遇原则，即必须普遍地、无差别地适用于所有原产地为最惠国的进口货物。它包括实施最惠国待遇、反倾销和反补贴、保障措施、数量限制或关税配额、原产地标记管理或贸易统计、政府采购时所采用的原产地规则。《WTO 协调非优惠原产地规则》正由各国进行磋商，待谈判达成一致并正式实施后，世界贸易组织成员将实施统一的协调非优惠原产地规则，以取代各国自主制定的非优惠原产地规则。

(三)原产地确定标准

在确定货物的原产地时，会出现以下两种情况：一种是货物完全是在一个国家(地区)获得或生产制造；另一种是货物由两个或两个以上国家(地区)生产或制造。目前，世界各国(地区)原产地规则，无论是优惠原产地规则还是非优惠原产地规则，都包含这两种货物的原产地确定标准。

1. 完全获得标准

对于完全在一国(地区)获得的产品,如农产品或矿产品,各国的原产地确定标准基本一致,即以产品的种植、开采或生产国为原产国,这一标准通常称为"完全获得标准"(Wholly Obtained Standard)。

世界海关组织《京都公约》规定可视为完全获得产品的各种情况如下。

(1) 在该国土地、领水或海床开采的矿产品。

(2) 在该国收获或采集的植物产品。

(3) 在该国出生和饲养的活动物。

(4) 在该国从活动物所得产品。

(5) 在该国狩猎或捕捞所得产品。

(6) 海上捕捞所得产品及该国船只在海上得到的其他产品。

(7) 由该国加工船完全使用上述第6项的产品加工制得的产品。

(8) 在该国领水以外的海洋积土或底土开采的产品,只要该国对这些海洋积土或底土拥有单独开发权。

(9) 在该国收集并只适于原材料回收的、在制造或加工过程中得到的废碎料及废旧物品。

(10) 在该国完全使用上述第(1)~(9)项的产品生产而制得的货物。

在确定货物是否在一个国家(地区)完全获得时,为运输、储存期间保存货物而做的加工或者处理,为货物便于装卸而进行的加工或者处理,为货物销售而进行的包装等加工或者处理等,不予考虑。

2. 实质性改变标准

对于经过几个国家(地区)加工、制造的产品,各国多以最后完成实质性加工的国家为原产国,这一标准通常称为"实质性改变标准"(Substantial Transformation Standard)。

实质性改变标准包括税则归类改变标准、从价百分比标准(或称增值百分比标准、区域价值成分标准等)、加工工序标准、混合标准等。

税则归类改变标准是指在某一国家(地区)对非该国(地区)原产材料进行加工、制造后,所得货物在《协调制度》中的某位数级税目归类发生了变化。

从价百分比标准是指在某一国家(地区)对非该国(地区)原产材料进行加工、制造后的增值部分超过了所得货物价值的一定比例。

加工工序标准是指在某一国家(地区)进行的赋予制造、加工后所得货物基本特征的主要工序。

混合标准是指将上述两种或两种以上标准结合起来制定货物的原产地标准。

【应用案例】

根据四位数税目变化确定原产地

印度生产的棉花(编码5203)运到我国台湾加工成棉纱并织成棉布(编码5208),再转售到泰国做成男式衬衫(编码6205),又转至我国香港深加工,制成精制衬衫(编码6205),价值增加了一倍,然后销往我国内地,我国海关依据实质性改变标准将该商品的原产地确定为中国香港。因为商品编码从5203变化到5208,意味着货物的税目已经发生变化,通常可以确定原产地了,但是,本例货物税目号发生了两次变化,而且经过我国香港深加工,货物价值成倍增加,同时具有实质性改变的两个标准,较前一次变化更大,因此应该按照后者确定原产地。

原产地应填写哪个国家

北京某进出口公司从我国香港购进一批SONY牌电视机,其中显像管为韩国生产,集成电路板为新加坡生产,其他零件为马来西亚生产,最后由韩国组装。该公司进口申报时,原产地应该填写韩国。因为进口货物的生产、开采或者加工制造的国家为原产国。对于产品经过两个及以上国家加工后进口,应该以最后进行经济上可视为实质性加工的国家为原产国。

(资料来源:王志明,等.报关综合实务.第二版.大连:东北财经大学出版社,2010.)

(四)我国优惠原产地管理

为了正确确定优惠贸易协定项下进出口货物的原产地,规范海关对优惠贸易协定项下进出口货物原产地管理,海关总署于2009年1月发布了《中华人民共和国进出口货物优惠原产地管理规定》(以下称《优惠原产地管理规定》)。《优惠原产地管理规定》与各项自由贸易协定和优惠贸易安排项下的原产地管理办法,初步构成我国优惠原产地管理的基本框架。

依据《优惠原产地管理规定》,我国优惠原产地管理规定的主要内容如下。

1．适用范围

适用于海关对优惠贸易协定项下进出口货物原产地管理。

2．原产地确定标准

对于完全在一国(地区)获得或者生产的货物,适用完全获得标准。对于非完全在一国(地区)获得或者生产的货物,适用实质性改变标准。

1) 完全获得标准

完全获得，即从优惠贸易协定成员国或者地区(以下简称成员国或者地区)直接运输进口的货物是完全在该成员国或者地区获得或者生产的，这些货物指：

(1) 在该成员国或者地区境内收获、采摘或者采集的植物产品。

(2) 在该成员国或者地区境内出生并饲养的活动物。

(3) 在该成员国或者地区领土或者领海开采、提取的矿产品。

(4) 其他符合相应优惠贸易协定项下完全获得标准的货物。

原产于优惠贸易协定某一成员国或者地区的货物或者材料在同一优惠贸易协定另一成员国或者地区境内用于生产另一货物，并构成另一货物组成部分的，该货物或者材料应当视为原产于另一成员国或者地区境内。

为便于装载、运输、储存、销售进行的加工、包装、展示等微小加工或者处理，不影响货物原产地确定。

在货物生产过程中使用，本身不构成货物物质成分，也不成为货物组成部件的材料或者物品，其原产地不影响货物原产地确定。

2) 实质性改变标准

实质性改变标准主要包括税则归类改变标准、区域价值成分标准、制造加工工序标准和其他标准。

税则归类改变标准，是指原产于非成员国或者地区的材料在出口成员国或者地区境内进行制造、加工后，所得货物在《商品名称及编码协调制度》中税则归类发生了变化。

区域价值成分标准，是指出口货物船上交货价格(FOB)扣除该货物生产过程中该成员国或者地区非原产材料价格后，所余价款在出口货物船上交货价格(FOB)中所占的百分比。

制造加工工序标准，是指赋予加工后所得货物基本特征的主要工序。

其他标准，是指除上述标准之外，成员国或者地区一致同意采用的确定货物原产地的其他标准。

【相关链接】

不同协定框架下的价值成分标准

《亚太贸易协定》项下在生产过程中所使用的非成员国原产的或者不明原产地的材料、零件或产物的总价值不超过该货物船上交货价(FOB)的55%，且最后生产工序在成员国境内完成的货物。其中，原产于最不发达受惠国(即孟加拉国和老挝)的产品的以上比例不超过65%。

《中国—东盟自由贸易协定》项下在生产过程中使用的非原产于中国—东盟自贸区的材料、零件或者产品的总价格不超过该货物船上交货价格(FOB)的60%，并且最后生产工序在东盟成员国境内完成，或者其生产过程中使用的原产于任一东盟成员国的中国—东盟自贸区成分不低于该货物船上交货价格(FOB)的40%。

《内地与香港(澳门)关于建立更紧密经贸关系安排》项下从价百分比标准要求，在港澳获得的原料、组合零件、劳工价值和产品开发支出价值的合计，与在港澳生产或获得产品FOB价的比例应不低于30%。

3. 直接运输规则

"直接运输"是指优惠贸易协定项下进口货物从该协定成员国或者地区直接运输至中国境内，途中未经过该协定成员国或者地区以外的其他国家或者地区。

原产于优惠贸易协定成员国或者地区的货物，经过其他国家或者地区运输至中国境内，不论在运输途中是否转换运输工具或者作临时储存，同时符合下列条件的，视为"直接运输"。

(1) 该货物在经过其他国家或者地区时，未作除使货物保持良好状态所必须处理以外的其他处理。

(2) 该货物在其他国家或者地区停留的时间未超过相应优惠贸易协定规定的期限。

(3) 该货物在其他国家或者地区作临时储存时，处于该国家或者地区海关监管之下。

4. 原产地证书签发机构

法律、行政法规规定的有权签发出口货物原产地证书的机构(以下简称签证机构)可以签发优惠贸易协定项下出口货物原产地证书。具体而言，我国规定，国家质检总局所属的各地出入境检验检疫机构(以下称质检机构)、中国国际贸易促进会及其地方分会(以下称贸促机构)有权签发出口货物原产地证书。进口原产地证书签发机构，由具体的自由贸易协定或优惠贸易安排另行规定。

签证机构应依据《优惠原产地管理规定》以及相应优惠贸易协定项下所确定的原产地规则签发出口货物原产地证书。

海关总署应当对签证机构是否依照《优惠原产地管理规定》第十二条规定签发优惠贸易协定项下出口货物原产地证书进行监督和检查。

签证机构应当定期向海关总署报送依据《优惠原产地管理规定》第十二条规定签发优惠贸易协定项下出口货物原产地证书的有关情况。

5. 申报及审核要求

货物申报进口时，进口货物收货人或者其代理人应当按照海关的申报规定填制"中华人民共和国海关进口货物报关单"，申明适用协定税率或者特惠税率，并同时提交货物的有效原产地证书正本，或者相关优惠贸易协定规定的原产地声明文件，货物的商业发票正本、运输单证等其他商业单证。

货物经过其他国家或者地区运输至中国境内，应当提交证明该货物在其他国家或者地区停留的时间未超过相应优惠贸易协定规定的期限的联运提单等证明文件；在其他国家或者地区临时储存的，还应当提交该国家或者地区海关出具的证明该货物在其他国家或者地区停留的时间未超过相应优惠贸易协定规定的期限的其他文件。

进口货物收货人或者其代理人向海关提交的原产地证书，应当符合相应优惠贸易协定关于证书格式、填制内容、签章、提交期限等规定，并与商业发票、报关单等单证的内容相符。

出口货物申报时，出口货物发货人应当按照海关的申报规定填制"中华人民共和国海关出口货物报关单"，并向海关提交原产地证书电子数据或者原产地证书正本的复印件。

6. 补充申报及保证金收取

原产地申报为优惠贸易协定成员国或者地区的货物，进口货物收货人及其代理人未依照规定提交原产地证书、原产地声明的，应当在申报进口时就进口货物是否具备相应优惠贸易协定成员国或者地区原产资格向海关进行补充申报。

进口货物收货人或者其代理人依照规定进行补充申报的，海关可以根据进口货物收货人或者其代理人的申请，按照协定税率或者特惠税率收取等值保证金后放行货物，并按照规定办理进口手续，进行海关统计。

7. 原产地标记

优惠贸易协定项下进出口货物及其包装上标有原产地标记的，其原产地标记所标明的原产地应当与依照《优惠原产地管理规定》有关规定确定的货物原产地一致。

8. 货物查验

为确定货物原产地是否与进出口货物收发货人提交的原产地证书及其他申报单证相符，海关可以对进出口货物进行查验，具体程序按照《中华人民共和国海关进出口货物查验管理办法》的有关规定办理。

9. 原产地核查

海关认为需要对进口货物收货人或其代理人提交的原产地证书的真实性、货物是否原产于优惠贸易协定成员国或者地区进行核查的，应当按照该货物适用的最惠国税率、普通税率或者其他税率收取相当于应缴税款的等值保证金后放行货物。

海关认为必要时，可以对优惠贸易协定项下出口货物原产地进行核查，以确定其原产地。应优惠贸易协定成员国或者地区要求，海关可以对出口货物原产地证书或者原产地进行核查，并应当在相应优惠贸易协定规定的期限内反馈核查结果。

10. 不适用协定或者特惠税率的情形

(1) 进口货物收货人或其代理人在货物申报进口时没有提交符合规定的原产地证书、原产地声明，也未就进口货物是否具备原产地资格向海关补充申报的。

(2) 进口货物收货人或其代理人未提供商业发票、运输单证等其他商业单证，也未提交其他证明文件的。

(3) 经查验或原产地核查，确认货物原产地与申报内容不符，或者无法确定货物真实原产地的。

(4) 未按补充申报相关规定，在货物申报进口之日起一年内补交有效的原产地证书的。

(5) 我国海关已要求优惠贸易协定有关成员方签证机构或原产地主管机构开展核查，在规定期限内未收到核查反馈结果的。

11. 行政裁定及决定

进出口货物收发货人可以依照《中华人民共和国海关行政裁定管理暂行办法》的有关规定，向海关申请原产地行政裁定。海关总署可以依据有关法律、行政法规、海关规章的规定，对进出口货物做出具有普遍约束力的原产地决定。

【应用案例】

首批海运零关税台湾水果快捷通关

2005 年 8 月 24 日上午 9 点 40 分，北京海关朝阳口岸办事处接受了北京春林农产品有限公司申报进口的杨桃、番石榴两种享受零关税的鲜水果，总价值 4000 美元，其中杨桃 2400 千克，番石榴 7000 千克，共 1 个 40 尺冷藏集装箱。北京海关凭台湾高雄县商业会签发的原产地证书和国家检验检疫部门核发的通关单办理了快速放行手续，确保台湾水果顺利进入北京，于上午 10 时完成全部通关手续。目前水果的关税都在 10%～30% 之间，该批水果共减免关税约 660 美元。

北京海关为保障对台湾地区水果实施进口零关税政策的落实，组成专门领导小组，及时建立相关协调保障机制，做好台湾水果进口申报前的各项准备工作，保障随到随验、快速通关。近期我国北方地区天气异常炎热，为确保台湾零关税水果快速进境，北京海关接单现场设立绿色通关通道，指定专岗专人负责水果进口审单，实施 24 小时预约通关，实行提前报关、担保验放，最大限度缩短通关时限，保障来自宝岛的鲜果通关快捷。北京海关提醒企业注意零关税台湾水果的通关要求：这 15 种零关税水果办理通关手续时，除了正常贸易所需提供的通关单证和办理通关手续外，增加了原产地证明文件，进口企业需向海关提供海关总署认可的台湾地区有关机构和民间组织签发的水果产地证明文件。目前，海关总署认可的台湾地区有关机构和民间组织首批公告的共有 11 家，如台湾省商业会、台北市商业会、高雄市商业会、金门县商业会等。另外一个就是规定了运输要求：只有直接从台湾本岛、澎湖、金门或马祖运输到大陆关境口岸；或者经过香港、澳门或日本石垣岛转运到大陆关境口岸的台湾水果才能享受零关税。通过上述地点转运的，在进口申报时须向海关提交在台湾地区签发的、以台湾地区为启运地的运输单证。

(资料来源：北京海关网.)

(五)我国非优惠原产地管理

为了正确确定进出口货物的原产地，有效实施各项贸易措施，促进对外贸易发展，国务院颁布了《中华人民共和国进出口货物原产地条例》。

实施优惠贸易措施进出口货物的原产地规则，依照我国缔结或参加的国际条约、协定的有关规定另行制定。依据《原产地条例》，海关总署会商商务部、国家质检总局发布了《关于非优惠原产地规则中实质性改变标准的规定》(以下称《实质性改变标准规定》)，与《原产地条例》同时实施。《原产地条例》与《实质性改变标准规定》初步构成了我国非优惠进出口货物原产地管理的法制框架。

依据《进出口货物原产地条例》，我国非优惠原产地管理规定的主要内容如下。

1. 适用范围

适用于实施最惠国待遇、反倾销和反补贴、保障措施、原产地标记管理、国别数量限制、关税配额等非优惠性贸易措施以及进行政府采购、贸易统计等活动对进出口货物原产地的确定。

2. 原产地确定标准

1) 完全获得标准

完全在一个国家(地区)获得的货物，以该国(地区)为原产地。完全在一个国家(地区)获得的货物，是指：

(1) 在该国(地区)出生并饲养的活的动物。

(2) 在该国(地区)野外捕捉、捕捞、收集的动物。

(3) 从该国(地区)的活的动物获得的未经加工的物品。

(4) 在该国(地区)收获的植物和植物产品。

(5) 在该国(地区)采掘的矿物。

(6) 在该国(地区)获得的上述(1)~(5)项范围之外的其他天然生成的物品。

(7) 在该国(地区)生产过程中产生的只能弃置或者回收用作材料的废碎料。

(8) 在该国(地区)收集的不能修复或者修理的物品，或者从该物品中回收的零件或者材料。

(9) 由合法悬挂该国旗帜的船舶从其领海以外海域获得的海洋捕捞物和其他物品。

(10) 在合法悬挂该国旗帜的加工船上加工上述第(9)项所列物品获得的产品。

(11) 从该国领海以外享有专有开采权的海床或者海床底土获得的物品。

(12) 在该国(地区)完全从上述(1)～(11)项所列物品中生产的产品。

在确定货物是否在一个国家(地区)完全获得时，为运输、储存期间保存货物而做的加工或者处理，为货物便于装卸而进行的加工或者处理，为货物销售而进行的包装等加工或者处理等，不予考虑。

2) 实质性改变标准

两个以上国家(地区)参与生产的货物，以最后完成实质性改变的国家(地区)为原产地。

实质性改变的确定标准，以税则归类改变为基本标准；税则归类改变不能反映实质性改变的，以从价百分比、制造或者加工工序等为补充标准。

税则归类改变，是指在某一国家(地区)对非该国(地区)原产材料进行制造、加工后，所得货物在《中华人民共和国进出口税则》中某一级的税目归类发生了变化。

从价百分比，是指在某一国家(地区)对非该国(地区)原产材料进行制造、加工后的增值部分，超过所得货物价值一定的百分比。

制造或者加工工序，是指在某一国家(地区)进行的赋予制造、加工后所得货物基本特征的主要工序。

世界贸易组织《协调非优惠原产地规则》实施前，确定进出口货物原产地实质性改变的具体标准，由海关总署会同商务部、国家质量监督检验检疫总局根据实际情况另行制定。

3. 原产地预确定

进口货物进口前，进口货物的收货人或者与进口货物直接相关的其他当事人，在有正当理由的情况下，可以书面申请海关对将要进口的货物的原产地做出预确定决定；申请人应当按照规定向海关提供做出原产地预确定决定所需的资料。

海关应当在收到原产地预确定书面申请及全部必要资料之日起 150 天内，对该进口货物做出原产地预确定决定，并对外公布。

已做出原产地预确定决定的货物，自预确定决定做出之日起 3 年内实际进口时，经海关审核其实际进口的货物与预确定决定所述货物相符，且原产地确定标准未发生变化的，海关不再重新确定该进口货物的原产地；经海关审核其实际进口的货物与预确定决定所述货物不相符的，海关应当重新审核确定该进口货物的原产地。

4. 原产地证书申领

出口货物发货人可以向国家质检总局所属的各地出入境检验检疫机构、中国国际贸易促进会及其地方分会，申请领取出口货物原产地证书。

5. 原产地核查

海关在审核确定进口货物原产地时，可以要求进口货物的收货人提交该进口货物的原产地证书，并予以审验；必要时，可以请求该货物出口国(地区)的有关机构对该货物的原产地进行核查。应出口货物进口国(地区)有关机构的请求，海关、签证机构可以对出口货物的原产地情况进行核查，并及时将核查情况反馈给进口国(地区)有关机构。

6. 处罚

违反规定申报进口货物原产地的，依照《对外贸易法》、《海关法》和《海关行政处罚实施条例》的有关规定进行处罚。提供虚假材料骗取出口货物原产地证书或者伪造、变造、买卖或盗窃出口货物原产地证书的，由出入境检验检疫机构、海关处 5000 元以上 10 万元以下的罚款；骗取、伪造、变造、买卖或者盗窃作为海关放行凭证的出口货物原产地证书的，处货值金额等值以下的罚款，但货值金额低于 5000 元的，处 5000 元罚款。有违法所得的，由出入境检验检疫机构、海关没收违法所得；构成犯罪的，依法追究刑事责任。

二、进出口货物税率适用

税率适用是指进出口货物在征税、补税或退税时选择适用的各种税率。

(一)关税税率设置

我国进口关税设置最惠国税率、协定税率、特惠税率、普通税率、关税配额税率等税率。对进口货物及出口货物在一定期限内可以实行暂定税率。

(二)关税税率适用原则

1. 进口税率

对于同时适用多种税率的进口货物，在选择适用的税率时，基本的原则是"从低适用"，特殊情况除外。

(1) 原产于共同适用最惠国待遇条款的世界贸易组织成员的进口货物、原产于与中华人民共和国签订含有相互给予最惠国待遇条款的双边贸易协定的国家或者地区的进口货物，以及原产于中华人民共和国境内的进口货物，适用最惠国税率。

原产于与中华人民共和国签订含有关税优惠条款的区域性贸易协定的国家或者地区的进口货物，适用协定税率。

原产于与中华人民共和国签订含有特殊关税优惠条款的贸易协定的国家或者地区的进

口货物，适用特惠税率。

上述之外的国家或者地区的进口货物及原产地不明的进口货物，适用普通税率。

【应用案例】

拱北海关：对 ECFA 贸易进口连续三年高增长

2014 年 1 月，珠海中外运船 "SHANXIN" 在珠海高栏港停靠，船上装载的是来自台湾的 520 吨化工产品对二甲苯。因为货物享受《海峡两岸经济合作框架协议》(简称 "ECFA")零关税待遇，企业可减免税款 105 万元，且很快办理完海关手续，500 多吨化工原料通过码头上的管道被源源不断地输往珠海 BP 化工有限公司。

像这样从台湾进口的化工原料，BP 公司最近一两年才开始。"我们从荷兰等国进口对二甲苯，海关需要征收 2% 的关税，虽然并不多，但是我们企业进口量很大，一船货过来最多有上万吨，这样算下来数额也不小。"BP 化工有限公司报关部经理余国定算了一笔账："自从内地与台湾签订 ECFA，进口对二甲苯实施了零关税，我们公司就加大了从台湾地区的进口量。再加上台湾地区有运费优势，且合作项目较多，2013 年开始，我们一部分转向从台湾进口，一年下来就为我们公司省下了 548 万元的成本。"

自 2011 年 1 月 1 日，ECFA 项下货物贸易早期收获计划实施以来，ECFA 货物零关税的优惠，让进出口企业尝到了甜头，很多企业将眼光投注到了台湾市场，希望更多地享受贸易自由化的"蛋糕"，拱北关区在 ECFA 项下货物进口持续升温。拱北海关的统计数据显示，2011—2013 年，三年来经拱北关区受惠进口货值 7.4 亿美元，税款优惠 2.3 亿元。其中 2013 进口受惠货值 2.9 亿美元，税款优惠 1.0 亿元人民币，比上年同期分别增长 22% 和 19%，进口的主要商品为化工品、塑料制品和贱金属制品等。

为帮助企业节省成本，充分享受 ECFA 零关税待遇，拱北海关主动与关区内 BP 化工有限公司、壳牌(珠海)润滑油有限公司等大型企业联系沟通，为企业进口 ECFA 货物提供政策咨询，帮助他们解决了协定适用、运输条件、申报要求等问题。此外，拱北海关还大力提高通关便利化水平。通过整合业务，简化作业流程，落实通关无纸化与"属地申报，口岸验放"等改革；提供 24 小时预约通关服务，加强关务公开和政策宣讲，共举办相关政策宣讲会 10 期，参与企业 300 余家次。

拱北海关提醒企业，ECFA 就像"金钥匙"，企业应善用 ECFA 来开启台湾地区货物进出内地市场的大门，申请适用优惠税率来降低成本。(岑健儿/文)

(资料来源：江西电子口岸网.)

(2) 适用最惠国税率的进口货物有暂定税率的，应当适用暂定税率；适用协定税率、特惠税率的进口货物有暂定税率的，应当从低适用税率；适用普通税率的进口货物，不适用暂定税率。

(3) 按照国家规定实行关税配额管理的进口货物，关税配额内的，适用关税配额税率；

关税配额外的，其税率的适用按其所适用的其他相关规定执行。

(4) 按照有关法律、行政法规的规定对进口货物采取反倾销、反补贴、保障措施的，其税率的适用按照《反倾销条例》、《反补贴条例》和《保障措施条例》的有关规定执行。

(5) 任何国家或者地区违反与中华人民共和国签订或者共同参加的贸易协定及相关协定，对中华人民共和国在贸易方面采取禁止、限制、加征关税或者其他影响正常贸易的措施的，对原产于该国家或者地区的进口货物可以征收报复性关税，适用报复性关税税率。征收报复性关税的货物、适用国别、税率、期限和征收办法，由国务院关税税则委员会决定并公布。

(6) 从 2002 年起我国对部分非全税目信息技术产品的进口按 ITA 税率征税。

2. 出口税率

适用出口税率的出口货物有暂定税率的，应当适用暂定税率。

(三)关税税率适用时间

《进出口关税条例》规定，进出口货物应当适用海关接受该货物申报进口或者出口之日实施的税率。

在实际运用时应区分以下不同情况。

(1) 进口货物到达前，经海关核准先行申报的，应当适用装载该货物的运输工具申报进境之日实施的税率。

(2) 进口转关运输货物，应当适用指运地海关接受该货物申报进口之日实施的税率；货物运抵指运地前，经海关核准先行申报的，应当适用装载该货物的运输工具抵达指运地之日实施的税率。

(3) 出口转关运输货物，应当适用起运地海关接受该货物申报出口之日实施的税率。

(4) 经海关批准，实行集中申报的进出口货物，应当适用每次货物进出口时海关接受该货物申报之日实施的税率。

(5) 因超过规定期限未申报而由海关依法变卖的进口货物，其税款计征应当适用装载该货物的运输工具申报进境之日实施的税率。

(6) 因纳税义务人违反规定需要追征税款的进出口货物，应当适用该行为发生之日实施的税率；行为发生之日不能确定的，适用海关发现该行为之日实施的税率。

(7) 有下列情形之一需缴纳税款的，应当适用海关接受纳税义务人申报办理纳税手续之日实施的税率。

① 保税货物经批准不复运出境的。

② 减免税货物经批准转让或者移作他用的。

③ 暂准进出境货物，经批准不复运出境或者进境的。

④ 租赁进口货物，分期缴纳税款的。

进出口货物关税的补征和退还，按照上述规定确定适用的税率。

第四节 进出口税费的计算

进出口关税、进口环节代征税一律以人民币计征，起征点均为人民币 50 元，不足人民币 50 元的免予征收。完税价格、税额采用四舍五入法计算至分。

一、进口关税的计算

(一)从价税

计算公式如下。

进口关税税额=完税价格×进口从价关税税率

货物 CIF 价格=FOB+运费+保费

货物 CIF 价格=(FOB+运费)/(1-保险费率)

货物 CIF 价格= CFR/(1-保险费率)

【应用案例】

案例一： 某企业从香港进口皇冠豪华轿车一辆，关税税率为 25%，海关审定，其成交价格为每辆 CIF 天津新港 25 000 美元。已知海关填发税款缴纳书之日外汇买卖中间价为 100 美元=871 人民币。计算应征进口关税。

计算过程如下。

(1) 完税价格=25 000 × 8.71 =217 750.00(元)

(2) 关税税额=217 750.00 × 25%=54437.50(元)

案例二： 国内某企业从德国购进国内性能不能满足需要的船用导航设备 3 台，成交价格为 FOB 汉堡 145 503 美元，运费为 896 美元，保险费金额为 256 元人民币，最惠国税率为 2%。经批准该船用导航设备进口关税税率减按 1%计征。已知适用的外汇折算价为 1 美元=6.2716 元人民币，计算应征进口关税。

计算过程如下。

(1) 完税价格=(145 503+896)×6.271 6+256=918411.97(元)

(2) 关税税额=918 411.97×1%=9184.12(元)

案例三： 国内某公司购进日本产液压千斤顶 12 台，成交价格合计为 FOB 名古屋 11 000 美元，最惠国税率为 3%。已知运费 198 美元，保险费率 2.5‰，适用的外汇折算价为 1 美元=6.2716 元人民币，计算应征进口关税。

计算过程如下。

(1) CIF 价格=(11 000+198)÷(1-2.5‰)=11 226.07(美元)

(2) 完税价格=11 226.07 × 6.2716=70 405.42(元)

(3) 关税税额=70405.42×3%=2112.16(元)

(二)从量税

计算公式如下。

$$进口关税税额=进口货物数量×单位税额$$

【应用案例】

国内某公司从香港购进美国产冻整鸡 50 吨,成交价格为 CIF 境内某口岸 5600 港币/吨,最惠国税率为 1.3 元/千克,适用的外汇折算价为 1 港币=0.8032 元人民币,计算应征进口关税。

计算过程如下。

(1) 进口货物数量 50 吨=50 000 千克

(2) 关税税额=50 000×1.3 =65 000.00(元)

(三)复合关税

计算公式如下。

$$应征税额=进口货物数量×单位税额+进口货物完税价格×进口从价税税率$$

【应用案例】

国内某公司从韩国进口磁带放像机 60 台,其中有 30 台成交价格为 CIF 境内某口岸 1900 美元/台,其余 30 台成交价格为 CIF 境内某口岸 2200 美元/台。进口磁带放像机适用复合税率。关税税率为:完税价格不高于 2000 美元/台的,关税税率为单一从价税率 30%;完税价格高于 2000 美元/台的,关税税率为 3%,每台加 4374 元的从量税。已知适用的外汇折算价为 1 美元=6.2716 元人民币,计算应征进口关税。

计算过程如下。

(1) CIF 价格分别合计为 357 481.20 元 (30×1900×6.2716) 和 413 925.60 元 (30×2200×6.2716)。

(2) 关税税额=从价进口关税税额+复合进口关税税额

$$=357 481.20×30%+(413 925.60×3%+30×4374)$$

$$=107 244.36+14 3637.77$$

$$=250 882.13(元)$$

(四)滑准税

计算公式如下。

从价应征进口关税税额=完税价格×暂定关税税率

从量应征进口关税税额=进口货物数量×暂定从量税率

【应用案例】

案例一： 国内某公司进口原产于美国的配额外未梳棉花(已取得"关税配额外优惠关税税率进口棉花配额证")1000吨，成交价格为 CIF 国内某口岸 2237.20 美元/吨。已知适用的汇率为 1 美元=6.2716 元人民币，计算应征进口关税税款。

计算过程如下。

(1) 货物完税价格为 2237.20×1000×6.2716=14 030 823.52(元)，每千克货物的完税价格为 14 030 823.52÷1000÷1000=14.031(元/千克)。

(2) 暂定从量税税率为 0.570 元/千克。

(3) 关税税款=1000×1000×0.570

            =1 000 000×0.570

            =570 000.00(元)

案例二： 国内某公司进口原产于阿根廷的配额外未梳棉花(已取得"关税配额外优惠关税税率进口棉花配额证")1000吨，成交价格为 CIF 国内某口岸 1060.72 美元/吨。已知适用的汇率为 1 美元=6.2716 元人民币，计算应征进口关税税款。

计算过程如下。

(1) 货物完税价格为 1060.72×1000×6.2716=665 2411.55(元)，每千克货物的完税价格为 6 652 411.55÷1000÷1000=6.652(元/千克)。

(2) 暂定关税税率=8.87÷6.652+2.908% × 6.652-1=0.526

该滑准关税税率计算后为 52.6%，大于 40%，按照 40%的关税税率计征关税。

(3) 关税税款=6 652 411.55 × 40%

            =2 660 964.62(元)

二、出口关税的计算

计算公式如下。

出口关税税额=出口货物完税价格×出口关税税率

完税价格=货物 FOB 价格/(1+出口关税税率)

完税价格=(CIF-运费-保险费)/(1+出口关税税率)

完税价格=(CFR-运费)/(1+出口关税税率)

【应用案例】

案例一： 国内某企业向韩国出口活鳗鱼苗一批，合同采用 CIF 贸易术语。已知成交总价为 9090 美元，运费为 987 美元，保险费用 50 美元，出口税率为 20%，适用的外汇折算价为 1 美元=6.271 6 元人民币，计算出口关税。

计算过程如下。

(1) 完税价格=(CIF-运费-保险费)/(1+出口关税税率)

　　　　　=[(9090-987-50) ×6.2716]/(1+20%)

　　　　　=42 087.66(元)

(2) 出口关税税额=完税价格×出口关税税率

　　　　　　　=42 087.66×20%=8417.53(元)

案例二： 某进出口公司出口某种货物 100 件，每件重 300 千克，成交价为 CFR 香港 50 000 元人民币。已申报运费为每吨 300 元，出口关税税率为 10%，海关应征出口税为多少？

计算过程如下。

(1) 总运费=0.3 × 100 × 300=9000(元)

(2) 完税价格=(CFR-运费)/(1+出口税率)

　　　　　=(50 000-9000)/(1+10%)=37 272.73(元)

(3) 出口关税税额=完税价格 × 出口关税税率

　　　　　　　=37 272.73 × 10%=3727.27(元)

三、进口环节消费税的计算

1. 从价征收消费税的计算公式

消费税应纳税额=消费税组成计税价格×消费税比例税率

其中，消费税组成计税价格=(关税完税价格+关税税额)/(1-消费税比例税率)

2. 从量征收消费税的计算公式

消费税应纳税额=应征消费税进口数量×消费税定额税率

3. 实行复合计税办法计算消费税的计算公式

消费税应纳税额=消费税组成计税价格×消费税比例税率+应征消费税进口数量×消费税定额税率

其中，消费税组成计税价格=(关税完税价格+关税税额+应征消费税进口数量×消费税定额税率)÷(1-消费税税率)

【应用案例】

案例一： 某企业从香港进口皇冠豪华轿车一辆，关税税率为 25%，消费税比例税率为 8%，海关审定，其成交价格为每辆 CIF 天津新港 25 000 美元。已知海关填发税款缴纳书之日外汇买卖中间价为 100 美元=871 元人民币。计算应征的进口环节消费税税额。

计算过程如下。

(1) 完税价格=25 000 × 8.71=217 750.00(元)

(2) 关税税额=217 750.00 × 25%=54 437.50(元)

(3) 消费税组成计税价格=(关税完税价格+关税税额)/(1-消费比例税率)

$$=(217\ 750+54\ 437.50)/(1-8\%)$$

$$=295\ 855.98(元)$$

(4) 消费税税额=295 855.98 × 8%=23 668.48(元)

案例二： 某贸易公司从荷兰进口了 3000 箱"喜力"牌啤酒，规格为 24 支×330ml/箱，申报价格为 FOB 鹿特丹 HKD 50/箱，发票列明：运费为 HKD 20 000，保险费率为 0.3%，经海关审查属实。该啤酒的优惠税率为 3.5 元/升，消费税税额为 220 元/吨(1 吨=988 升)，增值税税率为 17%，外汇牌价为 100 港币=106 元人民币。计算该批啤酒的消费税。

计算过程如下。

(1) 进口数量=(24 × 0.33 × 3000)/988

$$=23\ 760/988=24.05(吨)$$

(2) 消费税税额=24.05 × 220=5291(元)

案例三： 国内某公司进口英国产香烟 10 标准箱(1 标准箱=250 标准条；1 标准条=200 支)，成交价格为 CIF 国内某口岸 2 700 美元/标准箱。已知适用的外汇折算价为 1 美元=6.2716 元人民币，关税税率为 25%。香烟征收复合消费税：每标准条进口完税价格≥50 元人民币时，按 45%从价税率+150 元/标准箱从量税征收；每标准条进口完税价格<50 元人民币时，按 30%从价税率+150 元/标准箱从量税征收。计算应征的进口环节消费税税款。

计算过程如下。

(1) 完税价格=2700×10×6.2716 =169 333.20(元)。

(2) 每标准条的完税价格=169 333.20÷10÷250=67.73(元/标准条)。

(3) 适用税率为 45%+150 元/标准箱。

(4) 进口环节消费税：

关税=169 333.20×25%=42 333.30(元)

从量消费税=10×150=1500(元)

消费税组成计税价格=(关税完税价格+关税税额+应征消费税进口数量×消费税定额税率)÷(1-消费税税率) =(169 333.20+42 333.30+1500)÷(1-45%)

$$=387\ 575.45(元)$$

消费税应纳税额=消费税组成计税价格×消费税比例税率+应征消费税进口数量×消费税定额税率

$$=387\ 575.45 \times 45\%+10\times150 =175\ 908.95(元)$$

四、进口环节增值税的计算

计算公式为

增值税应纳税额=增值税组成计税价格×增值税税率

增值税组成计税价格=关税完税价格+关税税额+消费税税额

【应用案例】

国内某公司进口瓶装葡萄酒一批，经海关审核其成交价格总值为 CIF 境内某口岸 960 538.00 美元。已知该批货物的关税税率为 14%，消费税税率为 10%，增值税税率为 17%，其适用的外汇折算价为 1 美元=6.2716 元人民币，计算应征增值税税额。

计算过程如下。

(1) 完税价格=960 538.00 × 6.2716=6 024 110.12(元)

(2) 关税税额=关税完税价格 × 关税税率

　　　　　=6024 110.12 × 14%

　　　　　=843 375.42(元)

(3) 消费税税额=[(关税完税价格+关税税额)÷(1-消费税税率)] × 消费税税率

　　　　　=[(6 024 110.12+843 375.42)÷(1-10%)] × 10%

　　　　　=7 630 539.49 × 10%

　　　　　=763 053.95(元)

(4) 增值税税额=(关税完税价格+关税税额+消费税税额) × 增值税税率

　　　　　=(6 024 110.12+843 375.42+763 053.95) × 17%

　　　　　=7 630 539.49 × 17%

　　　　　=1 297 191.71(元)

第五节　进出口税费的减免

进出口税费减免，是指海关按照国家政策、《海关法》和其他有关法律、行政法规的规定，对进出口货物的关税和进口环节海关代征税给予减征或免征。进出口税费减免可分为三大类，即法定减免税、特定减免税和临时减免税。

一、法定减免税

法定减免税，是指按照《海关法》、《进出口关税条例》和其他法律、行政法规的规定，进出口货物可以享受的减免关税优惠。海关对法定减免税货物一般不进行后续管理。

下列进出口货物、进出境物品，减征或者免征关税。

(1) 关税税额或者进口环节海关代征税税额在人民币 50 元以下的一票货物。

(2) 无商业价值的广告品和货样。

(3) 外国政府、国际组织无偿赠送的物资。

(4) 在海关放行前遭受损坏或者损失的货物。

(5) 进出境运输工具装载的途中必需的燃料、物料和饮食用品。

(6) 中华人民共和国缔结或者参加的国际条约规定减征、免征关税的货物、物品。

(7) 法律规定减征、免征关税的其他货物、物品。

二、特定减免税

特定减免税，是指海关根据国家规定，对特定地区、特定用途和特定企业的进出口货物给予的关税和进口环节海关代征税的减免优惠，也称政策性减免税。特定减税或者免税的范围和办法由国务院规定，海关根据国务院的规定单独或会同国务院其他主管部门制定具体实施办法并加以贯彻执行。

为配合全国增值税转型改革，规范税制，自 2009 年 1 月 1 日起，国家对部分进口税收优惠政策进行相应调整。目前实施特定减免税的项目主要有以下几个方面。

(一)外商投资项目投资额度内进口自用设备

(1) 外商投资企业所投资的项目符合《外商投资产业指导目录》中鼓励类或《中西部地区外商投资优势产业目录》的产业条目，在投资总额内进口的自用设备及随设备进口的配套技术、配件、备件，除《外商投资项目不予免税的进口商品目录》、《进口不予免税的重大技术装备和产品目录》所列商品外，免征关税，进口环节增值税照章征收。

中外投资者采取发起或募集方式在境内设立外商投资股份有限公司，或已设立的外商投资有限责任公司转变为外商投资股份有限公司，并且外资股比不低于 25%的，在投资总额内进口的自用设备，以及内资有限责任公司和股份有限公司转变为外资股比不低于 25%的外商投资股份有限公司，并且同时增资，其增资部分对应的进口自用设备，可享受外商投资项目进口税收优惠政策。

持有外商投资企业批准证书的 A 股上市公司股权分置改革方案实施后增发新股，或原外资法人股股东出售股份，但外资股比不低于 25%，在投资总额内进口的自用设备可享受外商投资项目进口税收优惠政策。

外商投资企业向中西部地区再投资设立的企业或其通过投资控股的公司，注册资本中外资比例不低于 25%，并取得外商投资企业批准证书，其在投资总额内进口的自用设备可享受外商投资项目进口税收优惠政策。

(2) 下列情况中，所投资项目符合《外商投资产业指导目录》中鼓励类或《中西部地区外商投资优势产业目录》的产业条目，在投资总额内进口的自用设备，除《国内投资项目不予免税的进口商品目录》、《进口不予免税的重大技术装备和产品目录》所列商品外，可以免征关税，进口环节增值税照章征收。

① 外国投资者的投资比例低于 25% 的外商投资企业。

② 境内内资企业发行 B 股或发行海外股(H 股、N 股、S 股、T 股或红筹股)转化为外商投资股份有限公司。

③ 外商投资企业向中西部地区再投资设立的外资比例低于 25% 的企业，以及向中西部以外地区再投资设立的企业。

(二)外商投资企业自有资金项目

投资项目符合现行《外商投资产业指导目录》鼓励类条目的外商投资企业(外国投资者的投资比例不低于 25%)，利用投资总额以外的自有资金(指企业储备基金、发展基金、折旧、税后利润)，在原批准的生产经营范围内，对本企业原有设备更新(不包括成套设备和生产线)和维修进口国内不能生产或性能不能满足需要的设备，以及与上述设备配套的技术、配件、备件，除《国内投资项目不予免税的进口商品目录》、《进口不予免税的重大技术装备和产品目录》所列商品外，可以免征进口关税，进口环节增值税照章征收。

(三)国内投资项目进口自用设备

属国家重点鼓励发展产业的国内投资项目，在投资总额内进口的自用设备，以及按照合同随设备进口的技术及配套件、备件，除《国内投资项目不予免税的进口商品目录》、《进口不予免税的重大技术装备和产品目录》所列商品外，免征进口关税，进口环节增值税照章征收。

(四)贷款项目进口物资

外国政府贷款和国际金融组织贷款项目，在项目额度或投资总额内进口的自用设备，以及按照合同随设备进口的技术及配套件、备件，除《外商投资项目不予免税的进口商品目录》、《进口不予免税的重大技术装备和产品目录》所列商品外，免征进口关税。

对贷款项目进口自用设备，经确认按有关规定增值税进项税额无法抵扣的，除《外商投资项目不予免税的进口商品目录》、《进口不予免税的重大技术装备和产品目录》所列商品外，免征进口环节增值税。

(五)重大技术装备

对经认定符合规定条件的国内企业为生产国家支持发展的重大技术装备和产品进口规定范围的关键零部件、原材料商品，除《进口不予免税的重大技术装备和产品目录》所列商品外，免征关税和进口环节增值税。

(六)特定区域物资

保税区、出口加工区等特定区域进口的区内生产性基础设施项目所需的机器、设备和基建物资可以免税；区内企业进口企业自用的生产、管理设备和自用合理数量的办公用品及其所需的维修零配件，生产用燃料，建设生产厂房、仓储设施所需的物资、设备可以免税；行政管理机构自用合理数量的管理设备和办公用品及其所需的维修零配件，可以免税。

(七)科教用品

为了促进科学研究和教育事业的发展，国务院制定了《科学研究与教学用品免征进口税收暂行规定》，规定对国务院部委、直属机构和省、自治区、直辖市、计划单列市所属专门从事科学研究工作的各类科研院所，国家承认学历的实施专科及以上高等学历教育的高等学校，财政部会同国务院有关部门核定的其他科学研究机构和学校，以科学研究和教学为目的，在合理数量范围内进口国内不能生产或者性能不能满足需要的科学研究和教学用品，免征进口关税和进口环节增值税、消费税。

(八)救灾捐赠物资

对外国民间团体、企业、友好人士和华侨、港澳居民和台湾同胞无偿向我境内受灾地区(限于新华社对外发布和民政部《中国灾情信息》公布的受灾地区)捐赠的直接用于救灾的物资，在合理数量范围内，免征进口关税和进口环节增值税、消费税。

(九)扶贫慈善捐赠物资

为促进公益事业的健康发展，经国务院批准印发了《扶贫、慈善性捐赠物资免征进口税收暂行办法》，对境外捐赠人(指中华人民共和国关境外的自然人、法人或者其他组织)无偿向受赠人捐赠的直接用于扶贫、慈善事业(指非营利的扶贫济困、慈善救助等社会慈善和福利事业)的物资，免征进口关税和进口环节增值税。

(十)残疾人专用品

为支持残疾人的康复工作，国务院制定了《残疾人专用品免征进口税收暂行规定》，对民政部直属企事业单位和省、自治区、直辖市民政部门所属福利机构、假肢厂、荣誉军人康复医院、中国残疾人联合会直属事业单位和省、自治区、直辖市残疾人联合会所属福利机构和康复机构进口国内不能生产的残疾人专用品，免征进口关税和进口环节增值税、消费税。

(十一)集成电路项目进口物资

对在中国境内设立的投资额超过80亿元或集成电路线宽小于0.25微米的集成电路生产企业进口自用生产性原材料、消耗品，净化室专用建筑材料、配套系统和集成电路生产设备零、配件，免征进口关税和进口环节增值税。

(十二)海上石油、陆上石油项目进口物资

对在我国海洋和陆上特定地区开采石油(天然气)所需进口物资，免征进口关税和进口环节增值税。

(十三)远洋渔业项目进口自捕水产品

对经农业部批准获得"农业部远洋渔业企业资格证书"的远洋渔业企业运回的品种及产地符合要求的自捕水产品执行不征进口关税和进口环节增值税的政策。

(十四)无偿援助项目进口物资

对无偿援助项目进口物资，即外国政府、国际组织无偿赠送及我国履行国际条约进口的物资，免征进口关税、进口环节增值税和消费税。

三、临时减免税

临时减免税，是指法定减免税和特定减免税以外的其他减免税。国务院根据某个单位、某类商品、某个时期或某批货物的特殊情况和需要，给予特别的临时性减免税优惠，如汶川地震灾后重建进口物资。为支持和帮助汶川地震受灾地区积极开展生产自救，重建家园，自2008年7月1日起，对受灾地区企业、单位或支援受灾地区重建的企业、单位进口国内不能满足供应并直接用于灾后重建的大宗物资、设备等，在3年内免征进口关税和进口环节增值税。

【应用案例】

临时减免税进口的抗震救灾物资

2008年5月14日，上海海关接到武警浙江省消防总队关于一批抗震救灾物资的减免税审批的申请，物品有价值8万美元的起重气垫15个；价值2.6万美元的堵漏袋10个；价值1.1万美元的堵漏枪4个，上海海关已为其办理了减免税进口通关手续。

13日下午，北京首都机场海关快速验放首批抗震援灾物资，该批物资为中国交通通信中心进口的100套海事卫星设备，这是地震灾情发生以来从北京空港口岸进口的首批援助物资。

(资料来源：http://news.sohu.com/20080514/n256851700.shtml.)

第六节　进出口税费的征收与退补

一、税费征收方式

税费征收方式是海关确定纳税义务人纳税义务的程序，包括税款征收和税款缴纳两方面。按照不同的划分方式，可以有不同类型的税费征收方式。

(一)按作业程序划分

按作业程序划分，税费征收方式可分为申报纳税方式和稽征纳税方式。

申报纳税方式，是指海关根据纳税义务人对其进出口货物的申报，在审核、查验确认后做出征税决定，也称申报纳税制。凡未向海关申报，而由海关查获的违规进出境货物，海关不必要求其收发货人向海关申报，而直接根据货物进出口事实做出征税决定，该征税程序称为稽征纳税方式或稽征纳税制。

(二)按缴纳时间划分

按缴纳时间划分，税费征收方式可分为税款先纳制和税款后纳制。

税款先纳制，是指纳税义务人按照海关确定的应税税额履行纳税义务后，海关才予以办理货物结关放行手续。税款后纳制，是指海关允许纳税义务人先行办理货物放行手续，然后再确定应税税额和办理纳税手续。

(三)按纳税地点划分

按纳税地点划分，税费征收方式可分为口岸纳税方式和属地纳税方式。

口岸纳税方式，是指由办理货物进出口申报验放手续的口岸海关做出征税决定，纳税义务人在口岸海关办理税款缴纳手续。属地纳税方式，是指在口岸海关办理转关手续，纳税义务人在属地海关办理税款缴纳手续。

(四)按缴税支付方式划分

按缴税支付方式划分，税费征收方式可分为柜台支付方式和电子支付方式。

柜台支付方式，是指由海关做出征税决定，纳税义务人在指定银行通过柜台缴纳税款。电子支付方式，是指由海关做出征税决定，纳税义务人通过电子支付系统(由海关业务系统、中国电子口岸系统、商业银行系统和第三方支付系统等四部分组成)缴纳税款。

【应用案例】

推广新一代电子支付系统 北京海关构建便捷通关新平台

近日，北京奔驰汽车有限公司以一般贸易方式向北京海关下辖朝阳口岸申报进口总价值为 6280 余万元的一批货物。财务人员小李登录北京海关开通的税费电子支付系统，通过网上点击"支付"按钮，4 分钟后，朝阳口岸便接到了该批货物的税款预扣信息。在审核后，海关打印出电子支付税费单，现场的企业人员直接办理货物的通关手续，从交完税到货物放行仅用了 10 分钟。小李说："以前类似业务在海关取完税单还要到银行排队交税，自从开通税费电子支付功能后，我们只需在家联网查询到等待支付的税单记录，就可以登录支付平台支付，省去了来回奔波之苦，通关效率提高很多。"

据了解，从 2012 年 4 月份开始，北京海关联合工商、招商等 10 多家银行和上海东方电子支付有限公司，共同启用税费电子支付系统。

新一代电子支付系统的积极推广，成为海关为企业成功构建的一个便捷通关的新平台。如今，北京关区各口岸的签约进出口企业都可登录第三方平台，办理通关过程中各项税费的电子支付手续，这将为企业通关带来又一大便利。

"海关税费电子支付系统由企业、海关电子口岸和第三方支付平台在网络系统中签署电子协议，优化了税单流转方式，在缴纳海关税费方面具有方便快捷、及时安全的优势。"北京海关关税处处长张月峰介绍说。张处长还说："与传统柜台支付方式相比，借助电子支付系统，企业足不出户即可进行海关税费支付，可直接在海关现场取得税单，大幅提升了通关效率和资金使用效率。"

税费电子支付是原来网上支付税款方式的进一步优化。与原来的网上支付相比，电子支付引入了第三方服务的理念，是电子政务和电子商务的高度融合。它简化了企业签约流程，减少了纸质文本在签约方之间的流转，缩短了审批时间。此外，电子支付的适用范围由原来可网上支付的关税、增值税扩大到滞纳金、滞报金、保证金等，基本实现了对海关税费业务的全覆盖。电子支付系统还增加了代理支付功能，改变了网上支付系统中只能由报关单上指定单位支付的局限，进出口企业可授权其他代理企业代为支付。

北京海关两个月来，在全关区范围内正式推广海关税费电子支付方式，税费电子支付比例逐步提升，目前应用日趋成熟。截至6月底，已有约3000家企业在北京海关进行了电子支付资格备案，6000余票税单通过电子支付系统缴款，缴纳税额超过3.5亿元。

北京海关副关长邱月玲表示，目前海关税费电子支付系统属于推广应用阶段，现有网上支付系统与新的电子支付系统同时并行。下一步，北京海关将继续推广电子支付系统的应用，新系统运行平稳后，将逐步取代网上支付系统，为广大进出口企业提供更为优质的通关服务。

(资料来源：北京海关网.)

二、纳税期限及滞纳金

为保证海关做出的征税决定得到执行，保证税款及时入库，必须规定纳税义务人缴纳税款的时间期限，逾期缴纳则构成滞纳。

(一)法定纳税期限

《进出口关税条例》规定："进出口货物的纳税义务人应当自海关填发税款缴款书之日起15日内向指定银行缴纳税款。"

(二)延期纳税期限

纳税义务人因不可抗力或者国家税收政策调整不能按期缴纳税款的，经海关总署批准，可以延期缴纳税款，但是最长不得超过6个月。

(三)滞纳金

纳税义务人逾期缴纳税款的，构成滞纳，海关征收滞纳金。

1. 征收目的

征收滞纳金的目的在于使纳税义务人承担经济制裁责任，促使其尽早履行纳税义务。

2. 征收标准

纳税义务人未按期缴纳税款的，从滞纳税款之日起，按日加缴滞纳税款万分之五的滞纳金。其计算公式为

关税滞纳金金额=滞纳关税税额×0.5‰×滞纳天数

进口环节海关代征税滞纳金金额=滞纳进口环节海关代征税税额×0.5‰×滞纳天数

其中，滞纳天数为自缴款期限届满之次日起，至纳税义务人缴纳税款之日止，滞纳期限内的星期六、星期天或法定节假日一并计算。缴纳期限届满日遇星期六、星期日等休息日或者法定节假日的，应当顺延至休息日或法定节假日之后的第一个工作日。

【应用案例】

国内某公司从意大利购进瓶装葡萄酒一批，已知该批货物应征关税为 843 375.42 元，应征进口环节消费税为 763 053.95 元，进口环节增值税为 1 297 191.71 元。海关于 2013 年 3 月 1 日填发海关专用缴款书，该公司于 2013 年 3 月 22 日缴纳税款。计算应征的滞纳金。

计算过程如下。

首先确定滞纳天数，然后再分别计算应缴纳的关税、进口环节消费税和增值税的滞纳金。

税款缴款期限自 2013 年 3 月 1 日(星期五)起，第 15 天为 3 月 16 日(星期六)，顺延至 3 月 18 日为最后缴款期限，自 3 月 19 日计算滞纳，3 月 22 日缴纳税款，共滞纳 4 天。

关税滞纳金=滞纳关税税额×0.5‰×滞纳天数

$\qquad$ =843 375.42×0.5‰×4

$\qquad$ =1 686.75(元)

进口环节消费税滞纳金=滞纳消费税税额×0.5‰×滞纳天数

$\qquad$ =763 053.95×0.5‰×4

$\qquad$ =1 526.11(元)

进口环节增值税滞纳金=滞纳增值税税额×0.5‰×滞纳天数

$\qquad$ =1 297 191.71×0.5‰×4

$\qquad$ =2 594.38(元)

3. 征收范围

根据规定，对逾期缴纳税款应征收滞纳金的，有以下几种情况。

(1) 关税、进口环节增值税、进口环节消费税的纳税义务人或其代理人，应当自海关填发税款缴款书之日起 15 日内向指定银行缴纳税款，逾期缴纳的，海关依法在原应纳税款的基础上，按日加收滞纳税款万分之五的滞纳金。

(2) 纳税义务人在批准的延期缴纳税款期限内缴纳税款的，不征收滞纳金；逾期缴纳税款的，自延期缴纳税款期限届满之日起至缴清税款之日止按日加收滞纳税款万分之五的滞纳金。

(3) 进出口货物放行后，海关发现因纳税义务人违反规定造成少征或者漏征税款的，可以自缴纳税款或货物放行之日起 3 年内追征税款，并从缴纳税款或货物放行之日起至海关发现之日止，按日加收少征或者漏征税款万分之五的滞纳金。

(4) 海关发现海关监管货物因纳税义务人违反规定造成少征或者漏征税款的，应当自纳税义务人应缴纳税款之日起 3 年内追征税款，并自应缴纳税款之日起至海关发现之日止按日加收少征或者漏征税款万分之五的滞纳金。

(5) 租赁进口货物分期支付租金的，纳税义务人应当在每次支付租金后的 15 日内向海关申报办理纳税手续，逾期办理申报手续的，海关除了征收税款外，还应当自申报办理纳税手续期限届满之日起至纳税义务人申报纳税之日止，按日加收应缴纳税款万分之五的滞纳金。

租赁进口货物自租期届满之日起 30 日内，应向海关申请办结海关手续，逾期办理手续的，海关除按照审定进口货物完税价格的有关规定和租期届满后第 30 日该货物适用的计征汇率、税率，审核确定其完税价格、计征应缴纳的税款外，还应当自租赁期限届满后 30 日起至纳税义务人申报纳税之日止按日加收应缴纳税款万分之五的滞纳金。

(6) 暂准进出境货物未在规定期限内复运出境或者复运进境，且纳税义务人未在规定期限届满前向海关申报办理进出口及纳税手续的，海关除按照规定征收应缴纳的税款外，还应当自规定期限届满之日起至纳税义务人申报纳税之日止按日加收应缴纳税款万分之五的滞纳金。

(7) 海关采取强制措施时，对纳税义务人、担保人未缴纳的滞纳金应当同时强制执行。滞纳金应当从税款缴纳期限届满的次日起至海关执行强制措施之日止，按日计算。

4. 滞纳金减免

滞纳金起征点为人民币 50 元，不足人民币 50 元的免予征收。

依据《海关税款滞纳金减免暂行规定》，海关对未履行税款给付义务的纳税义务人征收税款滞纳金，纳税义务人主动采取补救措施，海关依法可以减免税款滞纳金。税款滞纳金减免事宜，需经纳税义务人申请并由海关总署审批。

三、税款退还、追补

(一)税款退还

纳税义务人按照规定缴纳税款后，因误征、溢征及国家政策调整等原因应予退还的税款可由海关依法退还。进出口税收的起退点为 0 元。

1. 多征税款退税

(1) 海关发现多征税款的，应当立即通知纳税义务人办理退税手续。

(2) 纳税义务人发现多缴税款的，自缴纳税款之日起 1 年内，可以以书面申请形式要求海关退还多缴的税款并加算银行同期活期存款利息。

2．品质或者规格原因退税

(1) 已缴纳税款的进口货物，因品质或者规格原因原状退货复运出境的，纳税义务人自缴纳税款之日起1年内，可以向海关申请退税。

(2) 已缴纳出口关税的出口货物，因品质或者规格原因原状退货复运进境并已重新缴纳因出口而退还的国内环节有关税收的，纳税义务人自缴纳税款之日起1年内，可以向海关申请退税。

申请退税时应提交以下材料："退税申请书"；原进(出)口报关单、税款缴款书、发票；货物复运出(进)境的出(进)口报关单；收发货人双方关于退货的协议。出口货物复运进境还应提供税务机关重新征收国内环节税的证明。

【应用案例】

因退货而办理退税手续

康俊进出口公司以CIF广州每吨500美元从法国进口HHM5502BN薄膜级低压高密度聚乙烯300吨，合同与信用证都规定允许溢短装5%，该货物于2008年10月由"光华"轮运抵广州黄埔港。收货人申报前看货取样，发现实际到货为310吨，其中有30吨规格型号为HHMTR-144的同类产品。康俊进出口公司立即要求对方更换规格与合同不符的30吨货物，对方回函，因为缺货，无法更换，如我方不接受该30吨货物，则可以退货，同时对方愿意承担违约给我方造成的损失。康俊进出口公司决定退回30吨HHMTR-144货物，此时康俊公司已经按照300吨的进口货物缴纳了进口税，为此康俊进出口公司可以向海关办理退税手续。因为文中描述的情况符合退税的适用范围，"进口货物在完税之后，因品质或者规格原因，原状退货复运出境的"。当然，康俊进出口公司要将不合规格的30吨货物复运出境，在规定时间内提交相关单证，按规定填写退税申请表。

(资料来源：王志明，等.报关综合实务.第二版.大连：东北财经大学出版社，2010.)

3．退关退税

已缴纳出口关税的货物，因故未装运出口申报退关的，纳税义务人自缴纳税款之日起1年内，可向海关申请退税。

申请退税时应提交以下材料："退税申请书"；原出口报关单、税款缴款书。

4．短装退税

散装进出口货物发生短装并已征税放行的，如果该货物的发货人、承运人或者保险公司已对短装部分退还或者赔偿相应货款，纳税义务人自缴纳税款之日起1年内，可以向海关申请退还进口或者出口短装部分的相应税款。

申请退税时应提交以下材料："退税申请书"；原进口或出口报关单、税款缴款书、发票；具有资质的商品检验机构出具的相关检验证明书；已经退款或赔款的证明文件。

5. 赔偿退税

因进出口货物残损、品质不良、规格不符等原因，由进出口货物的发货人、承运人或保险公司赔偿相应货款的，纳税义务人自缴纳税款之日起 1 年内，可申请退还赔偿货款部分的相应税款。海关应当自受理退税申请之日起 30 日内查实并通知纳税义务人办理退还手续。纳税义务人应当自收到海关通知之日起 3 个月内办理有关退税手续。进口环节增值税已予抵缴的，除国家另有规定外不予退还。已征收的滞纳金不予退还。

申请退税时应提交以下材料："退税申请书"；原进口或出口报关单、税款缴款书、发票；已经赔偿货款的证明文件。

【相关链接】

海关予以退税吗？

案例一： 2006 年 5 月，某通信有限公司向大连海关申请退税，称其于 2005 年 12 月 18 日在大连某隶属海关以"其他进口免费提供"监管方式申报进口手机用零件(已缴纳关税 3273.89 元，增值税 148 685.89 元)实际是该公司原进口件以出口维修方式出口到韩国某株式会社，维修完毕后进口返回的货物。因为韩国某株式会社所提供货物发票误写为免费提供，导致该公司根据发票按"免费提供"贸易方式报关。并缴纳了相应的增值税和关税，合计人民币 151 959.78 元。经事后核查发现错误，申请修改贸易方式(改为"修理物品")并要求退税。

案例二： 2006 年 11 月，某木业有限公司向大连海关提出退税申请，称其于 2006 年 1 月 4 日以一般贸易方式申报进口一批尿素树脂胶、改性剂和固化剂，已缴纳关税和增值税 29 083.86 元。在此期间，该公司又同时办理了加工贸易手册，并在没有申请删除一般贸易报关单的情况下，于 2006 年 3 月使用手册再次申报了此票货物。因此企业申请删除第一次申报的报关单，并申请退还税款。

上述两个案例中，企业均以"海关多征税款"为由要求退税。那么上述退税申请海关是否应该接受？

政法函〔2004〕27 号对《海关法》第六十三条有关"海关多征的税款，……纳税义务人自交纳税款之日起一年内，可以要求海关退还"的规定，是这样解释的："……应适用于海关对进出口货物实际征收的税款，与正常情况下海关基于货物申报进出口当时随附的全部单证应当征收的税款相比，海关实际征收税额多于应征税额的情形。"

上述两个案例中，收货人或报关代理人在进口申报"免费提供"或"一般贸易"时，所随附的全部单证都是与其申报的贸易方式符合的，海关当时的征税行为是合法正确的。至于事后收货人或代理人提出贸易方式错误，并补充一些说明材料，包括提供加工贸易手册，由于所申报的货物已经结关放行，海关很难判定所述情况是否属实，所以没有接受纳税义务人的退税申请。

(资料来源：张洪光.怎样向海关申请退税.中国海关，2007(4).)

(二)税款追补

1. 补税

进出口货物放行后，海关发现少征或者漏征税款，应当自纳税义务人缴纳税款之日起 1 年内，向纳税义务人补征税款。

2. 追税

因纳税义务人违反规定造成海关对进出口货物或海关监管货物少征或者漏征税款的，海关应当自纳税义务人缴纳税款之日起 3 年内追征少征收的税款。

【应用案例】

海关能否补征短征税款

2004 年 1 月 17 日，兴达实业有限公司(以下简称兴达公司)以一般贸易方式向某海关申报进口聚酯稀化工原料一批。某海关于同日在征收关税和代征进口环节增值税后，办理了该批货物的结关放行手续。2 月 25 日，某海关经核查发现，对兴达公司所进口的上述化工原料税则归类错误，导致漏征部分税款，遂于 3 月 1 日又向兴达公司补征关税和进口环节增值税共计人民币 12 万余元。

兴达公司不服某海关上述补税决定，在缴纳了有关税款后，于 2004 年 3 月 27 日向某海关的上一级海关申请行政复议。兴达公司认为，该公司所进口的聚酯稀化工原料于 2004 年 1 月 17 日经某海关正式审定完税价格并计征税款，已依法办结通关手续，某海关在此之后又责令其补缴税款没有法律依据；上述化工原料现已全部销售，补征税款无法计入成本，该公司可得利润因此遭受损失，某海关对此应给予赔偿。基于此，兴达公司请求复议机关依法撤销某海关 2004 年 3 月 1 日做出的补税决定，退还补征税款并赔偿其有关经济损失。复议机关经审理认为，本案税款短征确系由于某海关自身原因所致(海关归类错误导致税率差异)，兴达公司在此过程中并无违反规定情形，但该公司缴纳漏缴税款的法定义务不能因此得以免除。根据《海关法》第六十二条和《进出口关税条例》第五十一条的有关规定，进出口货物放行后，海关发现少征或漏征税款的，应当自缴纳税款或者货物放行之日起一年内，向纳税义务人补征税款。本案某海关的补征税具体行政行为符合《海关法》及《进出口关税条例》的上述规定，应予支持；同时，该行政行为并未给兴达公司的财产权益造成直接损失，某海关无须承担行政赔偿责任，兴达公司所提赔偿请求，不予支持。2004 年

4月26日，复议机关做出复议决定：驳回兴达公司的复议请求，维持某海关补征税款的具体行政行为。

（资料来源：中国海关总署网.）

四、税收保全与强制措施

(一)保全措施

进出口货物的纳税义务人在规定的纳税期限内有明显的转移、藏匿其应税货物以及其他财产迹象的，海关可以责令要求纳税义务人提供担保。纳税义务人不能提供担保的，经直属海关关长或者其授权的隶属海关关长批准，海关可以依次采取下列税收保全措施。

(1) 书面通知纳税义务人开户银行或者其他金融机构暂停支付纳税义务人相当于应纳税款的存款。

(2) 扣留纳税义务人价值相当于应纳税款的货物或者其他财产。

纳税义务人在规定的纳税期限内缴纳税款的，海关必须立即解除税收保全措施；期限届满仍未缴纳税款的，经直属海关关长或者其授权的隶属海关关长批准，海关可以书面通知纳税义务人开户银行或者其他金融机构从其暂停支付的存款中扣缴税款，或者依法变卖所扣留的货物或者其他财产，以变卖所得抵缴税款。

(二)强制措施

进出口货物的纳税义务人、担保人自缴纳税款期限届满之日起超过 3 个月仍未缴纳税款的，经直属海关关长或其授权的隶属海关关长批准，海关可以依次采取下列强制措施。

(1) 书面通知其开户银行或者其他金融机构从其存款中扣缴税款。

(2) 将应税货物依法变卖，以变卖所得抵缴税款。

(3) 扣留并依法变卖其价值相当于应纳税款的货物或者其他财产，以变卖所得抵缴税款。

【应用案例】

超期未缴纳税款的法律后果

2004 年 1 月 17 日，A 公司以一般贸易方式向 Y 海关申报进口白卡纸一批，Y 海关经审价确定进口货物完税价格，并于同年 1 月 21 日对该公司填发税款缴款书，征收进口关税和进口环节增值税。

收到海关税款缴款书后，A 公司未在规定期限内缴纳应缴税款，Y 海关因此没有办理上述进口白卡纸的结关放行手续，并在规定的 15 天纳税期限届满后，根据《海关法》及《关税条例》的有关规定，自 2004 年 2 月 6 日起开始对 A 公司计征滞纳金。

2004 年 3 月 6 日，在 A 公司滞纳税款 1 个月后，该公司以无力缴纳税款为由向海关提出延期缴纳税款的申请。Y 海关经审核认定，A 公司提出的延期缴税理由不属于《关税条例》所规定的缓税事由，对其申请未予批准。此后，A 公司自纳税期限届满之日起超过 3 个月未缴纳税款，在此情况下，Y 海关于 2004 年 5 月 28 日向该公司制发书面通知，要求其在 3 日内履行纳税义务。但 A 公司在规定期限内没有缴纳税款，也未做出任何说明。

2004 年 6 月 1 日，Y 海关依法启动税收强制措施，向 A 公司开户银行 B 银行送达"协助执行书"，商请 B 银行协助从 A 公司存款中扣缴该公司所欠税款。但 B 银行随后通知海关，A 公司银行账户上已无可供强制抵缴税款的存款。在此情况下，Y 海关于 2004 年 6 月 7 日根据《海关法》的有关规定，将 A 公司因没有缴清税款而尚未结关放行的进口白卡纸依法变卖，并以变卖所得抵缴税款，剩余款项在扣除进口货物运输、储存、装卸等费用及滞纳金后发还 A 公司。

A 公司不服 Y 海关强制变卖其进口货物的具体行政行为，于 2004 年 7 月 12 日向该海关的上一级海关申请行政复议。

A 公司在其"复议申请书"中提出以下申辩事由。

第一，该公司虽然没有在规定期限内履行纳税义务，但其是因经济原因而未缴纳税款，绝非故意不缴纳税费，该公司主观上没有拖欠国家进口关税的故意。

第二，该公司因未按期履行纳税义务已承担了加征滞纳金的不利后果，在其并非故意拖欠税款的情况下，Y 海关对其征收滞纳金的同时又采取变卖应税货物抵缴税款的强制措施，上述做法有失公允，同时也缺乏法律依据。

此外，A 公司对 Y 海关未批准其缓税申请的决定也提出异议。该公司认为其延期缴税申请符合法定条件，海关未依法进行处理属于违法行使职权。A 公司据此请求复议机关确认 Y 海关上述具体行政行为违法，并赔偿其因此所遭受的直接经济损失。

复议机关经审理认为，A 公司作为进口白卡纸的经营单位，负有向海关缴纳进口关税和进口环节增值税的法定义务，其在规定期限内未履行上述义务应承担相应的法律后果。本案中，A 公司不仅未在规定期限内缴纳税款，而且在上述期限届满之日起 3 个月内也未履行纳税义务，Y 海关对其采取的征收滞纳金和变卖应税货物抵缴税款的措施符合《海关法》和《关税条例》的有关规定。上述措施的实施不以当事人主观上具有拖欠税款的故意为前提，只要客观上存在未缴税款的事实，同时适用既有事实根据和法律依据。此外，A 公司提出的缓税申请不属于《关税条例》所规定的纳税主体可以延期缴税的法定情形，Y 海关未批准其上述申请于法有据，应予支持。2004 年 8 月 25 日，复议机关做出复议决定，驳回 A 公司的复议请求，确认 Y 海关所作具体行政行为合法。

(资料来源：谷儒堂，白凤川. 报关基础. 中国海关出版社，2011.)

本 章 小 结

进出口税费，是指在进出口环节中由海关依法征收的关税、消费税、增值税、船舶吨税、滞报金和滞纳金等税费。

依法征收税费是海关的基本任务之一，依法缴纳税费是相关纳税义务人的基本义务。课税对象是进出关境的货物或物品。

目前，进口环节海关代征税主要有增值税、消费税、船舶吨税三种。

海关确定进口货物完税价格的估价方法共有六种：进口货物成交价格估价方法、相同货物成交价格估价方法、类似货物成交价格估价方法、倒扣价格估价方法、计算价格估价方法、合理方法。上述估价方法应当依次采用。

出口货物的完税价格由海关以该货物的成交价格为基础审查确定，包括货物运至中华人民共和国境内输出地点装载前的运输及其相关费用、保险费。

为了适应国际贸易的需要，并为执行本国关税及非关税方面的贸易措施，进口国必须对进出口商品的原产地进行认定。因此，各国以本国立法形式制定出其鉴别货物原产地的标准，就是原产地规则。

目前，世界各国(地区)原产地规则，无论是优惠原产地规则还是非优惠原产地规则，都包含完全获得标准和实质性改变标准这两种原产地确定标准。

我国进口关税设置最惠国税率、协定税率、特惠税率、普通税率、关税配额税率、暂定税率等税率。

进出口关税、进口环节代征税一律以人民币计征，采用四舍五入法计算至分。起征点均为人民币50元，不足人民币50元的免予征收。

进出口税收减免，是指海关按照国家政策、《海关法》和其他有关法律、行政法规的规定，对进出口货物的关税和进口环节海关代征税给予减征或免征。进出口税收减免可分为法定减免税、特定减免税和临时减免税三大类。

进出口货物的纳税义务人应当自海关填发税款缴款书之日起15日内向指定银行缴纳税款，否则构成滞纳，从滞纳税款之日起，按日加缴滞纳税款万分之五的滞纳金。

纳税义务人按照规定缴纳税款后，因误征、溢征及国家政策调整等原因应予退还的税款可由海关依法退还。

进出口货物放行后，海关发现少征或者漏征税款，应当自纳税义务人缴纳税款之日起1年内，向纳税义务人补征税款。

因纳税义务人违反规定造成海关对进出口货物或海关监管货物少征或者漏征税款的，海关应当自纳税义务人缴纳税款之日起3年内追征少征收的税款。

自 测 题

一、单项选择题

1. 下列关于中华人民共和国货物原产地证明书的表述错误的是(   )。
   A. 货物确系中华人民共和国原产的证明文件
   B. 进口国海关对该进口商品适用何种税率的依据
   C. 出口报关的必备证件
   D. 各地商检局和贸促会均可签发此证

2. 某出口加工区企业从香港购进台湾产的薄型尼龙布一批，加工成女式服装后，经批准运往区外内销，该批服装向海关申报出区时，其原产地应申报为(   )。
   A. 中国香港   B. 中国台湾   C. 中国   D. 国别不详

3. 根据《中华人民共和国进出口关税条例》的规定，下列表述正确的是(   )。
   A. 适用最惠国税率的进口货物有暂定税率的，应当适用最惠国税率
   B. 适用协定税率的进口货物有暂定税率的，应当从低适用税率
   C. 适用特惠税率的进口货物有暂定税率的，应当从高适用税率
   D. 适用普通税率的进口货物有暂定税率的，应当适用暂定税率

4. 因纳税义务人违反规定造成少征或漏征税款的，海关可以在规定期限内追征税款并从缴纳税款或者货物放行之日起至海关发现违规行为之日止按日加收少征或漏征税款的滞纳金。其规定期限和滞纳金的征收标准分别为(   )。
   A. 1 年；0.5‰   B. 3 年；0.5‰   C. 1 年；1‰   D. 3 年；1‰

5. 某企业以 CIF 成交方式购进一台砂光机，先预付设备款 25 000 港币，发货时再支付设备价款 40 000 港币，并另直接支付给境外某权利所有人专用技术使用费 15 000 港币，此外，提单上列明 THC 费为 500 港币，该批货物经海关审定的成交价格为(   )。
   A. 65 500 元港币   B. 65 000 元港币
   C. 80 500 元港币   D. 80 000 元港币

二、多项选择题

1. 关税的征税主体是国家，其征税对象是(   )。
   A. 进出关境的货物   B. 进出关境的物品
   C. 进口货物收货人   D. 出口货物发货人

2. 对应征进口环节增值税的货物，其进口环节增值税组成计税价格包括(   )。

A. 进口货物完税价格　　　　B. 进口货物关税税额

C. 进口环节消费税税额　　　　D. 进口环节增值税税额

3. 关于进出口货物税费的计算,下列表述正确的是(　　)。

A. 海关按照该货物适用税率之日所适用的计征汇率折合为人民币计算完税价格

B. 关税税额采用四舍五入法计算至人民币"分"

C. 完税价格采用四舍五入法计算至人民币"元"

D. 滞纳金的起征点为人民币 50 元

4. 在海关审定完税价格时,纳税义务人应履行的义务包括(　　)。

A. 如实提供单证及其他相关资料

B. 如实申报货物买卖中发生的、有关规定所列的价格调整项目

C. 提供根据客观量化的标准对需分摊计算的价格调整项目进行分摊的依据

D. 为先行提取货物,依法向海关提供担保

5. 对于已缴纳进出口关税的货物,纳税义务人在规定期限内可以申请退还关税的有(　　)。

A. 因规格原因原状退货复运进境,并已重新缴纳因出口而退还的国内环节有关税收的

B. 因销售渠道不畅原状退货退运进境,并已重新缴纳因出口而退还的国内环节有关税收的

C. 因品质原因原状退货复运出境的

D. 因故未装运出口申报退关的

三、判断题

1. 进口货物分设最惠国税率、普通税率、特惠税率、协定税率、暂定税率等。其中最惠国税率是最低的税率。　　　　　　　　　　　　　　　　　　　　(　　)

2. 进口货物的买卖双方存在特殊关系时,进口货物的成交价格不能作为海关审定完税价格的基础。　　　　　　　　　　　　　　　　　　　　　　　　(　　)

3. 装载进口货物的船舶经上海港后在南京港将进口货物卸下,该批进口货物的完税价格中运费应计算至南京港。　　　　　　　　　　　　　　　　　　　(　　)

4. 我国目前征收的进口附加税主要是报复性关税。　　　　　　　　　　(　　)

5. 外商投资企业享受减免税优惠进口的机器设备和其他物资,属于海关监管货物,限于在本企业自用。　　　　　　　　　　　　　　　　　　　　　　　(　　)

四、实训题

1. 某公司按暂定价格申报进口完税价格为 270 000 元人民币的货物，滞报 3 天，支付滞报金后，完税价格调整为 300 000 元人民币，申请修改申报被海关接受，该公司应补缴的滞报金数额是多少？

2. 境内某公司与香港某公司签约进口韩国产的彩色超声波诊断仪 2 台，直接由韩国运抵上海，成交价格为 CIF 上海 10 000 美元/台。设 1 美元=7 元人民币，最惠国税率为 5%，普通税率为 17%，亚太贸易协定税率为 4.5%，应征进口关税税额是多少？

3. 境内某公司从日本进口电焊机一批，已知该批货物应征关税税额人民币 15 000 元，进口环节增值税税额为人民币 30 000 元，海关于 2007 年 4 月 16 日(星期一)填发海关专用缴款书，该公司于 2007 年 5 月 10 日缴纳税款，应缴的税款滞纳金是多少？

第九章　进出口货物报关单填制

【学习要点及目标】

通过本章的学习，了解进出口货物报关单的含义、类型、各联的用途和填制的一般要求，掌握进出口货物报关单各栏目的具体填制规范。

【核心概念】

报关单　海关编号　进口口岸　出口口岸　备案号　经营单位　征免性质

【引导案例】

报关作业进口清单与载货清单不符，被海关开箱查柜

深圳沙河某台商从事文具生产，某年9月自美国进口一批150吨的牛皮卡纸。到货港注明是香港，货从美国到了香港之后，该台商通过香港报关行安排货柜将货从香港运抵深圳。由于该台商工厂仓库容量有限，因此分批将6个40英尺的货柜运抵深圳。

9月底，首批3个货柜运抵深圳文锦渡海关，该公司的报关员立刻带齐所有的单证(美国公司寄来的原始发票、装箱单、海运提单)及填好的报关单、司机簿及香港运输公司填写的进境汽车清单，前往海关报关大楼报关。

但报关时发现此批货物共有3个货柜，而美国的原始发票是整批货物共6个货柜，于是海关关员不同意该公司进行报关。不得已，该公司立即电告美国公司，要求美国公司赶填两份发票及装箱单，一份为3个货柜，另一份亦为3个货柜。

次日，该公司报关员再前往报关。结果，海关仍拒绝接收美国方面开来的原始发票，因为美国开来的发票只有签名而没有印鉴。该公司只得再与美国公司进行联系，但由于时差的关系，等收到美方传真已是第3日清晨了。

该公司报关员又前往报关，但此时海关又查到新的问题，该公司报关清单注明的是牛皮卡纸，而司机载货清单上填的是白纸板。这一次的问题比前两次更严重，前两次只是海关拒绝接受报关，但这一次海关认为报关清单注明的是每吨300美元的牛皮卡纸，但实际进口的是每吨1000美元的白板纸，涉嫌逃漏国家关税，严重的可判走私罪。

海关要求将3个货柜开箱检查，为了进一步查证，海关将每一箱纸的外层均捅破，造成了纸的损失。虽然最后检查结果证明是牛皮卡纸，海关也放行了，但3个货柜在文锦渡耽搁了两夜的租箱费、检查费、纸破坏费，共损失了2万多港币，这尚不包括司机的过夜费、临时停车费等。

此案可给予我们以下启示。

(1) 分批运输时，报关单据、发票等各类单据一定要分门别类列出，进出口货物的名称、数量等一定要与所提交的单据一致。

(2) 要注意中西方商业习惯的差异，在中国报关就一定要尊重中国的法律、习俗。美方注重的是签名，而我国报关是以印鉴为主。

(3) 货物的名称要填报清楚，否则海关会以企业涉嫌走私论处。

填制报关单是报关员的日常主要工作，是其必备的基本功。正确填制进出口货物报关单是海关对报关单位和报关员的基本要求，同时报关单填制的正确与否也直接影响报关效率及企业经济效益。

进出口货物报关单是海关对进出口货物进行监管、征税、统计以及开展稽查、调查的重要依据，相应地我国海关对进出口货物报关单填制规定了一般的要求和具体的填制规范。报关单填制的规范与否与报关人的切身利益密切相关，直接影响到进出口货物的通关效率。因此，进出口货物报关单填制是报关员必须掌握的基本技能之一。

第一节　进出口货物报关单概述

一、报关单的含义及法律效力

进出口货物报关单是指进出口货物的收发货人或其代理人，按照海关规定的格式对进出口货物的实际情况做出的书面申明，以此要求海关对其货物按适用的海关制度办理报关手续的法律文书。

进出口货物报关单是海关依法监管进出口货物的重要依据、相关部门进行出口退税和外汇管理的重要凭证，因此，申报人对所填报的进出口货物报关单的真实性和准确性应承担法律责任。

二、报关单的类别

按照不同的划分标准，报关单可以分为不同的类型。

(一)按进出口流向分类

按进出口流向划分，报关单可分为进口货物报关单和出口货物报关单。

(二)按表现形式分类

按表现形式划分，报关单可分为纸质报关单和电子数据报关单。

(三)按使用性质分类

按使用性质划分，报关单可分为进料加工进(出)口货物报关单、来料加工及补偿贸易进(出)口货物报关单和一般贸易及其他贸易进(出)口货物报关单。

三、报关单各联的用途

纸质进口货物报关单一式四联，分别是：海关作业联、企业留存联、海关核销联、进口付汇证明联。纸质出口货物报关单一式五联，分别是：海关作业联、企业留存联、海关核销联、出口收汇证明联、出口退税证明联。

(一)海关作业联

海关作业联是报关员配合海关查验、缴纳税费、提取或装运货物的重要单据，也是海关查验货物、征收税费、编制海关统计以及处理其他海关事务的重要凭证。

(二)付汇证明联、收汇证明联

付汇证明联和收汇证明联是海关对已实际进出境的货物所签发的证明文件，是银行和国家外汇管理部门办理售汇、付汇和收汇及核销手续的重要依据之一。

对需办理进口付汇核销或出口收汇核销的货物，进出口货物的收发货人或其代理人应当在海关放行货物或结关以后，向海关申领进口货物报关单进口付汇证明联或出口货物报关单出口收汇证明联，凭以向银行或国家外汇管理部门办理付汇、收汇核销手续。

(三)海关核销联

海关核销联是接受申报的海关对已实际申报进口或出口的货物所签发的证明文件，是海关办理加工贸易合同核销、结案手续的重要凭证。

(四)出口退税证明联

出口退税证明联是海关对已实际申报出口并已装运离境的货物所签发的证明文件，是国家税务部门办理出口货物退税手续的重要凭证之一。

对可办理出口退税的货物，出口货物发货人或其代理人应当在载运货物的运输工具实际离境、海关办理结关手续后，向海关申领出口货物报关单出口退税证明联，有关出口货物发货人凭以向国家税务管理部门申请办理出口货物退税手续。对不属于退税范围的货物，海关均不予签发该联。

四、报关单填制的一般要求

(一)填报的项目要真实、准确、完整、规范

进出口货物的收发货人或其代理人应按照《海关进出口货物申报管理规定》、《海关进出口货物报关单填制规范》、《统计商品目录》、《规范申报目录》等有关规定要求向海关申报,并对申报内容的真实性、准确性、完整性和规范性承担相应的法律责任。

【应用案例】

申报不实遭处罚

2008 年,某公司以一般贸易方式向海关申报进口小轿车(点燃式汽油机,汽缸容量 3.8 升)。申报商品编码为 8703.2334(关税税率为 110%,增值税税率为 17%,消费税税率为 12%),经海关认定实际商品编码应为 8703.2430(关税税率为 150%,增值税税率为 17%,消费税税率为 25%)。该公司因申报不实,事后被移送海关缉私部门进行行政处罚。

(资料来源:苏超艳. 报关理论与实务. 第 2 版. 北京: 清华大学出版社, 北京交通大学出版社, 2012.)

(二)报关单的填报应做到"两个相符"

一是单证相符,即所填报关单各栏目的内容必须与合同、发票、装箱单、提单及批文等随附单据相符;二是单货相符,即所填报关单各栏目的内容必须与实际进出口货物的情况相符,不得伪报、瞒报、虚报。

【应用案例】

报关单的计量单位有误而影响正常退税

A 公司委托其客户指定的船公司出口近 50 万美元的货物,涉及 50 多万的出口退税。由于 A 公司采购时是以"盒"为单位采购的,A 公司提供的报关单上也是注明"506000 BOXES",所以工厂的增值税发票开的单位也是以"506000 盒"为单位。由于船公司在重新填写报关单时将"BOXES"漏打,只标明"6000KGS",因此海关计算机上该产品的数量为"6000 千克",导致报关单上的内容与发票上的数量和单位不同,A 公司不能正常退税。A 公司要求船公司办理改单(修改报关单据),就是要在品名下注明"506000 BOXES",但是由于船公司的一再拖延,导致 A 公司无法办理退税手续。A 公司不断催促船公司办理改单,考虑到手续麻烦需要较长时间,要求对方必须在 3 个月内将改后的单据退还给 A 公司,否则要其承担由于不能正常退税造成的相关经济损失。3 个月后,总算了结了此案。

(资料来源:圣才学习网.)

(三)报关单的分单填报

不同运输工具、不同航次、不同提运单、不同贸易方式、不同备案号、不同征免性质、不同许可证号的货物，均应分单填报。

(四)报关单的分项填报

一份报关单所申报的货物，如果商品编号不同，商品名称不同，计量单位不同，原产国(地区)/最终目的国(地区)不同，币制不同，征免不同，须分项填报。

一张报关单上最多不能超过 5 项海关统计商品编号的货物。

第二节　进出口货物报关单的填制规范

报关单左上方的预录入编号，是指预录入单位录入报关单的编号。预录入编号规则由接受申报的海关决定。

报关单右上方的海关编号，是指海关接受申报时给予报关单的编号。一份报关单对应一个海关编号。报关单海关编号为 18 位，其中第 1～4 位为接受申报海关的编号(海关规定的"关区代码表"中相应海关代码)，第 5～8 位为海关接受申报的公历年份，第 9 位为进出口标志("1"为进口，"0"为出口；集中申报清单"I"为进口，"E"为出口)，第 10～18 位为顺序编号。海关编号由各直属海关在接受申报时确定，并标示在报关单的每一联上。

例如：

5302　　2011　　0　　　　027514049
罗湖海关　年份　出口　　报关单顺序编号

一、进出口货物报关单表头栏目的填制规范

进出口货物报关单表头部分包括 30 个栏目。

(一)进口口岸/出口口岸

进口口岸/出口口岸，是指货物实际进出境的口岸海关。

本栏目填报海关规定的"关区代码表"中相应口岸海关的名称及代码。

特殊情况填报要求如下。

进口转关运输货物应填报货物进境地海关名称及代码，出口转关运输货物应填报货物出境地海关名称及代码。按转关运输方式监管的跨关区深加工结转货物，出口报关单填报

转出地海关名称及代码，进口报关单填报转入地海关名称及代码。

在不同海关特殊监管区域或保税监管场所之间调拨、转让的货物，填报对方特殊监管区域或保税监管场所所在地海关名称及代码。

其他无实际进出境的货物，填报接受申报的海关名称及代码。

【应用案例】

北京某汽车传动器有限公司 2013 年 1 月 27 日进口一批货物由天津新港口岸进境，"进口口岸"应填报为"新港海关(0202)"。

北京某纺织加工贸易企业在北京海关朝阳办事处申报海运转关出口日本服装一批，由天津新港装船出境，"出口口岸"应填报为"新港海关(0202)"。

(二)备案号

备案号，是指进出口货物收发货人办理报关手续时应递交的海关备案审批文件的编号。

本栏目填报进出口货物收发货人在海关办理加工贸易合同备案或征、减、免税备案审批等手续时，海关核发的"中华人民共和国海关加工贸易手册"、电子账册及其分册(以下统称"加工贸易手册")、"进出口货物征免税证明"(以下简称征免税证明)或其他备案审批文件的编号。

一份报关单只允许填报一个备案号。具体填报要求如下。

(1) 加工贸易项下货物，除少量低值辅料按规定不使用加工贸易手册及以后续补税监管方式办理内销征税的外，填报加工贸易手册编号。

使用异地直接报关分册和异地深加工结转出口分册在异地口岸报关的，本栏目应填报分册号；本地直接报关分册和本地深加工结转分册限制在本地报关，本栏目应填报总册号。

加工贸易成品凭征免税证明转为减免税进口货物的，进口报关单填报征免税证明编号，出口报关单填报加工贸易手册编号。

对加工贸易设备之间的结转，转入和转出企业分别填制进、出口报关单，在报关单"备案号"栏目填报加工贸易手册编号。

(2) 涉及征、减、免税备案审批的报关单，填报征免税证明编号。

(3) 涉及优惠贸易协定项下实行原产地证书联网管理的报关单，填报原产地证书代码"Y"和原产地证书编号。

(4) 减免税货物退运出口，填报"减免税进口货物同意退运证明"的编号；减免税货物补税进口，填报"减免税货物补税通知书"的编号；减免税货物结转进口(转入)，填报征免税证明的编号；相应的结转出口(转出)，填报"减免税进口货物结转联系函"的编号。

(5) 涉及构成整车特征的汽车零部件的报关单，填报备案的 Q 账册编号。

(三)进口日期/出口日期

进口日期,是指运载进口货物的运输工具申报进境的日期。

出口日期,是指运载出口货物的运输工具办结出境手续的日期。

出口日期栏目供海关签发打印报关单证明联用,在申报时免予填报。

无实际进出境的报关单填报海关接受申报的日期。

本栏目为8位数字,顺序为年(4位)、月(2位)、日(2位)。

【应用案例】

2013年1月29日北京某汽车传动器有限公司申报进口一批货物,运输工具申报进境日期为2013年1月27日,"进口日期"栏填报为:"20130127"。

(四)申报日期

申报日期,是指海关接受进出口货物的收发货人或受其委托的报关企业申报数据的日期。

以电子数据报关单方式申报的,申报日期为海关计算机系统接受申报数据时记录的日期。以纸质报关单方式申报的,申报日期为海关接受纸质报关单并对报关单进行登记处理的日期。

申报日期为8位数字,顺序为年(4位)、月(2位)、日(2位)。本栏目在申报时免予填报。

(五)经营单位

经营单位,是指在海关注册登记的对外签订并执行进出口贸易合同的中国境内法人、其他组织或个人。

本栏目填报经营单位的中文名称及海关注册编码。

海关注册编码共10位,由数字和24个英文大写字母(I、O除外)组成。其结构为:第1~4位为企业注册地行政区划代码,第5位为企业注册地经济区划代码,第6位为企业经济类型代码,第7位为企业注册用海关经营类别代码,第8~10位为企业注册流水编号。

特殊情况下填制要求如下。

(1) 进出口货物合同的签订者和执行者非同一企业的,填报执行合同的企业。

(2) 外商投资企业委托进出口企业进口投资设备、物品的,填报外商投资企业,并在标记唛码及备注栏注明"委托某进出口企业进口"。

(3) 有代理报关资格的报关企业代理其他进出口企业办理进出口报关手续时,填报委托的进出口企业的名称及海关注册编码。

【应用案例】

北京宇都商贸有限公司(1101220756)委托大连化工进出口公司(2102911013)与韩国签约进口电动叉车。这里，经营单位应当填报为北京宇都商贸有限公司 1101220756，同时，在报关单"标记唛码及备注"栏填报"委托大连化工进出口公司进口"。

(六)运输方式

运输方式包括实际运输方式和海关规定的特殊运输方式，前者指货物实际进出境的运输方式，按进出境所使用的运输工具分类；后者指货物无实际进出境的运输方式，按货物在境内的流向分类。

本栏目根据货物实际进出境的运输方式或货物在境内流向的类别，按照海关规定的"运输方式代码表"选择填报相应的运输方式名称或代码。

特殊情况填报要求如下。

(1) 非邮件方式进出境的快递货物，按实际运输方式填报。

(2) 进出境旅客随身携带的货物，按旅客所乘运输工具填报。

(3) 进口转关运输货物，按载运货物抵达进境地的运输工具填报；出口转关运输货物，按载运货物驶离出境地的运输工具填报。

(4) 不复运出(入)境而留在境内(外)销售的进出境展览品、留赠转卖物品等，填报"其他运输"(代码9)。

无实际进出境货物在境内流转时的填报要求如下。

(1) 境内非保税区运入保税区货物和保税区退区货物，填报"非保税区"(代码0)。

(2) 保税区运往境内非保税区的货物，填报"保税区"(代码7)。

(3) 境内存入出口监管仓库和出口监管仓库退仓货物，填报"监管仓库"(代码1)。

(4) 保税仓库转内销货物，填报"保税仓库"(代码8)。

(5) 从境内保税物流中心外运入中心或从中心运往境内中心外的货物，填报"物流中心"(代码W)。

(6) 从境内保税物流园区外运入园区或从园区运往境内园区外的货物，填报"物流园区"(代码X)。

(7) 从境内保税港区外运入港区(不含直通)或从港区运往境内港区外(不含直通)的货物，填报"保税港区"(代码Y)，综合保税区比照保税港区填报。

(8) 从境内出口加工区、珠澳跨境工业区珠海园区(以下简称珠海园区)外运入加工区、珠海园区或从加工区、珠海园区运往境内区外的货物，区外企业填报"出口加工区"(代码Z)，区内企业填报"其他运输"(代码9)。

(9) 境内运入深港西部通道港方口岸区的货物，填报"边境特殊海关作业区"(代码 H)。

(10) 其他境内流转货物，填报"其他运输"(代码 9)，包括特殊监管区域内货物之间的流转、调拨货物，特殊监管区域、保税监管场所之间相互流转货物，特殊监管区域外的加工贸易余料结转、深加工结转、内销等货物。

【应用案例】

某企业经海关批准，把一批货物用汽车从保税区运往非保税区。向海关申报时，在报关单运输方式栏应填写"保税区"。

(七)运输工具名称

运输工具名称，是指载运货物进出境的运输工具的名称。

本栏目填报载运货物进出境的运输工具的名称或运输工具编号。填报内容应与运输部门向海关申报的舱单(载货清单)所列相应内容一致。

一份报关单只允许填报一个运输工具名称及其航次号。

具体填报要求如下。

1. 直接在进出境地或采用"属地申报，口岸验放"通关模式办理报关手续的报关单填报要求

(1) 水路运输：填报船舶编号(来往港澳小型船舶为监管簿编号)或者船舶英文名称。

(2) 公路运输：填报该跨境运输车辆的国内行驶车牌号，深圳提前报关模式的报关单填报国内行驶车牌号+"/"+"提前报关"。

(3) 铁路运输：填报车厢编号或交接单号。

(4) 航空运输：填报航班号。

(5) 邮件运输：填报邮政包裹单号。

(6) 其他运输：填报具体运输方式名称，如管道、驮畜等。

2. 转关运输货物的报关单填报要求

1) 进口

(1) 水路运输：直转、提前报关填报"@"+16 位转关申报单预录入号(或 13 位载货清单号)；中转填报进境英文船名。

(2) 铁路运输：直转、提前报关填报"@"+16 位转关申报单预录入号；中转填报车厢编号。

(3) 航空运输：直转、提前报关填报"@"+16 位转关申报单预录入号(或 13 位载货清单号)；中转填报"@"。

(4) 公路及其他运输：填报"@"+16 位转关申报单预录入号(或 13 位载货清单号)。

(5) 以上各种运输方式使用广东地区载货清单转关的提前报关货物填报"@"+13 位载货清单号。

2) 出口

(1) 水路运输：非中转填报"@"+16 位转关申报单预录入号(或 13 位载货清单号)。如多张报关单需要通过一张转关单转关的，运输工具名称字段填报"@"。

中转货物，境内水路运输填报驳船船名；境内铁路运输填报车名(主管海关 4 位关别代码+"TRAIN")；境内公路运输填报车名(主管海关 4 位关别代码+"TRUCK")。

(2) 铁路运输：填报"@"+16 位转关申报单预录入号(或 13 位载货清单号)，如多张报关单需要通过一张转关单转关的，填报"@"。

(3) 航空运输：填报"@"+16 位转关申报单预录入号(或 13 位载货清单号)，如多张报关单需要通过一张转关单转关的，填报"@"。

(4) 其他运输方式：填报"@"+16 位转关申报单预录入号(或 13 位载货清单号)。

3) 集中申报

采用"集中申报"通关方式办理报关手续的，报关单本栏目填报"集中申报"。

4) 无实际进出境

无实际进出境的报关单，本栏目免予填报。

(八)提运单号

提运单号，是指进出口货物提单或运单的编号。

本栏目填报进出口货物提单或运单的编号，主要包括海运提单号、海运单号、铁路运单号、航空运单号。

一份报关单只允许填报一个提单或运单号，一票货物对应多个提单或运单时，应分单填报。

具体填报要求如下。

1. 直接在进出境地或采用"属地申报，口岸验放"通关模式办理报关手续的报关单填报要求

(1) 水路运输：填报进出口提单号。如有分提单的，填报进出口提单号+"*"+分提单号。

(2) 公路运输：免予填报。

(3) 铁路运输：填报运单号。

(4) 航空运输：填报总运单号+"_"+分运单号，无分运单的填报总运单号。

(5) 邮件运输：填报邮运包裹单号。

2. 转关运输货物的报关单填报要求

1) 进口

(1) 水路运输：直转、中转填报提单号。提前报关免予填报。

(2) 铁路运输：直转、中转填报铁路运单号。提前报关免予填报。

(3) 航空运输：直转、中转货物填报总运单号+"_"+分运单号。提前报关免予填报。

(4) 其他运输方式：免予填报。

(5) 以上运输方式进境货物，在广东省内用公路运输转关的，填报车牌号。

2) 出口

(1) 水路运输：中转货物填报提单号；非中转货物免予填报；广东省内汽车运输提前报关的转关货物，填报承运车辆的车牌号。

(2) 其他运输方式：免予填报。广东省内汽车运输提前报关的转关货物，填报承运车辆的车牌号。

3) 集中申报

采用"集中申报"通关方式办理报关手续的，报关单填报归并的集中申报清单的进出口起止日期[按年(4 位)月(2 位)日(2 位)年(4 位)月(2 位)日(2 位)]。

4) 无实际进出境

无实际进出境的，本栏目免予填报。

(九)收货单位/发货单位

收货单位，是指已知的进口货物在境内的最终消费、使用单位，包括自行从境外进口货物的单位、委托进出口企业进口货物的单位。

发货单位，是指出口货物在境内的生产或销售单位，包括自行出口货物的单位、委托进出口企业出口货物的单位。

有海关注册编码或加工企业编码的收、发货单位，本栏目填报其中文名称及编码；没有编码的，填报其中文名称。使用加工贸易手册管理的货物，报关单的收、发货单位应与加工贸易手册的"经营企业"或"加工企业"一致；减免税货物报关单的收、发货单位应与征免税证明的"申请单位"一致。

【应用案例】

中外合资沈阳贝沈钢帘有限公司(210123 ××××)使用自有资金，委托上海新元五矿贸易公司(310591 ××××)进口镀黄铜钢丝。这里，经营单位是被委托的外贸企业"上海新元五矿贸易公司"，收货单位是委托人"中外合资沈阳贝沈钢帘有限公司"。

中国粮油进出口公司收购广东省粮油进出口公司在番禺炼油厂生产的花生油，经上海浦东港出口。这里，发货单位应填报为"番禺炼油厂"。

(十)贸易方式(监管方式)

贸易方式，是专指以对外贸易中进出口货物的交易方式为基础，结合海关对进出口货物监督管理综合设定的对进出口货物的管理方式，即海关监管方式。

本栏目应根据实际对外贸易情况按海关规定的"监管方式代码表"选择填报相应的监管方式简称及代码。一份报关单只允许填报一种监管方式。

特殊情况下加工贸易货物监管方式填报要求如下。

(1) 进口少量低值辅料(即 5000 美元以下，78 种以内的低值辅料)按规定不使用加工贸易手册的，填报"低值辅料"。使用加工贸易手册的，按加工贸易手册上的监管方式填报。

(2) 外商投资企业为加工内销产品而进口的料件，属非保税加工的，填报"一般贸易"。外商投资企业全部使用国内料件加工的出口成品，填报"一般贸易"。

(3) 加工贸易料件结转或深加工结转货物，按批准的监管方式填报。

(4) 加工贸易料件转内销货物以及按料件办理进口手续的转内销制成品、残次品、半成品，应填制进口报关单，填报"来料料件内销"或"进料料件内销"；加工贸易成品凭征免税证明转为减免税进口货物的，应分别填制进、出口报关单，出口报关单本栏目填报"来料成品减免"或"进料成品减免"，进口报关单本栏目按照实际监管方式填报。

(5) 加工贸易出口成品因故退运进口及复运出口的，填报"来料成品退换"或"进料成品退换"；加工贸易进口料件因换料退运出口及复运进口的，填报"来料料件退换"或"进料料件退换"；加工贸易过程中产生的剩余料件、边角料退运出口，以及进口料件因品质、规格等原因退运出口且不再更换同类货物进口的，分别填报"来料料件复出"、"来料边角料复出"、"进料料件复出"、"进料边角料复出"。

(6) 备料"加工贸易手册"中的料件结转转入加工出口加工贸易手册的，填报"来料加工"或"进料加工"。

(7) 保税工厂加工贸易进出口货物，根据加工贸易手册填报"来料加工"或"进料加工"。

(8) 加工贸易边角料内销和副产品内销，应填制进口报关单，填报"来料边角料内销"或"进料边角料内销"。

(9) 加工贸易进口料件不再用于加工成品出口，或生产的半成品(折料)、成品因故不再出口，主动放弃交由海关处理时，应填制进口报关单，填报"料件放弃"或"成品放弃"。

(十一)征免性质

征免性质，是指海关根据《海关法》、《进出口关税条例》及国家有关政策对进出口货物实施的征、减、免税管理的性质类别。

本栏目应根据实际情况按海关规定的"征免性质代码表"选择填报相应的征免性质简称及代码。持有海关核发的征免税证明的，应按照征免税证明中批注的征免性质填报。一份报关单只允许填报一种征免性质。

加工贸易货物报关单应按照海关核发的加工贸易手册中批注的征免性质简称及代码填报。特殊情况填报要求如下。

(1) 保税工厂经营的加工贸易，根据加工贸易手册填报"进料加工"或"来料加工"。

(2) 外商投资企业为加工内销产品而进口的料件，属非保税加工的，填报"一般征税"或其他相应征免性质。

(3) 加工贸易转内销货物，按实际情况填报(如一般征税、科教用品、其他法定等)。

(4) 料件退运出口、成品退运进口货物填报"其他法定"(代码0299)。

(5) 加工贸易结转货物，本栏目免予填报。

【应用案例】

天津华海勘测服务有限公司(120722××××)在投资总额内进口泥浆泵，向海关申请取得Z02024A50706号征免税证明。泥浆泵随其他设备同批进口，单独向海关做出申报。这里，根据经营单位编码第6位是"2"，可以确定该企业是中外合作企业，而根据备案号标示代码Z可以判定申报商品是特定减免税设备。因此，报关单"贸易方式"栏应填报为"合资合作设备"；"征免性质"栏应填报为"鼓励项目(789)"。

(十二)征税比例/结汇方式

征税比例用于原"进料非对口"贸易方式下的进口报关单，现征税比例政策已取消。进口报关单本栏目免予填报。

结汇方式，是指出口货物的发货人或其代理人收结外汇的方式。出口报关单应按照海关规定的"结汇方式代码表"选择填报相应的结汇方式名称或代码。

(十三)许可证号

许可证号，是指商务部配额许可证事务局、驻各地特派员办事处以及各省、自治区、直辖市、计划单列市及商务部授权的其他省会城市商务厅(局)、外经贸委(厅、局)签发的进出口许可证编号。

本栏目填报以下许可证的编号：进(出)口许可证、两用物项和技术进(出)口许可证、两用物项和技术出口许可证(定向)、纺织品临时出口许可证、出口许可证(加工贸易)、出口许可证(边境小额贸易)。

一份报关单只允许填报一个许可证号。

(十四)起运国(地区)/运抵国(地区)

起运国(地区),是指进口货物起始发出直接运抵我国的国家或地区,或者在运输中转国(地区)未发生任何商业性交易的情况下运抵我国的国家或地区。

运抵国(地区),是指出口货物离开我国关境直接运抵的国家或地区,或者在运输中转国(地区)未发生任何商业性交易的情况下最后运抵的国家或地区。

不经过第三国(地区)转运的直接运输进出口货物,以进口货物的装货港所在国(地区)为起运国(地区),以出口货物的指运港所在国(地区)为运抵国(地区)。

经过第三国(地区)转运的进出口货物,如在中转国(地区)未发生任何商业性交易,则以进口货物的装货港所在国(地区)为起运国(地区),以出口货物的指运港所在国(地区)为运抵国(地区)。

经过第三国(地区)转运的进出口货物,如在中转国(地区)发生商业性交易,则以中转国(地区)作为起运/运抵国(地区)。

本栏目应按海关规定的"国别(地区)代码表"选择填报相应的起运国(地区)或运抵国(地区)中文名称及代码。

无实际进出境的,填报"中国"(代码142)。

【应用案例】

天津某进出口公司进口的一批美国大米从美国波士顿装运直接运抵我国,这里进口大米的起运国(地区)为美国;上海某进出口公司进口的100台日本产丰田面包车从日本东京起运经中国香港地区中转运抵境内,这里进口面包车的起运国(地区)为日本;上海某进出口公司与中国香港地区签约进口的100台日本产丰田面包车从日本东京起运经中国香港地区中转运抵上海,这里进口面包车的起运国(地区)为中国香港地区。

上海某服装公司出口的一批和服从上海港装运直接运抵日本横滨,这里出口和服的运抵国(地区)为日本;深圳某电子有限公司出口的10 000台自产DVD机经中国香港地区中转运至日本名古屋,这里出口DVD机的运抵国(地区)为日本;深圳某电子有限公司与中国香港地区某公司签约出口的10 000台自产DVD机经中国香港地区中转运至日本名古屋,这里出口DVD机的运抵国(地区)为中国香港地区。

(十五)装货港/指运港

装货港,是指进口货物在运抵我国关境前最后一个境外装运港。

指运港,是指出口货物运往境外的最终目的港。最终目的港不可预知的,按尽可能预知的目的港填报。

本栏目应根据实际情况按海关规定的"港口航线代码表"选择填报相应的港口中文名称及代码。装货港/指运港在"港口航线代码表"中无港口中文名称及代码的,可选择填报相应的国家(地区)中文名称及代码。

无实际进出境的,本栏目填报"中国境内"(代码142)。

【知识要点提示】

对发生运输中转的货物,不论货物在中转地有没有发生商业性交易,装货港都填报中转港。

【应用案例】

江西某进出口公司从悉尼装运澳大利亚羊毛运至马来西亚吉隆坡,再从吉隆坡转船运至上海黄埔港。这里,装货港应填报为吉隆坡。

(十六)境内目的地/境内货源地

境内目的地,是指已知的进口货物在国内的消费、使用地或最终运抵地。其中最终运抵地为最终使用单位所在的地区。最终使用单位难以确定的,填报货物进口时预知的最终收货单位所在地。

境内货源地,是指出口货物在国内的产地或原始发货地。出口货物产地难以确定的,填报最早发运该出口货物的单位所在地。

本栏目按海关规定的"国内地区代码表"选择填报相应的国内地区名称及代码。

【应用案例】

广州轻工机械进出口公司(440191××××)受广州粤港服装有限公司(440123××××)委托在投资总额内进口服装加工设备。这里,报关单"境内目的地"栏应当填报"广州经济技术开发区(44012)"。

(十七)批准文号

进出口货物报关单中本栏目免予填报。

(十八)成交方式

本栏目应根据进出口货物实际成交价格条款,按海关规定的"成交方式代码表"选择填报相应的成交方式代码。

无实际进出境的报关单，进口填报 CIF，出口填报 FOB。

(十九)运费

运费，是指除货价以外，进口货物运抵我国境内输入地点起卸前的运输费用，出口货物运至我国境内输出地点装载后的运输费用。

进口货物成交价格包含前述运输费用或者出口货物成交价格不包含前述运输费用的，本栏目免予填报。

运费可按运费单价、总价或运费率三种方式之一填报，注明运费标记(运费标记"1"表示运费率，"2"表示每吨货物的运费单价，"3"表示运费总价)，并按海关规定的"货币代码表"选择填报相应的币种代码。

运保费合并计算的，填报在本栏目。

(二十)保费

保费，是指进出口货物在国际运输过程中，由被保险人付给保险人的保险费用。其中，进口货物保费是指货物运抵我国境内输入地点起卸前的保险费用；出口货物保费是指货物运至我国境内输出地点装载后的保险费用。

进口货物成交价格包含前述保险费用或者出口货物成交价格不包含前述保险费用的，本栏目免予填报。

保费可按保险费总价或保险费率两种方式之一填报，注明保险费标记(保险费标记"1"表示保险费率，"3"表示保险费总价)，并按海关规定的"货币代码表"选择填报相应的币种代码。

运保费合并计算的，本栏目免予填报。

(二十一)杂费

杂费，是指成交价格以外的，按照《进出口关税条例》相关规定应计入完税价格或应从完税价格中扣除的费用。

杂费可按杂费总价或杂费率两种方式之一填报，注明杂费标记(杂费标记"1"表示杂费率，"3"表示杂费总价)，并按海关规定的"货币代码表"选择填报相应的币种代码。

应计入完税价格的杂费填报为正值或正率，应从完税价格中扣除的杂费填报为负值或负率。

(二十二)合同协议号

合同协议号，是指在进出口贸易中，买卖当事人根据国际贸易惯例或国家有关法律、法规，自愿按照一定条件买卖某种商品签订的合同(包括协议或订单)的编号。

本栏目填报进(出)口货物合同(包括协议或订单)的编号。

(二十三)件数

件数，是指有外包装的进出口货物的实际件数。

本栏目填报有外包装的进出口货物的实际件数。

特殊情况填报要求如下：①舱单件数为集装箱的，填报集装箱个数；②舱单件数为托盘的，填报托盘数；③裸装货物填报为"1"。

(二十四)包装种类

包装种类，是指进出口货物在运输过程中外表所呈现的状态，包括包装材料、包装方式等。

本栏目应根据进出口货物的实际外包装种类，填报相应的包装种类名称，如木箱、纸箱、桶装、散装、裸装、托盘、包、捆、袋等。

(二十五)毛重

毛重，是指商品本身重量加包装的重量。

本栏目填报进出口货物及其包装材料的重量之和，计量单位为千克，不足 1 千克的填报为"1"。

(二十六)净重

净重，是指货物的毛重扣除包装材料后的重量，即商品本身的实际重量。

本栏目填报进出口货物的毛重减去外包装材料后的重量，计量单位为千克，不足 1 千克的填报为"1"。

(二十七)集装箱号

集装箱号，是指装载进出口货物(包括拼箱货物)集装箱的箱体信息。

本栏目填报集装箱号(在集装箱箱体上标示的全球唯一编号)、集装箱的规格和集装箱的自重。填报格式为：集装箱号+"/"+规格+"/"+自重。例如：TEXU3605231/20/2275，表明这是一个 20 英尺集装箱，箱号为 TEXU3605231，自重 2275 千克。

非集装箱货物填报为"0"。

在多于一个集装箱时，应将其余集装箱号依次填在"标记唛码及备注"栏中。

(二十八)随附单证

随附单证,是指随进出口货物报关单一并向海关递交的,除商业、货运单证及"许可证号"栏填报的进出口许可证以外的监管证件。

本栏目根据海关规定的"监管证件代码表"选择填报除"许可证号"栏填报的许可证件以外的其他进出口许可证件或监管证件代码及编号。

填报格式为:监管证件代码 +":"+监管证件编号。所申报货物涉及多个监管证件的,一个监管证件代码和编号填报在"随附单证"栏中,其余监管证件代码和编号填报在"标记唛码及备注"栏中。

特殊情况填报要求如下。

(1) 加工贸易内销征税报关单,随附单证代码填写"c",随附单证编号填写海关审核通过的内销征税联系单号。

(2) 含预归类商品报关单,随附单证代码填写"r",随附单证编号填写××关预归类书××号。

(3) 优惠贸易协定项下进出口货物

"Y"为原产地证书代码。优惠贸易协定代码选择"01"、"02"、"03"、"04"、"05"、"06"、"07"、"08"、"09"填报。

"01"为"亚太贸易协定"项下的进口货物。

"02"为"中国—东盟自贸区"项下的进口货物。

"03"为"内地与香港紧密经贸关系安排"(香港 CEPA)项下的进口货物。

"04"为"内地与澳门紧密经贸关系安排"(澳门 CEPA)项下的进口货物。

"05"为"对非洲特惠待遇"项下的进口货物。

"06"为"台湾农产品零关税措施"项下的进口货物。

"07"为"中巴自贸区"项下的进口货物。

"08"为"中智自贸区"项下的进口货物。

"09"为"对也门等国特惠待遇"项下的进口货物。

具体填报要求如下。

① 实行原产地证书联网管理的,随附单证代码填写"Y",随附单证编号的"< >"内填写优惠贸易协定代码。例如香港 CEPA 项下进口商品,应填报为:"Y"和"<03>"。一票进口货物中如涉及多份原产地证书或含有非原产地证书商品,应分单填报。

② 未实行原产地证书联网管理的,随附单证代码填写"Y",随附单证编号"< >"内填写优惠贸易协定代码 +":"+需证商品序号。例如《亚太贸易协定》项下进口报关单中第1到第3项和第5项为优惠贸易协定项下商品,应填报为:"<01:1-3,5>"。

优惠贸易协定项下出口货物，本栏目填报原产地证书代码和编号。

(二十九)用途/生产厂家

用途，是指进口货物在境内实际应用的方面或范围。

进口货物本栏目应根据进口货物的实际用途按海关规定的"用途代码表"选择填报相应的用途名称或代码。

出口货物本栏目填报其境内生产企业。

(三十)标记唛码及备注

1. 标记唛码项

标记唛码是运输标志的俗称。通常是由一个简单的几何图形和一些字母、数字及简单的文字组成，包含收货人代号、合同号和发票号、目的地、原产国(地区)、最终目的国(地区)、目的港或中转港和件数号码等内容。

本栏"标记唛码"项填报货物标记唛码中除图形以外的所有文字和数字。

2. 备注项

备注是指除按报关单固定栏目申报进出口货物有关情况外，需要补充或特别说明的事项，包括关联备案号、关联报关单号，以及其他需要补充或特别说明的事项。

本项目填报要求如下。

(1) 受外商投资企业委托代理其进口投资设备、物品的进出口企业名称。

(2) 与本报关单有关联关系的，同时在业务管理规范方面又要求填报的备案号，填报在电子数据报关单的"关联备案"栏中。

加工贸易结转货物及凭征免税证明转内销货物，其对应的备案号应填报在"关联备案"栏。

减免税货物结转进口(转入)，报关单"关联备案"栏应填写本次减免税货物结转所申请的"减免税进口货物结转联系函"的编号。

减免税货物结转出口(转出)，报关单"关联备案"栏应填写与其相对应的进口(转入)报关单"备案号"栏中征免税证明的编号。

(3) 与本报关单有关联关系的，同时在业务管理规范方面又要求填报的报关单号，填报在电子数据报关单的"关联报关单"栏中。

加工贸易结转类的报关单，应先办理进口报关，并将进口报关单号填入出口报关单的"关联报关单"栏。

办理进口货物直接退运手续的，除另有规定外，应当先填写出口报关单，再填写进口报关单,并将出口报关单号填入进口报关单的"关联报关单"栏。

减免税货物结转出口(转出),应先办理进口报关,并将进口(转入)报关单号填入出口(转出)报关单的"关联报关单"栏。

(4) 办理进口货物直接退运手续的,本栏目填报"准予直接退运决定书"或者"责令直接退运通知书"的编号。

(5) 申报时其他必须说明的事项填报在本栏目。

二、进出口货物报关单表体栏目的填制规范

进出口货物报关单表体部分包括 13 个栏目。

一张纸质报关单表体分为 5 栏,每项商品占据表体的一栏,最多可填写(打印)5 项商品。

(一)项号

项号是指所申报货物在报关单中的商品排列序号及该项商品在加工贸易手册、征免税证明等备案单证中的顺序编号。

本栏目分两行填报及打印。第一行填报报关单中的商品顺序编号;第二行专用于加工贸易、减免税等已备案、审批的货物,填报和打印该项货物在加工贸易手册或征免税证明等备案、审批单证中的顺序编号。

优惠贸易协定项下实行原产地证书联网管理的报关单,第一行填报报关单中的商品顺序编号,第二行填报该项商品对应的原产地证书上的商品项号。

加工贸易项下进出口货物的报关单,第一行填报报关单中的商品顺序编号,第二行填报该项商品在加工贸易手册中的商品项号,用于核销对应项号下的料件或成品数量。其中第二行特殊情况填报要求如下。

(1) 深加工结转货物,分别按照加工贸易手册中的进口料件项号和出口成品项号填报。

(2) 料件结转货物(包括料件、制成品和半成品折料),出口报关单按照转出加工贸易手册中进口料件的项号填报;进口报关单按照转进加工贸易手册中进口料件的项号填报。

(3) 料件复出货物(包括料件、边角料、来料加工半成品折料),出口报关单按照加工贸易手册中进口料件的项号填报;如边角料对应一个以上料件项号时,填报主要料件项号。料件退换货物(包括料件、不包括半成品),进出口报关单按照加工贸易手册中进口料件的项号填报。

(4) 成品退换货物,退运进境报关单和复运出境报关单按照加工贸易手册原出口成品的项号填报。

(5) 加工贸易料件转内销货物(以及按料件办理进口手续的转内销制成品、半成品、残

次品)应填制进口报关单，填报加工贸易手册进口料件的项号；加工贸易边角料、副产品内销，填报加工贸易手册中对应的进口料件项号。如边角料或副产品对应一个以上料件项号时，填报主要料件项号。

(6) 加工贸易成品凭征免税证明转为减免税货物进口的，应先办理进口报关手续。进口报关单填报征免税证明中的项号，出口报关单填报加工贸易手册原出口成品项号，进、出口报关单货物数量应一致。

(7) 加工贸易料件放弃或成品放弃，本栏目应填报加工贸易手册中的进口料件或出口成品项号。半成品放弃的应按单耗折回料件，以料件放弃申报，本栏目填报加工贸易手册中对应的进口料件项号。

(8) 加工贸易副产品退运出口、结转出口或放弃，本栏目应填报加工贸易手册中新增的变更副产品的出口项号。

(9) 经海关批准实行加工贸易联网监管的企业，按海关联网监管要求，企业需申报报关清单的，应在向海关申报进出口(包括形式进出口)报关单前，向海关申报"清单"。一份报关清单对应一份报关单，报关单上的商品由报关清单归并而得。加工贸易电子账册报关单中项号、品名、规格等栏目的填制规范比照加工贸易手册。

(二)商品编号

商品编号，是指在《协调制度》的基础上，按商品归类规则确定的进出口货物的海关监管商品编码。商品编号由 10 位数字组成，前 8 位为《进出口税则》中的税则号列和《统计商品目录》确定的商品编号，后 2 位数为海关附加编号。

本栏目应填报由《进出口税则》确定的进出口货物的税则号列和《海关统计商品目录》确定的商品编码，以及符合海关监管要求的附加编号组成的 10 位商品编号。

(三)商品名称、规格型号

商品名称，是指进出口货物规范的中文名称。

规格型号，是指反映商品质量的一系列指标，如等级、成分、含量、纯度、性能、尺寸等。

本栏目分两行填报及打印。第一行填报进出口货物规范的中文商品名称，第二行填报规格型号。

具体填报要求如下。

(1) 商品名称及规格型号应据实填报，并与进出口货物收发货人或受委托的报关企业所提交的合同、发票等相关单证相符。

(2) 商品名称应当规范，规格型号应当足够详细，以能满足海关归类、审价及许可证件管理要求为准,可参照《海关进出口商品规范申报目录》中对商品名称、规格型号的要求进行填报。

(3) 由同一运输工具同时运抵同一口岸并且属于同一收货人、使用同一提单的多种进口货物,按照商品归类规则应当归入同一商品编号的,应当将有关商品一并归入该商品编号。商品名称填报一并归类后的商品名称;规格型号填报一并归类后商品的规格型号。

(4) 加工贸易等已备案的货物,填报的内容必须与备案登记中同项号下货物的商品名称一致。加工贸易边角料和副产品内销,边角料复出口,本栏目填报其报验状态的名称和规格型号。

(5) 对需要海关签发"货物进口证明书"的车辆,商品名称栏应填报"车辆品牌+排气量(注明 cc)+车型(如越野车、小轿车等)"。进口汽车底盘不填报排气量。车辆品牌应按照"进口机动车辆制造厂名称和车辆品牌中英文对照表"中"签注名称"一栏的要求填报。规格型号栏可填报"汽油型"等。

(四)数量及单位

数量及单位,是指进出口商品的成交数量及计量单位,以及海关法定计量单位和按照海关法定计量单位计算的数量。

本栏目填报格式:分三行填报及打印。

第一行应按进出口货物的法定第一计量单位填报数量及单位,法定计量单位以《海关统计商品目录》中的计量单位为准。

凡列明有法定第二计量单位的,应在第二行按照法定第二计量单位填报数量及单位。无法定第二计量单位的,本栏目第二行为空。

第三行应填报并打印成交计量单位及数量。

本栏目填报要求如下。

(1) 法定计量单位为"千克"的数量填报要求。

① 装入可重复使用的包装容器的货物,应按货物扣除包装容器后的重量填报,如罐装同位素、罐装氧气及类似品等。

② 使用不可分割包装材料和包装容器的货物,按货物的净重填报(即包括内层直接包装的净重重量),如采用供零售包装的罐头、化妆品、药品及类似品等。

③ 按照商业惯例以公量重计价的商品,应按公量重填报,如未脱脂羊毛、羊毛条等。

④ 采用以毛重作为净重计价的货物,可按毛重填报,如粮食、饲料等大宗散装货物。

⑤ 采用零售包装的酒类、饮料,按照液体部分的重量填报。

(2) 成套设备、减免税货物如需分批进口,货物实际进口时,应按照实际报验状态确定数量。

(3) 根据《协调制度》归类规则，零部件按整机或成品归类的，法定计量单位是非重量的，其对应的法定数量填报"0.1"。

(4) 具有完整品或制成品基本特征的不完整品、未制成品，根据《协调制度》归类规则应按完整品归类的，按照构成完整品的实际数量填报。

(5) 法定计量单位为立方米的气体货物，应折算成标准状况(即摄氏零度及 1 个标准大气压)下的体积进行填报。

(6) 加工贸易等已备案的货物，成交计量单位必须与加工贸易手册中同项号下货物的计量单位一致，加工贸易边角料和副产品内销、边角料复出口，本栏目填报其报验状态的计量单位。

(7) 优惠贸易协定项下进出口商品的成交计量单位必须与原产地证书上对应商品的计量单位一致。

(五)原产国(地区)/最终目的国(地区)

原产国(地区)，是指进口货物的生产、开采或加工制造的国家或地区。

最终目的国(地区)，是指已知的出口货物最终实际消费、使用或作进一步加工制造的国家或地区。

本栏目应按海关规定的"国别(地区)代码表"选择填报相应的国家(地区)名称及代码。

原产国(地区)应依据《进出口货物原产地条例》、《海关关于执行〈非优惠原产地规则中实质性改变标准〉的规定》以及海关总署关于各项优惠贸易协定原产地管理规章规定的原产地确定标准填报。同一批进口货物的原产地不同的，应分别填报原产国(地区)。进口货物原产国(地区)无法确定的，填报"国别不详"(代码 701)。

最终目的国(地区)填报已知的出口货物的最终实际消费、使用或进一步加工制造国家(地区)。不经过第三国(地区)转运的直接运输货物，以运抵国(地区)为最终目的国(地区)；经过第三国(地区)转运的货物，以最后运往国(地区)为最终目的国(地区)。同一批出口货物的最终目的国(地区)不同的，应分别填报最终目的国(地区)。出口货物不能确定最终目的国(地区)时，以尽可能预知的最后运往国(地区)为最终目的国(地区)。

(六)单价

单价是指进出口货物实际成交的商品单位价格。

本栏目填报同一项号下进出口货物实际成交的商品单位价格的数字部分。

无实际成交价格的，本栏目填报单位货值。

(七)总价

总价是指进出口货物实际成交的商品总价格。

本栏目填报同一项号下进出口货物实际成交的商品总价格的数字部分。

无实际成交价格的,本栏目填报货值。

(八)币制

币制是指进出口货物实际成交价格的计价货币。

本栏目应根据实际成交价格的计价货币情况,按海关规定的"货币代码表"选择相应的货币名称及代码填报。如"货币代码表"中无实际成交币种,需将实际成交货币按申报日外汇折算率折算成"货币代码表"列明的货币填报。

(九)征免

征免是指海关依照《海关法》、《关税条例》及其他法律、行政法规,对进出口货物进行征税、减税、免税或特案处理的实际操作方式。

本栏目应按照海关核发的征免税证明或有关政策规定,对报关单所列每项商品选择填报海关规定的"征减免税方式代码表"中相应的征减免税方式的名称。

加工贸易货物报关单应根据加工贸易手册中备案的征免规定填报;加工贸易手册中备案的征免规定为"保金"或"保函"的,应填报"全免"。

(十)税费征收情况

本栏目供海关批注进(出)口货物税费征收及减免情况。

(十一)录入员及录入单位

录入员,是指负责将该份报关单内容的数据录入海关计算机系统并打印预录入报关单的实际操作人员。

录入单位,是指经海关核准,允许其将有关报关单内容输入海关计算机系统的单位。

本栏目用于记录预录入操作人员的姓名和预录入单位名称。

(十二)申报单位

本栏目包括申报单位,报关员,单位地址、邮编、电话,填制日期等项目。

自理报关的,本栏目填报进出口企业的名称及海关注册编码;委托代理报关的,本栏目填报经海关批准的报关企业名称及海关注册编码。

申报单位是指向海关办理进出口货物报关手续的法人,主要有已在海关登记注册的进出口货物收发货人、报关企业。本项填报申报单位的中文名称及编码，并签印。

报关员是指具体负责该批货物向海关办理报关手续的人员。由该报关员在该栏中签印。

单位地址应填报向海关办理报关手续的单位在境内居住或通信联系的地址。

邮编应填报申报单位所在地区的邮政编码。

电话应填报申报单位通信联系的电话号码。

填制日期指申报单位填制报关单的日期，由经办的报关员负责填写。电子数据报关单的填制由计算机自动打印。填制日期为 8 位数字，顺序为年(4 位)、月(2 位)、日(2 位)。

(十三)海关审单批注放行日期(签章)

本栏目共分为审单、审计、征税、统计、查验、放行六个项目，供海关作业时签注。

本 章 小 结

进出口货物报关单是指进出口货物的收发货人或其代理人，按照海关规定的格式对进出口货物的实际情况做出的书面申明，以此要求海关对其货物按适用的海关制度办理报关手续的法律文书。

报关单可以分为不同的类型：进口货物报关单和出口货物报关单；纸质报关单和电子数据报关单；一般贸易及其他贸易进(出)口货物报关单、进料加工进(出)口货物报关单、来料加工及补偿贸易进(出)口货物报关单。

纸质进口货物报关单一式四联，分别是：海关作业联、企业留存联、海关核销联、进口付汇证明联。纸质出口货物报关单一式五联，分别是：海关作业联、企业留存联、海关核销联、出口收汇证明联、出口退税证明联。

报关单填制的一般要求包括：填报的项目要真实、准确、完整、规范；应做到单证相符和单货相符。

进出口货物报关单表头部分的 30 个栏目和表体部分的 13 个栏目均应按照《进出口货物报关单的填制规范》来填制。

自 测 题

一、单项选择题

1. (　　)是海关接受申报时给予报关单的编号。

　　A. 预录入编号　　B. 海关编号　　　C. 备案号　　　　D. 项号

2. 海关规定对在海关注册登记的企业给予十位数代码编号，称为"经营单位代码"。这十位数代码的正确组成是( )。

    A. 地区代码、企业性质代码和顺序代码

    B. 企业详细地址代码、特殊地区代码、企业性质代码和顺序代码

    C. 企业所在省、直辖市代码，特殊地区代码，企业性质代码，顺序代码

    D. 企业的属地行政区代码、经济区代码、企业性质代码和企业顺序代码

3. 一张报关单上如有多种不同商品，应分别填报清楚，但一张报关单上最多不能超过( )项海关统计商品编号的货物。

    A. 3   B. 4   C. 5   D. 6

4. 河南省某进出口公司向某国出口 600 吨散装小麦。该批小麦分装在一条船的 4 个船舱内。海关报关单上的"件数"和"包装种类"两个项目的正确填报应是( )。

    A. 件数为 600，包装种类为"吨"   B. 件数为1,包装种类为"船"

    C. 件数为 4,包装种类为"船舱"   D. 件数为1,包装种类为"散装"

5. 下列关于填报关单的叙述不正确的是( )。

    A. 无实际进出境的,进口/出口的起运国/运抵国栏目均不用填报

    B. 无实际进出境的成交方式,进口填报 CIF 价, 出口填报 FOB 价

    C. 运费栏目可按运费单价、总价或运费率三种方式之一填报

    D. 最终目的港不可预知的,可按尽可能预知的目的港填报

二、多项选择题

1. 下列叙述正确的为( )。

    A. 件数栏目裸装货物填报为 1

    B. 毛重栏计量单位为千克, 不足 1 千克的填报为 1

    C. 0.3%的保险费率填报为 0.3/1

    D. 杂费栏为 303/502/3，即指应计入完税价格为 502 英镑的杂费总额

2. 下列说法正确的是( )。

    A. 一份报关单只允许填报一个运输工具名称

    B. 一份报关单只允许填报一个提运单号

    C. 一份报关单只允许填报一种贸易方式

    D. 一份报关单只允许填报一个集装箱号

3. 以下单证或文件应填入随附单据栏内的是( )。

    A. 合同   B. 商检证明   C. 机电产品进口配额证明   D. 装箱单

4. 下列商品数量及单位的填报符合海关规定的选项有( )。

A. 规范的数量和单位，应以海关统计商品目录上规定的数量和单位填

B. 与海关规范的数量和单位不一致的实际成交的数量和单位也可填在报关单上

C. 不能把整机和零件的数量加在一起填报数量

D. 不能把类似"一卷"、"一箱"、"一捆"等较笼统的数量和单位填在报关单上

5.　浙江省某公司从美国进口联合收割机 10 台及部分附件，分装 30 箱，发票注明每台单价为 CIF SHANGHAI USD 22 400，总价为 USD 224 000，附件不另计价。进口货物报关单中以下栏目填报正确的为(　　)。

A. 成交方式：海运　　　　　　B. 件数：10

C. 商品名称：联合收割机及附件　　D. 单价：22 400

三、判断题

1.　进出口货物报关单是海关对进出口货物进行监管、征税、统计和开展稽查、调查的重要依据，是加工贸易进出口货物核销、出口货物退税和外汇管理的重要凭证，也是查处进出口货物走私、违规的重要的书面依据。　　　　　　　　　　　　　　　　　　　　(　　)

2.　江西省某进出口公司出口一批货物，在九江海关办理了报关纳税手续，由上海出境，报关单上出口口岸填上海海关。　　　　　　　　　　　　　　　　　　　　　　　(　　)

3.　海关规定，在进出口货物报关单填制中，经营单位编码第 6 位数为"8"的单位不得作为经营单位填报。　　　　　　　　　　　　　　　　　　　　　　　　　　(　　)

4.　以投资额外的资金进口机器设备的外商投资企业在报关时，报关单贸易方式栏应填"外商投资设备，物品"。　　　　　　　　　　　　　　　　　　　　　　　　(　　)

5.　装载进口货物的船舶经上海港后在南京港将进口货物卸下，该批进口货物的完税价格中运费应计算至南京港。　　　　　　　　　　　　　　　　　　　　　　　(　　)

四、实训题

根据下面提供的发票，填制出口货物报关单。

上海双腾国际贸易公司
SHANGHAI SHUANG TENG INTERNATIONAL TRADING CORP.

第 号

Add:17/F，Bai Shu Mansion，黄浦区

中山东一路

1230 Zhong Shan Road (N0.1)　　CONTRACT No.YD07-7-52

Shanghai 200437,China　　**发　票**　日期

INVOICE　Date JUL.25,2007

Tel: 0086-2l-65445199

Fax:0086-21-65445198

信用证第号

L/C No. 56489

B/L:SU360012333

致:INGO INTERNATIONAL LTD.

To:_

下列商品自上海运至

Under mentioned goods from Shanghai to PENANG VIA SINGAPORE

唛头号码 Marks&Number	数量与品名 Quantities and Descriptions	单价 Unit Price	金额 Amount
	100% COTTON IMITATION WAX PRINTED FABRIC 全棉仿蜡染布	CIF SINGA-PORE	
YD52 PENANGVIA SINGAPORE NO1-370	30×30 68×68 45/46" 12YDS PRICE @600/120 000 YDS 200 CLOTH BALE G.W.17200KGS N.W.16 700 KGS 外汇核销 28/2043621 HS.CODE 25085200 计量单位：米/千克(千克) 1 码＝0.9144 米 上海普陀区东方印染厂生产并发货 附商检证 上海华安集装箱公司 7.28 向上海海关 申报录入。 报关员：张伟，录入员：王小兰 装"苏珊娜 V. 118"于 2007.7.30 出口 预录入编号：517001111	USD 0.60/YD	USD 72000.00 F:5% I:0.25%

上海双腾国际贸易公司

SHANGHAI SHUANG TENG INTERNATIONAL TRADING CORP.

海关企业注册编码 3122210048

自测题参考答案

第一章

一、单项选择题

1.A   2.C   3.D   4.D   5.C

二、多项选择题

1.CD   2.ACD   3.BCD   4.ABC   5.AB

三、判断题

1.×   2.×   3.√   4.√   5.×

第二章

一、单项选择题

1.D   2.C   3.C   4.C   5.D

二、多项选择题

1.ABCD   2.ABD   3.ABD   4.ABCD   5.ABD

三、判断题

1.×   2.×   3.×   4.√   5.×

第三章

一、单项选择题

1.D   2.B   3.B   4.C   5.C

二、多项选择题

1.ABD　2.ABCD　3.ABCD　4.BCD　5.CD

三、判断题

1.×　2.×　3.×　4.×　5.×

第四章

一、单项选择题

1.B　2.C　3.A　4.C　5.A

二、多项选择题

1.BC　2.ABCD　3.ABD　4.ACD　5.BCD

三、判断题

1.√　2.×　3.×　4.√　5.√

第五章

一、单项选择题

1.B　2.C　3.A　4.C　5.C

二、多项选择题

1.ABD　2.BD　3.AB　4.BCD　5.AC

三、判断题

1.√　2.×　3.√　4.×　5.√

第六章

一、单项选择题

1.B　2.A　3.B　4.A　5.D

二、多项选择题

1.ABD　2.ABC　3.BCD　4.ABD　5.ABC

三、判断题

1. √　2. ×　3. √　4. ×　5. √

第七章

一、单项选择题

1.B　2.D　3.D　4.B　5.C

二、多项选择题

1.ABCD　2.ACD　3.AD　4.AD　5.ABD

三、判断题

1. √　2. ×　3. ×　4. √　5. √

四、实训题

1. 0806.1000　2. 6812.9100　3. 6116.9200　4. 5209.2100　5. 4202.1190
6. 1212.9994　7. 0209.0000　8. 8471.3000　9. 8510.2000　10. 0402.2100

第八章

一、单项选择题

1.C　2.C　3.B　4.B　5.D

二、多项选择题

1.AB　2.ABC　3.ABD　4.ABCD　5.ACD

三、判断题

1. ×　2. ×　3. √　4. ×　5. √

四、实训题

1.0元　2.6300元　3.0元

第九章

一、单项选择题

1.C　2.D　3.C　4.D　5.A

二、多项选择题

1.ABCD　2.ABC　3.BC　4.ABCD　5.CD

三、判断题

1.√　2.√　3.√　4.×　5.√

四、实训题

见下表。

中华人民共和国海关出口货物报关单

预录入编号：517001111　　　　　　　　　　　海关编号：

出口口岸 上海海关(2200)	备案号		出口日期 2007.07.30	申报日期 2007.07.28
经营单位 上海双腾国际贸易公司(3122210048)	运输方式 水路运输(2)	运输工具名称 苏珊娜/V.118		提运单号 SU360012333
发货单位 上海东方印染厂	贸易方式 一般贸易(0110)		征免性质 一般征税(101)	结汇方式 信用证(6)
许可证号	运抵国(地区) 马来西亚(122)	指运港 PENANGVIA SINGAPORE		境内货源地 普陀(31079)
批准文号 28/2043621	成交方式 CIF(1)	运费 5/1	保费 0.25/1	杂费
合同协议号 YD07-7-52	件数 200	包装种类 布包	毛重(千克) 17200	净重(千克) 16700
集装箱号	随附单据 B		生产厂家 上海东方印染厂	

标记唛码及备注
.YD52
PENANGVIA SINGAPORE
NO1-370

项号	商品编号	商品名称、规格型号	数量及单位	最终目的国(地区)	单价	总价	币制	征免
01	25085200	全棉仿蜡染布 30×30 68×68 45/46"	109728 米 16 700 千克	马来西亚	0.60	72000.00	美元(502)	照章征税

税费征收情况

录入员　录入单位 王小兰　华安	兹声明以上申报无讹并承担法律责任	海关审单批注及放行日期(签章)	
		审单	审价
报关员 张伟	申报单位(签章) 上海华安集装箱公司	征税	统计
单位地址		查验	放行
邮编　　　电话　　填制日期			

参 考 文 献

[1] 海关总署报关员资格考试教材编写委员会. 报关员资格全国统一考试教材. 北京：中国海关出版社，2013.

[2] 刘庆珠. 报关实训. 北京：首都经济贸易大学出版社，2009.

[3] 张炳达，顾涛. 进出口货物报关实务. 上海：立信会计出版社，2012.

[4] 苏超艳. 报关理论与实务(第 2 版). 北京：清华大学出版社，北京交通大学出版社，2012.

[5] 王志明，顾建清，陈小愚，陈琳. 报关综合实务(第二版). 大连：东北财经大学出版社，2010.

[6] 王艳娜. 报关实务. 大连：东北财经大学出版社，2012.

[7] 谷儒堂，白凤川. 报关基础. 北京：中国海关出版社，2011.

[8] 姜颖，徐丽. 报关实务. 哈尔滨：哈尔滨工业大学出版社，2012.

[9] 陈丕西. 报关实务. 北京：北京大学出版社，2006.

[10] 刘笑诵. 报关原理与实务. 北京：中国人民大学出版社，2011.

[11] 武晋军. 报关实务(第 2 版). 北京：电子工业出版社，2011.

[12] 王洪海. 报关实务. 北京：中国电力出版社，2011.

[13] 刘高峻，等. 海关稽查. 北京：中国海关出版社，2005.

[14] 谢国娥. 海关报关实务. 上海：华东理工大学出版社，2001.

[15] 徐龙伟. 报关实务. 北京：中国财政经济出版社，2010.

[16] 徐艟，倪琳，陈华北. 报关实务. 合肥：合肥工业大学出版社，2012.